Histoire de la Domination Normande en Italie et en Sicile

Ferdinand Chalandon

HISTOIRE

DE LA

DOMINATION NORMANDE

EN ITALIE ET EN SICILE

MACON, PROTAT FRÈRES, IMPRIMEURS

HISTOIRE

DE LA

DOMINATION NORMANDE

EN ITALIE ET EN SICILE

—

TOME PREMIER

—

PAR

FERDINAND CHALANDON

ARCHIVISTE PALÉOGRAPHE
ANCIEN MEMBRE DE L'ÉCOLE FRANÇAISE DE ROME

PARIS

LIBRAIRIE ALPHONSE PICARD ET FILS

Libraire des Archives nationales et de la Société de l'École des Chartes

82, RUE BONAPARTE, 82

—

1907

AVANT-PROPOS

La conquête de l'Italie et de la Sicile par les Normands, et la création, par les descendants de Tancrède de Hauteville, du royaume de Sicile constituent un curieux chapitre de l'histoire de la noblesse française hors de France, au XIᵉ et au XIIᵉ siècle. Mais ici l'histoire semble par moment un extraordinaire roman d'aventure et l'imagination aurait peine à concevoir plus étrange et plus singulière destinée que celle de ces chevaliers besogneux qui, partis pour chercher fortune, réussirent à fonder un royaume en Sicile, une principauté à Antioche et tentèrent plus d'une fois de monter sur le trône des basileis de Constantinople.

De bonne heure, semble-t-il, la gloire des conquérants a servi de thème aux poètes et, comme on l'a dit, « les Normands qui apportaient avec eux l'habitude de célébrer par des chansons de geste les exploits guerriers ne durent pas négliger de chanter leurs merveilleux succès en Italie et en Sicile, cette épopée toute faite à laquelle en vérité peu de fictions peuvent s'égaler [1]. » Ne pourrait-on supposer qu'il se rattachait à quelque production de ce genre ce « roumans de la conqueste de Césile » que nous voyons figurer dans l'inventaire de Clémence de Hongrie et qui passa ensuite dans la bibliothèque de Jeanne d'Évreux [2]. Rappelons que, dans une des nouvelles du Décaméron, Boccace a raconté les amours tragiques d'un pseudo-fils de Guillaume II avec une princesse musulmane [3]. Peut-être l'origine de ce conte doit-elle être cherchée dans un épisode du règne de Guillaume II dont on lira plus loin le récit [4]. Enfin, pour en finir avec les œuvres d'imagi-

---

1. G. Paris, *La Sicile dans la littérature française*, dans la *Romania*, t. V, p. 109.

2. *Inventaire de Clémence de Hongrie*, dans Douët d'Arcq, *Nouveau recueil de comptes de l'argenterie des rois de France* p. 64.

3. *Décaméron*, 5ᵉ journée, nouvelle 4.

4. Cf. *infra*, t. II, p. 399.

nation, nous mentionnerons, malgré leur pauvreté, les poemes de Spatafora [1], de la Harpe [2] et de Pastoret [3]

Les ouvrages historiques relatifs à la domination normande en Italie sont fort nombreux Au xviie siecle, Du Moulin ecrivait *Les conquestes et les trophees des Normands-François aux royaumes de Naples et de Sicile, aux duches de Calabre d'Antioche, de Galilee et autres principautes d'Italie et d'Orient* [4] Fazzello [5], Maurolico [6] Costanzo [7], Caruso [8], Summonte [9], Giannone [10] Burigny [11] Testa [12], Gregorio [13], Gautier d'Arc [14], Bazoncourt [15], de Blasi [16], Huillard Breholles [17], di Blasiis [18].

---

1 Mario Spatafora, *Il Rogerio in Sicilia, poema eroico* Ancone, 1698), in-12

2 La Harpe, *La delivrance de Salerne et la fondation du royaume des Deux-Siciles* Paris 1763), in-8

3 A de Pastoret *Les Normands en Sicile ou Salerne delivree* (Paris, 1818), in-8

4 Rouen, 1658, in-1°

5 Fazzello, *De rebus siculis*, ed Amico et Statella Catane, 1749-53), 3 vol in-f°

6 Maurolico, *Sicanicarum rerum compendium* (Messine, 1562), in-4°

7 Buonfigho Costanzo *Historia siciliana* (Venise 1604), in-4

8 Caruso *Memorie istoriche di quanto è accaduto in Sicilia dal tempo de suoi primieri abitatori* (Palerme, 1716-1744), 3 vol in-1°

9 Summonte *Historia della citta e regno di Napoli* (Naples, 1675), 4 vol in-4

10 Giannone, *Istoria civile del regno di Napoli*, t 1 et II Venise, 1766), in-4

11 Burigny *Histoire generale de la Sicile* La Haye 1745), 3 vol in-4

12 Testa *De vita et rebus gestis Guillelmi II Siciliae regis* (Monreale, 1769), in-f°

13 Gregorio, *Considerazioni sopra la storia di Sicilia dai tempi normanni sino al presente* Palerme, 1831-1839), 4 vol in-16

14 Gautier d'Arc, *Histoire des conquetes des Normands en Italie, en Sicile et en Grece et de leur etablissement en Sicile et en Grece* Paris, 1830) in-8

15 Bazoncourt, *Histoire de la Sicile sous la domination des Normands depuis la conquête de l'ile jusqu'a l'etablissement de la monarchie* Paris 1846), 2 vol in-8

16 De Blasi, *Storia del regno di Sicilia* Palerme 1844-1847 3 vol in-4

17 Huillard-Breholles, *Recherches sur les monuments et l'histoire des Normands et de la maison de Souabe dans l'Italie meridionale* Paris 1844), in-f°

18 Di Blasiis *La insurrezione pugliese e la conquista normanna* (Naples, 1869-1873), 3 vol in-8

La Lumia [1], Amari [2] ont traité des parties plus ou moins étendues du même sujet Siragusa [3] a écrit une histoire de Guillaume Ier pour laquelle il a utilisé quelques documents inédits, et
Schack [4] a tenté dans une œuvre de vulgarisation d'écrire une histoire générale des Normands en Italie A tous ces ouvrages, on peut
adresser le reproche d'avoir été écrits, surtout à l'aide des chroniques sans que leurs auteurs aient tiré parti des documents
d'archives L'abbé Delarc et Heinemann [5] dont les œuvres
marquent un réel progrès, ont repris une partie du sujet et ont
tenté d'en combler les lacunes, mais leurs deux ouvrages sont
demeurés inachevés et s'arrêtent l'un en 1071 l'autre en 1085
Un sort malheureux s'attachait aux historiens des Normands, et,
il y a peu d'années encore, K Kehr qui venait de faire paraître une
étude sur la diplomatique des rois normands, disparaissait pré-
maturément

Depuis quelques années, de nombreux documents demeurés
jusqu'ici enfouis dans les Archives de l'Italie méridionale et de
la Sicile ont été publiés, j'ai pu en consulter un grand nombre
d'autres qui avaient été inconnus à mes devanciers Il m'a paru
que grâce à ces matériaux l'on pouvait reprendre le sujet et
tenter dans un ouvrage d'ensemble d'écrire une *Histoire de la
domination normande en Italie et en Sicile* où seraient exposés non seulement les faits politiques mais aussi l'histoire des Institutions Au moment où mon manuscrit était à peu près terminé
a paru, assez à temps pour que je puisse l'utiliser l'ouvrage par
lequel M Caspar a essayé de combler une des lacunes les plus
importantes de l'histoire des Normands d'Italie [6]

1 La Lumia *Storia della Sicilia sotto Guglielmo il buono* (Florence,
1867), in-8
2 Amari *Storia dei Musulmani di Sicilia* (Florence, 1854-1872), 3 vol
in-8
3 Siragusa, *Il regno di Guglielmo I in Sicilia* (Palerme, 1885), 2 vol in-8
4 Schack, *Geschichte der Normannen in Sicilien* (Stuttgart, 1889) 2 vol
in-8
5 Delarc *Les Normands en Italie* (Paris 1883), in-8 Heinemann (L
von) *Geschichte der Normannen*, t I, seul paru (Leipsig, 1894), in-8 Plus
récemment Gay, *L'Italie méridionale et l'empire byzantin* (Paris, 1904),
in-8, a étudié les luttes des Normands contre l'empire grec jusqu'en 1071
6 Caspar, *Roger II und die Gründung der normannisch-sicilischen Monarchie* (Innsbruck, 1904), in-8

Je tiens en terminant, à remercier le R. P. dom Collavolpe de l'abbaye de la Cava et M. Garufi, professeur à l'Université de Palerme de l'extrême obligeance qu'ils ont apportée à faciliter mes recherches. Je n'aurai garde d'oublier mes confrères et amis de l'École de Rome MM. de Manteyer, Pernot, Seiruys et Poupardin. Ce dernier a bien voulu accepter la tâche ingrate de revoir les épreuves : qu'il en reçoive ici mes plus sincères remerciements.

Peut-être relèvera-t-on certaines omissions relatives à des ouvrages ou à des articles récemment parus ; je ne saurais être tenu pour responsable de ces lacunes dues à la lenteur inusitée de l'impression commencée en février 1906.

Paris, le 15 juin 1907.

INTRODUCTION

ÉTUDE DES SOURCES

I. — DOCUMENTS D'ARCHIVES

Les actes de l'époque normande qui nous sont parvenus sont très nombreux, à partir de 1086. On trouvera à la *Bibliographie* l'indication des recueils où ils sont publiés. Pendant mon séjour à l'École de Rome, je m'étais occupé de rassembler les documents inédits qui pouvaient se trouver dans les diverses archives de l'Italie méridionale et de la Sicile. Mes recherches avaient été assez fructueuses, mais elles ont été rendues à peu près inutiles au moins en ce qui concerne les diplômes des rois normands. K. Kehr a, en effet, depuis lors, publié la plus grande partie des actes que j'avais recueillis, en appendice à son livre, *Die Urkunden der normannisch-sicilischen Könige*[1]. Par suite, pour toute la période de la monarchie, la plupart des diplômes royaux utilisés sont déjà publiés. Néanmoins, les archives communales de Bénévent et les archives du Mont-Cassin nous ont fourni quelques documents intéressants. Pour l'histoire du duché de Pouille, sous les ducs Roger et Guillaume, j'ai pu me servir d'un assez grand nombre de diplômes inédits[2]. En outre, pour toute la période

1. K. Kehr, *Die Urkunden der normannisch-sicilischen Könige* (Innsbruck, 1902), p. 409 et suiv.
2. Un certain nombre des actes émanés des princes normands et empruntés aux archives de la Cava et de Palerme ont été publiés, peu avant sa mort, par Lothar von Heinemann, *Normannische Herzogs-und Königsurkunden aus Unter-italien und Sicilien* (Tubingen, 1899), in-4. Je ne citerai aucun acte d'après cette publication, qui est pleine d'erreurs paléographiques ; de plus, l'éditeur s'est parfois borné à prendre sur les originaux quelques notes et a reconstitué les actes chez lui. On ne peut avoir aucune confiance dans cette édition, car il n'y a aucun rapport entre certains des

de la domination normande j'ai utilisé un grand nombre d'actes de seigneurs normands. Les dépôts les plus riches a cet égard, sont les Archives du Mont-Cassin de la Cava, l'Archivio di stato a Naples. Pour être complet, je citerai encore le *Codex diplomaticus Brundusinus* conservé a la bibliotheque de Leo a Brindisi, le Cartulaire de Tremiti conservé a la bibliotheque nationale de Naples (ms XIV, A 30), le manuscrit E VI 182, de la bibliotheque Chigi, recueil d'actes relatifs au monastere de Saint-Barthelemy de Carpineto, les manuscrits suivants de la bibliotheque du Vatican Cod lat 8034, 8201, 8222 ¹ et 3880 et enfin le Cod reg lat 980 qui contient une copie de l'acte de Guillaume II constituant le douaire de sa femme ²

Parmi les documents datant de l'epoque normande, il en est un dont l'importance est considerable et qui demande a être examiné avec quelque detail. C'est le *Catalogus baronum*

documents qu'il a publiés et les originaux comme on peut le voir par l'exemple suivant

Ed Heinemann n 23 p 13 III décembre	Archives de la Cava E 44 III décembre 1114 n s
In nomine, etc. Nos ab omnium conditore et gubernatore dignas mercedes creduas accepturos si sanctis ac venerabilibus locis curam impenderimus et quod ab eorum cultoribus postulati fuerimus bono et sincero animo prebuerimus. [...] etc	*In nomine, etc. Nostras ad Deum tendere confidimus preces, si dignis nostrorum fidelium petitiones non contemnimus et eosdem fideles nostro beneficio credimus nobis fore fideliores et in nostro servitio promptiores et ceteros ob ea que benecessimus arbitratos fidelium nostris obedire preceptis. [...] etc*

On saisit clairement ici le procedé de l'editeur

1 Le manuscrit, dont l'ecriture est du XVII° siecle, comprend une serie d'analyses et d'extraits du Cartulaire de la Sainte-Trinite de Venosa f° 49, 1°). Une partie en a été publiée par Crudo, *La SS Trinita di Venosa*, d'apres une copie de la bibliotheque de Naples

2 Cf Elie Berger, *Notices sur divers manuscrits de la Bibliotheque Vaticane* Paris, 1879, in-8, p 31 et suiv. Je ne donne pas ici le detail des documents de l'epoque normande conserves dans les diverses archives de l'Italie meridionale et de la Sicile, Kehr ayant donné ce depouillement d'une maniere assez complete pour tout ce qui regarde les diplomes des rois normands, *op cit* p. et suiv

Le *Catalogus baronum*[1] est un extrait des registres normands qui contenaient l'indication du service militaire dû par chaque fief. Le *Catalogue*, qui a été conservé dans les registres angevins, nous donne la liste d'un certain nombre des vassaux italiens des princes normands ; il nous fournit, en même temps, beaucoup de renseignements sur le service dû par les fiefs qui y sont énumérés, et sur les attributions de divers officiers royaux (chambriers et connétables). Capasso a consacré un long mémoire à ce document[2] et a établi que dans son état actuel le *Catalogue* est le résultat de deux rédactions. D'après les noms des personnages qui y sont cités, on peut établir que la première rédaction a eu lieu entre 1154 et 1161, et la seconde entre 1161 et 1189. Sans insister ici sur la démonstration fournie par Capasso, il convient de faire une observation. A diverses reprises, il est question dans le *Catalogue* d'une *magna expeditio*. Les divers auteurs qui se sont occupés de ce document ont cherché quelle était dans l'histoire des rois normands la grande expédition à laquelle il était fait allusion, et ont émis tour à tour les hypothèses les plus variées. On a parlé de l'expédition de Roger II en Grèce, des préparatifs faits par Guillaume II pour délivrer la Terre sainte. Capasso, d'après les noms cités dans ce document, s'arrêtait à l'expédition de Guillaume Ier contre les Byzantins et à l'expédition projetée contre Barberousse. A mon avis, c'est à tort que les savants ont dirigé leurs recherches dans ce sens, et les mots *magna expeditio* ne désignent pas telle ou telle expédition particulière, mais ont simplement le sens de levée générale. Si l'on rapproche les mots *magna expeditio* d'un passage des *Assises*, on verra, je crois, qu'il ne saurait y avoir de doute à cet égard. Le titre 2 de l'Assise 34 punit ceux qui n'auront pas répondu à la convocation les appelant *ad magnum exercitum* « *Si quis ficte vel fraudulenter ad magnum exercitum non vene-*

1 Éd. del Re, dans *Cronisti e scrittori Napoletani* (Naples, 1845), in-8, t. I, p. 571 et suiv.
2 *Sul catalogo dei feudi e dei feudatari delle provincie napoletane sotto la dominazione normanna*, dans *Atti della reale Accademia di archeologia, letteratura e belle arti*, t. IV (Naples, 1869) in-4.

rit [1], etc. » Rapprochés des mots *magnus exercitus* les mots *magna expeditio* me paraissent prendre leur sens véritable. Si l'on remarque, d'autre part, que, dans le *Catalogue*, on envisage, dans diverses régions, l'hypothèse, que l'*expeditio* aura lieu dans chacune de ces régions [2], on arrivera également à la conclusion que les mots *magna expeditio* ne peuvent pas désigner une expédition déterminée mais seulement une levée générale.

II. — TEXTES LÉGISLATIFS

1° *Les Assises*. — D'après un interpolateur de Romuald de Salerne, Roger II aurait, en 1129, à Melfi, promulgué un certain nombre de lois. Une des rédactions du même auteur mentionne également que le fondateur de la monarchie normande promulgua des lois [3]. D'autre part, Frédéric II fait allusion aux *Assises* de ses prédécesseurs et en particulier à celles de Roger II [4]. En outre, dans un document de 1167 nous trouvons également une allusion aux mesures législatives décrétées par Roger II [5]. Enfin, Falcon indique qu'à l'assemblée d'Ariano (1140), Roger a pris certaines mesures législatives. On ne connaissait que les lois des rois normands reproduites dans les *Constitutions* de Frédéric II, quand, en 1856, Merkel crut avoir retrouvé dans un manuscrit du Vatican et dans un manuscrit du Mont-Cassin (ce dernier manuscrit avait déjà été utilisé par Carcani pour son édition des *Constitutions*) le recueil des *Assises* des rois normands [6]. Ces deux manuscrits repro-

---

1. *Assise*, titre 34, § 2, éd. Brandileone, p. 134.
2. Par exemple, à la suite de l'énoncé du service dû par le comte de Fondi et ses vassaux, on lit, p. 600 : « *Et si necesse fuerit in maritima eorum vel in partibus ipsis, habebit in partibus illis predictus Riccardus milites et pedites ultra promissos quot habere potuerit.* » Il en est de même dans le comté d'Alba, p. 605 et dans une toute autre région à Montepeloso, p. 574.
3. Romuald Salern., M.G.H.SS., t. XIX, pp. 419 et 423.
4. Winkelmann, *Acta imperii inedita*, I, p. 605, et *Const. regni Siciliæ*, I, 44, éd. dans Huillard Bréholles, *Historia diplomatica Friderici II*, t. IV, 1.
5. *Cod. dipl. Bar.*, t. 1, p. 96; Falco Benev., p. 251.
6. Merkel, *Commentatio qua iuris siculi sive Assisarum regum regni Siciliæ fragmenta ex codicibus manuscriptis proponuntur* (Halle, 1856), in-4°.

duisent les mêmes Constitutions, mais le manuscrit du
Mont-Cassin n'a pas de préambule, omet trois assises (XVI,
XXII, XXVI) et ne donne des autres le plus souvent qu'un abrégé
Par contre, il contient sept assises qui ne figurent pas dans le
manuscrit du Vatican (33-39) En tête du folio de ce même
manuscrit où commence le texte dont nous nous occupons on
lit . « Assissae regum regni Siciliae » La plupart des lois que
l'on trouve dans les *Constitutions* de Frédéric II, sous le nom de
Roger II, se retrouve dans les *Assises* [1] L'édition de Merkel a
été reproduite par la Lumia [2] Depuis lors Brandileone a donné
de ce texte une meilleure édition

À qui convient-il d'attribuer les *Assises* ? On a successivement
attribué ce recueil à Roger II, à Guillaume Ier, à Guillaume II [3]
Toutes les attributions se basaient principalement sur le sens
qu'il fallait attribuer aux mots « *progenitores nostri* » qui se
trouvent dans le préambule On déclarait que seul Guillaume Ier
ou Guillaume II pouvaient s'exprimer ainsi D'autres croyaient
que ces mots désignaient les empereurs auxquels les rois normands prétendaient se rattacher M La Mantia a montré qu'il
ne fallait point, pour cette seule raison, rejeter l'attribution à
Roger II, car dans le diplôme célèbre de fondation de la chapelle
Palatine, le premier roi normand emploie en parlant des ducs de
Pouille et du comte de Sicile cette même expression Cette difficulté
écartée, l'identité des lois contenues dans le recueil avec celles
attribuées à Roger II par les *Constitutions* de Frédéric II imposent
l'attribution au premier roi normand

On admet maintenant, en général, que le manuscrit du Vatican
contient le recueil des *Assises* publiées à Ariano par le roi Roger
Tandis que le manuscrit du Mont-Cassin [4] paraît être un abrégé,

---

Le manuscrit du Mont-Cassin est de la fin du xiie siècle ou du début du xiiie
siècle Le manuscrit du Vatican lat 872 est de la fin du xiie siècle

1 Une seule des *Assises* n'était pas attribuée à Roger (xss , XIII, *de
apostatantibus)*, La Mantia *Cenni storici*, pp 74-76, a montré par une correction ingénieuse que cette assise était bien elle aussi de Roger

2 *Storia della Sicilia sotto Guglielmo il buono*, p 370-392

3 Brandileone a publié le texte des deux manuscrits dans *Il dritto normanno nelle leggi normanne e sueve del regno di Sicilia*, p 91 et suiv

4 Merkel, *op cit* , p 13, et Amari, *Storia dei Musulmani*, t III, p 445 note 2,

rédigé pour un usage privé à une date ultérieure, le manuscrit du
Vatican paraît contenir la rédaction originale. Les différences entre
les deux manuscrits peuvent s'expliquer par le fait que le manuscrit du Mont-Cassin étant plus récent a reçu quelques additions.
Les assises qui y figurent et qui sont omises dans le manuscrit
du Vatican auraient été promulguées à une date postérieure par
Roger II et ses successeurs. Certaines de ces additions paraissent
bien en effet être postérieures à la première rédaction, notamment l'assise 39, qui explique l'assise X du manuscrit du Vatican.

Le recueil que nous avons est-il complet ? Le fait que les
deux manuscrits que l'on possède contiennent les mêmes assises
tendrait à faire donner une réponse affirmative [1]. On ne saurait
toutefois se prononcer à cet égard avec une entière certitude ;
certains indices semblent indiquer que quelques assises manquent.
Par exemple, il n'est pas question de la loi relative à la monnaie,
loi promulguée à Ariano [2], de même le titre 36, du manuscrit du
Mont-Cassin, paraît indiquer qu'il y avait une assise relative
aux bayles que nous ne possédons pas.

Le recueil des assises présente-t-il trace d'une composition
raisonnée, ou les assises sont-elles réunies sans ordre ? On a
montré que les assises, dans le manuscrit du Vatican, étaient
réparties suivant un ordre assez rigoureux [3].

Le recueil est ainsi divisé :

attribuent le recueil à Guillaume Ier; La Lumia, *op. cit.*, p. 357, à Guillaume II; Perla, *Le assise de're. Normanni* Caserte, 1881, p. 12, Brandileone,
Arch. st. napol., t. VII, p. 178 ; de Blasiis, *La insurrezione pugliese*, t. III,
p. 170, Hartwig, *Historische Zeitschrift*, t. XX, p. 86, Caspar, *Roger II*,
p. 238, l'attribuent à Roger II. La Mantia, *op. cit.*, p. 72 et suiv., qui a eu le
mérite de donner les meilleures raisons pour attribuer le recueil à Roger II,
déclare que l'on ne saurait rien affirmer et doute même de la promulgation
des *Assises*.

1. L'auteur du recueil du Cod. Casin. connaît mieux le droit romain que
le rédacteur du Cod. Vat.; ainsi il cite la *lex Julia de adulteriis* (tit. 18) et
la *lex Cornelia de sicariis* (tit. 26). Le titre 4 reproduit le titre exact du
Code, I, 3 éd. Krueger, dans *Corpus iuris civilis*, t. II, 7e éd., Berlin, 1890,
in-4. Cf. *Assise*, tit. V. — VIII, et Caspar, *op. cit.*, p. 280.

2. Falco Benev., p. 251 ; Caspar, *op. cit.*, p. 240, note 2, explique l'absence
de cette assise, en supposant qu'il s'agit d'un règlement local applicable
seulement à une partie du royaume.

3. Caspar, *op. cit.*, p. 258. Pour tout ce qui suit j'emprunte beaucoup au
chapitre consacré aux *Assises* par cet auteur.

1° un préambule adresse par le roi aux grands de son
royaume, 2° quatre paragraphes (I-IV) de considerations géné-
rales sur les devoirs du roi envers les églises sur les devoirs des
seigneurs envers leurs sujets, et enfin sur les droits régaliens et
leur inviolabilite

Les titres V-XVI concernent le clergé les eglises les reliques
T V *De sanctarum reliquiarum venditione*, T VI, *De confugio ad ecclesiam* T. VII, *De privilegiis ecclesiarum non violan-
dis*, T VIII, *De episcoporum privilegio* T IX, *De illicitis conventiculis*, T X, *De ascripticiis volentibus clericari* T XI, *De
raptu virginum*, T XII (sans titre) *Judeus paganus*, etc
T XIII, *De apostantibus*, T XIV *De ioculatoribus*, T XV *De
pupilis et orphanis* T XVI *De indigne anelantibus ad sacer-
dotium*

Les titres XVII-XIX concernent le droit public dans ses rapports avec le roi T XVII, *De sacrilegiis*, T XVIII *De crimine
majestatis*, T XIX, *De nova militia*

Les titres XX-XXVI sont relatifs au droit public en général,
T XX, *De falso*, T XXI, *De cudentibus monetam*, T XXII
(sans titre) *Ubi questio falsi incidit*, T XXIII, *De falso ins-
trumento*, T XXIV, *De abolitione testamenti* T XXV, *De
officialibus publicis*, T XXVI, *De bonis publicis*

Les titres XXVII-XXXIII contiennent les prescriptions relatives au mariage, T XXVII, *De coniugiis legitime celebrandis*
T XXVIII, *De adulteris*, T XXIX, *De eodem*, T XXX, *De
lenocinio*, T XXXI, *De violatione thori* T XXXII, *De adulte-
rio*, T XXXIII, *De desistentibus ab accusatione*

Les titres XXXIV-XLIV forment un code pénal, T XXXIV,
De iniuriis privatis personis illatis T XXXV, *De iniuriis per-
sonis illatis curialibus*, T XXXVI, *De mederi volentibus*
T XXXVII, *De plagiariis*, T XXVIII, *De sicariis* T XXXIX,
De infantibus et furiosis T XL, *De fure*, T XLI, *De incendia-
riis*, T XLII *De precipitatoribus*; T XLIII *De poculo*
T XLIV (sans titre), *Si uxor litem suam fecerit*

La même division se retrouve dans le manuscrit du Mont-
Cassin, mais avec quelques differences Aux titres I-IV du Cod
Vat correspondent les titres 1-3 du Cod Cas, la difference

vient de ce que le préambule n'a pas de numéro d'ordre. Aux titres V-XVI correspondent les titres 4-10. Ici la différence vient de ce que le titre 4 comprend les titres V, VI, VII, VIII et X du Cod. Vat. ; le titre XVI manque. Aux titres XVII-XVIII correspondent les titres 11-12. Le titre XIX, *De nova militia*, est rejeté plus loin, tandis que l'on a placé ici, titre 13, le titre XXXV. *De iniuriis personis illatis curialibus*, parce qu'on a regardé cette catégorie de crimes comme rentrant dans les crimes contre la personne du roi (*ad regie dignitatis spectat offensam*). Le titre 14 correspond aux titres XX-XXVI du Cod. Vat. Il comprend, en effet, les titres XX, XXI, XXIII, XXIV, XXV. Ce dernier est incomplètement reproduit ; la fin en est placée au titre XIX. Le titre XXII manque et le titre XXVI est rejeté plus loin. Les titres 15 à 22 du Cod. Cas., correspondent aux titres XXVII-XXXII du Cod. Vat., mais on a intercalé sous les numéros 19 et 20, une partie du titre XXV du Cod. Vat., et le titre XXVI. Les titres 24-32 correspondent aux titres XXXIV-XLIV du Cod. Vat., avec addition du titre 31 = Cod. Vat., tit. XIX et suppression du titre XXXV (cf. *supra*) et du titre XXXVI. Les titres 33-39 ne figurent pas dans le manuscrit du Vatican. Parmi eux les titres 33-35 ne figurent pas parmi les *Constitutions* de Frédéric II. Le titre 36 = *Const.*, I, 44 est attribué à Frédéric II, les nos 37 et 38 = *Const.*, I, 61, III, 20, sont attribués au roi Guillaume[1] ; le titre 39 = *Const.* III, 3, à Roger ou à Guillaume suivant les manuscrits. On peut regarder, semble-t-il, les nos 33-39 comme formant au texte des *Assises* une addition postérieure.

Quelles sont les sources des *Assises*? On trouve premièrement toute une série de textes empruntés à la législation de Justinien. On a beaucoup écrit sur la manière dont le législateur normand avait connu la législation de Justinien. Brandileone a

---

1. Le t. 37 diffère toutefois de la *Const.*, I, 61 ; l'assise attribue aux héritiers légitimes la succession de l'intestat, sauf un tiers à donner pour l'âme du défunt ; tandis que la constitution de Guillaume ne prescrit cette mesure que dans le cas où le défunt ne laisse pas d'héritiers, cf. La Mantia, *op. cit.*, p. 82, note 1.

imagine une théorie assez compliquée pour montrer qu'à côté des
livres de Justinien, le rédacteur des *Assises* avait eu entre les
mains des abrégés de la législation gréco-byzantine où étaient
indiqués les rapprochements entre le *Code* et le *Digeste*[1] La
Mantia, avec raison à mon avis, a soutenu la théorie de l'imita-
tion directe[2]

La comparaison entre le texte des *Assises* du premier groupe
et les passages imités du *Code* ou du *Digeste* ne laisse aucun
doute à cet égard. Nous ne saurions sans sortir des bornes de
cette étude rapprocher ici le texte complet des *Assises* des passages empruntés à la législation justinienne, nous nous bornerons à montrer par quelques exemples qu'il y a bien eu imita-
tion directe et nous nous contenterons pour le reste d'indiquer
les renvois aux passages imités[3]

On peut établir comme il suit le groupe des *Assises* emprun-
tes à la législation justinienne

Ass , VI = *Cod* , I, 12, 6	Ass , XIII = *Cod* , I 7, 1
Ass , VII = *Cod* , I, 3, 16	Ass , XIV = *Cod* , I, 4, 4
Ass , VIII 1 = *Cod* , I, 3, 7	Ass , XVII, 1 = *Cod* , IX, 29, 2
Ass , VIII, 2 = *Cod* I, 3, 6	Ass , XVII, 2 = *Digeste*, XLVIII,
Ass , IX = *Cod* , I, 3, 15	13, 6[6]
Ass , X = *Cod* , I, 3, 16	Ass , XVIII, 1 = *Cod* , IX, 8, 5
Ass , XI[4] = *Cod* , I, 3, 5	Ass , XVIII, 2[7] = *Cod* , IX, 8, 6
Ass , XII[5] = *Cod* I, 10, 1 et *Cod* , I, 9, 16 et I, 7, 5	Ass , XVIII, 3 = *Dig* , XLVIII, 4, 8
	Ass , XXI, 1[8] = *Cod* , IX, 24, 1 et 2

1 Brandileone *Il duello greco-romano nell'Italia meridionale sotto la
dominazione normanna* dans l'*Archivio giuridico*, t XXXVI, p 283
2 La Mantia, *Cenni storici*, etc , pp 61, 82 et suiv
3 Nous indiquerons également les renvois à la législation gréco-romaine,
on pourra ainsi se rendre plus facilement compte de la nature de l'imita-
tion
4 Cf *Consuetudini di Messina*, c 58, ed La Mantia, dans *Antiche consuetudini delle città di Sicilia*, p 51
5 *Ibid* , c 57, p 50
6 Ed Mommsen dans *Corpus juris civilis* t 1, 8e ed Berlin 1899, in-4°
7 Cf *Basiliques* (éd Heimbach), LX, t xxxvi, 19, tome V, p 713, cf La
Mantia, *Cenni storici*, etc p 88 et p 89, note 2
8 Cf *Basiliques*, LX, t IX 1, t V, p 903, *Prochiron* (ed Zachariae a
Lingenthal), 39, 14, *Epitome* (ed Zachariae a Lingenthal), 43, 54, *Epanagoga* (ed Zachariae a Lingenthal), 40, 17

Ass., XXI, 2 [1] = *Dig.*, XLVIII, 10, 8.

Ass., XXII = *Cod.*, IX, 22, 22.

Ass., XXIII, 1 = *Cod.*, IX, 22, 3.

Ass., XXIV, 1 = *Cod.*, IX, 22, 14.

Ass., XXIV, 2 [2] = *Dig.*, XLVIII, 10, 26.

Ass., XXV = *Cod.*, IX, 28, 1.

Ass., XXVI, 2 = *Cod.*, IX, 28, 1.

Ass., XXVIII, 4 = *Cod.*, IX, 9, 2.

Ass., XXVIII, 5 = *Cod.*, IX, 9, 28.

Ass., XXIX, 1 = *Cod.*, IX, 9, 22.

Ass., XXIX, 2 [3] = { *Dig.*, XLVIII, 3, 32. *Cod.*, IX, 9, 8.

Ass., XXXII [4] = *Dig.*, XLVIII, 5, 30.

Ass., XXXIII = *Dig.*, XLVIII, 5, 44.

Ass., XXXVI = *Cod.*, X, 52, 10.

Ass., XXXVII = *Dig.*, XLVIII, 15, 4.

Ass., XXXVIII [5] = *Cod.*, IX, 16, 2.

Ass., XXXIX [6] = *Dig.*, XLVIII, 8, 12.

Ass., XL [7] = *Dig.*, XLVIII, 8, 9.

Ass., XLI, 1 [8] = *Dig.*, XLVIII, 19 28, 12.

Ass., XLI, 2 [9] = *Dig.*, XLVIII, 8, 14 et 15.

Ass., XLII [10] = *Dig.*, XLVIII, 8, 7.

Ass., XLIII, 1 = *Dig.*, XLVIII, 8, 3.

Ass., XLIII, 2 = *Dig.*, XLVIII, 19, 36, 5.

A ce groupe d'assises empruntées à la législation justinienne, on a voulu ajouter l'assise XVIII, 4 que l'on a reproché du

---

1. Cf. *Basiliques*, LX, t. XLI, 8, t. V, p. 780; *Ecloga* (éd. Zachariae a Lingenthal), 17, 18; *Ecloga privata aucta* (éd. Zachariae a Lingenthal), XVII, 44; cf. La Mantia, *op. cit.*, p. 85, note 2.

2. Cf. *Basiliques*, LX, t. XLI, 26; *Synopsis* (éd. Zachariae a Lingenthal), p. 217; *Epitome*, 43, 38, 53; *Ecloga ad Prochiron mutata* (éd. Zachariae a Lingenthal), 37, 53, p. 150.

3. *Consuetudini di Messina*, c. 43, p. 45; cf. La Mantia, *Cenni storici*, p. 88. L'assise XXIX, 3, montre clairement que le législateur normand ne connaît pas les *Basiliques* : « Lex delectum non facit, quis primum conveniri debeat »; or précisément dans les *Basiliques*, LX, XXXVII, 52, t. V, p. 745, il est stipulé que l'homme doit être le premier poursuivi.

4. Cf. *Consuetudini di Messina*, c. 43, p. 45, et La Mantia, *Cenni storici*, etc., p. 88.

5. Cf. *Basiliques*, LX, t. XXXIX, 14, t. V, p. 768; *Prochiron*, c. 39; *Epitome*, 45, 4; La Mantia, *op. cit.*, p. 88, note 3.

6. Cf. *Basiliques*, LX, t. XXXIX, 8, t. V, p. 766 et LX, XXXVII, 52, p. 745, qui montrent clairement que le texte des *Basiliques* est inconnu du rédacteur; *Prochiron*, c. 80; *Epitome*, 45, 108, 196; *Epanagoga*, 40, 86; *Ecloga ad Prochiron mutata*, 21, 13, 112.

7. Ce titre manque dans les *Basiliques*, cf. *Basiliques*, LX, XXXIX, 16, t. V, p. 768; *Epitome*, 45, 4 et 65; Attaliatès, *Synopsis* dans Leunclavius, *Jus graeco romanum*, t. II, p. 50, cf. La Mantia, *op. cit.*, p. 86, note 2.

8. Cf. *Basiliques*, LX, LI, 26, t. V, p. 866; *Epitome*, 40, 28 et 45, 73; *Prochiron*, c. 18.

9. Cf. *Basiliques*, LX, XXXIX, 10 et 11, t. V, p. 767.

10. Cf. *Basiliques*, LX, XXXIX, 5, t. V, p. 765.

Digeste XLVIII I Je ne trouve pas entre les deux textes des ressemblances suffisantes pour admettre ce rapprochement

On pourra, par les exemples suivants voir comment le législateur normand s'est inspiré de la législation justinienne

Cod , I, 12, 6 (ed Krueger)

Praesenti lege decernimus per omnia loca valitura (excepta hac urbe regia, etc) nullos penitus cuiuscumque condicionis de sacrosanctis ecclesis orthodorae fidei expelli aut tradi vel protrahi confugas nec pro his venerabiles episcopos aut religiosos oeconomos exigi quae debeantur ab eis , qui hoc moliri aut facere aut nuda saltim cogitatione atque tractatu ausi fuerint temptare capitali et ultima supplicii animadversione plectendi sunt ex his ergo locis eorumque finibus, quos anteriorum legum praescripta sanxerunt, nullos expelli aut eici aliquando patimur nec in ipsis ecclesis reverendis ita quemquam detineri atque constringi ut ei aliquid aut victualium rerum aut vestis negetur aut requies

Ass , VI (éd Brandileone)

De confugio ad ecclesiam — Presente lege sancimus per loca regni nostri omnia, deo propitio in perpetuum valitura nullos penitus cuiuscumque condicionis de sacrosanctis ecclesis aut protrahi confugas, nec pro his venerabiles episcopos aut yconomos exigi que debentur ab eis, qui hoc moliri aut facere presumserint capitis periculo aut bonorum omnium amissione plectendis Interim confugis victualia non negentur

Omettant ensuite toutes les prescriptions du Code *Sed siquidem ipsi refugae etc* , l'auteur des *Assises* reprend

Sane si servus aut colonus vel adscripticius, familiaris

Sane si servus aut colonus aut servus glebe se ipsum sub-

sive libertus et huius modi ali-
qua persona domestica vel con-
dicioni subdita conquassatis rebus certis atque subtractis aut
se ipsum furatus ad sacro-
sancta se contulerit loca, sta-
tim a religiosis oeconomis sive
defensoribus, ubi primum hoc
scire potuerint, per eos videlicet
ad quos pertinent ipsis praesen-
tibus pro ecclesiastica disciplina
et qualitate commissi aut ultione
competenti aut intercessione
humanissima procedente re-
missione venie et sacramenti
interveniente securi ad locum
statumque proprium revertan-
tur rebus, quas secum habue-
rint, reformandis Diutius enim
eos intra ecclesiam non convenit
commorari, ne patronis seu dominis per ipsorum absentiam
obsequia iusta denegentur et
ipsi etc

traxerit domino, vel furatus res
ad loca sacra confugerit, cum
rebus, quas detulit, domino pre-
sentetur, ut pro qualitate commissi subeat ultionem, aut intercessione precedente, pietati resti-
tuatur et gratie Nemini quippe
ius suum est detrahendum

Cod. I, 3. 15

Conventicula illicita extra
ecclesiam in privatis aedibus ce-
lebrari prohibemus, proscriptionis domus periculo imminente, si dominus eius in ea clericos nova ac tumultuosa conventicula extra ecclesiam celebrantes susceperit

Iss, IX

De illicitis conventiculis —
Conventiculam illicitam extra
ecclesiam in privatis edibus ce-
lebrari vetamus, proscriptionis
domus periculo imminente, si
dominus eius in eam clericos
novam vel tumultuosam conventiculam celebrantes susceperit
non ignarus.

Cod. I 3, 5	Ass. XI[1]

Si quis non dicam rapere, sed attemptare tantum matrimonii iungendi causa sacratissimas virgines ausus fuerit, capitali poena feriatur

De raptu virginum — Si quis rapere sacratas deo virgines aut nondum velatas causa iungendi matrimonium presumpserit capitali pena feriatur, vel alia pena, quam regia censura decreverit

Cod. IX, 29, 2	Ass XVII

Disputari de principali iudicio non oportet, sacrilegii enim instar est dubitare an is dignus sit, quem elegerit imperator

De Sacrilegiis — Disputari de regis iudicio, consiliis, institutionibus, factis non oportet, est enim par sacrilegio disputare de eius iudiciis, institutionibus, factis atque consiliis et an is dignus sit, quem rex elegerit

Nous trouvons donc dans les *Assises* tout un groupe emprunté a la législation de Justinien et comprenant les assises, VI, VII, VIII, 1, VIII 2, IX, X, XI XII, XIII, XIV, XVII, 1 et 2, XVIII 1, 2 et 3, XXI 1 et 2, XXII, XXIII, 1, XXIV, 1 et 2, XXV, XXVIII, 4 et 5, XXIX, 1 et 2, XXXII, XXXIII, XXXVI, XXXVII XXXVIII, XXXIX, XL, XLI, 1 et 2, XLII, XLIII, 1[2]

1 Cf. *Consuetudini, di Messina,* c 58, p 51 « *Si quis presumpserit rapere virgines sacras Deo aut nondum velatas causa criminis vel causa matrimonii, puniatur capitali sententia vel alia quam censura regis dictarerit* » Les mots « *vel alia poena,* etc » manquent dans l'assise 8, du *Cod Cas,* dans la *Const,* I 20, et dans la rédaction grecque des *Constitutions,* cf Capasso *Storia externa delle Costituzioni del regno di Sicilia* (*Atti dell'Academia Pontaniana,* Naples, 1869), et La Mantia *Cenni storici,* etc, p 87

2 Dans ce groupe les assises suivantes se retrouvent dans les *Constitutions* de Frédéric II Ass, X, 1 = *Const,* III 2, Ass, XI = *Const,* I, 20, Ass, XIII = *Const,* I, 3, Ass, XVII, 1-2 = *Const,* I, 4-5, Ass, XXI, 1 = *Const,* III, 62, Ass XXI 2 = *Const,* III, 63, Ass, XXIII, 1 = *Const,* III, 64, Ass, XXIV, 1 et 2 = *Const,* III, 66-67, Ass, XXV = *Const,* III, 68 et I, 36 1, Ass, XXVIII, 4 = *Const,* III 76, Ass, XXIX, 1 = *Const,* III, 77 Ass, XXXII = *Const,* III 82 Ass, XXXIII = *Const,* II

De la comparaison des textes il résulte que le rédacteur des *Assises* avait sous les yeux un manuscrit latin contenant, soit le livre XLVIII du *Digeste* et les livres I, IX et peut-être X du *Code* [1], soit plus probablement un abrégé de ces livres [2]. Se basant sur l'assise, XXIX, 2, où sont fondus deux textes empruntés l'un au *Code*, l'autre au *Digeste*, M. Brandileone déclare qu'il est bien difficile d'admettre que le rédacteur des *Assises* ait été assez versé dans la science du droit pour rapprocher ainsi le *Code* du *Digeste*, et il tire de là la conclusion que le compilateur, outre les livres de Justinien, avait entre les mains des abrégés byzantins ou les rapprochements entre le *Code* et le *Digeste* étaient déjà établis [3]. A examiner de plus près le texte des *Assises*, on ne saurait, semble-t-il, adopter cette opinion. Si nous considérons les assises relatives au mariage et au proxénétisme, nous pouvons voir comment a travaillé le compilateur. Les renvois du *Code* au *Digeste* étaient si peu indiqués dans le manuscrit dont s'est servi l'auteur qu'après avoir traité de l'adultère et du proxénétisme d'après le *Code*, il reprend ce même sujet d'après le *Digeste* après avoir intercalé un certain nombre de constitutions originales. Ne serait-ce pas tirer une conclusion exagérée du fait que, dans l'assise, XXIX, 2, où sont fondus les textes du *Code* et du *Digeste* que d'en conclure que le manuscrit dont s'est servi l'auteur contenait les renvois du *Code* au *Digeste*? Comment expliquer dans ce cas qu'aucun autre renvoi ne puisse être observé.

Le rédacteur des *Assises* ne s'est point borné à un simple travail de copie. En reproduisant le texte du *Code* ou du *Digeste*, il lui arrive le plus souvent de modifier son modèle. Tantôt, la copie est textuelle, tantôt plusieurs phrases où certains membres de phrases sont omis. En certains passages le texte reproduit est

11; *Ass.*, XXXVI = *Const.*, III, 44; *Ass.*, XXXVII = *Const.*, III, 86; *Ass.*, XXXVIII = *Const.*, I, 14; *Ass.*, XXXIX = *Const.*, I, 14; *Ass.*, XL = *Const.*, I, 14; *Ass.*, XLI = *Const.*, III, 87; *Ass.*, XLII, I = *Const.*, III, 88; *Ass.*, XLIII = *Const.*, III, 70. Cf. La Mantia, *op. cit.*, pp. 80-81.

1. *Ass.*, XXXVI, cf. toutefois Caspar, p. 255, note 2.

2. Cf. Caspar, *op. cit.*, p. 247. La Mantia, *op. cit.*, p. 89.

3. Brandileone, *op. cit.*, dans *Archivio giuridico*, t. XXXVI, p. 283, soutient la théorie de l'influence gréco-byzantine. Sur l'emploi du grec Caspar, *loc. cit.*, fait des remarques fort justes.

résume ou bien deux textes différents sont fondus ensemble
Enfin, il arrive que le rédacteur apporte à son modèle certaines
additions ou lui fasse subir certaines modifications. Le plus
souvent les modifications portent sur la nature de la peine.
Ainsi l'assise VI punit de la mort ou de la perte des biens un
délit pour lequel le *Code* ne prévoit que la peine de mort. De
même, l'assise XI prononce la peine de mort ou telle peine
qu'il plaira au roi. Au lieu de la peine de mort l'assise XXI,
2 prononce la confiscation des biens contre les faux monnayeurs.

Certaines modifications portent sur les mots employés. Ainsi
au titre XVII, le mot *rex* remplace les mots *principalis* et
imperator du *Code* IX, 29, 2. A côté de ces substitutions, nous
constatons également la suppression de certains mots : ainsi les
mots *orthodorae fidei* du *Code*, sont supprimés dans l'assise VI.
Par contre les additions sont assez nombreuses. Par exemple
au titre VIII, 1 l'évêque n'est pas, comme dans le *Code* (I, 37)
exempte d'une façon absolue de la prestation du serment, mais
y demeure tenu en certains cas, de même cette exemption est
accordée au prêtre. Au titre XIV, aux mots *habitu virginum* du
Code (I 4, 4), on ajoute *vel veste monachica* et *nec clericali*. Au
titre XVII, on déclare coupable de sacrilège non seulement ceux
qui discutent le jugement du souverain (*Cod* IX, 29, 2) mais
aussi ceux qui discutent ses conseils, ses institutions ses actes.
L'assise XXI, 2, punit non seulement les faux monnayeurs
mais aussi ceux qui diminuent le poids de la monnaie. De même,
l'assise XXIX, 1, contient quant au domicile de la courtisane
une prescription inconnue à la législation justinienne.

Il convient de noter que les modifications apportées aux
peines décrétées sont le plus souvent faites dans un sens qui
favorise l'intervention directe du souverain. Il faut aussi remarquer que les emprunts faits à la législation justinienne n'ont pas
été réunis par le rédacteur des *Assises* de manière à former un
tout complet ; ils sont au contraire séparés et d'ordinaire placés en tête de chacune des grandes divisions que nous avons
indiquées [1]

1. Caspar, *op cit*, p 247

Il reste à expliquer par quelle voie le législateur normand a connu le droit romain. Tandis que M. La Mantia soutient que le droit de Justinien s'est maintenu en Sicile, même à l'époque de la domination musulmane [1]. M. Brandileone attribue au droit gréco-romain un rôle prépondérant dans l'Italie méridionale et en Sicile, et explique la profonde connaissance du droit romain que révèlent les *Assises* par l'influence des Lombards établis en Sicile au xie siècle [2]. Il me semble que l'opinion de M. La Mantia sur la survivance du droit romain en Sicile est la plus probable ; elle n'exclut pas d'ailleurs l'influence que les Lombards ont pu exercer sur la renaissance des études juridiques [3]. On ne saurait toutefois oublier que les *Assises* ne représentent pas un droit particulier à la Sicile ; elles étaient applicables à tout le

1. La Mantia, *op. cit.*, p. 50 et suiv.
2. Brandileone, *op. cit.*, dans *Archivio giuridico*, t. XXXVI, p. 285, et *Il diritto romano nelle leggi normanne e sueve del regno di Sicilia*, p. 10 et suiv. Pour justifier l'introduction du droit gréco-romain en Sicile, M. B. ne peut citer qu'un passage de Theoph. cont. l. II, 27, p. 82 ; or la domination musulmane était établie en Sicile bien avant 900, date adoptée par M. B., cf. Amari, *Storia dei Musulmani*, t. I, p. 262.
3. Pour compléter l'étude de la question, cf. La Mantia, *Storia della legislazione civile e criminale in Sicilia* (Palerme, 1859), in-8, p. 198 et suiv.; Zachariae a Lingenthal, *Il diritto romano nella bassa Italia e la scuola giuridica di Bologna*, dans *Rendiconti del r. Istituto lombardo*, série, II, t. XVIII; Perla, *Del diritto romano giustineneo nelle provincie d'Italia prima delle Assise normanne*, dans *Archivio stor. napolet.*, t. X (1885), p. 130 et suiv.; Gay, *L'Italie méridionale et l'empire byzantin*, p. 569 et suiv.; Mortreuil, *Histoire du droit byzantin*, t. I, p. 424 et suiv.; Ciccaglione, *Le istituzioni politiche e sociale dei ducati Napoletani* (Naples, 1892, p. 29, et *Il diritto romano in Sicilia durante il periodo musulmano*, dans *Rivista di storia e filos. del diritto*, t. I (1897); Giffrida, *La genesi delle consuetudini giuridiche delle città di Sicilia*, t. I. *Il diritto greco-romano nel periodo bizantino-arabo* (Catane, 1901), S.-Villanueva, *Sul diritto greco-romano (privato) in Sicilia* (Palerme, 1901), in-8, qui admet p. 10 et suiv.) que l'*Ecloga* a pénétré en Sicile, mais ne croit pas que le *Prochiron*, l'*Epanagoga* et les *Novelles* de Léon le Philosophe et de Constantin Porphyrogénète aient été admises; (p. 87 et suiv.), il émet l'opinion qu'en Sicile, peut-être même avant les Byzantins, il s'est formé un droit romain vulgaire, né spontanément des besoins, et ayant apporté au droit officiel divers compléments et d'assez nombreuses modifications; du même auteur, cf. dans l'*Archivio storico siciliano*, N.S., t. XXVIII, p. 157 et suiv., un important compte rendu du livre de Neumayer, *Die gemeinrechtliche Entwickelung des internationalen Privat-und Strafrechts bis Bartolus*, 1re partie, *Die Geltung der Stammesrechte in Italien* (Münich, 1901).

royaume, par suite il n'y a rien d'étonnant a ce qu'on y retrouve la trace des différents droits en usage lors de la conquête normande droit romain, droit gréco-romain, droit lombard Nous avons constaté la part du droit romain dans les *Assises*, nous allons maintenant examiner de quelles autres influences on peut relever la trace

A côté des assises empruntées a la législation justinienne nous trouvons un second groupe dont l'origine est différente Il comprend les titres I-V, X², XV, XVI, XIX, XX, XXIII² XXVI¹, XXVII, XXVIII, 1, 2 et 3, XXIX 3 et 4 XXX, XXXI, XXXIV, XXXV, XLIV ¹

Dans ce groupe, un certain nombre d'assises paraissent inspirées par la législation gréco-romaine , mais il convient ici de se garder de toute exagération Ainsi on a voulu rapprocher le préambule des *Assises* de celui de l *Eclogue* de Leon l'Isaurien M Brandileone, qui fait ce rapprochement, constate lui-même que les deux textes se rapprochent l'un de l'autre plus par l inspiration que par la forme elle-même De même les rapprochements faits avec le *Digeste* ne portent que sur les mots *juris sacerdotes* (*Dig* , I, 1, = *Ass* , I) et sur la phrase suivante ·

Dig , loc cit	*Ass* , I
Omnes vero populi legibus tam a nobis promulgatis vel compositis reguntur	*Volumus igitur et jubemus ut sanctiones quas in presenti corpore sive promulgatas a nobis sive compositas (a) nobis facimus exhiberi, fideliter et alacriter recipiatis*

L'emprunt est ici évident, mais tout le reste du préambule

---

1 On retrouve dans les *Constitutions* de Frédéric II les *Assises* suivantes *Ass* , IV = *Const* III, 1, *Ass* , XV, 2 = *Const* , II, 41 *Ass* , XIX = *Const* , III, 59, *Ass* , XX, = *Const* , III, 61 *Ass* , XXIII, 2 = *Const* , III 65 *Ass* , XXVI, 1, = *Const* , I, 36, 2, *Ass* , XXVII = *Const* , III, 22, *Ass* , XXVIII, 2 et 3 = *Const* , III, 74-75 , *Ass* XXIX, 41 = *Const* , III, 78 , *Ass* , XXX = *Const* , III, 79-80, *Ass* , XXXI, 2 = *Const* , III, 81, *Ass* , XXXV = *Const* , III, 40, *Ass* , XLIV = *Const* II, 50, 1 et 2 , cf La Mantia, *loc cit*

présente des analogies frappantes avec la phraséologie en usage dans les diplômes royaux. Je ne crois pas qu'il faille chercher ailleurs un modèle. De même les titres II-IV sur les devoirs du roi envers les églises, ou ceux des seigneurs envers leurs sujets et enfin sur les droits régaliens présentent un caractère analogue.

On a également rapproché, à tort me semble-t-il, le titre V des *Assises* d'un passage du *Code*, I, 3, 26. Entre les deux textes il n'existe guère de rapports. La dernière phrase de l'assise est, il est vrai, empruntée textuellement au texte du *Code* mais l'objet même de la loi diffère, comme on le voit, en comparant les deux textes. Le *Code* s'occupe ici non pas de la vente des reliques mais de leur ostension dans des lieux publics autres que les églises. L'assise au contraire ne s'occupe que du commerce des reliques.

Par contre c'est avec raison que l'assise, XXVII, *De coniugiis legitime celebrandis*, a été rapprochée de la Novelle de Léon le Philosophe relative au même objet [1]. Toutefois il faut noter que l'assise ne reproduit ni la sanction ni les paroles de la Novelle. Néanmoins le rapprochement entre les deux textes s'impose. On sait en effet que jusqu'au concile de Trente la bénédiction du prêtre n'était point une condition essentielle à la validité du mariage [2]. Celui-ci était « un contrat purement consensuel existant par le seul effet de la volonté des parties, indépendamment de toute forme déterminée ». On possède le texte de l'un de ces engagements civils qui date de la période lombarde [3]. La Novelle de Léon VI a été le premier acte législatif qui ait frappé de nullité ces engagements purement civils [4]. Bien que Justinien, dans une de ses Novelles, ait paru incliner vers le droit adopté plus tard par Léon VI, il semble bien qu'il faille admettre que l'assise de Roger a été inspirée par la Novelle de Léon VI et non point par celle de Justinien.

1. *Nov.* 89, Zachariæ a Lingenthal, *Jus græco-romanum*, t. III, p. 185 ; cf. *Const.*, III, 22, et La Mantia, *op. cit.*, p. 83-84.
2. Viollet, *Droit civil français*, p. 424.
3. M.G.H. LL., t. IV, p. 605, cf. Viollet, *op. cit.*, p. 425.
4. Cf. Viollet, *op. cit.*, p. 426.
5. Cf. *Nov.* 74, 4, 1 éd. Schoell et Kroll, dans *Corpus juris civilis*, t. III, 2e éd., Berlin, 1899, in-4° ; cf. Walter, *Lehrbuch des Kirchenrechts*, p. 299, et Viollet, *op. cit.*, p. 426, note 2.

On retrouve dans quelques-unes des assises d'autres traces de l'influence du droit gréco-romain : c'est ainsi que la peine de l'ablation du nez, prononcée dans divers cas, semble bien être un emprunt fait à la législation byzantine [1] Mais il faut remarquer ici que le législateur normand emprunte, en même temps, à la législation de Justinien et à celle de ses successeurs. Ainsi au paragraphe 2 de l'assise XXVIII, la permission accordée au mari de punir de l'ablation du nez la femme adultère est inspirée quant à la peine de la législation gréco-romaine, tandis que la prescription, ordonnant de flageller la femme dans le cas où le mari n'userait pas de son droit de châtiment, est évidemment empruntée à une Novelle de Justinien [2]

Les législations justinienne et gréco-romaine n'ont point d'ailleurs été les seules mises à contribution par le législateur normand et il faut reconnaître dans les *Assises* l'influence du droit germanique par exemple dans le droit de se faire justice soi-même, droit accordé au mari qui surprend sa femme [3] Notons, toutefois, que le législateur normand parle avec mépris du droit lombard [4] et qu'il semble qu'une partie de la population de ses

---

1 Cf *Ecloga*, 27

2 *Novelle* CXVII, 14

3 Ass , XXXI Cf l'edit de Rotharis 383, ed Bluhme, M G H LL , t IV, p 89 Voir la legislation différente dans le *Digeste*, XLVIII, 5, 22, 23, 24

On retrouve une trace curieuse de cette loi dans la poésie populaire sicilienne comme le montre la pièce suivante publiée par Salomone Marino, *La storia nei canti popolari siciliani*, dans *Arch stor sicil* , t I, p 142 On voit qu'ici c'est à l'un des Guillaume qu'est attribuée l'assise en question

> Trasinu li galeri ntra Palermu
> E portu portu vannu viliannu
> Ora ch' e neminnatu re Gugghielmu
> Pri li donni infidili ha fattu un bannu ,
> Voh ca ogni amanti stassi fermu,
> Guai a cu' un attenni asti cumanni !
> Donni infidili di lu re Gugghielmu
> Morti e galera ammmazza lu bannu

4 Cf Ass , XXXIV, « *Pro suggestione populi nostro regno subjecti atque supplicatione, legum suarum ineptitudinem cognoscentes* » L'assise modifie l'edit de Rotharis 383 et 388 Cf Merkel, *op cit* , p 11 sur une glose d'un manuscrit de la loi lombarde relative à l'assise de Roger

États témoignait peu d'empressement à admettre les prescriptions d'un droit étranger [1].

En résumé, le second groupe des assises paraît former un ensemble de constitutions originales. Dans quelques-unes d'entre elles on retrouve la trace d'influences étrangères, mais, malgré cela, le législateur normand a fait une œuvre personnelle et ne s'est pas contenté de copier ses modèles.

Il semble d'ailleurs que lui-même ait marqué la différence qu'il établissait entre les diverses parties que composaient son œuvre puisqu'il distingue dans le préambule entre les assises promulguées par lui et celles qu'il a composées [2]. Évidemment les assises promulguées sont celles empruntées aux législations justinienne gréco-romaine ou lombarde, tandis que les assises composées forment son œuvre personnelle.

Au point de vue de la forme on peut faire quelques remarques sur celles des assises qui sont l'œuvre personnelle du législateur normand. Tout d'abord elles sont en général beaucoup plus développées que les assises empruntées à la législation justinienne [3]. Le style est loin d'avoir la concision et la fermeté que l'on remarque chez les grands jurisconsultes de l'époque impériale. D'ordinaire l'assise débute par un préambule présentant de grandes analogies avec les préambules des diplômes royaux [4]. Le législateur se plaît à développer en quelques mots une idée générale se rattachant plus ou moins au sujet qu'il va traiter; il aime également à citer la Bible [5]. Comme dans les diplômes le souverain parle à la première personne du pluriel; il désigne l'acte législatif tantôt par le mot *lex*, tantôt par le mot *edictum*. Notons encore que la loi n'est pas ratifiée par un parlement et que l'autorité royale en matière législative paraît s'exercer souverainement [6]. Il faut enfin

1. Dans un grand nombre de privilèges accordés aux villes est stipulée l'exemption du combat judiciaire, cf. *Cod. dipl. Bar.*, t. V, p. 138.
2. « *Volumus... ut sanctiones... sire promulgatas a nobis, sire compositas (a) nobis... recipiatis* », éd. Brandileone, p. 95.
3. Cf. v. g. Ass., I-IV, XIX, XXVII, et 9, 10, 11, 14, 15.
4. Cf. Caspar, *op. cit.*, p. 251 et suiv.
5. *Id.*, p. 252.
6. Préambule, Assise, p. 95 : « *Volumus et jubemus... [o proceres]... ut sanctiones, quas in presenti corpore sire promulgatas a nobis sire compositas a) nobis facimus exhiberi, fideliter et alacriter recipiatis* ».

remarquer que les assises déclarent expressément que toutes les coutumes et législations particulières subsistent, sauf celles qui sont en contradiction avec les lois nouvellement promulguées [1]

Aux assises telles que nous les font connaître le manuscrit du Vatican, il convient d'ajouter les sept assises qui figurent seulement dans le manuscrit du Mont-Cassin, puis les constitutions de de Roger et de ses successeurs qui nous sont parvenues dans les *Constitutions* de Frédéric II

Parmi les sept assises du Cod Cas , il faut, semble-t-il, rapprocher quelques phrases du titre 35, *De mordisonibus*, sur les incendies et l'interdiction de couper les arbres et les pieds de vigne d'un passage du *Digeste* (XLVII, 7)

On a rapproché l'assise 37, du même manuscrit (*De intestatis*) d'une Novelle de Constantin Porphyrogénète [2] M. La Mantia repousse ce rapprochement en se basant sur les différences qui existent entre le texte de l'assise, et ses dérivés (coutume de Palerme et constitution de Guillaume ou de Frédéric II [3]) et le texte de la Novelle [4] Il semble bien toutefois que c'est à la Novelle que le législateur normand emprunte la prescription de vendre un tiers des biens de l'intestat en faveur des pauvres La Novelle prévoit seulement le cas où il n'y a pas d'enfants (χωρὶς παίδων) tandis que l'assise ne tient pas compte de ce fait (*sive filii ex eo existant sive non*) La constitution de Guillaume, au contraire ne prescrit la vente que dans le cas où il n'y a pas d'héritiers

L'assise 37 (*De excessu prelatorum et dominorum*) règle les cas où les vassaux laïcs et ecclésiastiques du roi peuvent lever l'aide sur leurs propres vassaux Reproduite dans les *Constitutions* (Const , III, 20, *De adjutoriis exigendis ab hominibus*) elle est attribuée au roi Guillaume L'assise 39 (*Rescriptum pro clericis*) explique et commente l'assise X du Cod Vat Elle figure dans les *Constitutions* (Const , III, 3), certains manuscrits l'attribuent

---

1 Ass , I, p 96 « *moribus consuetudinibus, legibus non cassatis pro varietate populorum nostro regno subjectorum* »

2 Zachariæ a Lingenthal, *Jus greco romanum*, t III p 276

3 Cf le texte de la coutume de Palerme dans La Mantia *Antiche consuetudini delle citta de Sicilia*, p 188, cf *Constit* I, 61

4 La Mantia, *Cenni storici*, etc , p 84

au roi Roger, d'autres au roi Guillaume. Les assises 33 (*De fugacibus*), 34 (*De seditionariis*) et 36 (*Que sit potestas justitiarii*) ne se retrouvent pas dans les *Constitutions*.

2° *Autres textes législatifs.* — Les *Constitutions* de Frédéric II nous font connaître un certain nombre de lois promulguées par les rois normands. A propos des assises du manuscrit du Vatican nous avons indiqué les renvois aux *Constitutions* de Frédéric II. Nous ne reviendrons pas ici sur ce sujet. Les lois attribuées au roi Guillaume sans que nous sachions s'il s'agit de Guillaume Ier ou de Guillaume II sont les suivantes :

Const., I, 6, *De usurariis puniendis* (loi sans doute motivée par les décisions des conciles réunis par Alexandre III qui traitèrent de cette question).

Const., I, 21, *De violentia meretricibus illata.*

Const., I. 61, *Dohane de secretis.*

Const., I, 37 et 61, *De officio magistrorum camerariorum et bajulorum.*

Const., I, 65, *De officio bajulorum.*

Const., I, 66, *De fure capto per bajulum justitiario assignando cum re furtiva.*

Const., I, 69. *De juramentis non remittendis a bajulis.*

Const., I, 67, *De mutuatione et recommendatione pecunie.*

Const., I. 68, *De clericis conveniendis pro possessionibus quas non tenent ab ecclesia.*

Const., I, 91, *De officio castellanorum et serventium.*

Const., I, 45, *Ubi clericus in maleficiis debeat convenire.*

Const., I, 78, *Ut justitiarius alio loco sui ordinare non possit.*

Const. II, 28, *De fide instrumentorum et testium.*

Const., II. 37, *Qualiter campiones tenentur pugnare.*

Const., III, 3, *De his qui debent accedere ad ordinem clericatus.*

Const., III, 13, *De dotario constituendo in feudis et castris.*

Const., III, 16, *De Dotariis constituendis.*

Const., III, 17, *De fratribus obligantibus partem feudi pro dotibus sororum.*

Const., III, 20, *De adjutoriis exigendis ab hominibus.*

Const., III, 31, *De administratione rerum ecclesiasticarum post mortem prelatorum.*

Const, III, 34, *De servis et ancillis fugitivis*

Const, III, 35 *De pecunia inventa in rebus alienis.*

Const, III, 54, *De furtis et latrociniis*

Const, III, 55, *De animalibus in pascuis affidandis*

Const, III, 83, *De adulteriis coercendis*

Il convient d'ajouter a ces constitutions deux reglements promulgues l'un par Roger, l'autre par Guillaume II Le premier regle le droit de succession dans une partie de la Calabre [1], le second supprime dans toute l etendue du domaine royal les droits de peage (1187) [2]

III — SOURCES NARRATIVES

I — LES ANNALES

Nous classerons les Annales de l Italie méridionale sous les rubriques suivantes 1° ANNALES DE LA POUILLE 2° ANNALES DE BENEVENT, 3° ANNALES DU MONT CASSIN, 4° ANNALES DE LA CAVA, 5° ANNALES DE CECCANO

1° ANNALES DE LA POUILLE

Parmi les sources les plus importantes pour l'histoire de l'établissement des Normands en Italie, figure tout un groupe d Annales rédigees dans la région de Bari et etroitement apparentées les unes aux autres Ce groupe comprend 1° Les *Annales Barenses*, qui s'étendent de l année 605 a l année 1043 [3], 2° Une chronique pour laquelle les manuscrits ne fournissent pas de nom d auteur, mais qui, depuis le XVIIe siecle, est attribuée à Lupus

---

1 Ed. Zachariæ a l ingenthal, *Heidelberg Jahrbucher der Literatur* (1841), p 554 et suiv , Capasso, *Novella di Ruggiero re di Sicilia et di Puglia promulgata in greco ed ora per la prima volta edita con la traduzione latina ed alcune osservazioni* dans *Atti dell Academia Pontaniana*, t IX (Naples, 1867), Brunneck, *Siciliens mittelalterliche Stadtrechte* Halle, 1881), p 240, Brandileone, *Frammenti di legislazione normanna e di giurisprudenza bizantina nell Italia meridionale*, dans *Atti della Reale Academia dei Lincei, Rendiconti*, S IV, II, 8 (1886), p 261 et suiv

2 Ed Minieri Riccio, *op cit*, Supl I, pp 20-21

3 *Annales Barenses anonymi*, ab an 605-1043, ed dans les M G H.SS , t V, p 51 et suiv

Protospatarius. L'ouvrage rédigé en forme d'annales comprend les années 805-1102 [1] ; 3° l'*Anonymi barensis chronicon*, qui va d56 e 0à 1043 [2].

Les rapports existants entre ces diverses chroniques ont été étudiés par Pertz et Wilmans, et plus récemment par Hirsch [3].

Ce dernier a distingué dans les *Annales Barenses* deux parties l'une s'étendant jusqu'à l'année 1027, l'autre comprenant les années 1035-1043. Il a montré que, pour la première partie, les *Annales Barenses* dérivent d'anciennes annales de Bari, aujourd'hui perdues, mais utilisées également par Lupus Protospatarius et l'Anonyme de Bari, ainsi que par le rédacteur des *Annales Beneventani*, I (rédaction de 788 à 1113) [4]. En dehors de cette source commune, Lupus Protospatarius a utilisé une *Chronique de Bénévent*, connue également par les auteurs des *Annales Beneventani* I et II (cette deuxième rédaction s'étend de 759 à 1111).

Pour la seconde partie, Hirsch a montré [5] que l'Anonyme de Bari, les *Annales Barenses* et Lupus Protospatarius avaient utilisé d'anciennes annales de Bari dont la rédaction s'étendait jusqu'à l'année 1051. Ces annales perdues ont également été connues et utilisées par Guillaume de Pouille. Enfin, pour les années suivantes, le même auteur a établi que le rédacteur anonyme de Bari avait vécu dans cette dernière ville et avait utilisé ses renseignements personnels, tandis que Lupus Protospatarius avait utilisé des annales de Matera et très probablement une autre série d'annales, rédigées dans l'Italie méridionale par un

1. Lupus Protospatarius Barensis, *Rerum in regno neapolitano gestarum breve chronicon sive Annales 855-1102*, éd. dans les M.G.H.SS., t. V, p. 52 et suiv.

2. *Anonymi Barensis chronicon 855-1115*, éd. Muratori, R.I.SS., t. V, p. 147 et suiv.

3. Pertz, M.G.H.SS., t. V, p. 51 ; Wilmans, *Ueber die Quellen der Gesta Roberti Wiscardi des Guillermus Apuliensis*, dans Pertz, *Archiv*, t. V, p. 111 et suiv. Hirsch, *De Italiae inferioris annalibus seculi decimi et undecimi*, Berlin, 1864, in-8°, p. 3 et suiv.

4. *Op. cit.*, p. 9. Sur les *Annales Beneventani*, éd. M.G.H.SS., t. III, p. 152. cf. Pertz, *Archiv*, t. IX, p. 1, et Weinreich, *De conditione Italiae inferioris Gregorio VII pontifice* Kœnigsberg, 1864, in-8°, p. 82.

5. Hirsch, *op. cit.*, p. 26 et suiv.

auteur contemporain des événements, dont l'œuvre a été connue
et employée par Romuald de Salerne

Il faut remarquer que Lupus fait commencer l'année au 1er septembre ainsi que le montre l'ordre dans lequel sont rangés les
dates de mois : ainsi à l'année 1042, il place d'abord les événements de septembre, puis ceux de décembre et février, à l'année 1043, les événements de septembre précèdent ceux d'octobre
et de février. On pourrait multiplier les exemples de ce genre [1].

Il faut rapprocher de ces diverses annales, le *Chronicon breve
normanicum* (1041-1085) [2]. Celui-ci, comme l'indiquent les mots
qui le terminent, a été écrit, entre 1111 et 1127, sous le règne
du duc Guillaume, soit par un Normand soit par un partisan des
Normands [3]. Pertz [4] et Wilmans [5] croyaient que le *Chronicon
breve* avait en grande partie puisé ses renseignements dans
l'œuvre de Lupus Protospatarius. Hirsch a montré que les ressemblances entre les deux textes étaient plus apparentes que
réelles, qu'il y avait entre eux de nombreuses différences, et a
conclu que l'auteur avait beaucoup emprunté à des Annales de
Tarente aujourd'hui perdues [6]. Le *Chronicon breve normanicum*
est bien renseigné pour tout ce qui touche la Terre d'Otrante et
la Pouille, mais ne sait presque rien des événements qui se sont
déroulés en dehors de ces régions [7]

2° ANNALES DE BÉNÉVENT — On possède sous le nom d'*Annales Beneventani* une double série d'annales (I et II) qui rap-

1 Cf. Lupus Protospat   ad an 1017, 1019, 1029, 1069, 1081, etc,
2 Editée dans Muratori, R SS , t V, p 278, sous le titre *Chronicon
Northmannicum de rebus in Japygia et Apulia gestis contra Græcos*
3 « *Succedit Roberto Rogerius filius ejus pater Willermi III ducis Apuliæ
qui nunc feliciter ducatui* » Cf Hirsch, op cit , p 40
4 M G H SS , t V p 52
5 Pertz, Archiv , t X p. 117
6 Op cit , p 45 et suiv
7 Guerrieri, *Di una probabile falsificazione entrata nella Raccolta Mura-
toriana, Il breve Chronicon normannicum* dans l'*Archivio Muratoriano*,
n° 2 (1905), p 65, se basant surtout sur le fait que Muratori avait connu le
Chronicon normannicum par Cuomo, qui le tenait du célèbre faussaire Pol-
lidoro, croit que le *Chronicon* est un faux, mais il n'apporte aucun fait précis à l'appui de son hypothèse

portent les événements des années 788 à 1182 [1] Hirsch a montré que jusqu'en 1112, les rédacteurs de ces annales avaient utilisé d'anciennes annales aujourd'hui perdues qui ont également servi à Falcon de Bénévent Les *Annales Beneventani* I sont en rapports étroits avec les annales de Bari [2]

3° ANNALES DU MONT-CASSIN — Le Mont-Cassin a été un centre important d'études historiques et nous possédons plusieurs séries d'annales qui y ont été rédigées, mais les critiques sont loin d'être d'accord au sujet de leur classification

Hirsch a distingué dans les *Annales Casinenses* [3] trois rédactions. La première s'étend jusqu'en 1152, la seconde jusqu'en 1195 la troisième jusqu'en 1212 [4] Le même auteur a cherché à prouver que, pour la première rédaction, on avait utilisé d'anciennes annales, aujourd'hui perdues qui auraient également servi aux rédacteurs des *Annales Cavenses majores*, des *Annales Cavenses minores*, des *Annales Casinates*, ainsi qu'à Léon d'Ostie et à Pierre Diacre Par suite, les *Annales Casinenses* auraient une réelle valeur pour les premières années du XIIe siècle

Dans l'édition qu'il a donnée des *Annales Casinenses* dans les M G H SS, t XIX, Pertz a distingué trois rédactions [5] 1° une rédaction du début XIIe siècle, allant jusqu'en 1111 et continuée jusqu'à 1167 2° une rédaction faite au temps d'Eugène III et inspirée des *Annales Cavenses*, Cette rédaction s'étend jusqu'à 1152, elle aurait eu trois continuations a) de 1153 à 1154, b) de 1153 à 1182, c) de 1182 à 1212 3° une rédaction faite d'après la deuxième avec continuation de 1183 à 1195

1 Éd dans M G H SS, t III, p 173 et suiv
2 Cf Hirsch, *op cit*, p 9 et suiv , Weinreich, *op cit*, p 80 et suiv Poupardin *Études sur l'histoire des principautés lombardes de l'Italie méridionale* Paris 1907), 8°, pp 13-16 Une troisième série d'*Annales de Bénévent* constitue un faux de Piatelli, cf Köpke *Piatelli Codex der Annales Beneventani* dans l'*Archiv* de Pertz t IX, p 198
3 Éd Pertz, M G H SS, t XIX, p 305
4 Hirsch, *op cit* p 49 et suiv
5 M G H SS, t XIX, p 305 et suiv , cf Wattenbach, *Deutschlands Geschichtsquellen* t II, 6e éd , p 233, et Weinreich, *De conditione Italiæ inferioris Gregorio VII pontifice* (Kœnigsberg, 1864, in-8°, p 84 et suiv

Si l'on adopte les conclusions de Pertz, qui paraissent les plus
vraisemblables, on voit que les *Annales Casinenses* n'ont pas
grande valeur pour le début du XI⁰ siècle. Husch a attaqué les
conclusions de Pertz et a maintenu celles qu'il avait précédemment énoncées [1]

4° ANNALES DE LA CAVA [2]. — Les *Annales Cavenses* écrites
en marge d'un manuscrit de Bède, comprennent deux parties, la
première de 569 à 1034 a été compilée à l'aide de tables pas-
cales, la deuxième de 1034 à 1315 est formée par une série
d'annotations le plus souvent contemporaines des événements
mentionnés [3]

5° ANNALES DE CECCANO — L'auteur, probablement originaire
de Ceccano, vivait à la fin du XII⁰ et au début du XIII⁰ siècle [4],
son œuvre s'étend de l'an 1 à 1217. Pour le début du XI⁰ siècle
il a utilisé les *Annales Casinenses* et les *Annales Cavenses* [5]. A
partir de 1156, les *Annales Ceccanenses* sont beaucoup plus
détaillées, elles constituent une source importante, car pour beaucoup des événements dont la région de Ceccano fut le théâtre,
nous ne sommes renseignés que par elles. A l'année 1192 est
insérée une violente diatribe contre Henri VI [6]

II — CHRONIQUES LATINES

1° AIMÉ DU MONT-CASSIN, *Ystoire de li Normant* — On doit à

1 Husch, *Ueber die Annalen von Monte Cassino* dans *Forschungen zur deutschen Geschichte*, t VII (1867), p 103 et suiv
2 Ed Pertz, M G H SS, t III p 189
3 Wenrich, op cit, pp 84-86, Wattenbach, op cit, t II p 233 Sur le *Chronicon Cavense* édité par Pratilli, cf Pertz et Köpke, *Ueber den chronicon Cavense und andere von Pratillo hrsg Quellenschriften*, dans l'*Archiv* de Pertz t IV, p 1 et suiv
4 *Annales Ceccanenses* ou *Chronicon Fossæ novæ*, éd Pertz, M G H SS, t XIX, p 275 et suiv
5 On a attribué la rédaction des *Annales Ceccanenses* à un certain Jean de Ceccano sur l'erreur commise à ce sujet cf Capasso, *Le fonti della storia delle province napoletane* (Naples, 1902), p 72
6 Cf Ulmann *Ueber die angeblichen Verfasser des Gedichtes in den Annales Ceccanenses*, dans *Neues Archiv*, t I (1876), p 191

Aimé évêque et moine au Mont-Cassin, une *Histoire des Normands* qui est une des sources les plus importantes pour l'histoire de la conquête [1] Cet ouvrage ne nous est connu que par une traduction française faite très probablement en Italie pour le comte de Militrée [2], à la fin du XIIIe ou au commencement du XIVe siecle

Sur la personne d'Aimé, nous ne possédons qu'un très petit nombre de renseignements Pierre Diacre nous apprend qu'il etait évêque et moine du Mont-Cassin et qu'outre son *Histoire des Normands*, il a composé un poème *De gestis sanctorum Petri et Pauli*, dedié à Grégoire VII [3] On a voulu à tort identifier Aimé avec le personnage du même nom qui fut évêque d'Oloron, archevêque de Bordeaux et légat de Grégoire VII [4] C'est également sans raison qu'on l'a confondu avec son homonyme qui fut évêque de Nusco [5] Delarc a émis l'hypothèse qu'Aimé avait été évêque sans diocèse et était toujours demeuré au Mont-Cassin [6]

1 On possède deux éditions d'Aimé toutes deux sont d'ailleurs defectueuses la première est de Champollion-Figeac, sous le titre de *l'Histoire de li Normant et la Chronique de Robert Viscart par Aimé moine du Mont-Cassin* (Paris, 1835, in-8, la seconde est de l'abbé Delarc *Ystoire de li Normant par Aimé evêque et moine au Mont-Cassin* (Rouen, 1892, in-8º

2 On n'a proposé aucune identification satisfaisante pour cette localité
3 Pierre Diacre, *De viris illustribus Casinensibus* dans Muratori R I SS, t VI, p 36 et *Chronica monasterii Casinensis*, dans M G H SS t VII, p 728 Cf Tosti, *Storia della badia di Monte Cassino* t I, pp 418-419, et Dummler, *Neues Archiv* t IV, p 189 et suiv

4 Champollion-Figeac, *op cit*, p XI *Histoire littéraire de la France*, t IX, p 226, Mabillon, *Annales ordinis sancti Benedicti*, t V, p 239, Delarc, *op cit*, p XI et suiv J'emprunte beaucoup à l'*Introduction* placée par Delarc en tête de son édition

5 Cf Delarc *op cit* p XV et suiv De l'argumentation de Delarc il faut retenir que la date de la mort d'Aimé du Mont-Cassin est le 1er mars, tandis que l'évêque de Nusco est mort le 30 septembre ou le 31 août La vie d'Aimé, evêque de Nusco, telle que Delarc la reconstitue d'après les monuments liturgiques, ne présente aucune valeur historique et ressemble à bien d'autres vies de saints Le testament de l'evêque de Nusco, attaqué par Delarc est authentique comme l'a démontré Capasso *Sull'autenticità del testamento di S Amato, vescovo di Nusco*, dans *Arch st napol*, t VI, pp 543-550

6 Delarc, *op cit* p XXIII

A quelle époque Aimé a-t-il rédigé son ouvrage ? Les nombreuses allusions, qui sont faites au début du premier livre aux événements dont Constantinople et l'empire grec furent le théâtre après la chute de Romain Diogenès (1071), me paraissent indiquer qu'Aimé n'a pas commencé à écrire avant 1074 ou 1075) On a d'autre part remarqué qu'il mentionnait la mort de Richard de Capoue (5 avril 1078) et faisait allusion aux projets de Guiscard sur Constantinople, mais ne parlait pas de l'entrevue et de la réconciliation de Grégoire VII et de Guiscard (juin 1080) Par suite on peut vraisemblablement placer entre 1075 et 1080 la rédaction de son œuvre [1]

L'ouvrage est divisé en huit livres Il débute par un résumé très abrégé de l'histoire du peuple normand qui a quitté l'île de Nora pour venir en France et en divers pays Suit le récit des exploits de quelques-uns des plus célèbres Normands, Guillaume le Conquérant, Robert Crispin, dont on connaît les aventures en Espagne, en Italie et en Orient, Oursel de Bailleul qui faillit monter sur le trône de Constantinople Après avoir ainsi rattaché à ces illustres héros les conquérants de l'Italie, Aimé aborde son sujet Nous ne ferons pas ici l'analyse de l'ouvrage, toutefois nous ferons remarquer un des procédés de composition de l'auteur Les véritables héros du livre d'Aimé sont Richard de Capoue et Robert Guiscard Aussi à partir du moment où ceux-ci commencent à jouer le premier rôle, c'est autour de chacun d'eux que le chroniqueur groupe les faits De là, vient que l'ordre chronologique n'est pas observé ; l'auteur raconte, par exemple (l. IV. chap 1 et suiv) un certain nombre de faits se rapportant à Guiscard, puis (*Ibid*, c 9 et suiv) passe à Richard de Capoue, après quoi il revient à Guiscard et ainsi de suite Ce procédé de composition doit être retenu car, en n'y prêtant pas attention, on risquerait de tomber dans des erreurs de chronologie

Quelle valeur convient-il d'attribuer à l'œuvre de d'Aimé ? Vivant au Mont-Cassin, Aimé était placé admirablement pour être bien renseigné. Pour la première période de l'histoire des Nor-

1 Weinreich, *De conditione Italiae inferioris Gregorio septimo pontifice* pp 73-74, me paraît un peu trop retarder la date de la composition de l'ouvrage

mands, alors que ceux-ci étaient au service des princes lombards,
Aimé a pu connaître la tradition du monastère relative à ces
événements, pour la période postérieure il a pu être renseigné
par Didier qui joua alors un rôle considérable dans les événements. Les relations nombreuses que le Mont-Cassin entretenait
avec la Pouille ont pu lui permettre également de recueillir bien des
renseignements sur cette région. Enfin pour les faits dont Aimé lui-
même a été contemporain, le Mont-Cassin devait être un centre
excellent d'informations. Il semblerait donc *a priori* que la chronique d'Aimé doive avoir une grande valeur. D'abord admise[1], cette
opinion a été âprement combattue par Hirsch[2]. L'argumentation de ce dernier a été rétorquée par Baist dont les conclusions
ont été adoptées par Delarc. Sans entrer à nouveau dans le détail
de ces discussions et pour éviter d'inutiles redites, je me bornerai
à dire que je me range sans hésitation à l'opinion de ces deux
derniers auteurs car le plus souvent quand nous pouvons le
contrôler Aimé nous apparaît comme ayant été en général fort
bien renseigné. Aux preuves déjà données par Baist[3] et Delarc[4]
j'ajouterai la suivante. Aimé est le seul auteur de l'Italie qui
expose avec clarté (VII, 26 p. 297) que par trois fois l'empereur
de Constantinople a fait demander la main d'une fille de Guiscard. Or le fait des trois ambassades envoyées de Byzance est
confirmé par les lettres du basileus que l'on a retrouvées[5]

  Malgré les attaques dont elle a été l'objet, la chronique
d'Aimé n'en demeure pas moins la meilleure source pour l'histoire de la conquête normande.

  2° LÉON MARSICANUS, *Chronica monasterii Casinensis*. — Léon
Marsicanus appartenait à la famille des comtes des Marses ; entré
au Mont-Cassin, v. 1061 il y prit l'habit et devint archiviste et

---

1. Cf. Giesebrecht, *Geschichte der deutschen Kaiserzeit*, t. II, 5e éd.,
p. 571, et t. III 4e éd., p. 1063

2. Hirsch, *Amatus von Monte Cassino und seine Geschichte der Normannen* dans *Forschungen zur d. Geschichte* t. VIII, p. 205 et suiv

3. Baist, *Zur Kritik der Normannengeschichte des Amatus von Monte Cassino* dans *Forschungen zur d. Geschichte*, t. XXIV, p. 275 et suiv

4. Delarc, éd. d'Aimé, p. L et suiv

5. Cf. *infra*, t. I, p. 260 et suiv

bibliothecaire Vers 1101, il fut créé cardinal d'Ostie par Pascal II, il mourut après 1114 et avant 1118 Ami et familier de l'abbé Didier, il a écrit sa *Chronique*[1] à la demande de celui-ci et la lui a dédiée L'ouvrage a été commencé après 1098 On possède le manuscrit original chargé d'additions et de corrections, on peut distinguer deux rédactions, la première s'étend de 529 à 1057, la seconde fut continuée jusqu'à 1075[2] Dans cette deuxième rédaction, l'auteur a utilisé l'œuvre d Aimé qu'il n'avait pas connue précédemment et a complètement remanié toute la partie de son ouvrage relative aux débuts de la conquête normande[3]

Nous avons dit l'appoint important qu'Aimé avait fourni à Léon d'Ostie, en dehors de l'*Ystoire de li Normant*, l'auteur a utilisé d'anciennes annales, des documents d'archives et des renseignements oraux Il a eu notamment sur les évènements dont la Pouille fut le théâtre des informations tout à fait indépendantes de celles d Aimé Surtout bien informé, des faits de l'histoire locale, l'ouvrage de Léon d'Ostie nous fournit, en outre, d'importants renseignements sur l'histoire de la conquête normande

Parmi les ouvrages de Léon d'Ostie il faut encore mentionner la *Narratio de consecratione ecclesiarum a Desiderio et Oderisio in Monte-Cassino edificatarum*[4], dont l'auteur a inséré une partie dans sa *Chronique*

3º PIERRE DIACRE[5] — L'ouvrage de Léon d'Ostie a été continué depuis le chapitre 35 du livre III, par Pierre Diacre dont le récit s'étend jusqu'à 1139 L'auteur a, en outre, repris certaines parties du récit de Léon d'Ostie[6] Pierre Diacre appartenait à

1 Ed Wattenbach, dans M G H SS, t VII, p 574 et suiv

2 Cf Wattenbach, *Deutschlands Geschichtsquellen*, t II, 6e ed, p 235 et suiv

3 On trouvera dans l *Introduction* de Delarc à l'édition de l'*Ystoire de li Normant*, p LXVI et suiv, l'indication de tous les passages d'Aimé qui ont passé dans l'œuvre de Léon d Ostie

4 Ed Muratori, R I SS, t V, p 76 et suiv, et Migne P L, t CLXXIII, p 997 et suiv

5 Ed Wattenbach, M G H SS, t VII, p 727 et suiv

6 Pierre Diacre a utilisé pour cela le récit d'Aimé, cf Delarc, éd de l'*Ystoire de li Normant*, p LXX

la famille des comtes de Tusculum, il entra au Mont-Cassin, vers 1115, et devint bibliothécaire et archiviste de l'abbaye Ami de l'abbé Renaud, auquel il dédia le livre IV de son œuvre, Pierre Diacre joua un rôle important dans les événements qui se passèrent lors de la venue de Lothaire, en 1137 A juste titre, Pierre Diacre jouit d'une detestable réputation ; il a profité de sa situation pour fabriquer de faux diplômes en faveur des moines de l'abbaye, et raconte les evenements d'une façon fantaisiste [1] A même par sa situation d'être bien informé, Pierre Diacre a plus d'une fois travesti la vérité Tres inferieur à Léon d'Ostie, il ne merite souvent qu'une creance mediocre [2]

4° GEOFFROI MALATERRA, *Historia sicula* [3] — Geoffroi Malaterra est l'auteur de l'*Historia sicula*, qu'il a dediee à Anchier, évêque de Catane Il resulte de l'épître dédicatoire que l'auteur etait etranger à l'Italie ; à la maniere dont il parle des Normands à diverses reprises, on peut conclure que lui-même était originaire de Normandie Apres être demeuré quelque temps en Pouille, Geoffroi passa en Sicile il explique, en effet, que si l'on peut relever des erreurs dans son œuvre, cela tient à ce qu'il est un Apulien et un Sicilien de fraîche date L'ouvrage a été ecrit à la demande du comte Roger, qui a prie l'auteur d'ecrire non pas un poème mais une relation claire et précise de la conquête de la Sicile Toutefois, certaines parties de l'œuvre sont en vers

Comme sources, l'auteur a surtout utilisé les renseignements oraux qui lui ont eté communiqués par le comte de Sicile et par ceux des Normands qui ont pris part à la conquête de l'île En outre, il a vraisemblablement eu à sa disposition quelques sources ecrites où etaient racontées les aventures des premiers conquerants [4]. Geoffroi était donc à même d'être tres bien renseigné Mais ici le contrôle est difficile, car, pour la plupart des faits qu'il raconte, il est notre source unique ; sans lui nous ne possederions

1 Cf. Wattenbach, *Deutschlands Geschichtsquellen*, t II, p 236
2 Cf *Infra*, t II, pp 70-71
3 Ed Muratori RISS, t V, p 547 et suiv
4 Cf *Infra*, p XXXVIII

presque aucun détail sur les guerres soutenues en Sicile par les conquérants normands

Geoffroi a voulu écrire une biographie du comte Roger, c'est celui-ci qui est le héros principal autour duquel se groupent les événements. L'ouvrage débute par un résumé sommaire de l'histoire de Rollon, puis aussitôt commence celle de la famille de Hauteville. Jusqu'à la date de 1058, l'œuvre est assez confuse, très sommaire et sans aucune indication chronologique. A partir du moment où Roger est en Sicile, il n'est plus question que de lui et de ses exploits ; tout l'ouvrage lui est consacré, sauf une assez longue digression relative à la compagne de Robert Guiscard en Grèce. L'œuvre se termine à l'année 1099.

Le principal reproche que l'on puisse faire à Geoffroi est une tendance marquée au panégyrique. Le comte de Sicile et les Normands ont toutes les vertus, ils sont toujours vainqueurs et malgré leur petit nombre ils mettent en déroute d'innombrables armées musulmanes [1] Malgré ce défaut l'ouvrage n'en demeure pas moins une source de premier ordre. Heinemann a montré que Malaterra commençait l'année au 1er janvier [2]

L'ouvrage a été continué jusqu'en 1265, mais cet appendice est très sommaire et constitue plutôt des annales qu'une chronique.

5° Anonymus Vaticanus — L'Anonymi Vaticani historia Sicula ou Chronica Roberti Guiscardi et fratrum ac Rogerii comitis Mileto est un ouvrage latin racontant l'histoire des conquêtes normandes dans l'Italie méridionale et en Sicile jusqu'en 1091, et rédigé sous le règne de Roger II [3] A cette rédaction primitive on a ajouté un résumé de l'histoire de Sicile jusqu'en 1282. L'Anonyme du Vatican a été publié par Caruso et Muratori [4] En 1835, Champollion-Figeac, sous le titre de Chronique de

---

1 Cf. Infra, t. I, p. 327 et suiv.
2 Heinemann, Geschichte der Normannen, t. I, pp. 373-376
3 Cf. une allusion à la monarchie éd. Muratori, R. I. SS., t. VIII, p. 754
4 Caruso, Bibliotheca hist. regni Siciliae, t. II 1723, p. 827 et suiv., Muratori, R. I. SS., t. VIII, p. 745 et suiv.

Robert Viscart et de ses frères, en a publié, en appendice [1] à son édition d'Aimé, une traduction française de la fin du XIIIᵉ siècle. Champollion-Figeac a prétendu établir que cet ouvrage était l'œuvre d'Aimé du Mont-Cassin. Wilmans [2] a combattu cette opinion que nul ne songe plus à défendre et a voulu montrer que l'Anonyme du Vatican n'avait fait qu'abréger la *Chronique* de Geoffroi Malaterra. Delarc a adopté les conclusions de Wilmans [3]; depuis lors, celles-ci ont été combattues par Heskel [4]. Ce dernier de la comparaison du texte de l'Anonyme du Vatican avec Malaterra conclut que le texte du premier est indépendant de celui du second. D'après lui les deux auteurs se seraient inspirés des mêmes sources : de là viendraient les quelques ressemblances que l'on peut relever entre les deux ouvrages. L'Anonyme et Malaterra auraient eu entre les mains deux ouvrages relatifs aux expéditions des Normands en Italie : l'un aurait contenu le récit des événements depuis l'apparition des Normands en Italie jusqu'à la mort d'Onfroi ; l'autre aurait été plus particulièrement une histoire de Robert Guiscard et de Roger et se serait terminé vers 1090 ou 1091 [5]. La thèse de Heskel, très ingénieusement établie, me paraît fort juste et j'adopte ses conclusions. Contrairement à l'opinion de Wilmans, l'Anonyme du Vatican a donc une certaine valeur, c'est une source utile qui complète sur quelques points les renseignements de Malaterra [6].

6º GUILLAUME DE POUILLE, *Gesta Roberti Wiscardi*. — On doit à Guillaume de Pouille un poème épique en cinq livres :

1. Champollion-Figeac, *L'Ystoire de li Normant*, p. 263 et suiv. ; cf. *Ibid.*, p. LXXII et suiv.

2. Wilmans, *Ist Amatus von Monte Cassino der Verfasser der Chronica Roberti Biscardi?* dans l'*Archiv.* de Pertz, t. X, p. 122 et suiv. Cette opinion avait déjà été émise par Wilken, *Rerum ab Alexio I, Joanne, Manuele et Alexio II, Commenis Gestarum lib. IV*, p. XXVII.

3. Delarc, *Ystoire de li Normant*, p. XXXVII et suiv.

4. Heskel, *Die Historia Sicula des Anonymus Vaticanus und des Gaufredus Malaterra*. In. diss. Kiel, 1891, in-8º.

5. *Loc. cit.*, p. 80 et suiv.

6. Cf. Amari, *Storia dei Musulmani*, t. III, p. 100, note 2.

Historicum poema epicum de rebus Normannorum in Sicilia, Apulia et Calabria gestis [1], ou *Gesta Roberti Wiscardi*, écrit à la demande d'Urbain II, et dedié au duc Roger L'ouvrage n'a vraisemblablement pas été commencé avant 1090 , en effet, l'auteur parle du prince Richard de Capoue [2], qui regna de 1090 à 1106 , d'autre part comme ailleurs, il est fait allusion à la prise de Jérusalem (15 juillet 1099) [3] l'œuvre n'etait certainement pas terminée à cette date Elle était finie avant 1111, date de la mort du duc Roger à qui elle est dediée

On ne sait rien de la personne de l'auteur, il semble qu'il n'etait pas Normand car, plusieurs fois, il raille l'avarice des conquérants Peut-être était-il originaire de Giovenazzo, dont, à diverses reprises, il fait l'éloge [4]

L'ouvrage est divisé en cinq chants dont le dernier se termine à la mort de Guiscard l'auteur raconte toutefois le retour de Roger et de l'armée en Italie

Hirsch a montre que, dans les deux premiers livres de son poeme, Guillaume avait, pour les événements des années 1009-1051, utilisé d'anciennes Annales de Bari qui ont egalement servi à Lupus [5] Pour le récit de la bataille de Civitate, il aurait eu egalement entre les mains une source aujourd'hui perdue [6] On a voulu établir que Guillaume avait connu et utilisé l'œuvre d'Aimé Les rapprochements que l'on a etablis sont loin d'être convaincants, et je me range à l'avis de Hirsch et de Delarc qui regardent ces deux sources comme independantes [7] Enfin il semble bien que pour le recit de la compagnie de Guiscard en

---

1 Id Wilmans, dans M G H.SS , t IX, p 241 et suiv Cf la *Préface* de l'editeur et *Id , Ueber die Quellen der Gesti Roberti Wiscardi des Guillermus Apuliensis* dans l'*Archiv* de Pertz, t X, p 87 et suiv

2 G Ap , II, v 179 dans M G H SS , t IX, p 245

3 Cf La preface de Wilmans, M G H SS , t IX, p 239

4 Wilmans, *Préface, loc cit*

5 Hirsch, *op cit* , p 29 et suiv , Wilmans, *Ueber die Quellen*, p 117

6 Hirsch, *op cit* , p 37

7 Champollion Figeac, editeur d'Aimé, p xxvi et suiv , Wilmans, *op cit* , p 117 et suiv , cf Hirsch, *Amatus von Monte Cassino und seine Geschichte der Normannen*, dans *Forschungen* t VIII, p 222 et suiv , Delarc, ed d'Aimé, p LIX

Grèce, Guillaume a eu entre les mains l'œuvre d'un certain Jean de Bari, qui a été également utilisée par Anne Commène [1].

Guillaume est surtout bien informé des événements dont la Pouille a été le théâtre : il ne sait pas grand'chose sur les événements qui se sont passés dans la région de Capoue ou en Sicile. Aussi, de tous les faits qui se sont déroulés en Sicile, il ne donne quelques détails que sur le siège de Palerme. En général l'auteur est très bref pour tout ce qui ne touche pas la Pouille. C'est grâce à lui que nous connaissons avec détail non seulement la conquête normande, mais aussi la manière dont Robert Guiscard est arrivé à imposer son autorité et à réunir en un seul État les diverses petites principautés fondées par les Normands.

L'œuvre est écrite en vers élégants, en un latin correct [2]. Quand on la compare aux parties en vers de la chronique de Malaterra, l'avantage n'est pas à ce dernier auteur.

7° CHRONICON CASAURIENSE. — Cet ouvrage a été composé, à la fin du XIIᵉ siècle, sur l'ordre de Léonard. abbé de Saint-Clément de Casauria, par un moine Jean : il s'étend de 866 à 1182 [3]. L'auteur a eu à sa disposition de nombreux diplômes dont il a en général tiré bon parti. Son œuvre est très importante, car elle constitue l'une des rares sources que nous possédons pour l'histoire de la conquête de la région des Abruzzes. Pour la première période, l'auteur s'est fait l'écho des haines qu'avaient soulevées les Normands auxquels il est nettement hostile. Dans la dernière partie, il y a encore une certaine animosité contre les seigneurs normands qui pillent les biens du monastère, mais l'auteur est favorable aux souverains normands qui s'efforcent de rétablir l'ordre. De nombreux diplômes ont été insérés dans l'ouvrage.

8° CHRONICON SANCTI BARTHOLOMEI DE CARPINETO [4] (962-1159). —

1. Wilmanns, op. cit., p 87 et suiv.
2. Id., Préface, loc. cit.
3. Éd. dans Muratori, R.I.S.S., t. II, 2. p. 775. Cf. Bindi, S. Clemente a Casauria e il suo codice miniato esistente nella biblioteca Nazionale di Paugi (Naples, 1885), et Capasso, op. cit., p. 74.
4. Éd. Ughelli, op. cit., t. X, 2. p. 349. Cf. Capasso, Un ms della cronica di S Bartholomeo, dans Le fonti della storia, etc., Append. 1, p. 227 et suiv.

Cet ouvrage est l'œuvre d'un moine Alexandre, qui écrivait vers la fin du XIIe siècle il a été publié d'une façon incomplète par Ughelli Comme la précédente, cette chronique tire sa principale importance des renseignements qu'elle nous fournit sur la région des Abruzzes Pour la période qui nous occupe, l'auteur paraît avoir eu entre les mains des sources écrites, il a notamment copié des passages entiers de Guillaume de Pouille [1] L'œuvre n'est détaillée que dans la dernière partie L'auteur a eu entre les mains de nombreuses pièces d'archives dont souvent il fait une sommaire analyse Comme tendance générale, l'auteur, contrairement au précédent, est nettement favorable aux conquérants et fait l'éloge d'Hugues Maumouzet que le *Chronicon Casauriense* attaque avec âpreté

9° CHRONICON AMALFITANUM [2] — Weinreich a établi que l'on devait dans cet ouvrage distinguer trois parties La première s'étend de 747 à 974, la deuxième jusqu'à la mort de Guiscard, la troisième est formée par une série d'additions relatives à l'église d'Amalfi jusqu'à 1294 [3] Nous n'avons donc à nous occuper que de la seconde partie Hirsch a montré que l'auteur du *Chronicon* avait utilisé un ouvrage, connu également par Romuald de Salerne [4], et qui perdu aujourd'hui avait été composé dans les premières années du XIIe siècle par un auteur qui n'avait pas eu de sources autres que la tradition De là la différence qui existe entre la partie de l'œuvre relative aux événements les plus anciens et celle où sont rapportés les événements de la fin du XIe siècle

10° FALCON DE BÉNÉVENT — Falcon de Bénévent est l'auteur d'une des chroniques les plus importantes pour l'histoire des

---

1 *Chr sancti Bartholomei de Carpineto*, p 358, l'auteur parle de Meles « *more græcorum vestibus indutum* », cf Guillaume de Pouille, I, v 13-14

« *Ibi quemdam conspicientes*
More ruum græco vestitum, nomine Melum »

2 Ed Muratori, *Antiquitates Italicæ*, t I, p 207 et suiv

3 Weinreich, *op cit*, p 76 et suiv

4 Hirsch, *op cit*, p 60 et suiv

Normands en Italie (*Chronicon de rebus aetate sua gestis*[1]) Il appartenait probablement a une famille importante de Bene-vent On trouve en effet mentionné un Falcon, juge dans divers documents depuis l'année 1021 [2] Nous ne connaissons que d'une façon très imparfaite la biographie de l'auteur de la chronique Nous savons seulement qu'il était notaire et scribe du sacré Palais de Bénévent [3] En cette dernière qualité, il devait sans doute être l'un des subordonnés du comte du Palais, dont la charge subsista a Benevent au moins jusqu'en 1137 [4] En 1133, Falcon fut nommé juge de la ville par le cardinal Gerard et vit sa nomination ratifiée par Innocent II [5] Le parti qui avait porté Falcon au pouvoir ne tarda pas a être chassé. Falcon lui-même fut exilé, sans doute en 1134, il ne rentra à Bénévent qu'en 1137 [6] Sur les dernières années de sa vie, notre ignorance est complete J'ai relevé aux Archives de l'Orphelinat de Bénévent la signature d'un Falcon, juge sur un acte privé de 1142 [7] Il s'agit très probablement de notre personnage Par contre il me parait difficile que ce soit le même personnage qui souscrive avec la même qualité un acte en 1181 [8]

Falcon n'a pas rédigé sa chronique au jour le jour il a écrit à une époque assez tardive En effet, a l'année 1130, après avoir dit que Roger II reçut la couronne des mains du prince Robert de Capoue, il fait une allusion évidente à la confiscation de la principauté par le roi de Sicile [9] Il semble même qu'une partie de l'ouvrage a été rédigée après la mort de Roger II [10]

1 Les principales editions de Falcon sont les suivantes Caruso, *Bibliotheca hist regni Siciliæ*, t I, p 302 et suiv, Muratori, R I SS, t V, p 82 et suiv, Del Re, *op cit*, t I, p 161 et suiv Migne, *P L*, t CLXXIII p 1149 et suiv Toutes ces editions derivent d'une copie faite au xvi° siècle sur un ancien manuscrit Cf, a ce sujet, Capasso, *Le fonti*, etc, p 71, note 1
2 Archives de l'Orfanotrofio de Benevent registre n° 28, f° 11, r°
3 Falco Benev, ad an 1133, p 218
4 *Id*, p 231
5 *Id*, p 218
6 « *Ita preductus Falco index, et Falco abbatis Falconis et Saductus, etc, qui per triennum exules fueramus* » *Id* p 231 Cf *Id*, p 227
7 Archives de l'Orfanotrofio de Benevent, registre n° 13 f° 7 Cf Borgia, *Memorie istoriche della pontificia citta di Benevento*, t II, p 100
8 Archives de l'Orfanotrofio de Benevent registre, n° 13, f° 30
9 « *Princeps coronam in capite eius posuit, cui non dignam retributionem impendit* », Falco, p 202
10 Falcon parle de Roger II « *execrandae memoriae* », p 223, ceci a ete certainement ecrit apres la mort de Roger II (1154)

L'intérêt éminent que présente cette œuvre provient de ce qu'elle est la seule parmi toutes celles que nous possédons qui ait été écrite par un adversaire des Normands [1] Tandis que la plupart des autres chroniqueurs célèbrent à l'envi les qualités de leurs héros Falcon nous donne l'opinion des Lombards sur les conquérants normands Il est l'écho du sentiment national de ses compatriotes Nettement hostile aux Normands qu'il déteste il nous montre, pour ainsi dire, l'envers de la conquête Pour lui, Roger II est un abominable tyran [3], ses sympathies vont seulement à Rainolf parce que ce dernier s'est allié aux Lombards de Bénévent pour tenter de repousser le roi de Sicile

Dans son ouvrage, Falcon a adopté la forme annalistique, bien qu'il n'ait pas inscrit les événements au jour le jour Sa chronique, dans l'état où elle nous est parvenue, commence en 1102, et finit en 1139 elle ne nous a point été conservée intacte, elle s'ouvre en effet, au milieu du récit d'une émeute des gens de Bénévent soulevés contre leur archevêque et se termine sur le récit inachevé du siège de Naples Jusqu'à l'année 1112, la chronique est très brève il semble que Falcon se soit contenté de reproduire des annales antérieures C'est à partir de 1112 que l'œuvre présente un caractère original

Falcon a surtout raconté l'histoire de sa ville natale, pendant près de quarante ans, mais comme il se trouve que, pendant cette période, Bénévent a joué un rôle politique important dans les événements dont l'Italie méridionale était le théâtre, l'auteur a été amené à parler d'un grand nombre de faits intéressant plus l'histoire générale que l'histoire locale. Toutefois ce sont les faits locaux qui intéressent le plus le rédacteur de la chronique qui se montre très fier de sa ville natale [4] Non seulement il nous fait assister aux luttes politiques ardentes qui divisent la population de Bénévent, nous donnant ainsi un curieux tableau de la vie municipale au début du XIIe siècle, mais encore

1 Capasso, op cit, p 71, a signalé ce caractère particulier
2 Falco Benev, pp 219, 221, 222, 223, 224, 225 « Melius est mori in bello quam videre mala gentis nostrae », p 226
3 Id, pp 219, 223
4 Id, p 231

il inscrit soigneusement tous les petits faits ne présentant qu'un intérêt purement local. La mort des notables de la ville, laïcs ou ecclésiastiques, les nominations, les parentés, la découverte de reliques, les procès entre communautés religieuses, les miracles, les sécheresses, les inondations, les cérémonies publiques, tout cela est raconté avec détails, on sent que l'auteur parle de personnes ou de choses qui l'intéressent au moins autant que les grands faits politiques [1].

Quelque intérêt que présente à ce point de vue particulier la chronique de Falcon, ce n'est point là ce qui en fait pour nous un document d'importance capitale. Mais, à côté de ces faits locaux, l'auteur a été amené à parler des grands événements politiques qui se sont déroulés autour de lui. A ce point de vue, la valeur de sa chronique est très variable. Jusqu'en 1112, Falcon a utilisé des annales de Bénévent; cette première partie de sa chronique est très brève. A partir de 1113, Falcon [2] est admirablement renseigné sur tous les faits qui se sont produits dans le voisinage de Bénévent; le plus souvent il a été témoin oculaire et nous fournit un grand nombre de détails du plus haut intérêt. Quand il n'a pas connu directement les faits, Falcon a apporté à se renseigner un très grand soin. Par ses fonctions il a été à même de connaître beaucoup de choses; il a eu entre les mains des documents d'archives qu'il a utilisés, les reproduisant soit en partie, soit dans leur teneur intégrale [3]. Il s'est ingénié à se procurer des renseignements de témoins oculaires, et s'est adressé, semble-t-il, à des gens de tous les partis [4]. Pour tout ce qui concerne la politique pontificale, Falcon est très bien informé, même quand il s'agit de faits qui se sont passés au loin. Vraisemblablement il a dû puiser ses informations auprès des personnages de la cour pontificale avec lesquels il a été en rapport. De même, il semble qu'il se soit enquis de certains faits auprès de personnes entourant Roger II [5]. D'une manière géné-

1. Falco Benev., pp. 180, 181, 184.
2. Cf. Hirsch, *op. cit.*, p. 9.
3. Falco Benev., pp. 235, 237, 249.
4. *Id.*, pp. 164, 195, 220, 223.
5. *Id.*, p. 213 « *Revera sicut ex ore narrantium, qui interfuerunt, audivimus* ».

rale, on peut dire que pour tout ce qui concerne Rome, Capoue, Salerne Falcon, est très bien renseigné.

En ce qui concerne la Pouille, son information est en général beaucoup plus concise, sauf pour la campagne de Roger II, en 1139, dont il donne un récit très détaillé. Toutefois, malgré sa brièveté, Falcon est en général très exact pour tous les événements de Pouille. Par contre, sur la Calabre et la Sicile il ne sait presque rien.

A côté des choses qu'il a ignorées, Falcon s'est tu volontairement sur un grand nombre de faits. Il est très difficile, sinon impossible, de voir quel a été son rôle dans les affaires intérieures de Bénévent. On aperçoit bien que Falcon appartient au parti hostile aux Normands, parti qui cherche à s'appuyer sur Innocent II, mais il est impossible de connaître exactement les faits. Ainsi Falcon raconte qu'il revient d'exil au bout de trois ans, mais ne dit pas dans quelles conditions et à la suite de quels événements il a dû quitter la ville. De même il se tait sur les motifs qui ont décidé les gens de Bénévent à abandonner le parti de l'empereur pour revenir à celui de Roger II. Ce silence est certainement volontaire, l'auteur a dû se taire non par crainte des Normands, les qualificatifs sévères qu'il prodigue à Roger II l'indiquent suffisamment, mais plutôt par crainte des haines locales.

Au point de vue littéraire, l'œuvre de Falcon présente une réelle valeur. L'auteur sait faire vivre les personnages qu'il met en scène [1], il abuse sans doute des discours qu'il invente de toutes pièces, mais certaines scènes sont fort animées et pleines de vie [2]. Il excelle à décrire les processions solennelles ou les grandes cérémonies religieuses [3]. Sa description de l'entrée de Calixte II à Bénévent est fort réussie [4]. Il a un talent réel pour faire vivre et agir toute une foule [5] et sait en deux mots donner

1. Falco Benev., pp. 171, 198
2. *Id*., pp. 170, 178
3. *Id*., pp. 178, 189
4. *Id*., p. 181
5. *Id*., pp. 192, 210, 226, 334

à la scène qu'il décrit son caractère particulier. On peut lui reprocher d'interpeller trop fréquemment et en termes peu variés son lecteur [1], mais c'est là un faible défaut à côté des excellentes pages que contient son œuvre.

Il faut noter que Falcon de Bénévent a un mode particulier de compter les Kalendes. Chez lui le premier jour des Kalendes est non le premier jour du mois, mais le dernier du mois précédent [2].

11° CHRONICA FERRARIENSIS. — Il convient de rapprocher de l'œuvre de Falcon de Bénévent l'ouvrage suivant écrit probablement au début du XIII° siècle : *Ignoti monachi cisterciensis Sanctae Mariae de Ferraria chronica* [3]. Cette chronique s'étend de 681 à 1228. Jusqu'aux événements de la fin du XI° siècle, l'ouvrage ne fournit que des renseignements sans grande valeur. Il n'en est pas de même pour la période suivante. L'éditeur avait déjà aperçu les rapprochements qui doivent être établis entre cette œuvre et celle de Falcon pour les années 1103-1140 [4]. Depuis lors, K. Kehr a montré que l'auteur de la *Chronique* de Ferrare avait utilisé, pour les années 1099-1103 et 1140-1149, une rédaction de la *Chronique* de Falcon plus complète que celle que nous possédons [5]. Pour les années 1140-1149, la *Chronique de Ferrare* est donc une source très importante, elle nous fournit des renseignements nombreux sur les rapports de Roger II avec la papauté. Pour la dernière partie du XI° siècle, le rédacteur de la *Chronique*

1. Falco Benev., pp. 172, 179, 181, 189, etc. On a voulu tirer de certaines expressions (v. g. : « *si vestrae placuerit charitati* », p. 176) qui reviennent assez fréquemment chez Falcon la conclusion qu'il était clerc. On ne peut rien affirmer à cet égard cf. del Re, *op. cit.*, t. 1, p. 159.

2. Cf. Weinreich, *op. cit.*, p. 91.

3. Éd. Gaudenzi, *Ignoti monachi Cisterciensis S. Mariae de Ferraria chronica et Riccardi de Sancto Germano chronica priora*, dans les *Monumenta, hist.*, édités par la Società napoletana di Storia patria, Serie I, Chronache (Naples, 1888, in-f°.

4. *Op. cit.*, p. 4 et 15 note.

5. K. Kehr, *op. cit.*, dans *Neues Archiv.*, t. XXVII, p. 453 et suiv. Il a appuyé sa démonstration sur certaines particularités du style de Falcon, notamment sur l'expression très fréquente « *Quid multa* », que l'on retrouve également dans la *Chronique de Ferrare*.

de Ferrare a eu entre les mains des sources beaucoup moins
bonnes Il semble qu'il a connu la *Chronique* de Romuald et
de Salerne, mais il y a ajoute des renseignements puisés à
des sources mauvaises Pour ce qui regarde la Sicile il est assez
mal informé c'est ainsi qu'il fait d'Etienne du Perche un
espagnol Il paraît bien que le plus souvent l'auteur s'est borné à
recueillir la tradition populaire [1]

12° CHRONICON SANCTI STEFANI — Le *Chronicum rerum memo-*
rabilium monasterii S Stephani protomartyris ad rivum maris
scriptum a Rolando monacho qui vivebat A D 1185, ne fournit
guère que des renseignements relatifs a l'histoire locale Son
authenticité a été combattue par Schipa, avec raison semble-t-il,
toutefois depuis lors, M P Kehr a indiqué qu'il y avait une
certaine correspondance entre les renseignements donnés par le
Chronicon et ceux que nous fournissent les actes [2].

13° ALEXANDRE DE TELESE — On doit a Alexandre, abbé du
monastere de San Salvatore, pres de Telese, le *De rebus gestis*
Rogerii Siciliae regis L'ouvrage n'est pas terminé et s'arrête
brusquement en 1136 [3] Comme, en 1144, on trouve, comme abbé
de Telese, un certain Etienne, qui était prieur au temps
d'Alexandre [4], on en a conclu que ce dernier n'avait point terminé son œuvre et que la mort l'avait interrompu dans sa tâche
Il me semble difficile d'admettre cette opinion En effet, l'œuvre
d'Alexandre est accompagnee d'une longue épître dedicatoire
adressée a Roger II [5] Celle-ci paraît tout à fait independante de

1 Cf *Chr Fer*, p 29, ce que l'auteur raconte sur Maion, sur la perte de
l'Afrique Les details fournis sur le supplice du prince de Capoue, sur
l'emeute populaire qui delivre Guillaume Ier, ne se retrouvent ni dans
Romuald de Salerne, ni dans Falcand
2 *La cronica di S Stefano ad rivum maris* ed Saraceni (Chieti, 1876),
in-4° Cf Schipa, *Archivio storico napolet*, t X, p 34 et suiv , et P Kehr,
Otia diplomatica, dans *Nachrichten der kon Gesellschaft der Wissenschaf-*
ten zu Gottingen (1903), p 287
3 Sur les manuscrits et les editions d'Alexandre de Telese cf Capasso
Le fonti etc , p 71
4 Cf del Re *op cit* , t I p 84
5 Al Tel , éd del Re, pp 83-87

l'ouvrage et n'a été vraisemblablement écrite qu'une fois la chronique terminée. L'œuvre ne devait pas s'étendre beaucoup après 1140, car dans l'épître on peut relever certaines allusions aux conquêtes faites en 1140 par les fils de Roger II. L'auteur recommande au roi de limiter son ambition et lui cite l'exemple du basileus de Constantinople qui a su renoncer à faire valoir ses droits sur certaines provinces [1]. Il me semble qu'il faut voir, dans l'avis ainsi donné, un conseil de l'auteur qui ne voudrait pas que le roi étendît ses États malgré le pape.

Nous ne savons rien sur la personne de l'auteur; il était très probablement étranger à l'Italie du sud, car il montre peu de bienveillance envers les Lombards [2]. L'abbé de Telese a écrit à la demande de Mathilde, sœur de Roger II et femme du comte Rainolf [3]; il possédait une certaine culture littéraire : dans sa préface il fait allusion à une légende relative à Virgile [4]; il abuse des citations bibliques et des rapprochements avec les livres saints.

Bien que dans le préambule de son ouvrage Alexandre dise qu'il va raconter l'histoire de Roger II depuis son enfance, il n'a en réalité rapporté les événements que depuis la mort du duc Guillaume. Il ne dit, en effet, absolument rien de la régence de la comtesse Adélaïde et se borne à raconter quelques anecdotes destinées à prouver que dès sa plus tendre enfance Roger II s'est révélé comme un être exceptionnel. L'auteur ne nous dit rien des sources qu'il a utilisées, mais il paraît admirablement renseigné autant que nous pouvons en juger en comparant son œuvre avec celle de Falcon de Bénévent. C'est grâce à lui que nous pouvons connaître avec détails les événements dont l'Italie méridionale a été le théâtre de 1127 à 1136. Alexandre de Telese nous a surtout raconté les guerres soutenues par Roger II contre

1. Al. Tel., p. 86.
2. « Vigens Longobardorum nequitia », Id., p. 88.
3. Id., p. 88.
4. Alexandre de Telese ne connaît la vie de Virgile que par une légende populaire qui en fait le gouverneur de Naples, cf. Comparetti, *Virgilio nel medio evo*, 2e éd. (Florence, 1896), 2 vol. in-8o, t. II, p. 36 et suiv.; cf., p. 58, le récit légendaire de Gervais de Tilbury sur la découverte des ossements de Virgile à Naples, récit confirmé, semble-t-il, par un passage de Jean de Salisbury, *Polycraticus*, 2, 23.

ses vassaux rebelles Il est curieux de constater que l'auteur ne
dit pas un mot des rapports de Roger avec l'anti-pape Anaclet II
De même tout ce qu'il raconte a propos de la fondation de la
monarchie est tendancieux, ce n'est certes pas sans raison qu'il
présente l'élection de Roger comme s'étant faite sans l'intervention
de l'Eglise romaine Il me paraît évident que l'auteur a voulu
être agréable au roi et montrer que, dès son origine, la monarchie
sicilienne n'avait pas dépendu du pape

Ces reserves faites sur les tendances de l'auteur, on peut dire
que son œuvre constitue l'une des deux sources principales pour
l'histoire des premieres années de la monarchie normande.

14° ROMUALD DE SALERNE — Romuald II, archevêque de
Salerne (1153-1181), est l'un des historiens les plus importants de
l'époque normande L'auteur appartenait a une famille de Salerne,
qu'il faut peut-être rattacher a une famille de comtes lombards
mentionnée depuis la fin du xᵉ siecle [1] Le pere de l'archevêque
etait Pierre Guarna [2] nous connaissons encore ses freres, Robert,
archidiacre de Salerne [3], Philippe Guarna, seigneur du château
de San Magno (castellum sancti Magni) [4], Luc Guarna, qui
est mentionné comme justicier de 1182 a 1189 [5], Jean Guarna,
juge de Salerne [6], Jacques Guarna, seigneur de Castellione [7] De

---

1 Je ne formule ici qu'une hypothèse que j'appuie sur ce fait que tous
les prenoms de cette famille, Romuald, Allan, Pierre (Cod Cav, I, 209, II,
305, 346, 356, 358, 359, 360, 395, 426, 432, 440 III, 513, IV, 559, 565,
566, 570 572, 583, 588, 593, 595, 598, 600-604, 610-615, 622, 630 631, 633,
639, 662, 676, 692, 705, V, 727, 728), se retrouvent dans la famille Guarna
Paesano, op cit, t II, 137, dit que Romuald est neveu du comte Romuald
mais ne cite aucun texte a l'appui de son dire
2 Necrol Salernitanum dans Forschungen, t XVIII, p 475, cf Catal
baronum, p 585 Sur la famille Guarna, cf la preface d'Arndt, M G II SS,
t XIX, p 387
3 Ughelli, op cit, t VII, p 401, cf Paesano, op cit, t II, p 222,
Necrol Salern, loc cit, Catal baronum, p 583, ou il faut corriger
« archiepiscopi » en « archidiaconi »
4 Ughelli, op cit, t VII, p 403
5 Archives de la Cava, J 32 (1182), et del Giudice, Codice diplomatico
del regno di Carlo I e II d'Angio (Naples, 1863), in-4°, Appendice, p LIII-
LVI, Cf Catal baronum, p 585
6 Ughelli, op cit, t VII, p 401
7 Catal baronum, p 583, et Necrol Salern, loc cit Dans ce dernier
texte Jacques est seigneur de Castellamare (dominus castelli maris)

la même famille nous connaissons encore Simon, fils de Luc Guarna [1] et Alfan [2]. D'après Pierre de Blois, il y aurait eu une parenté entre la famille Guarna et la famille royale [3].

Au mois de décembre 1143, on trouve la souscription de Romuald (*Romoaldus clericus qui dicitur Guarna*) sur un diplôme des archives de la Cava [4]. En 1153, Romuald fut élu archevêque de Salerne, il succédait à l'archevêque Guillaume [5]. Pendant son pontificat, Romuald fit construire l'église San Cataldo et compléta l'ornementation de sa cathédrale [6]. L'archevêque de Salerne avait étudié la médecine ; nous savons qu'il soigna Guillaume Ier et Pierre de Blois [7]. Sous les règnes de Guillaume Ier et de Guillaume II, Romuald joua un rôle politique important ; il fut l'un des négociateurs du traité de Bénévent et prit une part active aux intrigues de la cour de Palerme. Il joua un rôle dans la conspiration organisée contre Maion et contribua par son intervention à délivrer Guillaume Ier prisonnier. Il fut chargé par celui-ci d'aller en Pouille pour pacifier les esprits. Ce fut lui qui couronna Guillaume II. Sous le règne du nouveau roi, il eut à la cour une situation considérable et fut l'un des négociateurs de la paix de Venise. En 1179, Romuald assista au concile de Latran [8] ; il mourut le 1er avril 1181 [9]. On peut caractériser l'attitude politique de Romuald en disant qu'il fut, avec Mathieu d'Ajello l'un des chefs du parti national, et chercha à expulser de la cour de Palerme les étrangers.

L'archevêque de Salerne a composé divers ouvrages, notam-

---

1. *Necrol. Salernit.*, *loc. cit.*
2. Ughelli, *op. cit.*, t. VII, p. 401.
3. Pierre de Blois, *Epist.*, 10, dans Migne, P.L., t. CCVII.
4. Archives de la Cava, G. 42.
5. Cf. Paesano, *op. cit.*, t. II, p. 135.
6. Ughelli, *op. cit.*, t. VII, p. 401 ; cf. Bertaux, *L'art dans l'Italie méridionale* (Paris, 1903), in-4°, p. 504.
7. Falcand, p. 122 ; Romuald de Salerne, dans M.G.H.SS., t. XIX, p. 435 ; Pierre de Blois, *Epist.*, 90, Migne, P.L., t. CCVII, p. 281.
8. Mansi, *Conciliorum Amplissima Collectio*, t. XXII (Venise, 1778), p. 460. Romuald fut en rapports fréquents avec Alexandre III, cf. M.G.H.SS., XIX, p. 434, 453, 455 et Jaffé-Löwenfeld, 14091, 14092, 14093.
9. *Necrol. Casin.*, dans Gattola, *Accessiones*, t. II, p. 853.

ment des livres de liturgie [1], mais son œuvre principale est son *Chronicon sive Annales*, qui s'etend depuis la création du monde jusqu'en 1178 [2] Du début a 839, l'ouvrage est une chronique universelle pour laquelle l'auteur a utilisé principalement Bede, saint Jérôme, Isidore, Orose, Paul Diacre, Einhard, le *Chronicon Salernitanum* [3] A partir de 839, Romuald a adopté la forme annalistique et a utilisé un certain nombre de sources perdues (catalogue des princes de Salerne, catalogue des papes, catalogues byzantins) et les *Annales de Bénevent*, le *Chronicon sancti Benedicti*, ainsi qu'une source utilisée également par l'auteur du *Chronicon Vulturnense* [4] Pour le XIe siecle, Romuald a utilisé les anciennes annales du Mont-Cassin, Leon d'Ostie et une chronique écrite dans la region de Salerne, au debut du XIIe siecle, et racontant la conquête normande [5] Enfin, a partir de 1081, Romuald a beaucoup emprunté a la source aujourd'hui perdue dont s'est servi également Lupus Protospatarius [6] L'ouvrage de Romuald a été interpolé a diverses reprises. Arndt distingue deux interpolateurs dont l'un s'est servi, jusqu'en 1131, de la chronique de Lupus Protospatarius, la seconde série d'interpolations ne commence qu'après cette date [7]

Pour toute la periode dont il a été contemporain, Romuald était a même par sa situation d'être très bien renseigné Aussi son œuvre est-elle une des sources les plus importantes pour l'histoire de la monarchie normande Seulement en se servant de la chronique de Romuald, on ne doit point oublier que l'auteur a

---

1 Parmi les ouvrages de Romuald, on peut citer, en dehors de plusieurs Vies de saints le *Breviarum salernitane ecclesie*, un *Opusculum de annunciatione beate Marie virginis*, un *Semestria seu scrupulare vel ceremoniale pro recitatione horarum divinarum et pro peculiaribus functionibus ecclesie Salernitane*, cf Arndt, loc cit

2 Ed Arndt dans les M G H SS, t XIX, p 398 et suiv, sur les manuscrits, cf la préface de Arndt, *ibid*

3 Cf la preface de Arndt, *op cit*, p 392, et Capasso, *op cit* p 73

4 Cf Hirsch, *op cit*, p 61-63

5 *Id*, p 64 et suiv La chronique salernitaine dont s'est servi Romuald, a été également utilisee par le redacteur du *Chronicon Amalfitanum*, cf Weinreich, *op cit*, p 76

6 Hirsch, *op cit*, p 41 et suiv

7 Arndt *op cit*, p 395

pris une part active aux intrigues de cour qu'il raconte, et que par
suite il est loin d'être impartial. Au contraire de Falcand qui se
répand en déclamations haineuses contre ses adversaires politiques
et accumule contre eux les pires accusations, Romuald sait toujours garder, même vis-à-vis de ses ennemis, une juste mesure, il
se contente, quand certains faits le gênent, de les passer sous
silence. On peut lui reprocher d'avoir abusé de ce moyen facile
d'éviter les sujets qui l'embarrassaient. La critique de Romuald
est difficile à faire, car pour contrôler ses dires nous n'avons que
la *Chronique* de Falcand, qui est lui même bien loin d'être impartial. Unis un moment par les mêmes haines politiques, les deux
auteurs se sont trouvés bien vite séparés. En appréciant les renseignements qu'ils nous fournissent, on ne peut que constater que
chacun d'eux est l'écho d'un parti et qu'il n'y a aucune raison
d'ajouter à l'un plus de créance qu'à l'autre [1]. Chez tous deux
le fonds des renseignements est exact, mais le détail et l'appréciation des faits particuliers sont empreints de la plus évidente
partialité. Ces restrictions s'imposent surtout en ce qui concerne
les intrigues de la cour de Palerme; au contraire, pour tout ce
qui regarde les questions de politique extérieure, dans lesquelles
les rivalités de personnes ont joué un moindre rôle, Romuald
mérite toute créance. Son récit des négociations qui ont précédé
le traité de Venise est particulièrement précieux et l'on ne peut
guère reprocher à l'auteur que la vanité un peu puérile qui le
porte à exagérer l'importance de son rôle particulier aux dépens
de celui de l'autre plénipotentiaire de la cour normande.

15° HUGUES FALCAND — Hugues Falcand est l'auteur de deux
œuvres de dimensions très inégales. L'une, le *Liber de regno
Sicilie*, est une chronique racontant l'histoire de Sicile de 1154
à 1169, l'autre, l'*Epistola ad Petrum Panormitane ecclesie thesaurarium de calamitate Sicilie*, est une simple lettre, précieuse
par les allusions faites aux événements qui suivirent la mort

---

1 C'est l'erreur où est tombé Hillger dans sa dissertation, *Das Verhal-
tniss des Hugo Falcandus zu Romuald von Salerno* (Halle, 1878), in-8°

de Guillaume II et par les renseignements variés fournis sur la Sicile [1]

Tout ce qui touche à Falcand est mystérieux, son nom même est douteux, et celui de son correspondant n'est pas très sûr. On a beaucoup écrit pour tenter de dissiper les ténèbres qui entourent la personnalité de notre auteur, de toutes ces discussions il est sorti peu de lumière, et il semble bien que tant que l'on n'aura pas trouvé de nouveaux documents, on ne pourra faire au sujet de la personne de Falcand que des hypothèses [2]

Tout d'abord le nom de Falcand ne se trouve dans aucun des manuscrits que l'on possède, on est amené à supposer qu'il se trouvait dans le manuscrit que le premier éditeur a eu en sa

1 Actuellement la meilleure édition est celle de Siragusa, *La historia o Liber de regno Sicilie e la epistola ad Petrum Panormitane ecclesie thesaurarium di Ugo Falcando* dans *Fonti per la storia d'Italia publicate dall' istituto storico italiano*, Scrittori, sec XII (Rome, 1897. La lettre est sans doute adressée a P[...]e [...]dulsus, trésorier de l'église de Palerme, mentionné en 1167, et fondateur de l'église San Martino, Garofalo, *op cit*, p 25 Lello del Giudice, *Descrizione*, etc, p 25, cf Siragusa, *op cit*, p x et suiv Il faut noter que le nom du destinataire ne figure dans aucun des manuscrits que l'on possède actuellement Il figure dans l'édition de Gervais de Tournay et par suite devait se trouver dans le ms que celui-ci a eu entre les mains Vatasso dans l'*Archivio Muratoriano*, 1re année fascicule 2, annonce qu'il a retrouvé le ms de San Nicolo dell'Arena et qu'il prépare une nouvelle édition, il mentionne p 6) un article de Siragusa *La historia o Liber de regno Sicilie di Hugo Falcando lezione del codice di San Nicolo dell'Arena di Catania*, ora *vaticano lat*, 10690 Je n'ai pu me procurer cet article

2 Sur la personne de Falcand cf Bréquigny, *Mémoire sur Etienne, chancelier de Sicile en 1168*, dans *Mémoires de l'Académie des Inscriptions*, t XLI (1780), p 622 et suiv *Histoire littéraire de la France*, t XV, p 27), Hartwig, *Re Guglielmo I e il suo grande ammiraglio Maione di Bari*, dans *Archivio stor napolet*, t VII, p 411 et suiv, Hillger, *Das Verhältniss des Hugo Falcandus zu Romuald von Salerno* La Lumia, *La Sicilia sotto Guglielmo il buono* (Palerme, 1882), p 226, Tœche *Kaiser Henri VI*, p. 129 Schroter, *Ueber die Heimath des Hugo Falcandus*, Gottingen, In diss (Lisleben, 1880), Siragusa, *Il regno di Guglielmo I in Sicilia* (Palerme, 1885), t I, p 15) et suiv, Id, ed de *La historia o Liber*, etc, p VIII Id, *La versione italiana della historia di Ugo Falcando di Filoteo Omodei*, dans *Archiv st sicil*, t XXIII, N S, p 46) et suiv Cf Castorina, *Arch st sicil*, t III (1878), Balzani, *Le cronache italiane nel medio evo* (Milan, 1884), p 212 et suiv, *Neues Archiv*, t VIII, p 381 et del Re, *op cit*, t I, p 275

possession [1]. On a voulu identifier l'auteur avec un chanoine de
la chapelle Palatine de Palerme, Falcus [2]. On ne voit guère
comment Falcus aurait pu se transformer en Falcandus [3].
D'autres critiques ont cru que Falcand ne faisait qu'un avec
Hugues Foucault, abbé de Saint-Denis, qui aurait accompagné
Étienne du Perche en Sicile [4], et aurait, d'après une lettre de Pierre
de Blois, composé un récit des événements auxquels il avait
été mêlé pendant son séjour à la cour de Palerme [5]. Combattue
déjà par Bréquigny [6], reprise par Hillger [7], cette identification a
de nouveau été repoussée par Schröter [8] qui montre qu'il est
fort possible que la lettre de Pierre de Blois ait été adressée non
à Hugues Foucault, mais à son successeur Hugues de Milan [9].
Il semble donc, par suite, que l'on puisse dire que Hugues
Falcand ne peut être identifié avec l'abbé de Saint-Denis.

Les œuvres de Falcand ne permettent pas davantage de devi-
ner quelle était sa patrie. Sans doute certains termes dont se sert
l'auteur pour parler de la Sicile semblent indiquer qu'il n'est pas
Sicilien. Mais les conclusions ainsi tirées sont en partie ruinées

1. La première édition est l'œuvre de Gervais de Tournay, *Historia Hugo-
nis Falcandi siculi de rebus gestis in Sicilie regno iam primum typis
excusa studio... Mathaei Longoquei Suessonium pontificis... Huc accessit in
librum prefatio... per Gervasium Tornacaenum Suessonensem* (Paris,
1550, in-4°. Cf. Siragusa, *La historia*, etc., p. VIII et XXXXVIII, et Schröter,
op. cit., p. 26-29.

2. Hartwig, *loc. cit.* Falcus souscrit un acte de 1167, Garofalo, *Tabularium*, etc., p. 25.

3. Cf. Siragusa, *La historia*, etc., p. IX.

4. Cf. *L'art de vérifier les dates*, t. III, p. 815; *Gallia Christiana*, t. VII,
p. 382; *Histoire littéraire de la France*, t. XV, p. 275; Hillger, *op. cit.*,
p. 7 et suiv.

5. Pierre de Blois, *Epist.*, 116 : « *Rogo quatenus tractatum, quem de statu
aut potius de casu vestro in Sicilia descripsistis, communicetis mihi*, etc. »

6. Bréquigny, *op. cit.*, dans *Mémoires de l'Académie*, etc., t. XLI,
p. 631 ; cf. Gibbon, *The history of the decline and the fall of the roman
empire*, éd. Bury, t. VI, p. 219, note 1.

7. Hillger, *op. cit.*, p. 7.

8. Schröter, *op. cit.*, p. 48 et suiv. Un argument en faveur de sa thèse peut
se tirer d'une lettre de Pierre de Blois, *Epist.*, 46, où il dit que lui-même et
Roger de Normandie sont seuls survivants parmi les Français qui ont
accompagné Étienne du Perche, cf. La Lumia, *op. cit.*, p. 227.

9. Cf. Schröter, *op. cit.*, p. 55.

si l'on remarque que Falcand se sert pour parler de Constance, fille de Roger II, de termes analogues[1] Ici encore nous ne pouvons rien savoir, et toutes les opinions emises ne sont que des hypotheses Toutefois si l'on fait abstraction de ces termes, il reste encore certains passages qui paraissent indiquer que la Sicile n'était pas la patrie de l'auteur ainsi Falcand parle de la Sicile « *que me gratissimo sinu susceptum benigne fovit, promovit et extulit*[2] » Ailleurs parlant des fruits recoltés dans l'île il ajoute : « *Communes autem fructus et qui pene nos habentur his adjungere superfluum existimavi*[3] » De même, en divers endroits, il est question des Siciliens en termes qui paraissent indiquer un étranger on releve les expressions « *juxta consuetudinem Siculorum*[4] » « *Siculi Casalia vocant*[5] » ou « *ab incholis nuncupantur*[6] » Tout cela paraît bien indiquer que l'auteur est etranger à la Sicile

On ne saurait admettre que Falcand ait ete Français, il appelle les Francais ou les Espagnols venus en Sicile « *Transalpini* » ou *Transmontani* », ce qui semble bien indiquer qu'il est né en deca des Alpes[7] Il est difficile de préciser davantage, toutefois les termes dont se sert Falcand en parlant des habitants de la Pouille tendent à faire croire qu'il n'etait pas originaire de cette province[8], par contre il est assez bienveillant envers les Calabrais On ne saurait toutefois affirmer qu'il soit né en Calabre Tout ce que l'on peut dire, c'est que, etranger à la Sicile, Falcand a residé pendant longtemps à la cour de

---

1 Falcand, p 170, appelle la Sicile « *nutrix* » et se dit « *alumnus* », or, p 174, il emploie egalement le mot « *nutrix* » en parlant des rapports de Constance avec la Sicile, cf Schioter *op cit*, p 31

2 Falcand, p 170

3 *Id*, p 186

4 *Id*, p 10

5 *Id*, p 112

6 *Id*, p 186, cf Siragusa *Il regno*, etc, p 156 On a invoque en faveur de la nationalité sicilienne le mot « *nostri* » Falcand, *op cit*, p 57 Dans ce passage le mot « *nostri* » a un sens plus général et oppose seulement les chretiens aux Musulmans

7 Falcand pp 6, 24, 93, 98, 129, 153

8 *Id*, p 14

Palerme et qu'il est demeuré dans l'île au moins jusqu'en
1169 [1].

Quand ont été composés les deux ouvrages de Falcand ? Pendant longtemps, on a regardé la lettre au trésorier Pierre comme
se rattachant étroitement à la *Chronique* [2]. Il semble que ces
deux œuvres ne doivent pas être rapprochées et soient indépendantes l'une de l'autre. La lettre au trésorier Pierre a été écrite
après la mort de Guillaume II [3]. Amari a montré le caractère
politique de cet ouvrage, destiné, semble-t-il, moins à celui
auquel il est adressé qu'à l'archevêque de Palerme, Gautier [4].
L'auteur aurait voulu détacher ce dernier du parti allemand et
l'amener à mettre son influence au service du parti national.
Toutefois le style de la lettre permet d'affirmer qu'elle est
l'œuvre du même auteur que la *Chronique* [5]. Au moment où il
écrivait au trésorier Pierre, Falcand n'était pas en Sicile, comme
le montre l'expression « *in cisfarinis partibus* [6] » appliquée à
l'Italie continentale. A quelle date peut-on placer la rédaction
de cette œuvre ? L'auteur ne fait pas allusion à l'élection de
Tancrède, mais, sous forme de prédiction, il parle des faits qui
ont eu lieu au printemps 1190 [7]. Comme, d'autre part, il parle
du printemps qui vient de succéder à l'hiver, sa lettre doit être
datée de la fin du printemps 1190 [8], elle est sans doute postérieure de très peu à la campagne des Allemands dans l'Italie
méridionale (mai 1190).

1. Falcand, pp. 4 et 175. Il était en Sicile lors du tremblement de terre
du 4 février 1169.
2. Cf. Schröter, *op. cit.*, p. 5 et suiv. ; del Re, *op. cit.*, t. I, p. 393.
Siragusa, *La historia*, etc., p. XIII et suiv.
3. Falcand, p 169.
4. Amari, *Storia dei Musulmani*, t. III, p. 544.
5. Cf. Hartwig, *op. cit.*, pp. 414-415.
6. Falcand, p. 171.
7. *Id., loc. cit.*
8. *Id.*, p. 169 ; cf. Amari, *loc. cit.* ; Siragusa, *La historia*, etc., p. 169,
note 3 ; Del Re, *loc. cit.*, place la rédaction de la lettre à la fin de 1189 ou
au début de 1190 ; Schröter, *op. cit.*, p. 12, la place vers la même époque.
Il semble bien que l'allusion au printemps rende impossible l'opinion des
deux derniers auteurs. L'hypothèse d'Amari explique d'une façon satisfaisante les objections que l'on pourrait tirer du fait que l'auteur paraît igno-
rer l'élection de Tancrède.

La date de la composition du *Liber de regno Sicilie* est plus incertaine Quelques passages permettent d'établir que Falcand n'a pas rédigé son ouvrage au jour le jour C'est ainsi qu'il parle du logothète Nicolas « *qui tunc in Calabrie partibus jussu curie morabatur* », et ailleurs du cardinal, Jean de Naples, « *qui forte tunc aderat* [1] » Il semble bien, en outre, que Falcand n'ait écrit qu'assez longtemps après les événements, car les termes dont il se sert en parlant du pape Alexandre III montrent que sa chronique n'a été rédigée qu'après 1181, date de la mort du pape [2]

Le *Liber de regno Sicilie*, à proprement parler est moins une histoire générale du royaume de Sicile, de 1154 au début de 1169, qu'une histoire détaillée de la cour de Palerme pendant cette période. Sans doute les principaux événements y sont rapportés, mais ce sont les intrigues des divers partis de la cour qui forment l'objet propre du livre Les grands faits politiques sont exposés le plus souvent très brièvement, tandis que l'histoire de la cour est racontée avec un grand luxe de détails Ainsi en exposant l'histoire du règne de Guillaume Ier l'auteur ne parle que sommairement de la révolte des vassaux du roi, de l'intervention des Byzantins dans les affaires de l'Italie méridionale, mais s'étend longuement sur le grand émir Maion et sur toutes les intrigues auxquelles il a été mêlé Après l'assassinat du ministre de Guillaume Ier, ce sont surtout les événements de Palerme qui retiennent son attention, tandis que le récit de la campagne du roi contre les rebelles n'occupe que quelques pages Il en est de même dans la partie de l'ouvrage consacrée au règne de Guillaume II où l'auteur, alors qu'il est presque muet sur toutes les graves questions touchant la politique étrangère, s'étend avec complaisance sur toutes les intrigues de la cour

Le plus souvent Falcand raconte des événements auxquels il a été mêlé ou a assisté comme témoin oculaire Il faut d'ailleurs

1 Falcand, pp 37 et 93 Sur les autres preuves de ce fait, cf Schroter, op cit, p 13 et suiv
2 « *Asserebant Matheum Alexandro pape qui tunc romane presidebat ecclesie, multam pecuniam detulisse* », Falcand, p 28

noter que jamais l'auteur ne dit un mot du rôle qu'il a pu jouer
A ses souvenirs personnels Falcand a ajouté des renseignements
puisés auprès de divers personnages mêlés aux evenements racontés[1] Enfin, Falcand a eu entre les mains quelques documents
d'archives, il semble avoir eu connaissance de certaines lettres
royales[2] et a inséré, en outre, un mandement du roi adressé au
stratège et aux juges de la ville de Messine[3] Il est difficile de
distinguer ce qui dans le récit de Falcand, est emprunté aux souvenirs personnels de l'auteur et ce qui est dû aux renseignements qui lui ont été fournis Pourtant a étudier de près le texte
de la chronique, on peut faire diverses remarques intéressantes
a ce sujet. Tout ce que Falcand raconte sur le premier voyage
de Guillaume Ier en Italie, sur l'etat de la Pouille, sur la
revolte du comte de Loritello est tellement sommaire, qu'il
me paraît fort probable que l'auteur n'a point été mêle aux
evenements qu'il rapporte[4] Par contre, les chapitres IV-VI
relatifs a Maion et aux commencements de la conspiration for-
mee contre le ministre de Guillaume Ier, sont tellement détaill-
lés qu'il semble bien qu'il faille admettre que Falcand utilise
ici ses souvenirs personnels[5] Pour tout l'ouvrage on peut faire
une remarque analogue Tous les evenements qui se passent
loin de la Sicile sont racontes très brièvement, tandis que tous
ceux qui se passent a Palerme sont exposes dans le plus grand
detail[6] Il semble que l'on puisse de la tirer la conclusion que,
pour les premiers Falcand a été plus ou moins bien renseigné
par diverses personnes qui y ont été mêlées, tandis que, pour
les seconds, il a surtout utilise ses souvenirs personnels L'abon-
dance de détails que l'on peut relever dans le recit du siege de
Taberna par Guillaume Ier me portent a croire que l'auteur
accompagnait le roi dans cette expedition, il me paraît égale-

1 « Quae partim ipse vidi, partim eorum qui interfuerant vera relatione cognovi », Falcand p 4
2 Id p 15
3 Id , p 148
4 Id , p 10 et suiv
5 Id , p 14 et suiv
6 Id , p 76

ment fort probable que, dans la même campagne, Falcand était avec le roi quand celui-ci vint à Salerne [1] Par contre, il me paraît certain que l'auteur n'a pas accompagné l'armée royale pendant l'expédition de Pouille qui a suivi le siege de Taberna et précédé la venue du roi a Salerne [2] On doit egalement, semble-t-il, admettre que Falcand se trouvait avec Guillaume II a Messine et a assisté en personne aux evenements qu'il raconte [3] Les details minutieux, qu'il fournit sur l'émeute qui eclata a Messine, me feraient croire que Falcand est demeure dans cette ville apres le départ de la cour pour Palerme et a ete temoin oculaire des faits qu'il raconte

L'ouvrage de Falcand, au moins dans certaines de ses parties, est excessivement partial A son avènement, Guillaume I donna la charge de grand émir a Maion de Bari et confia à ce dernier tout le soin du gouvernement Le choix du roi mecontenta fort la noblesse et le clergé qui se voyaient tenus à l'ecart des affaires Contre le tout puissant ministre, une vaste conspiration se forma et bientôt Maion tombait sous les coups de ses adversaires Falcand appartient au parti des ennemis du grand émir, et a cherché a presenter tous les événements sous le jour le plus defavorable au ministre de Guillaume I Le plus souvent nous ne pouvons contrôler son recit que par la chronique de Romuald de Salerne, qui lui aussi a joué un rôle assez louche dans tous ces evénements La critique de Falcand est donc très difficile Toutefois, pour quelques faits, nous sommes mieux informés et nous pouvons saisir les procédés dont se sert Falcand Ainsi, il raconte que Maion était de tres basse extraction et que son pere etait marchand d'huile, or, nous savons par divers documents que le pere du ministre de Guillaume I était juge a Bari Ailleurs, Falcand raconte que la flotte envoyée au secours de Tripoli ne combattit pas et que son commandant, creature de Maion aurait trahi, nous savons au contraire par les historiens arabes que la flotte normande engagea le combat et

1 Falcand p 80 et suiv
2 Id , p 77-78
3 Id , p 129 et suiv

fut mise en fuite par la flotte musulmane Ces exemples suf-
fisent pour montrer la tendance de Falcand a porter contre le
grand emir des accusations plus ou moins justifiées Falcand
s'est, en outre, fait l'écho de toutes les calomnies contre Maion
répandues dans le public par le parti de l'aristocratie sa chronique pour tout ce qui touche le ministre de Guillaume Ier est un
véritable pamphlet Par contre, l'auteur est admirablement
informé pour tout ce qui concerne la conspiration et nous fournit a cet égard de précieux détails Il faut noter que Falcand est
nettement hostile au parti du clergé comme le montrent certains portraits peu flattés qu'il a tracés des évêques de Sicile [1]
Dans le récit des événements qui suivirent la mort de Maion
Falcand se montre beaucoup plus impartial, il est curieux de
remarquer qu'il se détache de son parti en voyant l'anarchie
qui règne dans le gouvernement après la disparition de Guillaume Ier, il avoue que ce dernier est regretté par beaucoup de
ses sujets

En ce qui concerne la régence de la reine Marguerite, Falcand
nous fournit de précieux détails, il expose avec impartialité les
intrigues des divers partis qui se disputent le pouvoir Il
témoigne d'une grande bienveillance envers le chancelier
Etienne du Perche [2] Par contre il déteste cordialement le parti
des eunuques [3] et ne cache pas son animosité envers certains
Français qui ont accompagné le chancelier Les termes violents
qu'il emploie contre l'un de ceux-ci [4], Eudes Quarrel, chanoine
de Chartres, tendraient a faire croire a l'existence d'une animosité personnelle contre ce dernier

Ces réserves faites, la *Chronique* de Falcand n'en demeure
pas moins l'une des œuvres historiques les plus remarquables
du moyen âge, on ne saurait toutefois s'en servir qu'en tenant

1 Falcand, pp 91 94, 95
2 Id , p 114
3 Id , pp 27, 93 97, 115-117 Ce parti des fonctionnaires du palais
avait soutenu Maion et Falcand témoigne une grande malveillance aux
anciens amis du grand emir Cf notamment, p 101, la fausse accusation
qu'il porte contre Mathieu d'Ajello
4 Id , pp 112, 120, 147, 150, cf également pp 144-145

compte des haines violentes dont l'auteur s'est fait l'écho. La critique s'est en général montré très bienveillante envers l'auteur du *Liber de regno Sicilie*. On l'a tour à tour rapproché de Tacite, de Tite-Live, de Thucydide, de Polybe, d'Ammien Marcelin et de Procope [1]. Quelques pages de Falcand justifient dans une certaine mesure ces comparaisons flatteuses. Il est difficile de tracer d'un hypocrite ambitieux ou d'un avare des portraits plus réussis que ceux de Gentil, évêque de Girgenti, et de l'archevêque de Reggio. Falcand saisit le trait bref et incisif qui donne au personnage sa physionomie propre, et le rend vivant aux yeux du lecteur. Ses récits sont vifs et animés et dans les tableaux qu'il trace, il excelle par le choix des détails à donner une impression de vie et de mouvement. Quelles que soient d'ailleurs les qualités dont il a fait preuve dans son œuvre, on ne doit pas oublier que Falcand a souvent manqué au premier devoir de l'historien, la vérité, qu'il a trop souvent et volontairement altérée.

16° PIERRE D'EBOLI — Pierre d'Eboli est l'auteur d'un poème, *Carmen de rebus siculis* [2].

Sur la personne de Pierre d'Eboli, nous savons fort peu de chose. Dans un diplôme de Frédéric II, de 1220, il est question d'un *magister Petrus versificator* qui a légué un moulin à l'archevêque de Salerne [3]. Un autre acte, de 1244, condamne le fils de feu Pierre d'Eboli, juge, à rendre le susdit moulin à l'archevêque de Salerne [4]. Il semble vraisemblable que dans ces deux documents il est question de notre poète. Par contre, rien ne

1 Cf. *L'art de vérifier les dates*, t. IV, p. 813, Gibbon, *op. cit.*, t. VI, p. 219, note 1, *Histoire littéraire de la France*, t. XV, p. 280, Freeman, *Historical Essays*, III Series (1879), p. 454

2 Ed. Rota, dans Muratori, R.I.SS., n. ed., t. XXXI, et ed. Winkelmann (Leipzig, 1874). Cf. P. Bloch, *Zur Kritik des Petrus de Ebulo* (Prenzlau, 1883), et Hagen, *Bemerkungen zu Petrus de Ebulo Gedicht de bello siculo*, dans *Forschungen zur deutschen Geschichte*, t. XV, p. 605 et suiv.

3 Huillard-Bréholles, *Historia diplomatica Friderici II*, t. I, p. II, 143. Sur la date, cf. Rota, *op. cit.*, p. xx, note 1

4 Paesano, *Memorie per servire alla storia della chiesa salernitana*, t. II, p. 352-354

prouve que le *magister Petrus Ansolinus de Ebulo*, qui est mentionné, en 1219, comme ayant fait antérieurement à cette date
une donation au monastère de Santa Maria di Monte Vergine,
soit à identifier avec l'auteur du poème [1] Enfin l'acte de 1220,
dont il a été question, oblige à distinguer Pierre d'Eboli *versificator*, déjà mort à cette date, de son homonyme condamné
en 1239 dans un procès contre ses cousins [2]

Nous ne savons rien de la jeunesse de Pierre d'Eboli Diverses
miniatures du manuscrit de son poème le représentent tonsuré [3]
il était donc clerc Nous savons aussi qu'il s'occupa de médecine il suivit vraisemblablement les cours de l'École de
Salerne [4] Il paraît certain que le poète accompagna Henri VI et
vécut à la cour Outre le *Carmen de rebus siculis* on lui doit
un poème *De Balneis Puteolanis* [5] Pierre d'Eboli avait en outre
composé un ouvrage perdu sur Frédéric Barberousse

Le *Carmen de rebus siculis* comprend trois livres dont les
deux premiers seulement intéressent notre sujet, le poète
raconte les événements qui suivirent la mort de Guillaume II,
l'élection de Tancrède, la première campagne d'Henri VI, le
siège de Naples la captivité de Constance, enfin la mort de Tancrède et la conquête du royaume par Henri VI

Quelle créance mérite l'œuvre de Pierre d'Eboli ? A ce sujet

1 Huillard Bréholles, *op cit*, t I, p II, p 632 Rota, *op cit*, p XX,
admet l'identification sans preuve concluante

2 La raison tirée de la date de la mort du premier personnage me
paraît plus convaincante que celle invoquée par le dernier éditeur, p XXI
« Non crediamo che quello fosse l'Ansolino non essendo pensabile che una
persona autorevole la quale si associava à baroni, à conti ed a cavalieri per
far donativi ad una chiesa protetta dall'imperatore, mettesse à rischio la
propria riputazione turbando la pace di sei cugini entro il proprie terre,
per la semplice e puerile ragione che essi erano figli naturali » P Block,
Zur Kritik des Petrus de Ebulo, II, 6, pense que, dans l'acte de 1244, il est
question de Pierre d'Eboli justicier de la Terre de Labour mentionné en
1225 et 1226, par Richard de San Germano Bigoni *Una fonte per la storia
del regno di Sicilia* (Gênes 1904), in-8, p 10, repousse également l'identification

3 Cf ed Rota pl IX XLV et XLVIII

4 Cf Rota, p XXI-XXII Block, *op cit*, I, 26 et II 52 Rappelons ici que
Romuald, archevêque de Salerne exerça lui aussi la médecine

5 Cf Rota, p XXV et suiv, et Block, *op cit*, I, p 19

les avis sont partagés [1] Pour un grand nombre de faits, Pierre est une source unique que l'on ne peut contrôler Ayant vécu à la cour de l'empereur, l'auteur a été à même d'être bien informé [2], et a pu se renseigner sur les évenements dont il n'avait pas été témoin, mais, partisan déclaré d Henri VI, il s'est le plus souvent appliqué a presenter les faits sous le jour le plus favorable a ce dernier La haine de Pierre envers Tancrede, sa famille et ses partisans lui a fait tracer du successeur de Guillaume II une véritable caricature, et l'on ne saurait tenir grand compte du *Carmen de rebus siculis* qui constitue un veritable pamphlet [3] C'est la un fait indicutable, que nous nous bornerons a constater sans rechercher si Pierre a fait seulement œuvre de courtisan ou a été entrainé par l'ardeur de ses opinions gibelines [4]

Il ne faut egalement tenir aucun compte de certaines parties du poeme qui ne sont que de pures fictions inventees par l'auteur Telles sont, sans aucun doute, les lettres echangées a diverses reprises entre les principaux personnages de la cour normande

Sur d autres points la critique est plus difficile On a notamment attaque le passage où le poete fait jouer un rôle à Lucius III dans le mariage d'Henri VI et de Constance, malgré l'explication proposée par le dernier editeur, il semble bien que l'auteur a ici commis une erreur [5] De même, a propos des renseignements fournis sur l attitude politique de l'abbe du Mont-Cassin, Roffroi, les autres sources permettent de constater que le poete s'est trompé [6] Par contre le recit de la captivité de Constance tres attaqué par divers auteurs a été defendu avec ingéniosité par M Rota [7] On ne saurait se prononcer sur les détails que nous fournit le poeme au sujet du siege de Naples ou de la seconde expédition d'Henri VI car aucune autre source ne nous permet de les contrôler

1 Cf la preface de Rota, p XXXV
2 *Id*, p XXIV
3 Cf *infra* t, II, p 426
4 Cf Rota, *op cit*, p XLIX et suiv
5 *Id*, p XXXVII
6 Cf *infra* t II, p 453
7 *Op cit*, p XLII

En somme, on ne doit se servir de l'œuvre de Pierre d'Eboli qu'avec prudence et en tenant toujours compte de sa partialité Au sujet des faits qu'il est seul à nous faire connaître, on ne doit pas oublier que là où nous pouvons le contrôler, l'auteur s'est plus d'une fois trompé.

Le manuscrit de Pierre d'Eboli conservé à la bibliothèque de Berne, est très probablement le manuscrit original [1], il présente un intérêt particulier à cause des nombreuses miniatures qui non seulement illustrent le texte, mais encore le complètent parfois. Elles ont toutes été reproduites dans la nouvelle édition

Nous nous sommes bornés à étudier les principales annales et chroniques latines relatives à l'histoire des Normands d'Italie, pour que cette étude fût complète, il faudrait encore mentionner, en plus des œuvres dont nous venons de parler et de celles qui sont indiquées ci-dessous, les nombreuses sources qui traitent incidemment de cette histoire Nous nous contenterons d'indiquer ici comme étant particulièrement importantes, en outre des *Vies des papes*, insérées dans le *Liber Pontificalis*, la correspondance d'un certain nombre de personnages qui se sont trouvés plus ou moins mêlés à l'histoire de Sicile Louis VII, Suger, saint Bernard, Wibald, Pierre le Vénérable, Pierre de Blois, Jean de Salisbury Nous mentionnerons enfin, à cause des nombreux détails qu'elle nous fournit sur les rapports de Tancrède avec les croisés de 1191, une source française le poème d'Ambroise « *L'Estoire de la guerre sainte* [2] » Témoin oculaire des événements, l'auteur nous fournit beaucoup de renseignements sur le séjour des croisés à Messine, lors du départ de la troisième croisade

III CHRONIQUES GRECQUES

1° JEAN SKYLITZES [3] a écrit dans la seconde moitié du XIe siècle une histoire de l'empire byzantin qui embrasse les années 811-1079 La partie de sa chronique qui s'étend de 811 à

1 Rota, *Op cit*, p xvi
2 Ed G Paris, dans la *Collection des Documents inédits* (Paris, 1897)
3 Cf Krumbacher, *Byzant Litteratur*, 2e ed, p 365 et suiv.

1057 a été insérée presque textuellement par Kédrenos dans
son ouvrage Σύνοψις Ἱστοριῶν. La deuxième partie 1057-1079, non
utilisée par Kédrenos, a été publiée par Bekker en appendice à
son édition de ce dernier auteur (p 640 et suiv [1]) En général
bien informé, Skylitzes nous fournit d'utiles renseignements sur
les rapports des Normands et des Byzantins et nous permet de
contrôler et de compléter en partie les sources de l'Italie du Sud

2° *Strategicon de Kekaumenos* — Sur cette même période de
la conquête, on trouve quelques anecdotes caractéristiques dans
les mémoires de Kekaumenos publiés il y a quelques années [2]

3° ANNE COMNÈNE — Anne Comnène fille de l'empereur
Alexis I⁰ʳ Comnène (1081-1118) a écrit, probablement après 1143,
une histoire du règne de son père, l'*Alexiade* [3] La partie de cet
ouvrage consacré à la guerre soutenue par l'Empire grec contre
Robert Guiscard (1 I à VI), constitue pour l'histoire des Normands
une source précieuse Bien que n'ayant pas été contemporaine de
l'invasion normande, Anne est très bien informée. Elle a utilisé
les renseignements oraux fournis par son père et par certains
officiers de celui-ci, notamment par le défenseur de Durazzo,
Georges Paléologue en outre, elle s'est probablement servi pour
cette partie de son récit soit d'un ouvrage perdu d'un certain Jean
de Bari, soit des renseignements oraux que lui aurait fournis cet
auteur [4] Enfin, toujours pour la même période, elle a eu connaissance de la correspondance diplomatique de son père avec les
souverains étrangers (lettres d'Alexis à Hermann, neveu de Guiscard, à Grégoire VII, à Hervé, archevêque de Capoue, à Henri IV)

1. *Georgius Cedrenus Ioannis Scylitzae ope suppletus et emendatus* dans *Corpus scriptorum historiae byzantinae* (Bonn 1839)
2 *Cecaumeni strategicon et incerti auctoris de officiis regiis libellus*, ed Wasiliewsky et Jernstedt (Saint-Pétersbourg, 1886), in-8°, cf Wasiliewsky, *Conseils et récits d'un grand seigneur byzantin*, dans le *Journal du ministère de l'instruction publique russe*, t CCXV et t CCXVI (1881)
3 Cf Krumbacher, *op cit*, p 274 et suiv , Oster, *Anna Komnena*, 3 Progr (Rastatt, 1868, 1870, 1871), in-8°, Chalandon, *Essai sur le règne d'Alexis I⁰ʳ Comnène*, p VII et suiv
4 Cf Wilmans, *Ueber die Quellen der Gesta Roberti Wiscardi des Guillermus Apuliensis*, dans l'*Archiv* de Pertz, t X, p 87 et suiv

Bien qu'écrite dans un sens trop favorable a Alexis Comnene, l'*Alexiade*, par le grand nombre de détails qu'elle nous fournit, est notre meilleure source pour l'histoire des dernieres campagnes de Robert Guiscard

4° JEAN KINNAMOS [1] (ne apres 1143, † apres 1185) a écrit l'histoire de Jean Comnene et celle de la plus grande partie du regne de Manuel Comnene [2] Son livre s'etend de 1118 a 1176 Au point de vue de l'histoire des Normands, Kinnamos, qui par sa situation officielle etait a même d'être bien renseigné, nous a transmis de nombreux renseignements sur les rapports du royaume de Sicile avec l'Empire byzantin Sans parler du recit des diverses guerres Kinnamos nous fournit des details sur les negociations dirigées contre le royaume normand, qui a diverses reprises eurent lieu entre l'Empire grec et l'Empire allemand

5° NIKÉTAS CHONIATÈS — Niketas Choniates [3], dans les chapitres de son histoire consacrée aux divers empereurs qui se sont succedé depuis Jean Comnene jusqu'a Isaac l'Ange [4] nous a transmis ça et la bon nombre de renseignements, mais son information est en général moins sûre que celle de Kinnamos et pour la seule partie de son œuvre qui traite avec force détails des Normands il n'a fait que copier Eustathios, archevêque de Thessalonique

5° EUSTATHIOS ARCHEVÊQUE DE THESSALONIQUE — On doit a Eustathios une relation precieuse du siege de Thessalonique par les Normands, sous le regne de Guillaume II [5] L'auteur ne s'est

---

1 Cf Krumbacher *op cit* p 279 et suiv , et Kap Herr, *Die abendlandische Politik Kaiser Manuels* Strasbourg, 1881, in-8°, p 119

2 Ed Meineke dans *Corpus scriptorum byzantinæ historiæ* Bonn 1836 in-8°

3 Cf Krumbacher, *op cit* , p 281 et suiv

4 Ed Bekker, dans *Corpus scriptorum byzantinæ historiæ* Bonn, 1835 , in-8°

5 *De Thessalonica a Latinis capta* ed Bekker, dans *Corpus scriptorum byzantinæ historia* Bonn, 1842 Cf Fatel, *Komnenen und Normannen* Stuttgart, 1870, in-8°, p 73 et suiv , et la Preface de Spata, dans *I Siciliani in Salonico nell anno 1185* (Palermo, 1892), in-4°

pas borné au seul récit du siège, mais nous a donné une excellente relation des événements qui l'ont précédé et suivi Malgré une certaine confusion, son œuvre, par l'intérêt qu'elle présente, par les curieux détails qu'elle contient sur les rapports qui s'établirent entre les Normands et Grecs vaincus, constitue la meilleure source que nous possédions sur cet épisode de la lutte engagée entre le royaume de Sicile et l'Empire grec Bien malgré lui, témoin oculaire des faits qu'il raconte Eustathios ne s'est pas borné à raconter sèchement les événements auxquels il a assisté, on sent dans tout son récit une haine violente contre les envahisseurs et contre ceux des généraux byzantins qui par leur impéritie ont préparé la défaite de l'Empire

IV — VOYAGEURS ET CHRONIQUEURS ARABES

Ce n'est qu'incidemment que les auteurs arabes nous fournissent des renseignements sur l'histoire des Normands Toutefois quelques-uns d'entre eux ont une importance toute particulière, car c'est grâce à eux que nous pouvons reconstituer l'histoire des tentatives des Normands pour s'établir en Afrique Si nous en étions réduits aux chroniqueurs grecs ou latins, bien des points demeureraient dans l'ombre   ce sont les auteurs arabes qui comblent ces lacunes.

Edrisi (1099-1180), né à Ceuta, fit ses études à Cordoue, et se mit à voyager Attiré à la cour de Sicile par Roger II, il s'y fixa, et fut chargé de condenser les résultats de l'enquête géographique faite sur l'ordre du roi pendant quinze années, il composa un ouvrage intitulé *La récréation de celui qui désire parcourir les horizons* Son œuvre est regardée comme constituant l'ouvrage géographique le plus important du moyen âge Sans parler des renseignements qu'elle nous fournit sur la civilisation sicilienne à l'époque normande, l'ouvrage d'Edrisi nous fournit encore une masse de renseignements historiques et économiques [1]

Ibn Giobair, né à Valence en 1145 a écrit le récit du voyage qu'il fit à la Mecque [2] En revenant de son pèlerinage, il s'arrêta

1 Éd. et trad Amari, B A S, t I p 31 et suiv
2 Éd et trad Amari, B A S, t I, p 137 et suiv

en Sicile où il séjourna du mois de décembre 1184 au mois de
mars 1185 Après avoir débarqué à Messine, Ibn Giobair se rendit à Palerme et de là à Trapani Esprit curieux l'auteur a inter-
rogé sur leur situation ses coreligionnaires, sujets de Guillaume II, et nous a transmis un grand nombre de détails intéressants Sans parler des renseignements qu'il nous fournit sur les
villes qu'il a traversées, nous lui devons une description fort
curieuse de la cour royale, des détails précis sur la situation des
Musulmans de Sicile, et enfin un récit détaillé des causes de
l'expedition de 1185, dirigée par Guillaume II contre l'empire
byzantin L'auteur sait se montrer impartial et ses préjugés religieux ne l'empêchent pas de rendre justice au roi de Sicile

Ibn el Athir, né en 1160, à Djeziiat ibn Omar, sur les bords du
Tigre, mort à Mossoul en 1233, est l'auteur d'une chronique
universelle *El Kamel Altevarykh*, dont certaines parties sont
particulièrement importantes pour l'histoire des Normands d'Italie [1] Cet ouvrage nous fournit de nombreux détails sur les premiers rapports de Roger Ier avec les Musulmans de Sicile et leurs
coreligionnaires d'Afrique, sur l'établissement et la chute de la
domination normande en Afrique, et enfin sur les expéditions
envoyées en Orient par Guillaume II

Aboulfeda (1273-1331) a laissé des *Annales* très étendues au
point de vue particulier où nous nous plaçons il présente un
médiocre intérêt car il n'a guère fait que copier Ibn el Athir [2]

Ibn Adari, originaire du Maroc, a écrit vers la fin du XIIIe siècle,
le *Kitab al Bayan al Mugrib* dans lequel il a inséré des fragments d'auteurs plus anciens En dehors d'un récit détaillé des
expéditions normandes en Afrique, en 1122 et en 1148, il se
borne le plus souvent à mentionner simplement les faits [3]

At Tigani, qui vivait au début du XIVe siècle est l'auteur
d'un récit de voyage, dans lequel il raconte les principaux faits
relatifs à l'histoire des lieux qu'il a visités [4] Son œuvre nous fournit de nombreux et utiles renseignements sur l'établissement des

---

1 Ed et trad Amari, B A S , t I, p 353 et suiv
2 *Id* , t II, p 85 et suiv
3 *Id* , t II, p 1 et suiv.
4 *Id* , t II, p 41 et suiv

Normands en Afrique et au temps de temps de Roger II, sur l'organisation de la conquête At Tigani a utilisé de nombreux ouvrages, et est en général bien informé

Nous nommerons encore An Nowairi, Ibn Khaldoun, Ibn abi Dinar, Immad-ed Din, Abou Chamah, El Makrisi, qui bien qu'écrivant souvent a des époques assez tardives, ont néanmoins une réelle valeur, car ils ont eu entre les mains des sources aujourd'hui perdues. Enfin, le voyageur israelite, Benjamin de Tudele, qui visita le royaume normand vers le milieu du xii' siècle, mérite une mention spéciale

BIBLIOGRAPHIE

Liste des principaux ouvrages et articles cités [1]

Aar (E.), *Gli studi storici in Terra d'Otranto*, Florence 1888, in-8°

Abel, *König Philipp von Hohenstauffen*, Berlin 1853, in-8°

Abignente, *Le Chartulae fraternitatis dei confrati della chiesa Salernitana*, dans *Arch st napol*, t XIII

ABOU CHAMAH, *Les deux jardins*, ed et trad Amari B A S t I

ABOULFÉDA, *Annales*, ed et trad Amari, B A S t II

ACTA ET SCRIPTA QUAE DE CONTROVERSIIS ECCLESIAE GRAECAE ET LATINAE SECULO XI COMPOSITA EXTANT ed Will, Leipsig, 1861, in-4°

ADALBERT *Vita s Heinrici II*, ed Waitz, M G H SS t IV

ADÉMAR DE CHABANNES, *Chronicon*, éd Chavanon, Paris 1897, in-8°

AIMÉ, *Ystoire de li Normant*, éd Delarc, Rouen 1892, in-8°

AL BAYAN voir IBN ADARI

AL MARAKISI, ed et trad Amari, B A S t I

AL MARKISI, *Chronique*, ed et trad Amari B A S, t II

ALBERT D'AIX *Liber christianae expeditionis pro ereptione sanctae Hierosolymitanae ecclesiae*, ed P Meyer dans *Recueil des historiens des croisades, Hist occid*, t IV

ALEXANDRE DE TELESE, *De rebus gestis Rogerii Siciliae regis libri IV*, ed del Re, dans *Cronisti e scrittori sincroni napoletani*, t I, Naples, 1845, in-4°

ALFAN, *Carmina*, ed Schipa, dans *Arch stor napol* t XII

Amari (M *Storia dei Musulmani di Sicilia*, Florence, 1854-1872, 3 vol in 8°

Id , *Carte comparée de la Sicile moderne avec la Sicile au XII° siècle*

1 Les sources narratives et les recueils d'actes sont indiqués en petites capitales

Voici l'indication de quelques abréviations

Arch st napol = *Archivio storico per le provincie napoletane*

B A S = Amari *Biblioteca arabo-Sicula*

Mélanges d'archéologie et d'histoire = *Mélanges d'archéologie et d'histoire publiés par l'École française de Rome*

R I SS = Muratori RERUM ITALICARUM SCRIPTORES

Pflugk Harttung *Acta Inedita* = Id , *Iter Italicum*, t II

d'après *Edrisi et d'autres géographes arabes*, Paris, 1859, in-4°

Id, *Frammenti dell'iscrizione arabica della Cuba*, Palerme, 1877, in-4°

Id, BIBLIOTECA ARABO-SICULA, VERSIONE ITALIANA, Turin et Rome, 1880-1881, 2 vol, in-8°

Id, *Su la data degli sponsali di Arrigo VI con la Costanza erede del trono di Sicilia e su i Diwani dell' Azienda Normanna in Palermo* dans *Memorie della classe di Scienze morali storiche e filologiche della R Academia dei Lincei* Serie 3, t II, Rome, 1878 in-4°.

Id, *Le epigrafi arabiche di Sicilia*, Palerme 1879-1885, t I, in-4°, t II et III, in-8°

Id, *Su le iscrizioni arabiche del palazzo regio di Messina*, dans *Memorie della classe di scienze morali storiche e filologiche, della R Academia dei Lincei* Serie 3 t VII, 1881

AMBROISE, *L'estoire de la guerre sainte*, ed Gaston Paris, dans *Collection des documents inédits relatifs à l'histoire de France*, Paris, 1897, in-4°

Amico *Catana illustrata sive sacra et civilis urbis Catanae historia*, Catane, 1740-46, 4 vol in-4°

Amico et Statella, *Lexicon topographicum Siciliae*, Palerme, 1757-60, 3 vol in-4°

An Nowairi, ed et trad Amari, BAS t II

ANNALES ALTAHENSES MAIORES ed Giesebrecht, dans M G H SS, t XX

ANNALES AUGIENSES, ed M G H SS, t III

ANNALES AUGUSTANI MINORES, ed dans M G H SS, t X

ANNALES COLONIENSES MAXIMI, éd Waitz, dans M G H SS, in usum scholarum, Hanovre, 1880, in-8°

ANNALES BARENSES, ed Pertz M G H SS, t V

ANNALES BENEVENTANI éd M G H SS, t III

ANNALES BERTINIANI, ed Waitz, dans M G H SS in usum scholarum Hannovre, 1883, in-8°

ANNALES CASINENSES, ed M G H SS, t XIX

ANNALES CAVENSES, ed M G H SS, t III

ANNALES CICCANENSES, ed M G H SS, t XIX

ANNALES ERPHESFURDENSES, ed dans M G H SS, t VI

ANNALES FARFENSES, ed Bethmann dans M G H SS, t XI

ANNALES HERBIPOLENSES, ed dans M G H SS, t XVI

ANNALES HILDESHEIMENSES, ed dans M G H SS, t III

ANNALES JANUENSES, ed Pertz, dans M G H SS, t XVIII

ANNALES MAGDEBURGENSES, ed Pertz, M G H SS, t XVI

ANNALES MARBACENSES, ed Wilmans, dans M G H SS, t XVII

ANNALES MELLICENSES ed Wattenbach, dans M G H SS, t IX

ANNALES PALIDENSES ed Pertz, dans M G H SS., t XVI

ANNALES PATHERBRUNNENSES ed Scheffer-Boichorst, Innsbruck, 1870, in-8°

ANNALES PISANI, ed K Pertz, dans M G H SS, t XIX

ANNALES PLACENTINI Gibellini, ed dans M G H SS, t XVIII

ANNALES PLACENTINI GUELFI, ed dans M G H SS, t XVIII

ANNALES RATISPONENSES, ed. Wattenbach, dans M G H SS , t. XVI

ANNALES REATINI, ed. Bethmann, dans M G H SS , t. XIX

ANNALES SANCTI PETRI ERPHESFUR-DENSES, ed. dans M G H SS , t. XVI

ANNALES SANGALLENSES, ed. ALX, M G H SS , t. I

ANNALES SEHGENSIADENSES, ed. Bethmann, dans M G H SS , t. XVII

ANNALES SICULI, ed. Pertz, dans M G H SS , t. XIX

ANNALES STADENSES, ed. Lappenberg, dans M G H SS , t. XVI,

ANNALES STEDERBURGENSES, ed. dans M G H SS , t. XVI

ANNALES VENETICI BREVES, ed. Simonsfeld, dans M G H SS , t. XIV

ANNALISTA SAXO Chronicon, ed. Waitz dans M G H SS , t. VI

ANNE COMNÈNE, 'Αλεξιάς ed. Schopen et Reifferscheid, dans Corpus scriptorum byzantinae historiae, Bonn, 1839-1884, 2 vol. in-8°

ANONYMI Historia Hierosolymi-TANA, ed. dans Recueil des historiens des croisades, Hist. occid , t. III

ANONYMI LAUDENSIS CONTINUATIO, cf. OTTO MORENA

ANONYMI VATICANI Historia sicula, éd. dans Muratori, R I SS , t. VIII

ANONYMUS AD PETRUM, ed. Kugler, dans Studien zur Geschichte des 2 Kreuzzuges, Stuttgart, 1886, in-8°, = JEAN DE SALISBURY, Historia Pontificalis

ANONYMUS BARENSIS, ed. Muratori, R I SS , t. V

ANONYMUS HASERENSIS, ed. Bethmann, dans M G H SS , t. VII

ANSBERT, Historia de expeditione Friderici imperatoris, ed. dans Fontes rerum austriacarum, 1re partie, SS , t. V

Arbois de Jubainville (H. d.) Histoire des ducs et comtes de Champagne, Paris, 1859-1867, 6 t. en 7 vol. in-8°

ARNOLD, Chronica Slavorum, ed. Lappenberg, dans M G H SS , t. XXI

AT TIGANI, ed. et trad. Amari, B A S , t. II

ATTALIATES (Michel), 'Ιστορία ed. Bekker, dans Corpus script. hist. Byz , Bonn 1853, in-8°

Baitz G , Zur Kritik der Normannengeschichte des Amatus von Monte Cassino, dans Forschungen zur deutschen Geschichte, t. XXIV, 1884

Balzani (U.) Le cronache italiane nel medio evo Milan 1884, in-8°

Battaglia (G), DIPLOMI INEDITI RE-LATIVI ALL ORDINAMENTO DELLA PRO-PRIETA FONDIARIA IN SICILIA SOTTO I NORMANNI E GLI SVEVI, dans Documenti per servire alla storia di Sicilia publiés par la Società siciliana per la storia patria Ser I — Diplomatica t XVI Palerme, 1895 in-8°

Mgr Batiffol, Das Archiv des griechischen Collegs in Rom. dans Römische Quartalschrift, 1888

Id Chartes byzantines inédites de Grande Grèce, dans les Mélanges d archéologie et d'histoire publiés par l École française de Rome, t. X

Id , La chronique de Taverna et les fausses décrétales de Catanzaro, dans la Revue des Questions historiques t LI 1892

Id , L abbaye de Rossano Paris, 1891, in-8°

Id L archive du Saint Sauveur de Messine dans la Revue des questions historiques t XLII, 1887

Baumgarten, Ein Brief des Ge-

genpapstes *Anaclet* (II), dans le *Neues Archiv*, t XXII 1896

Beatillo, *Storia di Bari*, Naples, 1637, in-4°

Beha ed Din, ed et trad dans *Recueil des historiens des croisades, Historiens orientaux*, t II

Behring (W), *Sicilianische Studien*, I, *Die Anfange des Konigreichs* Progr d Gymn zu Elbing, 1882 II. Regesten des normannischen Konigshauses (1130-1197) Progr d Gymn zu Elbing, 1882, in-4°.

Beltrani (G), Documenti longobardi e greci per la storia dell' Italia meridionale nel medio evo, Rome, 1877, in-8°

Benjamin de Tudèle, *Die Reisebeschreibungen des R Benjamin von Tudela*, ed et trad Grünhut et Adler, Jerusalem, 1903, 2 vol. in-8°

Benoit de Saint André, *Chronicon*, ed Pertz, dans M G H SS, t III

Benzo, *Ad Heinricum IV imp libri VII*, ed K Pertz, M G H SS, t XI

Bernard Saint), *Epistolae*, dans Migne, P L, t CLXXXII

Bernardus monachus, voir Itinerarium

Bernhardi, *Lothar von Supplinburg*, dans *Jahrbucher der deutschen Geschichte* Leipzig, 1879, in-8°

Id, *Konrad III, Ibid*, Leipzig, 1883, 2 vol in-8°

Bernold, *Chronicon* ed M G H SS, t V

Bertaux L), *L'art dans l'Italie méridionale*, Paris, 1903, in-4°

Id, *I monumenti medievali della regione del Vulture* Naples 1897, in-4°

Id, *L'émail de Saint Nicolas de Bari*, dans Fondation Eugène Piot, *Monuments et Mémoires*, publ par l'Académie des inscriptions et belles lettres, t X, 1899

Berthold, *Annales*, ed dans M G H SS, t V

Bindi (V), *S Clemente a Casauria e il suo codice miniato esistente nella Biblioteca Nazionale di Parigi*, Naples 1885 in-4°

Id, *Monumenti storici ed artistici degli Abruzzi* Naples, 1889, in-4°

Blandinis Sanctae Agathae miracula, dans A A SS, t I de février

De Blasi (S), *Series principum qui Langobardorum aetate Salerni imperarunt*, Naples, 1735 in-f°

De Blasiis *La insurrezione Pugliese e la conquista Normanna*, Naples, 1869, 3 vol in-8°

Id, *Le pergamene bizantine degli archivi di Napoli e di Palermo*, dans *Archivio storico italiano*, 3e serie, t III 1866

Bloch (H) *Forschungen zur Politik Kaiser Heinrichs VI in den Jahren 1191-1194*, Berlin, 1892 in-8°

Block (P) *Zur Kritik des Petrus de Ebulo*, t I (Presslau, 1883) t II (s d), in-8°

Bock (F), *Die Kleinodien des heil romischen Reichs deutscher Nation* Vienne 1864, in-8°

Bonizo, *Liber ad amicum*, ed Dummler, dans M G H, in-4° *Libelli de lite imperatorum et pontificum*, t I

Borgia (St), *Memorie storiche della pontificia città di Benevento dal secolo VIII al XVIII divise in tre parti*, Rome, 1763-69, 3 vol in-4°

Boson, voir Liber pontificalis

Brandileone, *Il diritto romano*

nelle legge normanne e sueve del regno di Sicilia, Turin, 1884, in-8°.

Id., *Frammenti di legislazione normanna et di giurisprudenza bizantina nell' Italia Meridionale*, dans *Atti della R. Academia di Lincei, Rendiconti*, S.IV. II, 8, Rome, 1886, p. 267 et suiv.

Id., *Il diritto greco romano nell' Italia meridionale sotto la dominazione normanna*, dans *Archivio Giuridico*, t. XXXVI, 1886.

Id., *Sulla data del' « Pactum » giurato dal duca Sergio ai Napolani*, Turin, 1900, in-8°.

Bréhier (L.), *Le schisme oriental du XIe siècle*, Paris, 1899, in-8°.

Bréquigny, *Mémoire sur Étienne, chancelier de Sicile*, dans *Mémoires de l'Académie des inscriptions*, t. XLI, 1780.

Bresslau, *Jahrbücher des deutschen Reichs unter Konrad II*, Leipzig, 1879-1884, 2 vol. in-8°.

BREVIS HISTORIA LIBERATIONIS MESSANAE, éd. Siragusa, dans *Arch. storico siciliano*, N.S., t.XV.

Bruel, *Une charte à retrancher de l'histoire des Normands d'Italie*, dans *Bibl. de l'École des Chartes*, t. LI, 1890.

Brünnek, *Siciliens mittelalterliche Stadtrechte*, Halle, 1881, in-8°.

Bruno, *Vita sancti Leonis IX*, dans Watterich, *Pontificum romanorum... vitae*, t. I.

BULLARIUM VATICANUM, Rome, 1747, in-f°.

BURCHARDUS URSPERGENSIS PRAEPOSITUS, *Chronicon*, éd. Abel et Weiland, dans M.G.H.SS., t. XXIII.

Du Cange, *Historia byzantina duplici commentario illustrata. 1. Familiae augustae byzantinae. 2. Constantinopolis christiana*, Paris, 1680, in-f°.

Id., *Les familles normandes*, éd. Champollion-Figeac, dans *L'Ystoire de li Normant et la Chronique de Robert Viscart*, Paris, 1835, in-8°.

Capialbi, *Memorie per servire alla storia della santa chiesa Miletese*, Naples, 1835, in-8°.

CAFARO, voir ANNALES JANUENSES.

Calisse, *Il governo dei Bizantini in Italia*, Turin, 1885, in-8°.

Camera M., *Memorie storico-diplomatiche dell' antica città e ducato di Amalfi*, Salerne, 1876-1881, 2 vol. in-4°.

Capasso B., *Sul catalogo de' feudi e dei feudatarii delle provincie napoletane sotto la dominazione normanna*, dans *Atti della r. Academia di archeologia, lettere e belle arti*, t. IV, Naples, 1869, in-4°.

Id., *Novella di Ruggiero re di Sicilia e di Puglia promulgata in greco nel 1150, ed ora per la prima volta edita dei codici delle biblioteche di S Marco in Venezia e Vaticana in Roma con la traduzione latino ed alcune osservazioni*, dans *Atti dell' Academia Pontaniana*, t. IX, Naples, 1867, in-4°.

Id., *Le fonti della storia delle provincie napoletane dal 568 al 1500*, éd. Mastrojanni, Naples, 1902, in-8°.

Id., *Il « Pactum » giurato dal duca Sergio ai Napoletani*, dans *Arch. stor. napolet.*, t. IX, 1884.

Id., *Pianta della città di Napoli nel secolo XI*, dans *Arch. stor. napolet.*, t. XVI et XVII, 1891-1892.

Id., *Memorie della chiesa Sorrentina*, Naples, 1854, in-8°.

Id., MONUMENTA AD NEAPOLITANI

DUCATUS HISTORIAM PERTINENTIA Naples, 1881-1892, 3 vol in-4°

[Capasso], L'archivio di stato in Napoli dal 1883 fino al tutto il 1898, Naples, 1899, in-8°,

Capecelatro, Istoria di Napoli, Naples, 1724, 2 vol in-8°

Caporale, Memorie storiche diplomatiche della citta di Acerra e dei conti che la tennero in feudo, Naples, 1889, in-8°

Carini, Sul monastero di S Giovanni degli Eremiti dans Arch st sicil, t I

Id, Una pergamena sulla fundazione del duomo di Cefalu, dans Arch st sicil N S, t VII,

Cartellieri, Abt Suger von St-Denis, Berlin, 1898, in-8°

CARTULAIRE DE INFIMITI Biblioteca nazionale, a Naples, Ms XIV, A, 30

Casagrandi-Orsini, Adelasia moglie del gran conte Ruggiero e lo zio Bonifazio, dans Le Grazie, t II, Catane, 1900

Caspar (E), Roger II und die Grundung der normannisch-sicilischen Monarchie, Innsbruck, 1904

Id Die Grundungsurkunden der sicilischen Bistumer und die Kirchenpolitik Graf Rogers I (1082-1098), Innsbruck, 1902, in-8°

Id, Kritische Untersuchungen zu den aelteren Papsturkunden fur Apulien, Rome, 1904, in-8°, Extr des Quellen und Forschungen aus italienischen Archiven und Bibliotheken t VI

Id, Die Legatengewalt der normannisch-sicilischen Herrscher im 12 Jahrhundert, Rome, 1904, in-8° Extr des Quellen und Forschungen aus italienischen Archiven und Bibliotheken, t VI

Casus monasterii Petrishusensis, éd Abel et Weiland, M G H SS, t XX

CATALOGUS BARONUM NEAPOLITANO IN REGNO VERSANTIUM, QUI SUB AUSPICIIS GUILIELMI COGNOMENTO BONI AD TERRAM SANCTAM SIBI VINDICANDAM SUSCEPERUNT, ed Del Re dans Cronisti e Scrittori sincroni napoletani, t I

CATALOGUS PONTIFICUM ET IMPERATORUM TIBURTINUS ed Waitz, dans M G H SS, t XXII.

CATALOGUS REGUM LANGOBARDORUM ET DUCUM BENEVENTANORUM ed Waitz, dans M G H, in-4° Scriptores rerum lingobardicarum

CECAUMENI STRATEGICON ET INCERTI SCRIPTORIS DE OFFICIIS REGIIS LIBELLUS, ed B. Wassilewsky et V Jernstedt, Saint-Petersbourg, 1886, in-8°

Chalandon (F) Essai sur le règne d'Alexis Ier Comnene, Paris, 1900, in-8°

Id, La diplomatique des Normands de Sicile et de l'Italie meridionale, dans Melanges d'archéologie et d'histoire publiés par l'Ecole française de Rome, t XX

CHARTULARIUM CUPERSANENSE, ed Morea, t I, Montecassino, 1893, in-4°

CHRONICA AITINATI, éd Simonsfeld, dans M G H SS, t XIV

CHRONICA CASINENSIS, auct Leone Ost et Petro Diac I, I-IV, ed Wattenbach, M G H SS, t VII

CHRONICA FERRARIENSIS, von Ignoti MONACHI CISTERSIENSIS CHRONICA

CHRONICA PISANA, ed Muratori, R I SS, t VI

CHRONICA REGIA COLONIENSIS, ed

Waitz, dans M G H SS in usum scholarum, in-8°

Chronicon Amalfitanum, ed dans Muratori, *Antiquitates Italicae*, t I

Chronicon breve Normannicum, ed Muratori, R I SS, t X

Chronicon Casauriense, ed Muratori, R I SS, t II, p ii

Chronicon Fossae novae, ed del Re *Cronisti*, etc, t I, p 494 et suiv, voir Annales Ceccanenses

Chronicon S Bartholomei de Carpineto ed Ughelli, *Italia sacra*, t X

Chronicon sancti Benigni Divionensis, ed Waitz, dans M G H SS, t VII

Chronicon sancti Stefani, ed. Saraceni, Chieti, 1876, in-4°

Chronicon Siculum ed Muratori, R I SS, t X

Chronicon Urspergense, ed Abel et Weiland, dans M G H SS t XXIII

Chronicon Vulturnense, auctore Iohanne monacho S Vincentii éd Muratori, R I SS, t I, pars ii

Clausse G, *Basiliques et mosaiques chretiennes*, Paris, 1893, 2 vol in-8°

Codex Carolinus, ed Gundlach, dans M G H, in-4°, *Epistolae*, t III

Codex diplomaticus Anhaltinus, ed Heinemann, Dessau, 1867-83, 6 vol in-8°

Codex diplomaticus Brundusinus, Biblioteca di Leo a Brindisi [1]

Codex diplomaticus Cajetanus, Monte Cassino, 1888-1891, 2 vol in-4°

Codex diplomaticus Cavensis, Naples, Milan-Pise, 1873-1893, 8 vol in-4°

Codice diplomatico Barese, edito a cura della commissione provinciale di archeologia e storia patria, Bari, 1897-1902, 5 vol in-4°

Codice diplomatico Sulmonese, ed Faragha (N -F), Lanciano, 1888, in-f°

Comparetti, *Saggi dei dialetti greci dell Italia meridionale*, Pise, 1866, in-8°

Constantin VII Porphyrogénète, *De thematibus*, ed Bekker, dans *Corpus script byz hist*, Bonn, 1840, in-8°

Id, *De administrando imperio* Ibid, Bonn, 1840, in-8°

Constitutiones imperatorum et regum, ed Weiland, dans M G H, in-4°, t I et II

Continuatio Admuntensis, ed. Wattenbach, dans M G H SS, t IX

Continuatio anon Florentii Wigornensis chronici, ed Waitz, M G H SS t X

Continuatio Aquicinctina, voir Sigebert de Gembloux

Continuatio Claustroneoburgensis III, ed Wattenbach, M G H SS, t IX

Continuatio Sanblasiana, voir Otton de Freisingen, *Chronicon*

Continuatio Praemonstratensis, voir Sigebert de Gembloux

Continuatio Zwetlensis éd Wattenbach, M G H SS, t IX

[1] Deux manuscrits de la Bibliotheque di Leo portent ce titre, ils contiennent a peu de chose près des copies des memes actes, l un est foliote, l autre ne l est pas

CONTINUATIO WEINGARTENSIS, éd Weiland, M G H SS, t XXI

Cozza-Luzzi, Delle epigrafi greche di Giorgio ammiraglio, della madre e della consorte, dans Arch st sicil, N S, t XV

CRONACA DI MARCO, ed dans Arch st Ital, t VIII

Crudo, La santissima Trinita di Venosa, Trani 1899, in-8°

Cusa, I diplomi greci e arabi di Sicilia, 2 t en un vol, Palerme, 1860-1882 in-4°

DANDOLO, Chronicon Venetum, ed Muratori, R I SS, t XII

F Danieli, I regali sepoleri del duomo di Palermo riconosciuti e illustrati, Naples, 1784, in-f°

Delaborde (H), CHARTES DE TERRE SAINTE PROVENANT DE L ABBAYE DE NOTRE-DAME DE JOSAPHAT, Paris, 1880, in-8°

Delarc, Les Normands en Italie, Paris, 1883, in-8°

Dentzer (B Topographie der Feldzüge Robert Guiscards gegen das byzantinische Reich, dans Festchrift des geographischen Seminars der Universität, Breslau, 1901, in-8°

Desimone, Sulle marche d Italia e sulle loro diramazioni in marchesati dans Atti della società ligure di storia patria, t XXVIII, Gênes, 1895, in-8°

Id, Sulla discendenza aleramica e sulla diramazione de marchesati della marca Ibid

DEUSDEDIT, Collectio canonum, ed Martinucci, Rome, 1884, in-8°

DIALOGUS DE SCACCARIO, ed Stubbs, Select Charters, t I, Oxford, 1870

Diehl (Ch), Étude sur l'administra-
tion byzantine dans l Exarchat de Ravenne, Paris, 1888, in-8°

Id, Études byzantines, Paris, 1905, in-8°

Id L art byzantin dans l'Italie meridionale, Paris, s d in-8°

Dina Achille), L ultimo periodo del Principato longobardo e l origine del dominio pontificio in Benevento, Benevento, 1899, in-8°

Id, Il comune beneventano nel mille e l'origine del comune medievale in genere, dans Rendiconti del r ist lombardo di scienze e lettere, serie II, t XXI, 1898

DIPLOMATA REGUM ET IMPERATORUM GERMANIAE, dans M G H, in-4°, t I et II

Dizionario geografico postale del regno d Italia, Rome, 1885 in-4°

DONIZO, Vita Mathildis, ed Bethmann, M G H SS, t XII

Doria, Per le feste del gonfalone di Lecce, Lecce, 1896, in-4°

Diascke J, Bischof Anselm von Havelberg und seine Gesandtschaftsreisen nach Byzanz, dans Zeitschrift f d. Kirchengeschichte, t XXI, 1900

DUDON DE SAINT QUENTIN, Historia Normannorum, éd Lair, dans Memoires de la Societe des Antiquaires de Normandie, série III, vol 3, Caen, 1865, in 4°

Duchesne (Mgr), Les premiers temps de l'État pontifical, 2e éd, Paris, 1904, in-8°

Id, Les évéchés d Italie et l invasion lombarde, dans les Melanges d'archeologie et d histoire publiés par l'École française de Rome, t XXIII et XXV.

Id, Les evéches de Calabre, dans

les *Mélanges Paul Fabre*, Paris, 1902, in-8°.

Id., *Le nom d'Anaclet II au palais de Latran*, dans *Mémoires de la Société des Antiquaires de France*, t. XLIX, 1889.

Dupréel E., *Histoire critique de Godefroi le Barbu, duc de Lotharingie, marquis de Toscane*. Uccle, 1904, in-8°.

Eadmer, *Vita sancti Anselmi*, éd. Migne, P. L., t. CLVIII.

Edrisi, *Géographie*, éd. et trad. Amari dans B.A.S., t. I.

Elenco delle pergamene gia appartenenti alla famiglia Fusco ed ora acquistate dalla Società napoletana di storia patria, dans *Arch. st. napol.*, t. VIII.

Engel, *Recherches sur la numismatique et la sigillographie des Normands d'Italie*, Paris, 1882, in-4°.

Epifanio. *Ruggero II e Filippo di Al Mahdiah*, dans *Arch. st. siciliano*, N.S., t. XXX.

Erchempert, *Historia Langobardorum beneventanorum ab a. 774-889*, éd. Waitz, dans M.G.H., in-4°. *Scriptores rerum langobardicarum*.

Ernaldus, *Vita sancti Bernardi*, éd. Migne, P. L., t. CLXXXV.

L'estoire d'Eracles, éd. dans *Rec. des hist. des croisades, Hist. occiden.*, t. I.

L'estoire de la guerre sainte, voir Ambroise.

Eudes de Deuil, *De Ludovici VII profectione in Orientem*, éd. Migne, P.L., t. CLXXXV.

Eustathios, *De Thessalonica a Latinis capta, a. 1185, liber*, éd. Bekker, dans *Corp. script. hist. byz.*, Bonn, 1842, in-8°.

Falcand (Hugues), *Historia de rebus gestis in regno Siciliae*, éd. Siragusa. *La Historia o liber de regno Sicilie e la epistola ad Petrum Panormitane ecclesie thesaurarium*, dans *Fonti per la Storia d'Italia publicate dall'Istituto storico italiano* (Scrittori, Sec. XII Rome, 1897, in-8°.

Id., *Epistola ad Petrum thesaurarium*, éd. Siragusa, *La Historia o Liber de regno sicilie* etc.

Falcon de Bénévent, *Chronicon*, éd. del Re, dans *Cronisti e scrittori*, t. I.

Faraglia, cf. Codice diplomatico Sulmonese.

Id., *Saggio di corografia Abruzze*, dans *Arch. st. napol.*, t. XVI.

Fatteschi, *Memorie istorico-diplomatiche del ducato di Spoleto*, Camerino, 1801, in-4°.

Fazello, *De rebus Siculis decades II*, éd. Amico et Statella, Catane, 1749-1753. 3 vol. in-f°.

Fedele (P.), *Il ducato di Gaeta all'inizio della conquista Normanna*, dans *Arch. st. napol.*, t. XXIX.

Federici G., *Degli antichi duchi e consoli o ipati della città di Gaeta*, Napoli, 1791, in-4°.

Ficker J., *Forschungen zur Reichs-und Rechtsgeschichte Italiens*, Innsbruck, 1868-1874, 4 vol. in-8°.

Filippi, *Patto di pace tra Ruggiero II normanno e la città di Savona*, dans *Arch st. napol.*, t. XXIV, 1899.

Fortunato, *Due iscrizioni del secolo XII*, dans *Arch. st. napol.* t. XVI, 1891.

Foucher de Chartres, *Gesta Francorum Jerusalem expugnantium*, éd. dans *Recueil des historiens des croisades, Historiens occidentaux*, t. II, 1.

Franchi, *Difesa degli antichi diplomi normannici spediti a favore* della « Certosa di S. Stefano del Bosco, Naples, 1738, in-4°.

Gabrieli A., Un grande statista barese del secolo XII vittima dell'odio feudale, Trani, 1899, in-8°.

Garofalo, TABULARIUM REGIAE AC IMPERIALIS CAPELLAE COLLEGIATAE DIVI PETRI IN REGIO PANORMITANO PALATIO, Palerme 1835, in-f°.

Garufi, Adelaide nipote di Bonifazio del Vasto e Goffredo figliuolo del gran conte Ruggiero, Palerme, 1905, in-8°.

Id., CATALOGO ILLUSTRATO DEL TABULARIO DI S. MARIA NUOVA IN MONREALE, dans Archivio st. siciliano, t. XIX.

Id., I diplomi purpurei della cancelleria normanna ed Elvira prima moglie di Re Ruggiero, dans Atti della R. Academia di Scienze Lettere ed arti, Serie 3, t. VII, Palerme, 1904.

Id., I DOCUMENTI INEDITI DELL'EPOCA NORMANNA, dans DOCUMENTI PER SERVIRE ALLA STORIA DI SICILIA, publiés par la Società sicil. di storia patria, I série, Diplomatica, t. XVIII, Palerme, 1899, in-8°.

Id., L'Archivio capitolare di Girgenti I documenti del tempo Normanno-Suevo e il Cartularium del sec. XIII, dans Arch. st. sicil., N. S., t. XXVIII.

Id., Le donazioni del conte Enrico di Paterno al monastero di Valle Giosafat dans la Revue de l'Orient latin t. IX.

Id., Monete e conii nella storia del diritto siculo, Palerme, 1898, in-8°.

Id. Sulla curia stratigoziale di Messina nel tempo Normanno Suevo

dans Scritti di filologia ad Ernesto Monaci, Rome, 1901, in-8°.

Id., Sull' ordinamento amministrativo Normanno in Sicilia, La huquier o diwan ?Studi storico diplomatica Extr. de l'Archivio st. italiano, S. V., t. XXVII.

Gattola, Historia abbatiæ Cassinensis, Venise, 1733, 2 t. en un vol. in-f°.

Id. Ad historiam abbatiæ Cassinensis accessiones, Venise, 1734, 2 t. en un vol. in-f°.

Gautier d'Arc, Histoire des conquêtes des Normands en Italie en Sicile et en Grèce, Paris, 1830, in-8°.

Gay J., L'Italie méridionale et l'empire byzantin depuis l'avènement de Basile Ier jusqu'à la prise de Bari par les Normands (865-871), Paris 1904, in-8°.

Id., Le monastère de Tremiti au XIe siècle dans les Melanges d'archeologie et d'histoire publiés par l'Ecole française de Rome t. XVII.

Id., L'Etat pontifical, les Byzantins et les Lombards dans les Melanges d'archeologie et d'histoire publiés par l'Ecole française de Rome t. XXI. 1901.

Id. Les dioceses de Calabre à l'epoque byzantine, dans la Revue d'histoire et de littérature religieuse t. IV. 1900.

Id. Notes sur la conservation du rite grec dans la Calabre et la terre d'Otrante au XIVe s., dans Byzantinische Zeitschrift, t. IV.

GEOFFROI DE VITERBE, Pantheon, ed. Waitz, M.G.H SS., t. XXII.

Id., GESTA FRIDERICI, ed. Waitz, M.G.H. SS., t. XXII.

Id., GESTA HENRICI VI IMPERATORIS, ed. Waitz, M.G.H. SS., t. XXII.

Gesta archiepiscoporum Magde-burgensium, éd. Schum, dans M.G.H.SS., t. XIV.

Gesta archiepiscorum Mediola-nensium, éd. Wattenbach, M.G.H.SS. t. VIII.

Gesta episcoporum neapolitano-rum, éd. Waitz, dans M.G.H. in-4°, Script. rerum longobardicarum.

Gesta Henrici II et Riccardi I, éd. Liebermann, dans M.G.H.SS., t. XXVII.

Gfrörer, Bysantinische Geschichte, t. III, Gratz, 1877, in-8°.

Giannone. Dell'istoria civile del regno di Napoli lib. XL, Venise, 1766, 4 vol. in-4°.

Gibbon (E., The History of the Decline and Fall of roman Empire, éd. J. B. Bury, Londres, 1902. 7 vol. in-8°.

Giesebrecht, Geschichte der deut-schen Kaiserzeit, Brunswick, 1873-1895, 6 vol. in-8°, t. II, 5e éd., t. III, 4e éd.

Gilbert de Mons, Chronicon Ha-noniense, éd. Arndt, dans M.G.H.SS., t. XXI.

Giovanni (G. di , Storia ecclesia-tica di Sicilia, continuata dal P. S. Lanza, t. II, Palerme, 1847, in-8°.

Giovanni (V. di), Topografia anti-ca di Palermo dal sec. X al XV, Pa-lerme, 1882-1886, in-8°.

Id., Contrade e rughe antiche di Palermo, dans Arch. st. sicil., N.S., t. XI.

Id., Appendice alla topografia antica di Palermo dal secolo X al XV, dans Arch. st. sicil., N. S., t. XXIV.

Id., Divisione etnografica della popolazione di Palermo, dans Arch. st. sicil., N.S., t. XIII.

Id., Il Pixotus la Chazena la Porta nova la Xurta in Palermo, dans Arch. st. sicil., N.S., t. XI.

Id., L'Aula regia e la Sala verde. Ibid., t. XII.

Id., Sopra le porte di Palermo.... e sui confini della Halisah e del Muaskar, Palerme, 1883, in-8°.

Id., Sul porto antico e su li mu-ra le piazze e i bagni di Palermo dal secolo X al secolo XV, Palermo, 1884, in-8°.

Giudice del , Codice diplomatico del regno di Carlo I e II d'Angiò, t. I, Naples, 1863, in-4°.

Grégoire VII. Registrum epistola-rum, éd. Jaffé, Bibl. rer. germani-corum, t. II.

Gregorio (De , Ancora per il princi-pio della varietà di origine dei dialet-ti gallo-italici di Sicilia, dans Studi glottologici italiani, t. II, Turin, 1901, in-8°.

Id., Sulla varia origine dei dialetti gallo-italici di Sicilia con osserva-zione sui pedemontani et gli emiliani, dans l'Archivio st. siciliano, N. S., t. XXII, 1897.

Id., Ultima parola sulla varia ori-gine del San Fratellano, Nicosiano et Piazzese, dans Romania, t. XXVIII, 1899.

Id., Fonetica dei dialetti gallo-ita-lici di Sicilia, dans Archivio glotto-logico italiano, t. VIII, 1882-1885.

Id., Affinità del dialetto di San Fratello con quelli dell'Emilia, Turin 1886, in-8°.

Id., Ancora sulle cosidette. colonie lombarde, dans Arch. st. sicil., N.S., t. XXV, 1900.

Gregorio (R.), Considerazioni sopra la storia di Sicilia, 2e éd., t. I, Pa-lerme, 1831, in-16.

Gregorovius, *Storia della citta di Roma nel medio evo*, t. II, Rome, 1900, in-8°

Giossis (De), *Catana sacra*, Catane, 1654, in-4°

Grotefend, *Der Werth der Gesta Friderici imperatoris*, Hanovre, 1870 in-8°

Gruhn, *Der Kreuzzug Richards I von England*, Berlin, 1892, in-8°

Guerrieri (G.), *I conti normanni di Nardo e di Brindisi*, dans *Arch st napol*, t XXVI, 1901

Id, *Il conte normanno Ruccardo Siniscalco (1081-1111) e i monasteri benedittini Caresi in terra d'Otranto*, Trani, 1899, in-8°

Id, *I conti normanni di Lecce nel secolo XII*, dans *Arch st napol* t XXV, 1900

Id, *Un diploma del primo Goffredo conte di Lecce*, dans *Arch st napol*, t XX, 1895

Gui de Bazoches, *Chronographia*, ed Waitz, dans M G H SS, t XXVI

Guibert de Nogent, *Gesta Dei per Francos* éd dans *Recueil des historiens des croisades*, *Hist occid*, t IV

Guilhiermoz, *Essai sur l'origine de de la noblesse en France au moyen âge* Paris, 1902, in-8°

Guillaume (P), *Essai historique sur l'abbaye de Cava*, Naples, 1877, in-8°

Guillaume d'Andres, *Chronicon*, ed Heller, dans M G H SS, t XXIV

Guillaume de Jumieges, *Historia Normannorum*, ed Migne, P L t CXIX

Guillaume de Neubourg, *Historia anglicana*, ed Pauli, dans M G H SS, t XXVII

Guillaume di Pouille, *Gesta Ro-*

berti Wiscardi ed Wilmans, dans M G H SS, t IX

Guillaume de Tyr, *Belli sacri historia*, ed dans *Recueil des historiens des croisades*, *Historiens occidentaux*, t I

Hagenmeyer, editeur d'*Ekkehardi Hierosolymita*, Tubingue, 1877, in-8°

Halinardi Lugdunensis archiepiscopi vita, ed Migne, P L, t CXLII

Hartwig O, *Die Uebersetzung-Litteratur Unteritaliens in der normannisch staufischen Epoche*, Leipzig, 1876 in-8°

Id, *Re Guglielmo e il suo grande ammiraglio Majone di Bari*, dans *Arch st napol*, t VIII, 1883

Id, *Codex juris municipalis Siciliæ*, Cassel-Gottingen 1867, in-8°

Heinemann (L v), *Geschichte der Normannen in Unteritalien und Sicilien*, t I Leipzig, 1894, in-8°

Id, *Normannische Herzogs-und Königsurkunden*, Tubingen Universitat Progr, 1899, in-8°

Id *Zur Entstehung der Stadtverfassung in Italien*, Leipzig, 1896, in-8°

Id, *Heinrich von Braunschweig Pfalzgraf bei Rhein* Gotha, 1882, in-8°

Helmold, *Chronicon Slavorum*, ed Weiland, dans M G H SS, t XXI

Hermann, abbé d'Altaich *Annales*, ed Jaffe, dans M G H SS, t XVII,

Hermann de Reichenau, *Chronicon* ed M G H SS, t V

Heskel (A), *Die Historia sicula des Anonymus Vaticanus und des Gaufredus Malaterra Ein Beitrag zur Quellenkunde fur die Geschichte*

Unteritaliens und Siziliens, Inaug. Diss. Kiel, 1881, in-8°.

Heyd, *Histoire du commerce du Levant au moyen âge*, trad. Furcy-Rainaud, Leipzig, 1885-1886, 2 vol. in-8°.

Hillger F.), *Das Verhältniss des Hugo Falcandus zu Romoald von Salerno*, Inaug. Dissert., Halle, 1888, in-8°.

Hirsch D.), *Studien zur Geschichte Königs Ludwigs VII von Frankreich*, Leipzig, 1892, in-8°.

Hirsch F., *Desiderius von Monte Cassino als Papst Victor III*, dans *Forschungen zur deutschen Geschichte*, t. VII, 1867.

Id., *Amatus von Monte Cassino und seine Geschichte der Normannen*, dans *Forschungen zur deutschen Geschichte*, t. VIII, 1868.

Id., *De Italiae inferioris annalibus sæculi decimi et undecimi*, Berlin, 1864, in-8°.

Hirsch S. , *Jahrbücher des deutschen Reichs unter Heinrich II*, Berlin, 1862-1875, 3 vol. in-8° le t. II publ. par Pabst, et le t. III par Bresslau .

HISTORIA DUCUM VENETIGORUM, éd. Simonsfeld, M.G.H.SS., t. IX.

HISTORIAE FARFENSES, éd. Bethmann, dans M.G.H.SS., t. XI.

HISTORIA WELFORUM WEINGARTENSIS, éd. Weiland, dans M.G.H.SS., t. XXI.

Hohn, *Intorno alla legenda di Guglielmo il Malo*, dans *Arch. st. Sicil.*, t. I.

Holzach, *Die auswärtige Politik des Königreichs Sicilien vom Tode Rogers II bis zum Frieden von Venedig*, Bâle, 1892, in-8°.

Hüffer, *Der heilige Bernard von Clairvaux*, Munster, 1886, in-8°.

HUGUES DE FLAVIGNY, *Chronicon*, éd. M.G.H.SS., t. VIII.

Huillard-Bréholles, HISTORIA DIPLOMATICA FRIDERICI SECUNDI, Paris, 1852-1861, 6 t. en 12 vol. in-4°.

Id., *Rouleaux de Cluny*, dans *Notices et extraits des manuscrits*, t. XXI.

IBN ABI DINAR, éd. et trad. Amari, B.A.S., t. II.

IBN ADARI, *Kitab al Bayan al Mugrib*, éd. et trad. Amari. B.A.S., t. II.

IBN EL ATHIR, *Kamel al Tawarikh*, éd. et trad. Amari, B.A.S., t. I.

Id., *Histoire des Atabeks de Mossoul*, dans *Recueil des hist. des croisades*, *Hist. orientaux*, t. II.

IBN GIOBAIR, éd. et trad. Amari, B.A.S., t. I.

IBN HAMDIS, éd. et trad. Amari, B.A.S., t. II.

INB HAWQUAL, éd. et trad. Amari, B.A.S., t. I.

IBN KHALDOUN, éd. et trad. Amari, B.A.S., t. II.

IBN SAHB AS SALAH, éd. et trad. Amari, B.A.S., t. I.

IGNOTI MONACHI CISTERCIENSIS S. MARIAE DE FERRARIA CHRONICA, éd. Gaudenzi, Naples, 1888, dans les *Monumenti storici*, pub. par la Società napoletana di storia patria, série I, *Chronache*, fol.

IMMAD ED DIN, éd. et trad. Amari, B.A.S., t. II.

ITINERARIUM BERNARDI MONACHI, dans *Itinera Hierosolymitana bellis sacris anteriora*, éd. Tobler et Molinier, t. I, Genève, 1879, in-4°.

Jaffé P.), *Geschichte des deuts-*

chen Reiches unter Lothar dem Sachsen, Berlin, 1843, in-8°

Jaffe (P), MONUMENTA BAMBERGENSIA, voir Jaffe, BIBLIOTHECA RERUM GERMANICARUM

Id , MONUMENTA CORBEIENSIA, voir Jaffe, BIBLIOTHECA RERUM GERMANICARUM

Id , BIBLIOTHECA RERUM GERMANICARUM, Berlin, 1864-1873, 6 vol , in-8°

Janauschek (L), Origines cisterciences, Vienne, 1877, in-4°

Janssen (J), Wibald Abt von Stablo und Corvey, Munster, 1854, in-8°

Jaurgain (J. de), La Vasconie, Paris, 1895, 2 vol in-8°

JEAN DE SALISBURY, Polycraticus, ed Pauli, dans M G H SS t XXVII

Id , Historia pontificalis, ed Arndt, M G H SS, t XX

Id , Epistolae, dans Migne, P L, t CXCIX.

JEAN DIACRI, De ecclesia romana Lateranensi, ed Migne, P L , t CXCIV

JEAN DIACRE, Vita s Athanasii episcopi Neapolitani, ed Waitz, dans M G H in-4°, Script rerum longobardicarum

JEAN, prieur de l'eglise d Hexham (Haugustaldensis), Historia de regibus Anglorum et Danorum, ed dans M G H SS, t XXVII

Jirecek, Geschichte der Bulgaren Prague, 1876, in-8°

Jungfer (H), Untersuchung der Nachrichten uber Friedrichs I griechische und normannische Politik bis zum Wormser Reichstage (1157), Berlin, 1874, in-8°.

Kap-Herr, (H von), Die abendländische Politik Kaiser Manuels, Strasbourg, 1881, in-8°

Id , Bajulus, Podesta, Consules, dans Deutsche Zeitsch für Geschichtswissenschaft, t V, 1891

Kehr (K A), Urkunden der normannisch-sicilischen Könige, Innsbruck, 1902, in-8°

Id , Erganzungen zu Falco von Benevent, dans Neues Archiv, t XXVII, 1902

Id , Zur Friedensurkunde Friedrichs I von Venedig, dans Neues Archiv, t XXVII 1902

Kehr (P) DIPLOMA PURPUREO DI RE RUGGIERRO II PER LA CASA PIERLEONI dans Archivio della società romana di storia patria, t XXIV

Id , PAPSTURKUNDEN IN SIZILIEN Ueber die Papsturkunden für S Maria de Valle Josaphat, dans Nachrichten der k Gesellschaft der Wissenschaften zu Gottingen, Phil. hist Klasse (1899)

Id , Le bolle ponteficie anteriori al 1198 che si conservano nell archivio di Montecassino Extr des Miscellanea Cassinese, Montecassino, 1899, in-8°

Id , PAPSTURKUNDEN IN ITALIEN, dans Nachrichten der k Gesellschaft der Wissenschaften zu Gottingen, 1898 et suiv

KINNAMOS, 'Επιτομή, éd Meineke, dans Corpus script. hist byz Bonn, 1836, in-8°

Kohler (C), Chartes de l'abbaye de Notre-Dame de la vallée de Josaphat en Terre Sainte, dans Revue de l Orient latin, t VII (1900)

Krumbacher (K), Geschichte der byzantinischen Litteratur, 2e éd Munich, 1897, in-8°

Kugler *Studien zur Geschichte des zweiten Kreuzzugs*, Stuttgart, 1866, in-8°

Id , *Albert von Aachen*, Stuttgart 1885, in-8°

La Lumia Isid , *Storia della Sicilia sotto Guglielmo II il buono* Firenze, 1867, in-8°

La Mantia Vito , *Leggi civili del regno di Sicilia (1130-1816)*, Palerme, 1895, in-18°

Id , *Storia della legislazione civile e criminale di Sicilia* t I , Palerme, 1866, in-8°

Id , *Cenni storici su le fonti del diritto greco romano e le assise e leggi dei re di Sicilia*, Palerme, 1887, in-8°

Id , *Antiche consuetudini delle città di Sicilia*, Palerme, 1900 in-8°

Id , *I privilegi di Messina*, Palerme, 1897, in-8°

Lambert de Hersfeld *Historia* ed Waitz, M G H SS , t V

Lancia di Brolo Mgr , *Storia della Chiesa in Sicilia* Palerme, 1880-84 2 vol in-4°

Landulfus senior *Historiae Mediolanensis libri IV*, ed M G H SS , t VIII

Lapotre *L'Europe et le Saint-Siège à l'époque carolingienne*, Paris 1895, in-8°

Lauer Ph , *Le poème de la « destruction de Rome » et les origines de la cité léonine, dans les Mélanges d'archéologie et d'histoire* publiés par l'École française de Rome, t XIX, 1899

Lebeau, *Histoire du Bas empire*, ed Saint-Martin, Paris, 1824-1836 21 vol in-8°

Lello-del Giudice, *Descrizione del real tempio e monastero di S Maria Nuova di Morreale*, Palerme 1702, in-4°

Lenormant, *A travers l'Apulie et la Lucanie*, Paris, 2 vol in-8°

Id *La Grande Grèce* Paris 1881-1884, 3 vol in-12

Leo Ostiensis, von *Chronica monasterii Casinensis*

Id , *Narratio de consecratione et dedicatione ecclesiae Casinensis* ed Migne P L t CLXXIII

Levi, *Riccardo di Leone e la sua dimora in Messina* dans *Atti della r Academia Peloritana*, t XIV

LIBELLUS DE SUCCESSIONE PONTIFICUM AGRIGENTI ECCLESIAE, ed Garufi dans *Arch st sicil*, N S t XXVIII

Libri censum ed Fabre t I Paris 1889-1904 in-4

LIBER JURIUM REIPUBLICAE GENUENSIS, ed Ricotti, dans *Hist patriae monumenta*, t VII et VIII, 2 vol in-1°

Liber pontificalis, ed Duchesne, Paris 1886-1892 2 vol in-4°

Luitprand *Relatio de legatione Constantinopolitana ad Nicephorum Phocam nomine Ottonis Magni imperatoris a 968, 969* ed dans M G H SS t III

Lobel H , *Der Stifter des Carthauser ordens der heilige Bruno aus Köln* dans *Kirchengeschichtliche Studien* herausgegeben von Knöpfler Schrörs, Sdralek, t V Munster, 1899 in-8°

Loffredo, *Storia della città di Barletta*, Trani, 1893, 2 vol in-8°

Longo (N , *Ricerche su i diplomi normanni della chiesa di Troina*, Catane, 1899, in-8°

Louis VII *Epistolæ*, ed R H G , t XV

Luchaire, *Les premiers Capetiens dans Lavisse, Histoire de France*, t II Paris, 1902, in-4°

Lucius, *De regno Dalmatiæ et Croatiæ*, Amsterdam, 1666, in-f°

LUPUS PROTOSPATARIUS, *Chronicon*, ed Pertz, M G H SS , t V

MALATERRA GEOFFROI, *Historia Sicula*, ed Muratori, R I SS , t V

Martens (W), *Gregor VII, sein Leben und Wirken* Leipzig, 1894, 2 vol in-8°

Id , *Die romische Frage unter Pippin und Karl dem grossen*, Stuttgart 1881, in-8°

MARTINI (SANCTI) RELATIO TRANSLATI CORPORIS, dans A A SS Mars, t II, p 234 et suiv

Mas-Latrie (Comte de), *Traite de paix et de commerce et documents divers concernant les relations des chretiens avec les Arabes de l Afrique septentrionale au moyen âge* Paris 1866, in-4°

Id , *Relations et commerce de l'Afrique septentrionale, ou Magreb avec les nations chrétiennes au moyen age*, Paris, 1886, in-18

Merkel, COMMENTATIO QUA JURIS SICULI SIVE ASSISARUM REGUM SICILIÆ FRAGMENTA EX CODICIBUS PROPONUNTUR, Halle, 1856, in-4°

Di Meo (A), ANNALI CRITICO-DIPLOMATICI DEL REGNO DI NAPOLI DELLA MEZZANA ETA, Naples, 1795-1819 12 vol in-4°

Id , *Apparato cronologico agli annali del regno di Napoli della mezzana eta* Napoli, 1785 in-4°

Mercier (E), *Histoire de l Afrique septentrionale* Paris, 1888-1891, 3 vol in-8°

Meyer (M , *Die Wahl Alexanders III und Victors IV*, Gottingen, 1871 in-8°

Meyer von Knonau *Jahrbucher des deutschen Reiches unter Heinrich IV und Heinrich V*, Leipzig, 1890-1894, 3 vol in-8°

Michel (P ,*Recherches sur le commerce et la fabrication des etoffes de soie d or et d argent* Paris, 1852-54 2 vol in-4°

Minasi (C), *Le chiese di Calabria*, Naples, 1896, in-8°

Id *Il monastero basiliano di S Pancrazio sullo scoglio di Scilla*, Naples, 1893, in-8°

Minieri Riccio (C , SAGGIO DI CODICI DIPLOMATICO, FORMATO SULLE ANTICHE SCRITTURE DELL 'ARCHIVIO DI STATO DI NAPOLI Naples, 1878-83, 2 vol et un sup , in-4°

MIRACULA S SEVERI EPISCOPI NEAPOLITANI, ed Capasso, MONUMENTA AD HIST DUCATUS NEAPOLITANI PERTINENTIA, t II

Muhl (C), *Die Publizistik im Zeitalter Gregors VII*, Leipzig, 1894, in-8°

Mommsen (T), *Epitaphium Cæsarii consulis Neapolitani*, dans *Neues Archiv* t III, 1878

Mongitore (Ant , BULLÆ PRIVILEGIA ET INSTRUMENTA PANORMITANÆ METROPOLITANÆ ECCLESIÆ REGNI SICILIÆ PRIMARIÆ, Palerme 1734, in-f°

Id , *Bibliotheca sicula sive de scriptoribus siculis qui tum vetera tum recentiora saecula illustrarunt*, Palerme, 1707-1714, 2 vol in-fol

Id , *Monumenta historica sacrae domus Mansionis SS Trinitatis*, Palerme, 1721, in-f°

Montfaucon, *Paleografia graeca*, Paris, 1708, in-f°

Monumenta Bambergensia, éd. Jaffé, Bibliotheca rerum germanicarum, t. V.

Monumenta gregoriana, éd. Jaffé, dans Bibliotheca rerum Germanicarum, t. II.

Monumenta ad Neapolitani ducatus historiam pertinentia, voir Capasso.

Monumenta spectantia historiam Slavorum meridionalium, éd. Ljubic, Zagrab, 1868, t. I, in-8°.

Morea (dom), Chartularium Cupersanense, t. I, Montecassino, 1892, in-4°.

Morena (Otto) eiusque filius Acerbus Morena, Historia rerum Laudensium éd. Jaffé, M.G.H.SS., t. XVIII.

Morosi, Saggi su i dialetti greci della Terra d'Otranto, Lecce, 1870, in-8°.

Id., I dialetti romaici del mandamento di Bora, dans l'Archivio glottologico italiano, t. IV.

Id., Osservazioni ed aggiunte alla fonetica dei dialetti gallo-italici di de Gregorio, dans l'Archivio glottologico italiano, t. VIII et IX.

Morso (S.), Descrizione di Palermo antico, Palerme, 1827, in-8°.

Muletti (Delfino), Memorie storico diplomatiche appartenenti alla città ed ai marchesi di Saluzzo, t. I, Saluzzo, 1829, in-8°.

Mueller, Das Itinerar Kaiser Heinrichs III, Berlin, 1901, in-8°.

Mühlbacher, Die streitige Papstwahlen des Jahres 1130, Innsbruck, 1876, in-8°.

Muralt (de), Essai de chronographie byzantine, St.-Pétersbourg, 1855, 2 vol. in-8°.

Muratori, Antiquitates Italicae medii œvi, Milan, 1738, in-f°.

Mustodixi, Delle cose Corciresi, Corfou, 1848, in-8°.

Νέα τακτικά, éd. Gezler, dans Georgii Cyprii descriptio orbis romani, Leipzig, 1890, in-8°.

Necrologium Casinense, éd. Gattola, Historia Casinensis, t. II.

Necrologium sancti Benedicti Capuani, éd. Peregrinus, dans Historia principum Langobardorum, éd. Pratilli, t. V, pp. 60-85.

Necrologium sancti Petri Babenbergensis, éd. Jaffé, dans Bibliothecarerum germanicarum, t. V.

Necrologium Panormitanum, éd. Winkelmann, dans Forschungen z. deutschen Geschichte, t. XVIII, 1878.

Necrologium Salernitanum, éd. Winkelmann, dans Forschungen z. deutschen Geschichte, t. XVIII, 1878.

Necrologium Weissenburgensis monasterii, éd. Böhmer, Fontes rerum germanicarum, t. IV, Stuttgart, 1868, in-8°.

Nikétas Choniatès, Byzantina historia, éd. Bekker, dans Corpus script. hist. byz., Bonn, 1835.

Nikétas le Paphlagonien, Ἡ ἐπάνοδος τοῦ λειψάνου τοῦ ἁγίου ἀποστόλου Βαρθολομαίου, dans Migne, P. G. t. CV.

Nil Doxapater, voir Parthey.

Norden, Papsttum und Byzanz, Berlin, 1903, in-8°.

Notae sepulcrales Babenbergenses, éd. Jaffé, M.G.H.SS., t. XVII.

Oberti Annales, cf., Annales Januenses.

Orderic Vital, Historiæ ecclesias-

tica libri XIII, ed le Prevost, Paris, 1838-1855, 5 vol in-8°

Orlando (Diego), *Il feudalismo in
Sicilia*, Palerme 1847, in-8°

Ottendorf (H), *Die Regierung der
beiden letzten Normannenkonige
Tancreds und Wilhelms III von
Sizilien und ihre Kämpfe gegen Kaiser Heinrich VI*, Bonn, 1899, in-8°

OTTOBONI ANNALES, cf. ANNALES
JANUENSES

OTTON DE FREISINGEN, *Gesta Friderici imperatoris, cum continuatione
Rahewini*, ed Wilmans, M G H SS ,
t XX

Id , *Chronicon, cum continuatione
Ottonis Sancti Blasii* éd Wilmans,
dans M G H SS , t XX

Ovidio (F d), *Di alcuni documenti greci e di uno latino dell Italia meridionale nei secoli XI, XII, XIII*,
dans *Archivio st napolet* t VII

Paesano, *Memorie per servire alla
storia della chiesa Salernitana*,
Naples, 1846-1855 3 vol in-8°

Palma (Niccola), *Storia ecclesiastica e civile della regione piu settentrionale del regno di Napoli* t I,
Teramo, 1832, in-4°

Pansa (F), *Istoria dell'antica republica d'Amalfi*, Naples, 1724, 2 p
en 1 vol in-4°

Paris (G), *La Sicile dans la litterature française*, dans la *Romania*
t V

Parisio *Una nuova pergamena
del secolo XII* dans *Arch st napolet* , t XIII

Id , *Due documenti greci inediti
della certosa di S Stefano del Bosco*,
Naples, 1889, in-8°

Parthey, HIEROCLIS SYNECDEMUS ET
NOTITIAE GRAECAE EPISCOPATUUM ACCE-
DUNT NILI DOXAPATRII NOTITIA PA-

TRIARCHATUUM ET LOCORUM NOMINA
IMMUTATA, Berlin, 1866, in-8°

Pauli, *Magister Thomas Brunus*,
dans *Nachrichten d h Gesellschaft
d Wissenschaften zu Göttingen*,
1878

Perla (R), *Le assise de re di Sicilia*, Caserte, 1882, in-8°

Id , *Una « charta judicati » dei
tempi normanni* dans *Arch st
napolet* , t IX

Id , *Del diritto romano giustinia-
neo nelle provincie meridionali d'Italia prima delle assise normanne*,
dans *Arch st napolet* t X

Petit (E), *Histoire des ducs de
Bourgogne de la race capetienne*,
t I, Paris, 1885, in-8°

Petroni (G) *Storia della citta di
Bari*, Naples, 1857 2 vol in-8°

Pflugk-Harttung, *Iter italicum*,
Stuttgart, 1883, 2 vol in-8°

Philippson (M), *Geschichte Heinrichs des Löwen*, Leipsig, 1867, 2 vol,
in-8°

Phoebonius (Mutius), *Historiae
Marsorum libri tres una cum eorum-
dem episcoporum catalogo* Naples,
1677, in-4°

PIERRE DAMIEN, *Opera*, ed Migne,
t CXLIV et CXLV

PIERRE DE BLOIS, *Epistolae*, ed
Migne, P L , t CCVII

PIERRE DE CLUNY, *Epistolae*, ed
Migne, P L , t CLXXXIX

PIERRE D'EBOLI, *Carmen de rebus
siculis*, ed Rota, dans Muratori,
nouv ed t XXXI

PIERRE DIACRE, voir CHRONICA CA-
SINENSIS

Pirro R , *Sicilia sacra, editio ter-
tia emendata et continuatione aucta
cura et studio H Mongitore Acces-
sere additiones et notitiae abbatia-

rum ordinis sancti Benedicti, Cisterciensium et aliae quae desiderabantur, auctore Vito Maria Amico, Palerme, 1733, 2 t. en un vol. in-f°.

Pitré, *Guglielmo I° e il respro siciliano nella tradizione popolare della Sicilia*, dans *Arch. st. sicil.*, t. I.

Id., *Biblioteca delle tradizioni populari siciliane*, Palerme. 1870-1881, 12 vol. in-16°.

Poupardin R., *Étude sur les institutions politiques et administratives des principautés lombardes de l'Italie méridionale*, Paris, 1907, in-8°.

Prologo, LE CARTE CHE SI CONSERVANO NELLO ARCHIVIO DEL CAPITOLO METROPOLITANO DELLA CITTA DI TRANI, Barletta, 1877, in-8°.

Promis, *Notizie di una bolla in piombe del secolo XII*, dans *Atti della reale Academia delle scienze di Torino*, t. IV.

Prutz H., *Kaiser Friedrich I*, Dantzig, 1871-1874, 3 vol. in-8°.

Psellos, Έκατονταετηρίς Βυζαντινῆς ἱστορίας, éd. Sathas, *Bibl. graca medii aevi*, t. IV, Paris. 1874, in-8°.

Punturo, *Le decime Agrigentine ed i documenti apocrifi*, Caltanisetta 1901, in-8°.

Raoul Glaber, *Les cinq livres de ses histoires*, éd. Prou, Paris, 1886, in-8°.

Radulfus de Diceto, *Ymagines historiarum*, éd. Pauli, dans M.G.H. SS., t. XXVII.

Rambaud, *L'empire grec au X° siècle. Constantin Porphyrogénète*, Paris, 1870, in-8°.

Del Re, CRONISTI E SCRITTORI SINCRONI DELLA DOMINAZIONE NORMANNA NEL REGNO DI PUGLIA E SICILIA, Naples, 1868, 2 vol. in-4°.

Ragewin, voir Otton de Freisingen.

REGII NEAPOLITANI ARCHIVII MONUMENTA EDITA AC ILLUSTRATA, t. IV, V, VI, Naples, 1857-1861, in-4°.

Reuter H., *Geschichte Alexanders des drittens und der Kirche seiner Zeit*, Leipzig, 1860-1864, 3 vol. in-8°.

Ribbeck W., *Friedrich I und die römische Kurie in den Jahren 1157-1159*, Leipzig, 1881, in-8°.

Richard de Londres, *Itinerarium peregrinorum*, éd. Pauli, dans M.G.H.SS., t. XXXII.

Richard de San Germano, *Annales*, éd. Pertz, M.G.H.SS., t. XIX.

Richard le Poitevin, *Chronicon*, éd. Waitz, M.G.H.SS., t. XXVI.

Richardus Divisiensis, *Chronicon de rebus gestis Ricardi I regis Angliae*, éd. Liebermann, dans M.G.H. SS., t. XXVII.

Riezler, *Ueber die Herkunft Dipolds von Acerra*, dans *Forschungen zur deutschen Geschichte*, t. XVI.

Rigord, *Gesta Philippi Augusti*, éd. Delaborde (Soc. de l'histoire de France), Paris, 1882, in-8°.

Rinaldi A., *Dei primi feudi nell' Italia meridionale*, Napoli, 1886, in-8°.

Robert d'Auxerre, *Chronicon*, éd. Older-Egger, dans M.G.H.SS., t. XXVI.

Robert U., *Le pape Étienne X*, dans la *Revue des Questions historiques*, t. XX, 1876.

Robert de Torigni, *Chronique*, éd. L. Delisle, Rouen, 1873, 2 vol. in-8°.

Rodota, *Dell' origine progresso e*

stato presente del ritogreco in Italia, Rome, 1758-1763, 3 vol in-4°

ROGER DE HOVEDEN Chronica, ed Liebermann, dans M G H SS t XXVII

Röhricht, Geschichte des Königreichs Jerusalem, Innsbruck, 1898, in-8°

Id , Die Rüstungen des Abendlandes zum dritten grossen Kreuzzuge, dans Sybel, Historische Zeitschrift, t XXXIV

ROMUALD DE SALERNE, Chronicon ed Arndt, M G H SS , t XIX

Rose, Die Lücke im Diogenes Laertius und der alte Übersetzer, dans Hermes Zeitschrift für classische Philologie (1866)

Rozière (E de), Cartulaire de l'église du Saint-Sépulcre de Jérusalem, Paris, 1849 in-4°

Salinas, Escursioni archeologiche in Sicilia, dans Archivio storico siciliano, N S , t VII

Id , Notizie degli scavi d'antichità del Maggio, 1880, dans Atti della r Academia dei Lincei, 1880

Salomone-Marino (Dr Salvatore), La storia nei canti popolari siciliani, dans Archivio storico siciliano t I

Salvioli, Le decime di Sicilia e specialmente quelle di Girgenti, Palerme, 1901, in-8°

Salvioni, Del posto da assegnarsi al Sanfratellano nel sistema dei dialetti gallo-italici, dans l'Archivio glottologico italiano t XIV

Id , Ancora dei dialetti gallo-italici, dans Romania, t XXVIII, 1899

Sambon, Le monete del ducato napoletano, dans Archivio st napol , t XV, 1890

Sanudo, Vite dei duchi di Venezia, dans Muratori, R I SS , t XXII

Savini F , Sul dominio vescovile in Teramo dans Archivio st napol , t XIV

Savio, Il marchese Bonifazio del Vasto e Adelasia contessa di Sicilia, dans Atti dell'Academia delle scienze di Torino, t XXII, 1886-1887

Scaduto (F), Stato e chiesa nelle due Sicilie dai Normanni ai giorni nostri sec XI-XIX, Palerme, 1887 in-8°

Scheffer-Boichorst, Die Neuordnung der Papstwahl durch Nicolaus II, Strassbourg, 1879, in-8°

Id , Kaisers Friedrichs letzer Streit mit der Kurie Berlin 1866, in-8°

Schipa, A proposito della prossima edizione dell'Ystoria d'Amato, dans Archiv st napol , t XIII, 1888

Id , Il ducato di Napoli, dans l'Archivio st napol t XVII et XVIII 1892-1893

Id , La migrazione del nome « Calabria », dans Arch st napol , t XX, 1895

Id , Le « Italie » nel medio evo Ibid

Id , Storia del principato longobardo di Salerno dans Archiv st. napol , t XII, 1887

Schlumberger G), Un empereur byzantin au Xe siècle Nicephore Phocas, Paris, 1890, in-4°

Id , Deux chefs normands des armées byzantines, dans la Revue historique, t XVI, 1881

Id Campagnes du roi Amaury Ier de Jérusalem en Égypte, Paris, 1906, in-8°

Id , Sigillographie de l'empire byzantin, Paris, 1884, in-4°

Id , L'épopée byzantine a la fin du

Xᵉ siècle, Paris, 1896-1905, 3 vol. in-4°.

Schmidt. (J.), *Des Basilius aus Achrida Erzbischofs von Thessalonich bisher inedierte Dialoge*, Munich, 1901, in-8°.

Schrötter (F.), *Ueber die Heimath des Ugo Falcandus. Ein Beitrag zur Geschichte Unteritaliens*. In. Diss., Eisleben, 1880, in-8°.

Schultz, *Denkmäler der Kunst des Mittelalters in Unteritalien*, Dresde, 1860, 3 vol. in-4°.

Schwartz, *Die Feldzüge Robert Guiscards gegen das byzantinische Reich*, Fulda, 1854, in-4°.

Seger, *Byzantinische Historiker des 10 und 11 Jahrhunderts*, Munich, 1888, in-8°.

Seradifalco, *Del duomo di Monreale e di altre chiese siculo-normanne*, Palerme, 1838, in-f°.

SICARD DE CRÉMONE, *Chronicon*, dans Muratori, R.I.SS., t. VII.

Sickel, *Das privilegium Otto I. für die römische Kirche vom Jahre 962*, Innsbruck, 1883, in-8°.

SIGEBERT DE GEMBLOUX, *Chronographia*, éd. Bethmann. M.G.H.SS., t. VI.

Simonsfeld, *Andreas Dandolo und seine Geschichtswerke*, Munich, 1876, in-8°.

Id., KURZE VENEZIANER ANNALEN, dans *Neues Archiv*, t. I.

Siragusa, *Il regno di Guglielmo I in Sicilia*, Palerme, 1885-1886, 2 vol. in-8°.

SKYLITZÈS. Ἐπιτομὴ ἱστοριῶν, éd. Bekker, dans *Corp. script. hist. byz.*, dans *Cédrénus*, t. II, Bonn, 1839, in-8°.

Spata (G.), LE PERGAMENE GRECHE ESISTENTI NEL GRANDE ARCHIVIO DI PALERMO, Palerme, 1862, in-4°.

Id., *I Siciliani in Salonico*, Palerme, 1892, in-4°.

Id., *Sul cimelio diplomatico del duomo di Monreale*, Palerme, 1865, in-8°.

Id., *Diplomi inediti ricavati da alcuni manoscritti della Biblioteca Comunale di Palermo*, dans *Miscellanea di storia Italiana*, t. IX. Turin, 1870, in-8°.

Id., *Diplomi greci siciliani inediti, tradotti e pubblicati*, dans *Miscellanea di storia Italiana*, t. XII, Turin, 1871, in-8°.

Starraba, I DIPLOMI DELLA CATHEDRALE DI MESSINA, t. I, dans Documenti per servire alla storia di Sicilia, Iʳᵉ série, t. I.

Id., *Del dotario delle regine di Sicilia*, dans *Archivio st. sicil.*, t. II, 1874.

Id., *Notizie e documenti intorno alla Sala Verde e al Palazzo degli Scari*, dans *Archiv. st. sicil.*, t. II, 1874.

Id., *Contributo allo studio della diplomatica siciliana dei tempi normanni. Diplomi di fondazione delle chiese episcopali di Sicilia*, dans *Archivio st., sicil. N. S.*, t. XVIII, 1893.

Id., *Di un codice vaticano contenente i privilegi dell'archimandrito di Messina*, dans *Archiv. st., sicil.*, N.S., t. XII, 1888.

Steindorf, *Jahrbücher des deutschen Reichs unter Heinrich III*, Leipzig, 1874, 2 vol. in-8°.

Sternbach (L.), *Eugenios von Palermo*, dans *Byz. Zeitschr.* t. IX, 1902.

Streit (L.), *Venedig und die Wendung des vierten Kreuzzugs gegen Constantinopel*, Anklam. 1877, in-4°.

Stumpf-Brentano, *Die Reichs-*

kanzler des X, XI nnd XII Jahrun-
dert, 3 vol in-8°, 1865-81 Le tome III
contient Acta imperii ab Heinrico I
ad Heinricum VI

Sudendorf, Registrum oder mer-
kwurdige Urkunden fur die deutsche Geschichte, Iena-Berlin, 1849-
1854, 3 vol in-8°

Sybel (H von, Ueber den zweiten Kreuzzug, dans Kleine Schriften,
I, Munich, 1880, in-8°

Tafel, Komnenen und Normannen,
Stuttgart, 1870, in-8°

Id, De Thessalonica ejusque agro,
Berlin, 1839, in-8°

Tafel et Thomas, Urkunden zur
alteren Handels-und Staatsges-
chichte der Republik Venedig,
1re partie, dans Fontes rerum Austriacarum, 2e serie, t XII, Vienne
1856, in-8°

Tansi, La contea di Lecce, dans
Dona Per le feste del gonfalone di
Lecce nel Giugno 1896, Lecce, 1896,
in-4°

Tansi (L) Historia chronologica
monasterii S Michaelis archangeli
Montis Caicosi congregationis Casinensis, ordinis sancti Benedicti, ab
anno MLXV ad annum MCDLXXXIV
ex ejusdem monasterii tabulario de-
prompta, Neapoli 1746 in-4°

Tarsia (P A de) Historiarum Cu-
persanensium libri tres, Mantuae
Cuperthanorum, 1649, in-4°

Taulen, Memorie istoriche dell'
antica citta di Alina, Naples, 1702,
in-4°

Testa, De vita et rebus gestis Gul-
lelmi II regis Siciliae libri IV, Monreale, 1769, in-f°

Theophanes continuatus, O μετα
Θεοφαντ,ν, éd Bekker, Bonn, 1838,
in-8°.

Thietman Chronica libri VIII, ed
Lappenberg et Kurze, M G H in
usum scholarum, in-8°, Hanovre,
1889

Thomas di Cantorbery, Epistolae,
dans Migne, P L, t CXC

Toeche (L , Kaiser Heinrich VI
Leipsig, 1867 in-8°

Tosti (L , Storia della badia di
Montecassino, Rome, 1888, t 1
in-8°

Toussaint, Études sur Wibald,
Namur, 1890, in-8°

Translatio sancti Godehardi, ed
M G H SS, t XII

Iiia, Memorie storiche civili ed
ecclesiastiche della citta e diocesi di
Latino, metropoli degli antichi Fe-
rentani, Rome, 1744, in-4°

Tunchera, Syllabus grecarum
membranarum, Naples, 1865, in-4°

Tromby Storia del patriarca S
Brunone e del suo ordine Cartusia-
no Naples, 1773, in-4°

Tromby , Riposta di un anonimo
certosino professo della certosa di S
Stefano del Bosco alla scrittura per
lo regio fisco data fuori dal sig D
Francesco Vargis Macciuca colli
quale asserisce falsi quei diplomi
della medesima che si difendono e
mostrano veri colla storia critica e
diplomatica, Napoli, 1766, in-4°

Ughelli-Coleti Italia sacra, Venise,
1717-1722, 10 vol in-f°

Vacandard, Vie de saint Bernard,
Paris, 1895, 2 vol in-8°

Varrentrapp, Erzbischof Christian
von Mainz, Berlin, 1867, in-8°

Vargas Macciuca (Francesco,
Esame delle vantate carte e diplomi
de RR PP della certosa di S Stefano del Bosco in Calabria Napoli,
1761, in-4°

Ventimiglia, *Notizie storiche del castello dell'abbate de suoi casali nella Lucania*, Naples, 1827, in-4°.

Vergers (Noël des), *Lettre à M. Caussin de Perceval sur les diplômes arabes conservés dans les archives de la Sicile*, dans le *Journal asiatique* 1845.

Via L.), *Le cosi-dette colonie lombarde*, dans *Archivio st. siciliano*, N. S., t. XXIV (1899).

VIE DE SAINT PHILARÈTE, éd. dans les *Mémoires de l'Institut archéologique russe de Constantinople*, t. V, in-8°.

Viggiano, *Memorie della città di Potenza*, Naples, 1865, in-8°.

VITA BERARDI EPISCOPI MARSORUM, auctore Johanne episcopo Signiensi, éd. AA.SS., 3 nov., t. II, 2.

VITA SANCTI BERNARDI EPISCOPI CALINENSIS, éd. AA.SS., Mars, t. II.

VITA ET MIRACULA S. DOMINICI SORANI, éd. dans *Analecta Bollandiana*, t. I.

VITA SANCTI GUILELMI, auctore Johanne a Nusco, éd. AA.SS., t. V, juin.

VITA SANCTI NILI, éd., AA.SS., t. VII, Septembre.

VITA SANCTI PHILARETI, éd. AA.SS., t. I, Avril.

VITA SUGERII, éd. dans dom Bouquet, R.H.G., t. XII.

Wagner, *Die unteritalischen Normannen und das Papsttum*, In. Diss. Bresslau, 1885, in-8°.

Wasiliewsky, CONSEILS ET RÉCITS D'UN GRAND SEIGNEUR BYZANTIN, dans le *Journal du ministère de l'Instruction publique russe*, t. CCXV et CCXVI 1881.

Id., *La droujina vœringo-russe et vœringo-anglaise*, dans le *Journal du ministère de l'Instruction publique russe*, t. CLXXVI, CLXXVII et CLXXVIII, 1874 et 1875.

Id., *L'alliance des deux empires*, dans *Slavjanskij Sbornik* 1875.

Watterich, PONTIFICUM ROMANORUM QUI FUERUNT INDE AB EXEUNTE SAECULO IX USQUE AD FINEM SAECULI XIII VITAE AB AEQUALIBUS CONSCRIPTAE, Leipzig, 1862, 2 vol. in-8°.

Weinreich, *De conditione Italiae inferioris Gregorio septimo pontifice*, Kœnigsberg, 1864, in-8°.

Wibald, *Epistolae*, éd. Jaffé, dans *Bibl. rerum Germanicarum*, t. I.

Wibert, *Vita Leonis IX*, éd. Watterich, dans *Pontificum romanorum... vitae*, t. I.

WIDO FERRARIENSIS EPISCOPUS, *De seismate Hildebrandi*, éd. Dümmler, M.G.H. in-4°, *Libelli de Lite*, t. I.

Will C., *Die Anfänge der Restauration der Kirche im 12 Jahrhundert*, Marbourg, 1859-1861, 2 vol. in-8°.

Wilmans, *Ueber die Quellen der Gesta Roberti Wiscardi des Guillermus Apuliensis*, dans l'*Archiv* de Pertz, t. X.

Winkelmann E., *Ueber die Herkunft Dipolds, des Grafen von Acerra und Herzogs von Spoleto*, dans *Forschungen zur deutschen Geschichte*, t. XVI.

Id., *Des magisters Petrus de Ebulo liber ad honorem Augusti*, Leipzig, 1874, in-8°.

Winkelmann, ACTA IMPERII INEDITA, Inusbruck, 1880-1885, 2 vol. in-8°.

Wipo, *Gesta Chuonradi*, éd. Bresslau, M.G.H.SS. in usum scholarum, in-8°.

Wissowa, *Politische Beziehungen zwischen England und Deutschland* bis z Untergange der Staufer, Bresslau, 1889, in-8°

Zacharie a Lingenthal, *Jus graeco-romanum*, t III Leipzig, 1870, in-8°

Zdekauer, *Le franchigie concesse da Onorio II alla citta di Troja*, Turin, 1898, in-8°

Zœpflel, *Die Papstwahlen*, Gottingen, 1872, in-8°

Zonaras, 'Επιτομη ιστοριας, ed Pinder, *Corp script hist byz* Bonn, 1841-44, 2 vol in-8

Zampelios 'Ιταλοελληνικα ήτοι κριτικη πραγματεία περι των εν τοις αρχειοις Νεαπολεως ανεκδοτων ελληνικων εγγραφων, Athenes, 1864, in-8

HISTOIRE

DE LA

DOMINATION NORMANDE

EN ITALIE ET EN SICILE

PREMIÈRE PARTIE

CHAPITRE PREMIER

ÉTAT POLITIQUE DE L'ITALIE MÉRIDIONALE AU MOMENT DE L'ARRIVÉE DES NORMANDS

Au début du xi⁰ siècle, lors de l'arrivée des Normands, l'Italie
méridionale était partagée en un grand nombre de petits États
Les Musulmans possédaient la Sicile, les Byzantins occupaient
la Pouille et la Calabre, Gaete, Naples et Amalfi formaient trois
républiques Bénévent, Capoue et Salerne étaient les capitales de
trois principautés lombardes que bordaient, au nord, l'État pontifical et le duché de Spolete Ce morcellement était le résultat de
l'anarchie qui avait régné dans tout le midi de la Péninsule au
ix⁰ et au x⁰ siècle, et avait amené la division des anciennes
possessions de l'empire grec Pourtant, si nous nous en rappor-
tions au témoignage des Byzantins, il semblerait que presque rien
n'ait été changé dans l'Italie méridionale et que les basileis y soient
demeurés tout-puissants Byzance, en effet n'a jamais reconnu
les faits accomplis et s'est toujours considérée, sinon comme maî-
tresse absolue, au moins comme suzeraine de l'Italie du Sud, et
si réduites qu'aient été par moment ses possessions, elle n'a jamais
renoncé à aucune de ses prétentions Il faut insister sur cette
théorie byzantine car elle seule permet de comprendre la politique grecque durant trois siècles

La situation des Byzantins dans l'Italie méridionale avait été réglée à la suite des conquêtes de Charlemagne par les traités des années 803 et 812[1] Nous ne connaissons pas la teneur de la convention conclue entre Nicéphore et Charlemagne, et nous ne sommes pas renseignés davantage sur l'accord intervenu entre ce dernier et le basileus Michel Il est pourtant probable que la paix fut faite sur les bases de l'*uti possidetis*, et que les traités laissèrent « à l'empereur d'Orient, Venise et ses iles, les villes maritimes de la Dalmatie Naples et son duché, les possessions que les Byzantins conservaient en Calabre enfin la Sicile[2] » Mais l'œuvre accomplie par Charlemagne en Italie resta incomplète, car jamais la situation du duché lombard de Bénévent vis-à-vis de l'Empire ne fut définitivement réglée La création de l'Etat pontifical fut une demi-mesure qui ne fut pas, d'ailleurs, exécutée entièrement Il semble que l'Italie du Sud ait effrayé les premiers Carolingiens, et il faut descendre jusqu'à Louis II pour voir l'empereur intervenir directement dans les affaires de l'Italie méridionale Sans doute, en théorie, le duché lombard relevait bien de l'empire d'Occident, mais, en pratique et du vivant même de Charlemagne, l'autorité de l'empereur ne fut jamais reconnue par les Lombards de Bénévent Il suffit de rappeler les difficultés qui s'élevaient entre le pape Hadrien et Grimoald, duc de Bénévent Dans cette affaire les fonctionnaires impériaux eurent certainement le dessous[3] Le duché de Bénévent fut ainsi amené dès son origine à se rapprocher des Byzantins On sait que Grimoald épousa une princesse grecque[4] et se reconnut vassal du basileus[5] Telle fut l'origine du malentendu qui, s'élevant dès le début du nouvel état de choses, donna naissance à la théorie byzantine sur l'Italie méridionale

1 *Annal Einhardi*, ad an 801 M G H SS, t I, p 191 Einhard, *Vita Karoli*, M G H SS, t II, c 15, p 451 Cf Diehl, *L'Exarchat de Ravenne*, p 239
2 Diehl, *loc cit*
3 *Codex Carolinus*, ed Gundlach, M G H, in-4°, *Epistolæ*, t III, n 87 Cf W Martens, *Die römische Frage unter Pippin und Karl dem grossen* (Stuttgart 1881, p 190 et suiv
4 Erchempert, c 5, dans M G H, *Scrip rerum longobardicarum et ital* p 236
5 *Cod Carol*, n 86

En théorie les Byzantins se sont toujours regardés comme les maîtres du midi de la Péninsule Les Lombards ont pu s'emparer de presque toutes les possessions grecques en Italie, les Musulmans ont pu chasser les troupes byzantines de toute la Sicile . rien n'a pu modifier cette conception des empereurs grecs Il est vrai que les rivalités constantes les guerres continuelles, entre les principales villes du midi de l'Italie, ont amené souvent un des partis rivaux a recourir a Byzance, les appels ainsi faits a l'autorité suprême du basileus ont contribué, sans doute, à maintenir à Constantinople l'idée de la souveraineté impériale sur des pays qui en fait paraissent avoir été tout a fait indépendants Les listes reproduites par Constantin VII Porphyrogénète divisent les possessions byzantines de l'Italie en thème de Sicile et en thème de Longobardie Le basileus reconnaît d'ailleurs que le premier est occupé par les Musulmans et que le territoire du second est réduit à la Calabre c'est-à-dire à l'ancien Bruttium[1], mais tout cela n'empêche pas le thème de Sicile de figurer dans la liste des provinces relevant de l'empire grec[2] Il en est de même pour le thème de Longobardie[3] Les principales villes de ce dernier sont bien au pouvoir des Lombards, comme l'empereur est obligé de le reconnaître, mais, dans la théorie du basileus, les Lombards sont des vassaux de l'empire grec Cela résulte, sans doute possible, d'un passage du *De administrando imperio*[4] et, encore plus clairement, des paroles que Liutprand ambassadeur de l'empereur Othon auprès du basileus, prête à Nicéphore Phocas Parlant des princes lombards de Capoue et de Bénévent soumis a l'empereur germanique, Phocas

---

1 Sur l'époque du changement de nom du Bruttium, cf Schipa, *La migrazione del nome « Calabria »* dans l'*Archivio storico per le provincie napoletane*, t XX (1895), p 23 et suiv J Gay, *Les diocèses de Calabre a l'époque byzantine*, dans la *Rev d'histoire et de littérature religieuse*, t IV (1900), p 234 et suiv, et *L'Italie méridionale et l'empire byzantin*, p 6 et suiv

2 *De them*, II, p 58

3 *Ibid*, p 60

4 Καὶ ἔκτοτε καὶ μέχρι τοῦ νῦν καὶ οἱ τῆς Καπύης καὶ οἱ τῆς Βενεβενδοῦ εἰσὶν ὑπὸ τὴν ἐξουσίαν τῶν Ῥωμαίων εἰς τελείαν δούλωσιν καὶ ὑποταγὴν διὰ τὴν εἰς αὐτοὺς γενομένην μεγάλην ταύτην εὐεργεσίαν *De admin imp*, 29, 136

s'exprime ainsi « *Servos meos dominus tuus in tutelam recipit suam, quos si non dimiserit et in pristinam servitutem redegerit, nostra amicitia carebit. Ipsi, in imperium nostrum ut recipiantur, flagitant, sed recusat eos nostrum imperium, ut cognoscant et experiantur quam periculosum sit, servos a dominis declinasse, servitutem effugere [1] »*

Pour la principauté de Salerne, la théorie byzantine devait certainement être la même. Comme on le verra plus loin, le prince de Salerne a, un moment donné, a reconnu la suprématie du basileus et a diverses reprises, au Xe siècle et au XIe, nous voyons les souverains de Salerne prendre dans leurs actes des titres byzantins, le plus souvent celui de patrice impérial [2]

Il en est de même pour les autres États qui, comme nous le montrerons, sont en fait à peu près complètement indépendants Le Porphyrogénète énumère Naples, Gaete, Amalfi et Sorrente comme relevant du thème de Sicile, il ajoute que Naples, Amalfi et Sorrente ont toujours obei à l'empire [3] On verra plus loin que Byzance n'était pas très difficile en fait d'obéissance

Par ce qui vient d'être dit on peut juger que Byzance a conservé toutes ses prétentions sur l'Italie méridionale, et c'est peut-être dans cette conception de la politique impériale, qu'il faut chercher l'explication du titre de catepan d'Italie que nous voyons prendre à la fin du Xe siècle par Michel, Calocyr et Grégoire Trachaniotes [4] Nous allons maintenant passer à la réalité

---

1 *Liudprandi legatio*, M G H SS , t III, p 352-353

2 *Codex dipl Cavensis* t I, n CII, p 130, n CIV, p 133, n CXC, p 245, n CXCI, p 246, etc Cf Di Meo *An crit del regno di Napoli*, t V, p 346-357

3 *De administrando imperio*, 27, 121

4 Trinchera, *Syllabus membranarum graecarum*, p 5 et 9 Beltrani, *Documenti longobardi e greci*, p 9 et 11 On a beaucoup discuté sur le sens qu'il faut attribuer au mot *Italie* On a voulu que ce mot ait servi à désigner l'ancienne Longobardie Cf Kap Herr *Bajulus Podesta Consules*, dans *Deutsche Zeitsch für Geschichtswissenschaft* t V (1891), p 67 Gay *L'Italie méridionale et l'empire byzantin*, p 347 Sur les divers sens du mot, cf Schipa, *Le « Italie » nel medio evo*, dans *Arch st napol*, t XX, p 395 et suiv Il me paraît que ce mot a été pris successivement dans deux sens, puisque certains catepans, au XIe siècle, sont dits « catepans d'Italie et de Calabre », cf del Giudice, *op cit*, Ap p 14 tandis qu'au Xe siecle, c'est le titre de catepan d'Italie qui est usité

et examiner la situation véritable de chacune des principautés de l'Italie du Sud

Au début du XIe siècle, les Byzantins ne possèdent plus rien en Sicile [1] Ils en ont été complètement chassés par les Aglabites de Kairouan Ceux-ci commencèrent la conquête de l'île en 827; ils n'attendirent pas de l'avoir terminée pour commencer à piller les côtes d'Italie Leurs expéditions furent d'ailleurs singulièrement facilitées par les guerres continuelles des divers princes italiens Les factions rivales finirent par s'appuyer sur eux et les Musulmans purent ainsi fonder sur le continent des établissements permanents Il suffit de rappeler leur colonie du Garigliano, celle d'Agropoli et leur établissement à Bari Pendant des années, les malheureuses populations de l'Italie furent en butte à leurs attaques incessantes Nous voyons d'après un acte curieux publié dans le *Chartularium Cupersanense* [2], que les habitants des villes menacées fuyaient dans l'intérieur des terres, les lettres de Jean VIII et la *Vie de saint Nil* [3] nous font saisir sur le vif la terreur que répandaient les incursions des Sarrasins et les misères de toute sorte qui, durant le IXe et le Xe siècle, suivaient leur passage Le moine Bernard qui alla en Terre sainte, vers 870, raconte, dans sa relation de voyage, qu'il vit à Tarente des milliers de captifs chrétiens que les Musulmans envoyaient en Afrique [4] L'audace des infidèles grandissait sans cesse, leur exploit le plus retentissant fut, en 846, le pillage de la basilique de Saint-Pierre de Rome, qui eut un douloureux retentissement dans tout le monde chrétien [5] Après l'expédition de Louis II contre Bari,

---

1 Sur la conquête de la Sicile, cf Amari, *Storia dei Musulmani di Sicilia* (Florence, 1854), t I, p 298 et suiv

2 *Chart Cupers*, t I, p 80

3 Cf Schlumberger, *L'épopée byzantine à la fin du Xe siècle, Jean Tzimiscès*, p 460 et suiv

4 *Itinera Hierosolymitana*, ed Tobler, t I, p 310

5. *Ann Bertin* ed Waitz M G.H SS in-8°, p 34 *Lib Pont*, ed Duchesne, t II, p 99 Benoît de St-André, *Chr* M G H, SS, III, 713 Cf Mgr Duchesne, *Les premiers temps de l'Etat pontifical*, 2e ed (Paris, 1904), p 213 et suiv, Lauer, *Le poème de la « destruction de Rome » et les origines de la cité léonine*, dans les *Mélanges d'arch et d'histoire publiés par l'École française de Rome*, t XIX (1899), p 307 et suiv

le pape Jean VIII se décida à entreprendre contre eux une véritable croisade, mais ce fut seulement sous le pontificat de Jean X que les Etats du sud de l'Italie, voyant que les maux occasionnés par la présence des Musulmans n'étaient pas compensés par les avantages tirés de leur alliance, finirent par s'unir pour le chasser[1] Au début du xIe siècle, les Musulmans n'ont plus d'établissement sur le continent, mais la Sicile en entier leur appartient depuis la grande défaite qu'ils ont infligée à l'expédition envoyée par Nicéphore Phocas[2] L'échec des troupes grecques amena la prise de Rametta, la dernière place qui fût restée aux Grecs (965) Etablis en Sicile, les Musulmans continuent leurs attaques incessantes contre les côtes d'Italie[3] Il n'est presque pas d'année où l'on ne trouve la mention d'une de leurs expéditions L'expulsion des Sarrasins de Sicile devient à partir de la fin du xe siècle le but que se proposent tous ceux qui songent à dominer sur l'Italie méridionale C'est contre eux qu'était dirigée l'importante expédition d'Othon II, qui aboutit à la lamentable défaite de Stilo[4], et Basile le Bulgaroctone songeait à conduire en personne les troupes byzantines en Sicile lorsque la mort vint le surprendre[5]

Au début du xIe siècle les Byzantins n'ont donc absolument plus rien en Sicile L'île tout entière est aux mains des Musulmans Passons maintenant aux Etats continentaux

Pour Gaëte, nous sommes bien renseignés, grâce aux actes conservés[6] Nous pouvons constater quelle est la situation poli-

1 Cf Lapôtre, *L Europe et le St-Siège à l'époque carolingienne* Paris, 1895, p 304 et suiv, et Mgr Duchesne, op cit, p 317
2 Cf Schlumberger, *Un empereur byzantin au Xe siècle* (Paris, 1890) p 435 et suiv
3 *Ibid*, p 670 et suiv, et Schlumberger, *L'épopée byzantine à la fin du Xe siècle, Jean Tsimiscès,* p 477 et suiv
4 *Op cit*, p 504 et suiv
5 Cf Schlumberger, *L'épopée byzantine a la fin du Xe siècle Basile II le tueur de Bulgares,* p 398 et suiv.
6 Ces actes sont publiés dans le *Codex diplomaticus Caietanus,* (Montis Cassini, 1888-1891) 2 vol in-4° Sur l'histoire de Gaëte, cf Federici (G), *Degli antichi duchi e consoli o ipati della città di Gaeta* (Napoli, 1791) Malgré beaucoup d'erreurs, on y trouve encore d'utiles renseignements

tique de la ville, sans pouvoir toutefois connaître comment s'est
établi l'état de choses existant La ville de Gaete ne fut pas
comprise dans la donation de Charlemagne au pape Hadrien, à ce
moment elle relevait théoriquement de l'empereur de Constantinople [1] En 778, nous voyons le patrice de Sicile s'établir à Gaete
d'où il dirige les incursions des gens de Bénévent, Terracine et Gaete
contre la Campanie [2] Quelques années après, nous voyons que la
situation s'est modifiée Gaete reconnaît la souveraineté du pape
Vers 787, les actes rédigés à Gaete portent la mention du règne de
l'empereur et du pontificat du pape [3] Une lettre du *Codex Carolinus*
nous montre vers la même époque l'évêque de Gaete renseignant le
pape sur les menées de ses ennemis [4] Comment s'est produit ce
rapprochement ? On ne saurait rien affirmer à cet égard. Sans
doute les insuccès, que subit, à la fin du viii⁰ siècle la politique
byzantine dans les affaires italiennes, n'ont pas été étrangers
aux rapports qui s'établirent alors entre Rome et Gaete D'autre
part l'Etat pontifical, tel qu'il fut constitué en 774, occupait
l'arrière-pays de Gaete Sans doute, il est certain que la donation
de Charlemagne n'a pas été suivie d'effet, mais, du fait même de
la donation, il résulta pour la papauté un accroissement moral
d'autorité qui peut parfaitement expliquer un rapprochement de
la part des gens de Gaete, lesquels voyaient diminuer l'influence
byzantine Cette reconnaissance de l'autorité pontificale fut
d'ailleurs passagère En 812, la flotte de Gaete se range sous les
ordre du patrice de Sicile [5] et, en 830, nous voyons figurer dans les
actes l'indication des années de règne de l'empereur grec [6] Il
semble qu'à ce moment Gaete ait fait partie du duché de Naples
Dans un acte de 839, Constantin, consul de Gaete, appelle André,

1 *Cod Carolinus*, n 37, p 547
2 *Ibid*, n 61, p 588 et n 64, p 591
3 *Codex Caietanus*, t I, p 1
4 *Cod Carolinus*, n 80 p 612
5 Jaffé-Lowenfeld, 2524
6 *Cod Caiet* t I, p 2 Les editeurs ont placé à la suite de ce document un acte daté des années de règne du pape, qu'ils datent de l'année
830 Comme il s'agit d'une question ecclésiastique, il n'y a peut-être pas
lieu de tenir compte de la formule « *Temporibus domni Gregorii summi
pontificis* » Dans tous les cas l'indiction X donne pour la date d'année
septembre 831 à septembre 832, et non pas 830

consul de Naples, *notre duc* [1] Il me paraît très probable que
Gaete fut rattachée a Naples quand par suite de l expulsion des
Byzantins de presque toute l Italie, le patrice de Sicile devint le
principal fonctionnaire grec pour les possessions italiennes de
l empire A cause de son éloignement le patrice céda sans
doute au duc de Naples une partie de son autorité sur la region
avoisinante

A partir de l année 839 et jusqu en 862, Gaete reconnut
de nouveau la souveraineté pontificale [2] Ce nouveau recul
de l influence byzantine s explique très bien , la periode, durant
laquelle il se produit, est remplie par les luttes amenees par le
partage du duché de Bénévent, pendant les regnes de Théophile
(829-842) et de Michel III (842-867), Byzance ne s'occupe pas
du tout des affaires italiennes A partir de 866, Gaete reconnait
de nouveau l empire grec [3], mais peu après nous voyons appa-
raitre les premieres tentatives des autorités locales pour se
rendre independantes En 867, Docibilis, qui a succede depuis
peu à Theodore [4], comme *prefecturius*, fait marquer dans les
actes le temps de son gouvernement, au lieu de celui de l'empereur [5], en 890 dans les diplomes de Docibilis lui-meme, il
n est fait aucune mention de l'empereur grec [6] Entre ces deux
deux dates on rencontre une fois, en septembre de l année 887,
un acte où sont comptees les annees de regne des empereurs
Leon et Alexandre [7] Ces hesitations dans les usages nous montrent
bien que Gaete [8] est alors dans une periode de transition Sans

---

1 *Cod Caiet*, t I, p 10

2 *Cod Caiet*, t I, p 11-19

3 *Ibid*, p 20

4 Theodore est mentionne dans un acte du 14 janvier 866 *Cod
Caietinus*, t I, p 20

5 En octobre 867 *Ibid*, p 22 La formule usitee est   « *Temporibus
domini Docibilis magnifico et prefecturio* » sans indication des annees de
regne

6 *Ibid*, p 25 et 27 Docibilis à un collegue le consul Jean

7 *Ibid*, p 24

8 Je ne sais sur quel texte Rambaud s est appuye pour dire que Gaete
témoignait habituellement les plus grands egards au gouvernement
byzantin *L empire grec au Xe siecle, Constantin Porphyrogenète* ,Paris,
1870, in-8°, p 447

se proclamer tout à fait indépendante la ville tend à s'affranchir de tout lien de subordination vis-à-vis de l'empire grec. Ces tentatives ne durèrent pas très longtemps, la fin du ixe siècle vit en effet le retour offensif des Byzantins qui vinrent jusques à Bénévent. Aussitôt Gaete reconnut à nouveau la suzeraineté du basileus, et de 899 à 933, nous voyons que l'on date les actes des années de règne de l'empereur [1]. En même temps les magistrats de Gaete reprennent les titres impériaux de patrice et de consul [2]. A cette époque également, on voit apparaître le titre de *dux* [3], qui fut très probablement accordé par Byzance. Je serais très porté à admettre que ce titre fut donné aux magistrats de Gaete par le basileus pour punir Naples, qui à ce moment s'éloignait de l'empire grec. Ainsi aurait cessé la subordination de Gaete au duché de Naples.

A partir de l'année 934, l'incertitude règne de nouveau [4]. Les fonctions municipales sont devenues héréditaires [5], le pouvoir est aux mains de la famille des Docibilis, et, suivant que l'influence byzantine augmente ou diminue, Gaete reconnaît l'empereur grec ou s'émancipe de la suzeraineté byzantine. En 962, Gaete reconnaît le prince lombard Pandolf Tête de fer [6], mais, à partir de 963, les actes ne mentionnent plus que les magistrats municipaux [7]. Il n'y a qu'une exception : en 976 nous trouvons un acte daté de l'empereur Othon et du pape [8]. Tous les actes suivants montrent que la ville se regarde comme indépendante [9]. En résumé, depuis le viiie siècle, Gaete a tendu continuellement à s'affranchir de la domination byzantine, et l'on peut dire que depuis le xe siècle elle y a réussi. Sa situation géographique lui a d'ailleurs donné beaucoup de facilités pour arriver à ce résultat. Complètement isolée, tout à fait à l'extrémité des possessions, qui nominalement

1 *Cod. Caiet.*, t. I, p. 28 et suiv.
2 *Op. cit.*, p. 31, 41, 46, 47, 53, etc.
3 *Ibid.*, p. 62, 66, 68 etc.
4 *Ibid.*, p. 62 et suiv.
5 *Ibid.*, p. 52, 57 et 68
6 *Ibid.*, p. 112
7 *Ibid.*, p. 113 et suiv.
8 *Ibid.*, p. 127
9 *Ibid.*, p. 133 et suiv.

appartenaient aux Byzantins, Gaëte a pu d'autant plus facilement échapper à toute autorité directe, que son commerce ne
paraît pas avoir été très important. Par suite la ville n'a pas été
obligée de suivre une politique conciliante vis-à-vis de Byzance,
comme cela a été le cas pour certaines villes, Amalfi par
exemple. On voit donc que le Porphyrogénète avait de bonnes
raisons, pour ne pas mentionner Gaëte parmi les villes qui ont
toujours obéi à l'empire grec.

L'origine du duché de Naples remonte à une époque très
ancienne ; au temps de Grégoire le Grand il existait déjà [1]. A
partir de Constant II, le titre de duc fut attribué d'une manière
permanente au gouverneur militaire de la Campanie et le duc
fut nommé directement par l'empereur. Le duché de Naples est
alors entièrement byzantin. Au viiie siècle, le grec est la langue
officielle, les sceaux des ducs ont des légendes en langue grecque [2],
les monnaies frappées à Naples portent le nom de l'empereur
de Constantinople [3]. Le duc prend le titre de patrice impérial
et de consul [4]. Vers 761, le peuple de Naples admet tout à
fait les idées iconoclastes et refuse de recevoir l'évêque Paul,
ennemi des iconoclastes et envoyé par le pape [5]. Pourtant, à
partir de 764, l'influence grecque paraît décroître. L'évêque Paul
peut prendre possession de son siège et nous voyons vers le
même temps Naples se détacher de Byzance par toute une série
d'usurpations. Il faut noter toutefois que, vers 787, des ambassadeurs byzantins reçoivent à Naples un accueil empressé. On
peut dire, semble-t-il, que le règne d'Étienne II a été pour le

1. Pour tout ce qui regarde le duché de Naples, cf. Gay, op. cit., p. 16
et suiv., et L'État pontifical, les Byzantins et les Lombards, dans les Mélanges
d'archéologie et d'histoire, t. XXI (1901), p. 489, et Schipa, Il ducato di
Napoli, dans l'Archivio st. per le pror. nap., t. XVII et suiv. J'ai beaucoup
emprunté à ces ouvrages.

2. Cf. Capasso, Monum. ad. Neap. ducatus historiam pertinentia, t. II, pars
2, p. 243-244.

3. Cf. Sambon, Le monete del ducato Napoletano dans Arch. st. nap., t. XV,
p. 462-464. De Blasiis, Le pergamene bizantine degli archiri di Napoli e di
Palermo, dans Arch. st. it., iiie s., t. III, p. 94. Au viiie siècle Naples compte
plusieurs églises grecques. Cf. Rodotà, op. cit., I, 336.

4. Capasso, op. cit., t. I, p. 262 ; t. II, p. 243.

5. Gesta episcoporum neapolit., dans M.G.H. Script. rerum longob. et it.,
p. 424.

duche de Naples une période de transition durant laquelle les
Lombards et les Grecs ont été également ménagés [1]

Sans que nous soyons renseignés a cet égard, il me
parait, que, déja a ce moment, l empereur n exerce plus son
droit de nomination du duc, il ne doit y avoir tout au plus que
confirmation Le latin tend a remplacer le grec comme langue
officielle, et, sur les monnaies, on substitue a l effigie de l'empereur celle de saint Janvier patron de la cite [2] On continue,
pourtant, a dater les actes des années du regne des empereurs
Au debut du ixᵉ siecle, dans un moment de discordes civiles,
nous voyons le patrice de Sicile nommer successivement deux
ducs (entre 818 et 821), mais, en 821, une revolution chasse
le duc designe par le representant de l'empereur [3] Quelques
annees auparavant, l'empereur Leon III voulant arrêter les
attaques des Musulmans avait fait appel a la flotte de tout le
duche seules les villes d'Amalfi et de Gaete repondirent a son
appel, et la flotte de Naples ne parut point [4] Le duc Etienne III
(820-831) frappa des monnaies à ses initiales [5]

Avec le duc Serge Iᵉʳ, au milieu du ixᵉ siecle, l'orientation politique du duché se modifie completement Les predecesseurs de Serge
avaient été amenés, par suite de leurs guerres continuelles avec les
princes lombards, à s'allier aux Musulmans de Sicile les progres
de ceux-ci furent si rapides que Serge, pour les chasser d'Italie,
se tourna vers la papauté et l empire franc [6] Nous n'avons
pas à entrer dans le detail de ces événements [7], mais le fait
suivant montre bien l'importance que Serge sut acquerir   en
847, l empereur Lothaire Iᵉʳ le chargea avec Guy de Spo-

---

1 Cf Cod Carol, n 82, p 616, et la curieuse inscription du duc
Cesaire, dans Capasso, *Monumenta*, III, 218 Cf Mommsen, *Neues Archiv*,
t III, p 403

2 Sambon, *op cit*, p 467 et suiv On compte cependant a Naples un
certain nombre de monasteres grecs Cf Capasso, *Monumenta*, II, 2,
169-170, et Jean Diacre dans M G H, *Script rerum longob*, p 440 et 456

3 *Gesta ep neap*, 50, p 428

4 Jaffé-L 2524,

5 Sambon, *op cit*, p 470

6 Capasso, *op cit*, I, 84

7 Cf Schipa, *op cit*, p 612 et suiv

lete de retabli la paix entre les princes lombards [1] Serge agit
comme s'il etait complètement independant, sous son regne la
charge de duc devient hereditaire [2] et les monnaies sont frap-
pees a l'effigie du duc [3]

Les ducs de Naples adopterent des lors une politique de bascule
entre les Francs et les Byzantins, favorisant tout a tour les
progrès de l'empereur ou du basileus, suivant ce que leur commandait leur interêt particulier Le duché atteignit le plus haut
periode de sa puissance avec Athanase (877-898) C'est une des
figures les plus curieuses de l'histoire de l'Italie du Sud que celle
de cet evêque-duc qui durant pres de vingt ans tint tête au pape
et a l'empereur, malgre les excommunications repetées qui furent
lancées contre lui [4] Athanase suivit d'abord la politique allemande
de ses prédecesseurs mais il trouva que Jean VIII intervenait
trop dans les affaires de l'Italie du Sud et il se tourna completement vers les Sarrasins et les Byzantins [5] L'alliance des Grecs
lui permit d'etendre jusqu'à Capoue le territoire du duche Sous
son regne il faut noter un fait important Erchempert mentionne
a diverses reprises la presence des Grecs dans les rangs de l'armee
du duc de Naples [6] Nous avons la une preuve des bons rapports
qui s'etablirent entre Byzance et Naples au moment ou les Grecs
reprirent pied dans l'Italie méridionale D'autres faits peuvent
encore être cités a ce sujet Lorsque le prince de Salerne Guaimar fit sa soumission a Byzance, nous voyons le duc de Naples
s'abstenir pendant un certain temps d'attaquer le territoire de
Salerne [7] La politique inaugurée par Athanase fut continuee
par ses sucesseurs

Nous voyons, en 915 le patrice grec envoye pour combattre les

1 Capasso, op cit, I, p 83
2 Schipa op cit, p 624
3 Sambon op cit, p 472 Cf en particulier Jaffe-L 3090, 3307,
3309, 3343, 3346, 3378
4 Chr Vult, Muratori, R I SS I, 2, p 405 Leo Ost I, 40, dans M G H
SS, t VII, p 609
5 Cf Erchempert, c 57
6 Id c 56 57 62, 67 73
7 Id, c 67 Cf Schipa, Storia del principato longobardo di Salerno
dans Arch st per le prov napol, t XII, p 213

Musulmans d'Italie, réussir à détacher le duc de Naples Grégoire de l'alliance musulmane et lui conférer le titre de patrice [1] Durant le xᵉ siècle les ducs de Naples, effrayés, par moment, de la puissance croissante des Byzantins, rompirent parfois avec l'empereur grec, mais toujours ils furent obligés de reconnaître la suzeraineté byzantine. Au début du règne de Jean III, Naples s'allia aux Lombards contre les Byzantins et il fallut l'envoi d'une armée en Pouille pour faire à nouveau reconnaître l'autorité du basileus [2] Peu après nous voyons le duc de Naples conclure un accord avec les princes lombards de Capoue et de Bénévent *salva fidelitate sanctorum imperatorum* [3] Vers 955, une nouvelle tentative de rébellion amena l'envoi d'une armée grecque à Naples, qui dut se soumettre [4] Il semble que, quelques années plus tard (962), Naples se soit décidée à embrasser le parti de l'empereur Othon Iᵉʳ [5] Le successeur de Jean III, Marin II, retourna à l'alliance byzantine, il reçut le titre de patrice [6] et conduisit ses troupes au patrice Eugène qui assiégeait Capoue [7] Othon Iᵉʳ fit payer aux Napolitains l'appui qu'ils avaient donné aux Byzantins, en ravageant les environs de Naples (970), mais il ne put s'emparer de la ville [8] Il est probable que les successeurs de Marin II continuèrent la politique de ce dernier. c'est ce qui expliquerait comment Othon II fut amené à s'emparer de Naples, en novembre 981 [9] Othon III, en 999, envoya en Allemagne le duc Jean IV qu'il avait fait prisonnier [10] Nous connaissons mal cette période, Naples paraît avoir continué à reconnaître l'empereur grec [11] En 1002, nous voyons réapparaître Jean IV [12], mais nous ne savons pas comment il reconquit le pouvoir.

1 Leo Ost, I, 52 M G H SS, t VII, p 612
2 Const Porph, *De cerim*, II, 44, 660
3 Capasso, *Monumenta*, II, 2 p 146 Cf Schipa, *op, cit, Arch st nap*, t XVIII, p 267
4 *Contin Theoph*, 242
5 M G H in-4° *Dipl reg et imp. Germaniae* t I, p 325 et 352
6 Capasso, *Mon*, II, 2, 15
7 Capasso, *Mon*, I, 127
8 *Ibid*
9 M G H, in-4°, *op cit*, t II, p 307
10 Capasso, *Mon*, I, 129
11 *Ibid* II, 191
12. *Ibid* II, 2 98

En resume, nous voyons que Naples a acquis en fait une independance presque complete Ses ducs ne sont plus nommes par l empereur ils font la guerre, concluent des traites et battent monnaie neanmoins ils ont toujours témoigné a Byzance une certaine deference On a toujours date les actes des annees de regne des empereurs de Constantinople, je ne crois pas qu en général la soumission ait été beaucoup plus loin Pourtant, depuis que les Byzantins sont devenus plus forts, l alliance entre Naples et l'empire grec paraît avoir ete plus étroite, et l on comprend a la rigueur que l on ait regardé a Byzance l antique duché comme faisant toujours partie intégrante de l empire

Au moment ou fut constitué le duché de Naples Amalfi en dépendait certainement Nous avons a cet égard des temoignages qui ne peuvent laisser aucun doute Dans une de ses lettres, le pape Hadrien Ier parle du duc Arichis qui attaque « les Amalfitains du duché de Naples » [1], et, en 812, nous voyons les gens d'Amalfi repondre a l appel de l empereur Leon III qui convoquait la flotte de tout le duché de Naples [2] Enfin, en 836, dans le traite conclu entre Sicard de Bénévent et le duc de Naples Amalfi est expressément mentionnee comme faisant partie du duché napolitain [3] La situation changea quand Amalfi eut été prise et en partie detruite par Sicard de Benevent [4] Les Amalfitains, deportes en grand nombre à Salerne, ne retournerent dans leur patrie qu'a la mort de Sicard (839) [5]. Ils releverent leur ville et nommerent un comte Ils paraissent s'être rendus alors independants de Naples Nous trouvons, il est vrai, leurs troupes sous le commandement du duc de Naples, lors de l expedition de 846 contre les Sarrasins, mais il semble qu a ce moment les gens d'Amalfi agissent comme allés plutôt que comme vassaux [6]

1 *God Carol*, n 78, p 610
2 Jaffe-L, 2524
3 M G H L L, t IV, p 217 Cf Schipa *op cit*, *Arch st nap*, t XVII, p 589-590 Le patriotisme local a amene les historiens de la ville d Amalfi a soutenir qu Amalfi avait toujours ete independante du duché Cf Camera, *Memorie storico-diplomatiche dell antica città e ducato di Amalfi*, t 1 (Salerne, 1876, p 78 Ce qui vient d être dit montre suffisamment la fausseté de cette theorie
4 Cf Capasso, *Monum*, I, 78
5 Cf Camera *op cit*, t 1, p 84-85
6 Cf Schipa, *op cit*, *Arch st nap*, t XVII, p 612-613

Amalfi devenue indépendante du duché napolitain paraît néanmoins être restée soumise à Byzance Ce fait s'explique facilement par la situation toute particulière où les Amalfitains se trouvaient, vis-à-vis de l'empire grec, à cause de leur commerce De bonne heure Amalfi eut une marine considérable Ainsi, sous le règne de l'empereur Théophile (829-842) nous voyons, dans l'*Histoire du transfert des reliques de saint Barthélemy*, écrite par Nikétas le Paphlagonien, que le corps du saint fut pris à Lipari par des marins amalfitains [1] Vers 870, nous trouvons un certain Florus, amalfitain, qui trafique en Afrique très probablement à El-Medeah [2] La flotte d'Amalfi aide Louis II au siège de Bari [3] Liutprand nous fait connaître les fréquentes relations commerciales qui unissaient Amalfi à Byzance [4] Enfin nous savons, par un contrat d'échange de l'année 973, que les Amalfitains avaient alors un important commerce avec le Caire [5]. La conduite d'Amalfi vis-à-vis de Byzance fut dictée par le souci de son intérêt commercial Il est certain, en effet que les marins d'Amalfi trouvaient un grand avantage à être regardés dans les ports étrangers, comme des sujets grecs, cette situation devait leur assurer beaucoup de facilités, non seulement dans les ports byzantins, mais encore dans les ports de tout l'Orient Aussi quelle que soit l'organisation adoptée pour le gouvernement de la cité [6], que les premiers magistrats soient des comtes, des *prefecturii*, des juges ou des ducs, Amalfi n'a jamais rompu ouvertement avec Byzance, et jusqu'au milieu du XIe siècle, nous voyons les magistrats d'Amalfi recevoir le titre de patrice impérial et parfois même dater leurs actes des années de règne des empereurs de Constantinople [7] Des relations amicales ont toujours subsisté entre

1 Migne, P G , t 105, col 217.
2 Cf Heyd, *Histoire du commerce dans le Levant*, trad Furcy-Raynaud, t I p 99
3. Les *Gesta episc neap*, p 435, mentionnent la présence des Amalfitains, or ceux-ci ne pouvaient guère fournir que des vaisseaux
4. *Liudprandi legatio*, p 357 et 359
5 De Blasio *Series principum Longobard Salernit Appendice*, p CXXXVII et suiv
6 Sur les divers titres pris par les magistrats d'Amalfi, Cf Camera, *op cit* , t I, ch VI, VII, VIII et IX
7 *Chron Amalfit* dans Muratori, *Antiq It* , t I p 209 et suiv Cf Camera, *op cit* , t I, p 111 et 186.

Amalfi et Byzance, où de nombreux Amalfitains s'étaient établis : il suffit de rappeler la famille des Pantaleoni, si connue par ses nombreuses donations aux églises de l'Italie du Sud [1]. Nous avons conservé une lettre du patriarche Nicolas à un archonte d'Amalfi, qui nous montre qu'au IXe siècle les relations entre les habitants des deux villes étaient fréquentes et amicales [2]. Jusqu'au milieu du XIe siècle, on s'adresse au basileus pendant les révolutions incessantes qui déchirent la ville [3].

L'importance du commerce d'Amalfi avec l'Orient explique la part d'influence laissée à Byzance, mais il faut se garder de toute exagération, car son intérêt commercial a obligé Amalfi à rester en bons termes avec tous les pays où elle trafiquait. Il suffit de rappeler qu'Amalfi aida Louis II [4] et se soumit au pape Jean VIII, lorsque celui-ci l'eût menacée de faire fermer les ports aux vaisseaux amalfitains [5]. La soumission d'Amalfi envers Byzance est donc plus complète que celle de Naples ou de Gaëte, mais en pratique la ville a su conquérir son indépendance et nous voyons le duc d'Amalfi faire la guerre, conclure des traités [6] et battre monnaie [7] sans paraître se soucier beaucoup de l'empire grec. Les apparences sont sauvées, mais il n'y a rien de plus.

Il n'y a pas lieu de parler de Sorrente qui, jusqu'au XIe siècle, fit partie intégrante du duché de Naples [8].

On vient de voir quelle était la situation des villes énumérées par le Porphyrogénète comme obéissant à l'empire, on peut juger par là de l'indépendance des États lombards que le même auteur est obligé de déclarer rebelles.

1. Cf. Schultz, *Denkmäler der Kunst des Mittelalters in Unteritalien*. (Dresden, 1860), t. II, p. 235 et Bertaux, *op. cit.*, p. 403 et suiv.
2. Mansi, *Spicilegium*, t. X, p. 424.
3. *Chron. Amalfit.*, p. 211.
4. *Gesta episc. neap.*, p. 435.
5. Jaffé-L. 3050, 3088, 3304, 3308.
6. Jaffé-L. 3050, 3088.
7. Cf. les monnaies décrites dans Camera, *op. cit.*, t. I, p., 174 et suiv.
8. Cf. Schipa, *op. cit.*, *Arch. st. nap.*, t. XVII, p. 597-598. Je n'ai pas insisté sur les territoires possédés par Gaëte, Amalfi et Naples. Les possessions des deux premières villes ont toujours été très peu importantes. Naples a eu un territoire plus étendu, mais au début du XIe siècle le duché est très restreint. Cf. la carte du duché de Naples dressée par Capasso, *Arch. st. nap.*, t. XVII, et Schipa, *op. cit.*, *Ibid.*, p. 587 et suiv.

Le duché de Bénévent, déjà indépendant, en fait, au temps du royaume lombard, vit son importance singulièrement accrue quand ce dernier eut été détruit par Charlemagne (774), son développement fut aidé au début par les Byzantins qui cherchèrent à s'appuyer d'abord sur Arichis, puis sur Grimoald, pour combattre Charlemagne [1], mais bientôt se tournant contre les Grecs les ducs s'agrandirent rapidement à leurs dépens et occupèrent presque toute l'Italie méridionale. À partir du milieu du IXᵉ siècle, la décadence commença. Sicard (832-839) fut le dernier prince de Bénévent réellement puissant. Profitant de la faiblesse de l'empire grec, dont toutes les forces étaient occupées contre les Bulgares, il étendit ses conquêtes sur ce qui restait aux Grecs en Pouille et en Calabre, occupa Amalfi et contraignit Naples à lui payer tribut [2]. Sa mort amena le démembrement du duché. Un de ses officiers, Radelchis, usurpa le pouvoir ; aussitôt un grand nombre de mécontents proclamèrent le frère de Sicard, Siconolf, qui était prisonnier à Tarente. Siconolf fut délivré par des marchands amalfitains, et la guerre civile commença, elle dura jusqu'en 847. À ce moment l'intervention de l'empereur Lothaire amena la paix [3]. Le duché de Bénévent fut démembré, Radelchis eut la principauté de Bénévent, Siconolf celle de Salerne [4]. Une nouvelle division se produisit quelques années plus tard. Les gastalds de Capoue se rendirent indépendants, et la principauté de Capoue se détacha de celle de Salerne [5]. Je n'ai pas à entrer dans l'histoire des trois principautés lombardes au IXᵉ et au Xᵉ siècle, rien n'est plus monotone que le récit des guerres continuelles entre les princes lombards et les États voisins, guerres à la fois sans intérêt et sans grandeur.

Byzance fut surtout en rapport avec la principauté de Bénévent,

1 *Cod. Carol.*, n. 57, p. 582 et n. 61, p. 588 et *Vie de saint Philarète* dans les *Mémoires de l'Institut archéologique russe de Constantinople*, t. V, p. 77. Cf. Gay, *op. cit.*, *Mélanges d'archéologie et d'histoire*, t. XXI, p. 492, et *L'Italie méridionale et l'empire byzantin*, p. 37 et suiv.

2 M. G. H. LL., t. IV, p. 216 et suiv.

3 M. G. H., in-4°, LL. sect. I, *Capitularia*, t. II, p. 65-67.

4 M. G. H. LL., t. IV, p. 221.

5 Cf. Schipa, *Il principato long. di Salerno* dans *Arch. st. nap.*, t. XII, p. 113 et suiv.

sur qui elle reconquit peu à peu la Pouille, même, en 892, nous
trouvons le protospathaire Sympathikios établi à Bénévent[1], mais
les Byzantins ne purent se maintenir et reculèrent en Pouille
Toutefois à la fin du ix° siècle, sous le règne de Guaimar, l'influence byzantine est considérable à la cour de Salerne une garnison grecque est installée dans la capitale et Guaimar reçoit,
des basileis Léon et Alexandre, le titre de patrice[2] Au x° siècle,
la soumission des princes lombards n'est qu'accidentelle, ils
profitent de leur situation entre les deux empires pour ne relever
de personne On les voit par moment reconnaître Byzance, par
exemple en 955, Landolf II de Bénévent date des années du
règne des empereurs grecs[3] A la même époque l'arrivée de
troupes byzantines conduites par le patrice Argyros fait donner par Gisolf de Salerne la même preuve de soumission[4], mais
dès que les Byzantins se sont éloignés, toute apparence de suje-
tion disparaît

Toutefois, au x° siècle, les principautés lombardes ont eu un
moment très brillant sous le règne de Pandolf Tête de fer, qui
sut les réunir sous son sceptre La politique allemande qu'il
suivit lui valut les marches de Spolète et de Camerino, dont
Othon I°' lui donna l'investiture L'empereur germanique trouva
en lui un fidèle allié dans ses attaques contre les possessions
byzantines de l'Italie[5] La formation de l'Etat lombard, tel que
Pandolf réussit à le constituer semblait devoir assurer dans la
Péninsule la prépondérance définitive de l'empire d'Occident
mais la mort de Pandolf (mars 981) ruina son œuvre L'unité
qu'il avait réalisée fut brisée, et les trois principautés reprirent
leur vie indépendante Par là, les Othon perdirent l'appui le plus
solide qu'ils avaient dans l'Italie méridionale, et l'anarchie, qui
régna après Pandolf, contribua pour beaucoup à l'échec de la
politique impériale allemande Privés d'une base d'opération
solide, les Othon n'exercèrent d'influence qu'autant qu'ils furent

1 Trinchera, op cit , p 2
2 Erchempert, c 54, 67, et Cod Cav , t I, n CXI Cf Gay, op cit , p 139
3 Di Meo, op cit , t V, p 347
4 Cod Cav , t I, p 245 et 246, etc
5 Cf Schlumberger, Un empereur byzantin au X° siècle, p 585 et suiv

présents avec une nombreuse armée, dès qu'ils s'éloignaient,
l'influence allemande devenait nulle. A partir de la mort de
Pandolf, les principautés de Bénévent et de Capoue ne firent
que décroître; seule la principauté de Salerne, grâce à Guaimar III,
eut un moment de prospérité, mais l'influence byzantine y est à
peu près nulle à cette époque.

Nous pouvons connaître assez exactement quelle était l'étendue
territoriale des principautés de Bénévent et Salerne au début
du xie siècle. Pour Capoue nous sommes mal renseignés, la
division ecclésiastique qui correspond à la division politique ne
nous est connue que pour une date très postérieure. Elle nous
donne comme villes principales Capoue, Teano, Calvi, Carinola,
Caserte, Sessa, Venafro, Aquino[1] et Sora[2].

Une lettre du pape Agapit II, de l'année 947[3], nous apprend
que le diocèse de Bénévent s'étendait à toute la principauté. On peut donc admettre que l'étendue de la circonscription ecclésiastique correspond à l'étendue du territoire politique.
La situation du diocèse de Bénévent est fixée par diverses
bulles[4] qui sont résumées et complétées par la bulle de Benoît
VIII du mois de mars de l'année 1014[5]. Nous voyons qu'à cette
date l'état bénéventain comprend Bovino[6], Ascoli[7], Larino[8],
Trivento[9], Luccia[10] Sant' Agata[11], Avellino[12], Ariano[13], Vultu-

1 Cf. Fabre, *Liber censuum*, p. 42, note.
2 Erchempert, c. 25.
3 Jaffé-L., 3636. Je dois beaucoup, pour tout ce qui concerne la situation des évêchés de l'Italie méridionale, aux notes que Mgr Duchesne a
bien voulu me communiquer.
4 Cf. le diplôme d'Othon Ier, Bohmer, *Regesta*, 442. Jaffé-L., 3680,
3738, 3822, 3884. Ughelli, VIII, p. 50 et suiv., et Kehr, *Papsturkunden
in der Romagna und den Marchen*, dans *Nachrichten der K. Gesellschaft der
Wissenschaften zu Göttingen*, Phil.-hist. Klasse (1898), heft 1, p. 55 du
tirage à part.
5 Kehr, *op. cit.*, p. 58 et suiv.
6 Ch.-l. de circond., prov. de Foggia.
7. Circond. de Bovino. Id.
8 Ch.-l. de circond., prov. de Campobasso.
9 Circond. et prov. de Campobasso.
10 Circond. et prov. de Foggia.
11 Circond. et prov. de Bénévent.
12 Ch.-l. de la prov. de même nom.
13 Ch.-l. de circond., prov. d'Ariano.

taria [1], Telese [2], Alife [3], Sessula [4], Lesina [5], Termoli [6], Siponto [7]
et le Gargano Nous avons ainsi la liste des principales villes
de la principaute de Benevent Il faut pourtant faire une réserve
pour ce qui concerne la région de Siponto et du Gargano Il
s'agit la d'un territoire contesté La clause comminatoire de la
bulle de Benoît VIII, qui menace d'excommunication tout Grec
contrevenant aux ordres du pape, en serait deja une preuve suffisante Mais nous avons pour cette region d'autres documents
qui nous font connaître la situation reelle Les actes conserves
dans le *Cartulaire de Tremiti* [8] nous montrent que tout le pays,
compris entre le Fortore et le Biferno, est lombard, on y date en
effet des années de règne des princes de Bénévent tandis qu'a
partir de l'embouchure du Fortore, on date des annees de regne
des empereurs de Constantinople [9] Nous verrons apres la defaite
de l'insurrection lombarde, le catepan Bojoannes créer dans cette
region toute une serie de postes militaires [10] Comme aucun
document ne nous montre que la répression de l'insurrection ait
amené un accroissement de territoire, tandis que tout prouve que
le *statu quo* fut maintenu on est en droit de conclure qu'a partir
du Fortore toute la region est byzantine Et quand en 1023
nous trouvons un archevêque de Siponto [11] nous avons la preuve
que la situation politique a amené le démembrement du diocese
et que Siponto a été detaché de Benevent parce que son territoire
n'appartenait plus au prince lombard On sait que Benoît IX
reconnut plus tard le retablissement de l'ancien archevêché
     La situation territoriale de Salerne fut fixée par l'acte de 847 [12],

1 Circond et prov d'Avellino
2 Circond de Cerreto Sannita, prov de Benévent
3 Circond de Piedimonte d'Alife, prov de Caserte
4 Sessa, circond de Gaete, prov de Caserte
5 Circond de San Severo, prov de Foggia
6 Circond de Larino, prov de Campobasso
7 Ville aujourd'hui disparue Circond et prov de Foggia
8 Biblioteca nazionale a Naples Ms XIV, A, 30
9 *Cartulaire de Tremiti* f⁰ 20 r⁰, f⁰ 32 v⁰, f⁰ 37, f⁰ 43 r⁰, cf Gay, *Le
monastere de Tremiti au XIe siecle*, dans les *Melanges d'archeologie et d'histoire* t XVII, p 398
10 Leo Ost , II, 51, 661
11 *Cartulaire de Tremiti*, f⁰ 5
12 M G.H LL., t IV, p 221

qui énumère les villes faisant partie de la principauté de
Salerne Ce sont Tarente. Latiniano [1], Cassano [2], Cosenza [3],
Laino [4], Lucania [5], Conza [6], Montella [7], Rota [8], Salerne Sarno [9],
Cimiterio [10], Furculo [11], Capoue, Teano [12] et Sora [13], le territoire
de la principauté comprend, en outre, la moitié du gastaldat
d'Acerenza [14] L'étendue primitive fut rapidement diminuée
Tout d'abord Capoue, Teano, et Sora firent partie de la principauté de Capoue Du côté de Bénévent, il y eut peu de
changements, mais il n en fut pas de même vers le sud La principauté de Salerne, au début du xie siècle a perdu tout le territoire au sud d'Acerenza, cette dernière ville est elle-même
byzantine [15] Pour Potenza, il y a doute, car la ville n'est
mentionnée ni dans les documents grecs, ni dans les bulles pontificales relatives à Salerne Il semble pourtant que Potenza doit
relever d Acerenza car, lors du transfert des reliques de saint
Laver. nous voyons l évêque d Acerenza instrumenter à Grumen-
tum (on sait que Potenza a succédé à cet ancien évêché) [16] Du
côte de la Calabre, à partir de 994, les privilèges pontificaux en
faveur de Salerne mentionnent régulièrement Malvito, Bisignano
et Cosenza [17] Pourtant dans les documents grecs nous trouvons

1 On l identifie avec Altoianni ville disparue entre Matera et Acerenza Schipa, *op cit*, *Ar et nap* t XII, p 136, note 3
2 Cassano al Jonio, circond de Castrovillari prov de Cosenza
3 Chef-lieu de la province de même nom
4 Laino Borgo circond de Castrovillari, prov de Cosenza
5 On l identifie généralement avec Pesto, commune de Capaccio, circond de Campagna, prov de Salerne, cf Schipa, *op cit*, 106, note 1.
6 Circond de Sant Angelo dei Lombardi prov d'Avellino
7 Circond de Sant Angelo dei Lombardi, prov d'Avellino
8 Sans doute Rota Greca, circond. de Cosenza
9 Circond de Salerne
10 On l identifie avec Nola, Schipa, *op cit*, 10, note 1
11 On l identifie avec Forchia, circond de Bénévent
12 Circond de Caserte
13 Ch -l de circond, prov de Caserte
14 Circond et prov de Potenza
15 L évêque d Acerenza combat dans les rangs de l armée byzantine,
Annal Barenses, *ad an* 1041, M G H SS, t V, Liutprand marque Acerenza
comme rattachée à Otrante dès le début du xe siècle Liutpr, *op cit*,
p 361
16 Ughelli, VII, 494,
17 Jaffe-L, 3852 Cf sur l identification de Malvito, Fabre, *Liber censuum*, p 19, note 2

Bisignano et Cosenza rangés parmi les suffragants de l'archevêché grec de Reggio [1] De plus quand Robert Guiscard vient dans cette région, Bisignano est aux mains des Byzantins [2] De même Cassano figure dans les listes épiscopales grecques postérieure aux Νέα Τακτικά [3] Comme, pendant toute la première moitié du XIe siecle, nous ne trouvons pas trace de conquêtes byzantines dans cette région, nous sommes amenés à conclure que les prétentions de Salerne sur ces villes ont été surtout théoriques [4] Les bulles d'investiture des archevêques de Salerne continuèrent à marquer les suffragants apuliens et calabrais, mais il est douteux qu'à ce moment ceux-ci dépendissent réellement de Salerne. Sans cela on est obligé d'admettre que dans les deux derniers tiers du Xe siècle, il y a eu vers le sud une nouvelle poussée lombarde et qu'au XIe siècle les Lombards ont été de nouveau refoulés par les Byzantins Il me paraît très improbable que ces événements aient eu lieu, sans que nous en trouvions au moins une mention dans les chroniques Vers le sud, la frontière de Salerne a donc été très flottante et a dû être certainement au nord d'Acerenza et de Cosenza La principauté de Salerne comme celle de Bénévent a donc reculé sur toute la ligne devant les Byzantins

Il y avait longtemps, au début du XIe siècle, que les possessions byzantines en Italie n'avaient été aussi considérables On sait qu'à un moment, vers la fin du VIIIe siècle, les Grecs n'ont plus possédé que Gallipoli et Otrante dans l'ancienne Calabre [5], et, dans la nouvelle Calabre, les territoires au sud d'une ligne allant de Rossano à Amantea [6] Les territoires occupés par l'empire d'Orient formaient alors deux îlots, séparés par les possessions de la principauté lombarde de Salerne La « reconquête » de l'Italie du Sud par les Byzantins n'a commencé sérieusement

1 Νέα Τακτικά, ed Gelzer, dans *Georgii Cyprii descriptio orbis romani* (Leipsig, 1890), p 77
2 Aimé, III, 10, p 109, et *Cecaumeni strategicon*, ed Wasiliewsky et Jernstedt (St-Petersbourg 1896), p 35
3 Parthey, *op cit*, Notices III et X
4 Cf Gay, *op cit*, p 254
5 *Lib Pont*, I, 390 *Cod Car*, n 17, p 515 En 879, l'évêque d'Otrante souscrit au concile de Constantinople Cf Mansi, XVII, 373
6 Circond de Paola, prov de Cosenza

qu'à partir du moment où Bari, par crainte des Musulmans, se donna au basileus (876) Les villes de la côte furent occupées successivement Tarente fut prise en 880 [1] A la suite de la rébellion d'Aion, duc de Benevent, la capitale du duché fut occupée, en 891, par les Byzantins, la même année [2], Siponto était prise par le catepan de Bari [3], et, en 899, Conversano était entre les mains des Grecs [4]. Obligés de quitter Bénévent en 894 [5], les Byzantins paraissent néanmoins avoir gardé ce qu'ils avaient acquis en Pouille Les progrès des Grecs furent très lents, mais presque continus, durant tout le ve siècle Peu à peu, les deux ilots formés par leurs possessions se rejoignirent et les Byzantins finirent par occuper le pays très loin dans l'intérieur des terres Voici quelles étaient, au début du xie siècle, leurs possessions en Pouille. J'emploie ici quelques documents postérieurs à la révolte de Meles, mais comme je l'ai dit plus haut, cette révolte n'a amené aucune modification à la situation territoriale antérieure Vers le nord, la limite est le Fortore Siponto, Viesti, Lesina et Civitate appartiennent aux Byzantins [6] En 1024 [7], la bulle organisant la province ecclésiastique de Canosa-Bari énumère les villes où l'archevêque de Bari peut créer des évêques, naturellement toutes ces villes doivent être en territoire byzantin En voici la liste Bari, Canosa [8], Meduno [9], Giovenazzo [10], Melfi [11], Rubo [12], Trani [13], Cannes [14], Minervino [15], Aquatecta [16],

---

1 Lup Protospat dans M G H SS , t V ad an Cf Gay, *L'Italie méridionale et l'empire byzantin*, p 109 et suiv
2 Trinchera, *op cit*, p 2
3 Lupus Protospat , ad an
4 Trinchera, *op cit*, p 3
5 Lupus Protospat , ad an
6 *Cartulaire de Tremiti*, f° 37 et suiv Cf Gay, *Le monastère de Tremiti*, p 398
7 *Cod dipl Bar*, t I, p 22 Sur l'authenticité de cette bulle, cf Gay, *L'Italie méridionale, etc* , p 427, note 1
8 Circond de Barletta
9 Modugno, circond de Bari
10 Giovenazzo, circond de Bari
11 Ch -l de circond , prov de Potenza
12 Ruvo di Puglia, circond de Barletta
13 Circond de Barletta
14 Canne, sur la rive droite de l'Ofanto, près de Canosa
15 Minervino Murge, circond de Barletta
16 Je ne connais pas de village de ce nom, on trouve le Bosco Aquatetti près de Minervino Murge. Carte d'Italie au 1 50 000, f° 76, 3

Montemelo [1], Lavello [2], Cisterna [3], Bitalbi [4], Salpi [5] Conversano [6], Polignano [7], Ecatera [8] Deux actes, conservés aux archives capitulaires de Venosa, nous montrent qu'en 1003 et 1005 cette ville faisait partie des territoires occupés par les Byzantins [9]. Plus au sud, Tarente et Brindisi sont aux Grecs Liutprand [10], en décrivant la province ecclésiastique d'Otrante, nous montre qu'Otrante, Turcico [11] Gravina [12], Matera [13] et Tricarico [14] sont également aux Byzantins Je rappelle qu'Acerenza [15] leur appartient aussi

La conquête des possessions byzantines d'Italie par Othon II, n'a amené aucun changement, car les Allemands n'ont fait que passer après la défaite de Stilo l'état de choses antérieur a été rétabli naturellement Il en a été de même pour la Calabre Nous possédons, pour cette région, la notice officielle des sièges épiscopaux grecs, vers le début du Ve siècle [16] Elle correspond à l'organisation qui fut donnée à ce pays, après les conquêtes de Basile

1 Montemilone, circond de Melfi, prov de Potenza
2 Lavello circond de Melfi, prov de Potenza
3 Cisternino, prov et circond de Bari
4 Bitalba, en Capitanate
5 Sur les bords du lac de même nom au N de Barletta
6 Prov et circond de Bari
7 Id
8 Ecatera, aujourd'hui Noja, 13 kil au sud-est de Bari cf *Liber censuum* ed Fabre p 31, note 1 L'identification proposée par l'abbé est combattue par Caspar. *Kritische Untersuchungen zu den älteren Papsturkunden für Apulien* dans *Quellen und Forschungen aus italienischen Archiven und Bibliotheken*, t VI, p 16 du tirage à part Il propose de lire soit ϰϰ-εϱϰ soit *et cetera*
9 Archives capitulaires de Venosa deux actes de 1002 et 1003 non numérotés Cf Trinchera, op cit, 10 Kehr, op cit *Nachrichten* (1898, p 266 dit à tort que les archives de Venosa n'ont pas de documents antérieurs à 1105 il y a quelques actes privés antérieurs à cette date
10 *Liutprandi leg*, p 361
11 Thursi, circond de Lagonegro prov de Potenza
12 Circond d'Altamura, prov de Bari
13 Ch-l de circond, prov de Potenza
14 Circond de Matera, prov de Potenza
15 Circond de Potenza
16 Ce sont les Νέα ϰϰϰ-ϰϰ/ϰ, ed Gezler, op cit p 57 et suiv Cf Krumbacher *Geschichte d byz Litt*, 2[e] ed, p 418

et de Leon le Sage Dans le courant du V° siecle, il y a eu tres peu de modifications, car alors la lutte a ete active surtout en Pouille Nous voyons, d'apres cette notice, que la Calabre est partagee entre les deux metropoles de Reggio et de Santa Severina [1] Le siege de Reggio a comme suffragants Vibona [2], Tauriana [3], Locres ou Sainte-Cyriaque [4], Squillace [5], Crotone [6], Nicotera [7], Tropea [8], Cosenza, Bisignano [9], Rossano, Amantea et Nicastro [10] Le siege de Santa Severina a pour suffragants Umbriatico [11], Cerenzia [12], Isola di Capo Rizzuto [13], auxquels on rattacha plus tard Gallipoli [14] et Belcastro [15]

En somme, au debut du VI° siecle, les Byzantins possedent toute la Pouille, toute la terre d'Otrante et la plus grande partie de la Calabre De tous les Etats qui se partagent le midi de l'Italie, Byzance est certainement celui qui parait le plus puissant. C'est aussi celui qui parait avoir l'influence la plus considerable On ne saurait, en effet, parler de l'influence de Gaete, non plus que de celle de Naples ou d'Amalfi Il ne saurait être davantage question, a cet egard, d'aucun des trois princes lombards Il ne reste en presence que la papauté, l'empire allemand et Byzance Encore la papaute et l'empire allemand sont-ils à ce moment

1 Circond de Cotrone, prov de Catanzaro
2 Circond de Monteleone di Calabria
3 Un peu au sud-est de Nicotera
4 Gerace, ch -l de circond , prov de Reggio di Calabria
5 Circond et prov de Catanzaro
6 Ch -l de circond , prov de Catanzaro
7 Circond de Monteleone di Calabria, prov de Catanzaro
8 *Id*
9 Circond et prov de Cosenza
10 Ch -l de circond , prov de Catanzaro
11 Circond de Cotrone , prov de Catanzaro Cf Fabre, *Liber censuum*, p. 24 et suiv
12 Circond de Cotrone, prov de Catanzaro
13 *Id*
14 Chef-l de circond , prov de Lecce A ces evêches furent ajoutes ceux de Bova et d'Oppido, mais on ne sait s'ils sont de fondation byzantine ou normande Cf Gay op cit , *Revue d'histoire et de litterature religieuses*, t V, p 268, Minasi, *Le chiese di Calabria* Naples 1896), p 315, et Mgr Duchesne, *Les eveches de Calabre*, dans les *Melanges Paul Fabre*, p 11 et suiv
15 Circond et prov de Catanzaro

confondus L'evolution, qui se produisit sous Hadrien II et Louis II, dans les relations du pape et de l'empereur, a amené, au debut du xi⁰ siecle, la mainmise de l'empereur sur la papauté, et depuis la mort de Léon VIII (963), c'est le consentement de l'empereur qui fait la légitimite du pape ¹ Or dans l'Italie meridionale, la majesté impériale, deja humiliee au ix⁰ siecle par la captivite imposee a Louis II par les Beneventains (871), a subi un nouvel affront a Stilo Les populations de l'Italie du Sud avaient pu juger à diverses reprises combien le tres puissant empereur allemand etait faible dans la Peninsule Byzance, au contraire, par ses progres continus, a acquis un prestige tres réel des la fin du x⁰ siecle elle cherche a supplanter en Italie l'empereur d'Occident et je suis tres enclin a croire que la cour de Constantinople n'a pas eté etrangere a l'election de Jean XVI On sait comment, en septembre 997, Crescentius profitant de l'absence d'Othon III, réussit a chasser de Rome Gregoire V, et à faire elire à sa place Jean le Calabrais, qui precisément etait revenu depuis peu de Constantinople ² Le rapide retour d'Othon III amena la ruine du parti de Jean XVI On ne peut prouver avec certitude l'intervention des Byzantins, sans cela il serait curieux de voir Byzance venir combattre Othon III jusque dans Rome

Il semblerait donc que la domination byzantine soit tres fortement etablie en Italie Pourtant, a regarder de plus pres la situation reelle les bases de la puissance grecque sont-elles tres solides, et les apparences ne sont-elles pas plus brillantes que la realite ?

Apres la « reconquête » de l'Italie méridionale, Byzance

---

1 Cf Lapotre, op cit p 232 et suiv et Mgr Duchesne Les premiers temps de l'Etat pontifical, p 346 et suiv

2 Cf Schlumberger, L epopée byzantine Basile II, p 274 et suiv Brehier, Le schisme oriental du XI⁰ siecle (Paris 1899), p 4 On n'a aucune preuve positive que Byzance ait pris part a l'election de Jean le Calabrais, mais cette intervention est tres vraisemblable Ghirer, Byzantinische Geschichten, t III p 404, est alle trop loin en cherchant a prouver que Basile avait voulu rompre avec Rome Il est probable que le basileus s'est contenté de chercher a profiter des embarras causes au pape et a l'empereur par la revolte

employa tous les moyens, en son pouvoir, pour s'assimiler les territoires qu'elle avait réussi à soumettre Ce fait a été mis en lumière
par Lenormant [1], dans l'ouvrage qu'il a consacré à la Grande-Grèce
et sa théorie « de l'hellénisation de l'Italie méridionale sous la
domination des empereurs de Constantinople » est aujourd'hui
généralement admise Pourtant, à regarder les choses de plus près,
il semble qu'il y ait peut-être là un peu d'exagération On n'a pas
assez marqué la différence capitale, qui existe à ce point de vue,
entre la Calabre et la Terre d'Otrante d'une part, et la Pouille
de l'autre Sans doute, Lenormant lui-même a vu qu'il fallait
distinguer entre ces provinces, mais il a fait complètement
erreur quand il a écrit que l'antagonisme de l'Apulie et de
Byzance tendait à disparaître, au début du XIe siècle [2] Le
principal argument qu'il donne est le suivant « Déjà dans le
début du Xe siècle, Melo lui-même, le grand patriote apulien,
l'indomptable adversaire de la domination grecque est décrit
par Guillaume de Pouille comme portant, à la mode des nobles
de son pays, le costume grec, quand il a sa première entrevue avec les chevaliers normands venus en pèlerinage à Monte-
Sant'Angelo » C'est peut-être là exagérer l'importance des
vers du poète

> Ibi quendam conspicientes,
> More virum græco vestitum, nomine Melum,
> Exulis ignotam vestem, capitique ligato
> Insolitos mitræ mirantur adesse rotatus [3]

Il ne me paraît pas possible de conclure à l'hellénisation de
toute la Pouille du seul fait que Mélès portait un costume à la
mode grecque

Pour la Calabre et la Terre d'Otrante, la situation est différente
et l'on ne saurait nier pour cette région les progrès de l'influence
grecque L'hellénisation de la Calabre peut s'expliquer par la

---

1 Lenormant, *La Grande-Grèce*, t. II, p. 378 et suiv. La question a été
reprise et étudiée beaucoup plus complètement par Gay, *L'Italie méridionale et l'empire byzantin* (Paris, 1904), in-8°
2 Lenormant, *op cit*, p. 404
3 G. Ap. I, 13-16

venue de nouveaux colons, envoyés par les basileis, et par l'assimilation des habitants La dévastation du pays par les Musulmans
dut amener une diminution considérable dans la densité de la
population, ce qui rendit d'autant plus facile l'assimilation des
anciens habitants, celle-ci fut très complète le grec devint la
langue usuelle, la plupart des actes, rédigés dans cette région qui
nous sont parvenus, sont en grec, plus tard les Normands, fixés
dans le pays durent eux-mêmes adopter la langue grecque et
pendant de longues années, même après que les Byzantins auront
perdu toutes leurs possessions de Calabre, le grec restera la
langue officielle De même, le droit de Justinien était appliqué, en
même temps que le droit lombard [1], le clergé, enfin appartenait
au rite grec et ce clergé grec devait, longtemps après la disparition de la domination byzantine réussir à se maintenir

En Pouille il n'en fut pas de même et il ne pouvait en être de
même, car les conditions étaient tout à fait différentes La conquête lombarde, du VIIIe siècle dut être suivie d'une immigration
très considérable et la nouvelle population paraît avoir
absorbé l'ancienne, comme du moins semble l'indiquer la prédo-
minance des noms lombards, dans les documents qui nous
sont parvenus [2] Quand les Byzantins eurent reconquis la
Pouille ils trouvèrent en face d'eux un élément lombard excessivement fort qui subsista et resta irréductible sans se laisser
entamer On peut expliquer ce fait par diverses raisons Peut-
être le pays moins accidenté que la Calabre avait-il une population indigène plus dense ? Il semble également que les Grecs
se soient établis surtout dans les villes du littoral et qu'à l'intérieur l'occupation ait été purement militaire Nous voyons, en
effet, que dans les villes de la côte, il y a souvent deux partis
qui se disputent le pouvoir le parti grec et le parti lombard,
dans les villes de l'intérieur nous ne rencontrons rien de sem-
blable sans doute la population grecque était-elle formée sur-

1 De cette région proviennent divers manuscrits, par lesquels se sont
transmis les textes officiels ou privés du droit byzantin Cf Gay, *L'Italie
méridionale et l'empire byzantin* p 574-579
2. Cf les documents édités dans le *Cod dipl. Bar*, et le *Chart Cup*,
passim

tout de marins et de marchands qui s'éloignaient peu des ports [1].

Malgré toute la souplesse apportée par les Byzantins dans leurs rapports avec leurs sujets lombards, la « lombardisation » de la Pouille, au XIe siècle, n'en demeure pas moins un fait indiscutable, nous allons le montrer à l'aide des actes privés de cette région, qui sont parvenus jusqu'à nous en nombre considérable

Tout d'abord Byzance n'a pas pu faire adopter sa langue. En dehors des actes des grands fonctionnaires byzantins qui sont en grec tous les actes privés, ou du moins presque tous, sont écrits en latin Encore, me semble-t-il très probable, que les actes officiels ont dû, souvent, être accompagnés d'une traduction latine, suivant l'usage adopté plus tard dans la chancellerie normande et je serais porté à croire, que ce sont les traductions, accompagnant les originaux des actes des fonctionnaires grecs, que Pierre Diacre a insérées dans son célèbre registre [2]. Le latin est la langue la plus répandue dans les actes tel est le fait incontestable. Si l'on relève, dans les documents de ce genre, relatifs à cette région, le nombre des souscriptions écrites en grec on est frappé de leur petit nombre, eu égard au nombre des souscriptions latines Ainsi dans les vingt premières pages du tome premier du *Codice diplomatico barese*, pour la période qui s'étend de 952 à 1024, je relève un nombre total de trente-huit souscriptions écrites en latin contre quatre en grec Tous ces documents sont relatifs à la région de Bari Si nous faisons la même opération pour la région de Conversano, nous voyons que sur un ensemble d'actes, qui s'étend sur tout le XIe siècle, il y a plus de cent souscriptions en latin contre quatre en grec [3]. Et ces souscriptions en latin ne sont pas seulement celles des gens du peuple, nous trou-

---

1 On en peut trouver une preuve, dans le fait, que c'est seulement dans quelques villes de la côte que des évêques grecs ont pu être installés Cf p 30 Nous ne connaissons l'établissement d'une colonie grecque qu'à Matera Peut être y a-t-il eu aussi quelques colonies d'Arméniens Cf Gay, *op cit*, p 181-183

2 Ils sont publiés dans Trincheria, *Syllabus membranarum graecarum* p 1-5, 10, 14, 18

3 *Chart Cup* t I, p 1 et suiv

vons, parmi leurs auteurs, tous les fonctionnaires byzantins résidant dans les provinces

Au point de vue religieux, nous constatons que les basileis ont dû faire d'importantes concessions a leurs sujets lombards c'est ainsi que, dans un grand nombre de villes, ils ont laissé subsister des evêches latins, c'est seulement dans certains centres, où l'element grec était plus nombreux, qu'ils ont pu installer des evêques grecs, plus étroitement rattachés au patriarcat de Constantinople En agissant ainsi, l'administration byzantine a certes fait preuve de souplesse mais ne peut-on aussi voir dans sa conduite une preuve de sa faiblesse? Il est evident que Byzance n'a laissé subsister les évêques latins, que quand elle n'a pu faire autrement Or, il semble bien qu'elle n'a réussi a installer des évêques grecs que dans les villes du littoral Pourtant la désolation des églises qui avait suivi la conquête lombarde aurait dû, semble-t-il, faciliter ce travail de restauration Cette crainte de heurter les sentiments religieux de ses sujets de l'intérieur, me paraît montrer que l'autorite de Byzance est toujours demeuree fort precaire [1]

L'empire grec n'a pas réussi davantage a implanter le droit de Justinien A ce point de vue, l'etude des actes prives est fort instructive Sans doute, tous sont datés des années de regne du ou des tres glorieux empereurs de Constantinople, mais on ne cite et on n'applique que les edits ou les capitulaires de Rotaris, de Luitprand de Radelchis, d'Astolf et d'Arichis [2] Jamais un mot du Code de Justinien Aussi quand on parle de l'emploi du droit romain en Pouille [3], doit-on se garder de toute exagération Voici quelques exemples, qui suffiront a demontrer la persistance du droit lombard jusqu'au VIe siecle Dans un acte, du mois d'octobre

1 Nil Doxapater op cit, p 295 Cf Mgr Duchesne Les evêchés d'Italie et l'invasion lombarde dans les Mélanges d'archeologie et d'histoire, t XXIII, p 83 et suiv, t XXV, p 365 et suiv Sur la question des évêchés apuliens, sous la domination byzantine, cf Gay, op cit, p 360-365

2 Cod dip Barese, t II, p xiv

3 Capasso, dans l'Introduction a l'ouvrage de Brandileone, Il diritto romano nelle leggi normanne e sueve del regno di Sicilia, p xii, a exageré le role du droit romain de Pouille

de l'année 901 [1], fait a Conversano, un certain Ermenfroi vend
les terres qu'il tient de l'héritage de sa mere, sa femme Trasiperge
intervient dans l'acte a raison de son *morgengab*, « *dum me
sentior abere quarta pars in super scripta vinditione, quod mihi
ipse vir meus in die nuptiarum, secundum ritus gentis nostre
langobardorum, tradidit, et congruum est mihi illut vindere
pro mea utilitate faciendum, tunc feci notitia Sindeperti filio
Anselgari et Eregari filii Lupi qui sunt propinquiores paren-
tibus meis adque mundoaldis meis et deprecavi eis ut in ista
bendatione mihi esset consentiens, ipsi tamen mihi consen-
tientibus, inito consilio pariter pereximus presentiis Alexii
judici, etc.* » De même en 969 [2], a Bari, par devant Basile
protospathaire impérial et le juge Falcon, Mira femme du juge
Dalfion, fait, avec son mari, donation de certains biens au couvent de Saint-Benoit a Conversano, elle agit avec le consentement
de son fiere et d'un de ses parents qui sont ses *mundoalds*
Au mois de janvier de l'année 1008, Yacynthe, veuve d'un certain
Regale donne à l'église du Saint-Sauveur de Conversano, le quart
de la part qu'elle a héritee de son mari, a titre de *morgengab* [3]
De même en 962 [4], nous avons de Casamassima, pres de Bari, un
acte analogue En 977 [5], a Bari, il est question de *morgengab* et
de *mundoald* A Barletta, l'usage lombard a egalement prévalu,
en general, dans les actes prives [6] On invoque les lois de Liutprand, a Conversano, en 901 [7], en 931 [8], etc Pour le sud de
l'Italie les documents sont moins nombreux Pourtant, un acte,
des archives de Mont-Cassin, nous montre qu'à Tarente, en 1004,
un certain Jean, le lendemain de son mariage, donne a sa femme
Argenzia le quart de ses biens, a titre de *morgengab* [9]. La force

1 *Chart Cup*, t I, p 6-7
2 *Ibid*, I, 53
3 *Ibid*, I 68
4 *Cod dip Barese*, t I p 7
5 *Ibid*, p 9
6 Archives du Mt-Cassin, fonds de Barletta n° 1, 2, 5, et 6
7 *Chart Cup*, t I, 7
8 *Ibid*, I, 25
9 Archives du Mt-Cassin, cap 98, fasc 1, n° 23 De même, vers 970, la
loi lombarde est invoquee dans un procès, entre le monastere St-Pierre de
Tarente et les gens de Massafra Cf Gay, *op cit* 377

de cette résistance aux usages byzantins, fut telle que Byzance
renonça à imposer son droit, ainsi que cela résulte clairement
du document suivant. Dans un acte, daté de l'indiction XIV
(1046), le catepan Eustathios accorde à un certain Byzantios,
juge à Bari, divers privilèges, entre autres celui de juger les
serfs, habitants les terres qui lui sont concédées, le bénéficiaire
doit juger comme il suit : Διορθωθέα καὶ κρίθ(ῆναι) ὑπ'αὐτοῦ
κατὰ τῶν νόμων (sic) τῶν Λαγγιβαρδ[ιανῶν] καὶ μὴ παρ᾽ἑτέρου τινος,
ἄνευ φόνου ὑπευρεσχομέν(ου) (?) τῶν βασιλέων ἡμῶν τῶν ἁγίων καὶ ἡμῶν τῶν
ἀταίων δούλων sic αὐτῶν.[1] Nous voyons, par ce curieux document
que Byzance renonça à lutter sur le terrain juridique et qu'elle
autorisa l'usage du droit lombard, sauf dans le cas de l'assassinat
de l'empereur ou du catepan. Le document ci-dessus est de
l'année 1046 mais je suis porté à croire que la reconnaissance
du droit lombard est de beaucoup antérieure.

Il m'aurait été facile de multiplier les exemples, montrant combien était répandu l'usage du droit lombard ; ceux que j'ai donnés
sont suffisants pour prouver l'existence d'une population lombarde, suffisamment nombreuse pour imposer son droit national.
Ce ne fut pas là la seule conquête des Lombards de la Pouille ;
Byzance fut encore obligé d'adopter certaines institutions purement lombardes. Je veux parler ici du gastaldat. On sait que le
gastaldat était la subdivision administrative du royaume et plus
tard du duché lombard : à la tête de chaque gastaldat, était un
fonctionnaire portant le nom de gastald. C'est ce fonctionnaire
qui, en Pouille, est entré dans l'administration byzantine. Nous
voyons en effet, que souvent les actes privés mentionnent sa présence aux côtes des fonctionnaires grecs. En janvier 954 à Conversano nous voyons qu'une vente est faite, en présence de Romuald
spatharocandidat et gastald.[2] En 962, au mois de juin, Grimoald,
abbé du monastère de Saint-Benoît de Conversano, fait un échange
avec le clerc Maion en présence du gastald Tassilon.[86] En 977,

1 Cod. dipl. Bar., t. IV, p. 67. Cf. Anon. Bar., ad an. 1047. Le droit
byzantin n'a fait de progrès que dans la région qui s'étend de Brindisi à
Acerenza. Cf. Gay, op. cit., p. 578.
2 Chart. Cup., I, 41.

au mois d'avril, à Polignano, le gastald Pandefroi est mentionné dans un acte de donation [1] En octobre 976 (n s), à Bari, un certain Rodelgar et sa femme font une vente en présence du gastald Pavo [2] A Polignano, au mois de juillet 992, nous voyons mentionné le gastald Louis qui agit avec Smaragdos, protospathaire et topotérétès des scholes, et le turmarque Radelgard [3]

Les actes parvenus jusqu'à nous ne sont pas assez nombreux pour nous permettre d'établir quelles sont les attributions du gastald, il a certainement un rôle important, car, nous le voyons figurer à côté des principaux magistrats de la ville de Conversano Ce fait seul, de l'entrée du gastald dans la hiérarchie byzantine, est une nouvelle preuve de la vitalité de l'élement lombard de Pouille, qui, après avoir imposé son droit, réussit à imposer ses fonctionnaires La situation des villes de Pouille facilita beaucoup ces progrès de l'élément lombard

L'histoire des provinces méridionales de l'Italie, du IXe au Xe siècle, nous montre que, souvent Byzance fut impuissante à défendre le pays contre les Musulmans , l'empereur grec, en effet. ne paraît avoir entretenu, en Italie, qu'un nombre de troupes très restreint Les villes furent ainsi amenées à assurer elles-mêmes leur défense contre les Musulmans [4] Le résultat de cet état de choses fut d'amener le développement d'une vie munici-pale très intense, développement auquel contribua, pour une large part, l'éloignement du pouvoir central Chaque cité, en effet , dut se défendre, aussi bien contre les Musulmans que contre les vexa-tions fiscales des fonctionnaires envoyés par Byzance Cette situation favorisa singulièrement le développement de l'autono-mie des cités, et amena la formation de véritables communes Nous voyons que tous les actes privés mentionnent, non seulement la présence du fonctionnaire par devant lequel ils sont passés mais encore celles de *boni homines*, de *nobiles homines*, dont la

1 *Chart Cup* , I, p 54
2 *Cod dipl Bar* I, 9 Les éditeurs ont à tort daté cet acte de 977 L'acte étant du mois d'octobre de l'indiction V, il faut dater de 976 et non de 977
3 *Chart Cup* , I, 60
4 Nous voyons des villes conclure des traités particuliers avec les Musulmans Ibn-el-Athir dans Amari, B A S , t I, 392 408, 416 421

présence paraît être indispensable à la validité de l'acte. De même
dans les jugements, on mentionne toujours l'intervention de ces
boni homines soit que le jugement soit rendu par eux, soit qu'au
contraire il soit rendu, par le fonctionnaire impérial, avec leur
assistance. Que faut-il voir dans ces *boni homines*? Une charte de
992 [1] nous renseigne très exactement à cet égard. En voici le
texte « . . . . . *ideo quiah nos hy sumus Smaragdus protosphata-*
rius et tepoteriti ton scolon et Radelgardus turmarcha et Iohanne
gratia dei electus et Lodoyco hastaldius et Lupo et Leo imperialis
spathari candidati et hastaldei, Pando filio Radelchisi, Maio et
Fridelchisi Chrisantus dictus et Teudelcari, Cal [oiohanne] et
Trasemundo Antofano et Pando Maio induce, Russo et Chrisanto,
Trasagasto et Bisantio Agapito et Romoaldus Balsamo et Alifan
    Chrisolito Dumnando Musando, Ermengardo Sikenolfus
Turresano, Lodoyco, Maraldo et Gaiderisi, Muruzzo et Muruzzo,
Basalmo et Maraldo, Pozzo et Romoaldo, nos toti nominati, et
hice omnibus abitantibus cibitate Puliniani maiores, mediani et
cuncto populo etc. » Il résulte de cet acte que dans la ville de
Conversano le peuple était divisé en trois classes *maiores*
mediani, populus. Ce fait de la division en trois classes nous était
déjà connu par le capitulaire de Radelchis [2], nous voyons que
cette division a persisté dans la Pouille, plus tard nous la
retrouverons à Naples [3]. Mais, ce qu'il y a de particulièrement
intéressant dans l'acte qui nous occupe, c'est de voir agir, dans
un acte administratif, des représentants de la cité, au nom de
la population tout entière, au nom de *l'universitas.* L'acte
dont nous venons de parler, n'est pas en effet un acte judiciaire, les représentants de la commune de Polignano font, au
nom de la ville une donation à l'église Saint-Benoît de Polignano.
Nous voyons par là qu'en Pouille la centralisation administrative
n'a pas pu se produire. On sait que Léon le Sage avait aboli toute
autonomie municipale car « ces institutions, dit-il dans sa novelle,
ne correspondent plus à l'ordre de choses où l'empereur seul

1. *Chart Cup* I p. 60. Cf. Trinchera *op. cit.* pp. 43 et 53.
2. M.G.H. LL., IV. 222.
3. Capasso *Il « pactum » giurato dal duca Sergio ai Napoletani,* dans
Arch. st. napol., t. IX (1884), p. 548.

doit avoir soin de tout [1] » Les mesures prises par Léon n'ont pu être appliquées en Pouille Nous n'avons pas à rechercher l'origine de ces institutions [2], il nous suffit de constater leur existence qui nous montre clairement que les villes lombardes ont réussi à se créer dans l'empire une situation à part, situation que les basileis ont été obligés de supporter.

Les causes que nous avons indiquées plus haut savoir le petit nombre des troupes byzantines et la fréquence des invasions musulmanes ont eu encore un autre effet d'une importance considérable Nous savons que le gouvernement byzantin obligeait les villes à fournir des vaisseaux pour la défense des côtes La *Vie de saint Nil*, qui nous donne ce renseignement ne nous dit pas si l'équipage des vaisseaux devait être recruté parmi les habitants des villes Cela me paraît pourtant extrêmement probable, car je crois que l'on peut établir que les Byzantins ont organisé en Italie des milices communales Un acte du mois d'octobre de l'année 980, nous apprend que, sur le territoire de la ville de Conversano, une terre est grevée de la charge du service militaire « *quia facere illi de eadem rebus prefati Iacobi clerici ipso serbitio domnico quod est ipsa militia* » De même, en 1015, à Bari, il est question de *stratia domnica* [3] Il résulte de là que la possession de la terre en certains cas emporte l'obligation du service militaire

Ce sont les milices ainsi formées, qui sont désignées, dans les chroniques, sous le nom de *conterati* On a beaucoup discuté

---

1 Zachariæ a Lingenthal, *Jus græco rom*, t III, p 138-139
2 Cf Heinemann, *Zur Entstehung der Stadtverfassung in Italien* (Leipsig, 1896), in-8°, et Dina *Il comune beneventano nel mille e l'origine del comune medievale in genere*, dans *Rendiconti del r ist lombardo di scien e let* Serie II, vol XXI (1898) Dans la préface du t III du *Codice diplomatico barese*, p XI-XV, Carabellese a voulu rattacher ces institutions municipales aux institutions municipales romaines Son argumentation ne présente aucune solidité, et se heurte à ce fait que du VII° s au X° s il n'y a pas un seul document en faveur de sa thèse La même observation peut s'appliquer à Cahsse, *Il governo dei Bisantini in Italia* (Torino, 1885), p 49 et suiv M Diehl a établi que le régime municipal avait à peu près complètement disparu Cf *L'exarchat de Ravenne*, p 93 et suiv
3 *Chart Cup*, t I, 57 *Cod dipl Bar*, t IV, p 26 Cf *Id*, t V, p 32

sur le sens de ce mot [1] Sans parler des étymologies fantaisistes,
rappelons que di Meo croyait que ce mot avait le sens de *confede-*
rati, et s'appliquait aux troupes unies des Normands et Lombards Muratori pensait qu'il faut lire *conterrati,* et que le mot
désignait les habitants du pays [2] Ducange a donné le sens
véritable. κον- τρά-τοι [3], désigne des troupes armées a la legere
Je crois que ce mot doit s'appliquer aux milices locales pour
la raison suivante Dans un diplôme, du mois de mai de l'année
1054 [4] le catepan Argyros exempte le monastere Saint-Nicolas
de Monopoli de différents services, et, entre autres choses il dit
qu'aucun fonctionnaire ne doit oser réclamer « κον-τούρων καὶ κον-
-τρά-ων εκβολήν » L'éditeur du diplome a traduit ce passage de
la façon suivante *« ne   audeant   imponere   conturorum*
et contaratorum expulsionem », ce qui n'a aucun sens Il faut
entendre le mot εκβολή dans le sens de depense [5] Le monastere
de Saint-Nicolas est dispense d'avoir a fournir la depense des
chevaux de charge et des milices Il faut entendre par là qu'au
lieu de fournir les hommes et les chevaux, le monastère donnait
une somme en argent Le mot *conterati* désignerait donc ces
milices locales, dont nous constatons par ailleurs l'existence

L'obligation de défendre les villes contre les Musulmans, et
l'impossibilité d'entretenir un corps d'occupation suffisant, amenerent la creation de ces milices recrutees parmi la population
locale c'est-à-dire parmi les Lombards Les textes que j'ai cites
permettent de dire qu'au Xᵉ et au XIᵉ siecle il existe un rapport
entre la possession de la terre et l'obligation du service militaire Nous arrivons ainsi a constater que la situation est, a ce
point de vue, très sensiblement pareille à ce qu'elle était au
VIIᵉ siecle

J'ai insiste sur ce fait de l'existence des milices lombardes, car
il ne me semble pas que, jusqu'ici, il ait ete suffisament mis en

1 Cf la note de de Blasiis, *La insurrezione pugliese e la conquista normanna,*
t I, p 283-284
2 *Loc cit*
3 *Gloss* ad verbum
4 Trincheria, *op cit,* p 55
5 Cf Estienne, *Thesaurus,* ad verbum εκβολή ἄλογων, et Ducange, *Gloss,*
ad verbum

lumière par les historiens des Normands. On parle bien de l'alliance
des Normands avec les Lombards, mais il semble toujours que
ce sont les Normands qui, dès le début, ont joué le rôle principal A
mon avis, ce sont ces milices locales qui expliquent la réussite de
la conquête normande. Les chroniqueurs, nous le verrons plus loin,
nous montrent toujours les premiers normands, au nombre de
quelques centaines, mettant en fuite des milliers de Byzantins Il
est invraisemblable de voir une troupe, aussi peu nombreuse,
être toujours victorieuse d'un ennemi bien supérieur Tout le côté
merveilleux de la conquête normande disparaît presque en entier,
si l'on songe au rôle joué par les milices locales. Lorsque les
Lombards se révoltèrent, ils trouvèrent dans leurs milices le
noyau d'une armée parfaitement organisée et équipée Si l'on
songe que les Normands ont été soutenus par toutes les milices de
la Pouille, on voit que cet appui dont les chroniqueurs ne parlent
pas, a été en réalité la véritable cause de leurs succès

On vient de voir que Byzance avait complètement échoué
dans ses tentatives pour helléniser la Pouille Sans doute dans
ses rapports avec les Lombards, Byzance a fait preuve d'une
remarquable souplesse, et a su n'entreprendre que les tâches
qu'elle pouvait réaliser, mais les tempéraments mêmes qu'elle a
été contrainte d'apporter dans le domaine religieux, comme dans
le domaine juridique ou politique, montrent bien quelle résistance l'élément lombard de la population a opposé aux diverses
tentatives d'hellénisation Les Lombards ont accepté dans une
certaine mesure la suprématie byzantine, mais ils ont obligé les
basileis à recruter le personnel des fonctionnaires dans l'aristocratie locale et ont, un moment même, cherché à faire choisir
comme stratège le prince de Capoue Byzance refusa, et l'hostilité entre Grecs et Lombards subsista[1] Cet antagonisme était

---

1 Cf Gay, *op cit* , p 204 et suiv On peut citer comme textes marquant
l'hostilité entre les Lombards et les Byzantins les suivants pour la fin du
IXe s , « *In ipsorum odium fere omnes cultores Apuliæ, Samnii, Lucaniæ,
Campaniæ, conspiraverant* » *Catal regum lang* , dans *Scrip rer lang* , p 496,
pour le Xe s , Theoph Cont , p 453 (Cf Gay, *op. cit* , p 215, sur l'interprétation de ce passage), et, en dehors des textes mentionnant les révoltes dont
nous parlons plus bas, Leo Ost , II, 37, et *Ann Bar* , ad an 1035, où il est
question de Byzantius « *sine metu contra omnes Grecos* »

pour l'empire grec une cause de faiblesse. La mauvaise administration des fonctionnaires byzantins ne fit qu'aggraver la situation.

A Byzance, les impôts étaient, d'ordinaire, pris à ferme, et pour
rentrer dans leurs débours les concessionnaires cherchaient à tirer
des contribuables le plus d'argent possible. Pour l'Italie méridionale nous sommes mal renseignés sur la question des impôts.
Il semble probable que les catépans, comme autrefois les stra-
tèges d'Occident, ne recevaient pas de traitement ; ils devaient
donc chercher à extorquer le plus d'argent possible à leurs admi-
nistrés [1]. D'autre part, la *Vie de saint Nil*, à laquelle on revient
toujours, quand on s'occupe de l'Italie byzantine du Xe siècle,
nous fournit quelques précieuses indications [2]. Nicéphore gouverneur de la Pouille et de la Calabre, obligea les villes soumises
aux Byzantins à construire des *chelandia* pour protéger les côtes
et aller attaquer les Sarrazins en Sicile. Cet impôt excita chez les
gens de Rossano un tel mécontentement qu'ils brûlèrent les vaisseaux. Nicéphore à cette nouvelle se dirigea sur Rossano décidé
à tirer des coupables un châtiment exemplaire. En apprenant
sa prochaine venue, les habitants de la ville, fort marris des
suites que pouvait avoir leur conduite, allèrent trouver saint Nil,
et le prièrent d'intervenir en leur faveur auprès de Nicéphore. Le
saint s'acquitta de sa mission avec succès, et obtint que le châtiment des gens de Rossano se réduirait à une amende. Ce qu'il y
a de plus curieux dans ces événements c'est de voir qu'après sa
conversation avec Nil, Nicéphore fit tomber toute sa colère sur le
collecteur d'impôts. Il semble bien que l'on soit en droit de
conclure que les exactions de ce dernier, ou tout au moins les
mesures par trop vexatoires prises, par lui, n'avaient pas été
étrangères au soulèvement. Nicéphore, en effet, reconnaissant
qu'il y avait une part de vérité dans les plaintes que les gens de
Rossano avaient exprimées de façon si violente, diminua le chiffre
de l'amende imposée. En dehors de ces impots, relatifs à la défense
et qui paraissent avoir été payés en nature, la population était
soumise à un tribut payable en argent [3]. Cet impôt était perçu au

1 *De cerim.*, II, 50
2 *Vita sancti Nili* AA SS 26 sept , t VII, p 295 et suiv
3 Trinchera, *op cit* , 17

gré des employés du fisc qui étaient loin d être équitables Nous venons de voir que, très probablement, leurs complaisances n'étaient pas gratuites, et l on est en droit de penser que ce que les uns payaient en moins, les autres devaient le payer en plus Cette façon de procéder excita certainement un sérieux mecontentement, dont nous trouvons l écho jusque dans la chronique de Raoul Glaber[1]

Les avantages, retirés par les habitants des possessions byzantines de leur soumission à l'empire, ne paraissent pas avoir été en rapport avec les charges qu'ils avaient à supporter Byzance paraît avoir été incapable d'assurer à ses sujets la tranquillité Sans remonter très loin, nous trouvons, dans les quinze dernières années du Xe siecle, de continuelles invasions musulmanes. En 986, les Sarrasins attaquent Gerace et la Calabre , en 988 les environs de Bari sont pillés , en 991, c est le tour de Tarente , en 994 nous trouvons les Musulmans devant Matera et, en 1003, ils attaquent Montescaglioso et Bari[2] Sans doute à partir de 1005, alors que les Byzantins sont rentrés en possession de Durazzo, les invasions sont moins fréquentes et l'Adriatique devient d'un acces plus difficile aux flottes de Sicile, néanmoins la sécurité est loin d'être complete

Les guerres continuelles, les impôts trop lourds et les famines fréquentes ont amené une misère générale, et nous avons encore en assez grand nombre des actes par lesquels des malheureux réduits à la dernière extrémité se défont de leurs biens afin de pouvoir vivre Je citerai un document conserve aux archives du Mont-Cassin dans le fonds de Barletta . nous voyons qu'en 1003 un habitant de Cannes vend ce qu'il possede à un prêtre Il déclare être poussé par la faim et voici ses propres paroles « *quia patior necessitatem famis et nuditatis et non habeo unde possim evadere excepta si vendidero*[3] » Le juge par devant lequel est passé l'acte est tellement touché de sa misère qu'il lui fait donner un sou en sus du prix d'estimation En 938, à Conversano, nous trouvons une vente faite à cause de l'indigence

1 Rad Glaber, *Hist* , ed Prou, p 52-53
2 Lupus Protospat , ad an *Ann Bar* , ad an 1003
3 Archives du Mont-Cassin, fonds de Barletta, n° 2

des propriétaires[1] En 992 nous avons pour la même ville un
document analogue Pierre, clerc de Conversano, vend ses biens
parce que devenu vieux il n'a plus de quoi vivre à cause de la
dureté des temps « *modo vero perveni ad senectute (sic) et tempus
varbarice et non habeo jam aliquid de causa mea[2]* »

On voit par là que la population lombarde n'avait point beaucoup à se louer de la domination byzantine Aussi, la soumission
de la Pouille n'est-elle qu'apparente, et les chroniques sont-elles
remplies par les brèves mentions d'assassinats de fonctionnaires
grecs, et de mutineries de villes isolées En 987 la chronique de
Lupus Protospatharius mentionne une révolte de la ville de
Bari En 989, le patrice Jean fait exécuter trois rebelles En 990,
nous trouvons mentionné l'assassinat d'un fonctionnaire grec
En 997, éclate à Oria la révolte de Smaragdos et de son frère
Pierre, qui, avec l'aide des Musulmans tentent de s'emparer de
Bari[3] La révolte dure jusqu'au mois de juillet de l'an mil
Toutes ces insurrections partielles furent certainement suivies de
mesures rigoureuses de répression, et les rebelles furent punis
par la confiscation de leurs biens Des mesures de ce genre n'ont
jamais servi à rien ; sans doute, après la révolte de Smaragdos, la
répression paraît avoir amené le calme pendant quelques années,
mais il est certain que l'animosité des Lombards contre les Byzantins fut d'autant plus augmentée qu'elle fut plus contenue De ce
que ces révoltes paraissent avoir été locales, on ne saurait
conclure que le mécontentement de la population indigène n'ait
pas été général Au contraire tous ces soulèvements isolés
tendent à montrer que l'administration byzantine a fait un grand
nombre de mécontents[4].

1 *Chart Cup* , I, 28
2 *Ibid* , I, 63
3 Lup Protospat , ad an 987, 989, 990 997, 998
4 Peut-être faut-il voir la trace de cette hostilité dans les divisions de
la population des villes ? Nous verrons, en effet, que dans un grand nombre
de villes, il y a un parti favorable aux Grecs, et un parti qui leur est hostile
On ne saurait rien affirmer à cet égard néanmoins, il me paraît fort
probable qu'il faille répondre affirmativement L'objection tirée par M Gay,
op cit , p 568 du fait que le fils de Mélès est le chef du parti grec ne me
paraît pas concluante En effet, Argyros commence par se mettre à la tête

On peut, par ce qui vient d'être dit, s'imaginer facilement quels étaient les rapports des Lombards et des Byzantins Nous sommes bien loin de la pacification, décrite par Lenormant, et l'on s'explique facilement que les Lombards de Pouille, n'ayant presque rien a perdre, se soient lancés avec ardeur dans l'insurrection quand un chef capable d'organiser leurs forces et de diriger la lutte se résolut à tenter de délivrer son pays Ce chef fut Meles.

de l'insurrection, et au moment ou il passe aux Grecs, un certain nombre de Lombards pouvaient déjà avoir vu les inconvénients de l'alliance avec les Normands et préférer la domination byzantine

CHAPITRE II

REVOLTE DE MELES. ARRIVEE DES NORMANDS EN ITALIE. LEURS PREMIERS ETABLISSEMENTS DEVELOPPEMENT DE LA PUISSANCE DE LA PRINCIPAUTE DE SALERNE

(1009-1042)

Nous ne savons rien sur Meles, avant le moment ou il apparaît brusquement dans l histoire de l Italie méridionale, pour y tenir durant quelques années la première place. Tout ce que nous pouvons dire c'est qu'il appartenait a l aristocratie lombarde et avait une influence considérable non seulement a Bari sa ville natale mais encore dans toute l'Apulie [1] Il est probable qu il dut preparer longtemps la rébellion que nous allons le voir diriger, car l importance du mouvement insurrectionnel, qui se produisit alors depasse de beaucoup celle de toutes les rebellions anterieures qui paraissent avoir éte purement locales La revolte eclata a Bari, au mois de mai de l année 1009, elle était dirigée par Meles et son beau-frere Datto [2]. Nous ignorons si le soulevement ne fut pas amené par quelque fait particulier par quelque violence commise par un fonctionnaire grec Le récit de Leon d Ostie qui est notre source la plus detaillee pour ces événements, paraît indiquer que la haine des oppresseurs fut le motif determinant de l insurrection « Les Apuliens, dit-il, se revoltèrent parce qu'ils ne pouvaient plus supporter la superbe et

---

1 Leo Ost , II, 37, 652

2 *Annales Barenses*, ad an 1011 Lup Protospat ad an 1009 Skylitzes dans Cedrenus ed de Bonn), t II p 456 La chronique de Lupus donne seulement la date de mois. Les *Annales Barenses* donnent la date de jour, le 9 mai Delarc, *Les Normands en Italie*, Paris, in-8º (1883), p 17, a fait complètement erreur sur la date de l'insurrection dont il place le debut en 1011 La chronologie de toute cette periode a ete etablie, d une façon indiscutable par Bresslau, dans les *Jahrbucher des deutschen Reichs unter Heinrich II*, t III, Excurs , IV, p 321 et suiv

l insolence des Grecs¹. » La révolte ne se localisa pas dans la région de Bari et s étendit rapidement. Il faut certainement rattacher a la rébellion de Meles l insurrection qui se produisit a ce même moment dans la haute vallée du Bradanto dans la région de Montepeloso² Nous savons, par une brève mention des *Annales Barenses*, que cette même annee les Grecs durent combattre à Montepeloso un chef nomme Ismael On a voulu voir dans le mot Ismael une forme de Meles et par suite on a identifie les deux personnages³ C'est là, a mon avis, une erreur, car le texte des *Annales Barenses*, sur lequel on s'appuie, ne permet pas cette identification L'auteur parle d abord de Mélès et de la première bataille qu'il a livrée aux Grecs. Il parle ensuite d'Ismael en montrant clairement qu'il a en vue deux personnages différents. Il serait, d'ailleurs, tres etonnant que ce nom d Ismael applique à Méles ne se rencontrât qu'une fois dans les sources Toujours, en effet, l'Anonyme de Bari⁴ les *Annales Barenses* et Lupus Protospatharius ont la forme Melès ou Mel, la forme Ismael, en dehors du passage cité ne se rencontre que dans des sources allemandes mal renseignees sur l'Italie du Sud⁵. Tres probablement, il faut voir, dans l'Ismael de Monte-Peloso, un chef musulman, qui aida les Lombards revoltes Une alliance avec les Musulmans etait alors chose tres frequente, il suffit de rappeler ce que nous avons dit plus haut de Smaragdos et de sa tentative analogue a celle de Mélès, pour voir combien cette alliance est probable. Bien plus, nous savons par

1 Leo Ost , II, 37
2 *Annal Barenses*, ad an — Montepeloso, circond de Matera, prov de Potenza
3 Wilmans *Ueber die Quellen der Gesta Roberti Wiscardi des Guillermus Apuliensis*, dans l'*Archiv* de Pertz t X, p 112 Amari, op cit , II, 342, De Blasiis, op cit , I, 48 Heinemann, *Geschichte der Normannen in Unteritalien und Sicilien*, t I (Leipsig, 1894), p 30, admet encore cette identification deja proposee par di Meo, op cit , t VII, p 12 et 13 , de même Gay, op cit , p 401 Delarc, op cit , p 49, note 1, a avec raison combattu cette opinion Schlumberger, *Basile II*, p. 543, s'est rangé a l'avis de ce dernier Tout le système de Wilmans a eté ruine au point de vue chronologique par Bresslau, loc cit
4 Dans Muratori, R I SS , t V, p 148
5 *Notae sepul Baben*, M G H SS , t XVII, p. 640 Adalbert, *Vita Henrici II*, M G H SS , t IV, p 803.

Lupus Protospatharius, qu'au mois d'août de l'année 1009,
quelques mois à peine après que la révolte a éclaté les Sarrasins
s'emparèrent de Cosenza[1] Les *Annales Beneventani* mentionnent
également à l'année 1009 la prise de Bitonto par les Sarrasins[2].
Je suis très enclin à croire que l'auteur ou le copiste des *Annales
Beneventani* a ici confondu Bitonto avec Bitetto[3], où Mélès
remporta cette même année sa première victoire sur les Grecs
S'il en était ainsi, nous aurions la preuve de l'alliance des Lombards révoltés avec les Musulmans. Si l'on ne veut pas admettre
cette hypothèse, il n'en reste pas moins qu'en 1009 nous voyons les
Sarrasins et les Apuliens rebelles combattre contre les Grecs
dans une même région On est donc amené à regarder comme
presque certain que Mélès, avant de rompre avec Byzance, avait
eu soin de s'assurer l'appui de quelques chefs musulmans

Mélès remporta un premier succès à Bitetto, à quelques kilo-
mètres de Bari[4], la conséquence de cette victoire fut d'amener
une rapide extension de la révolte. Vers la fin de 1009 ou tout
au début de 1010, le catépan Curcuas mourait et les troupes
byzantines se trouvèrent sans chef[5] Les révoltés profitèrent de
ces circonstances pour emporter quelques places Bari ayant été
dès le début aux mains des rebelles. Trani suivit bientôt l'exemple
de sa puissante voisine et passa aux révoltes[6], nous savons,
en outre que Mélès s'empara d'Ascoli[7] La *Chronique
d'Amalfi*, qui est d'ailleurs assez mal renseignée pour toute
cette époque, rapporte que Mélès occupa rapidement un grand
nombre de villes et de châteaux[8] On peut admettre que la
révolte s'étendit à tout le pays au nord d'une ligne allant de

---

1 Lup , Protospat , ad an
2 *Ann Beneventani*, M G H SS , t III, ad an , p 237
3 Bitonto, circond et prov de Bari , Bitetto circond et prov de Bari
4 *Ann Bar* , ad an
5 *Anon Bar* , ad an 1010 Lup Protospat , ad an 1010 L'année commence en septembre, il s'agit donc très probablement des derniers mois de
1009, car le successeur de Curcuas arrive en mai
6 *Anon Bar* , ad an 1010 Lup Protospat , ad an 1010, p 37, dit que
la ville fut prise de force par Stilicus Schlumberger, *loc cit* , voit un chef
musulman dans celui-ci
7 *Chron Amalf* , dans Muratori, *Ant It* , I, 211
8 *Loc cit*

Bari à Montepeloso Les sources, en effet, ne nous fournissent aucun renseignement permettant de croire que le midi de la Pouille ait suivi l'exemple de Bari et des autres villes du nord

Nous avons vu que Mélès avait pris Ascoli, or, si l'on remarque que cette place est située au débouché du défilé qui passant entre les montagnes sur lesquelles s'élèvent Bovino et Troia, conduit de Bénévent au *Tavogliere di Puglia*, on est en droit de supposer que Mélès tint à avoir en son pouvoir le passage le plus facile pour communiquer avec la principauté de Bénévent Nous sommes ainsi amenés à examiner la part prise par les principautés lombardes à la révolte de Mélès. Aucun document ne nous permet d'établir de façon positive que les princes Guaimar IV, de Salerne, Pandolf II de Capoue et Pandolf II de Bénévent aient aidé l'insurrection de leurs compatriotes soumis à Byzance. Mais l'occupation d'Ascoli par Mélès, dès les premiers jours de sa révolte, le refuge que Mélès trouvera chez les trois princes lombards, après sa défaite, sont autant d'indices que ceux-ci, sans s'allier ouvertement aux rebelles, conservèrent au moins à leur égard une neutralité très bienveillante.

Au mois de mars de l'année 1010, un nouveau catépan, envoyé de Constantinople débarqua en Italie avec des troupes de renfort Il se nommait Basile Argyros, dit le Mesardonites [1] et était accompagné de Léon Tornikios, dit Contoléon stratège du thème de Céphalonie Dès l'arrivée de Basile, les Byzantins sortirent de l'inaction où ils paraissent être restés depuis la mort de Curcuas et vinrent, en avril mettre le siège devant Bari qui était la place la plus forte occupée par les révoltés [2]. Les deux chefs de l'insurrection, Mélès et Datto, s'y étaient renfermés Il semblait que la place dût résister longtemps mais la trahison vint faciliter la tâche du catépan J'ai parlé plus haut de l'opposition qui existait dans les villes de la côte entre l'élé-

---

1 *Anon Bar* ad an 1010 Lup Protospat , ad an 1010 Skylitzes dans Cedrénus, II, 457 Cf Schlumberger, *op cit* , p 543, note 1, et Aar, *op cit* , p 134 et 311

2 *Annal Bar* , ad an 1013 (Il y a dans les *Ann Barenses* une erreur de deux années sur la date) Lup Protospat , ad an. 1010 Leo Ost , II, 37, 652

ment grec et l'élément lombard En voici un exemple Bari était
assiégée depuis deux mois, quand un certain nombre d'habitants
entamèrent secrètement des négociations avec Basile, afin de lui
remettre la place et de lui livrer Méles Ce fut certainement le
parti grec qui prépara cette trahison, son importance devait être
singulièrement accrue par deux mois de siège et de privations,
car Méles informé de ce qui se préparait, ne se sentit pas assez
fort pour prendre les devants et arrêter ceux qui le trahissaient
Avec son beau-frère Datto et quelques-uns de ses partisans, il
quitta secrètement Bari et s'enfuit à Ascoli, d'où il passa sur le
territoire de Benevent Nous savons par Léon d'Ostie que, de
cette dernière ville, Méles gagna Capoue et Salerne.

Pendant ce temps, Basile entrait à Bari et y rétablissait l'autorité de l'empereur grec Les sources ne parlent pas de représailles
exercées par les troupes byzantines Peut-être le catepan, pour
faciliter l'apaisement de l'insurrection, ne se montra-t-il pas très
sévère Nous savons seulement qu'il se saisit de la femme de
Méles et de son fils Argyros, et qu'il les envoya à Constantinople [1]

Il semble que le catepan ait éprouvé quelques inquiétudes au
sujet de l'appui que Méles cherchait à se faire donner par les
princes lombards Nous voyons, en effet, qu'en octobre de cette
même année il se rendit à Salerne [2] Ce voyage ne nous est connu
que par un acte et nous n'avons aucun détail à ce sujet. Il est
probable que le catépan voulut en imposer aux princes lombards
et les empêcher de prêter assistance aux rebelles

Pendant qu'il était à Salerne, Basile Mésardonites confirma les
privilèges du Mont-Cassin, pour tous les biens de l'abbaye, sis en
territoire grec Nous savons, par Léon d'Ostie, que Datto après sa
fuite avait trouvé un refuge sur les terres du Mont-Cassin, le chroniqueur ajoute qu'il n'y resta que peu de temps [3] Il me paraît très
probable que la venue de Basile à Salerne ne dut pas être étrangère à son départ. L'abbé du Mont-Cassin, en apprenant l'arrivée

1 Leo Ost , II, 37, 652
2 Trinchera, op cit , 14
3 Leo Ost , loc cit Sur la soumission de Salerne à Byzance, cf la
souscription d'un évangéliaire de la bibliothèque impériale de Saint-Petersbourg Muralt, op. cit , p 594 ad an 1020

de Basile, dut craindre quelques represailles Il invita, probablement alors, Datto à s'en aller et envoya quelques moines saluer
le catépan à Salerne, et lui presenter des excuses pour l'asile offert
au fugitif Le Mont-Cassin était alors un centre politique très
important, son influence dans les affaires d'Italie et en particulier
dans les affaires de l'Italie méridionale était considérable, aussi le
catépan ne voulant pas s'aliéner les moines, qui jusques-là avaient
toujours été en très bons termes avec les empereurs grecs, ne
leur garda pas rigueur et leur confirma leurs privilèges pour les
domaines que l'abbaye possedait en Pouille

Expulse des terres du Mont-Cassin, Datto se réfugia dans l'état
pontifical où, quelque temps après, le pape Benoît VIII
(consacré le 22 juin 1012), partisan de l'empereur Henri II et
ennemi des Grecs, lui donna asile dans une tour qu'il possedait
sur les bords du Garighano [1]

L'influence byzantine se fit donc suffisamment sentir dans les
principautés lombardes pour empêcher Mélès d'y trouver une
assistance reelle, mais elle ne put obtenir son expulsion Nous
savons, en effet, que Meles resta sur le territoire des principautes
de Bénévent et de Capoue, cherchant à reconstituer son parti,
et ceci nous montre combien les princes lombards etaient peu
soumis à Byzance [2].

Les chroniques sont muettes pour les années qui suivirent la
premiere révolte de la Pouille Nous ne pouvons rien savoir des
intrigues dont l'Italie meridionale fut alors le théâtre

Il me paraît pourtant très probable que l'on doit placer dans
cette periode, un voyage de Mélès en Allemagne, pour demander
son aide à l'empereur Leon d'Ostie, en parlant de la descente
d'Henri II en Italie, en 1020, dit que Meles etait venu deux fois
auprès de l'empereur, pour lui demander assistance [3] On ne
peut placer ce voyage de Méles après 1017, car alors il resta
en Italie jusqu'à la défaite définitive de son parti, et n'alla en
Allemagne que pour y mourir, il faut donc placer ce voyage

1 Cf Thietmar, *Chron*, VI, 61 et VII, 1 Raoul Glaber, III, 1, 3 Sur le
rôle de Benoît VIII, cf Gay, *op cit*, p 407 et suiv
2 Leo Ost, II, 37, p 652-653 Les Normands rencontrent Meles au Monte
Gargano, en territoire byzantin
3 Leo Ost, II, 39, 654

entre 1011 et 1016. C'est très probablement alors que Meles fut
reconnu par l'empereur comme duc d'Apulie [1] Il n'obtint toutefois aucune aide de Henri II

Dans le courant de l'année 1016 nous retrouvons Meles au Monte
Gargano La rencontre qu'il fit alors d'une bande de pelerins
normands devait avoir une importance considérable non seulement pour son parti, mais encore pour l'histoire de l'Italie
Guillaume de Pouille [2] nous raconte que, tandis qu'ils se rendaient
en pelerinage au célèbre sanctuaire de saint Michel sur le Monte
Gargano, des chevaliers normands rencontrèrent Méles. Celui-ci
leur exposa son histoire et leur dit qu'avec l'aide de quelques-
uns d'entre eux, il lui serait bien facile de chasser les Grecs de sa
patrie Suivant le poete, les pelerins normands auraient alors
promis au chef lombard d'encourager leurs compatriotes à se
rendre auprès de lui

Il faut rapprocher de ce recit de Guillaume de Pouille un passage de la chronique d'Aime, moine au Mont-Cassin D'après ce
dernier, vers l'an mil, quarante vaillants pelerins normands,
revenant de Terre-Sainte, debarquerent à Salerne Ils trouvèrent
cette place assiégée par les Sarrasins mécontents de ce que
le prince de Salerne leur eût refusé le tribut ordinaire. Les
pelerins combattirent les Musulmans et les obligerent à se
retirer A la suite de cet exploit, le prince de Salerne fit grande
fête aux vainqueurs, et les pria de rester à son service Suivant
le chroniqueur, les Normands auraient refusé les présents qui
leur etaient offerts, en disant qu'ils avaient agi pour l'amour
de Dieu, et se seraient excusés de ne pouvoir demeurer au service de Guaimar [3]

1 *Not sepul Babenq*, M G H SS, XVII, 640 Adalbert, *Vita Henrici II*,
M G H SS IV 803
2 G Ap, I, 1-3) Gay, op cit, p 406 croit qu'il est impossible de placer
dans la même année 1016 le siege de Salerne, le retour en Normandie des
Normands accompagnés des ambassadeurs de Guaimar, l'emigration des
premiers aventuriers normands, leur sejour à Rome et leur entente avec
Méles Il faut remarquer que Lupus commençant l'année en septembre, et l'attaque de la Pouille ayant eu lieu au printemps 1017, ces evenements peuvent
se placer de septembre 1015 au printemps 1017, il me semble que ce laps
de temps est amplement suffisant
3 *Ystoire de li Normant*, ed Delarc (Rouen, 1892), in-8°, l 1, 17 p 18-19

Le témoignage d'Aimé ne doit être accepté qu'avec réserve Tout d'abord la date assignée à la venue des Normands, a Salerne, est certainement fausse Les *Annales Beneventani* [1], et la chronique de Lupus [2], qui sont toutes deux dérivées d'annales plus anciennes aujourd'hui perdues, mentionnent un siege de Salerne par les Musulmans, seulement à l'année 1016 La chronique de Thietmar [3] place à la même époque d'autres attaques des Musulmans, sur les côtes d'Italie, alors qu'il semble que, pendant les années précédentes, il y ait eu une interruption dans les invasions des Sarrasins On ne saurait invoquer Léon d'Ostie [4], dont la chronique donne, comme celle d'Aimé, la date de l'an mil, car on a montré que la première redaction de cet auteur plaçait, vers 1016, le siege de Salerne [5] Léon a donné la date de l'an mil seulement quand il a corrigé et complété la première redaction de son ouvrage, à l'aide de la chronique d'Aimé Nous verrons plus loin que le prince de Salerne fit partir avec les Normands un envoyé pour recruter des troupes Il faudrait donc admettre que celui-ci a mis seize ans pour accomplir sa mission, puisqu'il est certain que les Normands ne sont pas arrives en Italie avant 1017 Cette hypothèse est insoutenable On est donc en droit de placer à la fin de 1015 ou au début de 1016, le siege de Salerne et l'arrivée dans cette ville des pelerins normands [6]

On doit faire également des reserves sur le reste du récit d'Aimé Ainsi il est bien évident que les pelerins normands n'ont pas mis en fuite, à eux seuls, une armée musulmane assez forte pour avoir inquiete une ville aussi importante que Salerne Les soldats de Guaimar ont certainement pris part à la bataille, et Aimé a oublié de les mentionner Il y a chez le chroniqueur du

1 M G H SS, t III, 177
2 M G H SS t V, 57
3 M G H SS, t III, 851
4 Leo Ost, II, 37, p 651
5 Delarc, *Histoire des Normands*, p 42 Cf Wattenbach *Prolegomena*, M G H SS, t VII, p 555 Bresslau, *op cit*, pp 322-325 Il n y a pas tenu compte des Annales du Mont-Cassin M G H SS, t XIX, p 305, qui, en plaçant le siege de Salerne en l'an mil, sont l'echo de la tradition cassinienne. Cf Delarc, *Ystoire de li Normant*, pp. 21-22, note
6 Cf p 48, note 2

Mont-Cassin une tendance très marquée à l'apologie ; il cherche à faire des Normands des héros, prédestinés par leurs vertus à la grande fortune qui les attendait

La suite du récit d'Aimé est plus exacte, mais je crois qu'il faut l'interpréter autrement qu'on ne le fait d'ordinaire Aimé s'exprime ainsi « Et manderent lor messages avec ces victoriouz Normans, etc [1] » On a traduit ce passage en disant que « les Salernitains remirent des messages aux Normands victorieux [2] » A mon avis, c'est là un contresens Il faut entendre que les Salernitains envoyerent avec les Normands des messagers chargés de recruter des troupes en Normandie Ce sens est indiscutable, si nous rapprochons la phrase ci-dessus d'un autre passage, où Aimé parlant de l'arrivée des Normands en 1017 dit qu'ils « vindrent avec lo message del prince de Salerne [3] »

L'interprétation proposée me paraît mieux convenir pour expliquer les faits Il serait assez invraisemblable que de simples récits de pèlerins aient suffi à amener le départ pour la Pouille des premiers Normands tandis que la présence d'un envoyé de Guaimar, chargé de recruter une bande de soldats, rend la chose très naturelle Si d'autre part on admet l'identification des pèlerins de Salerne avec les pèlerins rencontrés par Meles au Monte Gargano identification qui s'impose presque, on est amené à penser que la rencontre de Meles et des Normands n'a peut-être pas été fortuite et qu'elle a été ménagée par le prince de Salerne ou ses envoyés Je suis d'autant plus porté à admettre cette hypothèse, que nous savons qu'à leur arrivée en Italie, les Normands se separerent en deux bandes ; les uns allèrent à Salerne, les autres suivirent Meles [4] Ceci tendrait à prouver que le

1 Aimé, I, 19, Cf Leo Ost , II, 37, 651
2 Delarc Histoire des Normands, p 40 Heinemann, op cit , p 33-34 De Blasiis, op cit , t I, 70, a traduit correctement Schipa, Il principato longobardo di Salerno dans Arch st nap t XII, p 257, a également bien interprété ce passage, mais en maintenant la venue des Normands à Salerne, à l'an 1000, p 246, note 1, il n'a pas vu que l'ambassade envoyée par Guaimar serait restée 16 ans absente, puisque nous savons qu'elle revint avec les Normands, en 1016, Aimé, I, 20 On ne saurait admettre cette hypothèse
3 Aimé I, 20 Delarc, op cit , p 46-47, note 2, a fait à ce passage des objections sans valeur
4 Cela résulte d'Aimé, I, 21, et I, 22 Dans le premier paragraphe cité, il parle des Normands, qui suivent tout d'abord Meles en Pouille, et, dans le

recrutement fut fait à la fois pour le compte de Melès et pour celui de Guaimar D'autre part, nous verrons Méles attendre impatiemment a Capoue l'arrivée des Normands [1], or il n'aurait pu sérieusement compter sur la venue d'auxiliaires normands, s'il n'avait fait qu'entrevoir les pelerins du Gargano, et s'il n'avait pas eu des raisons plus sûres de compter sur la venue de troupes de secours

Je crois donc que Guaimar vit dans les Normands le moyen d'aider les projets de Mélès, sans avoir à se compromettre vis-à-vis des Byzantins et qu'il lui fournit indirectement les secours nécessaires pour reprendre la lutte

Les envoyes lombards réussirent facilement a lever en Normandie un corps de troupes assez important Les très nombreuses sources occidentales, qui parlent du départ des premiers Normands pour l'Italie, ont donné chacune une version différente des motifs qui amenerent cette émigration Toutes ces sources sont tres postérieures aux événements, aucune n'a donné la veritable raison, mais la plupart ont cherché a dire quels étaient les motifs qui avaient determiné tel ou tel Normand a partir On peut pourtant dégager de toutes ces légendes une part de vérite Au xie siecle la Normandie tut par excellence le pays des chercheurs d'aventure On peut expliquer les émigrations fréquentes, que nous constatons, par l'existence d'une population trop nombreuse pour le pays, et l'on doit appliquer a toute la Normandie, ce que Malaterra dit de la famille de Tancrede de Hauteville «*Sed cum viderent, vicinis senibus deficientibus, heredes eorum pro hereditate inter se altercari, et sortem, quæ uni cesserat, inter plures divisam singulis minus sufficere ne simile quid sibi in posterum evenιret, consilium inter se habere cœperunt ; sicque communi consilio prima aetas, præ cœteris adhuc minoribus magis roborata primo patria digressi, per diversa loca militariter lucrum quaerentes, tandem apud Apuliam pervenerunt [2]* » Il faut joindre à

---

second, il dit que, quand les Normands, qui étaient à Salerne apprirent les victoires des premiers, ils partirent aussi pour la Pouille

[1] Leo Ost , II, 37, 652-653 Cf G Ap I, v 44-47 Aime I 20

[2] Malaterra, I, 5

ces motifs les querelles violentes, les luttes continuelles qui
obligeaient certains Normands a s'exiler et a courir le monde en
quête d'aventures, lorsqu'ils avaient, pour quelque crime, à
redouter la colere de leur seigneur Ce fut, semble-t-il, dans cette
dernière catégorie, que se recrutèrent les Normands levés par
l'emissaire du prince de Salerne Il paraît certain que le chef
de la troupe ainsi formée fut un chevalier, ayant encouru la
colère du duc Richard pour avoir tué un seigneur qui prétendait avoir été l'amant de sa fille Les sources ne sont pas d'accord sur son nom les unes l'appellent Osmond Drengot [1], les
autres Gilbert Buatere [2] Ce dernier nom se retrouvant plus
souvent dans les sources italiennes, c'est lui que nous emploie-
rons pour désigner le chef des premiers Normands

Suivant Aimé Gilbert serait parti avec ses quatre frères
Rainolf, Asclettin, Osmond et Rodolphe [3] Nous n'avons aucune
indication precise sur l'importance de la troupe que commandait
Gilbert Accompagnés de l'envoyé de Salerne, les Normands
gagnèrent l'Italie La plupart des sources s'accordent pour les
faire passer par Rome [4] Raoul Glaber pretend même que le chef
des Normands, qu'il appelle Rodolphe, aurait eu une entrevue
avec Benoît VIII, ce dernier lui aurait conseillé d'attaquer les
Grecs Quoique Raoul Glaber ait, pour cette partie de sa chronique,
commis beaucoup d'erreurs on trouve pourtant chez lui quelques
renseignements exacts sur les evenements d'Italie Je serais
enclin à admettre que le pape Benoît VIII n'est pas resté étranger
aux intrigues des princes lombards que nous avons rapportees

1 Orderic Vital, l. III, 3, t II, p 53 Guillaume de Jumieges, *Hist.
Norm* l VII, c 30

2 Leo Ost, II, 37 Aime, I, 20, 21 et suiv Adhémar de Chabanne,
Historiæ, III 55

3 Aimé, *loc cit* Pour Rodolphe, j'ai pris la forme donnée par Leo Ost,
II, 37, 651, au lieu de la forme Lodolfe qui est dans Aime Delarc, *op
cit*, p 14, a fait erreur, en prenant dans Léon d'Ostie d'autres noms de
Normands Je crois avec Bresslau, *op cit*, t III, pp 324-325, que les noms
donnes par Leon sont des deformations des noms fournis par Aime Tous
deux sont d'accord pour Gislebertus et Rodulfus Todinensis (Toeni, Eure,
ar de Louviers) On retrouve Osmond dans Gosmannus, tandis que
Stogand et Rufin doivent correspondre a Asclettin et Rainolf

4. Aime, I, 20 24. G Ap, I, v 14 Raoul Glaber, III, I, p 53.

plus haut Son entrevue avec Rodolphe confirmerait cette opinion
Le pape ne devait pas être satisfait des progrès accomplis par
les Byzantins, depuis la défaite d'Othon, à Stilo A ce moment,
les rapports de la papauté avec l'Empire d'Orient devaient être
assez tendus, c'est, en effet, l'époque ou le patriarche Polyeucte
fait rayer le nom du pape des diptyques [1]. Rappelons enfin
l'asile offert a Datto Tout cela constitue un ensemble d'indices,
qui rend tres probable l'appui prêté par Benoît VIII aux projets
antibyzantins de Mélès

De Rome, les Normands gagnèrent Capoue, ou Meles les attendait [2] Une partie d'entre eux continua sur Salerne [3], tandis que
les autres concluaient avec Melès un traite, sur lequel nous
n'avons que les renseignements vagues donnés par Leon d'Ostie [4].
Ce chroniqueur nous raconte que Mélès conclut un accord *de
more militiæ* Sans doute il dut promettre aux Normands de
leur conceder les terres a conquerir sur les Byzantins Peut-être
devons-nous admettre le renseignement fourni par Orderic Vital
D'apres ce dernier, le prince de Bénévent Landolf, qui, en
1014, avait succédé à Pandolf II, aurait concédé au chef de la
troupe un *oppidum* [5] A ce contingent normand Melès joignit
des soldats qu'il fit venir de Salerne et de Benévent Comme lui-
même résidait à ce moment auprès de Pandolf III, prince de
Capoue, qui, en 1016, avait succedé a Pandolf II, [6] on voit encore
apparaître ici l'entente entre Mélès et les trois princes
lombards, entente dont j'ai cherche plus haut a montrer
l'existence

1 Gfrorer, *op cit*, t III, p 105 Cf Brehier, *op cit.*, p 5, qui combat
cette opinion, mais ne s'appuie sur aucun texte.

2 Aime, I, 20, 24

3 Cela resulte d'Aime, I, 22, 29

4. Leo Ost , II, 37, 653

5 Ord Vit I III, 3, t II, p 53 Les raisons opposees par Delarc, *op cit* ,
p 45, note, ne sont pas concluantes Une concession personnelle a pu être
faite au chef des Normands , les autres n'auraient d'abord possedé aucune
terre Ce renseignement d'Orderic ne me parait pas être en contradiction
avec les sources italiennes, qui nous representent les Normands errants,
puisqu'un seul d'entre eux aurait acquis un établissement

6 Cf Pflugk Harttung, *Iter italicum*, p 713.

Au printemps de l'année 1017 [1], Mélès ayant terminé ses préparatifs attaqua le territoire de l'Apulie Les passages qui
de Bénévent debouchent en Pouille, entre Troia et Bovino,
devaient être aux mains des Grecs, car nous voyons que Melès
se dirigea vers le nord-est, et suivit la vallée du Fortore pour
envahir, par le nord, les plaines d'Apulie. L'Italie byzantine était
alors commandée par le catépan Tornikios Kontoleon [2], qui était
arrivé au mois de mai de cette année Il avait succédé à
Basile Mesardonités, mort en 1016 (n s) [3] Les premières
troupes grecques qu'il envoya contre les envahisseurs étaient
sous le commandement de Léon Passianos, elles rencontrèrent
Melès et ses partisans à Arenula, sur les bords du Fortore Au
dire de Guillaume de Pouille, cette première bataille fut indé-
cise, mais comme nous voyons que Mélès put continuer à avancer nous pouvons en conclure que la verite se trouve chez
Léon d'Ostie, qui enregistre une victoire à l'actif de Melès [4]
Après cette première défaite, le catepan vint lui-même prendre
le commandement des troupes byzantines La deuxieme rencontre
eut lieu près de Civita [5] Leon Passianos fut tué, et l'armée
grecque de nouveau mise en déroute (22 juin) [6]

1 Lup Protospat , ad an Toute la chronologie de Delarc, op cit , p 55,
pour cette partie, contient de nombreuses erreurs, provenant de ce qu il n'a
pas tenu compte de ce que Lupus commence l'annee en septembre

2 Bresslau, op cit , t III, p 325-327 Delarc, op cit , p 54, note 1,
dit a tort que la plupart des sources ont défiguré le nom du catepan en
l appelant Tornicius, alors que son veritable nom etait Audronic, qui est la
forme fournie par l anonyme de Bari Un acte qui nous est conservé enlève
tout doute à cet egard Tornikios est la veritable forme Cf Trinchera,
op cit , p 19

3 Lup Protospat , ad an 1017

4 Aime, I 21, p 23 et suiv G Ap, I, 52, p 242 Leo Ost , II, 37,
633 Lup Prostopat , ad an 1017 Cf Bresslau, op cit , t III, p 327, qui
a etudie avec beaucoup de critique toute cette campagne

5 Ville disparue Le nom est resté au gue de Passo de Civita Cf
Lenormant, A travers l Apulie et la Lucanie, t I, p 8

6 Aime, loc cit G Ap, I, 74 et suiv , p 243 Leo Ost , loc cit
Lupus Protospatarius et l Anonyme de Bari, ad an 1017, enre-
gistrent une defaite de Meles Ces deux passages ont donné lieu à de
nombreuses interprétations Cf Heinenann, op cit , p 344 Je ne
saurais admettre avec Bresslau, op cit t III, p 326, l'identification de la
bataille, livrée aux Grecs, avec celle mentionnee par les Annales de

Profitant de leur succès, les troupes de Méles descendirent plus
au sud, une troisième rencontre avec les troupes byzantines eut
lieu près de la ville actuelle de Troia, à Vaccaricia, et se termina
par une nouvelle défaite des Grecs [1] La conséquence de ces
trois victoires successives fut de donner à Méles toute la partie
de la Pouille qui s'étend du Fortore jusqu'à Trani Villes et
châteaux se donnèrent à lui, et les Byzantins ne gardèrent
aucune possession dans cette région [2]

À la suite de ses insuccès multiples, le catépan Tornicios fut
rappelé avant le mois de septembre de l'année 1017 son successeur, Basile Bojoannès, arriva dans le courant de décembre [3] A
peine débarqué, Bojoannes s'occupa de lever une armée [4], en
même temps, il eut à réprimer une série de révoltes locales Un
passage de la chronique de Lupus Protospatarius, où cet auteur
mentionne la révolte de Trani dans les premiers mois de l'année
1018 [5], permet de supposer que les victoires de Mélès durent
amener le soulèvement d'une grande partie des villes de Pouille

---

Bari, a l'année 1011 L'opinion de B est basée sur l'identification de Melès
et d'Ismael et sur celle de Passianos tué en 1011 avec Léon Passianos tué en
1017 Or, ces deux identifications me paraissent arbitraires Méles n'est
jamais appelé Ismael dans les chroniques de l'Italie du sud, et, d'autre part,
il a très bien pu y avoir deux fonctionnaires grecs s'appelant Passianos, de
même que nous trouvons plusieurs Basile parmi les catépans Je ne crois
pas non plus que l'on doive admettre que la deuxième bataille ait été une
défaite H, *loc cit*, a présenté des observations intéressantes sur la
façon dont il faut interpréter les passages de Lupus J'ajouterai les observations suivantes Si Melès avait subi une défaite telle qu'il ait été obligé
de reculer au nord de Troia (le lieu de la troisième bataille n'est pas
douteux il est mentionné dans un acte, Trinchera, *op cit*, 19), il est
certain que sa cause eût été ruinée, puisque, à la première défaite
sérieuse qu'il subit, nous le voyons obligé d'abandonner la lutte Or,
en 1018, sa situation est beaucoup plus forte qu'en juin 1017, et pourtant
il est obligé de s'enfuir après un seul insuccès

1 Aimé, I, 22 Leo Ost, II, 36 Trinchera, *op cit*, p 19

2 Leo Ost, *loc cit*

3 Lup Protospat, ad an 1017, et ad an 1018 Sur le sens de la phrase de
Lupus, *Condoleo descendit in ipso anno*, et Heinmann, *op. cit* pp 344-345

4 Aimé, I, 22 28 Il semble que Bojoannes avait avec lui des mercenaires russes et danois Cf Wasilewski *La droujina væringo russe et væringo anglaise* dans *Journal du ministère de l'Instruction publique russe*,
t CLXXVI, (1874), p 129

5. Lup Protospat, ad an 1018 *Anon Bar*, ad an

encore occupées par les Byzantins, et que le catépan, avant de se
porter au-devant de Mélès, eut à réprimer ces insurrections
locales A Trani la lutte fut particulièrement sanglante, les Grecs
commandés par le topotérètes Ligorius, furent vainqueurs ,
Romuald, le chef des rebelles, fut envoyé à Constantinople
En même temps, Bojoannes tâchait de s'assurer un appui
parmi les Lombards, c'est dans ce sens qu'il faut interpréter le
privilège accordé, en février 1018, à l'abbé du Mont-Cassin,
Atenof, frère du prince de Capoue Il est curieux de voir que
cet acte, délivré à la célèbre abbaye, a été donné sur l'ordre
exprès de l'empereur grec [1]

Pendant ce temps, Mélès s'occupait de s'assurer des troupes de
renfort pour continuer la guerre A la suite des premiers succès
remportés par les rebelles, le prince de Salerne paraît s'être un
peu enhardi et avoir envoyé à Mélès des secours Aimé raconte que
les Normands, qui étaient entrés au service du prince de Salerne,
vinrent rejoindre Mélès en Pouille [2] En outre, Raoul Glaber [3]
mentionne, après les premières victoires des Normands et avant
la défaite de Cannes, une nouvelle immigration normande comprenant des femmes et des enfants Durant cette période de plus
d'une année, il y eut peut-être quelques combats sans grande
importance entre Grecs et Normands C'est du moins ce que tendrait à faire croire Aimé, pour qui la bataille de Cannes est la
sixième bataille livrée par les Normands [4] Mais les renseignements fournis par Aimé sur toute cette partie de l'histoire des
Normands sont si vagues, que l'on ne saurait attacher beaucoup
d'importance à ses dires

Au mois d'octobre de l'année 1018 [5], le catépan vint offrir le

1 Trinchera, op cit , 19
2 Aimé, I, 22 Aimé place cet événement avant la bataille de Vaccaricia,
mais il a interverti l'ordre des combats , ce qu'il dit du sixième s'applique
évidemment à la bataille de Cannes et doit être placé après la bataille
de Vaccaricia
3 R Glaber, l III, I, p. 53
4 Loc cit
5 Lup Protospat , ad an 1019 Si l'on place, comme Delarc, op cit., p. 56,
la bataille de Cannes en octobre 1019, il est impossible d'expliquer comment le catépan a pu fonder Troia en juin 1019, dans une région occupée

combat à Meles dans la plaine de Cannes sur la rive droite de l'Ofanto. La bataille se termina par la complète défaite de Mélès dont les troupes subirent des pertes considérables.[1] Cette seule victoire suffit à rétablir l'influence grecque et à faire perdre aux rebelles le fruit de leurs précédentes conquêtes. Bojoannès redevint pour l'empereur grec maître de tout le pays.

La bataille de Cannes ruina toutes les espérances que ses précédents succès avaient permis à Mélès de concevoir. Il se retira avec les Normands qui lui restèrent fidèles sur le territoire du prince de Bénévent. Là il se rendit compte, qu'après sa défaite, il n'avait plus à compter sur l'appui des princes lombards, dont aucun ne se souciait d'entrer ouvertement en lutte avec les Byzantins. Meles se décida donc à renvoyer à Guaimar et à Pandolf les contingents que ceux-ci lui avaient fournis.[2] Lui-même prit le parti d'aller trouver l'empereur Henri II pour lui demander d'intervenir dans l'Italie méridionale.[3] Meles fut accompagné par un des Normands, par Rodolphe.[4] Peut-être, le chef lombard passa-t-il par Rome et gagna-t-il l'Allemagne seulement en 1020, après s'être entendu avec le pape Benoît VIII.[5] Il y a certainement à ce moment une corrélation évidente entre la politique du pape et celle de Mélès, mais nous ne pouvons préciser davantage, en l'absence de tout document.

Le beau-frère de Meles, Datto, retourna dans la tour des bords du Garigliano que le pape lui avait donnée. Quant aux Normands,

---

par les rebelles. La construction de Troia est au contraire la conséquence de la victoire des Grecs. Une fois Mélès et ses partisans chassés, Bojoannès s'est occupé de fortifier la frontière. L'erreur de Delarc vient de ce que Lupus Protospatarius, commençant l'année en septembre, chez lui le mois de septembre 1019 = septembre 1018.

1 G Ap., I, v 91-95, p. 213. Aimé, I, 22. Leo Ost., II 36, 653. Lup. Protospat., ad an. Ann. Bar., ad an. 1021. Anon. Bar., ad an. 1019, ind. II. On ne saurait accepter les chiffres des morts fourni par Aimé, il dit qu'il ne survécut que dix Normands, alors que tout de suite après la bataille nous voyons que les survivants sont beaucoup plus nombreux.

2 Leo Ost., II, 36, 653.

3 Leo Ost., loc. cit. Lupus Protospat., ad an. Anon. Bar., ad an. 1019. 1019 G Ap., I, v 95-104.

4 R Glaber, III, 1, p 54.

5. Leo Ost., II, 37, 653.

ils se divisèrent Les uns rentrèrent au service de Guaimar de
Salerne, les autres à celui de Pandolf de Bénévent [1] Quelques-
uns furent engagés par les comtes d'Ariano [2] et le reste fut pris
par Aténolf, abbé du Mont-Cassin [3], qui s'en servit pour preser-
ver les terres de l'abbaye des attaques de ses voisins Ce contingent prit très probablement part aux expéditions, que nous
voyons diriger, vers cette époque, par l'abbé Aténolf contre les
comtes de Venafro et les comtes de Teano [4]

Au point de vue byzantin, la victoire de Bojoannès fut également grosse de conséquences Tout d'abord le prestige des Grecs,
fortement ébranlé par les précédentes victoires de Méles, se
trouva rétabli. Les princes lombards avaient tous à se faire pardonner, sinon leur révolte, au moins l'appui qu'ils avaient prêté
aux rebelles Nous sommes mal renseignés sur ce que firent les
princes de Bénévent et de Salerne [5] Il n'en est pas de même pour
Capoue. Pandolf III se tourna complètement vers Byzance, et, en
signe de soumission, il envoya à l'empereur les clefs de sa capitale
Il est probable que son frère Aténolf, abbé du Mont-Cassin, que
nous avons vu dès le début de cette année en bons rapports avec
Basile, lui inspira sa conduite A partir de ce moment, la politique de la principauté de Capoue est nettement orientée vers
Byzance Le catépan accepta la soumission de Pandolf III, mais
il voulut aussitôt tirer de cette alliance des avantages plus
immédiats En échange d'une forte somme d'argent, il obtint
l'autorisation de traverser les états de Pandolf, et aidé par celui-ci,

1 Leo Ost , II, 37 63 Ap I, v.105
2 Trinchera op cit , p 18 Gay, op cit , pp 415-416, combat l'identification des Φράγγοι de la charte de Bojoannès avec les Normands , pourtant
un passage du diplôme de 1024 paraît confirmer cette identification « Populus iste, cui vos datis hos fines, fortis et durus est, etc » Trinchera, op cit ,
p 21 A supposer même que ce second diplome ne soit pas authentique,
ce qui me paraît douteux, il faudrait encore admettre qu'on a ici l'écho d'une
tradition Dans tous les cas, ce second diplôme, s'il a été fabriqué, a dû l'être
avant la chute de la domination byzantine dans l'Italie méridionale, par
conséquent, à une époque trop peu éloignée de la fondation de Troia, pour
que l'on ait pu faire erreur sur la nationalité des premiers habitants
3 Leo Ost , II, 38
4 Ibid
5 Cf pour Salerne, Muralt, op cit , p 594

et probablement par l'abbé du Mont-Cassin, il alla assiéger la tour où était enfermé Datto Ce dernier fut pris et ramené a Bari, on le promena sur un âne à travers les rues de la ville, et on le jeta a la mer, apres l'avoir cousu dans un sac (15 juin 1021) [1]

D'autres mesures de rigueur furent prises par Bojoannès Nous avons du mois de juin de l'année 1021, un acte par lequel il donne a l'abbaye du Mont-Cassin sans doute pour récompenser Aténolf de son rôle dans la prise de Datto, les biens d'un rebelle de Trani [2]. Il est certain que cette confiscation ne fut pas un fait isole et que beaucoup de rebelles furent victimes de condamnations analogues

Bojoannès prit en même temps toute une série de mesures destinées a assurer la securité de la frontiere grecque Nous savons, par Léon d'Ostie, que le catépan établit, au nord de la Pouille, toute une ligne de places fortes Dragonara, Firenzola aussi appelé Fiorentino, et Civitate défendirent l'entrée du territoire byzantin [3] Du côté de l'ouest, Bojoannes fit construire la ville de Troia pour commander les defilés par ou passe la route actuelle de Bénevent a Foggia. En l'année 1019, nous voyons le catepan accorder a la nouvelle ville des privilèges [4] Placée dans une situation exceptionnellement forte, au sommet d'une colline d où elle dominait toute la plaine, la nouvelle place reçut comme habitants les Normands, que nous avons vus plus haut entrer au service des comtes d'Ariano. Bojoannes ne crut pouvoir trouver, pour defendre les possessions grecques, de meilleurs soldats que ceux dont l'empire avait appris à ses depens a connaître la valeur A la suite de ces diverses mesures, on put exercer, a la frontière byzantine, une surveillance efficace Nous savons, en effet, qu'a ce moment l'acces de l'Apulie fut interdit a tous les étrangers,

1 Leo Ost , II, 38 Lup Protospat , ad an 1021 Aimé I, 25 *Anon Bar* , ad an 1021 Je ne suis pas de l'avis de Hirsch, *Amatus von Monte Cassino und seine Geschichte der Normannen*, dans *Forschungen zur deutschen Geschichte*, t VIII, pp 247-248, sur le rôle joue par Pandolf Cf Delarc, *op cit* , p 59, note 1
2 Trinchera, *op cit* , p 20
3 Leo Ost , II, 51, 661 Cf Rom Salern , M G H SS , t XIX, p 402, ad an 1013
4 Trinchera, *op cit* , p 19

même aux pèlerins qui voulaient gagner les ports de l'Adriatique[1]

Grâce au catépan Bojoannès, la situation des possessions byzantines fut singulièrement améliorée L'empire grec eut la chance de trouver, en Basile, l'homme qui convenait à la situation Aussi, au lieu de lui donner un commandement très court comme cela avait lieu d'ordinaire pour les catepans d'Italie, qui en général ne paraissent pas être restés en fonctions plus d'une année[2], Basile II renouvela-t-il pendant près de dix ans le commandement de Bojoannes, dont l'administration resta célèbre à Byzance[3]

A peine l'administration bienfaisante de Basile Bojoannes commençait-elle à ramener la tranquillité dans l'Italie byzantine, que l'intervention de l'empereur allemand faillit compromettre tous les résultats obtenus Les victoires des Grecs avaient été un grave échec pour la politique du pape Benoît VIII Celui-ci ne devait pas voir sans inquiétude les progrès constants des Byzantins Débarrassé de la guerre contre les Bulgares, l'empire grec semblait vouloir intervenir plus activement que jamais dans les affaires de l'Italie Naples, Capoue, Salerne, reconnaissaient l'autorité du basileus, et les places, possédées au nord de la Pouille, assuraient aux troupes grecques l'accès des Abbruzes Dès la bataille de Cannes, le pape pouvait prévoir que bientôt ses propres États seraient en butte aux attaques des Byzantins Or, le pouvoir pontifical ne pouvait prétendre à combattre avec succès l'empire grec par ses propres forces Sans doute la famille des comtes de Tusculum, à laquelle appartenait Benoît VIII, était assez puissante pour maintenir la paix à Rome, mais elle ne pouvait songer à faire davantage Le pape ne voyait aucune puissance à opposer aux Byzantins, et ceux-là mêmes sur lesquels il semblait qu'il put compter, comme l'abbé du Mont-Cassin, embrassaient le parti de l'empire grec. Benoît VIII fut alors amené à demander à l'empereur Henri II l'appui qu'il ne trouvait pas en Italie

1 Adhemar, *Hist* , III, 55
2 Cf Lupus Protospat , pp 36-37
3 Skylitzes, dans Cédrenus, II, p 546

Le pape Benoît VIII avait toujours été favorable à l'empereur allemand Son élection avait été contestée, et les partisans des Crescentius lui avaient opposé Grégoire Au fond, c'était toujours la lutte entre le parti des Crescentius, représentant la tradition de l'indépendance, et le parti des comtes de Tusculum, « affectant un dévouement spécial aux intérêts germaniques » Les deux compétiteurs à la tiare s'adressèrent à l'empereur Henri II, qui reconnut Benoît VIII comme le pape légitime Le 14 février 1014, Benoît VIII avait couronné l'empereur dans la basilique de Saint Pierre de Rome Depuis lors, les relations entre le pape et l'empereur étaient toujours restées cordiales Occupé par la guerre contre Boleslav, roi de Pologne, et par la révolte de la Bourgogne, Henri II n'était guère intervenu jusque-là dans les affaires d'Italie Au moment où le pape allait lui demander son appui, la situation de l'Allemagne lui laissait toute liberté La paix avec la Pologne avait été conclue en 1018 et l'empereur, de ce côté, n'avait plus d'inquiétude

Benoît VIII partit dans les premiers mois de l'année 1020 , en avril il arriva à Bamberg où était l'empereur [1] Nous ne savons si Mélès et Rodolphe avaient fait le voyage antérieurement au pape, ou s'ils gagnèrent l'Allemagne avec lui. Benoît VIII sut montrer à l'empereur la nécessité d'une intervention directe dans les affaires italiennes ; en même temps, Mélès indiquait les ressources locales sur lesquelles l'empereur pouvait compter s'il entreprenait une expédition contre les Byzantins

Il faut noter, à ce propos, que la demande de secours adressée à Henri II s'explique très bien par la situation très indépendante que paraissent avoir eue les populations lombardes soumises à l'empereur allemand Nous savons que le droit lombard était, sinon autorisé, du moins toléré « Dans un procès soutenu devant Othon III par l'abbé de Farfa, celui-ci invoqua la loi lombarde, et il fut fait droit à sa réclamation [2]. » Le droit personnel lombard ne fut abrogé que par Conrad II [3], et encore

---

1 Cf Biesslau, *op cit* , t III, p. 159
2 Mgr Duchesne, *Les premiers temps de l'État pontifical*, p 374
3. M G H LL , t II, p 10

seulement dans le territoire romain. De plus, l'eloignement de
l'empereur assurait aux populations lombardes du duché de
Spolete une independance à peu près complète.

Le pape convainquit Henri II de l'utilité qu'il y avait, pour
l'Eglise et pour l'empire, à ce qu'il descendit en Italie [1]. Méles ne
devait pas voir cette intervention qu'il avait tant désirée, il
mourut à Bamberg [2], peu de jours après l'arrivée du pape, le
23 avril. Pendant que l'empereur réunissait l'armée qu'il devait
conduire en Italie, Benoît VIII obtint la confirmation des privilèges
de Louis le Pieux et d'Othon Ier en faveur de l'église romaine [3]

Les préparatifs de l'expédition durèrent jusque vers la fin de
1021 [4]. Au début de 1022, nous trouvons l'empereur à Ravennes [5],
qu'il quitta pour marcher contre les Grecs et leurs alliés lombards. Le plan de campagne comportait une triple expédition. L'archevêque de Cologne, Pilgrim, devait traverser le territoire pontifical et par Rome, gagner le Mont-Cassin et Capoue,
pour soumettre Aténolf et Pandolf. Un deuxième corps de
troupes, sous les ordres de Poppo, archevêque d'Aquilée, devait
operer contre les comtes des Marses et les comtes de Sangro [6]
L'empereur lui-même devait suivre la côte de l'Adriatique [7]

Nous savons que les comtes des Marses et de Sangro se soumirent à Henri sans résistance [8]. Quant à Pilgrim il fut moins
heureux, à l'annonce de son arrivée, Atenolf s'enfuit du Mont-
Cassin et réussit à gagner Otrante, ou il s'embarqua pour Constan-

1. Dans une bulle de 1024, le pape dit « *Tempore, quo, pro utilitate*
sancte romane ecclesie ac romani imperii, spiritualem filium nostrum et
dignissimum advocatum sancte sedis apostolice, Henricum imperatorem,
Bavenbergi adivimus » Heinemann, *Codex dipl. Anhaltin*, I, 83

2. Aime, I. 23, 32 G. Ap, I, v 103 *Notae sepul. Baben*, M G H SS,
XVII, 640 *Necrol. S. Petri Babenberg* Jaffé, *Bibliotheca rerum germa-*
nicarum, t. V, p. 548. En 1054, l'empereur Henri III défend de toucher au
tombeau de Melès Jaffe, *op. cit.*, t. V, p. 37

3. Cf Ficker, *Forschungen zur ital. Reichs- und Rechtsgeschichte*, II,
p. 332, et Bresslau, *op. cit.*, t. III, p. 168

4. Cf Bresslau, *op. cit.*, t. III, p. 193

5. *Ibid.*, p. 198

6. Leo Ost., II, 39 654

7. En fevrier, l'empereur est à Chieti Stumpf, *op. cit.*, t. III, n° 271

8. Leo Ost., *loc. cit*

tinople, mais il se noya durant la traversée [1] Pilgrim étant venu
assiéger Capoue, Pandolf III, craignant d'être livré par les siens
se rendit à l'archevêque de Cologne (avant mars) [2] De Capoue,
Pilgrim alla assiéger Salerne Il ne put prendre la place et dut
se contenter après un siège de quarante jours, de recevoir en
otage le fils de Guaimar [3] Naples suivit l'exemple de Capoue
et de Salerne, et reconnut Henri II [4].

Pendant ce temps, l'empereur accompagné du pape avait
gagné Bénévent, où il était le 3 mars [5] Il y resta jusqu'aux premiers jours d'avril [6] De là, dans le courant d'avril, il alla mettre
le siege devant Troia où Pilgrim vint le rejoindre. Le siège de
Troia dura près de trois mois [7] L'empereur se heurta à une résistance telle, qu'il ne put venir à bout des défenseurs de la ville
Le gens de Troia, comptant sur les secours que le catépan devait
amener, tinrent bon jusqu'à l'été Un certain nombre de chro-

1 Leo Ost , *loc cit* Il se noya le 30 mars *Necrol Cas* , dans Gattola,
Acc , t II, p 853
2 Leo Ost , II, 40 654 En mars, on rend a Capoue la justice au nom
de l'empereur *Reg neapol archiv monumenta*, t IV, p 161
3 Aime, I, 24 Cf Bresslau, *op cit* , t III, p 200
4 *Ann Sangall* , ad an 1022. M G H SS t I, 82 *Reg neapol arch
mon* , t IV, p 270
5 *Ann Benev* , ad an 1022 Avant de venir a Bénévent, Henri II s'était
avancé jusqu'à Teano. Stumpf, *op cit* , t II, n° 1780 et n° 1781
6 Stumpf, *op cit* , t II, n° 1783
7 Leo Ost , *loc cit* Je ne puis accepter la chronologie de Bresslau, *op cit* ,
t III, p 200, note 5 On a de Henri II un acte en faveur de l'archevêque de
Salerne, donné, devant Troia, le 30 juin Cet acte, conservé aux archives
de la mense archiepiscopale de Salerne, Arca 1, n° 9, a été édité par Muratori, *Antiq It* , I, 193, avec la date fausse du 31 mai, *pridie kal Junii*, et correctement par Paesano, *Memorie per servire alla storia della chiesa Saler ni-
tana*, t I, p 96 Cf Stumpf, *op cit* , t II, n° 1785 Le renseignement fourni par
Léon d'Ostie, II, 42, sur la présence d'Henri II au Mont-Cassin, le 29 juin, est
donc inexact D'ailleurs, la mention de la présence d'Henri II au Mont-Cassin ne
se trouve que dans une rédaction postérieure de l'ouvrage de Léon Les
Annales Sangall , ad an 1022, portent que Troia fut assiégée trois mois
Les *Annales Herem* M G H SS , t III, ad an 1022, font durer le siege treize
semaines Romuald de Salerne, M G H SS, t XIX p 398, quatre mois
Henri commença le siège en avril, et ne quitta pas Troia avant le 30 juin
On ne saurait donc admettre qu'il ait levé le siège à la fin de juin, comme
le croit Heinemann, *op cit* , p 45 Henri dut partir les premiers jours de
juillet, car, le 14, il est à Poggibonsi Stumpf, *op cit* , t III, n° 273

niques occidentales rapportent que la ville aurait été réduite a la
dernière extrémité, et que les habitants seraient venus en sup-
pliants demander miséricorde a l'empereur Raoul Glaber[1] a
même laissé un récit fort emouvant de cette scène Les gens
de Troia ne pouvant plus supporter les horreurs du siege,
auraient formé un long cortège, en tête, un pauvre ermite portait
la croix, puis venaient les enfants et toute la population de la
ville. Deux jours de suite cette triste procession se serait rendue
au camp impérial en chantant le *Kyrie eleison* L'empereur aurait fini
par se laisser toucher et, se contentant d'otages, serait parti sans
entrer dans la ville Le récit de Raoul Glaber presente un certain
nombre d'impossibilités et, en outre, est en contradiction avec
ce que nous savons par des sources beaucoup plus serieuses
Comment admettre que Henri II se soit contenté d'otages et n'ait
pas occupe une ville réduite a la dernière extrémité, alors que la
possession de cette ville était precisément le but de la campagne
qu'il venait d'entreprendre? Nous savons par ailleurs, que le
catepan Bojoannes récompensa par la concession de nouveaux
privilèges, les habitants de Troia de la fidelité dont ils firent
preuve alors envers l'empereur grec et dans la traduction du
diplôme qui nous est parvenue, je relève la phrase suivante [2]
« *Quando rex francorum cum toto exercitu suo venit et obsedit
civitatem illorum, et ipsi fidelissimi ita obstiterunt regi, quod rex
nihil eis nocere valuit, bene civitatem eorum defendentes sicut
servi sanctissimi domini imperatoris, et licet omnes res suas de
foris perdiderunt, propter hoc, servitium domini imperatoris non
dimiserunt nec ab ejus fidelitate discesserunt* » Comment d'ailleurs, si Troia avait ete prise, les sources de l'Italie meridionale n'auraient-elles pas fait mention de cet evénement, qui certainement aurait eu un grand retentissement? Lupus Protospatharius [3] et les *Annales Casinenses* se bornent à mentionner le
siege [4] L'Anonyme de Bari et les *Annales Barenses* n'en parlent
pas La prise de Troia n'est rapportée que dans Raoul Glaber ou

1 R Glaber III, 4, pp 54-55
2 Trinchera, *op cit*, p 21 Cf *supra*, p 58, note 2
3 Lupus Protospat, ad an 1022 Cf *Ann Benev*, ad an 1022
4 M G H SS, t XIX, p 306, ad an.

dans les chroniques nettement favorables a Henri II, comme
Hermann de Reichenau [1], les *Annales Sangallenses* ou encore
Léon d'Ostie [2]. Il me semble que la chronique d'Aimé donne
a l'acte du catépan Bojoannes une éclatante confirmation,
quand, a propos de la prise de Troia par Guiscard, elle rapporte
que Robert « assega Troie et la vainchut par force de armes,
et, pour ceste chose, se moustra que fu plus fort que lo impe-
reour non estoit et plus puissant, quar lo impereor Henri
non pot onques ceste cité de Troie veinchre pour pooir qu'il
eust, et cestui duc Robert la subjuga a sa seignorie [3] »
Il me paraît certain qu'Henri II n'a pas pu s'emparer de Troia et
la véritable raison de sa conduite a été donnée par Léon d'Ostie,
lorsqu'il dit que l'empereur fut obligé de lever le siege a cause
de la chaleur Henri partit sans avoir rien obtenu

Pendant le siege de Troia, l'empereur prit une mesure importante En premier lieu, Pandolf III de Capoue fut condamné a
mort, grâce a l'intervention de Pilgrim, il fut épargné Henri II
se contenta de le garder prisonnier et donna la principaute de
Capoue à Pandolf, comte de Teano, petit-fils de Pandolf Tête
de fer [4] Nous ne savons pas ce que devint le fils de Pandolf III, également nommé Pandolf, qui avait été associé a la
couronne Peut-être fut-il emmené en captivité avec son pere,
lorsque celui-ci remontera sur le trône, son fils y remontera
avec lui Au Mont-Cassin, Henri II fit nommer comme abbé, a la
place d'Atenolf, Théobald Ainsi fut ruinée l'influence des
princes de Capoue, ennemis de l'empereur allemand [5]

On a apprécié diversement les résultats de l'expédition de
Henri II en Italie. Il me paraît pourtant hors de doute, que
l'intervention de l'empereur a donné des résultats considérables
et favorables a l'influence allemande. La maison de Capoue,

1 M G H SS , t V, p 120, ad an 1022
2 Leo Ost , II, 41, p 655
3 Aime, IV, 3
4 Leo Ost , II, 40, p 654 Aimé, I, 24, Gattola, *Acces* , t I, p 122 Cf
Heinemann, *op cit* , p 347
5 Bresslau, *op cit* , t III, p 206 et suiv Delarc, *op cit* , p 61 et suiv
Heinemann, *op cit* , p 48 De Blasiis, *op cit* , t I, p 101 et suiv

alliée aux Byzantins, fut renversée, et à Capoue comme au Mont-Cassin Henri II mit ses partisans Salerne fut obligée de donner des otages, et très probablement Naples dut faire de même. En outre, l'empereur s'était efforcé de rétablir un peu d ordre parmi les seigneurs turbulents de l'Italie du Sud et il semble qu'il y ait, en partie, réussi Nous savons que de nombreux plaids furent tenus, dans lesquels Henri II ou ses *missi* obligèrent les seigneurs de l'Italie à rendre gorge et à restituer aux legitimes propriétaires les biens qu'ils avaient usurpés[1] En somme, Henri II réalisa, autant qu'il était en son pouvoir, la conception idéale de l'empereur faisant partout respecter la justice Pourtant l'œuvre qu'il avait accomplie ne dura pas, elle tomba, comme était tombée celle d'Othon L'Italie du Sud était trop eloignée pour que l'action impériale pût s'y exercer avec continuité Tout cedait devant les armées allemandes, mais l'empereur une fois parti, et le climat du Midi, pendant l'été, hâtait toujours son départ l'autorité impériale n'était plus qu'un mot Les mesures prises par Henri semblaient cependant devoir assurer à son œuvre une certaine durée L'établissement à Capoue du comte Pandolf de Teano était un retour à la politique d'Othon, politique qui en son temps avait donné d'excellents résultats, au point de vue allemand Si la politique d Henri II ne sortit pas tout son effet, la cause doit en être recherchée non pas dans ce qu'il fit, mais dans la politique de son successeur

Avant de repartir pour l'Allemagne Henri II prit une nouvelle mesure, il conceda aux neveux de Meles des terres dans le comte de Comino, c'est-à-dire dans la haute vallée du Garighano, à Gallinare, près de Sora[2] Les neveux de Melès avaient avec eux un certain nombre de Normands, parmi lesquels Toustam le Begue, Gilbert, Osmond, Asclettin, Gautier de Canisy et Hugues Falluca[3].

---

1 *Chr Vultai nense* dans Muratori R.I SS I, 2 p 499, et Muratori, *Ibid*, XXII, p 500
2 Aimé, I 29 Leo Ost, II 41
3 Aimé, I 30 Leo Ost, II, 41 R Glaber, III 1 p 54 Guil de Jumieges, VII, 30 Sur la corruption des noms des Normands dans Leon d Ostie, cf Bresslau, *op cit*, t III pp 324-325 J ai corrigé, d'après ces remarques, les noms fournis par Aimé

Nous savons, par un acte du mois de novembre de l'année 1023, que Comino relevait alors de la principauté de Capoue[1]. Comme quelques années avant, ce même territoire relevait du duché de Spolete[2], nous pouvons en conclure que l'empereur agrandit le territoire de la principauté de Capoue, et qu'en même temps il laissa à Pandolf les Normands afin de lui permettre de se défendre contre ses voisins. Aimé nous rapporte que d'autres Normands furent établis par l'empereur pour combattre les Sarrasins. Les paroles du chroniqueur ne nous en apprennent pas davantage à leur sujet.

En somme, après la défaite de Meles, les Normands ont pu trouver à s'établir en Italie, les uns au service de l'empereur grec, les autres au service du prince de Salerne et du prince de Capoue. L'histoire de ce dernier groupe nous est rapportée par Aimé avec quelques détails, mais comme leur établissement de Comino ne se développa pas, leurs faits et gestes sont sans intérêt[3]. Il suffit de dire ici qu'appuyés par Regnier, marquis de Toscane, ils passèrent leur temps à guerroyer contre leurs voisins, notamment contre Régnier, seigneur de Sora. Un certain nombre de Normands paraissent toutefois être retournés alors en Normandie avec Rodolphe[4].

Nous ne savons rien sur les événements de l'Italie méridionale depuis le départ d'Henri II en 1022, jusqu'à sa mort (juillet 1024). L'empereur avait été précédé de peu dans la tombe par le pape Benoît VIII. Cette période fut pourtant marquée par une transformation dans la politique de Byzance vis-à-vis de ses sujets lombards, transformation sur laquelle il convient d'insister, bien qu'elle n'ait été accomplie entièrement qu'en 1025. On a vu plus haut quelle était l'animosité des Lombards d'Apulie contre les Byzantins, animosité qui avait amené la rébellion de Meles. On sait les mesures de rigueur par lesquelles Bojoannes réprima l'insurrection. Le catepan s'aper-

---

1 Gattola, *Acces.*, t. I, p. 129, et *Hist. Cas.*, t. I, p. 329
2 Gattola, *Acces.*, t. I, p. 102. Cf. Leo Ost., II, 26 641
3 Aimé, I, 31, 39
4 R. Glaber, III, 1, 33

çut-il qu'il ne gagnait rien par la violence et voulut-il essayer
des mesures de clémence? Les grands projets que Basile II
avait alors sur la Sicile poussèrent-ils son lieutenant à assurer
par des concessions la tranquillité de l'Apulie? Nous l'ignorons,
mais il semble qu'à partir de l'année 1024, Basile ait cherché à
rendre moins lourd le joug byzantin. Au mois de janvier de
l'année 1024, il récompensa Troia de sa résistance aux
Allemands en accordant à la ville de nombreux privilèges et
des exemptions d'impôts.[1] L'année suivante, une mesure d'un
intérêt plus général fut prise, sur laquelle il convient d'insister.
Au mois de juin 1025, l'archevêque de Bari fut rattaché officiel-
lement à Rome.

L'ancien siège de Canosa avait été transféré à Bari à une date
indéterminée, mais sans doute postérieure à 876, date à laquelle
Bari était retombée au pouvoir des Byzantins. En 951 ou 959,
l'évêque Jean prend le titre d'archevêque de Bari.[2] En 983,
nous voyons que Pavo, son successeur s'intitule archevêque de
Canosa et Brindisi.[3] Il est très probable que Pavo fut archevêque au sens grec du mot, c'est-à-dire chef d'une église
autocéphale, exempte du métropolitain. En 1025, Bojoannes
est absolument maître du pays qu'il réorganise. Les derniers
évènements lui avaient montré l'hostilité de la population
lombarde, il comprit que tant que l'antagonisme entre Grecs et
Lombards subsisterait, la puissance de Byzance resterait très
précaire et, comme la question religieuse devait être une des plus
importantes, il autorisa, sans doute à la demande du nouvel
archevêque Byzantius, le rattachement à Rome de la province
de Bari. Le consentement du catepan n'est mentionné nulle part
d'une façon formelle, mais il me paraît impossible d'admettre
qu'une mesure aussi importante ait pu être prise sans le

---

1 Trinchera, *op. cit.*, p. 21.
2 Ughelli, t. VII, p. 721, *Chart. Cup.*, t. I, p. 42, Beltrani, *op. cit.*, p. 7, *Cod.
dipl. Bar.*, t. I, p. 6 et suiv. Il faut noter, toutefois, que Lupus lui donne
seulement le titre d' « *episcopus* »
3 *Cod. dipl. Bar.*, t. I, p. 13. Sur la façon dont le catepan dut intervenir
cf. le cas de Trani, en 983, Prologo, *Le carte che si conservano nell' archivio
del capitolo metrop. della città di Trani* (Barletta, 1877) p. 32 et suiv.

consentement du representant de l'empereur grec La conduite
que nous verrons tenir à l'un des successeurs de Bojoannes le catépan Argyros, lors des difficultés qui se produiront entre Rome
et Constantinople sous Leon IX et Keroularios, me paraît
indiquer clairement quelle etait, entre Lombards et Grecs l'importance des questions religieuses Il faut donc, à mon avis, voir
dans le rattachement de la province de Bari au siege de
Rome, une concession faite par le catepan aux aspirations de la
population lombarde

Tout le pays, autour de Bari, était organisé en provinces ecclésiastiques, seule la Pouille faisait exception Byzantius voulut
transformer son diocèse en province, mais en passant à l'obé-
dience romaine, il dut tenir a conserver son titre d'archevêque
Or, Rome n'admettait pas d'archevêque sans suffragant, de là la
bulle de Jean XIX, accordant a Byzantius, avec la confirmation des
droits et des biens de son eglise, le pouvoir d'instituer douze
évêches [1] C'est le principe pseudo-isidorien qu'il faut douze
évêches pour former une province On ne savait pas jusqu'ici si
la bulle de Jean XIX avait été suivie d'effet, un document conserve aux archives du Mont-Cassin enlève a cet égard tous les
doutes Par cet acte non date Byzantius donne, comme evêque, a
la ville de Cannes un certain André. Ce document nous montre
donc que la bulle de Jean XIX n'est pas restée lettre morte [2]

Il y a la une interessante tentative de l'administration byzantine pour accorder a la population lombarde certaines satisfac-
tions

La mort d'Henri II ramena le trouble dans toute l'Italie
méridionale Guaimar IV, beau-frère de Pandolf III, préférait
voir à Capoue un de ses parents plutôt que Pandolf IV En apprenant la mort d'Henri II, il envoya en Allemagne une ambassade chargée d'obtenir, par de riches présents, la mise en liberté
de Pandolf III [3] Le successeur d'Henri II, Conrad, accueillit
favorablement la demande du prince de Salerne, et Pandolf fut

1 *Cod dip Barese*, t I, p 22
2 Archives du Mont-Cassin, fonds de Barletta, nº 15
3 Leo Ost , II, 56 Aimé, I, 33

remis en liberté. Il semble que ce dernier ait dû prendre l'engagement de renoncer à revendiquer sa principauté [1], autrement on
ne comprendrait pas la conduite de Conrad qui, pour ses débuts,
ne trouve rien de mieux que d'envoyer contre un de ses alliés le
terrible Pandolf, celui qu'Aimé appelle « le loup des Abruzzes ».
Quoi qu'il en soit, Conrad commit certainement une grosse faute
politique en relâchant son prisonnier. Il était, en effet, bien évident que Pandolf chercherait par tous les moyens à rentrer en
possession de ses Etats, et à détruire, ainsi, tout ce qu'avait fait
Henri II. En même temps que Pandolf III, il me parait probable
que Conrad dut remettre en liberté le fils de Guaimar.

En relâchant Pandolf III, Conrad avait donné une preuve de
faiblesse, qui amena presque immédiatement, dans l'Italie
méridionale, la reconstitution du parti grec. Une ligue se forma
pour chasser, de Capoue, Pandolf IV et rétablir Pandolf III
dans sa principauté. A la tête de ce mouvement, nous trouvons
naturellement le catépan Bojoannès [2]; il fut aidé du prince de
Salerne, Guaimar, et d'Oderisio Ier comte des Marses [3]. Ce dernier
était l'oncle de Pierre, fils de Regnier, seigneur de Sora et d'Arpino, que nous avons vu combattre les Normands de Comino [4];
les concessions, faites à ses dépens par Henri II aux neveux de
Mélès, avaient dû le mécontenter et l'amener dans le parti grec. On
réunit une armée pour aller assiéger Capoue. Bojoannès amena
des troupes ainsi que Guaimar et le comte des Marses. Nous
connaissons, en outre, la présence dans les rangs de l'armée
de Guaimar, des Normands de Comino, qui abandonnèrent le
parti de l'empereur allemand. Avec eux était Rainolf, le futur
comte d'Aversa, et peut-être aussi d'autres bandes normandes [5]

1 Cela semble résulter de la visite qu'il fit à l'abbé Théobald, au
Mont-Cassin, ou il se montra fort humble et soumis. Leo Ost., loc. cit.

2 Leo Ost., II, 56. Annal. Cas., M. G. H. SS., t. XIX, p. 305.

3 Cf. Vita et miracula S. Dominici Sorani, dans Analecta Bolland., t. I, p. 320.
Oderisio fils du comte Renaud, était comte des Marses et les seigneurs
de Sora relevaient de lui. En théorie, le comte des Marses dépendait du
duché de Spolète. Cf. Gattola, Acc., t. I, pp. 101-102.

4 Leo Ost., II, 26, 32, 35. Cf. di Meo, op. cit., t. VII, p. 130.

5 Leo Ost., II, 56. Au paragraphe 51, il dit : « cum Rainulfo et
Arnolino et ceteris a Comino ». Je crois avec Bresslau, Konrad II, t. I, p. 174,

Ce fut Guaimar qui prit les Normands a sa solde, il semble qu'il fournit également des subsides aux Grecs [1]

Le siege de Capoue fut fort long, il dura un an et demi. Comme nous savons qu'au mois de mai de l'année 1026 il était terminé, il dut commencer dans les derniers mois de l'année 1024 [2]. Il est certain que Bojoannes ne demeura pas avec ses alliés pendant toute la durée du siege, car, en 1025, il prit part à l'expédition des Byzantins contre Messine [3]. On peut donc supposer que Guaimar et Pandolf commencerent le siege de Capoue avec leurs seules troupes, ou du moins avec un petit nombre de troupes byzantines, car, a ce moment tout l'effort des Grecs devait être porté sur l'expédition de Sicile Ce ne serait donc qu'après l'échec de l'armée grecque dans le Sud que Bojoannes aurait amené des secours qui, peut-être, deciderent de la reddition de la ville

Dans les premiers mois de l'année 1026, Pandolf de Teano vit qu'il ne pouvait se maintenir plus longtemps dans Capoue et se décida à se rendre. Il y eut certainement entre lui et Bojoannes des négociations secretes, dont nous ne connaissons que le résultat Pandolf se rendit au représentant du basileus Bojoannes lui avait promis la vie sauve, il lui permit d'emporter ses trésors et le fit conduire à Naples aupres du duc Serge IV [4]

Cette intervention de Bojoannes, dans le denouement du siege, dut être certainement désagréable aux princes lombards, mais il semble qu'aucun d'eux n'ait osé protester sur le moment Il est évident que la conduite du catepan lui fut dictee par le désir

qu'il faut entendre par la que Rainolf et Arnolin faisaient partie des Normands de Comino Delarc, op cit, pp 67-68, a cru, et son interpretation peut se defendre que Leon distinguait entre les Normands qui etaient a Comino et les autres Dans ce cas, Rainolf et Arnolin pourraient avoir ete precédemment soit a la solde de Guaimar, soit avoir fait partie des Normands laisses par Henri II pour defendre les côtes

1 Aime, I, 33 Leo Ost II, 56 63
2 Leo Ost, II 56 Cf di Meo, op cit, t VII, p 112
3 Anon Bar, ad an 1025 Ann Bar, ad an 1027 Lupus, ad an 1028 Skylitzès, dans Cedrenus II, 522 J'adopte pour la date les conclusions de Bresslau, op cit, t I, p 173, n 1
4 Aime, I, 33 Leo Ost, II, 56

d'avoir entre les mains un prétendant à opposer à Pandolf III dans le cas où celui-ci cesserait d'être fidèle à l'alliance byzantine [1]. La prise de Capoue fut suivie du rétablissement de Pandolf dans tous ses droits. Son fils Pandolf, qui lui avait déjà été associé avant son exil, remonta avec lui sur le trône. Peut-être est-ce cette association qui a fait dire inexactement à Aimé que Guaimar IV avait rétabli un frère de Pandolf, alors que, dès le mois de mai 1026, nous trouvons Pandolf III et son fils [2].

Rétabli à Capoue, Pandolf III joua dans les années suivantes un rôle prépondérant dans les affaires de l'Italie méridionale. Pour suivre, durant cette période confuse, les progrès des Normands, le mieux est de grouper les faits autour de Pandolf qui prend une part active à tous les événements importants. Cette étude n'est point facile, car le prince de Capoue ne nous est connu que par les récits de ses adversaires, les moines du Mont-Cassin. Leur haine et leur acharnement contre Pandolf les ont amené à de telles exagérations que leur témoignage est très suspect. Leurs chroniqueurs n'ont pas d'épithètes assez fortes pour qualifier « le *fortissime lupe* des Abbruzes ». Pandolf est resté dans l'histoire, ou plus exactement dans la légende historique du Mont-Cassin, l'incarnation de l'ennemi des moines, et comme les sources narratives de cette époque proviennent presque toutes du Mont-Cassin, la légende a passé dans l'histoire. La mort même de Pandolf n'a pas apaisé les rancunes monastiques, et longtemps les moines se réjouirent à la pensée que l'ennemi de la sainte abbaye était chargé de chaînes et plongé dans un lac de sang, où des démons le torturaient pour le punir du mal qu'il avait causé au célèbre monastère [3].

Il est donc difficile de connaître exactement ce qu'a été Pandolf III, mais à ne le juger que par son œuvre il est bien différent de la brute sanguinaire que nous ont présentée les chroniques monastiques. Pandolf paraît s'être rendu très exactement compte de la situation politique de l'Italie méridionale. Il vit que ni

1 Cf. Bresslau, *op. cit.*, t. I, p. 177.
2 Di Meo, *op. cit.*, t. VII, p. 112.
3 On trouve des échos de cette légende jusque dans les œuvres de Pierre Damien. Cf. *Opuscula*, XIX, Migne, P. L., t. 145, pp. 438-439.

l'empereur grec ni l'empereur allemand ne pouvaient intervenir efficacement dans les questions italiennes et que ni l'un ni l'autre ne pouvaient rien contre les princes lombards unis Guaimar de Salerne était le seul d'entre eux dont l'opposition fut à redouter, aussi Pandolf s'appliqua-t-il à rester toujours en bons termes avec lui De même, des deux empires, l'empire grec était celui dont l'influence était la plus réelle, parce qu'elle s'exerçait dans une région plus voisine Pandolf chercha donc à demeurer l'allié du basileus Cela lui fut d'autant plus facile que Byzance exigeait très peu de ses vassaux italiens

Le retour au pouvoir de Pandolf III fut marqué par une violente réaction contre le parti allemand Pour toute cette période, la chronologie est difficile Il me semble pourtant que Pandolf ne fit aucune conquête avant 1027 [1] Nous savons qu'au mois d'avril de cette année, Conrad II descendit en Italie Les sources sont excessivement concises sur cette expédition D'après le biographe de l'empereur, Conrad aurait été reconnu volontairement par certaines villes et aurait dû employer la force pour obtenir la soumission d'un certain nombre d'autres [2] Benevent et Capoue notamment auraient fait leur soumission Pendant son séjour, l'empereur aurait donné aux Normands le droit de s'établir dans le pays pour combattre les Grecs Il semble que l'expédition de Conrad II fut loin d'être aussi décisive et il est très douteux que l'empereur ait dépassé les frontières de la Campanie. Dans tous les cas, Conrad ne se sentit pas assez fort pour rétablir le comte de Teano à Capoue, et il fut obligé de reconnaître l'usurpation de Pandolf III Conrad dut se rendre très vite compte qu'il ne pouvait intervenir d'une manière efficace dans l'Italie méridionale, aussi paraît-il n'avoir pas tenté de s'avancer vers le sud Peut-être, l'orientation de sa politique vis-à-vis de Byzance exerça-t-elle également, une certaine influence sur son attitude envers Pandolf III Nous voyons, en effet, peu après

1 Bresslau, op cit, t I, p 178, a fait erreur en plaçant la prise de Naples avant la venue de l'empereur et infra, p 7.
2 Wipo, Gesta Chuonradi c 17, ed Bresslau, dans M G H SS in-8° Cf Bresslau, Konrad II, t I, p 177 et suiv, et Gay op cit, p 442

Conrad rechercher l'alliance byzantine [1], et l'on peut admettre qu'il reconnut Pandolf III, pour ne point déplaire à la cour de Constantinople

Le voyage de l'empereur allemand fut suivi, de très près, d'un événement qui eut pour Pandolf de graves conséquences Guaimar de Salerne mourut, entre février et avril 1027 [2], il eut pour successeur son fils Guaimar V qui paraît avoir alors été mineur, car, dans les premiers temps de son règne, sa mère Gaïtelgrime, exerça la tutelle Pandolf se vit donc tout d'un coup libre d'étendre ses possessions sans qu'aucun des princes lombards fût en état de s'y opposer, car, gouvernée par une femme, la principauté de Salerne perdit, pendant quelque temps une grande partie de son influence

Pandolf III ne tarda pas à tirer parti de la situation politique La présence à Naples de son rival Pandolf, comte de Teano, était pour le prince de Capoue une menace permanente Il sentait que dans la personne de son rival, les Grecs avaient un compétiteur tout désigné, qu'ils ne manqueraient pas de lui opposer, le jour où lui-même cesserait de leur plaire Aidé des seigneurs de Sora, Pandolf III alla mettre le siège devant Naples [3] Le duc Serge IV avait excité le mécontentement d'un certain nombre d'habitants, qui le trahirent et remirent la place à Pandolf Le comte de Teano put s'enfuir et gagna Rome, avec

---

1 Cf Bresslau, op cit, t I pp 234, 271 et suiv Giforer, op cit, t III, p 121

2 En février 1027, Guaimar vit encore, Cod Cav, t V, DCCXC, p 130 En avril, son fils règne avec sa mère Ibid, DCCXCI p 131

3 Analecta Bollandiana, t I p 317 Il semblerait, d'après la Vita et miracula S Dominici Sorani, que le siège de Naples est postérieur à la mort du saint en 1031 C'est la date qu'ont acceptée les Bollandistes Mais, étant donné, qu'en mars et en avril de l'année 1028, on compte la première année du règne de Pandolf à Naples (Chr Vult, pp 505 et 506) l'auteur des Miracula fait certainement erreur Le fait auquel il est fait allusion dans les Miracula a d'ailleurs pu avoir lieu du vivant du saint Il faut en effet remarquer que les Miracula donnent, comme postérieurs à la mort des miracles que la Vie donne comme ayant eu lieu du vivant du saint p ex le miracle de la femme guérie d'un flux de sang Cf Analecta Bol, loc cit, p 287, 13, et 308, 18 Il y a là sur les procédés de composition de l'auteur des Miracula, une indication dont il faut tenir compte

son fils. La prise de Naples est postérieure au mois de septembre
de l'année 1027, et antérieure au mois d'avril de l'année
suivante [1]

Pandolf III en prenant Naples a-t-il agi pour ou contre les
Grecs ? On a discuté à ce sujet [2] et nous ne savons rien de précis
à cet égard Il est probable que Pandolf profita de la faiblesse
de l'empereur Constantin VIII, pour tenter sur Naples un coup
de main que Basile II n'aurait certes pas toléré Pourtant
comme les actes rédigés à Naples, continuèrent sous la domination de Pandolf à être datés des années de règne du basileus,
on peut admettre que le prince de Capoue s'il agit contre la
volonté des Grecs, continua néanmoins à reconnaître la suzeraineté du basileus

La prise de Naples fut, pour Pandolf III. le point de départ
d'une série de conquêtes En 1028, nous voyons que la ville de
Teano est en son pouvoir, sans que nous puissions savoir à quel
moment fut faite cette annexion [3] Il est fort probable que le
prince de Capoue s'empara alors de toutes les possessions de
Pandolf IV

L'extension de la principauté de Capoue donna ombrage aux
gens de Gaete, qui craignaient de voir Pandolf se tourner contre
eux pour les punir d'avoir accueilli le duc de Naples, Serge IV
Gaete était alors gouvernée par le duc Jean, sous la tutelle de sa
grand'mère Emilia [4] Celle-ci pour arrêter les progrès du prince
de Capoue, conclut avec Serge un traité par lequel elle s'engageait à l'aider à rentrer en possession de son duché En échange,

---

1 Les *Ann des Beneventani*, 3, M G H SS ,t III, p 178, qui emploient l'année
grecque, marquent la prise de la ville à l'année 1028 Les *Ann Casinenses* la
placent en 1027 On pourrait conclure de là que Naples fut prise dans les
trois derniers mois de 1027 Mais, à cause des nombreuses erreurs chronologiques des chroniques, je n'ose être trop affirmatif Dans tous les cas,
Naples fut prise avant avril 1028 En mars 1028 on compte la première
année de Pandolf à Naples, et en avril 1029 la deuxième année Cf *Chr
Vult* p 506 et Gayia *Storia civile di Capua* t I, p 61
2 Cf Schipa, op cit , *Arch st napol* t XVIII p 488 et suiv
3 *Chr Vult*, pp 505 et 506
4 Emilia et Jean paraissent dans les actes, depuis février 1025 Le père
de Jean vit encore en janvier 1025 *Cod Caiet* , t I, pp 285 et 286

Serge IV dut prendre certains engagements, et octroyer de nombreux privilèges de justice et des exemptions de droits, a tous les
gens de Gaete qui viendraient a Naples L'accord fut conclu au
mois de février 1029 [1]

L'appui de Gaete ne suffisait pas pour permettre au duc de
rentrer en possession de ses Etats, car Naples passait pour une
place imprenable et Pandolf n'en avait triomphé qu'a l'aide de
la trahison Serge IV noua donc des intelligences dans la ville,
il y réussit d'autant plus facilement que le gouvernement de
Pandolf parait avoir mécontente même ceux des Napolitains qui
l'avaient appelé Les gens de Naples conclurent avec leur ancien
duc un traité ou plus exactement, établirent une véritable charte
réglant les attributions du duc et les droits de chacune des
classes de la population Serge IV dut faire a ses sujets un grand
nombre de concessions [2] Le résultat de ces multiples accords
fut que Serge réussit a chasser Pandolf et a rentrer a Naples,
en 1029 [3]

Nous ne connaissons pas la part prise par les Normands aux
événements, dont le récit vient d'être fait A partir du moment
où nous sommes arrivés, nous sommes mieux renseignes On
a vu plus haut que le normand Rainolf était devenu sans
que nous sachions comment, le chef d'une bande de ses compatriotes Il est très probable que Serge s'assura les services de
cette troupe, au moment ou il tenta de rentrer en possession de
Naples On ne saurait, en effet, expliquer, si ce n'est par une
convention antérieure, le fait que, des son rétablissement a
Naples, Serge IV ait donne a Rainolf la ville et le territoire
d'Aversa [4] Des l'instant que nous savons que Serge IV prit les

1 Cf le texte du traité Cod Caiet , t I, p 307
2 Cf Capasso Monumenta, t II, 2, p 157, et Il « Pactum » giurato del duca
Sergio dans Arch st napol , t IX, p 319 Cf Schipa, op cit , Arch st nap ,
t XVIII, p 490 Branchleone, Sulla data del « Pactum » giurato dal duca Sergio
ai Napoletani dans Riv ital per le scienze giuridiche, t XXX, a cherché a
placer cet acte en 1120 L'opinion de Capasso me parait mieux établie
3 D'apres les Annales Casin ad an 1027, Pandolf garda la ville un an et
cinq mois
4 Aimé I, 40 Ord Vit , IV 13 t II, p 233 On a discuté pour savoir si le
nom d'Aversa n'était pas un nom symbolique donne par les Normands Cf

Normands à son service, il me paraît probable qu'il les prit avant de rentrer a Naples et non apres sa reinstallation En les etablissant a Aversa, il voulut creer une place forte, capable d'arrêter les incursions de Pandolf III. En meme temps le duc de Naples chercha a s'attacher Rainolf par des liens moins fragiles que ceux de la reconnaissance, et lui fit epouser sa sœur, veuve du duc de Gaete Avec Aversa, Rainolf reçut un grand nombre de chateaux qui en dépendaient

Ce n'etait pas la premiere fois que les Normands recevaient des terres depuis leur arrivée en Italie, mais aucun des etablissements, ainsi fondés n'avait pu se développer Ce qui fit le succes du comté d'Aversa, ce fut la personnalite de Rainolf. Ce dernier, qui jusque-là paraît avoir joué seulement un role secondaire dans les affaires italiennes se revela comme tres habile et tres fin politique, a partir du jour ou il fut installé a Aversa Il semble qu'il ait été le premier de tous les Normands venus en Italie, qui ait su s'elever au-dessus de son interêt immédiat, et ait cherche a atteindre des buts politiques eloignes Sans scrupule d'aucune sorte guide uniquement par l'intérêt, sachant ne point s'embarasser des liens de la reconnaissance, Rainolf avait toutes les qualites requises pour se creer une haute situation politique Durant toute sa carriere, il sut merveilleusement se ranger du côte du parti le plus fort, et l'on ne peut s'empêcher d'admirer comment, au moment ou l'un des princes italiens arrive au plus haut periode de sa puissance, Rainolf est toujours a ses côtes et tire profit de la situation Que ce prince soit Pandolf, Serge ou Guaimar, Rainolf sait toujours acquerir des droits nouveaux a son amitie Aussi, est-ce en grande partie a Rainolf et a l'habilete de sa conduite politique, qu'il faut faire remonter la fortune prodigieuse des Normands, dont l'etablissement d'Aversa fut le point de depart

Tous les Normands venus en Italie n'entrerent pas alors dans

Delarc, *op cit* , p 70, note 3 Nous savons par un acte, que des 1002, Aversa existait Schipa, *op cit* , *Arch st Napol* , t XIX, p 5, note 3 Capasso, *Monumenta*, t I, p 132, note 6, est donc dans l'erreur en admettant l'opinion opposée la bande de Rainolf Un certain nombre d'entre eux resterent au service du prince de Salerne Guaimar d'autres paraissent avoir forme des bandes independantes Dès son installation a Aversa, Rainolf envoya des messagers en Normandie pour recruter des émigrants [1] C'etait la une mesure tres adroite . Rainolf ne voulait pas s'appuyer sur les Lombards sur qui il savait ne pouvoir compter, et il tenait a avoir autour de lui des gens de sa race qui lui fussent entierement dévoués

L'echec, que Pandolf eprouva en perdant Naples, n'arreta point le cours de ses succes Il semble d'ailleurs que le prince de Capoue n'ait pas perdu toutes les conquetes faites sur le duché et que Pouzzole lui soit restée [2] La position de cette ville, un peu a l'ouest des possessions du prince de Capoue, amena ce dernier a chercher a s'etendre au nord et au sud du Vulturne de Pouzzole a Gaete Peut-etre aussi le desir d'acquerir un debouche sur la mer poussa-t-il Pandolf a attaquer Gaete L'espoir de tirer vengeance de l'appui preté par Jean V de Gaete au duc de Naples, Serge IV dut egalement inspirer, dans une certaine mesure, la conduite du prince de Capoue Nous n'avons pas de details sur la maniere dont fut executee cette entreprise tout ce que nous savons, c'est qu'entre le mois de mai et le mois d'août de l'année 1032 [3], la ville de Gaete tomba au pouvoir de Pandolf

Les acquisitions du prince de Capoue ne se bornerent point a cette conquête L'abbaye du Mont-Cassin etait le plus riche et le plus puissant des voisins immediats de Pandolf Celui-ci s'etendit considerablement aux depens des moines Les chroniques du Mont-Cassin sont remplies du recit des vexations que Pandolf fit subir a l'abbaye Sans entrer dans des détails peu interessants bornons-nous a constater que Pandolf s'empara de presque tous les biens du monastere, qu'il emprisonna l'abbe Théobald a Capoue, nomma une de ses creatures Todin, comme administrateur des biens de l'abbaye et s'en appropria ainsi tous les revenus [4]

---

1 G Ap , I, 180 et suiv , p 125
2 Cf *Miracula S Severi episcopi neapolit* , dans Capasso, *Monum* , t II, 2, p 183, et *Id , op cit* , t 1, p 275
3 *Cod Gaiet* t I pp 321, 325, 330, 332
4 Leo Ost , II, 57, p 666 Aime, I, 34, 35, 36, p 42 et suiv

La présence des Normands a Aversa inquiétait Pandolf, qui avait toujours à redouter de leur part quelque coup de main Il accomplit un acte très habile, en détachant Rainolf de Serge IV Le chef normand ayant perdu sa femme, parente de Serge, Pandolf lui proposa la main de sa nièce, la fille du patrice d'Amalfi [1] Nous manquons de renseignements précis sur ce mariage et sur la personnalité de ce patrice d'Amalfi Une révolution comme il y en eut un si grand nombre à Amalfi avait chassé en 1034 le duc Jean II, dont le père Serge II avait lui-même été expulsé quelques années auparavant [2] Jean II s'était associé en 1031, son fils Serge III [3] A la suite d'événements que nous ne connaissons pas, Jean II et Serge III furent expulsés (1034), et on leur donna pour successeur Manso IV, frère de Jean II, qui regna avec sa mère Maria [4] Rainolf a-t-il épousé la fille de Jean II ou au contraire celle de Manso ? Nous ne savons rien a cet egard Pourtant comme vers cette époque la politique de Pandolf le porte a intervenu dans les affaires de Sorrente, je serais enclin a admettre qu'il a pris aussi une part plus ou moins directe aux événements d'Amalfi et est intervenu dans la révolution qui a chassé Jean II. Dans ce cas, la femme de Rainolf d'Aversa serait la fille de Manso IV On a elevé à ce sujet une objection, tirée de ce fait qu'il semble difficile qu'en 1034 Manso ait eu une fille en âge d'être mariée [5] Cet argument ne me paraît pas concluant, car il n'est pas rare, a cette époque, de voir des enfants se marier, et de ce que le mariage a lieu, il ne s'ensuit pas que les époux soient nubiles [6]

Les ouvertures de Pandolf furent bien accueillies par Rainolf, qui devint l'allié du prince de Capoue [7] Nous voyons qu'a

1 Aimé 1, 42, 43
2 Cf Camera, *op cit* , t I, p 240
3 En août 1033, on compte la troisième année de Serge III, Camera, *op cit* , t I, p 241
4 *Id* , *op cit* , t I, p 244
5 Heinemann, *op cit* , p 301
6 Il suffit de rappeler le mariage de la fille de Guiscard avec Constantin, fils de Michel VII Cf *Chr Amalf* , p 211 di Meo *op cit* , t VII, p 464 , de Blasiis, *op cit* t I, 122 , Bresslau, *op cit* , t II, p 302
7 La trahison de Rainolf est sans doute postérieure a octobre 1033, car a cette date, Serge IV est encore au pouvoir Capasso, *Monum* , t II, 2, p 26

ce moment, les incursions de Pandolf sur les terres du Mont-
Cassin sont plus fréquentes que jamais, ce sont des terres enlevées à l'abbaye [1] qui sont employées à récompenser les Normands
entrés au service du prince de Capoue.

La trahison de Rainolf amena, à Naples, la retraite de Serge IV
Aimé raconte que le duc quand il connut l'ingratitude, dont
Rainolf faisait preuve à son égard prit le pouvoir en dégoût et
se fit moine [2] Peut-être l'échec de sa politique et le démembrement du duché, qui perdait le territoire d'Aversa, permirent-ils
aux adversaires de Serge IV, de lui imposer la retraite Peut-
être faut-il aussi rattacher à ces événements la formation du duché
de Sorrente qui s'affranchit de Naples (1024-1038) [3]

L'alliance de Pandolf III avec Rainolf marque l'apogée de la
puissance du prince de Capoue Allié également au duc de Sorrente [4] et au prince de Salerne [5] Pandolf domine alors sans
conteste dans l'Italie méridionale Le catépan Bojoannès a quitté
son commandement depuis 1027 et, à Byzance, on est revenu aux
anciens errements nous voyons, en effet, depuis lors, les catépans se succéder à intervalles très rapprochés, ces changements
continuels de personnes donnent de fâcheux résultats, et l'influence grecque paraît aller en diminuant [6] Pandolf se crut
alors tout-puissant et commit la faute de rompre avec Guaimar V
de Salerne Ce fut ce qui amena sa ruine A Salerne, en effet,
la situation avait changé, Guaimar avait atteint l'âge d'homme,
et ne pouvait voir, sans inquiétude son oncle intervenir dans les
affaires d'Amalfi et de Sorrente [7], car il devait craindre que Pandolf ne voulut également s'immiscer dans celles de Salerne

Un incident amena la rupture La belle-sœur de Guaimar était
la femme du duc de Sorrente, chassée par celui-ci, nous ne savons

1 Leo Ost II 57 p 666
2 Aimé, I, 43
3 Cf Schipa, op cit , Arch st nap , t XIX, p 9, note 3 Capasso, Mem
della chiesa di Sorrento (Napoli 1854). p 56
4 Aimé, II, 3
5 Ibid II, 2
6 Lup , Protospat ad an 1029 et suiv
7 Cf Cod Cav t V, n° DCCXCIV

pour quel motif, elle se retira auprès de Pandolf III, qui tenta
de séduire sa fille [1] Tel fut le prétexte qui, au dire d'Aimé, causa
la brouille de Guaimar et de Pandolf D'après le même auteur,
ces évenements sont postérieurs au mariage de Rainolf, qu'il
convient de placer après 1034 Je crois même que l'on peut les
reculer jusqu'à 1036 ; nous voyons à cette date Pandolf III
aller attaquer Bénévent [2], ce qu'il n'eût pas fait, sans doute,
s'il avait déjà été en guerre avec Guaimar D'autre part, tous
les ennemis de Pandolf se groupèrent autour de Guaimar et
s'unirent contre le prince de Capoue A la suite de cette
entente, les alliés décidèrent de solliciter l'intervention des
deux empereurs Or, les moines du Mont-Cassin, chargés de se
rendre auprès de Conrad II, le rencontrèrent en Italie, ils
partirent donc au plus tôt en 1037 [3] Leur demande était
appuyée par Guaimar De son côté, le duc de Naples se rendit
à Constantinople pour demander assistance au basileus [4].

Pendant que se poursuivaient ces négociations, Guaimar s'effor-
çait de détacher Rainolf d'Aversa de l'alliance de Pandolf
L'appoint que Rainolf pouvait apporter, devait être déjà important, car, depuis le moment où Serge IV et Pandolf se disputaient son alliance, de nouveaux contingents normands étaient
venus renforcer sa bande Parmi les nouveaux arrivés étaient
les fils de Tancrède de Hauteville qui devaient avoir en Italie une
si prodigieuse fortune

Tancrède était un petit seigneur de Normandie, il possédait à
Hauteville-la-Guichard, près de Coutances un fief de dix cheva-
liers [5] Nous savons qu'il s'était marié deux fois de Muriella,
sa première femme, il eut cinq fils Guillaume, Dreux, Onfroi,
Geoffroi et Sarlon, de Fressenda, sa seconde femme, il eut Robert
Guiscard, Mauger, Guillaume, Auvray (Alvérede), Tancrède,

---

1 Aimé, II 3
2 *Annal Benev*, ad an Aimé I, 37, 39 Leo Ost, II, 61
3 Leo Ost, II, 63
4 Aimé, I, 43 Capasso, *Mon*, t I, p 133 Cf Schipa, *op cit.*, *Arch st
napol*, t XIX, p 11
5 Malaterra, I, 40

Humbert, Roger, et plusieurs filles [1] Tancrede ne pouvait
fournir a ses enfants des apanages suffisants, aussi les aînés de
ses fils se decidèrent-ils a aller au loin chercher fortune.
Guillaume et Dreux firent partie de la troupe normande qui vint
en Italie apres l'établissement de Rainolf a Aversa Ils arriverent
alors que le comte d'Aversa était au service de Pandolf [2].

Les tentatives faites par Guaimar pour gagner Rainolf,
aboutirent et ce dernier, passant au service du prince de
Salerne, commença à ravager les terres de Pandolf [3]

A ce moment, l'intervention de l'empereur Conrad acheva la
ruine du prince de Capoue Nous avons vu plus haut que l'appui
des deux empires avait été reclame par les ennemis de Pandolf
Le basileus Michel IV ne repondit point a l'appel qui lui fut
adressé La puissance de Byzance, en Italie, est en décadence
depuis le départ du catépan Bojoannes (1027) [4] Son successeur
Christophoros ne gouverna que peu de temps, et apres lui
Pothos vit recommencer les incursions musulmanes La
situation intérieure n'est pas tranquille, les habitants d'Obbiano,
attaqués en 1027 [5], par les Arabes de Sicile, durent capituler,

---

1 Malaterra, I, 3-6 Anonymus Vaticanus *Hist Sicula*, dans Muratori,
R I SS, t VIII p 745

2 Malaterra I, 6 Aime II, 8 Je crois que Heskel, *Die historia
Sicula des Anonymus Vaticanus und des Gaufredus Malaterra*, Diss (Kiel,
1891, p 38 n 16, a eu raison de dire qu'Onfroi n'est venu en Italie que
plus tard

3 Aime, II 3 Malat, I 6

4 La chronique de Lupus donne l'année 1029, mais il y a a mon avis,
une erreur du copiste En effet, un synchronisme des evenements est
fourni par la mort de Guaimar que nous savons etre de 1027 cf p 74,
n 2) On peut objecter a cette correction qu'il n'est pas possible que les
faits de 1027 soient mentionnes, dans des annales apres ceux de l'année
1028 Mais les faits rapportes a l'année 1028 doivent etre places en 1025
Le chroniqueur mentionne, en 1028, l'elevation de Byzantius au siege archi-
episcopal de Bari, or, nous savons que des 1025 Byzantius est archevêque,
Cod dipl Bar, t I, p 23 Sous la même année, Lupus mentionne l'arrivee
d'Oreste en Italie Or, celui-ci est a identifier avec le personnage mentionne pas Skylitzes, dans Cedrenus, II 479 comme etant mort en
decembre 6534, ind IX = decembre 1025 On voit donc que la correction
s'impose et que l'ordre chronologique n'est pas trouble par les modifications
proposees Cf *Anon Bar*, ad an 1025

5 Lup Protospat, ad an 1029, cf note precedente

et ceux de Bari [1], eurent à repousser également une attaque des Musulmans Le catepan lui-même, en 1031 subit une grande défaite à Cassano [2]. A partir de 1033, les Grecs paraissent avoir songé uniquement à la Sicile Ces divers motifs expliquent l'inaction de la politique grecque ; peut-être aussi les Byzantins n'étaient-ils pas défavorables à Pandolf, qui pouvait susciter de graves embarras à l'empereur allemand.

Du côté de l'Allemagne, l'appel des princes de l'Italie du Sud fut entendu, et Conrad II arriva au printemps de 1038 [3], après avoir fait annoncer sa venue à Guaimar et à Pandolf Il ordonna à ce dernier de restituer au Mont-Cassin les biens usurpés, et de relâcher tous ceux qu'il détenait injustement en prison La situation de Pandolf était délicate, car il n'avait aucun allié Le prince de Capoue envoya sa femme et son fils à Conrad pour lui demander la paix, il offrait trois cents livres d'or payables par moitié et proposait de laisser à l'empereur son fils et sa fille en otage [4] Ces propositions furent acceptées, Pandolf paya cent cinquante livres et livra des otages, mais peu après son fils s'échappa [5] Sur ces entrefaites, Pandolf changeant d'idée, et songeant peut-être qu'après le départ de Conrad il pourrait toujours rentrer en possession de ses Etats, refusa d'exécuter la convention conclue et alla s'enfermer dans son château de Sant'Agata [6] Aussi quand Conrad, venant du Mont-Cassin, arriva à Capoue, il put entrer dans la ville sans rencontrer de résistance (mai) [7]

1 Lup Protospat ad an 1029
2 Ibid , ad an 1031
3 Annal Altah , ad an 1038 Je crois que l'on doit adopter la correction proposée par Heinemann op cit , p 352, et qu'il faut lire Tuscia au lieu de Troia L'empereur est venu par Rome, Desiderii , Dial , AA SS O S B , t IV, 2, p 432 ce qui concorde avec la version conservée par le manuscrit de l'Aventin Cette opinion est corroborée par ce fait qu'en juillet 1038 Troia est aux Grecs Di Meo op cit , t VII p 183 On ne doit donc pas accepter l'opinion de Bresslau, op cit , t II, p 306
4 Leo Ost , II, 63 Wipo Gesta Chuonradi c 37, ed Bresslau dans M.G H , in-8°, p 43 Cf Bresslau, Konrad II, t II, p 307, note 3
5 Ann Altah , ad an
6 Leo Ost , II, 63 — Sans doute Sant' Agata dei Gothi ch -l de circond , prov de Benevent
7 Ann Cas , M G H SS , t IX, p 308 Chron Casauriense, Muratori R I SS , t II, p 2, 850 Ann Cav , ad an 1038 M G H SS , t III, p 189

Guaimar tint vis-à-vis de Conrad une conduite toute différente de celle de Pandolf. Il semble que le prince de Salerne ait voulu reprendre le rôle de Pandolf Tête de fer, et se soit tourné complètement vers les Allemands[1]. Il vint trouver l'empereur à Capoue, et lui offrit de riches présents. Grâce à des largesses habilement distribuées, il obtint d'être proposé, par les gens de Capoue et par les grands de l'empereur, au choix de ce dernier comme seigneur de Capoue. Il fut investi en mai 1038[2]. L'empereur partit presque aussitôt après, et par Bénévent et Perano

---

[1] Cf. Schipa, op cit. Arch. st. napol., t. XII p. 515

[2] Leo Ost., II, 63. Aime, II, 5-6. On a discuté sur la date à laquelle Guaimar aurait été investi de la principauté de Capoue. Suivant Aime, II, 6, et Leon d'Ostie, II, 63, l'empereur aurait investi Guaimar pendant son séjour à Capoue, en mai 1038. Il résulte des actes que l'on n'a pas commencé à dater des années du règne, de Guaimar, avant août 1038. C'est du moins l'opinion de Schipa, op. cit. Arch. st. nap., t. XII, p. 516. Celui-ci pour résoudre la difficulté, a imaginé, en se basant sur un passage des Annal. Hildesh. M. G. H. SS. t. III, p. 101, qu'il interprète mal, un voyage de Conrad à Salerne, après son séjour à Bénévent, en juin 1038. De Blasiis op. cit. t. I, p. 130, Bresslau, op. cit. t. II, p. 310 et Heinemann, op. cit. p. 67, ont adopté la date de mai, mais n'ont pas vu la difficulté qui résulte de la non-concordance des chroniques avec les données fournies par les actes. Il convient, tout d'abord, d'écarter l'hypothèse d'un voyage de Conrad à Salerne, après son séjour à Bénévent car le 19 juin, l'empereur remontant vers le nord de l'Italie, est à Perano dans la province de Chieti, Stumpf, op. cit. t. III, p. 721, n° 517. Si maintenant nous examinons de plus près les actes datés des années de règne de Guaimar comme prince de Salerne, nous pouvons, je crois, résoudre la difficulté d'une manière satisfaisante. Il est vrai qu'en juillet 1038, on ne compte pas encore les années de règne de Guaimar comme prince de Capoue, Cod. Car., t. VI p. 89, et qu'en août 1039, on compte encore la première année de son règne, ibid., p. 108 mais on voit également qu'en septembre 1041, on compte la troisième année de Guaimar comme prince de Capoue, au lieu de la quatrième qu'il faudrait si la théorie de Schipa était vraie, Cod. Car., t. V, p. 165, n° CMLXXXI. Dans un acte de septembre de la même année, Cod. Car., t. V, p. 166, n° CMLXXXII, on compte la quatrième année. De même dans les actes MV et MVI. On voit donc que la date des années du règne de Guaimar, comme prince de Capoue, change en septembre. Faut-il donc conclure de là que l'investiture de Guaimar n'a eu lieu qu'en septembre ? Ce serait une erreur absolue, car alors Conrad n'est plus dans l'Italie du Sud. Mais si l'on remarque que les années de Guaimar comme prince de Salerne ont été comptées à partir de septembre (Di Meo, Apparato chronologico, p. 420) on est amené à cette conclusion que, pour simplifier les calculs, on a pris, pour compter les années de Guaimar comme prince de Capoue,

regagna l'Allemagne. Il est curieux de constater combien la
politique allemande en Italie est demeurée traditionnelle. Conrad II, en réunissant les principautés de Capoue et de Salerne
n'a fait que revenir à la politique qu'Othon avait suivie vis-à-vis
de Pandolf Tête de fer. La situation politique n'a changé que
du côté de l'Apulie et de la Calabre, qui ne sont plus revendi-
quées par l'empereur allemand.

Aimé[1] raconte que pendant son séjour à Capoue, Conrad, à la
demande de Guaimar, investit, par la lance et le gonfanon, Rainolf du comté d'Aversa. Aucune autre source, sauf Léon d'Ostie
qui copie Aimé, ne parle de ce fait. Le biographe de Conrad II
se borne à dire que l'empereur fit cesser les divisions entre les
Normands et les gens du pays[2]. Or après l'investiture de Conrad,
Rainolf d'Aversa resta vassal de Guaimar[3]. Nous savons, en
effet, qu'en mars 1043 et en mars 1044, on datait à Aversa des
années de règne de Guaimar et non de celles de Rainolf[4]. Celui-
ci n'est donc pas devenu le vassal immédiat de l'empereur. Je
crois qu'il faut interpréter le récit d'Aimé de la manière
suivante. Aversa avait été donné à Rainolf par le duc de Naples
et en droit continuait à relever de Naples. Ne peut-on admettre
que Guaimar ait demandé à l'empereur de régulariser la situation
de fait qui s'était produite, et que Conrad ait rattaché le fief
d'Aversa à la principauté de Salerne ?

Il semble que Conrad dut autoriser Guaimar à s'étendre aux
dépens des princes lombards qui lui étaient hostiles. Le parti
allemand ayant Guaimar à sa tête, comprend alors l'abbé du
Mont-Cassin, le comte de Teano, Landolf[5], et sans doute les

le même point de départ que pour compter les années de son règne
comme prince de Salerne. Ainsi tout s'explique naturellement sans avoir
besoin de recourir à l'hypothèse compliquée et impossible d'un voyage de
Conrad à Salerne, en août 1038.

1. Aimé II, 6
2. M. G. H. SS., t. XI, p. 273
3. Aimé, II, 7 et 31
4. Di Meo, *op. cit.*, t. VII, pp. 245 et 252. Cf. Breslau, *op. cit.*, t. II,
p. 311, note 1
5. Leo Ost., II 67. Di Meo, *op. cit.*, t. VII, p. 217

seigneurs de Sora[1], au contraire, les comtes d'Aquino et de
Sexto tiennent toujours pour Pandolf L'année 1038 fut en partie
remplie par diverses campagnes qui toutes avaient pour but
d'enlever ses possessions a Pandolf Notons l'expédition dirigée
par Guaimar contre Rocca Vandra, qui fut, le 15 août, remise
a l'abbé du Mont-Cassin[2] Vers la même époque, Rainolf
et les Normands furent envoyés rétablir l'ordre dans la vallée du
Sangro qui était pillée par les fils de Borrel, partisans de Pandolf[3]
Ces insuccès répétés rendirent difficile la situation du prince de
Capoue qui se décida a gagner Constantinople, ou il fut retenu
prisonnier a la demande de Guaimar Le basileus, occupé alors
a préparer une grande expédition contre la Sicile avait besoin du
concours de Guaimar qui, a ce moment, lui fournissait des
troupes[4], c'est la ce qui explique sa conduite envers son ancien
allié

Le départ de Pandolf permit a Guaimar de laisser l'abbé du
Mont-Cassin et le comte de Teano tenir en respect les partisans du
prince de Capoue, dans les vallées du Vulturne et du Garigliano[5],
et d'entreprendre d'autres conquêtes En avril 1039, Guaimar
occupa Amalfi[6], dont il chassa le duc Manso, qui lui-même
avait expulsé Jean Entre le mois de juillet et le mois
d'août de la même année, le prince de Salerne, avec l'aide des
Normands[7], s'empara de Sorrente et y établit comme duc[8],
son frère, Gui de Conza[9] Vers le Nord, les conquêtes de

1 *Chr Vult* Muratori, R I,SS , t I 2, p 509.
2 Leo Ost II 68 Cf di Meo *op cit* , t VII, p 201
3 En septembre 1020 nous trouvons Odenisio Borrel, comte de Sangro,
Gattola *His* , t I, pp 236 et 238 il est probablement le père d Odenisio et
de Borrel que nous trouvons en 1060, *op cit* , p 241, et *Id* , *Acc* t I, p 179
D'autre part nous connaissons un certain Adelmar, comte des Lombards,
surnommé Borrel qui est mentionné en septembre 1033 Cf Gattola, *Acc* ,
t I, p 123 et di Meo, *Apparato chronologico*, p 420
4 Aime, II, 12 Cf *infra*, p 91
5 Cf Schipa *op cit* , *Arch st nap* , t XII, p 519
6 Aime II 7 Leo Ost , II 63 *Chr Amalf* XIX, p 211, Cf *Cod Car* ,
t VI, p 96 et p 98
7 *Cod Car* , t VI, pp 107-108
8 Leo Ost II, 63 672
9 Aime II, 7, Leo Ost II, 63 *Cod Car* , t VI, pp 96, 98, 127, 131,
132, di Meo, *op cit* t VII, p 290, Schipa, *op cit* p 520, note 1 Cf
Archives de la Cava D 9 et C 29, deux actes d octobre 1091
et janvier 1096 par lesquels Guaimar fait des donations pour l ame de son
père, Gui, duc de Sorrente, fils de Guaimar, prince de Salerne.

Guaimar ont été également importantes. Ses états s'étendent jusques vers Comino [1], Aquino le reconnaît, nous savons, qu'en mai 1039, il possédait Traetto [2], et, en juin 1040, Gaete [3]. De même Venafro [4], en octobre 1040, et un peu plus tard Ponte-corvo et Sora [5] lui obéissent [6].

Nous ne savons pas comment la plus importante de ces villes Gaete, tomba aux mains de Guaimar. Il semble d'ailleurs que la domination du prince de Salerne y ait été éphémère, car, en octobre 1041 [7], son nom n'est plus mentionné dans les actes et, en août 1042 [8], on voit reapparaître comme consul et duc, Leon, fils de Docibilis. Comme d'autre part, en decembre de l'année 1042 [9], on compte la deuxième année de Rainolf, il me paraît probable que Guaimar n'ait resté que peu de temps en posses-sion de la ville. Peut-être en fut-il chassé par un mouvement populaire, et, à la suite de celui-ci, a-t-il concedé Gaete à Rainolf, qui ne s'en serait emparé qu'après août 1042.

Son alliance avec Guaimar a donc permis à Rainolf d'accroître son domaine; en même temps, l'appui des Normands a rendu Guaimar le plus puissant des princes de l'Italie du Sud. Bien que des difficultés paraissent s'être elevées un moment entre Guaimar et l'abbé du Mont-Cassin [10], en 1040, le prince de Salerne est en bons termes avec l'abbaye, à laquelle il fait en juin une donation importante [11]. C'est à ce moment que le retour des Nor-mands de Sicile vint ouvrir à son ambition de nouvelles perspec-tives; mais il faut ici remonter un peu en arrière.

1 Gattola, Hist., t. I, pp. 328-329.
2 Cod. Caiet., t. I, p. 346. Aquino, circond. de Sora, prov. de Caserte. Traetto, circond. de Gaete, prov. de Caserte.
3 Ibid., p. 340.
4 Gattola, Hist., t. I, p. 213. Venafro, circond. d'Isernia, prov. de Campo-basso.
5 Ibid. p. 266. — Pontecorvo, circond. de Sora, prov. de Caserte.
6 Muratori, R I SS, t. II 2, p. 509.
7 Cod. Caiet., t. I, p. 341.
8 Ibid., pp. 350 et 351.
9 Ibid., p. 353. Sur Gaete, cf. P. Fedele, Il ducato di Gaeta all'inizio della conquista normanna, dans Arch. st. nap., t. XXIX p. 50 et suiv.
10 Cf. Schipa, op. cit., p. 521.
11 Gattola, Acces., t. I, pp. 140-142.

CHAPITRE III

EXPEDITION DES BYZANTINS EN SICILE SOULEVEMENT DE LA POUILLE
PART PRISE A LA REVOLTE PAR LES NORMANDS LEUR ETABLISSE-
MENT EN POUILLE

(1035-1046)

A partir du moment où ils eurent repris possession de l Italie du Sud, les Byzantins cherchèrent à chasser les Musulmans
de la Sicile L'île était, en effet, devenue le point de départ de
toutes les croisières des flottes musulmanes, qui allaient tour à
tour attaquer les côtes d'Italie et d Illyrie A cause même de leur
situation, les possessions byzantines de l Italie étaient particulièrement exposées et les bandes musulmanes avaient été de
puissants auxiliaires pour les rebelles d Apulie Aussi l'expulsion
des Musulmans de Sicile était-elle devenue une nécessité pour
le gouvernement grec Nous avons vu comment avait échoué
l'expédition envoyée par Nicephore Phocas, en 964 [1] Après la
pacification de la Pouille, Basile II résolut d'entreprendre à nouveau la guerre contre les Musulmans de Sicile [2] Libre du côté
des Bulgares, l empereur fit réunir une puissante armée composée de Varangiens, de Bulgares, de Valaques, de Turks, et
aussi des contingents du thème de Macédoine Conduites par
l'eunuque Oreste, ces troupes débarquèrent en Italie, au mois
d'avril de l année 1025 Le catépan Bojoannès avait fait restaurer la forte place de Reggio et avait même occupé Messine.
Toutes les garnisons musulmanes de la Calabre avaient été
chassées On n'attendait plus pour entrer en campagne que l'arrivée du basileus, que la mort vint surprendre au moment
où il se préparait à partir [3] Abandonné à lui-même, Oreste ne

---

1 Cf p 6
2 Cf Schlumberger, L epopee byzantine Basile II le tueur de Bulgares,
p 598
3 Skylitzès, dans Cedrenus t p II 479 Lupus Protospat ad an
1028 Ibn-el-Athir, ds Amari, B A S , t 1, p 440 Cf Schlumberger,
op cit , p 598 et suiv , et supra, p 82, note 4

sut que se faire battre, malgré les renforts qui lui furent envoyés

Sous les règnes de Constantin VIII et de Romain III, ces grands projets de délivrance de la Sicile furent abandonnés Bojoannes fut rappelé à Constantinople, (1027), et ses successeurs ne surent pas se montrer à la hauteur de leur tâche Profitant de la faiblesse de l'empire, les Musulmans reprirent la guerre avec plus de violence que jamais en juin 1031, ils occupaient Cassano, au mois de juillet de la même année, ils infligèrent une grave défaite au catépan Pothos[1] Devenant plus hardis, à mesure qu'ils se croyaient plus assurés de l'impunité ils étendirent de plus en plus loin le rayon de leurs expéditions, et, durant les années 1031 et 1032, ils poursuivirent sans interruption leurs croisières contre les côtes grecques et livrèrent plusieurs batailles au patrice Nicéphore, gouverneur de Nauplie[2] En 1035, ils parvinrent jusqu'aux côtes de la Thrace[3]

L'eunuque Jean, qui gouvernait pour Michel IV, fut ainsi amené à reprendre contre eux les projets de Phocas et de Basile II Les divisions qui se produisirent vers cette époque entre les Musulmans, fournirent aux Byzantins de grandes facilités pour intervenir en Sicile Amed, surnommé Al Akhal, avait chassé, en 1019, Djafar, qui était émir de Sicile depuis 998[4] Sous le règne d'Amed, de graves dissentiments s'élevèrent entre les Musulmans d'origine sicilienne, et ceux de leurs coreligionnaires qui, à diverses reprises étaient venus d'Afrique Al-Akhal fut amené à favoriser le parti africain tandis que son frère Abou Hafs se mettait à la tête du parti sicilien[5] Abou Hafs fit demander à Moezz ibn Badis khalife zirite de Kairouan, de l'appuyer, menaçant, en cas de refus, de livrer l'île aux Grecs Il reçut un secours de trois mille hommes, commandés par Abd Allah, fils du khalife (427 de l'égire = 5 novembre 1035-24 octobre 1036)[6].

---

1 Lupus Protospat , ad an — Cassano, encond de Castrovillari, prov de Cosenza

2 Skylitzes, dans Cédrenus, t II, p 499 et suiv

3 *Ibid* , II, 513

4 Cf Amari, *Storia dei Musulmani*, t II, p 354 et suiv

5 Cf Amari, *op cit* , t II, p 369 et suiv

6 Ibn-el-Athir, B A S , t I, p 144

Mais déjà, a ce moment, Al Akhal, voyant grandir contre lui
l'opposition, avait entamé des negociations avec Byzance Nous
savons qu'au mois de mai de l'annee 1035, un ambassadeur
byzantin, Georges Probata, était venu en Sicile et avait conclu
un traite d'alliance avec Al Akhal, qui recut le titre de γάμιστρος,
et donna son fils en otage [1]

Quand l'armee de secours commandee par Abd Allah arriva,
Al Akhal s'adressa a Léon Opos, catépan d'Italie, depuis le
mois de mai 1033 [2], et lui demanda assistance [3] Un corps de
troupes grecques, sous le commandement du catepan, passa en
Sicile mais il dut bientôt repasser le detroit du Faro A en
croire la chronique de Skylitzes, Opos serait revenu, lorsqu'il
aurait eu connaissance de négociations engagées entre Al Akhal
et son frere Abou Hafs La courte expédition des Byzantins leur
aurait permis de ramener quinze mille chrétiens qu'ils auraient
delivrés Ces chiffres me paraissent fort exageres Abandonné par
ses alliés, Al Akhal continua la guerre civile, mais il fut fait prisonnier et assassine, au moment où quelques-uns des partisans de
son frere songeaient a le delivrer [4]

C'est, sur ces entrefaites, que l'armee byzantine arriva L'eunuque Jean confia le commandement de la flotte a son beau-frere
Etienne, et mit à la tête de l'armée Georges Maniakes, qui s'etait
illustre dans les guerres de Syrie L'armée, outre les troupes
auxiliaires composees de Russes et de Varangues [5], parmi lesquels
étaient le celebre Harald, plus tard roi de Norvege [6] comprenait
des contingents italiens fournis par le theme de Longobardie et
places sous le commandement du patrice Michel Spondeles La
levée des milices italiennes parait avoir excité chez les habitants

1 Skylitzès, dans Cédrenus II, 513
2 Lupus Protospat, ad an Il faut, sans doute identifier le stratege
Leon Opos, avec le catepan Constantin Opos Cf Skylitzes, dans Cedrenus,
t II, p 503, et Amchera, op cit, p 32
3 Skylitzes dans Cedrenus, II, 516-517 Cf Vita sancti Philareti, A A SS,
avril, t I p 605
4 Ibn-el-Athir, B A S t I, p 445 Ibn-Khaldoun B A S, t II, p 200, qui
fait erreur sur la date Aboulfeda, B A S, t II, p 97 Vita sancti Philareti,
ds A A SS, avril, t I, p 605 Cf Amari, op cit t II p 378
5 Ann Bar, ad an 1041
6 Cf Cecaumeni Strategicon, p 97

de l'Italie du Sud un grand mécontentement[1] L'empire fit aussi
appel a ses vassaux italiens, et nous savons que Guaimar fournit
trois cents chevaliers normands[2] Aimé dit que la « poteste imperial se humilia a proier l'aide de Guaimere » Guaimar avait
besoin de l'empereur, qui avait en son pouvoir Pandolf III, il
n'osa refuser le service dont il fut requis Il est probable que le
prince de Salerne ne fut pas fâché de se débarrasser ainsi d'une
partie des aventuriers normands qu'il avait a sa solde Il faut,
en effet distinguer entre les Normands, qui, comme Rainolf
d'Aversa, ont alors réussi a s'établir, et les aventuriers qui,
venus au bruit des succes de leurs compatriotes, continuaient a
vivre en pillards au grand mécontentement de la population
indigene[3]

Le corps fourni par Guaimar comprenait trois cents hommes,
parmi lesquels étaient Guillaume Bras de fer et Dreux, il était
commandé par un Italien du nom d'Ardouin[4] Les chroniqueurs
ont exagéré le rôle joué par les Normands dans cette campagne[5]
ils ont voulu en faire des champions de la foi, brûlant du désir
de combattre les infideles, alors que tout ce que nous savons
par ailleurs, contredit cette opinion De même, le rôle particulier des fils de Tancrède a été tres exagéré, à en croire les chroniques, ils auraient été les commandants de la troupe formée par
Guaimar, tandis que tous les faits connus montrent clairement
que le chef principal est Ardouin Pour toute la campagne,
nous nous heurtons aux mêmes difficultés Les détails
les plus circonstanciés nous sont fournis par les sources normandes qui parlent a peine de l'armée grecque, mais exaltent
les héros normands On omet toutes les batailles importantes,

1 G Ap, I, 200, Aimé, II, 8, Lup Protospat, ad an 1040
2 Skylitzes, dans Cedrenus, II, 545 Aimé, II, 8
3 Malaterra, I 6
4 Aimé, II, 8, Malaterra I, 7, Skylitzès, dans Cedrenus, II 545 qui
porte le contingent a cinq cents hommes Heskel, *Die Historia Sicula des
Anonymus Vaticanus und des Gaufredus Malaterra*, p 38 n 16, a montré
que tres probablement Onfroi ne fit pas partie de l'expedition Cf *infra*,
p 106
5 Aimé, II, 8, *Anon Vatic*, dans Muratori R I SS, t VIII pp 745-747

pour ne parler que des combats particuliers, ou tel ou tel héros
a eu l'occasion de montrer sa valeur. Nous sommes en présence
de récits, qui tiennent bien plus de l'épopée que de l'histoire ;
aussi est-il curieux de rapprocher les sources normandes des
Sagas, qui, pour la même campagne, nous ont conservé le souvenir des hauts faits de Harald. Dans les unes comme dans les
autres, nous constatons une tendance analogue a subordonner
les événements principaux, aux faits et gestes particuliers de
chacun des héros dont on raconte l'histoire, et il n'y a pas
grande différence entre la manière dont les Sagas racontent les
campagnes du héros scandinave, et celle dont Aimé ou Malaterra rapportent les faits et gestes de Guillaume Bras de fer et de
ses compagnons. Il est presque impossible de tirer de ces sources
quelques renseignements historiques.

Avant le mois de septembre 1038 l'armée byzantine traversait le détroit du Faro et venait mettre le siege devant Messine,
dont la prise ne paraît pas avoir offert de serieuses difficultés. Messine, d'ailleurs, ne présentait pas une importance
capitale. dans toutes les guerres de Sicile, a cette époque, le
point stratégique le plus important a toujours été la forte place
de Rametta, qui commande la route conduisant par le littoral
nord de Messine a Palerme. La constitution orographique du
pays oblige, presque nécessairement. une armée envahissante a
passer par Rametta, car au sud de Messine, la cote est commandée par les hautes montagnes qui bordent le littoral. Les sources
normandes ne disent pas un mot de la bataille qui eut lieu sous
Rametta. Seul, Skylitzes mentionne la victoire des Grecs qui
fut payée chèrement[1]. Pour le reste, jusqu'a l'année 1040, nous
ne savons rien si ce n'est que Maniakes, réussit a occuper treize
châteaux[2]. La nature montagneuse du pays explique en partie
la lenteur des operations mais il est néanmoins certain que
beaucoup de faits nous échappent.

En 1040, on retrouve l'armée grecque devant Syracuse. Skylitzes raconte, qu'a ce moment, Maniakes avait occupé toute l'île[3].

1 Skylitzes dans Cédrenus, II, 520.
2 Malaterra 1, 7.
3 Loc. cit.

Il y a certainement là une erreur, car nous voyons, après cette date la résistance continuer dans toute la partie occidentale de l'île, Maniakes devait à peine être maître de la partie orientale. Tout ce que nous savons du siège de Syracuse a rapport aux Normands, ce sont eux qui sont les héros de toutes les batailles, et les sources s'étendent longuement sur les combats particuliers que Guillaume Bras de fer aurait livré à un émir célèbre par sa valeur [1]

Tandis que l'armée grecque assiégeait Syracuse, Abd Allah, ayant rassemblé de nouvelles troupes dans la région montagneuse de l'intérieur, essaya de prendre à revers l'armée de Maniakes Les sources ne disent pas clairement si Syracuse était prise à ce moment, mais il faut ici, tenir compte je crois, de l'*Anonymus Vaticanus* [2], qui place ces faits avant la prise de la ville

Contournant les pentes occidentales de l'Etna, l'armée de Maniakes, rencontra l'ennemi à peu près à mi-chemin entre Randazzo et Troina [3] Maniakes, prévoyant sans doute que l'ennemi chercherait à gagner la côte, avait envoyé ses vaisseaux, croiser à la hauteur de Taormine et peut-être aussi de Cefalu Le commandant grec remporta une victoire complète [4] Suivant Malaterra, les Normands seraient tombés sur l'ennemi, avant le gros de l'armée grecque, et auraient à eux seuls mis en fuite les Musulmans Les Grecs ne seraient arrivés que pour s'emparer du butin, au détriment des Normands La victoire de Troina fut un succès important, car elle pouvait amener l'occupation de l'intérieur de l'île La prise de Syracuse, qui avait perdu tout espoir d'être secourue, en fut la première conséquence ; mais, au moment où la campagne se présentait sous d'heureux auspices, les divisions des Byzantins vinrent compromettre le résultat final Voici ce que racontent les sources Le chef des Normands, à la suite

---

1 Anne, II, 8-9 Malaterra 1, 7

2 *Anon Vatic*, dans Muratori, R I SS, t VIII, p 748

3 Skylitzès, dans Cédrénus, II, 522 Malaterra, I, 7 Cf. Edrisi, B A S, t I, p 115 — Randazzo, circond d'Acireale, prov de Catane Troina, circond de Nicosia, prov de Catane

4 Peut-être furent-ils aidés des Musulmans, An Nowairi, B A S, t I, p 141

d un combat livré aux Musulmans, s'était emparé d'un cheval
que le commandant de l'armée grecque lui fit réclamer ; sur son
refus de le livrer, il fut, par ordre du général, battu de verges. A
la suite de cette injure, les Normands auraient décidé d'abandonner l'armée grecque, et de regagner l'Italie : munis d'un
permis de passer le détroit obtenu par ruse, ils auraient réussi à
mettre leur projet à exécution [1].

Tel est le récit auquel on a peut-être trop ajouté foi. A mon
avis, il faut le modifier sur beaucoup de points. Le récit de Skylitzès est, en effet, bien différent [2] d'après cet auteur, Maniakès
aurait refusé de payer aux Normands leur solde mensuelle, et, à
la suite des représentations d'Ardouin, aurait fait battre de verges
ce dernier. Malaterra fait également allusion au mécontentement
des Normands, à propos de la manière dont fut réparti le butin.
Nous savons par ailleurs, que des difficultés s'élevèrent également entre Maniakès [3], et les auxiliaires scandinaves qui partirent avec les soldats latins. Il me semble, que l'on peut conclure de tout cela que, à la suite de difficultés pécuniaires, un
mécontentement général s'éleva parmi les troupes auxiliaires.
Peut-être Maniakès manquait-il d'argent, peut-être aussi, croyant
n'avoir plus besoin des troupes normandes et scandinaves,
trahit-il volontairement ses engagements. Les chroniqueurs ont
gardé un souvenir assez confus de ces difficultés, et, d'un épisode
particulier, ont fait le motif déterminant de la brouille survenue
entre le commandant grec et les mercenaires.

Les Normands et les Scandinaves partirent ensemble ; il semble
que leur départ n'ait pas influé beaucoup sur la suite de la campagne, qui, d'ailleurs, fut arrêtée bientôt, à cause des divisions
qui s'élevèrent entre les chefs des Byzantins. A la suite de la
bataille de Troina, Maniakès s'était emporté contre le commandant de la flotte, Etienne, et l'avait battu pour le punir
d'avoir laissé échapper le chef des Musulmans [4]. Pour se ven-

1 Anne, II, 14. G. Ap., I, 206 et suiv. Malaterra I, 8.
2 Skylitzès, dans Cedrenus, II, 545.
3 Snorri Sturleson, *Heimskringla*, ed. Schœning, 3 vol. in-fol. (Hauniae,
1777-1783), t. III, pp. 57 et 59.
4 Skylitzès, dans Cedrenus, II, 522, et suiv. Cf. Anne II, 10.

ger, Etienne avait aussitôt accusé Maniakès, auprès de l'eunuque Jean, d'aspirer à l'empire Sur cette dénonciation Maniakès fut rappelé et les troupes byzantines restèrent en Sicile sous le commandement d'Etienne et de l'eunuque Basile L'occupation de l'île ne paraît avoir fait alors aucun progrès, et les Byzantins se contentèrent de se maintenir dans le pays conquis

Suivant Malaterra [1], le départ des Normands aurait eu lieu secrètement et par ruse, et à peine auraient-ils touché le sol de l'Italie, qu'ils auraient commencé à attaquer les possessions byzantines de Calabre Il y a, dans le récit de ce chroniqueur, une erreur complète Les Normands sont partis très librement et très probablement avec l'autorisation de Maniakès qui ne voulait plus les payer Rien ne prouve qu'à ce moment, Ardouin et ses compagnons aient eu les grands projets qu'on leur a prêtés, et l'idée d'attaquer les possessions byzantines, ne leur est venue que plus tard Cela est si vrai, qu'Ardouin, au lieu d'agir en déserteur, va, peu après son arrivée en Italie, trouver le catepan, Michel Doukeianos, qui revenait de Sicile et était, par conséquent, au courant des faits et gestes des Normands [2] A ce moment, Ardouin est tellement peu révolté, que Doukeianos lui confia le commandement de la ville de Melfi, une des places les plus importantes de la frontière byzantine [3] Pendant ce temps, les Normands retournaient auprès de Rainolf et de Guaimar [4]

Au moment où Ardouin était nommé topotérètes de la région de Melfi, la situation de la Pouille était très troublée. L'expédition de Sicile avait mécontenté les villes obligées de fournir des troupes [5]; en même temps, il est probable que les garnisons byzantines avaient dû être diminuées, et que la plupart des troupes grecques avaient fait partie de l'expédition Pendant

1 Malaterra, I, 8

2 Aimé, II, 16, 64 G Ap , I, 204 Anon Bar , ad an , 1041 Lupus Protospat , ad an , 1041

3 Anon Bar ad an 1041

4 Cela résulte des événements qui suivent Ardouin, lors de la révolte, se rend à Aversa On voit par là que le récit de Malaterra, I, 8 et la version analogue de Guil de Pouille, 1, 205, qui font commencer la révolte dès le retour des Normands à Reggio sont inexacts

5 G Ap , 1, 204 Aimé, II 8

toute la campagne, la Pouille fut très agitée, autant que nous pouvons en juger d'après les brèves indications que nous fournissent les Annales de la région Peut-être cette agitation fut-elle causée par de nouvelles levées, qui exaspérèrent la population En 1038 à Bari on assassina divers fonctionnaires grecs, et l'on brûla les maisons de quelques autres [1] de même, au mois de mai 1040, des milices locales se mutinèrent [2]. La mort du catépan Nicéphore tué à Ascoli au début de 1040 [3], permit à l'insurrection de se développer Les rebelles, conduits par Argyros, le fils de Meles revenu de Constantinople en 1029, attaquèrent Bari d'autres troubles éclatèrent à Mottola et à Matera [4] il y eut également des désordres à Ascoli et à Bitonto, en 1041 [5] Le catépan Michel Doukeianos qui succéda à Nicéphore, réussit à disperser les révoltes Il convient, toutefois de rattacher à ces événements le voyage en Sicile que fit le catépan dans le courant de l'année 1040, Michel s'est certainement rendu compte de la gravité de la situation et a dû aller en Sicile pour presser le retour des troupes byzantines Son absence se prolongea jusqu'aux derniers mois de l'année 1040, ce fut alors qu'Ardouin fut nommé à Melfi [6]

Le topotérètes se rendit vite compte qu'un nouveau soulèvement des Lombards était facile à provoquer, et profitant de sa situation, il s'entendit avec un certain nombre de mécontents et les décida à se révolter Quand il vit qu'il pouvait compter sur les Lombards, Ardouin songea à se procurer l'aide des Normands prétextant un voyage à Rome il alla trouver Rainolf à Aversa (mars 1041), afin de lui demander son concours Grâce à sa situation, Rainolf était alors le chef reconnu des Normands Aversa était le centre où se réunissaient tous les aventuriers venus de Normandie en Italie, c'était en quelque sorte un marché, où tous ceux qui avaient besoin de soldats pouvaient en engager [7]

1 *Anon Bar* ad an 1038 et 1039
2 *Id* et Lupus Protospat , ad an 1040
3 *Anon Bar* , ad an 1040
4 *Anon Bar* , ad an 1029 et 1040 *Annal Bar* , ad an 1040
5 *Anon Bar* , ad an 1041
6 *Ibid* Lup Protospat , et *Ann Bar* , ad an 1041
7 Aimé II 17 Lupus Protospat , ad an 1041

Il me paraît certain, que Rainolf n'intervint pas ouvertement et se contenta d'appuyer secrètement Ardouin, qui leva une bande de trois cents hommes, commandés par douze chefs ou comtes, dont les principaux étaient Guillaume Bras de fer, Dreux, Gautier et Pierron, fils d'Ami[1] Il fut convenu que la moitié des conquêtes futures seraient aux Normands et le reste à Ardouin En mars 1041, Ardouin et sa troupe arrivèrent à Melfi, qu'Aimé appelle justement la porte de la Pouille La situation de la ville permet d'en faire une place forte de premier ordre, et déjà les Byzantins l'avaient fortifiée Les gens de Melfi, en voyant arriver Ardouin et ses Normands, paraissent avoir hésité à les recevoir, mais Ardouin leur annonça qu'il amenait les secours promis, et les exhorta à tenir leurs engagements On finit par accueillir les Normands sans difficulté et Melfi devint ainsi le centre de l'insurrection En quelques jours, Venosa et Lavello furent pris ; presque aussitôt les Normands poussèrent jusqu'à Ascoli[2] Si l'on se rappelle, que peu de temps auparavant, il y avait eu à Ascoli une émeute que les Grecs avaient été obligés d'étouffer dans le sang on est amené à penser qu'il y avait dans cette ville un parti de mécontents auxquels Ardouin voulut s'unir[3] Les chroniques, encore ici, ne parlent que des Normands et de leurs exploits, mais il faut tenir compte de la présence dans leurs rangs, des insurgés lombards, qui jouent, comme nous le verrons plus loin, un rôle prépondérant.

Les Normands se conduisent alors, tous les témoignages sont d'accord à cet égard, en véritables pillards Melfi devient en quelque sorte l'entrepôt général où ils déposent leur butin Une

1 Aimé, II, 18 G Ap, 1, 229 et suiv Anon Bar, ad an, 1041 D'après Aimé, c'est Rainolf lui-même, qui aurait nommé les douze chefs, d'après Guillaume de Pouille, ce sont les Normands qui auraient élu les douze comtes Sur les noms de ceux-ci cf infra, p 10

2 Venosa, circond de Melfi, prov de Potenza Lavello, circond de Melfi, prov de Potenza Ascoli Satriano, circond de Bovino, prov de Foggia

3 Aimé, II, 19-20 G Ap, 1, 245 et suiv C'est à tort que l'on a voulu préférer la date (1040) fournie par Léon du Mont-Cassin, à celle donnée par les sources de la Pouille Hirsch De Italiæ inferioris annalibus sæculi X et XI, pp 58-59, a d'ailleurs montré que Léon commençait d'ordinaire l'année en janvier Cf di Meo op cit, t VII p 206

Histoire de la domination normande — CHALANDON 7

partie du mois de mars fut remplie par ces premières incursions.
Le catépan, Michel Doukeianos, qui était à Bari, arriva avec
les troupes byzantines, dès qu'il fut informé du soulèvement. Les
chroniqueurs normands racontent que l'armée grecque était
innombrable, c'est certainement une erreur, et à cet égard, nous
pouvons entrevoir la vérité, grâce à Skylitzes, qui reproche au
catépan d'avoir livré bataille avec des troupes insuffisantes [1]. Le
témoignage de Skylitzes se rapporte, il est vrai, à la deuxième
bataille livrée au début de mai, mais vaut néanmoins pour la première, car, en trois semaines il eût été impossible au catépan
de mobiliser une nombreuse armée. Doukeianos a certainement
pensé, au début, qu'il se trouvait en présence d'un soulèvement
local, analogue à ceux qu'il avait réprimés les années précédentes,
et il est certain qu'il a cru pouvoir en venir momentanément
à bout avec l'aide des troupes qu'il avait sous la main. Dans tous
les récits de ces événements, qui nous sont parvenus, il y a une
exagération évidente, contre laquelle il faut se tenir en garde [2].

Le 17 mars 1041 [3], les troupes commandées par Doukeianos,
rencontrèrent les Normands et les Lombards révoltés, sur les
bords de l'Olivento petite rivière qui passe au pied de la colline
où s'élève Venosa. Cette bataille semble avoir été peu importante.
Skylitzes ne la mentionne même pas, elle se termina par la
défaite complète des Grecs qui se retirèrent à Montepeloso.

A la suite de ce premier succès, les Normands virent certainement s'étendre l'insurrection et leurs rangs devaient s'être
grossis par l'arrivée de nouveaux rebelles, quand, le 4 mai, le
catépan vint leur présenter le combat à Montemaggiore, sur les
bords de l'Ofanto. L'armée grecque ne comptait que les troupes
des thèmes Opsikion et de Thrace, des Russes [4], et ce qui restait
d'auxiliaires italiens fidèles. Notons la présence, parmi les combattants, des évêques de Troia et d'Acerenza [5]. Aimé raconte que

<hr>

1 Aimé, II 20-21 G. Ap., I, 260 et suiv. Malaterra, I, 9, dont les chiffres
sont exagérés. *Annal. Bar.*, ad an., 1041. Skylitzes, dans Cedrenus, II, 546.
2 Malaterra, I, 9
3 Malaterra *loc. cit. Ann. Bar.*, ad an. G. Ap. I, 280 et suiv. Aimé, II,
21 *Anon Bar* ad an. 1041
4 *Ann. Bar.*, ad an., 1041 Skylitzes, dans Cédrenus, II, 546
5 *Ann. Bar.*, ad an.

l'empereur Michel aurait envoye au catépan des troupes, levées avec l'argent du trésor impérial [1] Etant donné le peu de temps qui s'ecoula entre les deux batailles, il est impossible d'admettre les faits racontés par le chroniqueur. A Montemaggiore, Doukeianos fut de nouveau completement battu et s'enfuit a Bari Guillaume de Pouille, qui lui fait gagner Montepeloso, a certainement confondu la deuxieme bataille avec la premiere

La situation parut alors si grave à Doukeianos, qu'il fit demander des troupes en Sicile et en Calabre [2] Il n'était pas d'ailleurs reserve au catépan de finir la campagne, en effet, tandis qu'il etait occupe a hâter le rassemblement des troupes grecques, il apprit qu'il etait disgracié. L'empereur nomma a sa place, Bojoannes, le fils du restaurateur de la puissance byzantine en Italie au début du xie siecle [3].

La victoire de Montemaggiore donna à la révolte une nouvelle extension et décida les insurgés à se donner un chef [4] Le choix qu'ils firent d'Aténolf, frère du prince de Bénévent, montre clairement que l'element lombard a domine dans tous ces premiers événements On voit par la combien l'insurrection est avant tout nationale, les Normands ne sont encore que des auxiliaires, et sont loin de jouer le rôle principal; ils doivent subir le chef qu'il plaît aux Lombards de se donner On a fait, à ce sujet, des phrases pompeuses sur l'esprit politique des Normands, qui auraient eu l'abnégation de mettre a leur tête Aténolf, pour s'assurer l'appui du prince de Bénevent [5]. Il ressort, pourtant, clairement des faits que les Normands n ont eté pour rien dans le choix d'Aténolf, choix qui leur fut imposé, et leur rôle vrai,

1 Aimé, II 22, p 72 et suiv

2. G Ap, I, 315 318 *Ann Bar*, ad an 1041

3 Aimé, II, 23 *Annal Bar*, ad an, 1041 Skylitzès, dans Cedrenus, II, 546 G Ap, I, 347 et suiv ; Lupus Protospat, ad an, 1042 Suivant Skylitzès, les Normands auraient reçu des renforts entre les deux batailles, cela me parait bien douteux

4 Aimé, II, 22 G Ap, I, 326 et suiv *Anon Bar*, ad an, 1042 Cf Baist, *op cit Forschungen*, t XXIV, p 298, et Hirsch, *op cit Forschungen*, t VIII, p 263 Ce dernier me parait avoir raison en suivant Guillaume de Pouille, de préférence à Aimé, qui place la nomination d'Aténolf, avant la bataille de Cannes

5 Delarc, *op cit*, pp 110-111

ressort du passage où Guillaume de Pouille [1] nous montre Aténolf donnant de l'argent aux Normands, qui sont, a ce moment,
de simples mercenaires, noyés au milieu des Lombards

Melfi était le centre de l'insurrection, et de nombreux
rebelles y étaient assemblés, suivant Guillaume de Pouille, la
ville eût été dès lors partagée entre les douze chefs normands [2].
Comme toutes les autres sources sont muettes à cet égard, j'en
conclus que Guillaume a placé ici le partage qui n'eut lieu que plus
tard Le nouveau catepan, Bojoannes n'avait pas amené de
troupes avec lui, et n'avait sous ses ordres que les forces rassem-
blées par son prédécesseur [3] Comme les batailles rangées n'avaient
pas été jusqu'ici favorables aux Grecs. le catepan forma le projet d'enfermer les rebelles dans Melfi Ceux-ci eurent connaissance de son dessein et ne lui laissèrent pas le temps de le mettre
a exécution, ils sortirent de Melfi et vinrent camper en face de
l'armée grecque, au Monte Siricolo près de Montepeloso En
capturant un convoi de bétail destiné aux Byzantins, les Normands réussirent a faire sortir l'ennemi de son camp, et lui
infligèrent une nouvelle défaite L'armée byzantine prit la fuite,
et le catépan lui-même fut fait prisonnier (3 septembre) [4] D'après
les sources normandes, les Grecs auraient été au nombre de dix
mille, tandis que les Normands n'auraient eu que sept cents
hommes Nous retrouvons encore là le même parti pris d'exagération que nous avons déjà eu l'occasion de constater

Après cette victoire, le catepan fut remis a Aténolf qui
retourna a Bénévent [5] Le parti lombard triomphe alors dans
toute la Pouille Les principales villes se mutinent Bari, Monopoli, Matera, Giovenazzo, prennent parti pour les insurgés
Mais au moment où l'union eût été nécessaire, de sérieuses divisions s'élevèrent parmi les révoltés Suivant Anne, la scission

1 G Ap, I. 327 et suiv Cf Skylitzès dans Cedrenus, II, 546
2 G Ap, I, 319 et suiv.
3 Leo Ost, II, 66, dit toutefois que Bojoannes avait amené des Warangues.
4 Ann Bar, ad an 1042 Lupus Protospat ad an Anon Bar, ad an
Anne, II, 25, p 77 et suiv Malaterra, I, 10, qui exagère le rôle des fils de Tancrède Skylitzès, dans Cedrenus, II, 516, qui place la bataille a Monopoli G.
Ap 1, 355 et suiv — Montepeloso, circond de Matera, prov de Potenza
5 Anne, II, 27

eût été amenée par ce fait, qu'Atenolf aurait gardé pour lui toute la rançon payee par le catepan D'apres d'autres sources, Guaimar aurait vu, avec inquietude, grandir la puissance de la principaute de Bénevent, il serait alors intervenu et aurait décide, a prix d'argent, les Normands à se detacher d Aténolf [1] Les deux récits peuvent parfaitement se concilier Guaimar exploita sans doute le mécontentement qu'avait fait naître la conduite d'Atenolf, mais il ne reussit pas a se faire reconnaître comme chef de l'insurrection Il resulte, en effet, d'un passage de Guillaume de Pouille, que la division se mit entre les Normands, au sujet de la conduite a tenir Voici ce passage

.   Sed se tantummodo cives
Aversae dederant ditioni Guaimarianae ,
Nam reliqui Galli, quos Appula terra tenebat
Argiroo Meli genito servire volebant,
Nam pater ipsius prior introducere Gallos
His et in Italia studuit dare munera primus [2]

Il faut sans doute entendre par ces Normands de Pouille les Normands fixes a Troia, car, a ce moment, aucun de ceux venus d'Aversa ne possedaient en Pouille quoi que ce soit, et il ne semble pas qu'avant cette époque d'autres aventuriers normands se soient etablis en Apulie Le poete oppose les Normands etablis à Troia depuis la revolte de Méles [3] aux Normands venus

---

1 G Ap , I, 419 et suiv En disant que les milices apuliennes sont avec les Byzantins, M Gay op cit , p 158, me paraît faire erreur Le texte de Leon d Ostie, II, 66, sur lequel il s'appuie, mentionne la presence dans les rangs de l'armée imperiale, de Calabrais, mais non d'Apuliens Toutefois les Annales de Bari mentionnent la présence de Lombards dans les rangs de l'armee imperiale A ce moment, il y a certainement des Lombards dans les deux partis, car le role joue par les habitants de Melfi, le refus des villes de la côte d obéir a Synodianos, l election d Atenolf, montrent clairement que ce sont des Lombards et non des Normands qui dirigent le mouvement Il faut ajouter, d ailleurs, que les Normands etaient tout prêts a passer aux Grecs comme le montre cette phrase d'Aimé, II, 21 « Nous volons paiz, se vous nous laissiez la terre que nous tenons, et en ferons service a lo empeor » Telle est la reponse faite au catepan, qui invite les Normands a quitter la Pouille

2 G Ap , l 423 et suiv

3 Timchera, op cit , p 18

d'Aversa avec Ardouin Les premiers ne se souciaient pas du
tout de Guaimar, et les Normands d'Ardouin durent encore
céder, car ceux de Troia, avec l'appui des Lombards, choisirent
comme chef le fils de Meles. Argyros. Nous voyons donc, encore
là, combien la troupe normande venue d'Aversa a acquis peu d'influence (février 1042) [1]

Heureusement pour les rebelles, les troubles, qui se produisirent, a ce moment, a Byzance, empêcherent les Grecs de profiter
de leurs rivalités L'imperatrice Zoé, apres la mort de Michel IV,
avait fait monter sur le trône Michel V Calaphat [2] Celui-ci
envoya en Italie un certain Synodianos, qui débarqua a Otrante
et chercha, dès son arrivée a rentrer en possession des villes de
la Pouille, qui avaient abandonné le parti impérial. Il leur fit
demander de se soumettre ; elles refusèrent, et Synodianos se mit
a rassembler une armée pour les contraindre par la force [3] Mais
Michel V ayant été renversé (avril 1042), Synodianos fut rappelé,
et Zoé, que son mari avait écarté du pouvoir, reprit possession du
trône [4] elle nomma aussitôt Maniakes au gouvernement de
l'Italie [5]

A ce moment, la situation des Byzantins était déjà très compromise Skylitzes enumere comme leur etant restées fidèles les
villes de Brindisi, Otrante, Tarente, Trani et Oria [6] Sauf Trani, a
qui sa situation au bord de la mer permettait de résister, quoique
isolée, on voit que les Byzantins avaient perdu tout le pays au
nord d'une ligne allant de Tarente a Brindisi en passant par Oria.
Maniakes arriva a Tarente au mois d'avril 1042 [7] Dès son arrivee,
il rassembla toutes les troupes qu'il put trouver, et vint camper
sur les bords de la Tara qui se jette dans le golfe de Tarente

1 Aimé, II, 27 Ann Bar , ad an 1042
2 Cf Schlumberger, L'épopée byzantine au Xe siècle Les Porphyrogénètes Zoé et Theodora, p 323 et suiv
3 G Ap , I, 407 et suiv
4 Cf Schlumberger, op cit , p 385 et suiv
5 Skylitzes, dans Cedrenus, II, 522, 541, 545 et 720 Anon Bar , ad an
1042 G Ap , I, 447 et 466
6 Skylitzes, dans Cedrénus, II, 547
7 Ann Bar , ad an 1042 Aimé, II, 27 Lupus Protospat , ad an 1042
G Ap I, 447 et suiv Ce dernier fait arriver Maniakès, à Otrante

Suivant les *Annales Barenses*, il se serait même avancé plus au
nord, jusques vers Mottola[1] Argyros, qui avait fait appel aux
Normands d'Aversa et a ceux de Melfi, vint offrir le combat a
Maniakes qui le refusa et alla s enfermer dans Tarente Les Normands se bornèrent a piller le territoire d Oria et se retirèrent[2]

En juin[3], Maniakès prit l'offensive et chercha à obtenir la
pacification par la terreur. Successivement, Monopoli et Matera
eurent a souffrir de la terrible repression qu'il exerça Près de
Matera, il y aurait eu, suivant le *Chronicon breve normannicum*[4],
une bataille indecise entre les rebelles et Maniakes Les autres
sources sont muettes a cet egard Les executions qui marquaient
partout le passage du general grec produisirent leur effet, et Giovenazzo se donna aux Byzantins Argyros vint assieger la ville et
la prit d'assaut (3 juillet 1042) Il se vengea sur les habitants des
cruautés commises par Maniakes, puis alla attaquer Trani, la
seule place demeurée alors aux Byzantins dans la Pouille[5]. Le
siege, commence à la fin de juillet, dura plus d'un mois la
ville était très bien fortifiée, et les assiegeants durent construire
des machines de siege, entre autre un chat gigantesque[6] Trani
etait sur le point de se rendre, quand un evenement imprévu vint
modifier la situation, Maniakes fut brusquement disgracié[7]

Des longtemps, le général grec avait pour ennemi Romain
Skléros, celui-ci acquit, a la cour de Byzance, une grande influence
par sa sœur, qui etait la maitresse de l'empereur Constantin
Monomaque, il profita de son credit pour faire revoquer Mania-
kès Skylitzes raconte, en outre, qu'il viola la femme du catepan
Au mois de septembre 1042[8], arrivèrent à Otrante le successeur

1 Mottola circond de Tarente, prov de Lecce
2 *Ann Bar* ad an 1042
3 *Ibid* Pour la date, cf la correction de Delarc, *op cit*, p 122 note
4 Muratori, R I SS, t V p 278
5 *Ann Bar*, ad an 1042 G Ap, I, 189
6 *Ann Bar* ad an 1042 Lupus Protospat ad an 1042
7 Skylitzes, dans Cedrenus II, 547-548
8 Lupus Protospat ad an 1043 *Anon Bar*, ad an 1043 (commence
l'annee en septembre) Psellos, *op cit*, dans Sathas, *Bib greca medii aevi*
t V, pp 137 et 143 Le texte de Lupus porte que les envoyes vinrent « *cum
Chrysobulo* » Delarc, *op cit*, p 124, en fait un personnage, ne faut-il pas
entendre que les envoyes etaient porteurs d un chrysobulle ?

de Maniakes, Pardos, le protospatarios Tubachi et l'archevêque de
Bari, Nicolas. Il me paraît probable qu'avant de venir à Otrante,
les envoyés du basileus étaient allés dans un autre port de la côte,
d'ou ils engagèrent des négociations avec Argyros, qu'ils avaient
mission de gagner à la cause grecque[1]. Dès leur arrivée à
Otrante, Maniakes s'empara de Pardos et de Tubachi, et les fit
exécuter. Mais il était trop tard, et Argyros avait déjà embrassé
le parti grec. Il fit incendier les machines de guerre, leva le
siège de Trani et gagna Bari, ou il proclama l'empereur[2].

Pendant ce temps Maniakes, qui avait déjà éprouvé la rigueur
des prisons de Constantinople, après l'expédition de Sicile, refusait d'obéir à l'empereur et se faisait proclamer basileus. Suivant
Guillaume de Pouille, il essaya de gagner Argyros, et de prendre
à sa solde les Normands[3]. Il échoua complètement auprès du fils
de Méles et ne réussit, semble-t-il, que partiellement auprès des
Normands, dont un petit nombre seulement s'associa à sa fortune[4]. Peu après, Maniakes quittait l'Italie. il devait périr
quelques mois plus tard, en Bulgarie, dans une bataille livrée aux
troupes impériales.

Par suite de la défection d'Argyros, le parti des rebelles se
trouva désorganisé. C'est seulement alors que les Normands commencèrent à jouer un rôle prépondérant, en profitant de la
situation nouvelle pour nommer un comte qui fut Guillaume
Bras de Fer (septembre 1042)[5]. Il est probable qu'une partie
des rebelles dut se soumettre avec Argyros, tandis que les
autres demeuraient dans l'alliance normande ; toutefois les forces
des insurgés devaient être très affaiblies par suite des défections
qui s'étaient produites. Pour continuer la lutte les révoltés durent
chercher un appui au dehors, ils s'adressèrent à Guaimar de

1 G Ap , I, 484 et suiv Cette hypothèse serait confirmée par la présence
de l'archevêque de Bari
2 Anon Bar ad an 1043 Lupus Protospat ad an 1043 Ann Bar ,
ad an 1043 G Ap , I 487 et suiv
3 G Ap I 500 et suiv
4 On trouve plus tard, en Grèce, des latins, anciens soldats de Maniakes qui doivent avoir été des Normands Alexiade, t I pp 27 et 370
5 Lupus Protospat , ad an 1042 Aimé II, 28 Chr br norm , ad an. 1045
Cf Hirsch, De Italiae inferioris annalibus, etc , p 39

Salerne On a vu plus haut que celui-ci avait déjà cherché à diriger la révolte, et n'avait pu y réussir Les circonstances amenèrent les insurgés a offrir d'eux-mêmes à Guaimar ce que celui-ci n'avait pu obtenir quelque temps auparavant Le prince de Salerne s'était compromis dans la révolte, il comprit que s'il refusait l'assistance qui lui était demandée, il aurait a subir la vengeance des Grecs, une fois que ceux-ci auraient rétabli l'ordre en Pouille, il accepta donc de soutenir l'insurrection [1]

La scission qui s'était produite dans le parti lombard a la suite de la trahison d'Argyros, permit aux Normands de prendre une part plus active à la direction de la campagne Ce fut Guillaume Bras de fer qui demanda à Guaimar d'intervenir, et il semble bien que ce soit avec lui que le prince de Salerne ait traité A partir de janvier 1043 [2], nous voyons le prince de Salerne prendre dans ses actes le titre de duc de Pouille et de Calabre c'est donc dans le courant de janvier qu'il fut reconnu comme suzerain des terres occupées par les Byzantins [3] Il semble qu'une partie des Normands ait voulu choisir comme suzerain Rainolf d'Aversa, Guaimar, craignant que la puissance de Rainolf ne lui fit échec, s'y opposa et investit de ses nouvelles possessions, Guillaume Bras de fer, auquel il fit épouser sa nièce, la fille du duc de Sorrente [4]. Les négociations commencées a Salerne s'achevèrent a Melfi. Ce fut dans cette ville que Guaimar partagea entre les Normands les terres « acquestées et a acquester » [5]

Le pays fut réparti de la façon suivante entre les principaux chefs normands Guillaume eut Ascoli Dreux, Venosa, Arnolin, Lavello, Hugues, Monopoli, Rodolphe, Canne, Gautier, fils d'Ami, Civita, Pierron, son frere Trani Rodolphe, fils de Behena, Sant Arcangelo, Tristan, Montepeloso, Herve, Fragento, Asclettin, Acerenza, Rainfroi, Minervino [6] Aimé et Léon

---

1 Aimé, loc cit

2 Cod dipl Cavens t VI, p 223

3 Ibid , p 224 , dans un acte de janvier, Guaimar n a pas le titre de duc de Pouille

4 Aimé, II, 28 p 82 et suiv

5 Aimé II, 30 Anon Bar , ad an 1043

6 Aimé II, 30 Voici l identification de celles de ces localités, dont nous n'avons pas encore rencontré le nom Sant'Arcangelo Trimonti, circond

d'Ostie, qui le copie[1], mentionnent qu'Ardouin reçut la moitié de
toutes choses, sans que nous sachions ce qu'il faut entendre par la.
Rainolf d'Aversa reçut Siponto et une partie du Gargano[2].
Melfi resta indivise entre tous les chefs normands[3] Notons
qu'Onfroi, frère de Guillaume Bras de fer, ne figure pas encore
parmi les chefs normands Il est plus que probable qu'il n'était
pas encore arrivé à cette date Il dut venir en Italie, seulement
dans la période qui s'étend de 1043 à 1045, car un peu avant la
venue de l'empereur (1047), il est déjà installé[4]

Il faut retenir que, comme le dit Aimé, ce partage comprit non
seulement les terres acquises, mais encore les terres à conquérir
Guaimar donna l'investiture des villes encore aux mains des
Byzantins, comme plus tard, nous verrons le pape investir Robert
Guiscard de la Sicile, alors occupée par les Musulmans La donation faite à Ardouin ne s'explique pas, car nous ne trouvons plus
trace de ce personnage dans les années qui suivent Delarc a peut-
être raison quand il explique qu' « Aimé a parlé de la donation
faite à Melfi en faveur d'Ardouin, sans savoir si le fait était exact
et uniquement pour prouver que les Normands étaient restés
fidèles à la promesse faite à Aversa »[5]

De Melfi, les Normands, sous la conduite de Guaimar et de
Rainolf, allèrent mettre le siège devant Bari ; mais leur tentative
échoua, et ils furent obligés de se retirer au bout de quelques

---

d'Ariano, prov. d'Avellino Frigento, circond de Sant Angelo de Lombardi,
prov d'Avellino Minervino Murge, circond de Barletta, prov de Bari

1 Leo Ost , II, 66

2 On a discuté sur les possessions que Rainolf aurait eues à Siponto A
mon avis, ce fait est confirmé par Richard, successeur de Rainolf, qui
donne au Mont-Cassin certains biens dans la région de Siponto Gattola,
Acces , t I, p 161 Di Meo, op cit , t VIII, ad an 1059, et de Blasiis, op cit ,
t I, p 177, note 2, croient cette donation de Richard fausse Delarc, op cit ,
p 331, la croit vraie L'objection principale était tirée de la date L'acte est
du 23 août 1059 On en contestait l'authenticité, parce que dans l'acte il
est dit que Richard assiste au concile de Melfi, et que l'on croyait que
celui-ci avait eu lieu en juillet 1059 Or, le concile est du 23 août, cf
Pflugk-Harttung, Iter italicum, p 190 L'objection tombe donc d'elle-même ;
les autres critiques sont sans importance

3 Aimé, II 30 G Ap , I, 321

4. Aimé, II, 43 Cf. Heskel, loc cit

5 Op cit , pp 131-132

jours[1] Nous sommes très mal renseignes sur les evenements dont la Pouille fut le theâtre pendant les annees qui suivirent Lupus Protospatharius[2] mentionne, a l'annee 1044, une attaque de Guillaume Bras de fer et de Guaimar, contre les possessions byzantines de Calabre, attaque dont le resultat fut la construction du château de Stridula, dont la situation exacte nous est inconnue. En 1045, le *Breve chronicon normannicum* rapporte une victoire d'Argyros sur les Normands, le combat aurait eu lieu dans les environs de Tarente La même annee Dreux s'empara de Bovino[3] De tout ce que nous savons, il résulte qu'il y a eu, alors, une poussee des Normands vers le sud, c'est, sans doute, à ce moment, que Lecce, qui, en 1047, sera reprise par les Grecs, a dû etre occupée En 1046, au debut de l'annee Lupus enregistre le depart d'Argyros pour Constantinople, et l'arrivée du catepan Eustathios Palatinos[4] Pendant toute cette période, nous sommes mieux renseignés sur l'histoire des Normands d'Aversa

Pour punir Guaimar de l'appui prête aux Normands le basileus Michel V, des son arrivée au pouvoir, remit en liberté Pandolf III[5], autour duquel se grouperent bientôt tous ses anciens partisans, et parmi eux les comtes d'Aquino et de Sexto[6] Des le retour

1 *Anon Bar*, ad an 1043

2 Lupus Protospat ad an La présence de Guaimar aux cotes de Guillaume Bras de fer, est très probable, car ses Etats s'étendent fort loin de ce côte En 1047, le pape Clement II nomme parmi les suffragants de Salerne les évêques de Conza, Malvito, Pesto, Acerenza, Bisignano, Cosenza Il est probable que certaines de ces villes sont au pouvoir des Byzantins, mais il est clair que le prince de Salerne a des pretentions sur cette region Cf Paesano, *Mem della chiesa Salern*, t I, p 107

3 Rom Sal ad an. 1045 M G H SS t XIX, p 404 Muratori, R I SS, t V, p 278

4 *Loc cit* Cf Lupus Protospat ad an 1046 et *Cod dipl Bar*, t IV p 67

5 Aime, II, 12 Leo Ost, ad an 1041 M G H SS, t III, p 180 Hirsch *op cit*, p 259 pretend que Pandolf revint avant la mort de Michel IV (decembre 1041), mais les *Annales de Bénevent* font debuter l'annee en mars Cf Weinreich, *De conditione Italiae inferioris Gregorio VII pontifice* (Koenigsberg, 1864, p 80 Donc suivant le mode de compter des *Annales Beneventani*, Pandolf a pu arriver encore de janvier 1042 au 1er mars Cf Delarc, *op cit*, p 139, note 1

6 Leo Ost, II, 68 et suiv Aime, II, 40, et suiv

de Pandolf, toute la région de Capoue et du Mont-Cassin fut
mise a feu et a sang La chronique de Leon d'Ostie est remplie
par le récit, sans intérêt, de ces guerres continuelles entre partisans de Guaimar, de Pandolf et du Mont-Cassin Il suffit d'indiquer qu'un certain nombre des Normands qui étaient alors au service de l'abbaye se montrerent des vassaux si peu commodes,
que l'abbé Richer dut, une fois, quitter son couvent, pour aller
chercher du secours auprès d'Henri III Il semble que Guaimar
ait conseillé a l'abbé d'aller trouver le fils de Conrad, ce
qui tendrait à prouver que le prince de Salerne lui-même
n'obtenait qu'une obéissance très relative de la part de ses vassaux
Le pape Victor III, qui, comme abbé du Mont-Cassin, avait eu
de nombreux demêlés avec les Normands, rapporte dans un de
ses dialogues, divers actes de pillage commis par ses anciens
adversaires et dit a leur sujet : « *sunt ad rapinam avidi, ad
invadenda aliena bona inexplebiliter arsi* [1] » De tout ce que nous
apprennent les sources, il ressort en effet, que les Normands se
conduisent en véritables brigands Rappelons qu'en 1043 [2], un
prêtre, Franeon, s'excuse de ne pouvoir payer la redevance
qu'il doit au monastere de Saint-Serge et Saint-Bacchus de Naples,
et promet de s'acquitter « *ubi domino placuerit et illi maledicti
lormannis (sic) exieris de libure* » Le territoire du Mont-
Cassin n'était pas respecte davantage, et Guaimar, qui ne voulait
pas permettre a l'abbé de detruire les Normands reussissait a
grand peine a maintenir la paix [3] Il est vrai que dans ces
luttes incessantes, tous les torts n'étaient peut-être pas du côte
des Normands. Leon d'Ostie raconte l'histoire du guet-apens ou
tomba un Normand du nom de Rodolphe [4], venu, avec quelques
compagnons, au Mont-Cassin Les moines, qui avaient a se
plaindre de Rodolphe et des siens, profiterent du moment ou ils
etaient à l'eglise pour tomber sur eux, et les massacrer pour la
plupart Cette exécution sommaire permit aux moines, aidés par
les comtes des Marses et les comtes de Sangro, d'expulser les

---

1 A\ SS O S B sec IV P 2, p 433
2 *Regii neapolitani archiv mon*, t IV, n° 380, p 299
3 Leo Ost, II, 71 Aimé, II 41
4 Leo Ost, II, 71 et 73

bandes normandes de tous les territoires du Mont-Cassin A la
suite de ce succes, l'abbé fit construire un grand nombre d'en-
ceintes fortifiées, derriere lesquelles purent s'abriter les paysans
de l'abbaye (mai 1045) Guaimar dut intervenir personnellement
pour empêcher les gens d'Aversa de venger leur compatriote, et
ce n'est qu'avec peine qu'il y reussit

Les Normands d'Aversa étaient alors aux prises avec le prince
de Salerne pour les raisons suivantes Au mois de juin de l'année
1043 [1], le comte Rainolf étant mort, les Normands, avec le consentement de Guaimar, élurent a sa place Asclettin, neveu de
Rainolf [2], qui fut investi par Guaimar, mais mourut au bout de
peu de temps Asclettin n'avant pas recueilli en entier l'héritage
de son oncle, car les gens de Gaete se donnerent, a la mort de
Rainolf, au comte d'Aquino Adénolf, qui fut battu et fait prisonnier par le prince de Salerne [3] Pandolf III ayant, sur ces
entrefaites, recommencé a attaquer le Mont-Cassin, Adenolf et
Guaimar s'allierent contre lui et le premier, remis alors en liberté,
conserva Gaete A la mort d'Asclettin, Guaimar prétendit disposer
du comte et en investit Raoul, fils d'Eudes [4] Cette intervention
du prince de Salerne fut mal vue des Normands, et tout un parti,
ayant a sa tête un neveu de Rainolf Ier, Rainolf Trincanocte,
et Hugues Falluca refusa d'obeir a Guaimar Celui-ci réussit
a s'emparer des deux chefs, et les fit enfermer a Salerne Les
deux captifs reussirent a gagner leur geôlier et a s'enfuir auprès
de Pandolf III, qui naturellement s'empressa de les appuyer
Aidé par celui-ci, Rainolf II gagna Aversa et à force d'argent se
fit reconnaître a la place de Raoul, qui dut prendre la fuite.

Cette révolution eut lieu vers la fin de 1045, ou au debut de

1 En juillet 1050, on compte la sixieme année d'Adénolf, duc de Gaete
Cod dipl Caiet, t 1, p 190 Celui-ci a donc commence, au plus tard, a regner
en juillet 1045 Or, apres Rainolf, et avant Adenolf, il y a eu Asclettin Comme
Rainolf est mort en juin, *Necrol sancti Benedicti Capuanum* dans Peregri-
ni, *Histor princip Langob*, ed Pratilli V, 70, on doit placer sa mort
en 1045, car il n'y aurait pas assez de temps entre juin et juillet 1046 pour
les evenements connus Cf Aimé, II 31, p 87
2 Aime, II, 31, p 87
3 Leo Ost, II, 74
4 Aime, II, 32, Leo Ost, II, 66
5 Aime, II, 33, qui appelle Hugues, Fallacia Cf Leo Ost, II, 41 et 66

l'année 1046 A cette date, en effet, mourut Guillaume Bras de
fer, or les événements d'Aversa sont postérieurs a la mort de
celui-ci[1]

La disparition de Guillaume fit éclater entre les Normands des
conflits dont Guillaume de Pouille nous a conservé le souvenir[2]
Pierron, seigneur de Trani, et Dreux furent tous les deux candidats a la succession de Guillaume Bras de fer. Appuyé par Guaimar,
ce fut Dreux qui l'emporta Le nouveau comte prit peu apres le
titre de *dux et magister Italiæ comesque Normannorum totius
Apuliæ et Calabriæ*[3] A ce moment, le prince de Salerne
chercha a s'attacher Dreux en lui faisant épouser sa fille, car
il tenait a s'assurer l'appui des Normands de la Pouille pour
lutter contre Pandolf III, dont l'alliance avec les Normands
d'Aversa l'inquiétait[4] Son but fut atteint, et Dreux vint l'aider,
au moment où Rainolf II songeait a attaquer Salerne Sur ces
entrefaites, Pandolf III se trouva a court d'argent; ne pouvant
payer ses troupes, il lui fut impossible de fournir une assistance
effective a Rainolf II qui se voyant abandonné par lui, demanda
a Dreux de le réconcilier avec Guaimar Le nouveau comte de
Pouille y réussit, et Rainolf II fut investi par le prince de Salerne,

1 Guillaume Bras de fer dut mourir vers la fin de 1045, ou au début de
1046 Cf Heinemann, *op cit* t I. p 361 Cela résulte d'Aimé, II, 34 et 35.
2 G Ap, II, 27 et suiv
3 Il est probable que Dreux n'a pris ce titre qu'apres la venue d'Henri III
Cf p 113 On a de Dreux un acte de 1053, ou il prend le titre de « *dux et
magister Italiae comesque Normannorum totius Apuliae atque Calabriae* ».
Ughelli, t VII, p 168 Les indications chronologiques sont exactes L'absence de diplomes emanes de Dreux, ne permet pas de faire la critique de
cet acte, au point vue diplomatique Je crois pourtant que l'acte est
authentique, car il est mentionne dans une bulle de Nicolas II (25 août
1059, Melfi) Cf Pflugk-Harttung, *Acta inedita*, t II, p 86 il est peu probable
que l'on ait presente au pape un acte faux, ou etait mentionnee l'intervention de Robert Guiscard, alors que Guiscard etait a Melfi avec le
pape Cela me parait rendre probable l'authenticite du diplôme Si on l'admet, on voit que les Normands ont pris le titre qu'avait alors Argyros,
le gouverneur byzantin de la Pouille, qui s'intitulait μάγιστρος καὶ δοὺξ Ἰτα-
λίας Trinchera, *op cit* 54 Rappelons qu'Henri II avait accordé à Meles
ce titre de *dux Apuliæ* Le titre de duc aurait donc ete pris par les Normands
antérieurement au concile de Melfi Cette opinion me parait confirmee par
le fait que Guaimar, dans ses actes, parlait du duché de Pouille Cf p 105
4 Aimé, II, 34

du comté d'Aversa[1] Ainsi se terminèrent ces premiers démêlés entre le prince de Salerne et les bandes normandes

Il semble que, pendant l'année 1046, Dreux se soit étendu vers la Pouille, nous savons, en effet qu'en mai, il infligea une défaite au catepan Eustathios, près de Tarente[2] En 1046 également, Onfroi, un des fils de Tancrede de Hauteville, arrivé depuis peu en Italie, obligea les gens de Bari à conclure un traité avec lui Peut-être, doit-on placer également vers cette date, la création par le comte Pierron de toute une série de forteresses dans les environs de Trani D'après Guillaume de Pouille, c'est alors, en effet, qu'auraient été créées les places d'Andria, de Bisceglie, de Barletta et de Corato[3]

La fin de l'année 1046 marque l'apogée de la puissance de Guaimar, dont l'autorité est reconnue par les comtes des Marses et les comtes de Sangro[4], et, dont l'alliance est recherchée par Boniface, marquis de Toscane. Guaimar pouvait croire également qu'il était en droit de compter sur l'appui d'Henri III, auquel il envoyait des présents deux fois par an, mais sa puissance porta ombrage au fils de Conrad et la venue d'Henri III, en Italie, modifia singulièrement la situation du prince de Salerne

1 Aimé, II, 35 36 et 38
2 Lupus Protospat ad an *Chr breve nor*, ad an
3 Aimé, II, 34, p 91.
4 G Ap II, 20 22

CHAPITRE IV

L EMPEREUR HENRI III EN ITALIE — ARRIVEE DE RICHARD D'AVERSA
ET DE ROBERT GUISCARD — LES NORMANDS ET LEON IX

(1047-1054)

Depuis Benoît VIII, la papauté était en quelque sorte devenue héréditaire dans la famille des comtes de Tusculum, qui surent toujours se maintenir en bons termes avec les empereurs allemands[1] Benoît IX, qui monta sur le trône pontifical, à l'âge de douze ans, compromit cette situation par ses désordres Sous son règne, on vit « refleurir au Latran le régime de cocagne auquel son parent, Jean XII, avait présidé quatre-vingts ans auparavant[2] ». Benoît IX resta pourtant douze ans sur le trône pontifical, ce ne fut qu'à la fin de 1044 que les Romains, las de son pontificat, le chassèrent et élurent à sa place Jean, évêque de Sabine, qui prit le nom de Silvestre III[3] Ramené au pouvoir par son parti, Benoît IX abdiqua, au bout de quelque temps, en faveur de Jean Gratien, archiprêtre de Saint-Jean-Porte-Latine, qui prit le nom de Grégoire VI[4] L'anarchie, qui régna à Rome, à la suite de ces élections, fut telle, qu'une partie du clergé romain demanda l'intervention d'Henri III, qui, en 1039, avait succédé à son père Conrad II[5]. Le roi des Romains avait déjà été sollicité par les moines du Mont-Cassin de venir rétablir l'ordre dans l'Italie du Sud En 1046, Henri III, débarrassé des

1 Cf Mgr Duchesne, *Les premiers temps de l'état pontifical*, p 369 et suiv
2 *Op cit*, p 376
3 *Lib Pontif*, t II, p. 270, et *Annal Rom*, ibid, p 331
4 *Ibid*
5 Bonizo, *Liber ad amicum*, dans M G H in-4°, *Libelli de lite imperatorum et pontificum*, t I, p 584

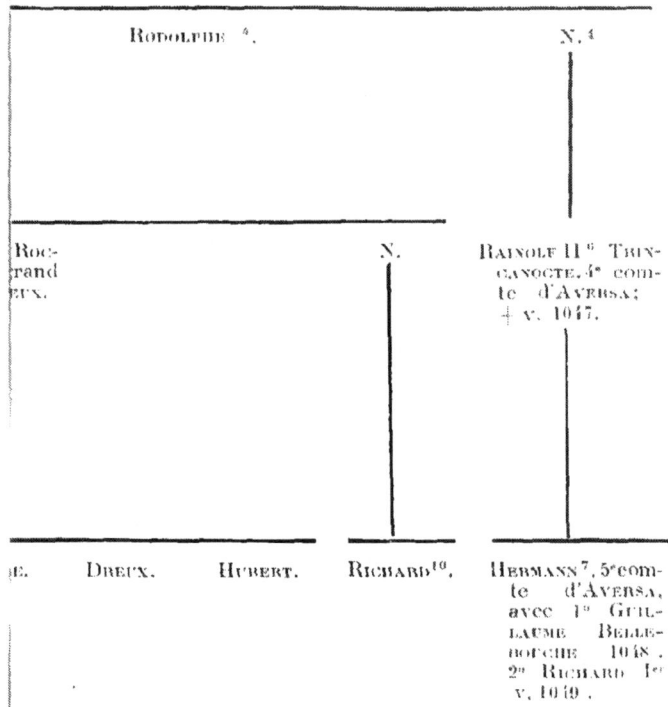

Rodolphe [4].

N. [4]

Roc-
grand
eux.

N.

Rainolf II [6] Trin-
canocte, 4e com-
te d'Aversa;
+ v. 1047.

e.   Dreux.   Hubert.   Richard [10].   Hermann [7], 5e comte d'Aversa,
avec 1o Guil-
laume Belle-
bouche 1048,
2o Richard Ier
v. 1049.

TABLEAU GÉNÉALOGIQUE DES COMTES D'AVERSA ET DES PRINCES DE CAPOUE

guerres, qu'il avait eu à soutenir contre Samuel Aba, roi de
Hongrie, et Godefroi le Barbu, duc de Lorraine, se décida à
descendre en Italie[1]. Dans deux synodes, tenus l'un à Sutri, le
20 décembre, l'autre, à Rome, le 23 et le 24 du même mois, Henri
déposa les trois papes et désigna pour leur succéder Suidger,
évêque de Bamberg, qui prit le nom de Clément II. Celui-ci
sacra le 25 décembre Henri III et sa femme Agnès[2].

Dans le courant du mois de janvier de l'année 1047 l'empereur
se rendit dans le sud de l'Italie, en compagnie du pape[3]. Il s'arrêta
au Mont-Cassin et fit, durant son séjour, de riches présents à l'abbaye[4]. Le 3 février, il était à Capoue[5], où Guaimar, accompagné
de Rainolf II et de Dreux vint le trouver; Pandolf III se rendit
également auprès de lui[6]. L'empereur trouva que la puissance de
Guaimar était devenue trop grande; il lui enleva donc Capoue, et
rendit à Pandolf III, son ancienne principauté, en échange, il reçut
une grosse somme d'argent. Henri III confirma également les
conquêtes faites par les Normands en conférant l'investiture de
leurs états à Dreux et à Rainolf[7].

On a voulu qu'à partir de cette date, Rainolf et Dreux aient cessé
d'être les vassaux de Guaimar[8]. Cette opinion ne me paraît pas juste,
car, dès le départ de l'empereur, nous voyons Dreux acquiescer à
une demande de Guaimar « comme loial comte », dit Aimé[9], et
le prince de Salerne agit, peu après, en véritable suzerain dans
l'affaire de la succession d'Aversa[10].

Le rôle d'Henri III peut s'expliquer autrement, vis-à-vis de
l'empire, les Normands étaient investis d'une façon irrégulière

1 Hermannus Aug., *Chr.*, M. G. H. SS., t. V, p. 126 ad an. 1046. *Annal.
Altah.*, ad an. 1046. Cf. sur la descente de l'empereur, Steindorff, *Jahrb. d. d.
Reichs unter Heinrich III*, t. I, p. 308 et suiv.
2 Cf. Steindorff, *op. cit.*, t. I, p. 314 et suiv.
3 Stumpf, *op. cit.*, 2320-2322.
4 Leo Ost., II, 78.
5 Gattola, *Acces.*, t. I, p. 148.
6 Leo Ost. II, 78. Aimé, III, 2-4. *Ann. Cas.* M. G. H. SS., t. XIX, p. 306.
7 Aimé, III, 2. Hermannus Aug., *Chr.*, ad an. 1047.
8 De Blasiis, *op. cit.*, t. I, p. 797. Cf. Hirsch, *op. cit.*, p. 277. Delarc
op. cit., p. 166. Heinemann, *op. cit.*, t. I, p. 108.
9 Aimé, III 12, 113 et suiv.
10 Cf. *infra* p. 117.

Histoire de la domination normande — CHALANDON 8

car, Guaimar leur avait donné des terres, sur lesquelles il n'avait
aucun droit Henri III dut se borner a légitimer le fait accompli, les
Normands devinrent ainsi les arrieres-vassaux de l'empire Il reste
a expliquer comment a partir de ce moment, le prince de Salerne
a cessé de prendre le titre de « dux Apuliæ [1] » Il me semble que
l on peut donner de ce fait l explication suivante Aucun Normand
n'avait ete jusque-là ete investi du duché de Pouille, mais
tous avaient reçu des investitures partielles Dreux etait comte
de Lavello comme Pierron etait comte de Frani Guillaume Bras
de fer et Dreux ne paraissent pas avoir ete, jusqu alors, les
seigneurs des autres comtes normands, et leur rôle parait s'être
reduit a prendre en cas de guerre le commandement des bandes
que formaient leurs compatriotes Par le fait de l'investiture
impériale, Dreux acquit une importance nouvelle, nous avons vu
qu'il prit probablement alors le titre de « dux et magister
Italiæ » Dreux ayant reçu la Pouille en fief, on comprend que
Guaimar ait cesse de prendre le titre de « dur Apuliæ », mais ce
changement a tres bien pu se faire sans que l'empereur ait rompu
les liens de vassalite qui rattachaient Dreux au prince de Salerne

Le resultat le plus clair du voyage d Henri III fut la reconstitution de la principaute de Capoue L empereur, afin d equilibrer
la puissance des petits Etats italiens, chercha certainement a
opposer a Guaimar et a ses Normands. Pandolf III

De Capoue, Henri III, toujours en compagnie du pape [2], se
rendit a Salerne, ou il etait le 18 fevrier, de la, il gagna Benevent
La ville refusa de le recevoir Hermann de Reichenau raconte
que les habitants qui avaient mal accueilli, quelque temps auparavant, la belle-mere de l empereur, craignirent la vengeance
d'Henri III Celui-ci se borna a conceder aux Normands Bene-

1 Guaimar n'a plus le titre de dux Apuliæ et Calabriæ, apres janvier 1047,
Cod Cai t VII, pp 26 28 et suiv De Blasiis, op cit, I, 197, dit a tort depuis
decembre 1046 L acte publie dans le Cod Cai loc cit, sous le
n° MLXXXVIII, a encore la mention du duche de Guaimar, mais l indiction
indique qu'il faut le dater de 1045 Je ne saurais expliquer que par une
erreur du redacteur la mention du duche qui se trouve dans l'acte n° MCXX,
op cit
2 Ann Bener, M G H SS, t III, p 179 Lup Protospat ad an 1046
Hermannus Aug Chr, M G H SS, t V, p 126 Leo Ost, II, 78

vent et son territoire, et regagna l'Allemagne L'aide pretee par
les Normands a Guaimar dans sa campagne contre Capoue,
montre bien que leurs rapports avec le prince de Salerne conti-
nuerent a être très bons, apres la venue de l'empereur [1], de
même, l'assistance prêtee a Guaimar par Drogon, lors de la révolte
de Guillaume Barbote, vers 1050 [2].

Il semble qu'à ce moment les Normands se soient etendus, surtout vers le sud La chronique de Lupus mentionne pour la fin de
l'annee 1047 deux victoires des Grecs, dont l'une a Lecce [3] Nous
ne connaissons pas, par ailleurs, les campagnes, qui eurent lieu
alors, mais nous pouvons connaître la manière dont les Normands progresserent, par l'histoire de deux jeunes chevaliers qui
arriverent, en Italie, vers cette date, et sur lesquels les chroniques
nous fournissent de nombreux renseignements

Les succes remportes par les Normands, en Italie avaient amene
une emigration nombreuse de leurs compatriotes [4] Nous avons vu
que Rainolf d'Aversa avait tenu a faire venir des Normands, pour
les prendre a son service, et Malaterra nous apprend que tous
ceux, qui arrivaient de Normandie etaient, bien reçus et trouvaient facilement a prendre du service Un peu avant la venue de
l'empereur Henri III, arriverent deux chevaliers, qui devaient, au
bout de peu de temps jouer les deux roles principaux, dans les
evenements de l'Italie du Sud L'un devait être Richard Ier de
Capoue, l'autre Robert Guiscard

Le premier était le fils d'Asclettin a qui la ville d'Acerenza
avait été attribuée lors du partage de la Pouille et le frere d'Asclettin qui avait été investi d'Aversa, apres la mort de Rainolf Ier [5]
Richard arrivait avec une suite nombreuse il avait avec lui quarante chevaliers Il se rendit, d'abord, a Aversa, ou il trouva,
aupres de Rainolf II Trincanocte, un tres mauvais accueil Ce dernier, au dire d'Aime, craignait que les partisans d'Asclettin ne

1 Aime, III 3, 10
2 Aime, II, 39, 95 La date resulte de l'Anon Bar, ad an 1051 et d'un
acte de 1050, ou Guillaume est mentionne, di Meo, op cit, t VII, p 311
3 Lup Protospat, ad an 1047
4 Malaterra I 11
5 Aime, II, 43 et 44

s'unissent au jeune comte et ne missent celui-ci à sa place. Richard, voyant qu'il n'avait rien à gagner, auprès de Rainolf II, quitta Aversa et se rendit auprès d'Onfroi, seigneur de Lavello, qui le traita avec honneur[1]. Mais, à ce moment, Onfroi était un seigneur assez peu puissant, et il ne paraît pas avoir aidé Richard, à qui la fortune vint d'un autre côté. Un certain Sarule, seigneur de Genzano, ancien vassal d'Asclettin, comte d'Acerenza, se serait, au dire d'Aimé, rendu auprès de Richard, dès qu'il eut connaissance de sa présence chez Onfroi et l'aurait invité à venir à Genzano[2]. Là, en présence de ses chevaliers, il aurait proclamé Richard seigneur des terres qu'il possédait, et n'aurait accepté, que sur les instances de celui-ci, de partager avec lui la seigneurie. Peut-être, y a-t-il, chez Aimé, une certaine exagération dans la manière de présenter les faits. Nous voyons en effet, que l'arrivée de Richard augmenta sensiblement la puissance de Sarule qui au lieu de soixante chevaliers, en eut cent. En admettant que Richard et Sarule ont simplement fait alliance, nous devons être plus près de la vérité.

Les deux seigneurs commencèrent à mener une vie de brigands, pillant et ravageant toutes les terres voisines. Au bruit de leurs exploits, de nombreux chevaliers vinrent se ranger sous leurs ordres et tous furent grassement payés. Richard devint assez puissant pour s'attaquer au comte d'Aversa, auquel il réclama les terres, qui avaient appartenu à son frère il réussit à amener Rainolf II à composition. Celui-ci donna en mariage, à Richard une de ses parentes, et lui restitua le bénéfice qui avait appartenu à Asclettin[3]. Nous savons que Richard attaqua également Dreux, mais ici, il fut moins heureux et fut fait prisonnier[4]. Pendant sa captivité Rainolf Trincanocte vint à mourir (fin de 1047 ou début de 1048) son fils Hermann lui succéda, sous la

_____

1 On a vu que Lavello était échu à Arnolin, lors du partage de la Pouille, nous ne savons pas comment Onfroi en devint le seigneur.

2 Genzano, prov. et circond. de Potenza.

3 Aimé, II, 44, fait de la femme de Richard, la sœur de Rainolf Trincanocte ailleurs, VII, 1 il dit qu'elle était sœur de Guiscard. Cf. le tableau généalogique des comtes d'Aversa, p. 112.

4 Aimé, III, 12.

tutelle du comte Guillaume Bellebouche[1] Celui-ci, pour des motifs
que nous ne connaissons pas, fut, au bout de quelque temps,
expulse par les gens d'Aversa, qui choisirent Richard, comme
regent[2] Ils allèrent trouver Guaimar de Salerne et le prièrent
d'intervenir auprès de Dreux pour qu'il rendit la liberté au seigneur de Genzano Aimé raconte que le prince Guaimar requit
Dreux de lui livrer Richard et qu'en loyal comte Dreux obéit
D'après le même chroniqueur, Guaimar aurait ensuite mene
Richard, a Aversa et l'aurait fait comte[3] Il semblerait, d'après
les paroles d'Aimé que Guaimar agit, encore a ce moment,
comme seigneur d'Aversa Reconnu comme régent, pendant la
minorité d'Hermann, Richard, nous ne savons comment fut
bientôt seul comte, car les sources ne font plus mention de son
pupille Hermann

La fortune de Guiscard, bien qu'elle n'ait pas été aussi rapide
que celle de Richard, devait la dépasser Robert Guiscard était
le fils aîné du second mariage de Tancrede de Hauteville A peu
près vers la même epoque que Richard, il se rendit en Italie
pour y chercher fortune, mais au lieu d'arriver comme celui-ci
suivi d'une suite nombreuse, il vint seul Guiscard était allé tout
d'abord demander appui a Dreux, qui ne lui fournit aucune assistance Repoussé par son frère, Robert fut obligé de se mettre à
la solde de divers chevaliers[4]. C'est ainsi que, a une date inde-
terminée, il entra au service de Pandolf III[5] Nous avons vu qu'a
la suite de l'expédition d'Henri III, la guerre avait éclate entre
Guaimar et Pandolf C'est vers cette epoque, que Robert prit du
service dans l'armee de Pandolf, où d'ailleurs, il parait etre

1 Di Meo, *op cit*, t VII, p 283
2 *Ibid*, p 312 Cf Leo Ost, II 66, qui confirme les renseignements
fournis par les actes cités par di Meo
3 Aimé, III 12
4 Aimé, II 4> Robert vint en Italie après la mort de Guillaume
(fin 104> ou debut 1046) avant celle de Pandolf (février 1049) (Cf Hirsch
Forschungen, t VIII, 282), et sans doute avant l'expedition de Dreux en
Calabre en 1048, car c'est sans doute a la suite de cette expedition qu'il
s'établit en Calabre Comme auparavant Guiscard fut au service de Pandolf il dut venir en 1046 ou 1047
5 *Ibid*, III 6

demeure assez peu de temps Selon Aimé, le prince de Capoue aurait promis à Robert pour prix de ses services un château et la main de sa fille, et, le moment venu de tenir ses promesses, aurait refusé de s'exécuter Peut-être à cette époque, la guerre avec Guaimar était-elle terminée et Pandolf III n'ayant plus besoin de ses auxiliaires normands les a-t-il licenciés Quoi qu'il en soit, Robert, à la suite de cet insuccès retourna auprès de Dreux qui refusa à nouveau de lui concéder des terres [1] A ce moment, la lutte, entre Grecs et Normands, avait repris avec beaucoup de violence Nous savons qu'en 1048, Onfroi s'empara de Troia, et que la même année les Grecs furent battus à Tricarico [2]. Comme, vers le même temps nous voyons Dreux conduire une expédition dans la haute vallée du Crati tout près de Cosenza, je suis porté à croire, que ce fut lui qui remporta la victoire de Tricarico par laquelle la Calabre fut ouverte [3] aux incursions normandes Les détails nous manquent pour cette expédition de Dreux et pour les conquêtes qui en furent la suite mais les aventures de Guiscard nous permettent de connaître les procédés employés par les Normands, pour conquérir le pays

La nature montagneuse de la Calabre donne une importance toute particulière aux quelques passages par lesquels se font les communications Dreux laissa donc, après son expédition, un certain nombre de petits corps destinés à garder les défilés Comme cette région était très peu fertile et assez insalubre, on dut attribuer les nouvelles conquêtes aux chevaliers normands les plus pauvres et les plus besogneux Robert Guiscard eut le commandement d'une troupe qui s'établit dans la vallée du Crati à Scribla [4] Les Normands ainsi laissés, étaient obligés de vivre sur le pays, ce qui était difficile, car les villes de la côte situées pour la plupart dans de fortes positions pouvaient facilement se défendre

1 Aimé III 7
2 *Chr breve norm*, Muratori, R I SS, t V, p 278 De Blasus, t I, p 204 n'a pas compris ce texte et a dit que les Grecs avaient été vainqueurs alors que le texte porte *Victi sunt Graeci* Les conclusions, qu'il tire de cette prétendue victoire, au sujet de la conquête de la Calabre sont donc erronées
3 Aimé III, 7 Malaterra, I, 16
4 Malaterra, I 12 Aimé, III, 7

Le pillage des campagnes était donc la seule ressource des troupes installées en pays ennemi. Il semble que dans la région où Guiscard s'établit, les débuts aient été particulièrement pénibles. Robert, au bout de quelque temps, se trouva sans argent pour payer la solde de ses soldats et dut aller trouver son frère qu'il s'efforça, en vain, d'apitoyer sur son sort [1]. Drogon refusa de lui concéder d'autres terres et Guiscard fut obligé de retourner en Calabre. C'est vers cette époque qu'il transporta son camp de Scribla à San Marco [2]. Scribla était dans une situation malsaine, tandis que San Marco, situé sur une hauteur, présentait l'avantage d'être plus inaccessible. San Marco devint un véritable repaire de brigands. On ne saurait mieux faire que de citer les paroles mêmes d'Aimé. « Et retorna Robert a la roche soe et aloit par les lieuz ou il creoit trover de lo pain. Et coment lui plaisoit prenoit proie continuelment, et toutes les chozes qu'il avoit faites absconsement maintenant fist manifestement. Et prenoit li buef por arer et li jument qui faisoit bons pollistre, gias pors X. et peccoues XXX., et de toutes ces coses no pooit avoir senon XXX. besant, et autresi prenoit Robert li home liquel se rachataient de pain et de vin, et toutes voies de toutes cestes coses non se sacioit Robert [3]. » Malaterra raconte qu'il arriva à Guiscard d'être obligé de se mettre en campagne, pour procurer à ses compagnons ce qu'il leur fallait pour vivre [4]. Dans cette lutte de tous les instants, les couvents n'étaient pas épargnés et leurs terres étaient pillées et dévastées. Les possessions byzantines de Calabre avaient à subir continuellement les entreprises des Normands qui, dans cette guerre de brigands, avaient recours a toutes les ruses. Une aventure typique est celle qui arriva au gouverneur byzantin de Bisignano, elle eut un grand retentissement, et nous la connaissons par trois sources, indépendantes les unes des autres: Aimé, Malaterra et l'auteur du *Strategicon* [5].

Guiscard avait conclu un accord avec Pierre, gouverneur

---

1 Aimé III, 9.

2 Malaterra I, 16. San Marco Argentano, entre Malvito et Bisignano.

3 Aimé III, 9.

4 Malaterra, I 16.

5 Malaterra I, 17. Aimé, III 10. *Cecaumeni strategicon* p. 35. Cf. une variante de cet épisode, dans l'*Alexiade* I, 11, p. 52 et suiv.

grec de Bisignano Un jour, Robert invita a une conference le
commandant byzantin Tandis que les deux chefs s'embrassaient,
Guiscard, reussit a faire tomber de cheval le gouverneur qu'il
fit prisonnier, en même temps les Normands, places en embuscade, tombaient a l'improviste sur les soldats grecs et les mettaient
en fuite Le commandant grec dut payer vingt mille onces d'or
pour sa rançon Il est certain que pendant toute cette période
Guiscard et les siens se conduisirent souvent en véritable bandits Toutefois, nous ne savons que peu de choses sur les
aventures de ce genre auquel fut mêlé Robert On ne saurait
même ajouter foi aux quelques details que nous fournissent les
chroniques, car autour de Guiscard une véritable legende s'est
formée et on lui a attribué bien des aventures, dont il n'a pas dû
etre le heros Ainsi Guillaume de Pouille raconte que Guiscard
se serait emparé d'une place qu'il ne nomme point en y faisant
transporter un cercueil contenant le cadavre d'un de ses compagnons Des moines accepterent de celebrer les funerailles et firent
entrer les Normands Pendant l'office, le prétendu mort se leva
de son cercueil tandis que ses compagnons attaquaient les habitants et prenaient la ville On ne saurait attacher aucune creance
a ce recit C'est la une légende qui doit être rapprochee des aventures analogues prêtees a Hasting, a Harald et a Bohemond [1]

A la suite de ces premiers exploits, Aimé raconte le mariage de
Guiscard, comme il est le seul a parler de cet evénement, son récit
ne peut etre controlé Pendant un sejour que Guiscard, a la
suite de ses victoires en Calabre, fit chez son frere Dieux, Girard,
seigneur de Duonalbergo, près de Benevent, lui proposa de s'allier
a lui pour conquerir des terres en Calabre Il amenait deux cents
chevaliers et offrait pour cimenter l'alliance, de faire epouser a
Guiscard sa tante Auberée (Alberade) Guiscard accepta la proposition qui lui etait ainsi faite, mais il se heurta au refus de
Dieux qui craignant de voir son frere devenir trop puissant, s'opposa
a son mariage Ce fut seulement, grâce a l'intervention d'un grand

1 Cf Wasilewsky, *Journal du ministere de l'instr publ russe* (1875),
t 177, p 403 Dudon de Saint-Quentin ed Lair p 133 Chalandon,
Essai sur le regne d'Alexis Ier Comnene (Paris, 1900 p 236, note 6

nombre de Normands, que Dreux finit par céder et accorda son consentement. L'alliance avec Girard marque le point de départ de la fortune de Guiscard, qui s'étendit rapidement en Calabre, et comme dit Aimé « Ceste chose fut lo comencement de accrestre de tout bien à Robert Viscart [1] »

Les aventures de Guiscard que nous avons rapportées plus haut, nous servent de type pour connaître la manière dont s'opéra la conquête normande dans la Calabre. Il est certain que des actes de pillage analogues à ceux de Robert furent commis par un grand nombre d'autres chefs sur lesquels les sources sont muettes. Nous pouvons seulement constater que vers 1050, les Grecs ont reculé partout.

En 1051 l'empereur Constantin Monomaque se décida à renvoyer Argyros comme catépan. Le basileus occupé, à ce moment, par les guerres d'Orient, chercha à se débarrasser des Normands en les engageant comme mercenaires. Ce renseignement nous est fourni par Guillaume de Pouille [2] et est confirmé par l'Anonyme de Bari, qui nous apprend qu'Argyros apporta avec lui beaucoup d'argent. Le catépan échoua complètement dans ses négociations, et eut beaucoup de peine à se faire reconnaître par les gens de Bari, qui commencèrent par lui refuser l'entrée de leur cité. Ce ne fut qu'au bout de quelque temps que les habitants se décidèrent à lui ouvrir les portes de la ville [3]

Au moment où les Grecs, affaiblis par de nombreuses défaites, ne sont plus très redoutables, les Normands vont avoir à lutter contre un ennemi plus dangereux: le pape Léon IX, qui par son intervention dans les affaires de l'Italie du Sud rendit un moment leur situation très critique [4]

A la mort de Clément II, le 9 octobre 1047, l'empereur Henri III désigna, comme pape l'évêque de Brixen, Poppo,

___

1 Aimé III, 11, Auberée devait être une enfant, car on la trouve en 1122. Cf Aimé, éd Delarc, p 111, note 1

2 G Ap, II, 38 Anon Bar, ad an

3 Anon Bar, ad an 1051 Lupus Protospat, ad an

4 De Blasiis, op cit, t I p 209 se sert d'un acte, conservé dans la *Chronique de Farfa*, pour prétendre qu'Argyros se fit inscrire, alors, parmi les confrères de l'abbaye de Farfa, l'acte est de 1037 et non de 1050

qui prit le nom de Damase II Le pontificat de ce dernier fut tres
bref arrive a Rome le 17 juillet 1048, Damase y mourut le 9 août
Les Romains paraissent avoir craint, qu'on ne leur attribuât une
part dans cette brusque disparition et firent demander a l'empereur de nommer le nouveau pape Le choix d'Henri III se
porta sur l'evêque de Toul, Bruno, qui fut désigne a l'assemblée
de Worms, en decembre 1048, et prit le nom de Leon IX [1] Le
nouveau pape était de la famille des comtes de Nordgau [2], proche
parent de l'empereur, il avait vécu a la cour et s'etait fait remarquer par ses qualités militaires, lors de l'expedition de Conrad
en Italie et en organisant la defense de sa ville episcopale contre
le comte de Champagne [3] Mais, en même temps, « c'était un saint
homme, fort zélé pour la réforme ecclésiastique » Il s'etait
applique, dans son diocese a faire refleurir la discipline ecclesias-
tique, et apporta dans le gouvernement de l'église les mêmes
preoccupations On raconta plus tard qu'Hildebrand, le futur
Gregoire VII, « lui aurait fait des remontrances sur sa promotion,
et même, que Léon y aurait fait droit, s'en remettant, sur son
elévation au pontificat a la libre élection des Romains S'il y a
quelque chose de vrai, dans ces recits, ils ne peuvent concerner que
l'appareil extérieur Léon aura attendu, pour s'habiller en pape,
d'avoir été élu et installé a Rome suivant les formes usitees [4] »
C'etait la une simple formalite, car il y avait peu de chances,
que le peuple de Rome osât resister a l'empereur

Léon IX, s'il poursuivit la réforme de l'Eglise, eut également
une politique temporelle tres active, et c'est surtout cette derniere, qui amena son intervention dans les affaires de l'Italie du
Sud On peut classer, en deux groupes, les temoignages des chroniqueurs, relatifs aux motifs qui amenerent cette intervention

1 Bruno *Vita S Leonis IX* dans Watterich *Vit pont* t I p 96 Bonizo,
Lib ad amicum, p 587 Wibert, *Vita Leonis IX*, dans Watterich, *op cit*
t I, p 149
2 Wibert, I 1 p 128
3 *Ibid*, I, 7 131 Sigebert de Gembloux, *Chron* M G H SS t VI, p 359
Cf D Calmet *Histoire de Lorraine* (1e ed t I, col LXVII D'Arbois de
Jubainville, *Histoire des ducs et des comtes de Champagne* Paris, 1859, t I,
p 336
4 Bonizo, *Liber ad amicum* p 587 Cf Mgr Duchesne, *op cit*, p 388

Les uns, et ce sont les plus nombreux, l'expliquent par les souffrances que les Normands causaient aux populations, et par la
désolation des églises. Les autres font dicter la conduite du pontife, par des motifs plus politiques : la possession de Bénévent
aurait été la cause déterminante qui fit agir Léon IX. Il faut, je
crois, tenir compte de ces deux opinions. Il est hors de doute, que
le désir de rétablir la paix et de réformer le clergé, a influé sur
la conduite de Léon IX, et l'on peut en trouver la preuve dans
ses premiers voyages en Italie, mais le pape se décida à une
intervention armée, seulement quand ses intérêts immédiats
furent en jeu, c'est-à-dire quand Bénévent se fut donnée à lui.
Dans sa politique méridionale, Léon IX fut certainement inspiré
par Hildebrand, le futur Grégoire VII, qu'il nomma, dès son
avénement, économe de l'Eglise [1]. A ce titre, Hildebrand chercha à
« remettre en vigueur les droits de l'Eglise », afin d'augmenter
les revenus de la papauté qui manquait alors complètement d'argent. A partir de ce moment, Hildebrand sera le véritable inspirateur de la politique des divers papes qui se succéderont, jusqu'au moment où il montera lui-même sur le trône pontifical.

Au début du pontificat de Léon IX, une explosion de haines
formidables se produisit contre les Normands. Accueillis, au dire
de Wibert, comme des libérateurs, ils étaient devenus, bien vite,
des oppresseurs [2]. Aussi dans les chroniques, on les confond dans
une haine commune avec les Musulmans pillards et c'est le même
nom d'Agarènes qui sert à les désigner [3]. Un moine de Bénévent [4],
auteur d'une vie de Léon IX, raconte que les Normands ne cherchaient pas seulement à soumettre à leur pouvoir la Pouille, mais
encore toutes les provinces environnantes. Dans celles où ils ne pouvaient dominer, ils coupaient les vignes et brûlaient les moissons ;
le même auteur leur reproche de ne pas respecter les biens du Saint-
Siège. Une autre vie de Léon IX nous le montre recevant les plaintes
d'un grand nombre de malheureux victimes de la cruauté des Normands [5]. Léon IX, lui-même, parle des Normands, qui, plus que des

1 Bonizo, op. cit., 588
2 Wibert, II, 6, p. 158. Cf. Hermannus Aug., Chr., ad an. 1053
3 Annal. rom., dans Lib. Pont., t. II, pp. 333-335, 347
4 Wattenich, op. cit., t. I, p. VC
5 Bruno, Vita Leonis IX, dans Wattenich, op. cit., t. I, p. 98

païens, s'insurgent contre l'Eglise de Dieu, font périr les chrétiens au milieu de supplices terribles et avec des raffinements de cruauté, sans épargner femmes, vieillards ou enfants. Le pape leur reproche surtout, de ne pas distinguer entre ce qui appartient à l'Eglise, et ce qui est aux laïcs [1]. J'ai déjà parlé de ce prêtre de Naples, qui promettait de payer ses redevances quand les maudits Normands auraient quitté la Liburie. Quelques années plus tard, Jean, abbé de Fécamp écrivant au pape pour se plaindre d'avoir été attaqué au retour d'un pèlerinage à Rome dira [2] : « La haine des Italiens contre les Normands a atteint un tel degré, qu'il est presque impossible à un Normand, même s'il est pèlerin, de voyager dans les villes d'Italie sans être assailli enlevé dépouillé, frappé, jeté dans les fers quand il ne meurt pas en prison » La situation est la même en Calabre, où les misères causées par les nouveaux conquérants ne paraissent pas avoir été moindres [3].

La grande habileté de Léon IX fut de savoir tirer parti de ces sentiments. sa tâche fut d'ailleurs singulièrement facilitée par les populations elles-mêmes. D'après certaines sources les Apuliens auraient demandé secrètement au pape d'intervenir en leur faveur, parce que la Pouille dépendait de lui, et avait dans le temps relevé de l'église romaine [4], de même, les Béneventains se donnèrent à lui [5]. Il faut noter ici, au passage, la théorie suivant laquelle la Pouille relève de la papauté. c'est la première manifestation de la théorie pontificale dont nous reparlerons, à propos de Nicolas II.

La situation de l'état bénéventain était devenu singulièrement précaire à mesure que les Normands s'étaient étendus vers le nord. Leurs entreprises, contre la principauté de Bénévent, avaient été sinon encouragées, au moins autorisées par Henri III. Après Bovino [6], Troïa était tombée en leur pouvoir. la posses-

1 Will, *Acta et scripta quæ de controversiis ecclesiæ græcæ et latinæ saeculi XI composita extant.* Leipsig 1861, p 86

2 Migne, P L, t 143, p 798

3 Trinchera, *op cit*, p 50

4 Malaterra, I, 14

5 Wibert *Vita Leonis*, dans Watterich, *op cit*, t 1 p 152

6 *Chr breve norm*, Muratori, R I SS t V, p 278

sion de ces deux places et celle d'Ascoli mettaient entre leurs mains les routes qui permettaient a l'état de Bénévent de communiquer avec la Pouille L'Apennin n'avait pas davantage arrêté l'expansion des Normands qui avaient débordé, de tous les côtes, sur le territoire même de Bénévent Un peu avant l'annee 1051 nous trouvons etabli, entre Bénévent et Ariano, Girard de Buonalbergo, qui est assez puissant pour fournir a Guiscard deux cents chevaliers [1] En 1053, nous trouvons, dans l'armee normande, un comte de Telese et un comte de Boiano, dont la presence confirme l'envahissement de la principaute [2] Sous Pandolf III (1011-1059) et Landolf V (1038-1077) l'importance de Bénévent avait ete constamment en decroissant Nous ignorons quelle était l'organisation de la principaute il est tres probable que le territoire etait divise entre un certain nombre de seigneurs comme Adelfier, *comes de principatu Beneventano*, que nous trouvons mentionné, vers 1050 [3], et Daufier, comte de Larino, mentionné en 1053 [4] Il est probable à en juger par ce que nous savons de la ville même de Benevent, que ces seigneurs s'etaient rendus à peu pres independants Nous constatons, en effet, que l'autorité des princes est fort affaible, comme le montre le rôle joue dans les evenements dont le recit va suivre, par la commune de Bénévent, par les *nobiles* et les *boni homines* de la cite

Les gens de Benevent ne pouvaient guere demander a Salerne, de les aider a repousser les attaques des envahisseurs, en raison de la vieille rivalite des deux principautés, et de l'alliance qui unissait Guaimar aux Normands D'autre part, Pandolf de Capoue n'était pas un allié possible, et les Grecs avaient bien assez de se défendre eux-mêmes Restaient le pape et l'empereur, mais les rapports des Béneventains avec Henri III et Clement II étaient fort tendus et a la suite des événements, qui avaient marque le passage de Henri III, a Bénévent, le pape

1 Aimé, III 11 Buonalbergo, en cond et prov de Bénévent
2 G Ap , II, 134-135
3 Leo Ost , II, 65
4 *Ibid* 674

avait excommunié la ville [1] Dès l'election de Léon IX, les Bénéventains commencèrent a negocier avec lui, a peine le nouveau
pape était-il arrivé a Rome, que les envoyés des *nobles* de Bénévent vinrent lui offrir de riches presents [2] Il est très probable
que l'ambassade lui proposa également de prendre le territoire
de Benevent sous sa protection, son biographe nous represente,
en effet, Leon IX remerciant Dieu, non pas tant pour les presents, que pour le dévouement de ses fideles La démarche des
Beneventains était certainement faite en dehors de Pandolf, les
mots *legati nobilium* montrent suffisamment, qu'il est question
d'envoyés de la commune, et les evenements posterieurs
prouvent, que les princes ont ete etrangers à ces négociations
Toutefois, Léon IX ne leva pas l'interdit jete sur la ville par
son predecesseur

A la fin de février, ou au début de mars 1049 [3], Léon IX se rendit en pelerinage au mont Gargano, il s'arrêta au Mont-Cassin [4]
On peut admettre que la devotion du pontife envers saint Michel
et saint Benoît, ne fut pas l'unique motif de son voyage, et
que le pape desirait se rendre compte par lui-meme, de l'état de
l'Italie méridionale Vers le milieu de mai, Léon IX partit pour
l'Allemagne, afin de conferer avec l'empereur L'annee suivante,
nous voyons le pape entreprendre un nouveau voyage, dans
l'Italie du Sud et se rendre dans tous les centres importants a
Capoue, a Salerne a Benevent ou il se brouille avec Pandolf et
excommunie la ville, nous ne savons pour quel motif [6] Le
pape se rendit aussi a Melfi et a Siponto Quel etait le but de
ce voyage? Sans doute nous voyons le pape s'occuper des

1 *Ann Benev*, M G H SS , t III p 179 Hermannus Aug, *Chr*, M G H
SS , t V, p 126 Lupus Protospat , ad an 1046 Leo Ost , II, 78
2 Wibert *Vita Leonis*, dans Watterich, *op cit*, t I, p 152
3 La chronologie des voyages de Leon IX a ete etablie par Steindorff,
op cit, t II pp 452-457 Elle est plus juste a mon avis que celle de
Delarc, *Aimé*, p 117, note 1 Le mêmeauteur, dans *L'histoire des Normands*,
a une chronologie absolument fausse
4 Leo Ost , II, 79, 683
5 Hermannus Aug , *Chr* , ad an 1049
6 Leo Ost , II, 79 Aime, III, 15 *Annal Benev* M G H SS , t III, p 179
Anon Bar ad an 1050 Wibert *op cit* , II, 6

questions de discipline, consacrer un évêque à Capoue, tenir un
synode à Salerne, un autre à Siponto, deposer deux archevêques,
et, à son retour à Rome s'occuper de la question des dîmes,
mais il est certain que la politique ne fut pas étrangère à ce
deplacement de Leon IX. Nous savons, par la chronique d'Hermann, que le pape fit reconnaitre par les villes de l'Italie du Sud
son autorite et celle de l'empereur [1] Que faut-il entendre par là ?
Je ne crois pas, que l'on puisse admettre, qu'à ce moment,
le pape ait voulu se faire reconnaître, comme suzerain, par les
princes de l'Italie du Sud. Les droits reconnus à la papaute, par
les donations imperiales, sont encore lettre morte et ce n'est
qu'un peu plus tard que Leon IX s'efforcera de les faire valoir.
Il me semble que le pape n'a pas eu, alors, d'autre but que
celui de rétablir un peu d'ordre et de tranquillité, et a surtout
cherché à obtenir des Normands la restitution des biens des
églises et des monasteres qu'ils avaient indûment occupes. Il
paraît que l'on puisse appliquer à toutes les autres villes ce
qu'Aimé dit du voyage du pontife, à Melfi, « Et puis s'en ala à
Melfe opponere contre li fait de li fortissime Normant, et lor
proia qu'il se deussent partir de la crudelité, et laissier la
moleste de li povre. Et lor mostra come Dieu est persecute
quant li povre sont persecutez, et coment Dieu est content quant
est bien fait à li povre, et lor comment que fidelement doient
guarder li prestre et les choses de l'eglize. Et les conforta en faire
bien et offerte à Dieu, et qu'il soient continent et caste envers lor
voizins et lor proxime, et en toute vertu les conferma [2] » Il est
vraisemblable que Léon IX ne réussit pas, dans ses tentatives pour amener la paix et la concorde, et nous trouvons
l'écho de son mecontentement dans le synode, qu'à son retour
il tint à Rome.

Dans toutes ces tentatives, Léon IX agit non seulement au
nom de la papaute, mais aussi au nom de l'empereur, avec
lequel il paraît etroitement uni. Aussi, après son echec, dans le
courant de la même année le pape retourne-t-il conférer avec

1 Hermannus Aug., Chr., ad an 1050.
2 Aimé, III, 16

Henri III Pendant son absence, les Beneventains chassent
leurs princes et, au retour de Leon IX (en mars 1051), ils
envoyerent, a Rome, une ambassade chargée d'offrir au pape de
lui remettre la ville [1] La papauté avait dès longtemps, des prétentions à la possession de Benevent, pretentions qui se basaient
sur les donations des empereurs d'Occident, et que les circonstances l'avaient jusque-là empêché de transformer en occupation
reelle Léon IX saisit avec empressement l'occasion de faire
valoir les droits de l'Eglise et tandis qu'il tenait le troisième
synode romain, il envoya à Benévent le patriarche de Grado et
le cardinal Humbert pour terminer les negociations [2] Dès le
mois d'août, les envoyes du pape étaient de retour, ramenant
avec eux vingt-six otages pris parmi les *nobiles* et les *boni
homines*. Au mois de juin, le pape se mit en route, et, par le
Mont-Cassin, gagna Benevent, ou il etait le 5 juillet Il leva alors
l'interdit jeté sur la ville [3]

A partir de ce moment, le pape ayant des intérêts plus immediats dans l'Italie du Sud, intervint d'une façon beaucoup plus
active dans les affaires du pays, et regarda, d'une manière toute
differente, la situation créee par les attaques des Normands
Appuyé par l'empereur allemand, Leon IX avait certainement
un très grand prestige, il voulut en profiter pour ameliorer la
situation de ses nouveaux sujets Il pria Guaimar et Dreux
de venir le trouver, a Benevent [4] Ceux-ci repondirent à son
appel, le pape leur demanda et obtint d'eux l'engagement de
faire respecter ses possessions Mais la plupart des attaques
dirigées contre Benévent étaient faites par des Normands isolés,
c'etaient de petites expéditions entreprises par des seigneurs
auxquels Dreux et Guaimar pouvaient difficilement faire sentir leur
autorité Aussi, a peine le pape, qui, en quittant Benévent, avait
été a Salerne avec Guaimar, s'etait-il séparé de Dreux que les

1 *Ann Benev* ad an 1051 Aimé III, 17 Cf *Halinardi Lugdunensis
vita*, Migne, P L, t 142, col 1344
2 *Ann Benev*, loc cit
3 *Ann Benev*, loc cit Leo Ost II, 81 Il avait avec lui Halinard, archeveque de Lyon *Chr S Ben Du*, MG H SS, t VII p 237
4 Aimé, III, 17

incursions recommencèrent [1]. A cette nouvelle, le pape entra dans une violente colère contre Dreux, il ne fut calme que par Guaimar qui lui fit comprendre combien il était difficile au chef normand d'être obéi Léon IX se décida alors à écrire à Dreux pour lui demander d'intervenir énergiquement pour ramener l'ordre Le messager, qu'il envoya, apprit, en route, que le comte normand venait d'être assassiné et revint apporter cette nouvelle au pape [2]

L'assassinat de Dreux doit être très vraisemblablement imputé à Argyros Nous avons vu que celui-ci avait échoué dans sa tentative d'engager les Normands au service de l'empereur Il dut être l'inspirateur d'une vaste conspiration, qui s'organisa pour assassiner à jour fixe tous les Normands Le projet manqua, quant à l'exécution générale, mais le 10 août, Dreux fut tué par un des conjurés dans la chapelle de son château du Monte Ilaro, près de Bovino [3] Un certain nombre de Normands furent assassinés le même jour, mais le massacre général n'eut pas lieu [4]

La mort de Dreux avait une importance considérable pour le pape, car Dreux, par la situation qu'il avait acquise, représentait le Normand parvenu, capable de maintenir un certain ordre dans ses états et n'était plus seulement un chef de bandits Sa mort amena une recrudescence de troubles Son frère Onfroi occupa

1 Aimé, III, 18
2 Le pape célébra, le 15 août, une messe pour le repos de son âme Aimé, III, 20 Cf *Necrol Cass* dans Gattola *Acc*, t II, p 84, le 3 des ides Guil de Jumièges, M G H SS, t XXVI p 8, donne, comme date, le 4 des ides
3 Aujourd'hui, Montella, circond de Sant' Angelo de Lombardi, prov d'Avellino Cf, Malaterra, I 13 G Ap II, 75 Dreux laissa plusieurs enfants, deux filles Rocca et Fremburge (cette dernière était déjà morte en 1101, et un fils Richard le Sénéchal, seigneur de Mottola (circond de Tarente, prov de Lecce) et de Castellaneta Du chef de sa femme Altrude, Richard avait des biens à Massafra Il eut un fils Alexandre et joua un rôle important lors de l'expédition de Bohémond contre Alexis I Comnène Cf les diplômes suivants 1081, Arch de la Cava B 15, 1090, *Ibid*, C. 22, 1095, *Ibid*, D 7, 1098, Gattola, *Acc* t I, p 215, 1100, Bibl du Vat *Reg lat* 378, ff 28-30, 1101, Ughelli t IX p 402, 1108 *Cod dipl bar* t V, p 92, 1111, *Ibid*, p 102 Un diplôme de 1135, Ughelli, t VII, p 74, est faux, car toutes les données généalogiques sont inexactes
4 Malaterra I, 13 Lup Protospat ad an 1051 *Anon Bar*, ad an 1051 Aimé, III, 22 *Chr brev norm*, ad an 1051 G Ap, II, 79 et suiv

ses biens, assiegea le château ou il avait été assassiné, s'empara
des meurtriers, et les fit périr dans les tourments Onfroi ne fut
pas cependant reconnu tout de suite comme chef des Normands [1]
et pendant quelque temps l'anarchie fut complète C'est alors que
le pape ne trouvant personne a qui s'adresser se décida a une
intervention armée [2]

Autour de Leon IX il y avait tout un parti dont le chef était
Frederic de Lorraine, fils de Gozelon, duc de Lorraine, et de Junca
fille de Berenger II, roi d'Italie qui affectait le plus grand mépris
pour les Normands, et croyait que l'on en viendrait très facilement a bout [3] Frederic avait été ramené d'Allemagne par Léon IX,
a une date mal déterminée sans doute en 1051, et était devenu
bibliothécaire de l'église romaine et chancelier, il se vantait,
avec cent chevaliers de mettre en fuite les Normands Leon IX
ne parait pas, toutefois avoir complètement partagé les illusions
de son entourage, car il chercha au dehors des appuis, pour la
lutte qu'il se disposait a entreprendre Suivant Aime le pape
aurait adressé des demandes de secours a l'empereur allemand et
au roi de France Il échoua complètement de ce coté mais trouva
une compensation du côté des Grecs [4]

La politique byzantine en Italie est dirigée a ce moment par
Argyros Il est certain que celui-ci était un partisan de la politique
de pacification vis-a-vis des Latins, politique déjà appliquée par
Bojoannes On est même en droit de croire que, pendant un séjour
a Constantinople, Argyros avait défendu ses vues auprès du
basileus, et avait cherché a maintenir la paix entre Rome et
Constantinople, malgré les efforts contraires du patriarche Kerou-

1 G Ap II 79 et Aime, III, 22, disent clairement que Dreux n'eut
pas de successeur immediat Onfroi ne fut nommé qu'après la mort de
Guaimar Malaterra, I, 13 Lupus Protospat ad an 1051, et le *Chr brev
norm*, ad an n'ont pas tenu compte de l'intervalle et ont marqué Onfroi
comme ayant succédé de suite a Dreux Aime dit, *loc cit* « Et s'asem-
blerent li Normant, puis la mort de Drogo et Guaymère et lu fait conte
Humfroi » Comment Delarc, *op cit* p 200, note 1, peut-il dire qu'Aime
affirme qu'Onfroi succéda immédiatement a son frère ?

2 Aime, III 23

3 Cf sur ce personnage, U Robert *Le pape Étienne X* dans la *Revue d
Quest hist* t XX (1876) p 49 et suiv

4 Aime, III, 23 et 24

lanos En effet, ce dernier, écrivant un peu plus tard au patriarche d'Antioche, parle des discussions qu'il a eues avec Argyros et dit qu'il l'a privé quatre fois de la communion [1] Argyros vit tout le parti qu'il pouvait tirer des dispositions de Léon IX, et conclut un accord avec lui L'existence de cet accord est attestée par Léon IX, lui-même, dans une de ses lettres, écrite à une date postérieure [2], mais, comme, en 1052, les troupes grecques paraissent suivre un plan combiné pour appuyer les troupes pontificales, je crois que l'on est en droit de faire remonter jusqu'à 1051 l'entente entre Léon IX et Argyros [3]

Le pape trouva facilement un appui chez tous les petits seigneurs de l'Italie méridionale qui avaient à se plaindre des Normands, et commençaient à craindre pour eux-mêmes comme les comtes des Marses et de Valva, ou les seigneurs de la Marche de Fermo [4] L'armée pontificale ne devait pas être très considérable aussi avant de mettre ses projets à exécution, le pape chercha-t-il à obtenir, sinon l'appui au moins la neutralité du prince de Salerne Guaimar comprit que s'il laissait écraser les Normands, l'alliance du pape et des Byzantins se retournerait contre lui Il envoya donc une ambassade à Léon IX, pour lui déclarer, que jamais il ne consentirait à laisser attaquer les Normands [5] Quand il reçut la réponse de Guaimar, Léon IX s'était déjà avancé jusqu'à San Germano au pied du Mont-Cassin, de là il gagna Capoue où il séjourna [6] Nous ne savons pas la date exacte, qu'il faut assigner aux négociations de Guaimar avec le pape, mais je crois que l'on peut les placer vers le mois de mai 1052 Le refus de Guaimar amena l'échec des projets de Léon IX Il semble résulter d'un passage d'Aimé qu'en apprenant l'opposition de

1 Will, op cit, p 177 On a dit à tort Bréhier, Le schisme oriental du XIe siècle, p 93, qu'Argyros était resté à Constantinople de 1046 à 1051 L'Anonyme de Bari mentionne sa présence en Italie en 1048
2 Will, op cit, p 86
3 G Ap, II, 70 et suiv Anon Bar, ad an 1052 Argyros va du côté de Siponto, évidemment pour opérer sa jonction avec le pape
4 Aimé, III, 24
5 Aimé, III, 25
6 Jaffé-L, 4274 Leo Ost., II, 81 Chr S Ben Dw, MGH SS, t VII p 237

Guaimar, un certain nombre des alliés du pape l'abandonnèrent !

Le pape était à Naples, au mois de juin quand il apprit une nouvelle, qui modifiait profondément la situation, Guaimar venait d'être assassiné Il est curieux de constater, qu'en moins d'une année, les deux chefs du parti, hostile aux Byzantins, périrent de mort violente, pour Guaimar comme pour Dreux, on est en droit d'imputer l'assassinat aux Grecs

Au mois d'avril 1052, une rebellion avait éclaté à Amalfi, la population avait chassé le duc Manson et rappelé de Constantinople le duc Jean [2], qui en octobre de cette même année, devait arriver à Amalfi On voit suffisamment par là que c'est le parti favorable aux Grecs qui a triomphé Aux Amalfitains se joignirent les gens d'Atrani [3], et les deux villes refusèrent de payer au prince de Salerne les taxes ordinaires En même temps, les revoltés commencèrent à attaquer le territoire de la principauté [4] Ils trouvèrent un appui dans la famille même de Guaimar Les quatre beaux-frères de celui-ci Atenolf, Pandolf, Landolf, plus un quatrième personnage dont le nom nous est inconnu, s'entendirent avec Ederard son neveu pour assassiner Guaimar [5] Un jour, où ce dernier était sorti de Salerne, pour repousser une attaque des Amalfitains, les conjurés l'assassinèrent avec son frère Pandolf (2 ou 3 juin 1052 et proclamèrent Pandolf, beau-frère de Guaimar,

---

1 Aimé, III, 25

2 Le Chr Amalf dans Muratori, Ant it , t I, p 211, donne l'année 1053 ind VI, mais l'auteur dit que Jean revint en octobre, ind VI = octobre 1052 La révolution est donc d'avril 1052 Le premier acte de Jean est du 25 mai 1053, le dernier de Manson du 20 mars 1052 Cf Camera, op cit , t I, p 251 et 249 Heinemann, op cit , p 365, est donc dans l'erreur en plaçant, en 1053, à l'automne, l'arrivée au pouvoir de Jean

3 Circond et prov de Salerne

4 Aimé, III, 28 Suivant Pierre Damien, Migne, P L t 145, col 439, Guaimar aurait été assassiné à cause de ses exactions

5 Cf di Meo, op cit , t VII p 153 On ne saurait tenir compte d Aimé, loc cit , qui fait jouer un rôle à Rainolf d'Aversa mort depuis longtemps à cette date Cette erreur rend son témoignage suspect pour tout ce qui concerne la part prise par les Normands à l'assassinat Le rôle, qu'il leur prete, est d'ailleurs en contradiction avec ce qu'il dit un peu plus loin, III, 30 Le rôle d'Ederard est connu par un acte des archives de la Cava Cf Guillaume, Essai historique sur l'abbaye de la Cava Cava, 1877 , p 30, note 4

comme prince de Salerne[1] La famille de Guaimar s'était réfugiée dans le donjon de Salerne, où le manque de vivres l'obligea peu après à se rendre ; les divers membres qui la composaient furent mis en prison

Cependant le frère de Guaimar, Gui, duc de Sorrente, avait pu s'échapper[2] Il alla aussitôt trouver les Normands qui se trouvaient rassemblés, parce qu'ils s'attendaient à combattre le pape, et leur demanda assistance La disparition de Guaimar avait une très grande importance pour les Normands qui se voyaient exposés à rester seuls contre toutes les puissances de l'Italie du Sud, ils comprirent aussitôt la gravité de la situation, et choisirent pour leur chef très probablement alors Onfroi, frère de Dreux, qui avait épousé une sœur du duc de Sorrente[3] Même au milieu de ces circonstances critiques, les chefs normands ne perdirent point de vue leurs intérêts particuliers et ils profitèrent du besoin que Gui avait de leur appui pour lui arracher un certain nombre de promesses, qui seront plus tard des sources de conflits Ce ne fut qu'après avoir obtenu ce qu'ils demandaient qu'ils allèrent attaquer Salerne, (8 juin[4]) Grâce aux intelligences que Gui avait dans la place, la ville fut prise le 10 juin Les conjurés se réfugièrent dans le château, mais leurs femmes et leurs enfants tombèrent entre les mains des Normands Gui put obtenir de les échanger contre Gisolf, le fils de Guaimar, qu'il proclama aussitôt comme prince de Salerne Gisolf fut immédiatement reconnu par les Normands, qui se firent investir par lui des terres qu'ils tenaient Au bout de quelques jours, les conjurés furent obligés de se rendre, et, bien qu'on leur eût promis la vie sauve, on en massacra trente-six[5]

Les Normands firent payer chèrement l'assistance qu'ils

---

1 Aimé, III, 28-29 Leo Ost , II, 82 Annal Bener , M G H SS t III, p 179 Chr Amalf , p 211 G Ap , II, 7 Anon Bar , ad an 1052 Cf les vers d'Alfan archevêque de Salerne, Arch st nap t XII, p 774 et Cod dipl Cav , t VII, p 41, sur la parenté entre Guaimar et le personnage du nom de Pandolf, qui fut assassiné

2 Aimé, III, 30 et suiv

3 Ibid , III 34

4 Ib'd , III 31

5 Ibid , III, 32-34

avaient fournie. Ils obligèrent Gisolf à reconnaître Gui comme duc de Sorrente, et ce dernier lui-même dut abandonner tout ce que possédaient sa femme et sa fille [1] Amalfi resta au duc Jean [2] Il semble que le comte d'Aversa ait profité du trouble général pour tenter, sans succès, de s'emparer de Capoue [3]

Le pape Léon IX, qui devait tenir à surveiller de près les événements, demeura dans l'Italie méridionale pendant toute cette période. Nous savons qu'il alla successivement à Naples et à Bénévent [4] L'accord presque immédiat, qui se fit entre les Normands et Gisolf, lui montra que son intervention ne pourrait réussir qu'autant que lui-même serait appuyé par des forces sérieuses. Léon IX se décida alors à aller demander l'assistance de l'empereur. Il semble qu'Argyros ne fut pas prévenu à temps du changement qui se produisit dans les projets du pape et soit entré en campagne. Nous savons, en effet, qu'Argyros, après avoir subi deux insuccès l'un à Tarente, l'autre à Crotone, fut de nouveau battu près de Siponto [5] Il est curieux de noter que l'*Anonyme de Bari* mentionne qu'Argyros vint par mer, on peut supposer par suite que tout l'intérieur du pays, de Bari à Siponto, était aux Normands.

Pendant son séjour en Allemagne, le pape conclut, avec Henri III, un traité, relatif à Bénévent. Il abandonna les droits que l'église romaine avait sur l'abbaye de Fulda et le diocèse de Bamberg; moyennant cette cession, l'empereur reconnut les droits du pape sur Bénévent et l'Italie méridionale [6] Y eut-il abandon complet des droits de l'empereur ? Je ne le crois pas, et il semble bien qu'il faille admettre que l'empereur s'est toujours réservé une certaine suzeraineté sur l'Italie du Sud et Bénévent. De même, le fait que le pape continua à recevoir de Bamberg un cheval par an, semble indiquer que Léon IX ne renonça également qu'à une partie de ses droits.

1 Aimé, III, 34-35
2 Cf Camera, *op cit*, t I, p 250
3 Aimé III, 25 Leo Ost III 15
4 Leo Ost, II 81 Aimé, III, 25 Jaffé-L, 4278
5 *Chi brev norm*, ad an 1052 *Anon Bar*, ad an 1052
6 Hermannus Aug, *Chr*, M G H SS, t V, p 132 ad an 1053 Leo Ost, II, 76 et 81

Quoi qu'il en soit, par l'échange de Worms, le pape obtenait à
nouveau la confirmation des privilèges de l'Église romaine sur
l'Italie du Sud [1]. Léon IX chercha aussitôt à faire reconnaître son
autorité d'une manière effective et inaugura la politique, qui
devait être suivie par ses successeurs et triompher avec Nicolas II et Grégoire VII. Après avoir demandé à l'empereur des
troupes, qui lui furent d'abord accordées, puis peu après retirées [b],
Léon IX repartit pour l'Italie emmenant avec lui un grand
nombre d'aventuriers allemands, qui pour la plupart étaient
obligés de quitter leur pays à la suite de fâcheuses aventures [2],
le pape était de retour à Rome, dans le courant de mars de
l'année 1053 [3]. Aussitôt après le concile qui fut tenu, en avril [4],
Léon IX s'occupa activement de l'expédition contre les Normands. Le 29 mai, il était au Mont-Cassin [5], et de là gagnait
Bénévent [6]. Le 10 juin, à la tête de son armée, il campait à Salé,
sur le Biferno [7] il se dirigea ensuite vers la Pouille, pour
opérer sa jonction avec Argyros [8]. Nous trouvons, dans l'armée
pontificale, tous les petits seigneurs de l'Italie méridionale
Adenolf, duc de Gaete, Landon, comte d'Aquino [9], Landolf,
comte de Teano, Oderisio, fils de Borel Roffroi de Guardia et
Roffroi de Lusenza [10]. Amalfi avait certainement pris le parti du
pape, ainsi que l'indique la présence dans l'armée pontificale
de son archevêque, Pierre. En outre, nous trouvons, sous les
ordres de Léon IX, des contingents de la Pouille, de la Campanie, du pays des Marses, d'Ancône, de Spolete, de la Sabine et de

1 Cf. le privilège d'Othon Ier, dans Sickel, *Das Privilegium Otto I für die
romische Kirche von Iahre 962* Innsbruck, 1883, p 178 et le privilège
d'Henri II, de 1020, Migne, P L, t 98, col 625 et suiv

2 Leo Ost, II, 81 Les troupes furent rappelées à la demande de
Gebhard, alors chancelier plus tard le pape Victor II

3 Herman Aug, *Chr*, p 132

4 Jaffe-I, 4292

5 Herman Aug *Chr*, ad an 1053

6 Leo Ost, II, 84 Gattola, *Hist*, t I, p 117

7 Leo Ost, III, 7

8 Cf Muratori R I SS, t I, 2 p 513

9 Will, *op cit*, p 86

10 *Chr Vult* Muratori R I SS, t I 2, p 513

Fermo, plus des auxiliaires allemands commandes par Transmond, Atton Garnier et Albert [1]

Le pape, en suivant le cours du Biferno, avait un plan tres bien conçu Nous savons, par le témoignage de Léon IX lui-même, que le pontife négociait alors avec Argyros [2] Il est certain que le pape voulut operer sa jonction avec les Grecs dans l'Apulie du Nord Le chemin qu'il suivit etait le seul possible car la route directe de Bénévent passait par le col commande par les deux places de Bovino et de Troia toutes deux aux mains des Normands

Les deux armees se rencontrerent pres de Civitate, sur les bords du Fortore Les Normands avaient compris la gravité du peril qui les menaçait, et avaient rassemblé toutes leurs forces Guillaume de Pouille constate la presence de tous les comtes normands, Onfroi, Robert Guiscard, Richard d'Aversa, Pierron de Trani, Gautier, Girard de Buonalbergo Raoul, comte de Bovino [3] Les Normands commencèrent par négocier avec Léon IX « Ils envoyerent, dit Guillaume de Pouille, des députes chargés de demander la paix, ces députes devaient, en outre, prier le pape de recevoir, avec bienveillance, les hommages des Normands Tous, sans exception, se déclaraient prêts à lui obeir, leur intention n'etant pas de l'offenser ; ils reconnaissaient, du reste, ce qu'il y avait de fonde dans ses plaintes, enfin, ils lui demandaient de vouloir bien être leur seigneur, et ils promettaient de lui être fideles [4] » Ces negociations sont un fait certain, le temoignage de Guillaume de Pouille etant confirmé par celui de Leon IX [5] Pour la suite des evenements, les versions different Suivant le pape, les Normands auraient traitreusement attaque son armée, pendant que se poursuivaient les conferences pour la paix D'après Guillaume de Pouille, les Normands auraient engage le combat avec les troupes pontificales seulement, quand

1 G Ap II, 148 et suiv
2 Will op cit , p 86, cf Anon Bener , ad an dans Watterich op cit t I p IIIC
3 G Ap II 131 Cf Delarc, loc cit
4 G Ap II 87 Aime III 39
5 Will , op cit p 86

Leon IX contraint par les Allemands, aurait rompu les negociations Il n est pas impossible de concilier ces deux versions
Sans doute les pourparlers durerent assez longtemps , or, nous
savons que les troupes normandes etaient tres mal ravitaillées
et avaient peine a trouver leur subsistance, tandis que l'armée
pontificale etait tres bien approvisionnée [1] Les Normands
durent craindre que le pape ne voulût faire traîner les choses en
longueur pour les prendre par la famine, et se deciderent
brusquement a attaquer (17 juin) L'armée etait commandee
au centre par Onfroi et aux deux ailes par Robert Guiscard et Richard d'Aversa [2] Les troupes pontificales, formées
d'eléments heterogenes, ne tinrent pas devant l'attaque des
Normands Tous les contingents italiens lâchèrent pied au premier choc, seuls les Allemands resisterent avec courage Le pape
qui avait assisté au combat du haut des murs de la ville fut, apres
la bataille, fort mal traite et depouillé de son tresor par les gens
de Civitate qui craignaient de s'attirer la colère des Normands
Leon IX lui-meme fut fait prisonnier par les vainqueurs [3], qui le
conduisirent a Benevent (23 juin) [4] Les sources qui nous ont
transmis le recit des evenements qui suivirent la bataille de Civitate sont en general tres tendancieuses, et l'on ne doit ajouter
que tres peu de créance a tous les récits favorables au pape, qui,
ont cherché a pallier la vérité

La défaite de Civitate fut pour la papauté une humiliation terrible, que l'on s'efforça plus tard de dissimuler L'*Anonyme de
Bénévent*, partisan convaincu du pape, a fait de ces evénements
un recit tres caracteristique [5] Après avoir raconte la bataille, il
ajoute que les Normands mirent le feu aux constructions situées

1 G Ap II 115 Aime, III, 40
2 G Ap , II 182 et suiv Aime, III 40 Leo Ost , II 84
3 Wibert, II, 11 G Ap II Malaterra, I 14 (D apres ces deux auteurs,
Leon IX serait reste sur le champ de bataille et ne se serait retire qu apres
la defaite Aime, III, 37 Leo Ost II, 84 Hermannus Aug Chr , ad an
Cf Böhmer, *Fontes*, etc t IV, p 322 *Necrol Weissenb* qui donne le
14 Kal Julu Heinemann op cit , p 367, croit que la bataille a eu lieu,
entre le Fortore et son affluent la Staina
4 Leo Ost II, 84
5 Watterich, op cit , t I, p IIIC-IC Cf Delarc loc cit

sous les remparts comme l'incendie menaçait de gagner la
ville Léon IX se dirigea vers le camp ennemi Il n'y était
pas encore arrivé, « lorsque, par une permission de Dieu, le vent
ayant change de direction la flamme tourna subitement du côte
de l'ennemi Ce grand miracle ayant ete constate par les habitants de la ville qui par crainte de la mort, avaient déjà forme le
dessein de livrer Léon aux ennemis, ils rendirent grâce a Dieu et
supplierent le pape de ne pas se mettre entre les mains de si
cruels adversaires » Pendant ce temps les Normands arrêterent
le combat a cause de la nuit tombante, se proposant d'attaquer la
ville le lendemain Des l'aurore, le pape aurait envoye aux Normands des chevaliers, charges de leur dire « Ce que vous avez
fait est deja bien suffisant, faites penitence pour ce qui vient de
se passer, et veillez sur vous desormais Si vous voulez vous
saisir de moi, vous le pouvez, car je ne fuis personne Pourquoi,
en effet, ma vie serait-elle plus precieuse que la vie de ceux qui
m'etaient chers, et que vous venez de faire perir de la mort la
plus injuste ? Plût a Dieu que j'eusse partage leur sort, aussi bien
quant au corps que quant a l'âme ! » Les Normands ayant entendu
ces paroles, et se souvenant de la faute grave qu'ils avaient commise la veille, baisserent la tête et repondirent « Si le pape
veut nous prescrire une penitence en rapport avec ce que nous
avons fait, nous sommes prêts a executer tout ce qu'il lui plaira
de nous ordonner » Cette reponse, ayant ete rapportee au bien-
heureux Léon lui plut parce qu'elle etait humble, quoiqu'il igno-
rât le sentiment qui faisait parler les Normands de cette façon ,
enfin lorsque plusieurs messagers lui eurent fait connaître les
dispositions dans lesquelles ils se trouvaient, il se décida a venir
dans leur camp On vit alors un beau spectacle qui fit couler des
larmes de tous les yeux les soldats se prosternerent devant le
pape, et les chefs, vêtus de soie et encore couverts de la pous-
siere du combat, se jeterent a ses pieds Le venérable pape les
reçut avec la simplicité de la colombe, et les exhorta, avec bienveillance a faire une veritable penitence Enfin apres leur avoir
donné divers conseils en rapport avec les circonstances, il leur
accorda sa benédiction, et en retour les Normands lui promirent
de lui être fideles et de remplacer aupres de lui les soldats qu'il
avait perdus ».

Tout ce récit est nettement tendancieux, il cherche manifestement à rendre à la papauté le prestige qu'elle a perdue à Civitate
Les autres sources favorables au pape sont toutefois moins exagé-
rées que l'Anonyme de Benevent Léon d'Ostie [1] se borne à dire
qu'Onfroi vint trouver le pape, et le prenant en sa foi, le recon-
duisit avec tous les siens jusqu'à Bénévent, il lui aurait ensuite
promis de l'accompagner jusqu'à Capoue, quand il irait à Rome
Wibert [2], l'auteur d'une vie de Léon IX, se borne à dire
« Le très digne pasteur étant venu à Bénévent, les Normands
l'accompagnèrent spontanément durant tout le voyage, et lui
témoignèrent de grands égards » Voilà, avec la lettre de
Léon IX à Constantin Monomaque, dont je parlerai plus loin,
les seuls témoignages sur lesquels on s'est appuyé pour nier la
captivité du pape Il est pourtant facile de voir que le premier de
ces récits cherche à faire servir à l'apologie du pape jusqu'à
ses défaites, et que les autres, ayant à parler d'un événement
ennuyeux procèdent par prétérition

Cependant, si nous plaçons en face de ces témoignages ceux
des sources moins partiales, nous voyons qu'il ne saurait y avoir
aucun doute sur la condition où se trouva Léon IX après la
bataille de Civitate L'Anonyme de Bari s'exprime ainsi [3] . « *Leo
fecit praelium cum Normannis in Civitate, et cecidit, et com-
prehenserunt illum et portaverunt Benevento, tamen cum honori-
bus* » Bonizo dit « *Normanni victores extitere, captumque papam
sed ut decuit honorifice tractatum, per mediam stragem interfec-
torum usque Beneventum perduerunt* [4] » De même Hermann de
Reichenau [5] : « *Cum necessitate coactus communionem eis prius
interdictam reddidisset, acceptus ab eis Beneventum cum honore
tamen reductus est, ibique tempore aliquanto detentus nec redire
permissus* etc » Aimé, à son tour nous raconte [6] : « Et quant ce fu
fait, li Normant s'en alerent à lor terre, li pape avoit paour et li

---

1 Leo Ost , II, 84
2 Wibert, II, 12
3 Anon Bar , ad an 1053
4 Bonizo, *Lib ad amicum* , dans *Libelli de Lite*, etc , t I, p 589
5 Hermannus, Aug *Chr* , ad an 1053
6. Aimé, III 41

clerc trembloient Et li Normant vainceor lui donnerent sperance et proierent que securement venist lo pape, liquel meneront o tout sa gent jusque a Bonvenic et lui aministroient continuelment pain et vin et toute choze necessaire, etc Et o la favor de li Normant torna a Rome » Enfin Brunon racontant le retour a Bénévent nous depeint la tristesse des habitants qui, etonnes de la grandeur du désastre eprouve par Léon IX regardent de loin le pape faire son entree dans leur ville [1]

Il me semble resulter, de cet ensemble de témoignages, que Léon IX traite avec honneur par les Normands, fut neanmoins prisonnier, ainsi que l'indiquent clairement les mots *captus, detentus, nec redire permissus* Un passage d'une lettre de Léon IX, ecrite durant son sejour a Benevent, confirme a mon avis cette maniere de voir Si les Normands s'etaient repentis apres Civitate, s'ils avaient demandé pardon au pape et lui avaient offert de se soumettre, la defaite de Leon IX eût été plus glorieuse et en même temps plus profitable qu'une victoire, car par le seul prestige de sa fonction de pape, Leon IX sans armes et sans soldats eût obtenu ce qu'il n'avait pu réussir a avoir a la tete de ses troupes Le pape eût des lors, dû être reconnaissant aux Normands de leur soumission et essayer, avec eux avant de reprendre les hostilités, d'un *modus vivendi* Or jamais Léon IX ne s'est montre aussi irrite contre les Normands et aussi decide a faire tous ses efforts pour les expulser qu'au moment meme où on veut nous faire croire qu'il est avec eux dans les termes les meilleurs Voici ce qu'au debut de l'année 1054 le pape écrit de Bénévent, ou il est prisonnier à l'empereur Constantin Monomaque [2] « La victoire qu'ils [les Normands] ont remportée, leur est aujourd'hui un sujet de tristesse plutot qu'une cause de joie Comme votre piéte a eu soin de me l'écrire pour me consoler, ils sont persuades que l'audace qu'ils ont eue suscitera bientôt contre eux de plus grandes coleres que par le passe, sans compter

---

1 Watterich t I p 98 Ces textes me paraissent suffisants, on peut encore invoquer Sigebert de Gembloux *Chr* M G H SS , t IV p 359 Ecrivant loin du théâtre des evenements, il peut toutefois avoir ete moins bien informe

2 Will *op cit* , p 86

que leur troupe a été décimée par la guerre Quant à nous, certains comme nous le sommes, que le secours divin ne nous manquera pas, et que les secours humains ne nous feront pas défaut, nous *resterons fidèles à notre projet de délivrer la chrétienté* et nous ne nous tiendrons en paix que lorsque le danger sera passé et que la sainte Église jouira aussi de la paix » Cette lettre de Léon IX est suffisamment claire, ce me semble, elle montre que les Normands ont peur des secours que le pape attend c'est-à-dire de l'intervention de l'empereur allemand ou de l'empereur grec, ainsi que cela résulte de la fin de la lettre Nous sommes bien loin de la prétendue soumission des Normands envers le pape

On a dit [1] que si, à ce moment, Léon IX avait été prisonnier, il l'aurait dit au basileus Cela me paraît singulièrement douteux, car le pape, en avouant sa captivité, se serait mis en bien fâcheuse posture pour traiter avec l'empereur, et surtout avec le patriarche de Constantinople

Un autre argument a été tiré précisément de la possibilité que Léon IX eut de correspondre avec l'empereur grec [2] Il ne me paraît pas plus convaincant que les précédents Nous savons que les légats, envoyés par le pape à Constantinople, au lieu de prendre la route directe, de Bénévent à Bari, pour gagner Constantinople, passèrent par le Mont-Cassin [3] Il me semble que de ce fait on peut tirer la conclusion qu'ils s'embarquèrent soit à Naples, soit à Amalfi, plus vraisemblablement dans ce dernier port, car l'archevêque d'Amalfi est un des légats Ce chemin fut très probablement pris, parce que l'on dissimula aux Normands l'ambassade envoyée par Léon IX Comment admettre d'ailleurs que les Normands aient été assez naïfs pour laisser engager des négociations, dont toute une partie était dirigée contre eux? J'expose là, il est vrai, seulement une hypothèse, mais les présomptions en sa faveur me paraissent très fortes.

On ne saurait donc douter, à mon avis de la captivité de

---

1 Delarc, *op cit*, p 239
2 *Ibid*
3 Will, *op cit*, p 174 Leo Ost, II, 85.

Leon IX après la bataille de Civitate c'est cette captivité qui explique le long séjour du pape à Bénévent Il reste à savoir quelles furent les conditions imposées au pape par les Normands Ici nous manquons de renseignements pourtant un passage de Malaterra peut nous fournir quelques données Voici les paroles de ce chroniqueur « *Quorum* [*Normannorum*] *legitimam benevolentiam vir apostolicus gratanter suscipiens, de offensis indulgentiam et benedictionem contulit, et omnem terram quam pervaserant et quam ulterius versus Calabriam et Siciliam lucrari possent de S Petri hereditali feudo sibi et heredibus suis possidendum concessit* [1] » Il ne faut pas prendre au pied de la lettre ces paroles car en les écrivant Malaterra a certainement eu présente à la mémoire la convention conclue, en 1059 à Melfi, par Nicolas II Il doit pourtant exister dans ce passage une part de vérité Il y a certainement eu des concessions de la part de Léon IX car on ne saurait expliquer autrement que les Normands l'aient relâché Peut-être le pape fut-il obligé de reconnaître l'état de choses existant et de confirmer les Normands dans la possession des territoires de la principauté de Bénévent qu'ils occupaient La ville de Bénévent fut toutefois exclue de cet accord, car nous savons qu'elle resta au pape

Les négociations entre Onfroi et Léon IX ne furent terminées qu'au mois de mars 1054 Le 12 de ce mois, le pape quitta Bénévent, il fut accompagné par Onfroi jusqu'à Capoue [2] Léon IX ne devait rentrer à Rome que pour y mourir (19 avril [3] après avoir échoué dans tout ce qu'il avait entrepris À ce moment, les Normands sont plus puissants qu'ils ne l'ont encore été, et la victoire qu'ils viennent de remporter sur la papauté va être pour eux le point de départ d'une série de nouvelles conquêtes

1 Malaterra, I, 14
2 Leo Ost , II 84
3 Cf Wattenich, *op cit* , t I, p 171 et suiv

CHAPITRE V

CONQUÊTES DES NORMANDS DE 1054 A 1059 1° EN POUILLE, 2° DANS LA RÉGION D'AVERSA, 3° EN CALABRE

A la mort de Léon IX, les hostilités reprirent entre les Normands et les Bénéventains, dont Onfroi vint assiéger la ville [1] Il échoua et ne put emporter la place Les habitants voyant que l'appui de la papauté ne leur avait servi à rien, rappelèrent Pandolf, dans le courant de janvier de l'année 1055 [2] Il dut s'établir très rapidement, entre Rome et le prince lombard, un *modus vivendi*, car peu après nous voyons Bénévent servir d'asile à des cardinaux qui quittent Rome pour fuir l'émeute [3]

Après son échec devant Bénévent Onfroi retourna en Apulie Suivant Guillaume de Pouille, il aurait alors vengé l'assassinat de son frère par une série d'exécutions Il me semble plus probable qu'Onfroi dut punir les défections qui s'étaient produites l'année précédente avant la bataille de Civitate, car il était alors bien tard pour punir par des exécutions en masse un assassinat datant déjà de trois années [4]

Pendant les années suivantes le mouvement d'expansion des Normands vers le sud reprit de plus belle En mars 1053 nous trouvons à Devia, près de Viesti, le comte normand Robert [5], et, en 1054, à Lesina, le comte Pierron [6], la même année, l'Anonyme de Bari enregistre la prise de Conversano [7], en 1055 [8], le *Chronicon breve normannicum* mentionne trois victoires nou-

---

1. *Annal Benev* M G H SS , t III p 180
2. *Ibid* , ad an 1055
3. *Leo Ost* III, 10
4 *G Ap* , II, 297 Cf *supra*, p 130
5 Heinemann, *Zur Entstehung* etc , p 63 *Anon Bar* , ad an
6 *Cartulaire de Tremiti*, f° 44
7 *Anon Bar loc cit*
8 *Chr breve norm* , ad an

velles : l'une d'Onfroi à Oria, et les autres du comte Geoffroi à
Nardo et Lecce Enfin, également en 1055, Guiscard vainqueur à Gallipoli, pénétra sur le territoire de Tarente et prit
Otrante et Minervino On voit donc que, de ce côté, les Grecs
continuent toujours à perdre du terrain et sont rejetés dans les
villes de la côte Pour résister aux envahisseurs, Argyros entama
des négociations avec Henri III, mais sans doute elles n'eurent
pas de résultat [1]

Les progrès des Normands continuent également vers le
nord où le comte d'Aversa s'étend rapidement Après la bataille de
Civitate où il avait commandé une des ailes de l'armée, Richard
vint réclamer à Gisolf les dons que Guaimar lui donnait chaque
année, et qui consistaient en chevaux et en argent Il fut fort mal
reçu et chassé à coup de pierres [2] Les hostilités commencèrent
aussitôt et Richard tenta de s'emparer de la personne de Gisolf
Il s'en fallut de très peu que le prince de Salerne ne tombât
dans une embuscade, qui lui fut dressée aux portes mêmes de
sa capitale par le comte d'Aversa La lutte se prolongeant,
Richard s'allia aux Amalfitains, qui, depuis la mort de Guaimar, étaient en guerre avec la principauté de Salerne Aimé se
borne à mentionner cette alliance des Amalfitains et de Richard,
sans nous donner aucun autre renseignement [3] Le prince de
Salerne, craignant de voir Richard devenu trop puissant,
s'appliqua à rompre cette alliance et finit par se réconcilier
avec Amalfi Gisolf, le duc d'Amalfi et trois cents habitants
de chaque cité jurèrent de maintenir la paix entre les deux
villes [4] Après cette réconciliation, Richard tourna ses vues
d'un autre côté, vers la principauté de Capoue Depuis longtemps déjà, les Normands d'Aversa s'étaient avancés sur le
territoire de Capoue Il suffit de rappeler qu'en 1052, Richard
avait déjà tenté de s'emparer de la ville même de Capoue Les
conquêtes faites aux environs de cette place sont attestées

1 Jaffe, *Monumenta Bamberg*, p 37 Un acte d'Henri III, du 29 mai 1054,
fait allusion à une ambassade d'Argyros à l'empereur
2 Aimé III, 46
3 *Ibid*, IV, 9
4 *Ibid*, IV, 10

par le fait suivant un peu après 1052, Didier, prévôt du monastère de Saint-Benoît de Capoue, obtint de Richard la confirmation des biens possédés par son monastère, en dehors de Capoue [1] Léon d'Ostie, qui nous rapporte ces détails, dit que Richard prit l'engagement de ne pas attaquer les possessions du monastère ; ceci nous montre la fréquence des incursions normandes dans cette région Vers la fin de 1057 mourut Pandolf V [2] Il laissa pour successeur son fils Landolf V, qu'il s'était associé depuis quelques années et qui était encore très jeune [3] Richard jugea l'occasion favorable pour rouvrir les hostilités Suivant le procédé employé durant toute cette période par les Normands, il construisit, autour de Capoue, une série de postes fortifiés afin d'empêcher les habitants de sortir Ceux-ci résistèrent jusqu'au moment de la moisson ; la famine les contraignit alors à traiter Richard exigea d'être reconnu comme seigneur Les habitants s'y refusèrent d'abord ; après de longs pourparlers, on finit par en venir à un accord, Richard et son fils furent reconnus comme princes de Capoue, mais les gens de la ville conservèrent [4] la citadelle et la garde des portes Ce genre d'accord était alors très fréquent, et nous en verrons d'autres exemples

Richard s'étendit également aux dépens d'Adenolf, duc de Gaete et comte d'Aquino Le nouveau prince de Capoue avait fiancé sa fille au fils d'Adenolf, qui mourut avant que le mariage ne fut accompli Richard invoquant le droit lombard, qui accordait à la femme le quart des biens du mari, réclama à Adenolf le quart des biens du défunt, à titre de *morgengab* C'était là une prétention absolument injustifiée, car l'époux ne donnait le morgengab à l'épouse que le lendemain des noces, alors que le mariage était consommé Adenolf refusa de payer et

1 Leo Ost , III 8
2 Leo Ost , III, 15
3 Di Meo, *op cit* , t VII, p 395, donne un acte de 1058, ind XI, juin, date de la seule année du règne de Landolf Comme Capoue fut prise en juin 1058, on peut admettre que Pandolf dut mourir l'année précédente
4 Leo Ost , III, 15 Aimé IV, 14 *Annal Benev* , ad an 1057 On a de novembre 1058 une charte de Richard et de son fils Jourdain *Capuani principes* Gattola, *Acc* , t I, p 161

la guerre eclata Les Normands allerent assieger Aquino, a l automne 1058 et en ravagerent les environs [1] Pendant le siege d'Aquino, Richard se rendit au Mont-Cassin ou il fut reçu avec de grands honneurs par l ancien prieur de Saint-Benoît de Capoue, devenu abbé du Mont-Cassin apres l'élection au trône pontifical de l'abbé Frédéric de Lorraine C'est alors que commencerent entre l'abbaye et le prince de Capoue des relations qui devaient toujours rester tres cordiales L'abbe Didier eut le mérite d être le premier personnage ecclésiastique, qui comprit que les Normands étaient devenus trop puissants pour être chassés, a une lutte inégale et sterile il préféra une entente, dont les heureux résultats ne tarderent pas a se faire sentir, au grand profit du Mont-Cassin Richard par un privilege donne le 12 novembre, confirma a l abbaye toutes ses possessions Il est curieux de voir que le privilege est accorde a la demande de deux Amalfitains, dont l un est le fils du duc Serge, expulsé en 1028 [2] Nous apprenons aussi par cet acte que Richard etendait alors son autorite ou tout au moins avait des prétentions, sur le comté de Comino

L abbé Didier chercha a rétablir la paix entre Richard et Adénolf, mais ne put y reussir et le prince de Capoue continua a assieger Aquino Adenolf finit par payer les quatre mille sous que réclamait Richard Les relations de ce dernier avec Gisolf furent un peu meilleures dans la période qui suivit Nous savons que Richard fournit a Gisolf des soldats dont il avait besoin dans sa lutte contre les Normands de Guiscard, mais l'alliance des princes de Capoue et de Salerne dura peu, car Gisolf refusa de payer a Richard ce qu'il lui avait promis et une nouvelle rupture se produisit [3]

Nous constatons donc que pour le comte d Aversa, devenu prince de Capoue il y a eu, apres la bataille de Civitate, un notable accroissement de puissance Il en a éte de meme pour les Normands de la Calabre.

1 Aime, IV, 12 Leo Ost III, 8
2 Gattola Acc , t I, p 161
3 Aime IV 5

Durant toute cette période, Guiscard a vu croître son influence et sa puissance Les attaques continuelles des Normands ont amené les villes du midi de la Péninsule à conclure avec eux des arrangements Nous savons que Guiscard domine alors dans la vallée du Crati, où Bisignano et Cosenza ont conclu des accords avec lui, il s'étend même plus au sud jusqu'à Martirano[1] D'après Malaterra, ces trois villes payaient un tribut à Robert, et lui devaient le service militaire des otages répondaient de leur fidélité Ces conquêtes de Guiscard, en Calabre, furent faites les unes aux dépens des Grecs, comme celle de Bisignano[2] les autres aux dépens de la principauté de Salerne comme celle de Cosenza Le moment de l'histoire des Normands où nous sommes arrivés, est en effet très caractéristique, car presque tous les chefs normands sont devenus assez puissants pour se retourner contre leur ancien allié, le prince de Salerne

A la suite du rétablissement de Gisolf les relations entre celui-ci et les Normands sont presque immédiatement devenues très mauvaises Deux partis se formèrent parmi les Lombards de la principauté de Salerne, l'un favorable à l'ancienne politique, c'est-à-dire à l'alliance normande, l'autre complètement hostile à tout accord[3] A la tête du premier parti était Gui, oncle de Gisolf et beau-frère d'Onfroi, à la tête du second était Gisolf lui-même Celui-ci paraît avoir supporté avec peine la tutelle que son oncle voulut lui imposer, et prit en haine les Normands Cette hostilité se manifesta, dès les premiers temps de son règne, nous en trouvons un exemple dans les persécutions qu'il fit subir à Manson et Léon, deux amis de son oncle, qui furent obligés de s'enfuir auprès de Richard d'Aversa Il semble que dans cette affaire Gisolf ait cherché à opposer à Richard son frère Robert, mais nous manquons à ce sujet de renseignements précis[4]

La rupture de Gisolf et d'Onfroi ne tarda pas à se produire Onfroi vint demander au prince de Salerne d'exécuter les engage-

1 Malaterra, I, 17-18
2 Cecaumeni strategicon, p 3)
3 Aimé, III, 44
4 Ibid

ments qu'il avait pris, quand les Normands l'avaient rétabli
dans sa capitale, il demanda en particulier qu'on lui livrât un
château qui lui avait été promis alors [1] Gisolf refusa de tenir
ses promesses Le moment pour se brouiller avec Onfroi était
mal choisi car celui-ci venait de voir augmenter ses forces par
l'arrivée d'un certain nombre d'émigrants normands Parmi les
nouveaux venus se trouvaient trois de ses frères · Mauger, Geoffroi
et Guillaume, qui ne devaient jouer qu'un rôle secondaire [2]
Onfroi établit Mauger en Capitanate Ses deux autres frères
n'avaient encore reçu aucune terre, quand commencèrent les
hostilités avec Gisolf Onfroi s'empara de San Nicandro, près
d'Eboli, et plus au sud, dans la région de Policastro, prit
diverses places entre autres Castelvecchio Ce fut Gui, frère de
Gisolf, qui dirigea la résistance, sans aucun succès d'ailleurs
Onfroi investit alors des terres conquises son frère Guillaume,
qui prit le titre de comte du Principat [3]

La mort d'Onfroi survenue dans les premiers mois de l'année
1057 [4] n'arrêta pas les progrès des Normands, qui choisirent Guis-
card comme successeur de son frère Les rapports entre Robert et
Onfroi n'avaient jamais été très cordiaux, et même Guillaume de
Pouille raconte que quelque temps après la victoire de Civitate,
Onfroi fit arrêter Guiscard, qui se trouvait chez lui ? L'intervention

1 Aimé, III, 45
2 Aimé, III, 40 Malaterra, I, 13 Aimé est en contradiction avec Malaterra Le premier fait arriver, alors, le dernier des Hauteville Roger, qui
d'après le second, vint en Italie seulement après que Robert Guiscard eut
été proclamé comte Pour tout ce qui touche Roger, Malaterra a plus
d'autorité qu'Aimé
3 Aimé, III, 45 Cf la poésie de l'archevêque de Salerne, Alfan, dans
Arch st nap t XII, p 774 L'auteur s'adresse a Gui, frère de Gisolf

       Sed postquam patriæ Pater et tuus, ante suorum
        Ora propinquorum, confoditur gladius,
       Quidquid habere prius fuerat haec vita decoris,
        Momento periit, fumus et umbra fuit
       Nam velut una lues pecorum solet omnibus agmen
        Aere corrupto debilitare modis
       Sic gens Gallorum numerosa clade, Salerni
        Principe defuncto perculit omne solum

4 Cf p 149, note 2
5 G Ap II, 314

des seigneurs présents amena une réconciliation, à la suite de
laquelle Onfroi aurait concédé de nouvelles terres a son frère, mais
il semble bien que, depuis lors, Guiscard ait vécu de son côté Suivant le même auteur qui est le seul a parler de ces faits, Onfroi
sentant sa fin approcher, aurait fait venir Robert et lui aurait
demandé d'administrer ses terres et d'être le tuteur de ses fils
Abélard et Hermann [1] Onfroi mourut peu après cette dernière
entrevue, et fut enterré à Venosa Son frère, sans s'inquiéter
des promesses qu'il avait faites, s'appropria l'héritage au détriment de ses neveux, et se fit élire comme chef par les Normands, en août 1057 [2] Il ne paraît pas que son élection ait
présenté de difficultés il est probable que la récente élection du
pape Etienne IX, notoirement hostile aux Normands, a amené
momentanément l'union des différents comtes Comme a ce
moment, les attributions de celui que les Normands reconnaissaient comme chef, se bornaient à conduire l'armée en cas de
guerre, Guiscard était le candidat le plus indiqué et par la bravoure dont il avait fait preuve et par sa puissance territoriale
qui était très considérable il joignait, en effet, a ses possessions de Calabre toutes celles de son frère Onfroi Il n'y avait
guère que le prince de Capoue dont la puissance put rivaliser
avec la sienne, mais il est a noter que la principauté de Capoue
a toujours été tenue a l'écart par les Normands de la Pouille

Après son élection, Guiscard jugea la situation assez tranquille
pour s'éloigner, et retourna en Calabre Il tenta, dans les derniers mois de l'année 1057, un coup de main sur Reggio Par
Cosenza et Martirano, Guiscard gagna Squillace, de la il suivit le
littoral et arriva devant Reggio Il ne put s'emparer de la place, mais
diverses villes se soumirent entre autres Leucastro, Maia, Canalda [3]

1 G Ap , II, 364 Le Chr Amalfit , c 27 Guillaume de Jumièges, VII,
30 et Romuald de Salerne. M G H ,SS , t XIX, p 405 Malaterra, III, 4 et
G Ap , II, 434, indiquent que Guiscard confisqua l'héritage de ses neveux
Il s'agit des terres appartenant a Onfroi et non de la dignité de chef des
Normands, comme l'a cru Delarc, op cit , p 279
    2 Guiscard fut élu en 1057, ind X, donc avant septembre Anon Bar ,
ad an Cette date est confirmée par une charte ou, en août 1078, on compte
la 21e année de Guiscard Di Meo op cit , t VIII p 175 Par suite le Chronicon breve norman et Lupus font erreur en plaçant cet événement en 1056
    3 Malaterra , I 18 Maia est à identifier avec Maida, en comté de Nicastro, prov de Catanzaro

Pour soumettre le pays, Robert y établit une série de postes dont il donna le commandement a l'un de ses frères Roger, qui venait d'arriver en Italie Celui-ci s'installa dans la péninsule, que termine le cap Vaticano, dans la région de Bivona, près de Monteleone [1]

Guiscard fut rappelé de la Calabre par les événements dont la Pouille était le théâtre Il semble que quelques-uns des seigneurs normands aient alors refusé de reconnaître son autorité et se soient révoltés Guiscard alla d'abord mettre le siège devant Troia dont les habitants durent se soumettre [2] Il semblerait d'après un passage très confus d'Aimé, que Guiscard ait alors soutenu son frère Guillaume contre Gisolf, mais le texte est ici si obscur que l'on ne peut préciser

Robert fut retenu en Pouille par la révolte de l'un des principaux chefs normands Pierron, seigneur de Trani [3] Celui-ci, qui avait été le rival de Dreux, lors de son élection, ne voulut pas reconnaître Guiscard et s'empara de Melfi Robert vint aussitôt ravager les environs de la ville Aimé, qui est le seul à parler de ces faits, nous en a laissé un récit très confus. D'après lui, Pierron aurait invoqué la trêve de quatorze jours qui avait été conclue, sans que nous sachions de quoi il est question Plus loin le même auteur nous dit que Guiscard craignit que Pierron n'entrât dans la ville pendant la trêve, alors que quelques lignes plus haut, il raconte que Pierron avait déjà pénétré dans Melfi Un combat judiciaire tourna à la confusion de

1 Malaterra I, 19 Il convient de placer l'arrivée de Roger avant le moment où Guiscard se rend en Pouille Robert n'est pas en Calabre, lors des premières conquêtes de son frère, il est en Pouille, cela résulte de Malaterra II, 19 et 20

2 Aimé, IV, 3 Hirsch, op cit dans Forschungen, t VIII, p 300 croit qu'Aimé a raconté deux fois le même événement Cf Aimé, V 6, 200 Je crois que Delarc, Aimé, p 201, note 1, est dans le vrai en distinguant deux sièges de Troia Il a dû se passer pour Troia ce qui s'est passé pour Capoue dans la première période de la soumission aux Normands, la ville garda une demi-indépendance, elle ne la perdit qu'après une révolte causée par ce fait que Guiscard voulut y élever un château La situation de Troia paraît ainsi avoir été identique à celle de Capoue vis-à-vis de Richard

3 Aimé, IV, 3 Malaterra, I, 18 La révolte de Pierron de Trani est antérieure au mariage de Guiscard Cf Aimé IV, 20

Pierron, qui s'enfuit, poursuivi par Guiscard, il fut battu près d'un endroit qu'Aimé appelle Cysterne [1] Robert remporta une nouvelle victoire, a Andria [2], et força, a la suite d'une serie de succes, Pierron a faire sa soumission Guiscard se trouva, alors, assez puissant, pour transformer en suzeraineté effective, l'autorité nominale, qu'il avait exercée jusqu'ici, il alla « cherchant tuit il Normant de entor et nul n'en laissa qu'il non meist en sa poesté, fors solement le conte Richard remaist [3] » Dans toute cette campagne, Robert fut aide par son frere Roger qu'il avait fait venir de Calabre [4]

Roger avait débuté brillamment en Calabre, et a la suite d'une serie d'expéditions heureuses, avait obtenu la soumission des villes et des châteaux de la vallee des Salines [5] Guiscard estima que les succes de son frere lui permettaient d'entreprendre une nouvelle expédition contre Reggio (hiver 1058) Il apprit, en route, que les habitants de la ville avaient enleve tous les approvisionnements de la region et il dut, pour ravitailler son armee, envoyer Roger ravager les environs de Gerace, peu apres, l'hiver trop dur fit abandonner son projet a Guiscard, qui renvoya chez eux ses chevaliers et alla hiverner a Maia [6]

Dans le courant de l'année 1058, une brouille survint entre Guiscard et Roger Nous ne connaissons ces faits que par Malaterra qui les a certainement un peu arrangés pour donner le beau rôle à Roger [7] De son recit, il résulte qu'une question d'intérêt amena la rupture entre les deux freres Roger s'éloigna et alla en Pouille sans doute pour chercher un appui aupres des seigneurs, qui avaient pris part a la derniere révolte. Il fut rappele par son frere Guillaume, comte du Principat, qui l'invita

1 Il s'agit ou de Cisternino, circond et prov de Bari, ou de Cisterna, au sud de Canosa (carte d'Italie au 1/50,000, f° 176, IV) A cause du mot *cite*, employé par Aime, la premiere identification me parait la plus probable
2 Andria, circond de Barletta, prov de Bari
3 Aime, IV, 7
4 Malaterra, I, 20
5 Malaterra, I, 19-21 Cette vallee debouche au hameau de Saline commune de Fossato di Calabria, circond et prov de Reggio Calabria
6 Malaterra, I, 21-22
7 Id, I 23

à venir chez lui et l'assura qu'il partagerait avec lui tout ce qu'il possédait Roger accepta les offres de son frère, qui l'établit à Scalea [1] La guerre contre Guiscard commença aussitôt Celui-ci arriva rapidement et vint assiéger Roger, détruisant les oliviers et les vignes dans les environs de Scalea Il fut toutefois obligé de se retirer à l'arrivée de Guillaume du Principat qui amenait des renforts

Roger et Guiscard finirent par se réconcilier et Roger servit Robert à la tête de quarante chevaliers L'accord d'ailleurs ne fut pas long Au bout de deux ans Roger, se querella de nouveau avec Robert pour des questions d'intérêt et retourna à Scalea d'où il recommença à piller les possessions de son frère [2] A ce moment, Roger mène une vie de véritable bandit, de voleur de grands chemins pillant et rançonnant les voyageurs Malaterra raconte qu'il captura un jour une bande de marchands amalfitains , avec l'argent qu'il leur vola il put recruter des troupes pour continuer la guerre contre Guiscard

L'année 1058 [3] fut marquée dans la Calabre par une très grande famine On en trouve facilement la cause, si l'on songe aux procédés employés par les Normands dans leurs guerres, c'est-à-dire à la destruction systématique des récoltes La misère générale fit éclater une révolte Les Calabrais, voyant la discorde régner entre Roger et Robert, commencèrent à refuser le service militaire et à ne plus payer le tribut , ils en vinrent même à la résistance ouverte et à Leucastro [4] ils massacrèrent la garnison normande Ils n'épargnèrent pas davantage les Byzantins, et le chef de l'armée grecque de Calabre fut obligé de s'enfuir [5]

Guiscard comprit que si la rébellion s'étendait, il courait le risque de perdre la Calabre comme, en même temps la Pouille s'agitait, il se décida à traiter avec Roger auquel il concéda la moitié de la Calabre acquise et à acquérir depuis le mont Intefoli et

---

1 Malaterra I 24 Scalea en cond de Paola, prov de Cosenza

2 Malaterra I, 26

3 Ibid , I, 27

4 Ch -l de en cond prov de Catanzaro

5 Malaterra, I, 28 et Anon Vat , Muratori R I SS , t VIII p 754 Lupus Protospat ad an 1058 Skylitzès dans Cedrénus, II, 724-722

Squillace jusqu'à Reggio. Les termes, dont se sert Malaterra, ne permettent pas de préciser la nature de cet accord, mais il résulte clairement d'autres passages du même auteur qu'il faut entendre par là que Roger et Guiscard eurent chacun la moitié de chaque ville [1].

Le traité dont il vient d'être question doit être du milieu de l'année 1058. Guiscard est alors dans une période où tout lui réussit [2]. A ce moment, en effet, le prince de Salerne, se sentant incapable de continuer seul à lutter contre le comte du Principat, se rapprocha de Robert.

Nous avons vu plus haut les difficultés qui s'étaient élevées, vers 1053, entre Gisolf et les Normands. Dans les années qui suivirent, le prince de Salerne continua à suivre à leur égard une politique nettement hostile. Il avait cherché à se rapprocher d'Étienne IX, dont il connaissait la haine contre les Normands, et lors de l'avènement du pape, il avait fait revenir à Salerne parce qu'il était l'ami d'Étienne IX un moine du Mont-Cassin, Alfan, bien que les parents de celui-ci eussent pris part à l'assassinat de Guaimar. Gisolf avait d'abord fait nommer Alfan abbé du monastère de Saint-Benoît, puis peu après l'avait fait élire archevêque de Salerne [3]. La mort d'Étienne (29 mars 1058) fit perdre à Gisolf tout espoir d'une intervention pontificale; il chercha donc alors à se rapprocher de Guiscard et lui offrit de lui payer les subsides que son père fournissait chaque année. Ses offres furent agréées et il remit en otage son frère et le fils de celui-ci Allie de Gisolf. Guiscard combattit pour le prince de Salerne contre Guillaume du Principat [4]. Nous ne savons rien de précis sur

1 Cf. infra, p. 200.
2 Malaterra, III, 31. Anne IV, 19.
3 Pflugk-Harttung, Acta inedita, t. II, p. 83. Cf. Leo Ost., II, 90 et 96, et III, 8. Hirsch, op. cit., dans Forschungen, t. VIII, p. 288, pensait qu'il y avait eu un archevêque, entre Jean (1054) et Alfan (1057). Ce n'est pas probable car Jean vit encore en 1057, Paesano, op. cit. t. I, p. 112.
4 Aimé, IV. Schipa, op. cit., Arch. st. nap., t. XII, p. 552, note, croit que Gisolf donna, en otage, son cousin le fils de son oncle Gui, c'est une supposition qui me paraît peu probable car alors Gui est très mal avec son neveu il est l'allié de Guillaume du Principat. Aimé, IV, 22.

ces événements, le théâtre de la guerre fut la Lucanie et il y eut notamment des combats dans la vallée de Briziana [1]

Le résultat le plus clair de l'alliance de Guiscard avec Gisolf, fut son mariage avec Sykelgaite, sœur de ce dernier Robert répudia sa femme Auberée dont il avait eu un fils Bohémond, et demanda au prince de Salerne la main de sa sœur Gisolf n'osa la refuser mais il semble résulter de Malaterra et d'Aimé qu'après avoir consenti au mariage, il y mit comme condition que Robert obligerait le comte du Principat à se soumettre Guiscard, qui était déjà venu avec une suite brillante pour célébrer ses noces, dut rentrer en campagne Guillaume était, à ce moment allié à Gui, duc de Sorrente dont il avait épousé la fille Il finit par être vaincu et Guiscard, de retour à Melfi, y épousa Sykelgaite en grande pompe (1058) [2]

Le mariage de Guiscard fut suivi d'une période durant laquelle la paix régna entre les trois frères Roger rendit à Guillaume le château de Scalea qu'il avait reçu de lui et Guiscard donna à Roger la ville de Mileto [3]

Au début de 1059, une nouvelle insurrection éclata en Calabre A la tête des rebelles étaient l'évêque de Cassano et le gouverneur

1 Cf les vers de l'archevêque de Salerne à Gui, frère de Gisolf, *Arch st nap* t XII, p 775, où il est certainement fait allusion à ces campagnes
2 Malaterra I 30-31 Aimé IV, 18 et 23 Leo Ost, III 15 La date est donnée par Malaterra Je ne sais pourquoi Delarc, *op cit* p 339 place le mariage après le concile de Melfi Malaterra est formel à ce sujet *Anno ab incarnatione domini 1058* Il est certain que toutes ces guerres sont finies, lors du concile de Melfi, puisque à ce moment Guiscard est occupé en Calabre On ne peut invoquer contre Malaterra que Guillaume de Pouille II 446 et suiv Mais pour toute cette partie, cet auteur ne suit pas l'ordre chronologique Pour concilier ces deux versions, on a imaginé que Malaterra commençait l'année le 1er septembre et retardait d'une année, ainsi l'année 1058 irait du 1er septembre 1058 au 1er septembre 1059, cf di Meo, *op cit*, t VII, p 390, t VIII p 26 Hirsch *op cit* dans *Forsch*, t VIII, p 296 Baist, *op cit*, dans *Forsch*, t XXIV p 318 Meyer von Knonau, *Heinrich IV*, t I p 149, n 46 or ceci est inexact, comme on l'a vu plus haut dans l'*Étude des sources*, à propos de Malaterra Le mariage de Guiscard est antérieur au concile de Melfi, puisque Guiscard emmena sa femme en Calabre Aimé IV 23 et que c'est en Calabre qu'il apprit que Nicolas II se rendait à Melfi Comme Malaterra commence l'année à Noël ou au 1er janvier le mariage est donc bien de 1058
3 Aimé IV, 24-25 Mileto, circond de Montelcone, prov de Catanzaro

byzantin de Gerace Roger réussit rapidement à rétablir l ordre [1]

Pendant ce temps, Robert Guiscard n était pas en Calabre, mais dans le nord de la Pouille, où il aidait son frère Geoffroi à soumettre les territoires que lui avait laisses Mauger, mort peu auparavant [2] Après cette expédition, Robert revint en Calabre il etait occupé au siege de Cariati [3] quand il apprit que prochainement le pape Nicolas II devait se rendre à Melfi Aussitôt Guiscard laissa une partie de ses troupes continuer le siège et se rendit lui-même auprès du pape

1 Malaterra, I, 32 Cassano circond de Castrovillari, prov de Cosenza
Gerace, chef-lieu de circond prov de Reggio
2 Malaterra, I, 33-34
3 Cariati circond de Rossano, prov de Cosenza

CHAPITRE VI

(1054-1059)

On a vu plus haut comment Léon IX, rapproché des Byzantins par une haine commune, avait été amené à chercher, auprès du catépan d'Italie, un appui contre les Normands. Malgré la défaite de Civitate, qui empêcha l'accord de sortir son plein effet, l'alliance du pape et du basileus eût pu produire des résultats heureux pour les deux puissances, mais l'ambition d'un homme, le patriarche Keroularios, réduisit à néant les espérances que les politiques des deux partis avait un moment pu concevoir, et amena entre Rome et Byzance la rupture définitive. Les conséquences de ce fait furent très importantes pour les Normands, c'est pourquoi il convient d'y insister.

L'alliance des Byzantins et de la papauté avait été en grande partie l'œuvre d'Argyros. Celui-ci, lombard d'origine, n'avait pas à l'égard des Latins les préjugés que l'on trouve alors chez beaucoup de Grecs. Connaissant à merveille la situation politique de l'Italie du Sud, Argyros vit clairement que l'intérêt de l'empire demandait un rapprochement avec le pape Léon IX. On pouvait espérer que les Normands ne seraient pas en état de résister aux forces réunies du souverain pontife et des Grecs. Argyros se heurta à Constantinople à des résistances violentes. Bien que l'on ait récemment cherché à établir, que depuis la mort de Basile II, les relations entre Byzance et Rome avaient été empreintes de la plus grande cordialité, on ne saurait nier que le clergé oriental n'ait été alors animé d'une sourde hostilité envers Rome[1]. A la tête de l'église de Constantinople était le

_____
1 Bréhier, *Le schisme oriental du XIᵉ siècle*, p. 1 et suiv.

patriarche Michel Kéroularios, qui rêvait de devenir le pape de
l'Orient, comme l'évêque de Rome était devenu le pape de l'Occident Kéroularios ne faisait, en somme, que reprendre l idée de
plusieurs de ses predecesseurs et l on est amené naturellement a
rapprocher sa conduite de celle d'Eusthatios qui, vers 1024 chercha a obtenir de Rome la reconnaissance de l'autonomie de
l Eglise de Constantinople Que Kéroularios ait eu une ambition
plus haute, qu'il ait rêve de subordonner l'État a l'Eglise et ait
songe a se faire donner la couronne imperiale, c'est une question
où nous n'avons pas a entrer Il suffit de marquer ici que Kéroularios était le chef du parti hostile a Rome, il représentait les sentiments de tout le clergé grec et aussi d une partie considérable
de la population de l'empire byzantin, comme le prouvent et
l'appui qu'il trouva dans le clergé et la popularite que lui acquit
sa conduite

Kéroularios se trouva donc amené a faire une opposition violente a la politique qu'Argyros voulait faire suivre à l'empereur
dans les affaires d'Italie Il y eut a ce sujet des intrigues que
nous connaissons mal Tout ce que nous savons c'est que des
scènes violentes eurent lieu entre le patriarche et Argyros Ce
dernier finit par convaincre Constantin IX, et les négociations
engagées entre Leon IX et le catépan furent certainement
autorisées par le basileus N ayant pu empêcher le rapprochement
entre le pape et l'empereur, Kéroularios chercha a amener la
rupture entre Constantinople et Rome

Les hostilites commencerent en 1053, tres probablement, a
mon avis, avant la bataille de Civitate, par une lettre de Léon
archevêque d'Achrida adressée a Jean, évêque de Trani ou les
usages de l'Eglise latine, notamment le jeûne du samedi et l'emploi du pain azyme pour l Eucharistie, etaient vivement critiqués [1]
En même temps, Kéroularios faisait composer par un moine du
couvent de Stoudion, Nikétas Stetathos, un traite contre les
usages des Latins [2] Le patriarche, passant aux actes, fit fermer les
églises latines de Constantinople [3] Le pape eut connaissance de

1 Will, op cit , p 56 et suiv
2 Cf Brehier, op cit , pp 94-95
3 Will op cit , pp 89 et 164

la lettre a Jean de Trani par le cardinal Humbert Léon IX
répondit lui-même a l'archevêque d'Achrida et, voulant montrer
qu'il n'était pas dupe de la conduite de Keroularios, il adressa
sa réponse a Léon et au patriarche[1] Le pape faisait l'apologie de
l'Eglise romaine, dont il vantait l'orthodoxie en lui opposant les
hérésies ou etait tombes les patriarches de Constantinople et
« les sujets de scandale donnes par l'Eglise de Byzance ». Le
pape terminait en refusant de discuter les questions soulevées
par Leon d'Achrida, tant que Keroularios ne se serait pas soumis

Léon IX obtint un plein succes Il est probable que la conduite de Keroularios avait mecontenté l'empereur Constantin,
qui, a ce moment, croyait avoir encore besoin du pape L'intervention du basileus amena le patriarche a ecrire au pape une
lettre remplie de moderation ou il parlait de son grand desir de
concorde et aussi, ce qui pour nous est plus intéressant, des
secours que l'on attendait de lui contre les Francs[2] Qu'Argyros
n'ait pas eté etranger a la conduite de l'empereur, c'est ce que
l'on peut conclure de l'envoi, par le catépan de l'évêque de Trani
à Constantinople[3] Keroularios dut être forcé par l'empereur
d'ecrire au pape la lettre ou il faisait amende honorable C'est ce
que montrent clairement les termes dont se sert le pape dans
la lettre qu'il adressa a Constantin IX, en janvier 1054 « Après
ces trop longues et pernicieuses discordes, c'est toi qui le premier as non seulement ordonne, mais mande et effectue la paix
et la concorde, selon nos vœux[4] »

Les bonnes dispositions de l'empereur amenerent Leon IX a
traiter directement avec lui En janvier 1054 le pape envoya a
Constantinople une ambassade composée du cardinal Humbert,
de Frédéric de Lorraine et de l'archeveque d'Amalfi, Pierre[5]

1 Cf Bréhier, op cit p 97 et suiv

2 Will op cit , p 174 La lettre de Keroularios a Leon IX est perdue
mais le patriarche fait allusion a son contenu dans une lettre à Pierre,
patriarche d'Antioche

3 Anon Bar , ad an 1053 M Bréhier n'a pas cité le texte de l'Anonyme de Bari qui fut une quasi-certitude de l'hypothèse qu'il a emise
relativement a l'intervention d'Argyros, op cit , p 103

4 Will, op cit , p 85

5 Leo Ost II 88 Will op cit , p 150 et suiv

La lettre que le pape écrivit alors au basileus nous a été conservée, elle est précieuse car elle nous montre que les sentiments de Léon IX, envers les Normands, n'ont pas changé et que le pape espère toujours en venir à bout avec l'aide des Grecs et de l'empereur allemand [1] Autant le pape se montrait bienveillant à l'égard du basileus dans la lettre qu'il lui adressait, autant il se montrait dur et sévère dans celle qu'il écrivit au patriarche

L'ambassade pontificale fut très bien reçue à Constantinople par l'empereur, tandis que dès le début ses rapports avec le patriarche furent très tendus On a dit, pour expliquer la conduite de Kéroularios, que Constantin et Argyros lui avaient fait espérer qu'il serait traité par le pape comme son égal, et que c'est son mécontentement qui, au reçu de la lettre du pape, aurait dicté sa conduite On ne saurait établir avec certitude que Constantin et Argyros aient donné au patriarche de telles espérances neanmoins cette hypothèse a pour elle une très grande vraisemblance [2]

Le résultat le plus clair de l'ambassade fut de détacher Constantin du parti de Kéroularios Mais la mort de Léon IX, survenue le 19 avril, fournit au patriarche un prétexte pour refuser de discuter avec les légats pontificaux, dont les pouvoirs, selon lui, n'étaient plus valables L'empereur et les légats purent bien condamner l'écrit de Niketas Stethatos et excommunier le patriarche, le refus de Michel de traiter avec eux fit échouer la mission des envoyés de Rome, qui quittèrent Constantinople le 17 juillet [3]

Les événements qui suivirent sont peu clairs Il semble toutefois que Kéroularios, après le départ des légats, se soit décidé à les attirer dans un guet-apens L'empereur, a sa demande, leur écrivit de revenir, mais ayant eu connaissance des projets de Kéroularios il voulut assister à l'entrevue du patriarche et des légats Sur le refus de Kéroularios, il écrivit aux envoyés de Rome de continuer leur route Kéroularios se vengea de l'em-

1 Cf supra, p 135 et suiv
2 Brehier op cit p 104
3 Cf Ibid, p 105 et suiv

pereur, en excitant contre lui une émeute formidable Constantin fut obligé d'écrire au patriarche une lettre « suppliante », où il s'excusait de la conduite qu'il avait tenue, en rejetant « toute la faute sur la fourberie d'Argyros, qui était destiné dans cette affaire à supporter les conséquences des colères de l'un et de l'autre parti » L'empereur promettait de faire brûler la bulle d'excommunication promulguée contre le patriarche et d'exercer des représailles contre Argyros dont le fils et le gendre étaient déjà en prison [1]

En résumé, la lutte entre le patriarche de Constantinople et le pape se termina par le triomphe complet du premier, triomphe que ne firent qu'augmenter les divisions intestines qui se produisirent alors dans l'Eglise de Rome

Nous avons vu que Léon IX était mort à Rome le 19 avril 1054 son successeur, Victor II, ne fut sacré dans la basilique de Saint-Pierre que le 13 avril 1055 Ce long interrègne montre clairement les difficultés qui assiégèrent alors l'Eglise. A la mort de Léon IX, les deux partis qui se disputaient la papauté s'adressèrent à l'empereur allemand L'aristocratie romaine envoya à Mayence des ambassadeurs demander à Henri III de désigner un nouveau pape [2] En même temps, le parti de la réforme qui avait à sa tête Hildebrand, chargeait ce dernier de se rendre également auprès d'Henri III [3] et ainsi, amusante ironie, c'est l'un des principaux acteurs de la lutte du sacerdoce et de l'empire, qui alla demander à l'empereur de désigner le pape ; l'état de l'Eglise fait toutefois comprendre cette démarche et la conduite du parti des réformes était en quelque sorte imposée par les circonstances A Rome, la papauté avait toujours à craindre l'aris-

1 Will, op cit, p 166 et suiv M Brehier op cit, p 123 donne peut-être trop d'importance au témoignage de Guillaume de Pouille, II 267 et suiv, qui raconte qu'Argyros fut envoyé en exil et y mourut Argyros partit, il est vrai, en 1056, Anon Bar ad an Mais ce fut pour revenir peu après, car, en 1058, il était déjà revenu depuis quelque temps, puisque nous le voyons retourner à Constantinople, Anon Bar, ad an Il dut être renvoyé en Italie à l'avènement d'Isaac Comnène 1er sept 1057

2 Anon Haserens c 38, M G H SS, t VII, p 265 Lambert d'Hersfeld, ad an, 1054 Annales Roman, ed Duchesne, Lib Pont, t II, p 333

3 Leo Ost, II, 86

tocratie et c'est en vain qu'elle eût cherché, en Italie, une puissance sur laquelle elle pût s'appuyer Les evenements de Constantinople rendaient difficile un appel a l'empereur grec, et d'ailleurs si l'on avait pu songer à gagner l'appui militaire des Byzantins, on etait bien loin de penser à fournir au patriarche de
Constantinople une occasion d'intervenir dans les affaires intérieures de l'Eglise Nul ne pouvait alors songer aux Normands
que l'on regardait encore comme des voleurs de grand chemin,
les rapports, que Léon IX avait eus avec eux, paraissaient
rendre impossible toute alliance avec les vainqueurs de Civitate
Dans l'entourage pontifical, on ne devait pas faire de différence
entre les Normands et les nobles romains contre lesquels la
papauté luttait depuis tant d'annees On ne pouvait davantage
songer au prince de Salerne, et les princes du Nord de l'Italie,
vassaux de l'empereur allemand, étaient incapables de fournir
aucun appui Henri III etait le seul souverain a qui la papaute
pût demander de la defendre ; en s'adressant à lui le parti des
réformes pouvait esperer que le nouveau pape servirait l'Eglise
et lui fournirait l'assistance impériale

Le choix d'Henri III se porta sur l'un de ses parents Gebhard,
évêque d'Eichstadt et chancelier de l'empire, qui prit le nom de
Victor II [1]. Peut-être Henri III fut-il guidé, dans son choix, par le
désir de voir la papauté rompre avec la politique grecque inaugurée par Leon IX, c'est, en effet, Victor II qui avait empêché
l'empereur d'appuyer l'expédition de Leon IX contre les Normands Bien qu'a ce moment les relations entre les deux empires
paraissent avoir eté assez cordiales, il est probable qu'Henri III
ne tenait pas a voir l'empire grec jouer dans les affaires italiennes
un rôle préponderant

Le nouveau pape gagna Rome, ou il fut couronne en avril
1055 [2] Au début de son pontificat, Victor II parut vouloir suivre
la politique qu'il avait conseillée a l'empereur, alors qu'il était
chancelier Il ne se montra pas hostile aux Normands et même

1 Cf Steindorff, *Heinrich III*, t I, p 285
2 Berthold *Ann* ad an 1054 M G H SS , t V, p 269 Bonizo *Lib ad
amicum*, dans *Libelli de Lite*, etc , t I, pp 589-590

suivant certaines sources aurait songé à traiter avec eux [1]. Peut-
être la conduite de Victor II lui fut-elle dictée par les circonstances qui entourèrent le voyage que l'empereur fit alors en
Italie

Henri III passa les Alpes pour réduire un de ses vassaux,
Geoffroi duc de Lorraine qui, par son mariage avec Béatrice,
veuve de Boniface marquis de Toscane, était devenu le plus
puissant seigneur de l'Italie septentrionale [2]. L'empereur avait vu
sans plaisir cette union, et dès 1054 il avait invité ses vassaux
italiens à surveiller le duc Geoffroi n'attendit pas la venue
de l'empereur et se réfugia en Lorraine Henri III échoua donc
de ce côté il ne réussit pas beaucoup mieux par ailleurs En juin
1055 [3], il assista au concile de Florence, puis envoya dans le
midi de l'Italie des ambassadeurs, sans que nous sachions exactement dans quel but [4] Steindorff pense que l'empereur songeait
à unir les Lombards et les Grecs dans une alliance contre
les Normands [5] Nous ne possédons aucun texte nous permettant d'admettre cette hypothèse Tout ce que nous savons en
effet, c'est qu'Henri III chercha à s'emparer de Frédéric de Lorraine, frère du duc Geoffroi, qui était revenu de Constantinople
avec de grosses sommes d'argent données par l'empereur grec
Frédéric, pour échapper à l'empereur allemand, fut contraint de
se réfugier au Mont-Cassin, où il prit l'habit [6]

On ne doit pas à mon avis prêter à Henri III de vastes projets,
il n'avait pas à ce moment le moyen d'intervenir efficacement
dans les affaires italiennes et les ambassades envoyées durent se
borner à solliciter la reconnaissance de l'empereur par les
princes du sud de l'Italie [7] Peu après le concile de Florence,
Henri III regagna l'Allemagne

1 Aimé, III 44
2 Hermanus Aug , Chr , ad an 1054 Lambert d'Hersfeld, Ann , ad an
1053 Ann Altah ad an 1054 Sigebert de Gembloux, Chr , ad an 1053
3 Steindorff, op cit , t I, p 305
4 Leo Ost , II, 86
5 Op cit , t I, p 311
6 Leo Ost , II 86
7 Henri est d'ailleurs mal avec les Normands Berthold, ad an 1055,
raconte que les Pisans firent prisonniers 50 Normands, qui venaient en
Italie combattre l'empereur

La papauté ne retira donc pas grand avantage de la venue
de l'empereur, dont le résultat le plus clair fut la nomination de
Victor II comme *missus* pour Spolète et Fermo[1] Si l'on se
rappelle toutes les espérances que Léon IX avait placées dans
cette descente de l'empereur, pour le rétablissement de l'ordre
et l'expulsion des Normands on peut conjecturer que la désillu-
sion dut être grande dans tout le parti des reformateurs Victor II
passa la fin de l'année 1055, à Rome, tout occupé de la réforme
de l'Église Il semble que ses rapports avec les Romains aient
été difficiles[2] En même temps les plaintes des populations de
l'Italie méridionale contre les Normands se faisaient chaque
jour plus violentes[3], si bien que Victor II fut obligé de revenir au plan de son prédecesseur et entreprit à son tour de les
chasser Convaincu qu'il ne pouvait rien sans l'intervention
d'Henri III, Victor II, dans l'été de l'année 1056[4], se rendit en
Allemagne pour solliciter l'appui impérial La mort d'Henri III
vint anéantir tous ses projets (5 octobre 1056)[5] La conduite
politique de Victor II fut très habile, il chercha à confondre
les intérêts de la papauté, de l'empire et de la maison de Lorraine L'empire est alors aux mains d'un enfant sous la tutelle
de l'impératrice Agnès Henri III, en mourant, avait recommandé son fils au pape[6], celui-ci s'occupa de réconcilier la
famille impériale avec Geoffroi de Lorraine, il y réussit à la
diète de Cologne, au mois de decembre 1056[7] en même temps
Frédéric, frère de Geoffroi, était, grâce à l'intervention de
Victor II, nommé abbé du Mont-Cassin[8] Il est évident que
le pape chercha à trouver dans la maison de Lorraine l'appui

---

1 Cf Fickei, *Forschungen* t II, p 322 et Jaffe-L 4348 cf Palma, *Storia
ecclesiastica e civile della regione piu settentrionale del regno di Napoli*
(Teramo, 1832) in-4°, t I, p 121 et 123
2 Radulphus *Vita sancti Lietberti*, AA SS, 23 juin, t V, p 510
3 *Annal Rom*, dans *Lib Pont* t II, p 334
4 *Ibid*, et Lambert d'Hersfeld *Ann*, ad an 1057
5 Cf Meyer von Knonau *Heinrich IV und Heinrich V*, t I, pp 10-11
6 Jaffe, *Monumenta Gregoriana*, t I p 33 Leo Ost II, 91
7 *Ann Altah* ad an 1057, MG H SS t XX, p 808 Cf Meyer von Knonau, *op. cit*, t I p 17 et suiv
8 Leo Ost, II, 93

que l'empire n'avait pu lui fournir La mort de Victor II (28 juillet 1057) empêcha la politique pontificale de porter ses fruits

L'élection du successeur de Victor II fut très rapide La situation avait changé depuis 1054 un roi enfant, confié à la tutelle d'une femme, ne pouvait en imposer autant que l'empereur défunt Les Romains, qui depuis longtemps n'avaient pas élu un pape, profiterent de l'occasion pour exercer leur ancien droit, et, dès le 2 août, ils nommerent Frederic de Lorraine, qui prit le nom d'Etienne IX[1] Que ce choix ait été appuyé par Hildebrand, on n'en saurait douter , Frederic de Lorraine avait été un des conseillers de Léon IX, et sa nomination était en quelque sorte le terme où devait tendre la politique lorraine, maugurée par Victor II, dans les derniers mois de son pontificat La continuité de vues qui inspire, sous ces trois règnes la politique pontificale, est un témoignage certain de l'influence d'Hildebrand

Elu le 2 août, Etienne IX fut couronné dès le lendemain Sa nomination constituait une rupture avec la tradition qui s'était établie à savoir que la reconnaissance ou plus exactement le choix par l'empereur faisait la légitimité du pape La cour impériale se montra très mécontente de l'usurpation de ses droits , il ne fallut pas moins que toute l'habileté d'Hildebrand, envoyé comme legat en Allemagne par Etienne IX, pour faire reconnaitre le fait accompli[2]

Si le choix du nouveau pape ne fut pas agreable aux Allemands il le fut encore moins aux Normands, car Etienne IX s'était toujours montré leur ennemi, devenu pape, sa conduite ne changea pas et il reprit envers eux la politique de Léon IX Bien que son pontificat ait été éphemere nous avons de nombreux renseignements sur ses projets contre les Normands Etienne IX voulut utiliser, pour ses desseins, les tresors qu'il avait reçus lors de son voyage à Constantinople , il ordonna aux

1 Leo Ost , II, 94 Annal Rom , dans *Lib Pont* , t II, p 334 *Annal Altah* , ad an 1057, M G H SS , t XX p 809

2 Cf *Ann Altah* , ad an 1059, M G H SS , t XX, p 809 Cf Meyer von Knonau, *op cit* , t I, pp 52-53

moines du Mont-Cassin, à qui il avait confié ce precieux depôt.
de le lui apporter en y joignant tout ce que pourrait fournir
l'abbaye Les moines s'exécuterent, mais avec une telle mauvaise
grâce, que le pape dut refuser l'argent qu'ils lui offraient [1]

Le plan qu Etienne IX se proposait de réaliser etait grandiose
continuant et depassant sans doute l'idée de Victor II, il songea
à donner la couronne imperiale à son frère Geoffroi de Lorraine,
qui occupait le duché de Spolete [2], et a le conduire contre les
Normands Bien loin de reconnaître les faits accomplis, le pape
rattacha au siège de Bénévent, Troia, qui appartenait alors aux
Normands [3] Il reprenait en même temps les negociations avec
Argyros qui n'avait été que peu de temps en disgrâce car,
avant 1058 nous le retrouvons en Italie [4] Ces nouveaux
pourparlers avec Constantinople furent facilites par l'éclipse
qu'avait subie la fortune de Keroularios Déjà mis de coté par
Theodora et par Michel VI, le patriarche avait pris sa revanche
en contribuant de tout son pouvoir à l'arrivee au trône d'Isaac
Comnène Mais une fois l'usurpation accomplie, Kéroularios
exagéra, vis-à-vis du basileus, son rôle de protecteur, et
déjà, en 1058, existait entre l'empereur et le patriarche, cette
sourde hostilité, sur laquelle Psellos nous a laissé de curieux
renseignements [5] Cette mésintelligence a certainement con-
tribue à amener le retour en grâce d'Argyros Nous savons
que celui-ci reprit avec Etienne IX les négociations commencées avec Léon IX [6] Le pape se décida à envoyer à Constantinople une ambassade, composee du cardinal Etienne de
Didier, élu du Mont-Cassin et de Mainard, qui fut plus tard
évêque de Silva Candida L'ambassade était déjà a Bari, prête a

1 Aime III, 47-48 Leo Ost, II, 97
2 Benzo II 15 M G H SS t XI p 618 Leo Ost, II, 97 Cf un acte
d'octobre 1057 dans Fatteschi, Memorie istorico diplomatiche riguardanti la
serie de' duchi e la topografia de' tempi di mezzo del ducato di Spoleto Ap,
p 333
3 Jaffe-L, 4383
4 Ann Bar, ad an 1058
5 Psellos, op cit dans Sathas, Bib Graeca, t IV, p 367 Skylitzès,
dans Cedrenus, II, 642-643 Attaliates, p 62
6 Leo Ost, III, 9

partir avec Argyros, quand la mort d'Etienne IX vint arrêter
l'entreprise Le pape mourut en Toscane au moment où il se
rendait auprès de son frère le duc de Lorraine [1] (29 mars)

L'aristocratie romaine a été accusée d'avoir fait empoisonner
Etienne IX [2] Cette accusation a pour elle une grande vraisemblance On comprend que le parti hostile aux réformes n'ait pas
tenu à voir remplacer l'autorité très éloignée de l'empereur allemand par celle de Geoffroi, qui, maître d'une partie de l'Italie
du Nord, pouvait intervenir d'une manière plus efficace dans les
affaires romaines Les Romains voulaient un pape à eux, et non
un représentant de l'empereur ou du marquis de Toscane et même
la fraction allemande de l'aristocratie romaine crut alors pouvoir
se détacher de l'empire Dès le 5 avril 1058 le parti hostile aux
réformes, ayant à sa tête Grégoire, chef du parti des comtes de
Tusculum, les Crescentius et le comte de Galeria, nomma le cardinal évêque de Velletri, Jean « dit le Mincio », qui prit le
nom de Benoît X [3]

Le nouveau pape ne rencontra d'abord aucune opposition car
le parti réformateur était désorganisé par l'absence d'Hildebrand,
alors en Allemagne Ses chefs quittèrent Rome et avec Pierre
Damien gagnèrent Florence, où Hildebrand ne tarda pas à arriver
Dans un synode tenu à Sienne, dans le courant de décembre,
Hildebrand d'accord avec le duc de Lorraine, fit désigner comme
pape Gérard évêque de Florence, qui prit le nom de Nicolas II [4]
Cette élection fut soumise à l'approbation de l'impératrice Agnès
En janvier 1059, un nouveau synode fut tenu à Sutri, Benoît X
y fut déposé, et Nicolas II solennellement reconnu [5] Il restait à
mettre le nouveau pape en possession de Rome Accompagné

1 Lambert d'Hersfeldt *Ann* , ad an 1060. Cf Watterich, *op cit* t I,
p 202, et Robert, *op cit* , dans la *R des questions hist* , t XX, p 74
2 *Annal Rom* , dans *Lib Pont* , t II, p 334 On peut invoquer contre ce
témoignage Léo Ost , III, 9, et Pierre Damien, Migne, P L , t 144, col
292 Cf Mgr Duchesne, *L'état pontifical*, p 393
3 Bonizo *Liber ad am* , pp 592-593 Léo Ost , II, 99 Pierre Damien,
Epist , Migne, P L t 144, col 291 et suiv *Annal Rom* , dans *Lib Pont* ,
t II, p 334 Cf Will, *Die Anfange der restauration der Kirche*, p 146, n 6
4 Cf Meyer von Knonau, *op cit* , t 1, pp 91, 100 et suiv
5 *Ibid* , p 118

par les troupes de Geoffroi, Nicolas II se dirigea sur Rome Les partisans, qu'Hildebrand avait au Transtévere, livrèrent aux soldats du duc de Lorraine, la cité Léonine et l'île du Tibre, aussitôt après le Latran fut assiégé, et Benoît X fut réduit à s'enfuir auprès du comte de Galeria [1].

Les événements qui avaient suivi la mort d'Étienne IX avaient fait perdre au parti réformateur tout le terrain qu'il avait péniblement acquis De nouveau la papauté s'était trouvée prise entre l'aristocratie romaine et l'empire, et n'avait pu triompher de la première qu'en se mettant sous la dépendance du second, de nouveau c'était la reconnaissance par la cour impériale qui avait fait la légitimité du pontife Pour pouvoir continuer l'œuvre entreprise, il fallait rendre la papauté indépendante et de l'empereur et de l'aristocratie romaine, sans quoi toute idée de réforme devait être abandonnée

La papauté osa alors une chose très grave, elle fit appel à la seule puissance italienne capable de l'appuyer, elle s'adressa aux Normands Pour se rendre compte de l'audace de cette mesure, il faut se rappeler ce que l'on pensait alors des Normands on les regardait comme des bandits, et on les traitait de Sarrasins Il fallait que la papauté en eut grand besoin pour qu'Hildebrand et ses partisans oubliassent l'humiliation qu'ils avaient infligée à la majesté pontificale en faisant Léon IX prisonnier Il semble d'ailleurs que l'idée de cette alliance, dont les conséquences devaient avoir tant de gravité, ne soit pas venue tout d'un coup à Hildebrand

Après l'établissement à Rome de Nicolas II, la papauté avait besoin de troupes pour combattre les partisans de Benoît X qui tenaient la campagne romaine Il est probable que Geoffroi de Lorraine crut avoir assez fait, après avoir mis le pape en possession de Rome, car il semble qu'il soit parti presque aussitôt Dans tous les cas il ne prit point part à la campagne qui suivit Pour trouver des soldats, Hildebrand s'adressa à Richard de Capoue Je suis très enclin à croire que les conseils de Didier, abbé du Mont-Cassin, qui avait toujours entretenu avec les Nor-

---

1 *Annal Rom*, *loc cit* Cf Meyer von Knonau, *op cit*, t I, p 119

mands de Capoue et d'Aversa de très bons rapports ne furent
pas étrangers à cette détermination [1] Richard était parmi tous
les chefs normands celui qui avait le moins agi en pillard Il
avait alors acquis une certaine respectabilité, car il était devenu
assez puissant pour avoir intérêt à agir en chef d'Etat plutôt
qu'en chef de brigands Hildebrand alla donc trouver Richard
pour lui demander assistance sa requete fut très bien accueillie,
et il reçut un secours de trois cents hommes, avec lesquels il
alla, en février, assieger Benoît X à Galeria Apres une première
tentative infructueuse, on réussit, un peu plus tard, à s'emparer
de la ville et Benoit X fut remis à Nicolas II Cette seconde
expédition des Normands amena également la soumission de
Preneste, Tusculum et Nomentano et délivra la papauté des seigneurs romains qui tenaient la campagne [2]

Le pape n'eut donc qu'à se louer de ses nouveaux rapports
avec les Normands Grâce à eux, les nobles de l'aristocratie romaine
etaient soumis Le premier pas dans l'alliance normande était fait,
et la tentative de Nicolas II pour essayer d'affranchir le Saint-Siege
de l'empire allemand, devait amener forcement la papauté à une
entente plus complete avec les Normands On sait que, dans
le courant du mois d'avril de l'année 1059 Nicolas II promulga
le célèbre décret qui organisait les elections pontificales, en assu-
rant au college des cardinaux une part preponderante, et en sau-
vegardant d'une façon tres vague les prerogatives imperiales On
a tres bien caractérisé ce document en disant qu' « il correspon-
dait exactement à ce que semblait exiger l'état présent des
choses Il est clair qu'il est dirige en première ligne contre l'aristocratie féodale de l'Etat romain ses premiers adversaires
devaient être les Crescentius les comtes de Tusculum, de Pré-
neste, de Galeria, de Sabine Mais d'autres se sentirent lesés, en

---

1 Leo Ost , III, 12 Cf Hirsch, *Desiderius von Monte Cassino als Papst
Victor III*, dans *Forschungen z d Geschichte*, t VII, p 115 et suiv , Tosti,
op cit , t I, p 448
2 *Annal Rom* , dans *Lib Pont* t II p 335 Bonizo, *Lib ad amicum*,
dans *Libelli de lite* , etc t I p 593 Cf Meyer von Knonau *op cit* , t I,
p 126 La seconde expédition est anterieure au concile de Melfi, car les
Annales romaines portent *tempore messis* c'est donc à tort que Delarc, *op.
cit* , p 334, place cette expédition après le concile de Melfi

depit des termes respectueux accumulés a dessein, on attribuait
au clergé cardinal une initiative et une eligibilité qui depassait
la mesure admise en Germanie et lésait gravement le droit tra-
ditionnel des successeurs d'Othon Ier et d'Henri III Ce n etaient
pas seulement les Benoît IX ou X que l on rendait impossibles,
c etaient aussi les Grégoire V, les Clement II, les Léon IX [1] »

Contre le mecontentement certain de la cour impériale, Hildebrand et Nicolas II cherchent un appui du côte des Normands Il est probable que les premiers rapports de la papaute
avec Richard d Aversa montrerent au parti reformateur que
l'on pourrait s entendre sans trop de difficultés avec les Normands Le service tres réel, que rendit le prince de Capoue a
Nicolas II en lui fournissant des troupes, donna à la papauté
l espoir de tirer de l'alliance normande des avantages bien plus
considerables, quand elle aurait rangé sous l'etendard de Saint-
Pierre non seulement les forces du prince de Capoue mais encore
toutes celles des Normands de Pouille et de Calabre Hildebrand
et Nicolas II eurent tres nettement la vision de ce que pouvait
gagner la papauté à son changement de politique et à son
alliance avec ses ennemis de la veille

Peut-être d'ailleurs leur tâche fut-elle facilitee par les Normands eux-mêmes Une chronique raconte en effet que ceux-ci
envoyerent des ambassadeurs au pape, pour le prier de se rendre
en Pouille afin de les réconcilier avec l'Eglise[2]. Il n'y a a cela
rien d'impossible Les Normands devaient se lasser d'être depuis
près de dix ans en lutte avec la papauté Depuis Léon IX, ils
avaient à redouter, a chaque instant, de voir se former contre
eux une coalition, qui pouvait amener la ruine de leurs établissements La detente que dut amener la premiere démarche
d'Hildebrand aupres de Richard de Capoue, conduisit tout naturellement Richard et Guiscard a se rapprocher du pontife Les deux
chefs normands se sentaient suffisamment forts pour pouvoir traiter
avec avantage avec le pape, tous deux préféraient dependre du pape
plutôt que de l'empereur allemand Déjà apres Civitate une ten-

1 Mgr Duchesne I *Etat pontifical*, p 400
2 Watterich, *op cit*, t I, p 209

tative avait été faite auprès de Léon IX pour l'amener à reconnaître
les établissements normands et à légitimer leur création [1] Les
événements obligeaient le pape à venir demander assistance
aux deux chefs normands tous deux étaient trop fins politiques
pour ne pas saisir l'occasion et il est très possible que ce soit eux
qui aient invité le pape à descendre dans l'Italie méridionale

Nicolas II quitta Rome, en juin Le 24, il était au Mont-Cassin [2].
au début d'août il tenait un synode à Bénévent, le 17 août, il
consacrait, à Venosa l'église de la Sainte-Trinité », où étaient
enterrés Dreux et Onfroi Le 23 août, le pape tint un synode à
Melfi [4], il était accompagné par Guiscard, qui, en apprenant sa
prochaine arrivée, avait abandonné le siège de Cariati pour se
rendre auprès de lui Richard de Capoue était également présent [5]

Sans doute, les idées de réforme ne furent pas oubliées et
l'assemblée de Melfi prit de nombreuses mesures pour faire
cesser les désordres du clergé et rétablir l'observation du célibat
ecclésiastique [6] Mais l'importance des mesures politiques l'emporta de beaucoup sur les questions de discipline Nicolas II
reçut le serment de fidélité de Robert Guiscard et très probablement de Richard de Capoue, il conféra au second l'investiture de
la principauté de Capoue, et au premier celle du duché de Pouille,
de la Calabre et éventuellement de la Sicile

Nous avons le texte du serment prêté alors par Guiscard [7]
Le nouveau duc s'engageait à payer un cens annuel à la papauté,
et à être à l'avenir fidèle au pape et à l'Église. Il promettait
d'être l'allié de la sainte Église romaine « pour qu'elle conserve et
acquière les régales de Saint-Pierre et ses domaines », d'aider
le pape à occuper le siège de Rome, et de respecter le territoire
de Saint-Pierre Enfin, en cas d'élection pontificale, il devait s'em-

---

1 Cf supra, p 142
2 Leo Ost , III, 13
3 Muratori, R I SS , t VII, p 949
4 Pflugk-Harttung, *Iter Italicum*, p 190, et *Acta pontif rom* , II, 86
G Ap II, 382, parle du concile aussitôt après la mort d'Onfroi
5 Gattola, *Acc* , t 1 p 161
6 Cf Pierre Damien, Migne, PL , t 145, col 538
7 *Liber censuum*, ed , Fabre, t I, pp 421-422 Cf Delarc, *op cit* ,
p 327, note

ployer pour que « le pape soit élu et ordonné selon l honneur dû a Saint-Pierre, suivant ce dont il aura ete requis par les meilleurs cardinaux, les clercs et les laïques romains »

Cette dernière clause explique les mobiles auxquels obéirent, a Melfi Nicolas II et Hildebrand Prévoyant les attaques dont serait l'objet le decret sur l'élection pontificale, ils voulurent assurer a la papaute des protecteurs puissants qu'ils espérerent trouver dans Guiscard et Richard En échange de la protection accordée au saint Siège, le pape legitimait l établissement des Normands et leur assurait une place reguliere dans la société féodale Pour comprendre l'importance de ce fait, il suffit de rappeler les efforts faits quelques annees auparavant par les Normands, pour se trouver un suzerain [1]

Il reste a expliquer a quel titre le pape crut pouvoir donner ux Normands l investiture de territoires qui alors ne paraissent pas lui avoir appartenu On ne saurait, je crois, avoir aucun doute Guiscard, dit qu il agit « ad confirmationem traditionis » Quelle est cette tradition a laquelle il fait allusion? Il ne peut être question que de la donation de Charlemagne accordant a l'église romaine le duche de Bénévent? Ce terme de duché eut un sens tres elastique, mais il faut ne pas oublier qu a un moment donné le duché comprit l Italie méridionale en entier La papauté s'en tint toujours a cette donation, sans doute, elle ne fut pas assez forte, pendant longtemps, pour donner a ses prétentions une forme pratique, mais jamais la theorie n a varie, et il suffit de rappeler les privileges de confirmation que les papes se faisaient regulierement accorder par les empereurs Nous savons qu'un de ces privileges avait ete accordé quelques années auparavant par Henri II, et qu'Henri III avait fait abandon au pape de ses droits sur Bénévent [3] Sans doute dans le diplôme d'Othon Ier, comme dans celui d'Henri II, il n'est question que des *patrimonia* de l eglise romaine dans le duche de Bénévent et en Calabre [4]

---

1 Il faut noter que ni Malaterra I, 36, ni Aimé, IV, 3, ne font allusion à l investiture donnee par Nicolas II
2 Cf *Lib Pont*, t I, p 498
3 Migne, P L, t 98, col 625 Cf Herimannus Aug, *Chr*, ad an 1053
4 Cf Sickel, *Das privilegium Otto* I, etc, p 180

Mais ces textes pouvaient prêter a discussion et l'Eglise les interpréta dans le sens le plus large et le plus en sa faveur Pour ce qui est de la Sicile la théorie que toutes les îles relèvent du domaine de Saint-Pierre, en vertu de la fausse donation de Constantin, me paraît fournir une explication suffisante [1]

L'alliance conclue a Melfi entre le pape et les Normands fut le résultat logique de l'évolution pontificale, commencée sous Etienne IX Elle procura aux deux parties contractantes une grande force que la papauté devait employer contre l'Empire et les Normands pour s etablir definitivement dans l'Italie méridionale et la Sicile

1 Jaffe-L , p 3449 Ughelli t III p 869 Cette theorie est formulee en 1091 par le pape Urbain II Cf. également la lettre du pape, Hadrien IV, a Henri II, roi d Angleterre, Migne, P L , t 188, col 1441

CHAPITRE VII

Immédiatement après le concile de Melfi Guiscard reprit la conquête de la Calabre, et retourna se mettre à la tête des troupes qu'il avait laissées assiéger Cariati, la place fut prise peu après son arrivée Ce premier succès fut suivi de plusieurs autres et Rossano, Cosenza et Gerace tombèrent successivement entre ses mains A Gerace, Robert traita avec les habitants qui se réservèrent certains droits et conservèrent probablement la garde du donjon et des portes [1] Les Byzantins se trouvaient ainsi peu à peu refoulés vers l'extrémité de la Calabre et, à la fin de l'année 1059, ils ne possédaient plus dans cette région que Squillace [2], Reggio et ses environs immédiats A la suite de ses victoires Guiscard poussa jusqu'à Reggio dont il ravagea les alentours L'expédition fut interrompue par l'hiver Laissant alors à Roger le commandement des pays nouvellement soumis, Robert revint en Pouille [3]

Au printemps de l'année 1060, Guiscard recommença la guerre contre les Grecs Au mois de mai, il s'empara de Tarente et de Brindisi [4] Son frère Mauger opéra dans la même région et chassa les Grecs d'Oria [5] Cette expédition dut être très rapide car nous savons que, dès le temps de la moisson, Guiscard put retourner en Calabre [6] où avec son frère Roger il alla mettre le siège devant Reggio Il faut noter, à ce propos, que Malaterra mentionne la

1. Cf Malaterra, II, 24
2 Malaterra, I 36-37 — Squillace, cucond et prov de Catanzaro
3 Malaterra, I, 34 G Ap , II, 406-416
4 Chi brev norm ad an 1060
5 Oria, cucond de Brindisi, prov de Lecce
6 Malaterra, I 35, Skylitzès, dans Cedrenus, II, 722

construction de machines de guerre par les Normands c'est la première fois que nous voyons ces derniers combattant seuls employer des engins de cette espèce Les habitants de la ville se rendirent et obtinrent que la garnison pût se retirer sans être inquiétée jusqu'au château de Squillace Roger, chargé par son frère de pacifier le pays réussit en peu de temps à enlever toutes les places qui restaient aux Grecs, sauf Squillace Quand la garnison de cette dernière ville vit que les Normands établissaient le blocus, elle renonça à lutter et s'embarqua de nuit pour Constantinople Les Grecs se trouvèrent donc dans le courant de l'été 1060 expulsés de toutes leurs possessions de Calabre

Une fois à Reggio, les Normands furent amenés tout naturellement à passer en Sicile, et dans les années qui suivirent, la guerre se continua à la fois en Sicile et en Pouille Pour plus de clarté, je parlerai d'abord des événements dont la Pouille fut le théâtre et ne traiterai que plus loin de la conquête de la Sicile

Les victoires remportées par les Normands, en Calabre et en Pouille, décidèrent l'empereur Constantin Doukas à envoyer des renforts en Italie Au mois d'octobre 1060, quelques troupes de secours débarquèrent probablement à Bari, sous le commandement d'un méraque L'auteur du *Chronicon breve normannicum*, qui nous fournit ce renseignement, a fait du titre militaire un nom d'homme Miriarcha [1] Le seul grade de ce fonctionnaire suffit pour indiquer que l'on n'envoya pas alors un corps d'armée important, mais seulement quelques troupes Le méraque remporta pourtant de notables succès il réussit à battre Guiscard et Mauger et leur reprit Brindisi, Tarente Oria et Otrante, il put même dans l'hiver 1061 s'avancer dans l'intérieur des terres et venir assiéger Melfi [2]

---

1 *Chr brev norm*, ad an 1060 Sur la dignité de méraque cf Schlumberger, *Sigillographie byzantine*, p 354 Hirsch *op cit*, dans *Forschungen*, t VIII, p 294, note 5, identifie ce personnage avec Aboulchare, cf *infra*, p 179 Pourtant ce dernier, *Anon Barensis*, ad an 1064, n'arriva qu'en 1064, de plus nous connaissons les deux catepans pour les années 1061 et 1062 *Ibid*, ad an 1061 et 1062 Je ne crois donc pas l'identification acceptable

2 *Chr breve norm*, ad an 1061 Skylitzès, dans Cedrenus II, 722, qui

Les défaites de Guiscard peuvent s'expliquer en partie par le fait qu'il avait dû laisser une partie de ses troupes a Roger et que les forces qu'il commandait etaient insuffisantes, mais les progrès des Grecs furent dus surtout a l'appui qu'ils trouverent chez certains Normands Ici nous sommes mal renseignés, nous pouvons pourtant entrevoir certains evénements Aimé dit que, quand Guiscard eût termine la conquête de la Calabre et y eut laisse des garnisons, il revint en Pouille où il trouva que tous ses vassaux ne lui avaient pas été fideles[1]. Il recompensa ceux qui lui avaient tenu « bone foi et loialle » et punit les autres Il faut noter ici une autre phrase d'Aime, car elle explique les incessantes rébellions des années suivantes Le chroniqueur du Mont-Cassin dit que les Normands suivaient Guiscard « plus par paor que par amor » D'autre part Malaterra[2] fait clairement allusion aux difficultes intérieures que rencontra Guiscard lors de son retour en Pouille, a l'automne 1060. Quelles ont ete ces difficultés ? On a voulu appliquer ce passage de Malaterra a la revolte de Jocelin dont nous parlerons plus loin[3] Cela me paraît inadmissible, car la date de cette révolte nous est exactement connue par l'Anonyme de Bari qui la place en 1064[4] et l on ne saurait admettre que la revolte génerale ait commencé en 1060, car, dans les années 1061, 1062, 1063, nous voyons Guiscard

donne au chef grec le nom d'Aboulchare, n'a pas en vue le meraique, comme l'a cru Delarc, op cit , p 304, mais, le catepan qui vint en 1064 Cf Anon Bar ad an

1 Aimé, IV, 32 Dans les paragraphes precedents, Aime raconte les evenements interessant la principaute de Capoue de 1059 a 1062 Il revient ensuite en arriere pour parler de Guiscard Tres souvent il groupe ainsi les faits relatifs a l'un des etablissements normands, puis revient en arriere pour reprendre son recit ou il l a laisse Il faut donc placer, vers 1060 ce qu il dit de la revolte des barons

2 Malaterra, II, 2 donne, comme date l hiver 1060-61, car il place les faits pendant l hiver qui suit la première tentative de Roger sur la Sicile

3 Heinemann, op cit p 376 et suiv

4 Anon Bar , ad an On ne saurait admettre que Jocelin soit parti en 1064, pour Constantinople Cette façon d interpreter Aime V, 4 et l Anonyme de Bari, loc cit , est inexacte Jocelin est sans doute a identifier avec le personnage de meme nom, seigneur de Molfetta (second de Barletta, prov de Bari) dont on a une donation faite, en 1066, a l'abbaye de la Sainte-Trinite de Venosa Cet acte est date de la 7e année de Constantin

faire en Sicile de longs séjours qui ne lui auraient pas été
possibles si la Pouille avait été en état de rebellion Il faut, je
crois, tenir compte d'un autre renseignement d'Aimé qui nous
raconte une révolte de Troia comme ayant eu lieu immédiatement avant les négociations de Robert avec Ibn at Timnah, négociations qui sont de 1061 Que parmi les rebelles de 1060, il y ait
eu un certain nombre des seigneurs normands qui se révoltèrent
en 1064, rien n'est plus probable et cela expliquerait dans une
certaine mesure la place assignée dans son récit par Aimé a la
rebellion de Jocelin

   C'est cette révolte de certains vassaux du nord de la Pouille qui
facilita les progrès du merarque Nous ne savons pas quels furent
les motifs qui amenèrent la rebellion de Troia [1] Guiscard vint
assiéger la place et je serais assez porté à croire que les conquêtes des Grecs dans le sud eurent lieu tandis qu'il était occupé
à ce siège Les gens de Troia demandèrent bientôt au duc de
recevoir leur soumission aux anciennes conditions, c'est-à-dire
en payant tribut, mais en conservant la garde des portes de la
ville Guiscard exigea la reddition de la place sans condition, car,
pour éviter une nouvelle révolte, il voulait construire à l'intérieur
de la ville une citadelle pour y laisser garnison Au bout de peu
de temps, Troia dut se rendre et Guiscard en organisa l'occupation effective

   Robert se retourna alors contre les Byzantins et fit appel a
Roger [2] En janvier 1061 Guiscard s'empara sur les Grecs d'Acerenza, tandis que son frère prenait Manduria près de Tarente [3] Les

Donkas Archives du Mont-Cassin, fonds de Barletta, n° 18) Il est mentionné également dans le Cod Vat 8222, et dans la copie de celui-ci à la
Biblioteca Brancacciana, à Naples, IV D I (Crudo, La SS Trinita de
Venosa Trani, 1899) p 131 Par suite Jocelin aurait encore été en Italie,
en 1066

   1 Aimé, V, 6, Chr Amalf, c 30, dans Muratori, Ant Ital, t I,
p 213 Romoald de Salerne, MG H SS t XIX, p 406 Ces deux chroniqueurs placent la prise de la ville en 1060, et avant le mariage de Guiscard,
mais comme tous deux disent que celui-ci fut appelé par les habitants il
semble qu'ils aient eu en vue la première prise de la ville Cf supra, p 150

   2 Malaterra, II, 2 et 3 Anon Bar, ad an 1061

   3 Anon Bar, loc cit Il s'agit de Manduria, circond de Tarente,
prov de Lecce

deux freres se portèrent ensuite sur Melfi, et obligèrent les Byzantins à en lever le siege. La domination normande était suffisamment rétablie, des le mois de février, pour permettre à Roger de retourner en Sicile[1]. Pour achever de ramener la tranquillité chez ses vassaux de Pouille, Robert Guiscard les invita à se préparer pour une grande expédition en Sicile qui devait avoir lieu dans le courant de l'été[2]. La fin de l'année 1061 ne fut pas marquee en Pouille par de nouveaux combats entre Grecs et Normands.

L'année suivante (1062), Guiscard reprit l'offensive contre les Byzantins, et s'empara de Brindisi où le mérarque fut fait prisonnier. Oria[3] tomba peu après entre ses mains. Robert, pour assurer ses nouvelles conquêtes construisit un château à Megiana. Les difficultés qui éclatèrent alors entre Guiscard et Roger, et dont nous parlerons ailleurs, empêchèrent Robert de pousser plus avant ses succès.

On a voulu que des l'année 1062[4], il y ait eu rupture entre le duc et ses vassaux de Pouille, et alliance de ces derniers avec les Byzantins. Cette opinion s'appuie sur ce que différents seigneurs normands occupent alors des villes jusque-là tenues par les Grecs. Rapprochant cette occupation des négociations entre le commandant grec et les Normands, négociations que les chroniques mentionnent à une date postérieure, on en a conclu que les Grecs s'étaient entendus avec un certain nombre de seigneurs normands et avaient cédé ces villes à leurs alliés[5]. Je ne crois pas que cette théorie soit exacte. Nous savons que les négociations entre quelques chefs normands et les Byzantins, ont été conduites par le catepan Aboulcharé et par Pérénos, duc de Durazzo[6]. Or, l'Anonyme de Bari nous apprend que le premier vint en Italie en 1064[7], et il ne saurait y avoir d'erreur

1 *Chr breve norm*, ad an, et Malaterra, II, 3. Roger revint à Palerme la semaine avant le carême. En 1061 le carême commence le 28 février, Roger est donc revenu entre le 18 et le 25 février.
2 Malaterra, II, 2
3 *Chr breve norm*, ad an. Oria en condado de Brindisi, prov de Lecce
4 Heinemann, *op cit*, pp 211-213 et 379
5 Heinemann, *op cit*, pp 212 et 380
6 Skylitzes, dans Cedrenus, II, 722. Anne, V, 4
7 *Anon Bar*, ad an 1064

à cet égard, car nous connaissons les catépans pour les années
1061 et 1062 [1] Comme Pérenos fut nommé après Aboulcharé,
sa nomination n'est pas antérieure à 1064 [2] Des relations entre
Normands et Byzantins ne me paraissent donc pas avoir eu
lieu avant 1064 [3] D'ailleurs, si nous examinons les villes qui
furent prises avant cette année, nous arriverons à une conclusion
analogue Les chroniques mentionnent, en 1063, la prise de
Tarente et celle de Mottola [4], par Geoffroi, fils du comte Pierron
de Trani, en 1064 le même seigneur prend Otrante [5] Telles
sont les seules villes, dont deux près de la côte, qui ont pu être
livrées par les Grecs Or il ne semble pas que ces villes aient
été remises volontairement Nous avons, en effet, des détails
assez précis sur la prise d'Otrante [6] Quand Geoffroi vint assiéger la ville il entama des pourparlers avec la nièce du gouverneur grec, celle-ci ayant reçu une promesse de demande en
mariage, livra la ville au chef normand, qui s'en empara, tandis que
le commandant réussissait à s'enfuir Il ne s'agit donc pas d'une
remise volontaire de la place, et le témoignage de Kekaumenos empêche formellement d'admettre l'hypothèse de M Heinemann Une autre preuve est encore à tirer du fait suivant
Geoffroi de Tarente ne prit pas part à la révolte de 1064, et ne

1 *Anon Bar* , ad an 1061 et 1062
2 Skylitzès, *loc cit*
3 Cf Heinemann, *op cit* , p 380
4 *Anon Bar* , ad an
5 *Chr brev norm* , ad an 1063 Mottola, circond de Tarente, prov. de
Lecce
6 *Cecaumeni Strategicon*, éd Wassiliewski, p 36 et suiv L'auteur grec
parle certainement de la prise d'Otrante, en 1064 car son récit ne peut s'appliquer aux deux autres prises de la ville par les Normands, qui eurent lieu
en 1055 et 1068 Ces deux fois la ville fut assiégée par Guiscard, qui était
marié et ne pouvait promettre le mariage à la nièce du commandant grec,
celle-ci savait certainement que Robert était marié et n'aurait pas cru à sa
promesse D'ailleurs, Kekaumenos nomme Guiscard par son nom quand il
en parle, *op cit* p 47 tandis qu'ici il dit simplement ὁ κόμης Cf Delarc, *op
cit* p 413, note Qu'il y ait eu prise des villes par les armes et non pas
remise par les habitants, cela résulte encore des chroniques qui emploient
les verbes *comprehendere* et *capere*, tandis que quand il y a remise volontaire, elles emploient le verbe *recipere*, *Chr brev nort* , ad an 1063, 1064,
1067, et Lupus Protospat , ad an 1063

traita pas davantage à ce moment avec les Grecs, car, en 1066, en pleine révolte, il se préparait à aller attaquer Durazzo [1] Tout ce que l'on peut dire des événements de 1063, c'est que Geoffroi, fils du comte de Trani, fit aux dépens des Grecs des conquêtes pour son propre compte

La politique des Byzantins à l'égard des Normands a été plus habile que celle qu'on leur a prêtée Dès 1062, l'empereur grec avait cherché à reprendre la politique d'Argyros, et avait offert à l'antipape, Honorius II, de l'aider contre les Normands [2] Peu après, il fit, par l'intermédiaire du patrice d'Amalfi une démarche analogue auprès de l'empereur allemand et offrit le concours d'une flotte de cent navires et des troupes de débarquement [3] Ce fut seulement après l'échec de ces négociations que la politique impériale chercha à utiliser le mécontentement des seigneurs de la Pouille, pour envelopper Guiscard d'un réseau d'intrigues Les affaires d'Italie furent dirigées par Pérénos, duc de Durazzo

Les catépans dont l'Anonyme de Bari marque l'arrivée en 1061 et 1062 jouèrent un rôle qui ne nous est pas connu Il n'en est pas de même pour celui du catépan Aboulchare qui arriva en 1064 Les Grecs entrèrent en relation avec les mécontents normands dont les principaux étaient Geoffroi de Conversano, et son frère, Robert de Montescaghioso Ils étaient fils d'une sœur de Guiscard [4], dont nous ne connaissons pas le mari Geoffroi était un des plus puissants seigneurs de l'Italie du Sud, il tenait Conversano, Polignano, Monopoli, Montepeloso, Brindisi [5] Avec eux

---

1 Cf infra, p 183
2 Benzo dans Watterich, op cit, t 1 pp 275-276
3 Ibid pp 282-283
4 Malaterra II, 39 G Ap, III, 523
5 On a commis beaucoup d'erreurs au sujet de Geoffroi de Conversano Ducange Les familles normandes, dans Aimé, L'ystoire de li Normant, éd Champollion-Figeac, appendice p 342, l'identifie avec Geoffroi, fils de Tancrède de Hauteville, seigneur de Capitanate Or Malaterra et Guillaume de Pouille le font fils d'une sœur de Guiscard Morea, Chartularium Cupersanense, pp XL-XLII, en fait le fils de Geoffroi, qui prit Nardo, Lecce, et le confond avec Geoffroi de Tarente, ce qui est inexact en effet, la ville de Lecce fut prise par les Normands en 1055, elle retomba à une date inconnue au pouvoir des Grecs qui la perdirent en 1069, Chr brev norm, ad an 1065 et 1069 Alors elle fut reprise définitivement par les Normands, or, en 1082, au mois

était un autre neveu de Guiscard Abélard fils d Onfroi,

de decembre, Lecce est au comte Geoffroi, fils d Achard, qui a pour femme Gunora, et pour fils Geoffroi Renaud, Robert et Sarlon (*Archives de la Cava* B 26 publié par Guerrieri, *Un diploma del primo Goffredo comte di Lecce*, dans *Arch st napol*, t XX p 64 On ne peut donc l identifier avec Geoffroi de Conversano dont la femme s appelle Sykelgaite et dont les enfants sont Robert Alexandre *Chart Cup*, p 133, acte de 1098) Tancrède (acte de Sykelgaite veuve de Geoffroi, juillet 1107, de Blasiis, *op cit*, t III, p 140), Raoul, 1093 *Regii neap arch mon*, t V, p 186), Guillaume (Orderic Vital XI 3, t IV, p 182) Geoffroi et une fille qui épousa Robert Courte Heuse (*Ibid* t IV, p 58, 92 et 185) Luciani, *Storia della chiesa palatina di Acquaviva delle Fonti* Bari 1876), p 12, a fait confusion au sujet de Geoffroi fils de Geoffroi, il s appuie, en effet sur un passage d Alexandre abbe de Telese [*Chr* ed del Re (Naples, 1845 II, 30, p 117] Or, il suffit de se reporter aux chapitres 37 et 38 (*ibid*, p 116), du même auteur, pour voir que le Geoffroi dont il parle, est fils d Alexandre de Conversano Capecelatro *Istoria di Napoli* Napoli, 1724), I, 174, a donne à Geoffroi un fils du nom de Silvestre Ce personnage est tres connu par Hugues Falcand (ed Siragusa, pp 69, 70, 72, 183) mais rien ne permet d en faire le fils de Geoffroi (Cf infra, p 181, note o) Geoffroi de Conversano mourut en septembre 1100 [cf Orderic Vital, t IV, p 78, et Kehr, *op cit*, dans *Nachrichten* 1898), p 269, en mars 1101, Pascal II parle de feu Geoffroi, comte de Conversano]

Toutes ces erreurs viennent de la difficulté que l on eprouve à identifier les divers personnages du nom de Geoffroi que nous connaissons Dans le *Chronicon breve Normannicum*, ad annos, nous trouvons en effet

1º un comte Geoffroi qui meurt en 1063,

2º Geoffroi, fils de Pierron qui prend Tarente (1063 et Otrante 1064), *Anon Bar*, ad an 1063 et 1064 Le *Chronicon breve normanicum*, fait à tort de ce personnage le fils de Geoffroi, mort en 1063 Ce Geoffroi, fils de Pierron, est sans doute à identifier avec le Geoffroi qui, en 1070, prend part à l expedition de Brindisi,

3º Geoffroi, seigneur de Montepeloso, mentionne en 1068, et qui est à identifier avec Geoffroi de Conversano,

4º Geoffroi, comte de Lecce (1082) qui est le fils d Achard dont il a été question plus haut,

5º Geoffroi, fils de Tancrede

Le Geoffroi, qui prend Tarente est à identifier avec le personnage de même nom, fils de Pierron de Tarente et frère de Pierron que nous trouvons mentionne en 1072 (*Archives de la Cava* B, 6)

On peut établir de la façon suivante le tableau généalogique de la première famille des comtes Normands de Conversano

X. épouse N. sœur de Robert Guiscard a

Robert de Montescaglioso b   Geoffroi c
comte de Conversano, seigneur de Brindisi et Monopoli,
ép. Sikelgaite
meurt en septembre 1100

Robert d de Geoffroi e Alexandre f Tancrède g Raoul h Guillaume k Sibylle l
Gravina   comte de   comte de   comte de   ép. Robert
comte de   Canne   Matera   Brindisi   Courte
Conversano   Heuse

Guillaume m   Robert n Geoffroi o
comte de   seigneur
Canne   de Noja

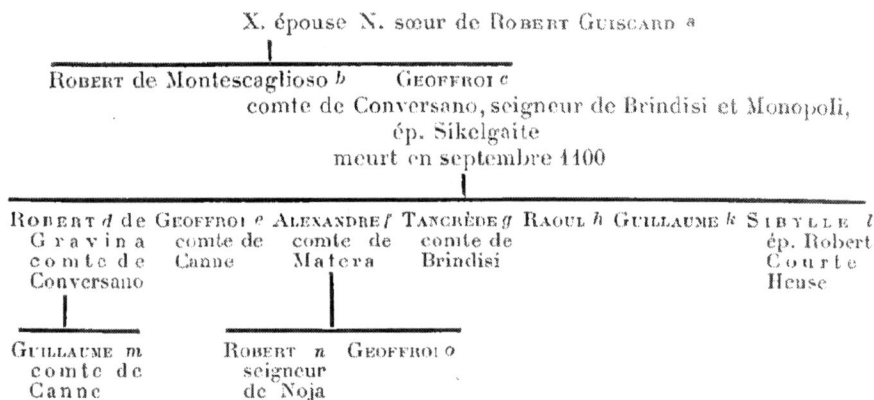

a. Guil. Ap. III, 523. Malaterra, II, 39. Orderic Vital, t. IV, p. 78.

b. C'est de Robert que descendent les comtes de Montescaglioso.

c. *Chart. Cup.*, t. I, pp. 97 (1072), 99 (1075), 107 (1081), 118 (1089), 127 (1096), 128 (1098), 131 (1098), 139 (1150). Muratori, *Ant. it.*, t. V, p. 777. *Regii neapolitani archivii monumenta*, t. V, 185 (1093). Une bulle de Pascal II, du 23 mars 1101 (Kehr, *op. cit.*, dans *Nachrichten* (1898), p. 269), montre que le comte Geoffroi, dont Lupus mentionne la mort, septembre 1101-1100 n. s., est bien le comte de Conversano, par suite, il faut peut-être lire au lieu d'Alexis, Alexandre, dans le passage qui concerne son fils. On possède un diplôme de Geoffroi de Conversano de février 1104, (Ughelli, X, 294) ; la bulle de Pascal II oblige à le regarder comme faux.

d. *Regii neapolitani archivii monumenta*, t. V, p. 185 (1093) ; *Cod. dipl. Barese*, t. V, pp. 59 (1101), 101 (1111) ; *Chart. Cup.*, t. I, p. 114 (1087), 133 (1098). En 1130 Robert est déjà mort. Cf. Guerrieri, *op. cit.*, *Arch. st. napol.*, t. XXVI, p. 303 et 313.

e. Ughelli, VII, 790. *Cod. dipl. Bar.*, t. V, p. 137 (1132). Al. Tel. I, 18, p. 98, II, 18 p. 108, 33-36, p. 114-115, 38, p. 116, 40, p. 117. C'est à tort que (Morea, *op. cit.*, p. LII, dit que Geoffroi figure dans l'acte de 1132, *Cod. dipl. Bar.*, t. V, p. 137, le texte porte *Gauferius Catenzanii*. Il s'agit sans doute du comte de Catanzaro, Cf. del Giudice, *op. cit.* App., p. 19,

f. *Chart. Cup.*, t. I, pp. 112, 131, 165. *Cod. dipl. Bar.*, t. V, pp. 137 et 140. Al. Tel. II, 37-38, p. 116.

g. *Cod. dipl. Bar.*, t. V, pp. 59 et 111, ce dernier acte est faux ; cf. les notes de l'éditeur. Al. Tel., I, 12, p. 95, II, 21, p. 109, 33, p. 114, 34, p. 115, 41, p. 117, 46, p. 126. Guerrieri, *op. cit.* *Arch. st. nap.*, t. XXVI, p. 290, confond Tancrède avec son homonyme le prince d'Antioche, fils d'Eudes le Bon Marquis.

h. *Regii neap. arch. monum.*, t. V, p. 185.

k. Orderic Vital, l. XI, 3, t. V, p. 182.

l. *Ibid.*, l. X, 11, t. IV, p. 78 et 185.

m. Archives du Mont-Cassin, fonds de Barletta, n° 27 (1117) et n° 29 (1138).

n. *Cod. dipl. Bar.*, t. V, p. 132, Al. Tel., II, 39, p. 117.

o. Al. Tel., II, 37-38, p. 116. On a donné comme fils, à Geoffroi de Conversano Silvestre de Marsico (Capecelatro, *Istoria di* (Napoli, Naples, 1724), t. I. p. 154). Ce qui est inexact ; Silvestre de Marsico est fils de Geoffroi de Raguse, fils du comte Roger 1er. Cf. Pirro, *op. cit.*, t. I, p. 525. Après la révolte de 1132, Roger II confisqua les biens des descendants de Geoffroi, seul Guillaume paraît avoir échappé au châtiment. C'est peut-être par lui que Thomas de Fraxenetto, mentionné en 1174, se rattache à Robert de Conversano (*Cod. dipl. Bar.*, t. V, p. 234. Cf. *Ibid.*, p. 101).

La deuxième famille normande des comtes de Conversano ne se rattache en rien à la première ; elle est issue de Robert de Bassonville et de sa femme Judith, sœur de Roger II (*Archives de la Cava*, G. 19, diplôme d'octobre 1135 et *Chart. Cup.* t. I, p. 168).

dépouillé par son oncle de ses possessions Citons encore Ami,
seigneur de Giovenazzo, Roger Toute Bove, et Jocelin qui
paraît avoir été le chef du mouvement, quant à Geoffroi de
Tarente, il semble être demeuré étranger à ces intrigues [1] Les
principaux chefs, sur l'initiative de Pérénos, se rendirent à Durazzo
pour conclure un accord avec le représentant de l'empereur Les
seigneurs normands durent livrer des otages et reçurent en
échange de l'argent et des honneurs. Ami donna en otage son fils,
Jocelin ses deux fils, Abélard son frère, Roger sa fille A la
suite de cet accord on peut remarquer que les actes de certains
seigneurs normands sont datés des années de règne des empereurs de Constantinople [2] Il semble que les Normands aient pris
l'engagement de livrer aux Grecs les villes dont ils s'emparaient,
mais une fois qu'ils eurent été payés, ils se gardèrent bien
d'être fidèles à la convention conclue, et firent surtout une guerre
de pillards conservant pour eux-mêmes toutes les villes qu'ils
prenaient Au moment où la révolte éclata, Guiscard, qui venait
de conclure avec la ville de Bari un accord sur lequel nous ne
savons rien était en Sicile [3]

L'insurrection commença dans le courant d'avril 1064 Geoffroi
de Conversano et Robert de Montescaghoso prirent Matera et
occupèrent Castellaneta au mois de juin [4], la révolte eut tout
le temps nécessaire pour s'étendre, d'autant plus qu'à son retour
Robert fut arrêté pendant plusieurs mois par la rébellion de la
ville d'Ajello, dans la province de Cosenza Il ne réussit qu'au
bout d'assez longtemps à s'emparer de cette place [5]

Nous sommes très mal renseignés sur les campagnes de Guis-

---

1 Aimé, V, 4 G Ap II, 451 et suiv Anon Bar, ad an 1064 Ami était
fils de Gautier, seigneur de Civita, et petit-fils d'Ami, cf Weinreich, op
cit, p 47, note 31
2 Archives du Mont-Cassin fond de Barletta, n° 18 Cf Crudo, op cit,
p 131
3 Cf infra, p 204
4 Anon Bar ad an 1064
5 Malaterra, II, 37, Anon Vat, Muratori, R I SS, t VIII p 793 Ajello,
circond de Paola, prov de Cosenza

card contre les rebelles durant les années 1064 a 1067 Aimé se
borne à nous dire que Guiscard punit les coupables Son récit
manque de précision [1] Les données qui nous sont fournies par
les autres chroniques sont également trop peu détaillées pour que
nous puissions connaître les événements Il semble toutefois que
Guiscard, désireux de couper court aux menées des Byzantins,
ait songé a porter la guerre sur les côtes d Illyrie. Le bruit d'une
prochaine expédition normande répandit, en 1066, une grande
terreur à Durazzo, et il paraît bien que Geoffroi de Tarente ait
été chargé d en assurer l exécution [2] Peut-être même les Normands etaient-ils entrés en négociations à ce sujet avec les
Valaques de Thessalie [3] Robert Guiscard aurait ainsi répondu a
la politique du basileus par une tactique analogue et se serait
appuyé sur les sujets mécontents de l'empire, comme les Byzantins s'étaient appuyés sur les seigneurs normands (Quoi qu il en
soit a cet égard, la flotte grecque commandée par Mabrikas
empêcha la flotte de Geoffroi de Tarente de passer le détroit et la
descente en Illyrie se trouva ajournée [4]

En 1066, les Byzantins reprirent l offensive en Italie et la
flotte de Mabrikas amena a Bari un corps de Varangues [5]. On

1 Aimé, V, 4
2 *Cecaumeni strategicon*, p 66-67, c 173 L'année est fixée par l'apparition d une comète, qui est également mentionnée dans Attaliates, p 91,
Skylitzes, dans Cédrenus II, 658 Zonaras XVIII, 9, 680 Lupus Protospat,
ad an 1066 Heinemann, *op cit*, pp 381-382 croit que Guiscard a été
étranger a cette entreprise par suite de ce que dit Guillaume de Pouille,
III, 390 Le poète dit que Robert n'aimait pas Ami de Giovenazzo (cousin
de Geoffroi de Tarente) *quia fines Dalmaticos sine velle suo temptarit adire*
A mon avis Guillaume a en vue les négociations des Normands avec
Petenos D'ailleurs, son témoignage s'applique a Ami et non a Geoffroi
On ne saurait soutenir que les deux cousins aient forcement embrassé le
même parti La défaite de Geoffroi par Mabrikas, me paraît montrer suffisamment que Geoffroi n était pas avec les Normands révoltés, mais avec
Guiscard Les rapports des Normands avec la Dalmatie étaient d ailleurs
fréquents, cf Tafel, *Urkunden zur alt Handels-und Staatsgesch der Rep
Venedig* t 1, p 42, qui donne le texte de l engagement pris en 1075 par
les magistrats de diverses villes dalmates de ne pas recevoir les Normands
3 Cf Chalandon, *Essai sur le règne d Alexis Ier Comnène*, p 61
4 Lup Protospat, ad an 1066
5 *Anon Bar*, ad an

voit par la que cette ville avait rompu le traité conclu avec Guiscard, en 1064, et était repassée aux Byzantins. Sous la conduite de Mabrikas, les Grecs s'emparèrent de Brindisi et de Tarente, ils pénétrèrent jusqu'à Castellaneta qui leur fut remise par Geoffroi de Conversano [1] (1067). Nous ne connaissons pas d'autre place ayant été livrée aux troupes grecques par les Normands révoltés. En 1068, Ami réussit à s'emparer de Giovenazzo [2]. Il semble que jusqu'à ce moment Guiscard n'ait remporté aucun succès, mais, en 1068, ses affaires se rétablirent. Il réussit nous ne savons comment à mettre en fuite Jocelin qui se réfugia à Constantinople. Ami et Abélard furent également vaincus. Enfin la défaite de Geoffroi de Conversano amena la fin de la rébellion. Geoffroi s'était enfermé dans la place de Montepeloso où Robert Guiscard vint l'assiéger, en février 1068 [3]. Le siège traîna en longueur pendant quelques mois. Guiscard finit par entrer en rapport avec un des officiers de Geoffroi. Le duc lui promit de lui donner en fief la place d'Obbiano et l'officier lui livra Montepeloso.

La prise de Montepeloso mit fin à l'insurrection qui pendant quatre années avait arrêté les progrès de Guiscard. Les événements qui se déroulèrent de 1064 à 1068, n'amenèrent pas de changement dans la politique de Guiscard, qui comprit qu'il serait assuré de l'obéissance de ses vassaux de Pouille seulement quand les Grecs ne posséderaient plus aucune place en Italie. Le duc de Pouille se rendit compte qu'il avait commis une faute en voulant porter la guerre sur deux points à la fois et que la conquête de la Sicile pourrait être continuée seulement quand il serait affranchi de tout danger du côté des Grecs.

L'état de l'empire byzantin favorisait d'ailleurs singulièrement les projets de Guiscard. L'empire, depuis le mois de mai de l'année 1067, était aux mains d'Eudokia Makrembolitissa qui dès son avènement s'était trouvée aux prises avec les plus

1 *Chr breve norm*, ad an 1067 — Castallenata, circond de Tarente, prov di Lecce

2 *Anon Bar*, ad an 1066

3 *Chr breve norm*, ad an 1068, il faut lire *Robertus* au lieu de *Goffridus* G Ap, II 439-477 Lup Protospat, ad an 1068 Malaterra, II 39 — Montepeloso, circond de Matera, prov de Potenza

graves difficultés Attaqué sur ses frontières d'Asie Mineure par les Turks, l'empire, gouverné par une femme, ne pouvait lutter et, en janvier de l'année 1068, Eudokia s'etait remariée pour faire arriver au pouvoir un des plus habiles généraux byzantins, Romain Diogenes, qui avait aussitôt été prendre le commandement des armees d'Asie[1] C'est contre les Turks que le basileus allait diriger tous ses efforts et le nouveau danger auquel il devait faire face, l'obligeait a se détourner des affaires d'Italie

Guiscard ne laissa point échapper l'occasion Il résolut de concentrer toutes ses forces contre les Grecs et d'abandonner pour un temps la conquête de la Sicile La nécessité, ou il se trouvait de chercher, pour l'execution de ses projets, un appui chez ses vassaux de Pouille peut seule expliquer la modération dont il usa envers les rebelles qu'il venait de vaincre, modéra-tion qui etait bien peu dans son caractere Il rendit a Ami et a Abelard une partie de leurs biens Geoffroi de Conversano semble avoir echappé a toute punition[2]

La situation des possessions byzantines d'Italie facilita l'exé-cution des projets de Guiscard Avant que Robert ne se fût emparé de Montepeloso, Aboulchare, qui, depuis quatre années avait été l'âme de la défense des Grecs contre les Normands, était mort[3] En même temps que lui disparut Argyros[4] On a beaucoup écrit sur la conduite d'Argyros pendant ses dernières années peut-être même a-t-on trop parlé de son rôle, qu'il convient de réduire à de beaucoup moindres proportions, si l'on veut rester dans le domaine de l'histoire Tout ce que de Blasiis[5] et Delarc[6] ont raconté a son sujet est de pure fantaisie Voici exactement ce que nous pouvons savoir En 1058, Argyros quitta l'Italie Nous ne savons pas quand il y revint, dans tous les cas des 1061 il avait un successeur · le catépan Marolos[7] Le fils

1 Cf Chalandon, *op cit*, p 10 et suiv
2 Aimé, V, 4 En 1072, Geoffroi de Conversano est en possession de ses Etats, *Chartul Cupers*, t 1, p 97.
3 *Anon Bar*, ad an 1068
4 *Ibid*
5 *Op cit*, t II, p 123
6 *Op cit*, p 430, et suiv
7 *Anon Bar*, ad an 1058 et 1061

de Méles ne fut pas disgrâcié complètement car le basileus lui a
accordé le titre de proedros, de plus, il avait encore une grosse
fortune, nous savons qu'il possédait plusieurs maisons a Bari [1] et
que peu avant sa mort il fit au monastère de Farfa donation d'une
importante somme d'argent [2]. En dehors de cela, nous ne savons
rien C'est donner au titre byzantin de proedros une signification
qu'il n'a pas que de faire d'Argyros le chef de la municipalité
de Bari [3] Quant a savoir si, dans la dernière période de sa vie,
Argyros fut pour ou contre les Normands, c'est une question inso-
luble, étant donnée l'absence de documents Tout ce que l'on a
écrit a ce sujet ne repose, par conséquent, sur aucun fait précis

   Au début de 1068, Guiscard battit les Grecs a Lecce, puis prit
Gravina et Obbiano Il vint ensuite, le 5 août 1068, mettre le
siege devant Bari Guillaume de Pouille semble avoir donné les
raisons exactes de la conduite de Guiscard, quand il dit que le
duc en prenant la ville la plus considérable restée aux Byzantins
voulait effrayer les places de moindre importance et amener leur
soumission Suivant le même auteur, Robert, pour donner un
prétexte a son attaque, aurait demandé aux gens de Bari de lui
remettre les maisons qui avaient appartenu a Argyros, espérant
que, si sa demande était accueillie favorablement, il pourrait utiliser ces maisons comme autant de citadelles Sur le refus des
habitants, Guiscard aurait commencé le siège Aimé et Malaterra
ne font aucune allusion a ce soi-disant prétexte [4]

   Le siege de Bari était la plus grosse entreprise militaire a

1 G Ap II 490 et suiv
2 *Chr Farf*, Muratori, R I SS, t II, 2, p 621
3 Delarc, *loc cit* Cf sur le titre de proedros, Schlumberger, *Sigillographie byzantine*, p 572 Etant donne que les proedres paraissent avoir été les
conseillers de l'empereur il y a peut-être lieu de rapprocher ce titre d'Argyros du passage ou Guillaume de Pouille, II, 279-280, parlant de sa disgrâce dit
           Desinit Argiroum nec ut ante solebat haberi,
           Est jam consihi comes intimus imperialis

4 *Anon Bar*, ad an 1068 Lupus Protospat ad an 1069 *Anon Vatic*,
Muratori, R I SS t VIII, p 763 Aime, V, 27 Malaterra, II, 40 G Ap II,
485 et suiv *Chr breve norm*, ad an 1069

laquelle les Normands se fussent encore essayés. La ville était
une des plus fortes de l'Italie. Il suffit de rappeler que les Musulmans n'avaient pu s'en emparer que par ruse et l'on sait la longue
résistance qu'elle opposa à Louis II Les habitants de Bari se
fiaient tellement à leurs remparts qu'ils s'amusèrent à faire sur
les murs de la ville une longue procession, en montrant aux Normands tout ce qu'ils avaient de précieux et en les invitant à venir
s'en emparer

Devant Bari, la flotte normande joua un rôle considérable,
jusqu'alors les conquerants ne s'étaient point préoccupes d'organiser une marine, c'est seulement au moment où ils entreprirent
la conquête de la Sicile que Guiscard et Roger comprirent qu'il
leur était indispensable de pouvoir exercer la police des côtes
Peut-être avaient-ils été devancés par certains seigneurs puisque
nous avons vu Geoffroi de Tarente organiser une expédition
contre Durazzo Il faut d'ailleurs se garder de toute exagération ;
la flotte alors constituée devait être encore peu considérable,
puisque, quelques années plus tard, lors de l'expédition de Malte,
Roger fut obligé de faire construire un grand nombre de vaisseaux, constatons seulement que c'est au siège de Bari qu'apparaît pour la première fois cette marine normande, dont le rôle,
sous Christodoulos et Georges d'Antioche, devait être si important

Guiscard fit bloquer le port par sa flotte dont les équipages
paraissent avoir été composés surtout de Calabrais [1] En même
temps le duc commençait le siège par terre comme il manquait
de troupes, il fit attacher ses vaisseaux les uns aux autres et
imagina de faire communiquer avec la terre chacune des extrémités de la ligne des navires par un pont, qui permettait aux
soldats de l'armée de terre de porter aide aux marins en cas de
besoin

Les sources nous font connaître que les gens de Bari étaient
divisés en deux partis. Le premier, qui paraît au début avoir été

---

1 A cette époque, Guiscard paraît avoir eu surtout des marins Calabrais
Cf *Anon Bar* , ad an 1064 G Ap , II 485

de beaucoup le plus nombreux, était favorable aux Byzantins et avait à sa tête le patrice Byzantius [1] Le second, favorable aux Normands, était commandé par Argyrizzos, qui sut toujours entretenir des communications avec l'armée assiégeante C'est par lui que Guiscard fut informé que Byzantius voulait gagner Constantinople pour demander des secours à l'empereur Robert fit donner la chasse au vaisseau qui portait le patrice, mais cette première tentative de la flotte réussit mal Deux des quatre vaisseaux envoyés furent coulés, les deux autres furent fort éprouvés Byzantius obtint l'envoi de nouvelles troupes et de vivres Le commandement de l'armée de secours fut confié à Etienne Pateranos La flotte grecque apportant des vivres et des renforts fut attaquée par la flotte normande Une première rencontre fut défavorable aux Normands, qui obtinrent dans un deuxième combat à la hauteur de Monopoli un léger avantage et coulèrent quelques vaisseaux Finalement les renforts et les vivres purent pénétrer dans la place assiégée Le siège dura pendant toute l'année 1069 sans que la situation se modifiât Les Normands construisaient force machines de siège mais ils étaient encore peu experts dans cet art et les assiégés brûlaient régulièrement tous les engins construits à grand peine Au début de 1070, Guiscard voyant que le siège n'était pas près de finir, chercha à faire une diversion Laissant les troupes nécessaires pour continuer le blocus, il marcha sur Brindisi, que la flotte de Geoffroi de Tarente vint assiéger par mer

Presque toutes les places occupées par les Grecs ne recevant pas de secours, avaient été obligées de se rendre, seule Brindisi tenait encore avec Bari L'expédition de Guiscard ne fut pas heureuse, la flotte grecque aux ordres de Mabrikas battit la flotte normande et le gouverneur byzantin de Brindisi, attirant les Normands dans une embuscade, réussit à en tuer une centaine dont il envoya les têtes à Constantinople Guiscard dut revenir à Bari sans avoir pu prendre Brindisi [2]

---

1 Aimé, V, 27 G Ap, II 478 *Anon Bar* ad an 1070 Lup Protospat ad an 1071

2 Skylitzes, dans Cedrenus, II, pp 722-723 Lupus Protospat ad an 1071 Cf *Anon Bar*, ad an 1070

Cependant dans la place assiégée le parti normand faisait des progrès. Pour faire cesser la résistance, quelques-uns des partisans d'Argyrizzos assassinèrent Byzantius, le 18 juillet 1070. Ce meurtre fut suivi de troubles, amenés par les privations que causait la longueur du siège. Pateranos chercha alors à faire assassiner Guiscard. Un soldat mécontent se laissa gagner et lança sur le duc un javelot empoisonné; il s'en fallut de peu que Guiscard ne fût atteint.

Comme le siège se prolongeait toujours, Pateranos se décida à aller à Constantinople demander de nouveaux secours. Pendant ce temps, Robert, voulant en finir, faisait appel à son frère Roger qui vint avec ses vaisseaux. Roger était arrivé depuis peu quand Guiscard apprit qu'une flotte de secours devait tenter de pénétrer la nuit dans le port de Bari. Pateranos avait réussi à obtenir des troupes et des vivres; la nouvelle expédition était placée sous son commandement et celui de Jocelin. Roger fit exercer une étroite surveillance sur la mer, et la nuit où la flotte grecque parut, il dirigea contre elle les vaisseaux normands. Les Byzantins furent défaits, aucun navire ne put pénétrer dans le port et Jocelin fut fait prisonnier. Cette victoire est la première que les Normands aient remportée sur mer.

Cet échec démoralisa les assiégés: aussitôt Guiscard s'assura de nombreux partisans dans la ville. En dehors d'Argyrizzos, qui lui était acquis dès longtemps, il gagna par des promesses divers membres influents du clergé. Argyrizzos commença par s'emparer d'une tour dans l'intention de la livrer aux Normands, mais son projet fut connu des habitants qui, craignant de voir leur ville livrée au pillage le supplièrent de n'en rien faire. Suivant Aimé, Argyrizzos n'aurait pas écouté leurs supplications et aurait livré la ville à Guiscard (16 avril 1071). Il semble pourtant que les choses ne se passèrent pas ainsi. Nous voyons en effet que Guiscard se contenta de la reddition de la garnison grecque; il reconnut Argyrizzos comme seigneur de Bari, décida que le tribut payé à Constantinople serait à l'avenir payé à lui-même, et établit une garnison normande. Bien plus, il fit restituer aux habitants les terres sises hors de la ville, qui avaient été occupées par les Normands. Si l'on rapproche cette modération du fait que nous verrons, a chaque changement de règne, Bari conclure avec le nouveau prince une sorte de traité, on est amené à croire qu'en 1071 Guiscard, pour obtenir la reddition de la place, dut traiter non seulement avec Argyrizzos, mais aussi avec les représentants de la ville, qui ne lui fut livrée qu'après qu'une convention respectant les droits des habitants eût été conclue[1]

La prise de Bari était un important succès pour Guiscard, car elle marque la chute définitive de la domination byzantine en Italie, peu auparavant en effet, Brindisi était tombée entre les mains du duc[2] En même temps qu'elle le délivrait des Grecs la possession de Bari assurait à Guiscard un autre avantage, elle lui donnait au cœur même de la Pouille une place de premier ordre qui devait lui fournir de grandes facilités pour assurer le maintien de l'ordre parmi ses vassaux A peine était-il libre du cote des Byzantins que Guiscard revint à ses projets sur la Sicile et dès le mois de mai il préparait une nouvelle expédition contre les Musulmans[3]

1 G Ap , III, 144 et suiv
2 Anon Bar , ad an 1071
3 Malaterra, II, 43

CHAPITRE VIII

LA CONQUEIL DE LA SICILE

(1060-1072)

Quand ils eurent pris Reggio, les Normands se trouverent amenés tout naturellement à entreprendre la conquête de la Sicile. La richesse et la fertilité de l'île devaient exciter leurs convoitises, et en même temps le voisinage des musulmans constituait un danger permanent pour leurs possessions italiennes. La situation politique de la Sicile favorisait d'ailleurs singulierement les Normands. On a vu plus haut combien les rivalites entre les divers partis musulmans avaient facilité les progres de l'expédition conduite par Maniakes. Depuis lors l'anarchie n'avait fait que croitre, chacun des commandants des places importantes avait tenté de se rendre independant et y était arrivé. La Sicile etait alors partagee entre Abd-Allah ibn Haukal, qui régnait à Mazzara et Trapani, Ibn al Hawas qui possedait Girgenti et Castrogiovanni, Ibn at Timnah qui commandait à Syracuse, à Catane et peut-être à Palerme [1]

Ces divers princes avaient réussi à s'affranchir de toute dépendance envers le khalife zirite d'Afrique, El Moezz, qui, depuis qu'il avait fait remplacer (1043) dans la kotba le nom du prince alide par celui du khalife abasside [2], pouvait à peine suffire à combattre les coalitions, qui se formaient autour de lui entre les Arabes du Maghreb, les Rigah et les Zoi'ba El Moezz après avoir perdu Tripoli, en 1034, et avoir vu Kairouan pillée par les Arabes en 1057 [4], dut se réfugier auprès de son fils

---

1 Ibn el-Athir, dans Amari, B A S t I, p 445 et suiv
2 Ibn el-Athir, dans *Revue Africaine*, 44e annee p 167
3 *Ibid*, p 169
4 *Ibid*, p 170

Temim[1] A sa mort survenue en 1062, peu après le moment où les Normands avaient attaqué la Sicile[2], son fils, Temim, lui succeda, mais les guerres qu'il dut soutenir contre les gouverneurs de province, notamment contre le caid qui commandait à Sfax, rendirent difficile son intervention dans les affaires de Sicile[3], et il ne put qu'expedier quelques renforts

La conquête de la Sicile fut surtout l'œuvre du frere de Guiscard Roger, qui jusque là n'avait joué qu'un rôle assez secondaire A peine Roger etait-il arrive à Reggio, que l'idee de passer en Sicile le hanta (1060) Avec une petite troupe de cavaliers, il reussit à debarquer pres de Messine, attaque par la garnison de cette ville, il dut se retirer Suivant Malaterra Roger aurait été vainqueur des troupes, qui le poursuivaient, et serait revenu à Reggio avec un riche butin[4] Peut-être y a-t-il là une exageration du biographe officiel du comte de Sicile, il est en tout cas certain que cette premiere expédition fut un insucces On a raconté que la descente des Normands en Sicile avait eté motivée par un appel des chretiens de Messine[5] Le document sur lequel

1 Ibn el-Athir, p 172-173
2 Il mourut le 31 août 1062 Cf Amari, *Storia dei Musulmani*, t III, p 93, note 1
3 Ibn el-Athir, *loc cit*, p 183-184
4 Malaterra, II, 1
5 On a voulu quelquefois utiliser pour l'histoire de cette premiere expédition (Delarc, *op cit*, 340, Amari *op cit*, t III, p 60) une source, à mon avis, sans aucune valeur C'est la *Brevis historia liberationis Messaniae* editee dans les *Miscellanea* de Baluze, t I, p 101, reeditee par Siragusa, *Arch St Sic* N S, t XV, p 10 et suiv Muratori seul attribue à cette chronique une date reculee (R I SS, t VI, p 614) Tout le monde est d'accord pour constater que l'on est en presence d'une compilation tres récente, composee pour faire remonter jusqu'au XIe siecle les libertes municipales de Messine A mon avis, on ne doit pas se servir de cette source, car la partie que l'on regarde comme basee sur une tradition locale, c'est-à-dire l'appel adressé aux Normands par les chretiens de Messine, me paraît être une adaptation de Malaterra En effet, nous voyons que lors de l'attaque de Catane, Guiscard et Roger feignent de faire voile vers Malte (Malaterra, II, 45), le passage ou les chretiens de Messine feignent de faire voile vers Trapani est certainement inspire de Malaterra Quant à la legende des chretiens allant trouver Roger à Mileto, elle est evidemment inspirée par le voyage de l'emir de Catane à Mileto lors des ouvertures qu'il fit à Roger On ne saurait tirer un argument du fait qu'à la fin du XIe siecle et dans le

est basée cette opinion ne me semble mériter aucune créance et les arguments invoqués en faveur de ce texte, composé à une date très tardive, ne me paraissent présenter aucune valeur

Les divisions des Musulmans fournirent à Roger l'occasion d'intervenir en Sicile avec plus de chances de succès Ibn at Timnah, émir de Syracuse et de Catane, vint à Mileto offrir à Roger de l'aider à s'emparer de l'île Voici les raisons que les sources arabes donnent de sa conduite Ibn at Timnah avait épousé une sœur d'Ibn al Hawas l'émir de Girgenti et de Castrogiovanni, du nom de Maymunah Un jour que le mari de cette dernière était pris de boisson, il ordonna à ses esclaves d'ouvrir les veines de sa femme Celle-ci ne dut son salut qu'à son fils Ibrahim qui la fit soigner Désireuse de se venger, Maymunah après une feinte reconciliation avec son mari lui demanda d'aller voir son frère à Castrogiovanni, Ibn at Timnah y consentit, mais quand Ibn al Hawas connut le traitement infligé à sa sœur, il ne la laissa pas retourner auprès de son mari malgré toutes les réclamations de celui-ci Ces querelles de famille amenèrent les deux beaux-frères à se faire la guerre Ibn at Timnah vint assiéger Castrogiovanni Non seulement il ne put s'emparer de cette place, sise comme un nid d'aigle au sommet d'une montagne, mais encore il fut complètement battu par Ibn al Hawas qui vint attaquer son territoire jusque près de Catane [1] Voyant les progrès de son ennemi Ibn at Timnah se décida à venir trouver Roger à Mileto pour lui offrir de l'aider à s'emparer de l'île [2] Il le mit au courant des divisions des musulmans et lui promit le concours de tous ceux qui dependaient de lui Pour témoigner de sa bonne foi, il donna comme otage son propre fils

Une expédition fut aussitôt organisée, Roger réunit une troupe de cent soixante hommes [3], composée en partie des soldats de

courant du xiiie siècle, on retrouve à Messine des familles portant les noms donnés aux chrétiens par la *Brevis historia* Siragusa, *op cit* 6-7 Ce n'est pas suffisant pour admettre la demande de secours des chrétiens, manifestement inspirée par le souvenir des demandes de l'émir de Catane

1 Ibn el-Athir, B A S, t I, p 446, Ibn Khaldoun *Ibid*, t II, p 201, Ibn Nowairi, *Ibid*, t II p 143, Les récits de ces deux derniers dépendent de celui d'Ibn el-Athir Malaterra II, 3 Aimé, V 8

2 A Reggio, suivant Malaterra, II, 3 et Aimé, V, 8

3 Malaterra, III, 4

Guiscard, ceux-ci étaient sous les ordres de Geoffroi Ridel [1]
Ibn Khaldoun [2] donne le chiffre de six cents hommes Ces deux
renseignements ne sont pas contradictoires, peut-être y avait-il
cent cinquante chevaliers le reste comprenait les écuyers et valets.
La première expédition avait montré qu'il était difficile de prendre
Messine, on résolut donc de tourner la ville et de diriger l'attaque
contre Milazzo Les troupes s'embarquèrent de nuit, probablement du côté de Pezzo ou de Canitello [3] afin d'avoir une traversée
moins longue, et vinrent débarquer au nord de Messine, vers Faro
(18-25 février 1061) Une partie de la garnison de Messine tenta
vainement d'arrêter les Normands qui pillèrent la région de
Milazzo [4] et revinrent vers leur flotte avec un riche butin Au
moment où ils se rembarquaient, les Normands furent de nouveau attaqués par la garnison de Messine, ils soutinrent le choc
et poursuivirent les Musulmans jusque près de la ville, mais
s'étant trouvés en présence de forces nombreuses, ils durent rétro-
grader et revinrent à Faro Une tempête empêcha leur départ
et ce ne fut qu'après trois jours de luttes continuelles avec les
Musulmans qu'ils finirent par pouvoir repartir, mais poursuivis par la flotte musulmane, ils ne gagnèrent Reggio qu'à
grand'peine [5] L'expédition avait complètement échoué
    Les deux tentatives infructueuses qu'il avait faites, montrèrent
à Roger qu'une expédition sérieuse n'était possible qu'autant que
les Normands auraient assuré la liberté des communications,
pour cela il fallait être maître de Messine La prise de la ville
devint donc le but de la nouvelle campagne que Roger se mit aussitôt à préparer Il passa les mois de mars et d'avril à organiser
l'expédition qu'il projetait, en même temps, son frère Robert
Guiscard alors en Pouille, invitait ses vassaux à se préparer à le
suivre en Sicile et s'occupait de réunir des vaisseaux Au mois de

1 Aimé, V, 9 Geoffroi Ridel fut plus tard consul et duc de Gaete
et seigneur de Pontecorvo, cf Gattola, Hist , t I, pp 264, 267
    2 Ibn Khaldoun, B A S , t II, p 202
    3 Entre Scilla et Reggio
    4 Circond et prov de Messine
    5 Aimé, V, 10 Malaterra, III, 4-7

mai, les troupes assemblées par Guiscard vinrent en Calabre [1]

Les grands préparatifs faits par les Normands avaient été connus des gens de Messine qui s'adressèrent à l'ennemi de Ibn at Timnah pour avoir des secours Ibn al Hawas répondit a leur demande par l'envoi de huit cents cavaliers, en même temps il envoyait une flotte de vingt-quatre navires pour s'opposer à la traversée des vaisseaux normands [2] Une surveillance sévère fut établie, et Guiscard et Roger ayant été reconnaitre les positions de l'ennemi, furent poursuivis par la flotte musulmane L'armee normande était concentrée à Santa Maria del Faro [3], elle fut partagée en deux corps, une première troupe sous les ordres de Roger s'embarqua sur treize vaisseaux [4], elle comprenait deux cent soixante-dix hommes, trompant la surveillance de l'ennemi, elle put debarquer pendant la nuit a Calcare, au sud de Messine Aimé raconte que Roger, pour enlever tout espoir de retour à ses soldats, renvoya ses vaisseaux, il est probable que Guiscard avait besoin de ces navires pour faire effectuer la traversée au gros de l'armée. Au jour, la troupe commandée par Roger se dirigea vers Messine pour reconnaitre le pays, elle surprit des soldats musulmans qui venaient de Palerme et apportaient des subsides [5] Les Musulmans furent battus et l'argent tomba aux mains des Normands Roger reçut alors des renforts, environ cent soixante-dix hommes, avec lesquels il se dirigea sur Messine [6] Il trouva la ville degarnie de troupes et s'en empara presque sans coup férir Il est probable que la garnison devait être employée à surveiller la côte ou avait été embarquée sur la flotte La prise de Messine amena le départ de la flotte musulmane et Guiscard put, sans rencontrer d'obstacle, traverser le détroit [7] Les troupes normandes qui se trouverent alors réunies à Messine comprenaient environ deux mille hommes [8]

---

1 Malaterra, II, 8.
2 Malaterra, II, 8 Aime, V, 13
3 Aime, V, 13
4. Malaterra II, 10. Aime, V, 15
5 Aime. V, 16
6 *Id* V, 17.
7 *Id* , V, 18
8 *Id* V, 20.

Guiscard fit de Messine sa base d'operations, il fit compléter les fortifications de la ville et y laissa une garnison Le plan des Normands semble avoir ete le même que celui de Maniakes, car ils cherchaient a pénetrer dans l'interieur de l'ile par Rametta Ils ne paraissent pas avoir rencontre de résistance devant cette ville dont le gouverneur remit les clefs, ce qui tendrait a prouver qu'il etait partisan d'Ibn at Timnah [1] Par Tripi et Frazzano [2], l'armee normande gagna le *campo di Maniakes* D'après Malaterra toute cette region aurait été habitée par des chrétiens, qui ne firent aucune résistance et accueillirent les Normands en leur offrant des vivres et des présents Par la vallee du Simeto, l'armée se dirigea vers Centorbi [3], mais ne put prendre cette place Les Normands gagnèrent alors Paterno [4] et Emmelesio [5]. Il me semble évident que cette premiere partie des operations eut pour but de remettre Ibn at Timnah en possession des territoires, qui lui avaient ete enlevés par Ibn al Hawas Aucune résistance sérieuse ne fut opposée aux progrès des Normands dans toute cette region Les envahisseurs remontant alors la grande vallee de l'intérieur celle du Dittaino, vinrent mettre le siège devant Castrogiovanni [6] Ibn al Hawas s'y etait renferme et un grand nombre de Musulmans y avaient trouvé refuge Une bataille sans résultat fut livree devant Castrogiovanni Suivant les chroniqueurs normands, les Musulmans auraient subi de grandes pertes mais on ne saurait ajouter une entiere creance a leur récit Tout ce que nous savons de certain c'est que la ville ne put être prise, les Normands en ravagerent les environs et pillerent Girgenti Ces incursions paraissent avoir éte dirigées par Roger tandis que Guiscard commandait les troupes assiegeantes Suivant Aimé, tous les chefs musulmans du pays auraient fait alors leur soumission L'émir même de Palerme

1 Aime, V, 20 Malaterra, II, 13
2 Cf Amari, *Storia dei Musulmani*, t III, p 71, n 1 Tripi, circond de Castroreale, prov. de Messine Frazzano, circond de Cefalu prov. de Palerme
3 Centuripe circond de Nicosia, prov de Catane
4 Paterno, circond et province de Catane
5 Non identifie
6 Castrogiovanni, circond de Piazza Armerina, prov de Caltanisetta.

aurait envoyé à Guiscard de riches présents et lui aurait demandé son amitié. Le duc de Pouille aurait répondu aux avances de l'émir, en lui envoyant un ambassadeur qui profita de son séjour à Palerme pour se rendre compte des forces des Musulmans et étudier les défenses de la ville. Tous ces renseignements d'Aimé me paraissent légendaires et les Normands, bien loin d'avoir continué à occuper le pays, échouèrent devant Castrogiovanni et furent obligés de reculer [1].

Le siège de Castrogiovanni fut, en effet, levé ; Guiscard paraît s'être alors borné à faire occuper les territoires appartenant à Ibn at Timnah et les passages qui, par Rametta, permettent de communiquer de l'intérieur avec la côte du nord. C'est ainsi que Robert fit construire, pour commander le Val Demone, le château de San Marco [2] où il laissa une garnison.

A la suite de cette première expédition, Guiscard retourna en Pouille et Roger demeura en Calabre [3]. Ce dernier, un peu avant Noël de la même année, tenta un nouveau coup de main ; il ne réussit qu'à ravager le pays jusqu'à Girgenti. A son retour les chrétiens de Troina lui livrèrent leur ville et il y établit une garnison. Roger passa à Troina les fêtes de Noël (1061) [4].

Suivant Malaterra, c'est pendant son séjour dans cette ville que Roger aurait appris l'arrivée en Calabre de Robert de Grantmesnil, abbé de Saint-Evroul, dont il aimait depuis longtemps la sœur Judith. Celle-ci avait suivi son frère qui, fuyant la colère de Guillaume II, s'était décidé à venir s'établir en Italie. Roger avait dû connaître Judith, assez longtemps auparavant, lors du séjour qu'il avait fait à Saint-Evroul, avant de venir en Italie. Roger quitta Troina pour se rendre en Calabre. Il épousa Judith, à San Martino, et célébra, à l'occasion de son mariage, de grandes fêtes à Mileto [5].

1. Aimé, V, 23. Ibn Khaldoun, B.A.S., t. II, p. 202. Malaterra, II, 17 ; cf. sur cette période Amari, op. cit., t. III, p. 73 et suiv.

2. San Marco di Alunsio, circond. de Patti, prov. de Messine.

3. Malaterra, II, 18.

4. Ibid. Troina, circond. de Nicosie, prov. de Catane.

5. Ibid., II, 19. Delarc, op. cit., p. 378, note 1, a éclairci la question des femmes de Roger. — San Martino d'Agri, circond. de Lagonegro, prov. de Potenza.

Vers le printemps de 1062, Roger fit une nouvelle expédition [1] avec Ibn at Timnah, il s'empara de Petralia, près de Cefalu, et y établit une garnison [2] Roger laissant alors Ibn at Timnah continuer la campagne revint en Calabre [3] La fortune sembla a ce moment tourner en faveur des Musulmans, Ibn at Timnah ayant poussé une pointe jusque dans la vallée de Bichinello, près de Palerme, fut attiré dans un guet-apens par le commandant de Rocca d Entella qu'il assiégeait et fut assassiné [4] Ce succes, qui enlevait aux Normands un appoint important, paraît avoir ranimé l'ardeur des Musulmans Les garnisons normandes de Troina et de Petralia, en presence des menaces de l'ennemi, se retirerent a Messine [5]. La brouille qui survint alors entre Guiscard et Roger ne fit qu aggraver la situation des Normands, deja fort compromise par suite de la disparition d'Ibn at Timnah

Roger reprochait a son frere de n'avoir pas exécuté les clauses du traite qu ils avaient conclu quelques années auparavant et de lui refuser, malgré la part active qu'il avait prise a la conquête de la Calabre, les terres auxquelles il avait droit [6] Du recit de Malaterra il resulte clairement que Guiscard craignait, en accordant de grands fiefs a Roger, de creer une puissance qui pût contrebalancer la sienne, et préférait recompenser son frere en argent plutôt qu en terres Après son mariage Roger se decida a invoquer ses droits, il demanda justice a Robert, et suivant l usage attendit quarante jours avant d entrer en campagne Peut être les vassaux apuliens de Robert ne furent-ils pas étrangers a la conduite tenue par Roger, ils durent chercher a se servir de ce dernier pour susciter des embarras a leur seigneur dont la puissance grandissait chaque jour

Robert vint assieger son frere dans Mileto, des combats sans

1 Malaterra II, 20
2 Petralia Soprana ou Petralia Sottana, circond de Cefalu, prov de Palerme
3 Malaterra, II, 20
4 Malaterra, II, 22 Rocca d Entella au S -O de Corleone circ de Corleone prov de Palerme Cf Amari op cit, t III, p 86, note 1
5 Malaterra II, 22
6 Ibid, II, 21 et 23

importance se livrèrent autour de la place Roger ne put empêcher Guiscard de construire deux châteaux qui commandaient
l'accès de la ville et d'établir ainsi le blocus Afin de diviser les
forces de son frère, Roger chercha des alliés en Calabre, il
réussit à gagner la ville de Gerace qui se donna à lui Cette ville
en passant aux Normands avait réussi à garder une certaine
indépendance et Guiscard n y avait pas de citadelle, les habitants purent ainsi facilement secouer le joug du duc de Pouille
Sur ces entrefaites, Roger quitta secrètement Mileto. pendant
la nuit Guiscard croyant que son frère était dans Gerace,
laissa des troupes continuer le siège de Mileto et vint camper
devant Gerace Tandis qu'il assiégeait cette ville, le duc
commit une imprudence qu'il faillit payer cher Il avait noué
des intelligences avec un des principaux habitants de la ville,
Basile, et pour avoir une entrevue avec lui, il pénétra déguisé
dans la place assiégée Tandis qu'il était chez Basile, il fut
reconnu et une foule menaçante vint l'assiéger dans la maison
où il se trouvait L hôte et sa femme furent tués et Guiscard fait
prisonnier fut enfermé, après avoir couru grand risque d'être
massacre [1]

    L'armée de Guiscard apprit bientôt ce qu'il était advenu de
son chef, ne sachant que faire, on se décida a prévenir Roger,
qui se trouvait dans les environs Celui-ci fit preuve de beaucoup
de générosité, il comprit d'ailleurs que, s'il laissait assassiner son frère, la domination des Normands se trouverait singulièrement compromise Il vint donc devant Gerace, fit appeler
les principaux habitants et affectant d'être très irrité contre
Guiscard, exigea qu'il lui fût remis Il menaçait, si on ne l'écoutait
pas, de détruire les vignes et les oliviers, dans les champs autour
de la ville, et de s'emparer par force de la place

    On décida de remettre Robert aux mains de Roger, mais se
méfiant des Normands, les gens de Gerace firent promettre a
Guiscard de ne jamais bâtir de château dans l'enceinte de leur
ville Malaterra nous fait un tableau touchant de l'entrevue des
deux frères et de la reconciliation qui s en suivit. Roger et Robert

---

1 Pour cette révolte de Roger, cf Malaterra, II 23 et suiv

se seraient en pleurant jetés dans les bras l'un de l'autre et se
seraient embrassés « comme autrefois Joseph et Benjamin »
Peut-être la réalité a-t-elle été un peu différente Roger profita de
ce que son frère était entre ses mains pour lui faire prendre l'engagement de ne plus retenir les domaines qui lui avaient été
promis Guiscard s'engagea à tout ce que son frère voulut et tous
deux gagnèrent Mileto Là Guiscard retrouva ses troupes et
changea aussitôt d'attitude Il prit prétexte de ce que la garnison
de Mileto avait occupé un des châteaux construits devant la place
et fait prisonnier un certain nombre des siens pour refuser d'exécuter l'accord conclu La guerre recommença entre les deux
frères, mais Roger ayant remporté quelques succès, Guiscard
finit par s'entendre avec lui « sachant, dit Malaterra, que toute
la Calabre pouvait être troublée de leur rivalité [1] » Le duc et
Robert eurent une entrevue dans la vallée du Crati et se partagèrent la Calabre

Que fut ce partage ? On a admis généralement que Guiscard
avait cédé à son frère la moitié de la Calabre, depuis le mont
Intefolli et le mont Squillace jusqu'à Reggio Ce sont là en effet
les clauses du traité conclu entre les deux frères quelques
années auparavant, traité qui paraît avoir été simplement confirmé à la suite de la guerre que nous venons de raconter Il
me semble pourtant que la convention alors conclue doit être
interprétée différemment Il ressort clairement de quelques
passages de Malaterra que le traité établit une sorte de *con-
dominium* attribuant à chaque prince une portion déterminée de chaque ville et de chaque château Cela est certain
pour Gerace [2] Peu après les événements que nous venons
de rapporter, Roger fit construire une citadelle pour commander la ville Les gens de Gerace lui rappelèrent la promesse
faite par son frère de ne jamais édifier de forteresse en cet endroit
Roger répondit que son frère et non lui avait fait cette promesse,
que *la moitié de Gerace lui appartenant*, il pouvait y construire
ce qu'il voulait Un autre passage du même auteur montre que la

1 Malaterra, II, 24
2 Malaterra, II, 28

situation de Gerace a été la règle [1] A la mort de Guiscard, en
effet, son fils céda à Roger, pour obtenir son appui, tous les châteaux de Calabre dont il possédait jusque-là seulement la moitié
Quant à ce qui fut décidé à ce moment pour la Sicile, nous
l'ignorons ? Toutefois quand le partage en fut effectué entre les
deux frères, il n'amena entre eux aucune difficulté.

Roger profita de sa nouvelle situation pour organiser une
troupe de trois cents hommes, avec lesquels, dans le courant de
1062, il passa en Sicile, où il s'établit Le frère de Guiscard créa
alors une série de postes dans la région de Nicosie Depuis la
mort d Ibn at Timnah, la situation des Normands était beaucoup moins forte et même la population chrétienne leur témoignait de l hostilité Il faut, suivant Malaterra, en chercher la
cause dans la conduite des conquérants vis-à-vis des femmes du
pays [2]. Exaspérés par l attitude des soldats de Roger, les habitants profiterent d'une expédition du comte pour tenter le massacre de la garnison restée à Troina Roger revint à temps pour
empêcher les siens de succomber, mais il se trouva enfermé dans
une partie de la ville, probablement dans la citadelle La situation
ne tarda pas à empirer, car aux rebelles chrétiens se joignirent
tous les Musulmans des environs Roger resta ainsi bloqué
pendant une grande partie de l'hiver 1062-63 [3], la petite garnison
avait à soutenir des luttes continuelles et souffrait des privations
de tout genre Au bout de plusieurs mois de siège, Roger
s'aperçut que l'ennemi était moins vigilant et qu'en particulier, pendant la nuit, beaucoup de soldats s'enivraient pour combattre le froid Il réussit une nuit à tomber sur les assiégeants
et à les chasser de la ville, il devint ainsi maître des fortifications La plupart des chefs ennemis étant tombés entre ses
mains, il les fit exécuter et l'ordre fut rétabli Laissant une
garnison suffisante à Troina, Roger se rendit en Pouille pour
remonter sa troupe qui avait perdu tous ses chevaux [4]

Dans le courant de l année 1063, la lutte prit une plus grande

1 Malaterra, III 42
2 *Ibid* , II 29-30
3 *Ibid* , II, 30
4. *Ibid* , II, 31

extension après l'arrivée de nouvelles troupes musulmanes A la suite des succès des Normands, en 1061, un certain nombre de Musulmans avaient été demander des secours a El Moezz[1] Celui-ci envoya une flotte qui fut détruite par une tempête A sa mort (31 août 1062), son fils Temim envoya deux de ses fils avec des troupes de secours[2] L'un, Aioub, alla a Palerme le second, Ali, à Girgenti où il fut très bien reçu par Ibn al Hawas Ce fut contre ces deux derniers que Roger marcha Il remporta sur eux une victoire dans les environs de Castrogiovanni et en profita pour pousser vers le nord jusqu'à Caltavuturo[3] Une autre expédition fut dirigée vers Butera[4], à la fin du printemps Durant toute cette période, Troina reste le centre d'où Roger rayonne

Pendant l'été 1063, les Musulmans prirent l'offensive, une armée considérable se dirigea de Palerme sur Troina[5] Roger vint attendre l'ennemi près de Cerami. Une grande bataille, plus importante que toutes celles qui avaient été livrées jusque-là se termina à l'avantage des Normands Parmi les combattants se trouvait Roussel de Bailleul, qui devait quelques années plus tard se rendre célèbre au service des basileis de Constantinople[6] Les Normands firent beaucoup de prisonniers qu'ils vendirent comme esclaves Le butin fut énorme et pour associer l'Eglise a ce triomphe remporté sur les infidèles, Roger envoya au pape Alexandre II de riches présents

La victoire de Cerami avait une importance considérable, elle assurait à Roger la possession définitive de la région de Troina et en même temps elle dut jeter la terreur parmi les habitants de l'île Les conséquences en auraient été encore plus importantes, si Roger avait accepté l'offre qui lui fut faite peu après par les Pisans de marcher sur Palerme L'entente ne put se faire pour des raisons que nous ignorons, et la flotte pisane, qui parut devant

1 Ibn el-Athir, B A S t I, p 448
2 Ibn el-Athir loc cit , 448
3 Circond de Termini Imerese, prov de Palerme
4 Circond de Terranova, prov de Caltanisetta.
5 Malaterra, II, 33
6 Cf Schlumberger, *Deux chefs normands des armées byzantines au XIe s*, dans la *Revue historique*, t XVI (1881), p 289 et suiv

Palerme, le 18 août 1063, ne réussit pas à pénétrer dans le port [1]

Durant ce même été 1063, Roger se décida à aller en Pouille pour organiser avec l'aide de son frère une grande expédition pour l'année suivante [2] Avant son départ, il ravitailla Troina en allant piller successivement Collesano [3], Brucato [4] et Cefalu [5] Pendant son séjour en Italie, Roger réussit à recruter un certain nombre de soldats, il obtint notamment de Guiscard un secours de cent hommes Avec ces renforts il recommença à ravager, à l'automne 1063, la région de Castrogiovanni, qui était toujours le centre de la résistance Roger faillit tomber dans une embuscade que les Musulmans lui tendirent entre Castrogiovanni et Troina, mais il réussit à mettre en fuite ses agresseurs [6]

L'année 1064 peut être regardée comme terminant la première période de la conquête de la Sicile par les Normands Il ne faut pas exagérer l'importance des combats qui furent livrés depuis l'année 1060 Sauf la première expédition conduite par Guiscard et Roger, toutes les autres batailles, que Malaterra nous raconte avec force détails, ont dû être très peu importantes. Cela résulte clairement du chiffre des combattants. Roger ne commandait durant toute cette période qu'a quelques centaines d'hommes Ainsi à la bataille de Cerami, qui fut une des plus sérieuses, Roger est à la tête de cent chevaliers et son neveu Sarlon de trente, cela correspond à une armée de cinq ou six cents hommes tout au plus On voit qu'a ce moment un renfort de cent hommes a une grande importance pour Roger C'est ce petit nombre de troupes qui explique la lenteur de la conquête Depuis l'expédition de Guiscard et de Roger en 1061, les Normands n'ont pas fait un pas en avant, ils ne possèdent que la région de Messine et Troina, tout le reste de l'île est aux

1 Malaterra, II, 34 *Annal Pisani*, M G H SS, t XIX, p 238, qui donnent la date *in die sancti Agapiti*
2 Malaterra, II, 34 Il revint, *refrigerante calore*
3 Circond de Cefalu, prov de Palerme
4 Il s'agit sans doute de Broccato, entre Termini et Caccabo, dont il est question dans un diplôme de Guillaume Ier, Mongitore, *op cit*, p 36
5 Chef-lieu de circond, prov de Palerme
6 Malaterra, II, 35

Musulmans. Les diverses expeditions de Roger n'ont fait tomber entre ses mains aucune place importante, et s'il a tenté des pointes hardies du côte de Palerme et de Castrogiovanni, il n'a pu établir aucun poste pour inquiéter ces deux villes et même, apres les plus brillants faits d'armes, il a toujours dû reculer

Les succes remportes en Pouille par Robert Guiscard, en 1062 et 1063, lui permirent d'organiser au début de 1064[1] une importante expédition dont Palerme était le but Les deux freres réunirent leurs troupes a Cosenza, ils soumirent d'abord Castroregio[2], dans les environs de cette ville, passant ensuite en Sicile ils allerent mettre le siege devant Palerme Le siege de la ville dura trois mois, au bout de ce temps, l'armee assiegeante dut lever son camp L'armée revint par l'interieur de l'île, elle prit Bugamo et tenta sans succes une attaque sur Girgenti. L'insurrection qui venait d'eclater en Pouille rappela Guiscard, qui revint en Calabre, au debut de 1065. Apres avoir detruit Policastro, le duc de Pouille établit a Nicotera, les habitants qui s'etaient revoltés, il leur adjoignit les prisonniers faits en Sicile, notamment à Bugamo Le séjour de Guiscard dans cette region se prolongea, car la révolte d'Ajello le retint encore quelque temps[3]

Pendant les années suivantes, la guerre de Sicile fut dirigée par Roger seul Celui-ci se retrouvant alors, comme de 1061 à 1064, sans avoir les troupes suffisantes pour lutter avec avantage, les Normands ne firent presque aucun progres

Durant cette periode le principal chef musulman fut Aioub, fils du khalife Temim, et il semble que ce soit a lui qu'il faille attribuer l'arrêt de la conquête normande Nous avons vu qu'Aioub avait ete envoye par son pere vers 1063[4]. Bien reçu par Ibn al Hawas, il ne tarda pas a devenir suspect à ce dernier, qui voulut l'expulser de Girgenti Les deux chefs musulmans en

---

1 Malaterra, II, 36
2 Malaterra, II, 37 A mon avis, Malaterra indique le siège de Castroregio, circond de Castrovillari, prov de Cosenza, comme etant antérieur a l'expedition de Sicile
3 Cf supra, p 182
4 Ibn el-Athir, B A S, t I, p 448 Ibn Khaldoun, B A S, t II, p 202

vinrent bientôt à une lutte ouverte durant laquelle Ibn al Hawas
fut tué, Aioub lui succéda aussitôt et fut reconnu à Girgenti,
Castrogiovanni et Palerme A ce moment, c'est le parti musulman
africain qui, en Sicile, l'emporte partout sur le parti sicilien
Nous ne savons pas la date exacte de ce changement, mais il
semble qu'il convient de le placer un peu avant 1068 [1]

Pendant les années 1065-1067, nous ne connaissons aucune
rencontre importante entre Normands et Musulmans Malaterra
indique seulement qu'en 1066 Roger fortifia Petralia pour en
faire son centre d'opérations [2] On voit par là que la région de
Troina devait à cette date être soumise, puisque Roger se portait
vers l'ouest du côté de Palerme En 1068, peu après la révolution qui avait porté Aioub au pouvoir, Roger remporta une
victoire importante sur celui-ci à Misilmeri, tout près de
Palerme [3] La conséquence de ce succès fut la chute du
parti d'Aioub, ce dernier repassa en Afrique peu après [4], son
départ entraîna la complète désorganisation du parti musulman
et Roger put aller aider son frère au siège de Bari Il ne semble
pas qu'il y ait eu d'opérations importantes pendant son absence,
qui dura jusqu'à la prise de Bari, en 1071

A peine cette ville fut-elle tombée au pouvoir des Normands
que Guiscard et Roger tournèrent à nouveau leurs armes vers
la Sicile Roger revint dans l'île pour y organiser ses troupes,
pendant ce temps Guiscard, à Otrante, faisait de grands préparatifs qui l'occupèrent durant les mois de juin et de juillet Le
duc de Pouille s'était rendu compte que son échec de 1064 devant
Palerme était dû en grande partie au manque de vaisseaux, la
ville, bloquée par terre, avait pu continuer à recevoir par mer tous
les approvisionnements dont elle avait besoin Aussi Guiscard
s'occupa-t-il de réunir une flotte Il put arriver à avoir cinquante-
huit vaisseaux qu'il fit monter par des marins de Bari, des

1 Malaterra, II, 41, Roger dit avant la bataille de Misilmeri Si ducem
mutaverunt, en parlant des Musulmans, il fait évidemment allusion à ce
changement Cf Amari, op cit, t III, p 111, note 1
2 Malaterra, II, 38
3 Malaterra, II, 41
4. Ibn el-Athir, loc cit, p 449, avant le 19 octobre 1069

Calabrais, et des Grecs prisonniers. D'Otrante la flotte gagna
Reggio. Robert se dirigea par terre vers la même ville, il reçut
en passant la soumission de la ville de Squillace dont les
habitants avaient tué le stratège établi par lui et étaient en
rébellion depuis près de dix ans [1].

Au mois de juillet, la flotte quitta Reggio et se dirigea vers
Catane. Les Normands avaient toujours été en paix avec les
Musulmans de Catane, et peut-être les successeurs d'Ibn at
Timnah étaient-ils restés leurs alliés. Il semble que Roger et
Robert aient agi avec beaucoup de mauvaise foi envers les gens
de Catane. Roger vint les trouver et leur dit que son frère se diri-
geait contre Malte. La flotte ayant pu ainsi pénétrer sans difficulté
dans le port, les Normands s'emparèrent de la ville par trahison.
Roger y établit une garnison. De Catane l'armée se dirigea
sur Palerme [2].

Cette ville [3] était alors la plus importante de la Sicile. Elle comprenait cinq quartiers distincts. Le premier auquel était réservé
spécialement le nom de Palerme était dit Al Quasr [4]. C'était
plus particulièrement le quartier des marchands, il renfermait la
grande mosquée [5]. Le Quasr avait une enceinte fortifiée très importante dans laquelle s'ouvrait neuf portes. Ce quartier s'étendait
depuis le palais royal actuel jusqu'un peu après la Piazza degli
Quattro Canti. Il ne s'étendait pas tout à fait sur la droite jusqu'à la Via di Porta di Castro et sur la gauche dépassait un peu
la Via del Celso; à la hauteur de la Via Matteo Bonello la
muraille s'infléchissait et rejoignait celle du sud à la hauteur du
Corso Alberto Amedeo [6]. Le second quartier, Al Halisah, renfer-

1. Malaterra, II 43-44. Aimé, VI, 14. G. Ap. III, 183.
2. Malaterra, II, 45.
3. La topographie de Delarc, *op. cit.*, p. 464 est fantaisiste pour tout ce
qui regarde les identifications avec la ville actuelle, par exemple, il place
le palais royal actuel dans la Khalesa.
4. Cf. Ibn Hauqual, B.A.S., t. I, p. 10 et suiv.
5. Cf. di Giovanni (V), *Sul porto antico e su li mura le piazze e i bagni di
Palermo dal secolo X al secolo XV* Palermo, 1884) avec plan de la ville du
xᵉ au xvᵉ siècle). Cf. Schubring, *Histor. topographie von Panormus.*
Lübeck, 1870) avec une carte médiocre.
6. Cf le plan dressé par di Giovanni, *loc. cit.*

mait le palais, les bureaux de l'administration, il occupait à peu
près l'espace compris entre la Porta Felice et la Porta dei Greci
l'église San-Francisco et la Piazza Magione [1] Cette partie était
fortifiée, mais moins bien que la précédente Le quartier, compris
entre le Quasr d'une part et une ligne partant du Corso Alberto
Amedeo pour aboutir à la Piazza del Castello en passant par
l'Ospedale di Concezione, le théâtre Vittorio Emmanuele et la
via Cavour, s'appelait Harat as Sagalibah Entre le Quasr et
l'Halisah étaient les deux quartiers Harat al Masgid et Harat al
Gadilah Ces trois derniers quartiers n'étaient point fortifiés.
L'entrée du port était défendue par des tours et fermée par des
chaines Tout autour de la ville s'étendaient d'immenses jardins
La population devait être considérable Ibn Hawkal nous dit que
la ville avait trois cents mosquées et que la seule corporation des
bouchers comprenait sept mille membres

Guiscard pour éviter d'être attaqué par les Musulmans de
Girgenti chargea son neveu Sarlon de continuer la guerre dans la
la région de Cerami et Castrogiovanni [2] L'armée et la flotte des
Normands durent arriver devant Palerme au mois d'août elles établirent le blocus tout autour de la place, sauf du côté ouest Nous
savons par Malaterra que les Normands s'installèrent dans les
jardins qui entouraient la ville

Les assiégés réussirent à faire connaître leur situation à leurs
coreligionnaires d'Afrique et une flotte de secours fut envoyée,
celle-ci, après un combat avec les vaisseaux normands réussit à
pénétrer dans le port, non sans avoir subi des pertes importantes
Pendant le siège, qui remplit tous les derniers mois de l'année
1071 [4], Guiscard fit construire d'énormes machines de guerre.
Durant tout ce temps des escarmouches incessantes eurent lieu
entre chrétiens et Musulmans sans qu'aucun des deux partis pût
prendre un avantage décisif La prolongation du siège amena
une épouvantable famine, qui causa de grandes souffrances non

1. Cf di Giovanni *Sopra le porte di Palermo et su'confini della Halisah e del Muaskat* (Palermo, 1883), p 38 et suiv
2 Malaterra, II, 46
3 G Ap III, 225 et suiv
4. Cf Aimé, VI, 16, 17, 18 Malaterra, II, 45

seulement aux assiégés mais aussi aux assiégeants dont le ravitaillement s'effectuait mal Guiscard, pour hâter le denouement,
fit demander des secours en Italie mais quand ses vassaux
apprirent les difficultes qu'il avait a surmonter, ils en profiterent
pour se revolter a nouveau[1] Malgré ce contre-temps, Guiscard
continua a assieger la place et au debut de janvier 1072, il se
resolut à donner l'assaut Le 7 janvier, Roger avec une grande
partie des forces normandes attaqua la vieille ville et attira de
ce cote l'attention des Musulmans Pendant ce temps, Guiscard
avec trois cents hommes attaqua le quartier d'Al Halisah, qui
etait degarni de troupes, et réussit a s'en emparer La moitié de
la ville se trouva du coup aux mains des Normands Les Musulmans se diviserent sur le parti à prendre, les uns voulaient continuer la lutte, les autres proposaient de traiter Ce fut ce dernier
parti qui l'emporta Le 8 janvier deux chefs musulmans et un
certain nombre des principaux habitants de la ville vinrent
trouver Guiscard pour lui offrir de capituler moyennant certaines
conditions Nous connaissons mal celles qui leur furent accordees
Il semble toutefois que Guiscard se soit montré tres accommodant,
car il avait hate de pouvoir retourner en Pouille et ne voulait pas
entreprendre un second siege pour s'emparer de la vieille ville
On peut admettre que Guiscard traita Palerme comme il avait
traite d'autres villes, entre autres Troia et Bari Non seulement
les Musulmans eurent la vie sauve mais ils garderent le droit de
pratiquer leur culte Guiscard s'engagea a leur laisser leurs lois
et par suite leurs juges et leurs tribunaux[2], et tout en instituant
des fonctionnaires normands, il laissa a ceux ci les titres musulmans, c'est ainsi qu'un chevalier de sa suite nomme gouverneur
de Palerme prit le titre d'emir[3]

Les négociations occuperent deux jours et ce ne fut que le

[1] Aimé VII, 2, Cf infra, p 223
[2] Cela resulte de la situation politique des Musulmans sous les rois de
Sicile dont nous nous occuperons plus loin Cf G Apul, III, 321 et suiv,
Malaterra, II, 45 Anonymus Vaticanus, dans Muratori, R I SS, t VIII,
p 755 Aimé, VI, 19
[3]   Obsidibus scriptis aliquot castrisque paratis
         Reginam remeat Robertus victor ad urbem,
         Nominis eiusdem quodam remanente Panormi
         Milite, qui siculis datur amiratus haberi (G Ap III, 340-344)

10 janvier que Guiscard et Roger firent a la tête de leurs troupes leur entrée dans Palerme et se rendirent solennellement a l'ancienne église Santa-Maria, qui avait été transformée en mosquée et fut alors rendue au culte

La chute de Palerme amena la soumission des Musulmans de la région de Mazzara mais ne changea rien a la situation dans les environs de Castrogiovanni, ou la guerre continuait toujours, Sarlon, qui dirigeait la campagne dans cette région, trouva la mort dans une rencontre avec les gens de Castrogiovanni

La prise de Palerme avait pourtant une importance particulière, car elle mettait entre les mains des Normands toute la côte nord de l'île A l'ouest, l'autorité de Guiscard était reconnue jusqu'a Mazzara, et à l'est, jusqu'a Messine Les Musulmans du centre se trouvaient donc enveloppés

Après leur victoire, les deux frères se partagèrent les territoires conquis, Guiscard retint pour lui la suzeraineté de l'île, avec Palerme, la moitié de Messine et le Val Demone Le reste fut attribué a Roger [1] On donna à Sarlon et a Arisgot de Pouzzoles la moitié de la Sicile Il semble résulter du récit de Malaterra que la part de Sarlon et d'Arisgot de Pouzzoles était encore à conquérir sur les Musulmans

On a voulu que l'armée ait été consultée au sujet de ce partage, cela me paraît très douteux [2] La situation des Normands en Sicile diffère complètement de celle qu'ils ont eue en Italie La conquête de l'Italie a été faite par des chevaliers égaux entre eux et ayant des droits analogues Au début, tous les chefs de bande étaient sur le même pied et ce ne fut qu'a la suite d'une longue série de guerres que Guiscard réussit a imposer son autorité a tous les autres seigneurs Il n'y était pas encore arrivé au moment ou nous sommes parvenus Aussi on comprend qu'en Italie les chefs des principaux établissements normands aient pu a certains moments former une sorte de conseil, comme il paraît bien que cela a eu lieu à quelques reprises La situation en Sicile n'a pas été la même La guerre a été faite par Guiscard et son frere avec des soldats recrutés et

---

1 Aime, VI, 22 l'alco Benev, ed del Re, p 186
2 Delarc, op cit, p 479

payes par eux et auxquels ils avaient promis des terres[1] Les troupes combattant sous les ordres de Guiscard et de Roger n'avaient pas des lors, sur les territoires conquis des droits analogues à ceux que les premiers Normands avaient eus sur les conquêtes faites en commun, par suite une ratification par l'armée du partage entre Guiscard et son frère ne se comprendrait plus Seul Aimé parle de cette intervention de l'armée, or tous les renseignements qu'il donne sur le partage de la Sicile sont inexacts, sauf en ce qui concerne la situation de Messine Malaterra dont l'autorité est bien plus considérable n'en dit pas un mot, il me paraît très probable que si elle avait eu lieu, il aurait mentionné cette intervention de l'armée en faveur de Roger auquel ses compagnons rendaient ainsi un éclatant hommage

Remarquons encore que Guiscard en dehors de la suzeraineté de l'île ne retint pour lui que les places à la conquête desquelles il avait collaboré Tout ce que Roger a conquis par lui-même et tout ce qu'il acquerra de la même manière lui est attribué

Il y a donc une différence importante entre la Sicile et l'Italie du Sud au point de vue du mode dont s'est opéré la conquête normande Tandis que ce n'est que par une longue suite d'usurpations que Guiscard est arrivé à devenir le suzerain des Normands d'Italie, qui étaient en possession de leurs domaines avant qu'il y eut un duc de Pouille, en Sicile, c'est par le duc qu'ont été établis les seigneurs et c'est de lui qu'ils ont reçu leurs terres C'est là ce qui explique qu'en Sicile, aucun seigneur ne paraît avoir possédé des fiefs aussi considérables que certains des Normands d'Italie Guiscard et son frère ont, semble-t-il, cherché à éviter de se donner des vassaux trop puissants

Un des premiers soins de Guiscard et de Roger fut de faire construire deux citadelles L'Anonyme du Vatican indique clairement que celles-ci furent construites l'une dans le quartier d'Al-Halisah, l'autre dans le quartier de Quasr[2] Nous connaissons exactement l'emplacement de cette dernière Elle fut élevée à l'extrémité du quartier, dans l'espace compris aujourd'hui entre la

1 Malaterra III 1
2 Muratori, R I SS t VIII, p 63

cathédrale et le Palais royal[1] Guiscard resta en Sicile, jusqu'à l'automne Il se fit payer une forte contribution de guerre par les habitants de Palerme et leur demanda des otages Laissant ensuite à Roger le soin de continuer la conquête, il gagna l'Italie où le rappelait la révolte de ses vassaux

1 Cf. Di Giovanni, *op cit*, p. 49

CHAPITRE IX

RICHARD DE CAPOUE REVOLTE DES VASSAUX APULIENS
DE ROBERT GUISCARD

(1059-1073)

Apres le concile de Melfi, Richard de Capoue tenta d augmenter le territoire de ses Etats, durant quelques annees toute son activité fut tournee vers le nord et son action se fit sentir dans les affaires romaines, mais elle ne s exerça pas toujours suivant la volonte du pape Si au debut, la papaute eut a se louer du pacte conclu avec les Normands, la bonne entente ne dura guère et bientôt le pape ne trouva d appui, ni dans Guiscard tout occupe de conquêtes lointaines, ni dans Richard, soucieux avant tout de ses propres interets Il n en fut pourtant pas ainsi dès le début, et a la mort de Nicolas II (27 juillet 1061), le parti d Hildebrand trouva dans le prince de Capoue un soutien puissant

En 1061, l aristocratie romaine etait devenue favorable a l empire allemand ; les Normands étaient la cause de ce changement d attitude Ils avaient fait respecter d une telle façon l autorité pontificale que l on en etait venu a regretter l autorite impériale Aussi quand la nouvelle de la mort de Nicolas II, survenue a Florence, fut connue a Rome, l aristocratie s entendit avec le parti hostile aux réformes et se hâta d envoyer a Henri IV les insignes du patriciat, en même temps elle fit demander a l imperatrice Agnes, tutrice du jeune souverain, de désigner le nouveau pape [1] Hildebrand et son parti etaient tres mal vus à la cour imperiale a cause du decret sur les elections pontificales Nicolas II ayant envoyé, comme légat, a la cour de Germanie, le

---

1 Annal Rom éd Duchesne dans Lib Pont , t II, p 396 Benzo, op cit. vii, c 2, ed dans Watterich, op cit , t I, p 270 Pierre Damien, Disceptatio synodica, ed dans Watterich, op cit , t I 290

cardinal Étienne pour tâcher de faire approuver son décret, on
avait refusé d'accorder une audience à l'envoyé du pontife [1]
Hildebrand paraît avoir hésité un certain temps sur ce qu'il
devait faire, puis il se décida à obéir au décret de Nicolas II [2].
C'était la rupture avec l'empire allemand, aussi Hildebrand
avant d'agir eut-il le soin de s'assurer du concours de Richard
de Capoue, celui-ci lui accorda son appui, qui ne fut peut-être
pas désintéressé [3] Le 1er octobre, les cardinaux élurent Anselme,
évêque de Lucques Le nouveau pape ne put entrer à Rome que
sous la protection de Richard, qui après un premier échec,
réussit à occuper pendant la nuit Saint-Pierre-aux-liens
Anselme, qui prit le nom d'Alexandre II, y fut couronné et les
Normands le conduisirent ensuite au palais de Latran où ils l'établirent (1er octobre)[4] Le séjour de Richard à Rome, se prolongea,
quelques jours, nous savons que, le 7 octobre, il prêta le serment de
fidélité à Alexandre II, et s'engagea de nouveau à faire observer
le décret de Nicolas II sur les élections pontificales [5] Peu après,
il s'éloigna, laissant le pape installé et en possession d'une
partie de la ville, Richard ne prit donc point part aux événements,
dont Rome fut le théâtre pendant les premiers mois de 1062

L'impératrice Agnès désigna comme pape l'évêque de
Parme, Cadalus, qui prit le nom d'Honorius [6] Le nouveau
pape envoya, à Rome, l'évêque d'Albe, Benzo, pour lui recruter
des partisans et préparer son entrée [7] De ce que nous
savons, il résulte qu'à ce moment, les forces des deux partis
pontificaux étaient sensiblement égales Benzo tint dans le
Circus maximus une grande assemblée, où Alexandre II

1 Pierre Damien, *Ibid* , p 248
2 *Annal Rom loc cit* , Leo Ost III, 19 Benzo, *op cit* , vii, 2, dans
Watterich, *op cit* , t I, pp 270 et 272 *Annal Altah* , M G H SS , t XX,
p 814, ad an 1064 *Annal Aug* , M G H SS , t III, p 127
3 *Richardum   ducit ad urbem sub nulla librarum conditione* Benzo, *op
cit* , vii, 2, p, 270
4 Benzo, *loc cit* , vii, 2, p 270, ii, 2, p 272 *Annal Altah maj* , ad an
1060, M G H SS , t XX, p 810
5 Deusdedit, *Collectio canonum* ed Martinucci (Rome, 1869), pp 341-342
6 Cf Meyer von Knonau, *op cit* , t I, p 224 et suiv
7 Benzo, *op cit* , ii, 1 p 271.

vint, entouré de ses partisans. L'évêque d'Albe prononça contre le rival d'Honorius II un très violent discours, lui reprochant surtout l'appui qu'il avait demandé aux Normands. La réponse d'Alexandre II fut couverte par les huées de la populace, mais le pape put se retirer sans être attaqué[1]. L'arrivée d'Honorius II vint gâter la situation sans amener davantage l'intervention de Richard. Le 25 mars 1062, Honorius II était à Sutri, où il fut reçu par l'aristocratie romaine[2], au bout de quelques jours, il se dirigea vers Rome, et le 14 avril, il pénétra, a la suite d'une sanglante bataille, dans la cité léonine, mais il ne put s'emparer de la basilique de Saint-Pierre défendue par Hildebrand[3]. Peu de jours après, l'annonce de la prochaine arrivée du duc de Lorraine lui fit quitter Rome, il se réfugia à Tusculum[4]. A ce moment, Honorius, par l'intermédiaire du patrice Pantaleon, entama avec l'empereur Constantin Doukas des négociations pour former une ligue contre les Normands, et quelques mois plus tard, des ambassadeurs byzantins vinrent trouver le pape à Tusculum[5]. La venue de Geoffroi de Lorraine mit fin pour quelque temps aux hostilités. Profitant de la révolution de palais, qui venait d'écarter Agnès du pouvoir, Geoffroi chercha à jouer le rôle d'arbitre de la papauté. A la tête de forces considérables il ordonna aux deux papes de se retirer dans leurs évêchés respectifs jusqu'à ce que l'empereur se fut prononcé au sujet de leur légitimité.

Richard de Capoue avait quitté Rome, dès l'automne 1061, laissant sans doute quelques troupes au pape[6]. Peut-être pour l'éloigner, le parti hostile à Hildebrand avait-il fait diriger

1 Benzo, *op. cit.*, II, 1, pp. 271-272.
2 *Id.*, II, 9, p. 274.
3 *Id.*, II, 10, p. 275. *Annal. Rom.*, p. 336.
4 Benzo, *op. cit.*, II, 13, p. 276. *Annal. Alt.*, ad an. *Annal. Rom.*, p. 337. Cf. Meyer von Knonau, *op. cit.*, t. I, p. 262 et suiv.
5 Benzo, *op. cit.*, II, 12, pp. 275 et 276. La lettre qu'il rapporte est certainement sinon fausse, du moins arrangée, toutefois le fait des négociations est très possible. Cf. Dummler, *Forschungen*, t. III, p. 225, Meyer von Knonau, *op. cit.*, t. I, p. 250.
6 Il faut placer l'expédition de Richard contre les comtes de Sangro vers la fin de 1061 car il emmena avec lui en Campanie, les fils de Borrel, or la campagne dura trois mois (Aimé, IV, 26, pp. 171-172) et ceux-ci étaient auprès d'Honorius III, en avril, Benzo, *op. cit.*, p. 275.

quelque attaque contre ses terres ? Toujours est-il que Richard
entreprit, dans les derniers mois de l'année 1061, contre les
comtes de Sangro, une expédition qui échoua d'ailleurs complètement. La région qu'il attaquait était pauvre, sans villages à
piller, et les châteaux des seigneurs, situés sur des hauteurs
inaccessibles rendaient la guerre difficile. Richard se décida à
faire alliance avec les comtes de Sangro et les emmena avec lui
combattre en Campanie, il soumit cette région en trois mois. L'alliance de Richard et des comtes de Sangro ne dura guère, aussitôt après cette campagne ceux-ci passèrent au service d'Honorius II.

Si nous suivons les données chronologiques d'Aimé, ce fut
vers cette époque que Richard donna en mariage sa fille à un de
ses chevaliers, Guillaume de Montreuil qui reçut le duché de
Gaete, le comte des Marses, celui d'Aquino et la Campanie [1] Il
est certain qu'à ce moment la plupart de ces territoires n'appartenaient pas au prince de Capoue. Au mois de février 1062, nous trouvons un Bérard comte des Marses [2], et Gaete ne sera à Richard
qu'en juin 1063 [3]. Il faut sans doute admettre que Richard a donné
à Guillaume de Montreuil des terres à conquérir, depuis son investiture par le pape, Richard devait se regarder comme seigneur de
toutes les terres ayant autrefois fait partie de la principauté de
Capoue. Son but était dès lors de se soumettre tous les petits
comtes lombards de la région, pour lesquels il avait un grand
mépris et de leur substituer des Normands. C'est la raison
qu'Aimé donne du choix qu'il fit de Guillaume de Montreuil
pour gendre « Et plus se delictoit de faire parenteze avec
home que avec la vane arrogance de ceuz qui habitoient en la
contrée [4] »

La conquête de la Campanie est la première mesure prise par
Richard pour faire disparaître les petits dynastes locaux, elle fut
suivie de peu par la prise de Capoue. On sait que, depuis 1058,

1 Aimé IV, 27. Cf. Orderic Vital, t II, p. 23
2 Gattola, *Hist. Cas*, t I, pp. 241-242
3 Gattola, *Acc*, t I, p. 165
4 Aimé IV, 27

Capoue reconnaissait Richard mais que celui-ci n'avait pas la
garde de la ville dont les portes et les tours étaient au pouvoir des habitants. Richard, dans les premiers mois de 1062,
demanda aux gens de la ville de lui livrer les fortifications de la
place. Sur leur refus il vint mettre le siège devant Capoue et
relevant les châteaux qui avaient servi lors du siège précédent, il
établit le blocus[1]. Suivant Aimé, les habitants auraient envoyé
leur archevêque demander des secours à la cour de Germanie, mais
celui-ci aurait échoué dans sa mission faute d'argent[2]. Il ne me
semble pas que l'on puisse accepter ce renseignement d'Aimé,
car le siège de la ville n'a pas dû commencer avant le mois de
mars 1062[3], et comme la ville fut prise le 21 mai, il reste bien
peu de temps pour le voyage de l'archevêque. Il me paraît plus
probable que l'archevêque fut envoyé pour demander des secours
au duc de Lorraine, qui se trouvait précisément dans les environs
de Rome, vers la fin d'avril. Quoi qu'il en soit, la famine obligea
les gens de Capoue à livrer leur ville, le 21 mai 1062. Richard
se borna à occuper les défenses de la place et ne punit personne.
Ce premier succès fut suivi peu après de la prise de Teano,
celle-ci fut facilitée par un incendie qui détruisit une partie des
fortifications de la ville[4].

Les progrès de Richard effrayèrent les comtes lombards des
différents petits États voisins de Capoue. Le plus puissant
d'entre eux, Adenolf, duc de Gaete, étant mort le 2 février[5],
sa veuve, Marie, qui exerçait la régence au nom de son fils
Adenolf, forma, contre le prince de Capoue, une ligue dans
laquelle entrèrent les comtes de Traetto[6], le comte de Maranola[7] et les comtes de Sujo[8]. Les alliés s'engagèrent à ne conclure

1 Ann. Casin., ad an. 1062.
2 Ibid. Cf. Annal. Altah. maj., dans M G H SS, t. XX, p. 810, où il est
aussi parlé de l'influence de l'argent sur les décisions de la cour allemande.
3 Richard est allé attaquer, après octobre 1061, les comtes de Sangro et
a fait ensuite une campagne de trois mois en Campanie.
4 Aimé, IV, 30; Annal. Casin., et Ann. Benev., ad an. 1062.
5 Cf. Cod. Caiet., t. II, p. 42, note 1.
6 Traetto, circond. de Gaete, prov. de Caserte.
7 Maranola, circond. de Gaete, prov. de Caserte.
8 Sujo, circond. de Gaete, prov. de Caserte.

aucun traité avec les Normands et a faire respecter l'intégrité du territoire de Gaete. La durée de l'accord qui fut signé a Traetto le 1er juin [1], fut fixé a un an. Il semble bien que cette ligue ait réussi a arrêter le prince de Capoue car nous ne connaissons pas de conquêtes de Richard pendant la période, qui s'étend de juin 1062 à juin 1063. Richard négocia pour empêcher le renouvellement du pacte conclu ; il y réussit sans doute et en profita pour s'emparer de Gaete. C'est ainsi du moins qu'il me paraît falloir interpréter les données que nous fournissent les actes, car les chroniques sont muettes sur ces évenements. Nous voyons en effet, qu'au mois de mars de l'année 1063 Adénolf est toujours à Gaete [2] et que le 28 juin de la même année la ville appartient a Richard [3]. Il me semble donc que l'on doit vraisemblablement placer après le 1er juin, date d'écheance de la ligue, la prise de Gaete par Richard. Durant toutes ces négociations, le prince de Capoue s'appliqua a rester en bons termes avec le Mont-Cassin, auquel il fit le 23 mai 1063, une importante donation [4].

Durant l'année 1063, Richard prit, sinon en y intervenant lui-même, du moins en y envoyant des troupes, une part importante aux affaires de Rome. A la suite d'une enquête faite au nom d'Henri IV par l'évêque d'Halberstadt, Burckhardt, Alexandre avait été reconnu comme pape légitime et ramené a Rome par Geoffroi de Lorraine [5] auquel les Normands donnèrent leur appui. En avril 1063 Alexandre II tint un synode au Latran [6], mais il n'arriva pas a occuper la cité léonine [7]. Cependant Cadalus, ayant réussi a se procurer de l'argent, revint à Rome, en mai 1063 [8], et parvint a s'établir au château Saint-Ange. Les rues de Rome furent ensanglantées par les luttes entre partisans

1 *Cod. Caiet.*, t. II, pp. 41-43
2 *Ibid.*, t. II, p. 48
3 Gattola, *Access.*, t. I, p. 166
4 Aimé, IV, 31 et suiv. Gattola *Access.*, t. I, p. 163
5 Cf. Meyer von Knonau, *op. cit.*, t. I, p. 306 et suiv.
6 Jaffé-L. 4499
7 Benzo, *op. cit.*, dans Watterich, *op. cit.*, t. I, pp. 276-278
8 Cf. Meyer von Knonau, *op. cit.*, t. I, p. 312 et suiv.

des deux papes Les Normands subirent un grave echec sur le
Cœlius, ils reussirent neanmoins a repousser une attaque contre le Latran et furent vainqueurs, bien qu'ils eussent eprouvé
de graves pertes dans une embuscade, qui leur avait été tendue
aux Thermes de Constantin [1] De nouveaux contingents normands furent envoyés et la lutte se prolongea, à Rome, sans
qu'aucun des deux partis reussît a avoir le dessus Les Normands s'emparerent de Saint-Paul et assiegerent la porte Appia

Pendant ce temps, Honorius II bloque dans le château Saint-
Ange, envoyait Benzo auprès d'Henri IV [2] Celui-ci decida la réunion d'un concile a Mantoue, pour le printemps 1064, concile qui
prononcerait sur la légitimité des deux papes Il est curieux de voir
qu'à ce moment les négociations entre Honorius II et Constantin
Doukas durent toujours [3] Peut-être même le parti hostile aux
Normands en Pouille et en Calabre prit-il part a ces intrigues [4]
Au concile de Mantoue, le 31 mai 1064, Alexandre II dut se justifier d'avoir donne de l'argent pour se faire elire pape et d'avoir
conclu avec les Normands une alliance nuisible a l'empire allemand Il repondit sur ces deux accusations et fut reconnu comme
pape legitime [5] il revint alors a Rome tandis qu'Honorius II se
retirait a Parme C'etait en grande partie aux Normands
qu'Alexandre II devait son succes definitif, car c'est grace a
eux qu'il lui fut possible de tenir dans Rome.

L'entente de la papauté avec les Normands ne dura pas et les
progres de ses alliés effrayerent le pape Deja Alexandre II avait
dû se plaindre des attaques de quelques comtes normands contre
des monasteres relevant directement de Rome [6] Les progres de
Richard lui parurent egalement dangereux et nous allons le voir
appuyer les ennemis du prince de Capoue.

---

1 Benzo, op cit , ii 17 et suiv p 279
2 Ibid op cit , ii, 13, p 284
3 Ibid , ii, 3, p 282
4 Ibid , ii, 14, p 285
5 Meyer von Knonau, op cit , t I, p 379
6 Cf Kehr Papsturkunden etc , dans Nachrichten d Gesellschaft der
Wissenschaften zu Gottingen Phil hist Klasse (1900) Heft 3, p 220 Cf
pour la date Ibid (1898), Heft 3, p 285

Toute l'histoire de la principauté de Capoue pendant cette période est très confuse. Aimé est notre seule source, car Léon d'Ostie n'a guère fait que le copier. Une nouvelle ligue se forma dans laquelle entrèrent Adenolf, comte d'Aquino, Landon, comte de Traetto et Marie, duchesse de Gaete. A eux vint se joindre le gendre de Richard, Guillaume de Montreuil qui voulait répudier sa femme pour épouser Marie de Gaete [1]. Cette ligue, que l'on a à tort confondue avec celle dont nous avons parlé plus haut, doit se placer, à mon avis, vers la fin de 1064 [2]. Peut-être fut-elle la conséquence de la mort d'Atenolf de Gaete, qui ne paraît plus dans les actes après le mois d'octobre 1064 [3]. En ce cas, on pourrait conjecturer que sa mère Marie chercha avec l'aide de Guillaume de Montreuil à rentrer en possession de la ville de Gaete. Il est certain que la révolte éclata avant le mois de février 1065, car, à cette date, Richard avait confisqué les biens d'un certain nombre de révoltés.

Deux actes de Richard de Capoue complètent la liste, qui nous est fournie par Aimé [4], des comtes lombards qui entrèrent dans la ligue. Outre Guillaume de Montreuil, le comte d'Aquino et le comte de Traetto, nous connaissons Landolf, l'ancien seigneur de Capoue, Pandolf et Landolf, à qui Richard avait enlevé Teano, Landolf et Jean, comtes de Caiazzo et Pierre, comte du Vulturne. Guillaume de Montreuil répudia sa femme et alla chercher des secours en Pouille. A ce moment, Alexandre II intervint pour lui interdire de se remarier [5]. Quand la révolte éclata, les comtes rebelles étaient à Traetto, où Richard vint les assiéger [6], pressés par la famine, ils se retirèrent tous dans leurs possessions. Guillaume de Montreuil voyant que l'affaire tournait mal, s'enfuit du château de Piedimonte [7], où il s'était réfugié, et gagna Rome, où il entra

1 Aimé, VI, 1
2 Heinemann, op cit, p 241 La présence de Jean de Maranola du côte de Richard, Aimé VII, 1, montre que c'est une nouvelle ligue, car nous savons qu'en 1062 il était contre Richard, Cod Cavet, t II, pp 41-43
3 Cod Cavet, t II, p 64
4 Gattola, Acc, t I, pp 164 et 312
5 Jaffé-L, 4524
6 Aimé, VI, 1
7 Piedimonte d'Alife, chef-l de circond, prov de Caserte

au service d'Alexandre [1] Sa fuite amena la désagrégation de la ligue que Richard sut très habilement preparer Il promit a Marie de Gaete de lui faire epouser son fils Jourdain , a Landon, comte de Traetto, il promit la main de sa fille, Marie et les amena ainsi a se detacher de leurs allies [2] Seuls les comtes d'Aquino continuèrent a lutter , ils s'emparerent même de Piedimonte, qui etait à leur ancien allié Guillaume de Montreuil Ce dernier ne tarda pas a rentrer en grâce auprès de son beau-père mecontent, d'Alexandre II, il se réconcilia avec Richard et vint l'aider à combattre les comtes d'Aquino qui étaient assiéges dans leur capitale. Le pays avait ete ravage par Richard, mais les deux comtes Pandolf et Adénolf résistaient toujours Guillaume de Montreuil sut les amener a un accommodement où il trouva son compte puisqu'il y gagna la moitié du comté d'Aquino [3] Richard confisqua les biens de tous les autres conjures [4] Durant toute cette période, Richard s'appuya sur le Mont-Cassin, auquel il fit plusieurs donations durant les annees 1065 et 1066 [5]

La victoire de Richard fut suivie d'une grande extension de sa puissance territoriale Tandis que son gendre s'étendait du côte de Rieti et d'Amiterno [6], Richard, a la suite des divisions qui s'etaient élevees entre Oderisio et Berard fils de Borrel, intervint dans le pays des Marses et y établit Guillaume de Pontchanfié, auquel il fit épouser une cousine des comtes des Marses [7].

Ces diverses expeditions assurerent définitivement a Richard la suprematie sur ses voisins Les succès qu'il venait de remporter le griserent et il songea a un moment a se faire élire empereur par les Romains Nous sommes mal renseignes sur ces événements, nous savons neanmoins qu'en 1066, Richard, apres avoir pris

1 Aimé, VI, 4 Orderic Vital, t II, pp 56 et 87
2 Aime, VI, 4
3 Ibid VI, 2-6
4 Gattola, Access , t I, pp 164 et 312
5 Gattola, Hist , t I, pp 253, 312
6 Aime, VI 7 — Rieti, ch l de circond prov de Perugia
7 Aime, VI, 8, a fait erreur sur ce personnage Delarc s'est trompé egalement, op cit , p 525 Cf Heinemann, op cit , p 387, qui a su retablir son identite

Cepiano [1], ravagea le pays jusqu'à Rome A ce moment, le pape est si mal avec lui qu'il a demandé a Henri IV d'intervenir [2]. Les menaces du pape n'arrêterent pas Richard, qui intrigua pour se faire nommer patrice

A la suite des conquêtes du prince de Capoue, Henri IV décida de venir en Italie, mais pour des motifs incertains il ne mit pas son projet a exécution [3] Alexandre II finit par trouver un protecteur dans Geoffroi de Lorraine, qui marcha contre Richard. Celui-ci se retira derrière le Garighano, il ne paraît pas avoir été très rassuré sur l'issue de la campagne, car Aimé nous dit qu'il songeait a se réfugier en Pouille Son fils, Jourdain, et Guillaume de Montreuil réussirent a arrêter Geoffroi devant Aquino et les deux partis en vinrent a un accommodement dont nous ignorons les clauses [4] Dans tous les cas l'accord régnait entre Alexandre II et Richard, dans l'été 1067 Nous voyons en effet le pape s'arrêter a Capoue au retour du voyage qu'il fit alors dans l'Italie méridionale [5]. Richard n'était pas le seul Normand dont le pape eût a se plaindre, car dans le synode tenu a Melfi le 1er août, Alexandre II excommunia le frere de Guiscard, Guillaume du Principat qui avait enlevé certains biens a l'église de Salerne [6] Guillaume fit sa soumission pendant le séjour que le pape, revenant a Rome, fit a Salerne Dans cette ville, Alexandre II vit se réunir autour de lui tous les princes de l'Italie du Sud, Guiscard Gisolf, Roger, mais nous ne savons rien des négociations politiques qui eurent lieu alors

Pendant son voyage, Alexandre II poursuivit avec énergie,

1 Leo Ost III, 23 Richard veut se faire donner les insignes du patriciat réservés a l'empereur Lup Protospat, ad an 1066 — Cepiano, second de Frosinone, prov de Rome

2 Aimé, VI, 9 Annal Altah ad an 1067, dans M G H SS, t XX, p 818

3 Meyer von Knonau, op cit, t I pp 546-550 Il semble qu'il faille attribuer a l'inaction de Geoffroi de Lorraine, l'échec de l'expédition projetée par Henri IV Sur le rôle de Geoffroi, cf Dupreel, Histoire critique de Godefroi le Barbu (Uccle 1904), p 115, qui cherche a concilier les diverses opinions qu'a suscitées la conduite de Geoffroi

4 Bonizo, op cit, p 599 Leo Ost, III, 22 Aimé, VI, 10 Annal Altah, loc cit Ann Aug, dans M G H SS, t III, p 128

5 Jaffe-L, 4636

6. Ibid, et Migne, P L, t 146, col. 1335

l'œuvre de réforme entreprise par la papauté [1] Malheureusement
certains documents accordant a l'archevêque de Trani (1063)
et a l'archevêque d'Acerenza (1068) les droits de metropolitain
sont très douteux et ne permettent pas de fixer avec exactitude
les progres du rite latin sur le rite grec [2] Toutefois comme on l'a
remarque justement [3], la bulle en faveur de l'église d'Acerenza
indique les limites dans lesquelles l'evêque de cette ville pretend
exercer son autorite Nous voyons ainsi que la conquête normande
a permis à l'Église latine de prendre l'offensive contre l'Eglise
grecque dans toute la region qui s'etend de Melfi a la Calabre

Richard fut occupe pendant les années suivantes par une nouvelle révolte de son gendre Il semble que ce dernier ait été
appuyé par Alexandre II, car nous voyons le pape lui accorder
l'investiture des biens qu'il tenait de son beau-père [4] La papaute
inaugure a ce moment une nouvelle politique, voyant qu'elle n'a
pu se rendre maitresse des Normands, elle va chercher à les
opposer les uns aux autres Les environs d'Aquino furent le
theatre des hostilites La situation de Richard s'aggrava au point
qu'il dut demander assistance a Guiscard [5], celui-ci lui envoyait
des troupes, quand la mort de Guillaume de Montreuil vint
rendre ce secours inutile Apres la revolte de son gendre,
Richard dut reprimer celle de son fils Jourdain, auquel il avait
donne Aquino, a la mort de Guillaume. Richard ayant repris
cette ville voulut la donner au Mont-Cassin, ceci ne faisait
point l'affaire des habitants qui s'insurgerent et retablirent les
anciens comtes Peu apres, la ville fut reprise par Jourdain [6]

Nous ne savons pas comment se termina la guerre entre le
pere et le fils Durant toute cette periode, Richard continua a
s'appuyer sur le Mont-Cassin pour venir a bout des differentes
rebellions et l'abbe Didier profitant de la situation se fit

1 Jaffe-L , 4617, 4640
2 Pflugk-Harttung, *Acta inedita*, t. II, p 97 Jaffe-L , 4514, 4515, 4697
Prologo *op cit* , p 55 *Cod dipl Bar* , t I p 42
3 Gay, *L'Italie meridionale et l'empire byzantin*, p 550
4 Migne, P. L , t 146, col 1336
5 Aime, VI, 11-12
6 *Ibid* , VI, 24 et suiv

cedei leurs biens par un certain nombie des comtes lombards menacés pai le prince de Capoue [1]

Le 1er octobre 1071, la paix regnait, car a cette date nous voyons la plupart des princes de l'Italie du sud reunis au Mont-Cassin, autour d'Alexandre II, qui célebrait la dedicace de la nouvelle eglise de l'abbaye [2]. Aux côtes du pape, sont mentionnés les aichevêques de Naples, de Capoue, de Salerne, de Sorrente et aussi de ceux de Siponto, de Trani, de Taiente les evêques de Giovenazzo, de Bisceglie, de Cannes, de Minervino, de Ruvo, d'Otrante Il semble bien qu'il faille regardei comme autant de succes pour l'eglise latine la presence de prelats dévoués à la papauté sur les sieges de Trani, de Siponto, de Tarente, d'Otrante, et sui la plupart des sieges apuliens Ces piogres continus de l'eglise latine sont dus aux victoires des Normands et récompensent la papauté de l'appui qu'elle a piête aux conquerants

C'est vers l'automne de cette année que Guiscard voyant le siege de Palerme trainer en longueur demanda des ienforts en Italie Richard décida d'abord d'envoyer son fils avec cent cinquante chevaliers Mais Jourdain n'avait pas encore gagné Reggio qu'il fut rappele par son pere qui venait de s'entendre avec les vassaux rebelles de Guiscard [3]

Ami, seigneur de Giovenazzo, Pierron II, de Trani, Abelard fils d'Onfroi, Robert Areng et Heimann, frere d'Abélard, profitèient de l'éloignement de Guiscard pour se révolter a nouveau [4] Ils s'entendirent tres probablement avec les Grecs [5] et sùrement avec Richard de Capoue et Gisolf de Salerne [6] Ce deinier ravagea le littoral depuis Salerne jusqu'a Reggio, essayant

1 Gattola, Acc, t I, p 179 (1067) Didiei avait deja inaugure cette politique Ibid, t I pp 167 et 169 et Hist, t I, p 228 Richard fit également diveises donations à l'abbaye Gattola, Hist, t I, pp 158, 312, et Access t I pp 166, 172

2 Leo Ost, III, 29, et Nairatio de consecratione et dedicatione ecclesiæ Cassinensis, Migne, P L, t 173, col 997 Muratori R I SS, t V, p 76 Cf Gay, op cit, pp 550-552

3 Aime, VII, 1 et suiv

4 Ibid, VII, 2

5 Chart Cupers t I, p 97, Geoffroi de Conversano date ses actes des annees de iegne d'Alexis, Beltrani, Documenti longobardi e greci per la stoi ia dell Italia meridionale nel medio evo, p 38

6 Malaterra, III, 2

de s'emparer des places qui appartenaient à son beau-frère Pendant ce temps, Robert Areng et Abelard attaquaient les possessions du duc en Calabre, tandis qu'Ami et Hermann ravageaient ses possessions de Pouille et que Richard s'emparait de Cannes [1] Guiscard ne paraît pas avoir pu quitter la Sicile avant l'automne 1072 [2]

Robert, par Rossano [3], gagna Melfi où il convoqua ses vassaux Les rebelles n'y parurent pas, et Pierron II notamment s'abstint d'y venir Suivant Guillaume de Pouille, le motif qui aurait jeté ce dernier dans la révolte était la prétention émise par Guiscard de se faire livrer l'arente, que le comte de Trani tenait comme tuteur de son neveu Richard, fils de Geoffroi. Pierron s'enferma à Andria, et envoya une garnison à Trani Guiscard vint mettre le siège devant cette ville, en janvier 1073, et s'en empara le 2 février Il alla ensuite assiéger Corato [4] Tandis que Guiscard était devant cette place, Pierron et Hermann étaient revenus à Trani, espérant reprendre la ville en l'absence du duc, mais ils furent surpris et faits prisonniers par Gui, beau-frère de Guiscard et enfermés, l'un à Trani, l'autre à Rapolla [5] Corato se donna peu après à Guiscard et son exemple fut suivi par Giovenazzo et Bisceglie [6] Ces premiers succès eurent pour conséquence d'amener le prince de Salerne à traiter avec Robert, et Richard de Capoue à abandonner Cannes en y laissant garnison Guiscard, par la prise d'Andria [7] et celle de Cisternino [8], termina la révolte de la Pouille, et, se tournant alors contre Richard de Capoue, vint mettre le siège devant Lacedonia [9], qui était défendue par Jourdain Un neveu du prince de Capoue, qui était

1 Anne, VII. 2, 17 et VIII 7, appelle aussi Areng, Roger et Guillaume
2 Guiscard vient directement à Melfi, de là il va à Trani, en janvier 1073 *Anon Bar*, ad an *Chr breve norm*, ad an
3 Malaterra, III 4
4 Corato, circond de Barletta, prov de Bari
5 Rapolla, circond de Melfi, prov de Potenza
6 G Ap, III, 348 et suiv, Anon Bar, ad an Lup, Protospat ad an 1073 Aimé, VII, 2 et suiv — Bisceglie circond de Barletta, prov de Bari
7 Andria, circond de Barletta, prov de Bari
8 Cisternino, circond et prov de Bari
9 Lacedonia, circond de S Angelo de Lombardi, prov d'Avellino.

seigneur de la ville tomba entre les mains du duc et consentit à le reconnaître comme seigneur et à tenir sa terre de lui. Guiscard alla alors mettre le siège devant Cannes [1], qui se rendit presque de suite. Toute cette campagne de Guiscard avait été conduite très rapidement puisque, commencée en janvier, elle était terminée en avril [2]. Le duc, par suite des fatigues endurées, tomba malade, peu après la prise de Cannes, alors qu'il était à Trani. On le transporta mourant à Bari, au moment même où la mort d'Alexandre II rendait son intervention le plus nécessaire. L'état de Robert empira bientôt à tel point que sa femme Sikelgaite assembla les chevaliers normands et fit reconnaître son fils Roger comme successeur de Guiscard. Cette reconnaissance se fit sans difficulté, seul Abélard refusa de reconnaître son cousin.

1 Canosa di Puglia circond. de Barletta, prov. de Bari.
2 Aimé, VII, 2 et suiv. La nouvelle de sa mort parvint à Rome au moment de la mort d'Alexandre II en avril.

———————

CHAPITRE X

ROBERT GUISCARD ET GRÉGOIRE VII

(1073-1080)

A peine Alexandre II était-il mort (21 avril 1073) que le peuple de Rome, par acclamation, lui choisit Hildebrand pour successeur. L'arrivée au pouvoir de Grégoire VII ne modifia en rien la politique pontificale qu'il dirigeait en fait depuis de longues années. Alexandre II, en cherchant à opposer Guillaume de Montreuil à Richard de Capoue, avait inauguré une politique de bascule que Grégoire VII devait continuer d'autant plus que la papauté était impuissante à arrêter les progrès des Normands dans la région des Abruzzes et à les empêcher d'occuper des territoires qu'elle regardait avec plus ou moins de justice comme lui appartenant. Dès 1061, Geoffroi, frère de Guiscard, avait commencé à attaquer le territoire de Chieti[1], et son fils Robert de Loritello s'était avancé jusqu'à Ortona dans la province de Teramo[2]. La situation politique de la région favorisa la conquête : en théorie ce pays relevait de l'empire, mais il semble qu'à ce moment Geoffroi de Lorraine s'en était emparé[3]. Les progrès des Normands furent rapides, nous savons qu'en 1064 les vassaux du monastère de Saint-Clément de Casauria profitèrent de la fréquence des incursions des Normands pour se révolter contre les moines[4]. Les détails de ces faits nous sont très mal connus, la tradition monastique de la région nous a seulement conservé le souvenir des violences du normand Hugues Maumouzet et des difficultés qu'il eut avec

1 Malaterra, I, 33
2. Aimé, VII, 31
3 Palma, op cit t I p 124
4 Chron Casaur , 4 Muratori, R I SS , t II 2, p 863

Transmond, abbé de Casauria¹ Le neveu de Guiscard, Robert de Loritello prit une part active aux expéditions dirigées par les Normands dans les Abruzzes. Nous verrons que la conquête de ce pays deviendra l'un des principaux griefs de Grégoire VII contre le duc de Pouille Peut-être les Normands furent-ils aidés par l'abbé du Mont-Cassin dont l'abbaye avait de vastes possessions dans cette région, nous voyons, en effet, Didier s'appuyer sur Robert de Loritello et Pierron comte de Lesina, pour rétablir l'ordre au monastère de Santa Maria de Tremiti² Peut-être, Didier préférait-il voir les Normands remplacer les petits seigneurs locaux Dès les premiers jours de son règne, Grégoire VII s'éleva contre ces empiètements.

Au moment où il monta sur le trône pontifical, Grégoire VII devait être assez mal disposé contre les Normands dont l'alliance n'avait pas procuré à la papauté tous les avantages espérés Toutefois, depuis l'expédition de Geoffroi de Lorraine un *modus vivendi* avait fini par s'établir avec Richard de Capoue ; il n'en était pas de même avec Robert Guiscard, qui n'avait à aucun moment aidé la papauté et auquel le pape attribuait une part de responsabilité dans les attaques continuelles de Robert de Loritello contre des terres regardées comme dépendant de Rome Or, précisément au moment de l'élection de Grégoire VII, le bruit se répandit à Rome, que Guiscard venait de mourir à Bari, et que des dissensions s'étaient produites entre les Normands au sujet du choix de son successeur³ Grégoire VII tint aussitôt à être renseigné sur l'état politique de l'Italie du Sud et, dès le surlendemain de son élection, il écrivit à l'abbé du Mont-Cassin de se rendre auprès de lui⁴ Le même jour, il écrivit à Gisolf, prince de Salerne, de venir à Rome au plus vite⁵ Enfin une troisième lettre, qui ne nous a pas été conservée dans le registre du pape, mais dont Aimé nous a

1 *Chron monasterii S Bartholomei de Carpineto*, Ughelli t X, p 359, et *Chr Casaur*, loc cit
2 Leo Ost, III, 25, dans M G H SS, t VII, p 715
3 Aimé, VII, 7
4. *Monumenta Gregoriana*, dans Jaffé, *Bibl rerum germanic*, t I, R I p 10
5 *Ibid*, R I 2, p 11

transmis la substance, était adressée à Sykelgaite [1]. Le pape déplorant la mort de Guiscard offrait à sa femme d'investir son fils, Roger, de la succession paternelle Ce fut Guiscard lui-même qui répondit au pape en le remerciant des condoleances exprimées à l'occasion de sa mort et en lui promettant de le servir fidèlement [2] On peut admettre qu'Aime, qui nous a donné ces details, nous a transmis assez exactement la teneur de la lettre de Robert, car il est evident que Guiscard dut chercher a se faire octroyer par le nouveau pape l'investiture de ses Etats

Pour arriver a une entente, Grégoire VII se décida à avoir une entrevue avec le duc de Pouille et chargea l'abbé Didier des negociations Guiscard accepta l'entrevue et l'on choisit comme lieu de rencontre San Germano, sur le territoire du Mont-Cassin [3] Il semble pourtant que Robert n'ait eu qu'une médiocre confiance dans les dispositions du pape a son egard, car nous le voyons alors rassembler a Rapolla des troupes nombreuses Que le duc ait fait ces preparatifs pour faire étalage de sa puissance devant le pape, on peut l'admettre, mais les craintes que, lors de l'entrevue, nous lui verrons témoigner pour sa sécurité permettent de supposer que la préoccupation de sa sûrete personnelle entra pour beaucoup dans les mesures qu'il prit

Sur ces entrefaites, les premieres dispositions prises furent modifiées et le pape, ayant choisi Bénévent pour lieu de la rencontre, se rendit dans cette ville le 2 août [4] Guiscard, a la tête de son armée et accompagné de l'abbé du Mont-Cassin, vint camper en dehors de Bénévent Les négociations s'ouvrirent aussitôt entre la cour pontificale, installée à l'abri des murailles, et le duc de Pouille Didier servait d'intermediaire, semble-t-il, entre le pape et le duc Suivant Aimé, dès le début des négociations un desaccord se produisit entre Guiscard et Gregoire VII Le pape ayant invité Robert à venir le voir à l'intérieur de la cité, celui-ci qui craignait, au dire d'Aimé, un guet-apens de la part

---

1 Aimé, VII, 8
2 *Ibid*
3 *Ibid* , VII, 9
4 *Ibid* , Pierre Diacre, *Chr* , III, 36 *Chi S Ben* , M G H SS , t III, p 203

des gens de la ville, demanda a Grégoire de lui accorder un sauf-
conduit Cette marque de défiance aurait suffi a amener la rupture
des négociations et « encontinent, dit le chroniqueur du Mont-
Cassin discorde fu entre eaux et male volenté et grant ire »

Les raisons données par Aimé ont-elles été la seule cause du
différend qui s eleva entre Guiscard et Grégoire VII ? Il est
permis d'en douter On a vu plus haut les progrès des Normands dans la région des Abruzzes, que Grégoire VII regardait
comme lui appartenant Les mesures prises par le pape, précisément dans le courant de cette même année 1073, pour la défense
des territoires envahis par les Normands, l'acharnement avec
lequel il tentera plus tard d'arrêter les progres des nouveaux
occupants, permettent de croire que Grégoire VII voulut exiger
de Guiscard la promesse d'arrêter les empietements de ses compatriotes dans cette region Il dut se heurter a un refus et c'est
la, sans doute, qu'il convient de chercher la véritable cause de la
rupture des negociations

Grégoire VII inaugura donc son pontificat par une rupture
complete avec Guiscard , tous deux avaient une volonte de fer, ni
l'un ni l'autre ne voulut consentir a un accommodement que chacun
regardait comme nuisible a ses intérêts Grégoire VII montra
d ailleurs aussitôt de quelle façon il entendait lutter et sur quels
hommes énergiques il voulait s appuyer Deux ans auparavant, lors
de la dedicace du Mont-Cassin, Hildebrand avait assisté à la con-
damnation d'un moine Transmond qui, etant abbé de Santa
Maria de Tremiti, avait fait arracher la langue et crever les
yeux à quelques moines revoltes [1] Léon d'Ostie, qui nous raconte
ces faits, ajoute que seul Hildebrand avait approuvé Transmond et
avait trouvé qu il avait bien agi en punissant aussi sévèrement les
coupables Or après sa rupture avec Guiscard Grégoire choisit
precisément Transmond comme abbé de Saint-Clément de Casauria et évêque de Valva [2] Il le plaçait ainsi au cœur même du
pays qu'il voulait defendre contre les Normands

Par une conséquence naturelle, sa rupture avec Robert Guis-

---

1 Leo Ost , III 25, dans M G H SS , t VII, p 713
2 R I 86, p 108

card amena le pape à se rapprocher de Richard de Capoue La politique pontificale tendit alors a réunir Richard et Gisolf de Salerne, afin de les opposer à Guiscard.

Grégoire VII resta a Benevent jusqu'après le 12 août, a cette date, il reçut le serment de fidélité de l'ancien prince de Bénévent, Landolf, auquel il confia le gouvernement de la ville en qualité de procureur du Saint-Siege[1] De Benevent le pape dans la seconde quinzaine d'août gagna Capoue où nous le trouvons le 1er septembre[2] il devait prolonger son séjour dans cette ville jusqu'au milieu de novembre[3] L'accord entre le pape et le prince de Capoue dut s'établir rapidement car, le 14 septembre, ce dernier prêta au pape le serment d'hommage et de fidélité[4] Le serment est identique a celui prêté à Alexandre II il n'y a qu'une legere addition a signaler . Richard s'engage à prêter serment de fidélité à Henri IV, quand il en aura été requis par le pape Cette clause montre qu'à ce moment Grégoire VII prévoit encore la possibilité d'un arrangement avec l'Allemagne

Il ressort d'une des lettres du pape que Guiscard avait tenté de décider Richard à se joindre a lui[5] cette union des forces normandes eût été dangereuse pour la papauté ce fut donc un succes pour la diplomatie pontificale que d'avoir attiré a son parti le prince de Capoue. Evidemment Grégoire VII n'obtint pas l'adhesion de Richard sans lui promettre quelques avantages, or, comme par le fait même de son alliance Richard s'interdisait toute acquisition aux dépens de l'état pontifical il est naturel de penser que les possessions de Guiscard durent faire les frais de l'accord

Si l'alliance de Richard était beaucoup pour Grégoire VII, on ne saurait dire que celle du pape fut aussi profitable au prince de Capoue, qui s'interdisait de poursuivre des conquêtes faciles et n'obtenait que la permission de faire des acquisitions territoriales

1   R.I, 18 a, p 32
2   Jaffe-L , 4790
3. Ibid , 4802
4. R I, 21 a, p 36
5   R I, 25, p 42

très problématiques aux dépens d'un ennemi beaucoup plus puissant que lui. Les espérances que le pape dut faire concevoir au prince de Capoue ne pouvaient être réalisées qu'avec l'appui armé du pontife ; or les événements des douze dernières années auraient dû suffire pour apprendre à Richard combien il y avait peu de fonds à faire sur un secours de ce genre, toujours difficile à obtenir et toujours passager. Dans ces circonstances, Richard ne montra pas la finesse politique de Guiscard, il ne vit pas que son intérêt était dans l'alliance avec le duc de Pouille, alliance qui leur eût permis de s'étendre tous deux aux dépens du territoire pontifical.

Dès que Guiscard connut le traité conclu entre Grégoire et le prince de Capoue, il commença aussitôt les hostilités [1] A ce moment le duc de Pouille trouva un appui dans les comtes de Sangro, avec qui il fit un accord à Venafro. La chronique d'Aimé, qui est notre seule source pour cette campagne, est très obscure. Elle indique, comme théâtre des opérations, les confins de « la conte de Tallois » les villes de Plomeresco et Padulle près de Canoville. Si l'on peut retrouver Padulle dans le village actuel de Pantuliano [2], l'identification des autres noms présente de graves difficultés. On a voulu voir dans le comte de Tallois le comté de Tagliacozzo [3], au nord-ouest du lac Fucino, ou encore celui de Teano [4]. Cette dernière opinion me paraît la plus probable, car le texte d'Aimé indique très clairement que ces premières hostilités se passent dans la région de Capoue et sur la rive gauche du Garighano. Pour cela Tagliacozzo ne convient pas du tout. Plomeresco, Pantuliano, et leurs environs furent pillés et brûlés, puis Guiscard franchissant le Garighano, alla soumettre Traetto [5] et Suio [6], dont il

---

1 Aimé, VII, 10 et suiv

2 Cf. Heinemann, op. cit. p. 266, note 1 — Pantuliano, commune de Pastorano, circond. et prov. de Caserte. Cette identification paraît vraisemblable, il y a bien également Padula sur le Calore près de Bénévent (Di Meo, op. cit. t. XII p. 428) mais la guerre paraît avoir lieu dans une autre région.

3 Delarc, éd. d'Aimé p. 278, note 3 — Tagliacozzo, circond. d'Avezzano, prov. d'Aquila.

4 Heinemann, loc. cit.

5 Traetto, circond. de Gaete, prov. de Caserte.

6 Suio, circond. de Gaete, prov. de Caserte.

investit son frère Roger. Traversant ensuite les terres dépendant de l'abbaye du Mont-Cassin a laquelle il envoya une forte somme d'argent, Guiscard parut devant Aquino. La ville était gouvernée par les quatre fils du comte Jean, Adenolf, Pandolf, Landolf et Landon : ceux-ci ne suivirent pas la même politique tandis que le premier et le troisième restaient fidèles au prince de Capoue, les deux autres embrassèrent le parti de Guiscard[1]. C'est la un curieux exemple de l'habileté avec laquelle les seigneurs lombards surent se maintenir au milieu des Normands, en se divisant, et en embrassant chacun un parti différent, les membres d'une même famille, quel que fût le parti triomphant, étaient certains de lui appartenir. Guiscard exigea des deux comtes d'Aquino la remise de la ville de Vicalvi[2], dont il confia la garde a Robert de Grantmesnil, abbé de Sant' Eufemia, puis après avoir reçu le serment des deux comtes, il les envoya occuper Isola del Liri[3]. Ayant établi des garnisons suffisantes dans les diverses places qu'il avait conquises, Guiscard retourna en Calabre. On peut voir par le détail suivant que l'occupation du pays par Robert était sérieuse. Quand, en novembre 1073, Grégoire VII quitta Capoue pour gagner Rome, il suivit d'abord la route qui passait par San Germano[4]. De la au lieu de prendre par le chemin le plus direct, il se dirigea vers Terracine et gagna Rome par la côte, en évitant de traverser la zone occupée par les troupes de Guiscard[5].

Bien que les sources soient muettes à ce sujet, il est certain qu'en automne 1073[6], Guiscard se rendit en Calabre pour combattre son neveu Abélard qui, comme on l'a vu plus haut, s'était révolté. Anne nous dit en effet que Guiscard était occupé a assiéger son neveu a Santa Severina quand les messagers d'Amalfi vinrent lui offrir leur ville, or cet événement, comme on le verra plus loin, doit être placé a la fin de l'année 1073. Ce synchronisme nous permet donc de dater le début des hostilités de

1 Aimé, VII, 11 et suiv. Cf. Gattola, *Acc.*, t. I, p. 188
2 Vicalvi, circond. de Sora, prov. de Caserte
3 Isola del Liri, circond. de Sora, prov. de Caserte
4 Jaffé-L., 4803
5 *Ibid.* 4806
6 Aimé, VII, 11, dit qu'il alla en Pouille

Guiscard contre son neveu. On se rappelle qu'Abélard et Robert Areng avaient pris part a la revolte qui avait éclaté pendant que Guiscard etait en Sicile. La repression, qu'il avait dû exercer en Pouille, empêcha Guiscard de s'occuper de la Calabre, lors de son retour, puis etait venue la maladie du duc, durant laquelle Abélard avait a nouveau intrigue. Le neveu de Guiscard s'était enferme a Santa Severina, tandis que Robert Areng occupait Castrovillari; tous deux se mirent a piller et a ravager les possessions du duc[1]. A l'automne 1073, Guiscard vint s'etablir devant Santa Severina, tandis que son fils Roger allait mettre le siege devant Castrovillari. Ces deux sieges devaient durer plusieurs annees[2]. Ce fut pendant qu'il dirigeait ces operations en Calabre que les Amalfitains vinrent offrir à Robert de lui remettre leur ville.

Les Amalfitains furent amenes à se donner a Guiscard a cause des vexations continuelles qu'ils avaient a subir de la part de Gisolf de Salerne. Delivres de la domination des princes de Salerne par l'assassinat de Guaimar, les Amalfitains avaient été en guerre ouverte avec Gisolf pendant les premiers temps de son regne. Amené par la crainte des Normands à leur offrir la paix, Gisolf n'avait pas tarde a prendre sa revanche et à leur faire payer la part qu'ils avaient prise au meurtre de son pere. Malheur aux Amalfitains qui tombaient entre les mains du prince de Salerne[3]. Aime nous a garde le recit des vexations de tout genre qu'il leur faisait subir, les hostilites n'en restaient pas là et nous savons que la flotte de Salerne cherchait à entraver le commerce d'Amalfi. En 1071, lors de la dédicace de l'église du Mont-Cassin, Alexandre II avait tente de rétablir la paix, mais depuis lors l'inimitie n'avait fait que croître. La mort du duc Serge, en 1073, survint au moment ou les attaques de Gisolf redoublaient[4]. Le prince de Salerne s'empara aussitot de trois châ-

<hr/>

1 Aime, VII, 18

2 Il semble resulter de Malaterra, III,), que Santa Severina fut entouree d'une serie de postes

3 Aime, VIII, 3 et suiv

4 Chr Amalf dans Muratori, Ant Ital, t I, p 211. La date de novembre 1074, ind 12 (1er septembre 1073-1er septembre 1074 donnée par Muratori doit etre preferee à celle de l'edition Pansa, dans Istoria dell'antica republica d'Amalfi, I, 64, car elle s'accorde avec les renseignements fournis par les actes Ughelli op cit, t VII, pp 395, 397. En 1077 et 1079 on compte (juillet , la 4e et la 6e annee de Guiscard

teaux situés sur le bord de la mer et dépendants d'Amalfi Serge
n'avait laissé pour successeur qu'un enfant Jean , aussi les gens
d'Amalfi, pour se défendre contre Gisolf, songèrent-ils alors à se
donner un seigneur ils s'adressèrent d'abord au pape L'alliance
que celui-ci avait conclue avec Gisolf lui interdit d'accepter les
propositions qui lui étaient faites Les Amalfitains se tournèrent
vers Guiscard qui, à ce moment, guerroyait contre son neveu
et lui donnèrent « puissance de venir en la cité et d'y faire
une roche »[1] Peut-être cette démarche fut-elle préparée par les
partisans que Guiscard avait su se faire dans la ville ? En tout
cas, Robert n'hésita pas à accepter l'offre qui lui était faite, car
outre son importance commerciale la situation d'Amalfi en faisait
une place de guerre excellente, dans le cas d'une lutte avec la
principauté de Salerne Ne pouvant abandonner le siège de Santa
Severina, Guiscard expédia aux gens d'Amalfi des troupes et
des vaisseaux Une partie de ces renforts tomba aux mains de
Gisolf, mais les soldats de Guiscard réussirent néanmoins à
occuper la ville Peut-être au dernier moment une partie des habitants tentèrent-ils de résister, car il paraît qu'Amalfi fut traitée
comme une ville prise d'assaut[2] Dans tous les cas, dès le mois
de novembre, Amalfi reconnaissait Guiscard, qui notifiait à Gisolf
sa prise de possession L'héritier du duché avait été expulsé[3]

L'année 1073 se termina donc par un succès remporté par
Guiscard au détriment de Gisolf l'allié de Grégoire VII La prise
d'Amalfi ne fit qu'accroître la colère de ce dernier contre les Normands, et, en 1074, nous allons voir le pape redoubler d'efforts
pour écraser les envahisseurs La conduite de Grégoire VII était
d'ailleurs dictée par d'autres motifs que le désir de rétablir l'ordre
dans l'Italie du Sud Vers le mois de juin de l'année 1073, le

1 Anne, VIII 7
2 Cf sur une restitution d'objets alors volés à l'église, Camera, *op cit* ,
t I, p 267
3 Cf G Ap III, 412 Malaterra, III 3 parle de négociations ulté-
rieures Delarc éd Anne, p 420, note me paraît être dans l'erreur en
rapportant à une date postérieure à 1073, les négociations, entre les Amalfitains et le pape qu'Anne rapporte comme ayant été antérieures aux premiers rapports d'Amalfi et de Guiscard Rien n'autorise à ne pas le suivre

pape avait reçu deux moines Thomas et Nicolas, qui lui apportaient une lettre de l'empereur de Constantinople, Michel VII, et étaient chargés en même temps de lui faire de la part du basileus une communication verbale de la plus haute importance[1] Le pape ne jugea pas les deux messagers suffisamment dignes de créance et pour avoir des renseignements certains se décida à envoyer, à Byzance, Dominique, patriarche de Venise Nous ne savons rien de plus sur ces premières négociations, mais il est permis de croire qu'elles amenèrent le pape à cette idée de croisade qui va inspirer sa politique au début de l'année 1074 Seulement des l'instant que l'horizon politique de la papauté s'agrandissait, dès l'instant que le pape songeait à intervenir d'une façon effective dans les affaires d'Orient, les Normands d'Italie rebelles à son autorité devenaient pour Grégoire VII un obstacle à l'accomplissement de ses projets Comment le pape pouvait-il espérer agir au loin alors qu'il avait à redouter pour lui et ses Etats un danger de tous les instants Le résultat le plus évident de la politique pontificale durant l'année 1073, avait été d'amener un certain ralentissement dans les conquêtes de Guiscard en lui opposant Richard de Capoue et Gisolf, mais, malgré cette alliance, le danger restait le même et le pape ne pouvait songer à intervenir en Orient qu'autant que les Normands auraient été entièrement réduits à l'impuissance ou se seraient de bonne grâce soumis à l'autorité du Saint-Siège Mais pour obtenir cette soumission il fallait que Grégoire VII eût des troupes suffisantes pour lui permettre de dicter ses volontés, il passa les premiers mois de l'année 1074 à essayer d'en recruter

Des le 3 janvier[2], le pape veut communiquer à la comtesse Mathilde ses projets et la prie de venir à Rome Très probablement vers la même époque, il écrit aussi à Geoffroi de Lorraine, qui lui promet de lui amener des secours[3] Enfin ses projets apparaissent clairement dans la lettre qu'il adresse le 2 février à Guillaume, comte de Bourgogne[4] Il lui demande de préparer une armée

---

1 Reg, I, 18, p 31 La réponse de Grégoire VII est du 9 juillet

2 Reg, I, 10, pp 58-59.

3 Reg, I, 72, p 91 ou il lui demande ou sont les secours promis (7 août 1074)

4 Reg, I, 46, pp 64-65

pour défendre la liberté de l'Eglise romaine et le prie de communiquer ses intentions a Raimond de Saint Gilles et a Amédee, comte de Savoie, ainsi qu'à tous ceux qu'il saura être fideles a l'Eglise, il ajoute que Beatrice, Mathilde et Geoffroi de Lorraine s'occupent activement de ce projet Il termine sa lettre en expliquant qu'il ne rassemble pas cette multitude de soldats pour répandre le sang chrétien, mais afin que ses ennemis effrayes par la vue de ses forces redoutent d'en venir aux mains et se soumettent a la justice Il ajoute « Nous esperons même que de la naîtra peut-être une autre utilite a savoir que, les Normands étant pacifies nous passions a Constantinople pour aider les chrétiens qui affligés par les trop fréquentes attaques des Sarasins nous supplient instamment de leur porter secours » C'est là surtout le but auquel il tend, car contre les Normands, il a des troupes suffisantes

Il ne me paraît pas qu'il y ait lieu de douter que le pape ait été amene à cette idee de croisade par ses negociations avec Constantinople On ne saurait dire que cette idée n'a été que le reve d'un instant Tout nous montre au contraire qu'il s'est agi la de quelque chose de tres sérieux Le 1ᵉʳ mars, dans une lettre adressée a tous les fidèles, Grégoire VII invite le monde chrétien a le seconder dans son entreprise et a porter secours a Constantinople, assaillie par les barbares qui viennent dans leurs incursions ravager jusqu'aux environs immédiats de Byzance [1] Les barbares, dont parle Gregoire VII, sont les Petchenegues, dont les attaques contre l'empire sont alors constantes Si l'on rapproche les lettres de Grégoire VII relatives a la croisade, d'un renseignement que nous fournit Attaliates, on voit que les projets du pape furent pris tres au sérieux a Constantinople En 1074, dit Attaliatès, on songea a diminuer les subsides que l'empire payait aux barbares, ce qui faillit amener un soulèvement general [2] On ne saurait guere expliquer autrement que par l'espoir d'une intervention du pape cette mesure que l'etat de l'empire grec, en 1074, autorisait difficilement Un autre temoignage nous montre combien cette idée de croisade fut alors repandue L'archevêque de Salerne, dans une piece de vers adressée au frere de Gisolf, Gui, lui dit

1 Reg I, 49, p 69
2 Attaliates, pp 204-205, Cf Chalandon, *op cit*, p 4

Quam cuperem posses poteris puto Caesar ut orbem
Constantinopolis subdere regna tibi

Iamque vale sed ab his rebus desistere noli,
Evigilet studium graeca trophea tuum [1]

Mais, avant toute chose, Grégoire VII devait en finir avec les
Normands qui étaient le principal obstacle à la réalisation de
son projet Au mois de mars de l'année 1074 le pape tint à
Rome un synode, auquel assistèrent Gisolf prince de Salerne,
Azzon, marquis d'Este et la comtesse Mathilde [2] On décida de
faire une grande expédition contre les comtes de Bagnorea et
contre les Normands Le mois de juin fut fixe comme date du
rassemblement de l'armée et Grégoire VII prononça l'excommunication contre Guiscard et ses partisans [3]

Le 12 juin. le pape était à Montecimino, près de Viterbe, c'est
là que s'opérait la concentration [4] Un événement imprévu vint
détruire tous les plans de Grégoire VII Mathilde avait parmi ses
troupes des contingents de Pise, or Gisolf de Salerne était très
mal avec les Pisans qu'il ne cessait de molester Tout récemment
la flotte de Salerne s'était livrée contre les vaisseaux de Pise à
de véritables actes de piraterie Aussi quand les Pisans virent
arriver Gisolf, ils suscitèrent un grand tumulte Grégoire VII fut
obligé d'envoyer, de nuit, Gisolf jusqu'à Rome Il est probable
qu'à la suite de ces événements la division se mit entre les chefs,
si bien que l'armée rassemblée se disloqua sans avoir rien fait

Le pape avait beaucoup compté sur les troupes promises et
avant de gagner Montecimino il avait fait dire à Guiscard de se
rendre à Bénévent pour entendre « ce que vouloit ordener lo
pape » [5] Il est évident qu'au début de juin, Grégoire VII croyait
pouvoir parler en maître à Guiscard Ce dernier se rendait également très bien compte de la situation et « respondi humile-

1 *Arch st napol*, t XII, p 776
2 Meyer von Knonau, *op cit*, t II, p 348
3. Reg , I, p 108
4 R I, p 84 p 105 Aimé, VII, 12, 13 et 14 Bonizo, *Liber ad amicum*, VII, dans *Libelli de lite*, etc , t I, p 604
5 Aimé, VII, 14

ment Que il n'avoit en lui nulle conscience que onques eust
este coulpable ne contre lo prince de li apostole, ne contre lo
commandement de lo seignor mien pape, ne non targerai de
venir la ou il me commande, ne mais que je sache lo jor et lo
terme que je doie venir a lui, a ce que la moie innocence soit
manifeste a touz par lo commandement apostolica et par la soe
sentence » Guiscard ne se faisant aucune illusion sur les dispositions du pape se rendit a Bénévent accompagné de « fortissi-
mes chevaliers » Il attendit le pape trois jours, puis se retira
Les evenements de Montecimino empêcherent Gregoire VII de
venir, et la maladie dont le pape souffrit durant l'eté 1074,
acheva de donner beau jeu a ses adversaires

Durant l'ete, Cencio, chef de l'aristocratie romaine et du parti
hostile a Gregoire VII, fit offrir a Guiscard de le faire empereur
s'il l'aidait a chasser le pape Ce fut Hugues Leblant cardinal
prêtre du titre de Saint-Clément, qui fut chargé des négociations
Guiscard ne se laissa pas ebloui par les propositions qui lui
furent faites, il savait trop le peu de fonds qu'il y avait a faire
sur de l'aristocratie romaine qui avait montre par de nombreux
exemples qu'elle etait incapable de soutenir ses creatures
Guiscard refusa donc de se mêler lui-même de l'affaire, mais
offrit son aide en argent et en chevaux C'est du moins ce que
je conclus du passage de Bonizo où sont rapportées ces négociations[1] On ne saurait en effet accepter comme mobile du refus
de Guiscard celui qui est allégué par le chroniqueur, a savoir
son respect pour la personne du pape

Durant l'ete 1074 Robert reprit les hostilites contre
Capoue[2] Il fit alliance avec Serge, duc de Naples dont la
ville devint le centre de ravitaillement des troupes de Guiscard,
qui pillaient et ravageaient la région d'Aversa Cependant
le duc se rendait compte du danger que lui faisait courir l'hostilité de Grégoire VII, car ce n'etait que par une chance heureuse qu'il avait echappe a la coalition du mois de juin , il se
decida donc a entamer des negociations avec le pape Il faut je
crois rattacher a ces tentatives celles qui furent faites alors par

1 Bonizo, loc cit
2 Aimé, VII, 15.

l'abbé du Mont-Cassin pour rétablir la paix entre le duc de Pouille et le prince de Capoue[1] L'intérêt du monastère était de faire cesser les guerres continuelles qui désolaient ses environs. Didier réussit à amener Guiscard et Richard à avoir une entrevue près d'Aversa Au début l'accord parut devoir se faire facilement, Richard installa Guiscard et sa famille à Aceira et pour témoigner de sa bonne foi lui confia la garde du donjon Le prince de Capoue et Robert se donnèrent réciproquement comme fidejusseurs de très riches personnages Guiscard reçut à son tour Richard, à Apice, et lui confia le donjon de la place Les deux princes passèrent trente jours ensemble, Didier qui assistait aux entrevues réussit à leur faire conclure un accord sur les bases suivantes tous deux devaient se rendre les places qu'ils s'étaient prises l'un à l'autre, il ne restait plus qu'à écrire les conventions, à ce moment tout fut rompu brusquement Aimé donne comme raison de la rupture le motif suivant. Richard n'aurait voulu contracter amitié avec Guiscard que « salve la fidelité de lo pape » Guiscard refusa cette condition Il me paraît probable que l'acceptation de Robert était subordonnée aux négociations ouvertes en même temps avec Rome Les atermoiements apportés par Grégoire VII durent amener la rupture, car le duc de Pouille dut peu se soucier d'un arrangement, qui l'obligeait à rendre les conquêtes faites aux dépens de Richard et laissait ce dernier allié du pape, son ennemi

C'est probablement vers cette époque qu'il convient de placer également les tentatives faites par Guiscard pour se réconcilier avec le prince de Salerne, tentatives qui échouèrent devant les prétentions de ce dernier[2] A la suite de ces événements Guiscard gagna la Calabre où une partie de ses troupes était toujours occupée au siège de Santa Severina

L'échec subi par sa politique et par ses tentatives de croisade causa à Grégoire VII une profonde déception La rupture des négociations entamées par Didier pour amener la paix dans l'Italie du Sud dut achever de le décourager Le 22 janvier 1075, le pape écrivit à Hugues de Cluny une lettre où perce toute

1 Aimé, VII, 16 et suiv
2 Ibid, VIII, 11 et suiv

la tristesse dont son âme est remplie Il se rend compte que tout
ce qu'il a fait jusque-là n'a en rien été utile à la cause de
l'Eglise L'éloignement de l'Eglise d'Orient de la foi catholique
est pour lui un sujet de chagrin (Ceci tendrait à prouver que les
relations entre Byzance et Rome se seraient refroidies à la suite
de l'echec du projet de croisade) Le pape ajoute que les princes
parmi lesquels il vit ne valent pas mieux les uns que les autres et
que les princes romains, normands et lombards lui paraissent
pires que les Juifs Il termine en disant combien lui est odieux le
séjour de Rome [1]

Au milieu de ces tristesses, Grégoire VII ne se décourage pourtant pas, il forme de nouveaux projets qui, s'ils attestent l'énergie indomptable de son esprit temoignent egalement du desarroi
ou l'ont jeté ses insuccès repétés Le 25 janvier 1075, Grégoire VII
ecrit à Suénon II, roi de Danemark, pour lui demander de lui
envoyer des soldats [2] Ici il ne s'agit plus de combattre les infideles, mais les impies et les ennemis de Dieu Les Normands ne
sont pas nommes, mais d'après ce que nous savons par les
lettres precedentes du pape, il ne saurait être question que d'eux
En echange du secours demande, Grégoire VII offre à Suénon de
faire un de ses fils, seigneur de l'Italie meridionale On voit
jusqu'à quelle idée bizarre le souci de trouver « un défenseur
de la foi chretienne », pour employer ses propres expressions, a
entraîné le pape

Guiscard profita de l'impuissance de Grégoire VII pour pousser
plus vivement les operations militaires entreprises Tandis que
les hostilités continuaient dans la région de Pontecorvo ou Roger
de Sicile combattait Richard de Capoue [3], Guiscard dirigeait en
personne la guerre en Calabre [4] ou son neveu Abélard soutenu
par le prince de Capoue résistait toujours Nous sommes très
mal renseignés sur cette periode Il me parait toutefois qu'il faut
admettre que Santa-Severina fut prise à la fin de 1075 ou au début
de 1076 Nous savons en effet, par la *Chronique d'Amalfi*, que

1 Reg II, 49, p 163 et suiv.
2 Reg II, 51, p 167
3 Aimé, VII, 23
4 *Ibid*, VII, 25 Il dit en Pouille, alors qu'Abélard est en Calabre

le siege dura trois annees [1], d'autre part, Aimé nous apprend que
Richard soutenait Abelard (ce qui n'a pu avoir lieu qu'avant
1076, comme nous le verrons plus loin[2]), et que Roger commandait un des corps assaillants, or, nous savons que[3], le 14 mars 1076,
Roger se disposait a partir pour la Sicile la ville devait donc tres
probablement être prise a cette date, ce qui concorde également
avec les renseignements d'Aime, qui raconte la prise de Santa
Severina avec les évenements du debut de 1076 Le temoignage
de Malaterra, il est vrai, s'oppose à ces donnees Suivant cet
auteur, en effet, Santa Severina n'aurait était prise qu'après
Salerne, c'est-à-dire en 1077 [4]. Je crois que Malaterra a fait
erreur ayant a raconter la prise de Sant' Agata et la soumission
d'Abélard, il a eté amene à parler des motifs de la révolte du
neveu de Guiscard et a place la prise de Santa Severina a ce
moment, alors que l'evenement s'etait produit une année auparavant D'apres Aimé les gens de Santa Severina pressés
par la famine demanderent a Abelard de rendre la place à Guiscard Celui-là y aurait consenti et en échange de sa soumission
aurait reçu son pardon Suivant Malaterra, les choses se seraient
passées différemment Guiscard aurait fait prisonnier Hermann, le
frère d'Abelard, et en aurait confié la garde a Roger, qui aurait
enfermé le prisonnier dans son château de Mileto Abelard aurait
alors offert au duc de lui rendre Santa Severina, en echange de la
liberté de son frère Guiscard aurait accepté cette offre et aurait
promis de remettre Hermann a Abelard lorsqu'il se rencontrerait
avec ce dernier au château de Gargano Abélard se fiant a la parole
de Robert aurait livre la place, et serait alors parti avec son oncle,
voyant que celui-ci tardait beaucoup a exécuter sa promesse, il

---

1 Romuald de Salerne, dans M G H SS , t XIX, p 407 *Chr Amalf*,
dans Muratori, *Ant Ital* , t I, p 214 Delarc, ed d'*Aimé*, p 291, n'admet
pas que le siege ait dure trois ans Pourtant on peut concilier le *Chronicon
Amalfitanum* avec Malaterra, III, 5, puisque celui-ci explique que Robert,
apres avoir installé Hugues Falluca, Renaud et Hubert dans des chateaux
autour de Sant Agata, partit pour la Pouille On ne peut faire aucune
objection au recit du *Chronicon Amalfitanum*
2 Aimé, VII, 22 Cf. *infra* p 243
3 Reg , II, 11, p 225
4 Malaterra, III, 5-6

lui aurait rappelé à Rossano, les engagements qu'il avait pris.
Guiscard lui aurait répondu qu'il n'irait pas à Gargano
avant sept ans. Furieux, Abelard se serait retiré à Sant' Agata [1]
et aurait repris les hostilités contre son oncle. Les récits des deux
chroniqueurs ne se contredisent pas entièrement et on peut facilement les concilier. Le silence d'Aimé s'explique très bien par
ce fait qu'il lui arrive souvent de taire les actions qui ne sont pas
tout à l'avantage de Guiscard.

Il faut également placer vers la fin de 1075, les tentatives
d'Henri IV pour s'allier avec Guiscard. Nous savons que ces
négociations furent dirigées par le chancelier, Eberhard et
Grégoire évêque de Verceil [2]. Or, précisément vers la fin de 1075,
ces deux envoyés intervinrent dans les affaires de l'église de
Milan [3]. Cela permet vraisemblablement de placer dans les
premiers mois de 1076, l'ouverture des négociations avec le duc
de Pouille.

Henri IV en avait terminé, au mois de juin 1075, avec les affaires
de Saxe et de Thuringe, qui l'avaient occupé jusqu'à ce moment [4],
et depuis lors il songeait à descendre en Italie pour y prendre la
couronne impériale. Durant l'été, il entretint à ce sujet d'actives
négociations avec le pape [5], mais, à partir du mois de septembre,
ses relations avec Grégoire VII se gâtèrent, une rupture complète devait se produire en janvier 1076 [6]. Henri IV chercha
à s'appuyer sur Guiscard dans la lutte qu'il prévoyait avoir à
soutenir contre le pape, et envoya au duc de Pouille une
ambassade composée du chancelier Eberhard et de Grégoire
évêque de Verceil, pour lui proposer de lui accorder l'investiture de la terre qu'il avait acquise [7]

Le duc de Pouille refusa les propositions qui lui furent faites
en disant qu'il acceptait d'être le vassal de l'empereur pour les

1 Sans doute Sant' Agata di Bianco, circond. de Gerace, prov. de Reggio.

2 Aimé, VII, 27.

3 Bonizo, op. cit. dans Libelli de lite, etc., t. I, p. 605. Gesta archiep. Med.,
dans M. G. H. SS., t. VIII, p. 27.

4 Meyer von Knonau, op. cit. t. II, p. 495 et suiv.

5 Bonizo, loc. cit. p. 605.

6 Reg., III, 5, p. 209. Cf. Martens, Gregor VII, t. I, p. 97 et suiv.

7 Aimé, VII, 27.

terres, qui avaient appartenu à celui-ci, mais non pas pour celles qu'il avait enlevées aux Grecs. Il est clair que Guiscard tenait à demeurer indépendant et à ne dépendre ni du pape, ni de l'empereur. L'ambassade envoyée par Henri IV échoua donc et Robert renvoya les deux ambassadeurs après les avoir comblés de présents.

La tentative d'Henri IV n'eut qu'un résultat, ce fut de rapprocher Richard et Robert, qui, en apprenant la prochaine venue de l'empereur, se réconcilièrent. Aimé nous rapporte que l'idée de cette entente vint en même temps aux deux princes et que leurs messagers se croisèrent. L'abbé Didier assista à la conclusion de l'accord. Richard et Robert se rendirent réciproquement leurs conquêtes et s'engagèrent à se soutenir l'un l'autre contre tous leurs ennemis.[1] Cette réconciliation fut le prélude d'une union générale. Jourdain, révolté contre Richard depuis plusieurs années s'entendit avec lui et lui restitua Nocera. En échange, il obtint le comté des Marses, Amiterno et Valva.[2] Tous les Normands comprirent qu'ils devaient s'unir pour résister à l'empereur dont la venue était annoncée comme imminente.

Nous avons vu que Didier avait pris part aux négociations qui amenèrent la réconciliation de Richard et de Robert. L'abbé du Mont-Cassin dut, dans cette affaire, être l'agent de Grégoire VII, en effet, les relations entre le pape et Henri IV furent rompues dans le courant de janvier 1076[3] et, à la diète de Worms, qui fut tenue le 24 janvier, le pape fut déposé. Après sa rupture avec l'empereur, Grégoire VII se montra beaucoup plus accommodant pour Guiscard, et chercha à gagner l'appui du duc de Pouille. La lettre qu'il écrivit le 14 mars 1076, à l'archevêque d'Acerenza marque une détente considérable[4]. Le pape chargeait l'archevêque d'absoudre le comte Roger et ses chevaliers, qui allaient combattre en Sicile, et faisait les premiers pas pour se réconcilier avec Guiscard. Il disait à l'archevêque que dans le cas où le comte lui parlerait de son frère, il devait répondre que la miséricorde de l'Eglise

---

1 Aimé, VII, 27-29
2 *Id*, VII, 33
3 Meyer von Knonau, *op cit*, t. II, p. 611 et suiv
4 *Reg*, III 11, p. 225

s étend a tous ceux qui regrettent les scandales dont ils ont été
la cause, et qu'il était prêt a lever l'excommunication dont
Robert était frappe, si celui-ci était disposé a obéir en fils a l'Eglise
romaine Peut-être faut-il placer également vers cette date les
tentatives que Grégoire VII fit faire par Didier pour réconcilier
le prince de Salerne et son beau-frère [1] Grégoire VII rêvait
d'unir toutes les forces de l'Italie méridionale pour lutter contre
l'empereur

Guiscard voulut profiter de la situation pour obliger le pape a
lui faire certaines concessions, dont nous ignorons l'objet Grégoire VII donna a cette occasion une nouvelle preuve de son
caractère intraitable et refusa de céder, espérant d'ailleurs que
les événements obligeraient les Normands a entrer dans ses
vues [2] Ses hésitations et ses exigences ne lui réussirent
pas et amenèrent les Normands à se passer de lui Guiscard et
Richard s'engagèrent à s'aider réciproquement pour prendre
Salerne et Naples [3]

Gisolf avait prévu l'attaque et avait ordonné à tous les gens
de sa capitale d'amasser des vivres pour deux années, ceux qui
ne le firent pas furent expulsés [4] En juin, Guiscard et Richard
vinrent planter leurs tentes devant les murs de Salerne [5]
L'armée de Guiscard comprenait des Latins, des Grecs et des
Sarrasins elle était ravitaillée constamment par la flotte [6] Un
blocus rigoureux fut établi et des châteaux furent construits pour
commander toutes les routes, par lesquelles on pouvait avoir accès
à la ville Du côté de la mer, le blocus n'était pas moins étroit
et l'entrée du port était gardée par la flotte de Guiscard Une
fois le siège commencé, Guiscard, a la demande de sa
femme, laissa Didier faire une tentative auprès de Gisolf,
mais l'obstination de celui-ci empêcha tout accord Dès le

1 Aimé VIII 12
2 Reg , III, 15, p 229 Il veut les réconcilier avec l'Eglise, « *non cum
detrimento sed cum augmento romanae ecclesiae* »
3 Aimé VII, 39 Malaterra, III, 2
4 Aimé, VIII, 15
5 *Ibid* , VIII 13; les *Annales Beneventani*, ad an 1075, M G H SS ,
t III p 181, qui sont en retard d'un an, disent en Mai
6 Aimé, VIII, 13-14

début du siege, Gisolf fit prendre chez les habitants le tiers des vivres et les fit porter dans la citadelle, peu apres, il conduisit lui-même ses troupes réquisitionner tout ce qu'il y avait de vivres dans la ville. La famine ne tarda pas a éclater et les habitants en furent réduits a manger du chien, du chat et du cheval. Les vivres atteignirent des prix tres eleves, un œuf valait deux deniers, un poulet vingt taris [1]. Il semble, d'apres Aimé, que Gisolf ait voulu speculer sur la famine, car il vendit quarante-trois besants le muids de farine qu'il avait paye trois besants. La mortalite parmi les pauvres gens fut excessive, rien de plus eloquent que la peinture des souffrances endurees que nous a laissee Aimé « Et aucune foiz pour la grant debilité de la fain, li viell moroient coment bestes sans benediction de prestre, li jovene de subite mort moroient et li petit qui non se pooient baptizer moroient pagan. Et quant venoient les fames a filler non avoient aide de fame ». La terreur qu'inspirait Gisolf empechait toute plainte, car tous ceux qui venaient crier misere devant lui avaient sur son ordre les yeux crevés ou etaient condamnes a la perte d'un membre.

A l'automne 1076, Richard et Robert firent une expedition en Campanie pour faire quelques conquêtes aux depens de l'état pontifical [2]. A ce moment, en effet, la rupture est complete entre Gregoire VII et les Normands. Le pape fut tres mécontent de l'attaque dirigée contre son allié Gisolf et dans une lettre d'octobre 1076, il est aussi monte contre les Normands que contre Henri IV [3]. Si, à ce moment ce dernier fût descendu en Italie, la situation du pape eût ête terrible, mais les victoires du roi des Romains, en Saxe, avaient porte ombrage aux princes allemands et les principaux d'entre eux s'étaient entendus avec Gregoire VII. La diete de Tribur (octobre 1076) obligea Henri a se soumettre [4]. Ce succes, qui devait amener Henri IV a Canossa, fut compense par l'ecroulement du plan de

1 Sur l'equivalence de ces prix avec la monnaie actuelle, cf Guillaume, *L'abbaye de la Cava*, p 39, note 1
2 Aimé, VIII, 18 Cf G. Ap, III, 125 et suiv
3 Reg IV, 7, p 251 *Nos autem sacrilegae invasionis eorum nunquam erimus consentiendo participes*
4 Meyer von Knonau, *op cit*, t II, p 729 et suiv

Grégoire VII dans l'Italie du Sud. Au moment ou le pape allait remporter sur l'empire son plus grand succès, le seul allié qui lui fut resté fidèle dans l'Italie méridionale voyait ses Etats tomber aux mains de Guiscard

Nous ne savons pas combien de temps dura l'expédition de Richard et de Robert en Campanie Il est curieux de voir qu'au moment ou tous deux sont excommuniés, ils entretiennent les meilleures relations avec le Mont-Cassin [1] Après être montés jusqu'à la célèbre abbaye, ils revinrent devant Salerne dont la trahison leur ouvrit les portes, le 13 décembre [2] La garnison de la ville était tellement affaiblie qu'elle ne fit aucune résistance Gisolf réussit à s'enfermer dans la citadelle ou il devait résister encore plusieurs mois

Tandis que Guiscard continuait à assiéger Gisolf dans le donjon de Salerne le prince de Capoue lui rappela sa promesse de l'aider à s'emparer de Naples Guiscard lui accorda l'aide de sa flotte composée de vaisseaux amalfitains et calabrais Au commencement du mois de mai 1077, la flotte normande parut devant Naples, en même temps Richard venait commencer le siège par terre [3]

Cependant, à Salerne, la famine ne tarda pas à affaiblir les défenseurs de la citadelle qui étaient rationnés à trois onces de pain et une once de fromage par jour [4] Le vin manquait presque complètement, seuls le prince et son frère en buvaient La misère devint telle qu'une des sœurs de Sykelgaite fit demander des secours à cette dernière Celle-ci obtint d'envoyer des vivres à son frère Gisolf sollicita alors une entrevue de son beau-frère, qui après être refusé d'abord à tout entretien, finit par en accorder un Il exigea que le prince de Salerne lui remît la citadelle et se

1 Aimé, VIII, 21 et suiv

2 Aimé VIII, 23, G Ap, III 441 Ann Ben, M G H SS, t III p 181, Romuald de Salerne, dans M G H SS t XIX p 407 Chr Amalf, dans Muratori, Ant Ital t I, p 214 Ann Cas, M G H SS, t XIX, p 306, Lupus Protospat ad an 1077 Ann Cav, M G H SS, t III, p 190

3 Aimé, VIII, 24, Ann Cas, ad an 1077, dans M G H SS t XIX, p 307 Ann Cav ad an dans M G H SS, t III, p 190

4 Aimé, VIII, 25 et suiv

rendit a discretion Gisolf fut force de souscrire a toutes les conditions, une fois que Guiscard eût decide le prince de Salerne a traiter, il exigea des deux freres de Gisolf Landolf et Guaimar, la remise de leurs possessions c'est a savoir San Severino [1], Policastro [2] et toute la region du Cilento Sur leur refus, il menaca Gisolf de le mettre aux fers et de l'envoyer en prison a Palerme Cette attitude decida Landolf et Guaimar a se soumettre Aimé raconte une anecdote au sujet de la prise de la citadelle Parmi les objets precieux que Gisolf avait fait enfermer, se trouvait une dent de saint Mathieu, relique precieuse dont Guiscard desirait vivement s'emparer Il la reclama à Gisolf qui, tenant non moins à la dent du saint, fit arracher une dent a un Juif qui venait de mourir et l'envoya a son beau-frere Mais celui-ci ne fut point dupe il s'était fait décrire la relique par le prêtre qui en avait la garde et comme la dent qu'on lui remit ne cadrait pas avec la description, il fit dire a Gisolf qu'on lui arracherait les dents le lendemain s'il ne remettait pas la precieuse relique Gisolf dut s'exécuter

Une fois qu'il eut dépouille son beau-frere de toutes ses possessions, Guiscard lui témoigna une certaine bienveillance Il lui remit une somme d'argent, lui donna des chevaux et des mulets et le laissa libre de s'en aller Gisolf alla d'abord trouver Richard a Capoue, il esperait peut-être l'amener a lutter contre Guiscard, mais Richard ne voulut rien entendre Gisolf et lui se separerent brouillés et l'ex-prince de Salerne se rendit a Rome ou il attendit quelque temps le retour du pape Celui-ci revint au début de septembre et fit a son allie malheureux le meilleur accueil Jusqu'à la fin de son pontificat, il lui offrit asile [3]

---

1 Mercato San Severino, circond et prov de Salerne En novembre 1081, on trouve Roger seigneur de San Severino, *Archives de la Cava*, B 20 01, du même mois est un diplôme de Silvain, fils de Turgisius, également seigneur de San Severino *Ibid* B 19 Comme plus tard ce sont les descendants de Roger qui possèdent San Severino, il faut sans doute admettre que la ville, d'abord donnee a Silvain, passa ensuite a Roger, peut-être après la mort du premier, qui serait mort en novembre 1081

2 Petilia Policastro, circond et prov de Catanzaro

3 Aimé, VIII, 29-30 Cf Jaffé-I , 5017 G Ap III 463

La reddition de la citadelle de Salerne dut avoir lieu pendant l'été 1077, quand elle se fut produite, Richard demanda à Guiscard de nouveaux secours en hommes et en vaisseaux. Le duc vint lui-même prendre part au siège de Naples qui se prolongea sans résultat durant tout l'été et l'automne 1077.

Vers la fin de cette année, Guiscard laissant une partie de ses troupes à Richard, entreprit de nouvelles conquêtes aux dépens de la papauté. Le 18 novembre 1077, mourut Landolf, qui tenait Bénévent pour le pape. Guiscard crut l'occasion propice pour tenter un coup de main sur la ville et vint mettre le siège devant la place (19 décembre), après avoir établi ses troupes et organisé le blocus, le duc s'éloigna et se rendit en Calabre[1] Cette attaque contre Bénévent constituait une véritable déclaration de guerre au pape, celui-ci devait être outré des derniers succès de Guiscard, qui n'avait jamais vu la fortune lui être aussi favorable que depuis le moment où il avait été excommunié. Nous avons la preuve de la colère de Grégoire VII, qui, le 2 mars 1078[2] dans le concile tenu à Rome, prononça l'excommunication contre les Normands « qui attaquent le territoire de Saint-Pierre, c'est à savoir la Marche de Fermo et le duché de Spolète, contre ceux qui assiègent Bénévent et s'efforcent de ravager la Campanie, la Maritime et les Sabines, et contre ceux qui tentent de mettre le désordre dans Rome » Le pape interdisait à tout évêque ou prêtre de permettre aux Normands d'assister à l'office divin. Cette dernière défense devait s'appliquer tout spécialement à Didier abbé du Mont-Cassin, qui, nous l'avons vu, n'avait pas craint d'entretenir les meilleurs rapports avec les Normands, malgré l'excommunication déjà fulminée contre eux.

Par les actes du concile de Rome nous voyons que la conquête de la Campanie sur laquelle nous avons très peu de renseignements, avait continué, même après l'expédition de l'été 1077 et nous avons aussi la preuve que les Normands ont continué à avancer dans la région des Abruzzes et qu'ils ont débordé sur les territoires de

---

1 Amme, VIII, 31, *Ann Benev*, dans M G H SS, t III, p 181, Petr Diac III, 45
2 Reg V, 14, p 307

Fermo et de Spolete Pour toute cette région, nous sommes tres mal documentés et les détails de la conquête nous echappent presque entierement Nous savons seulement qu'en 1073 les Normands avaient occupe les biens du monastere de Saint-Clément de Casauria [1] et que, vers 1076, Hugues Maumouzet, voyant que l'abbé Transmond organisait la defense, l'attira dans un guet-apens et le fit prisonnier Hugues ruina tellement le monastere que les moines durent se disperser [2]

Aimé nous a également raconte la lutte soutenue par Robert de Loritello contre Transmond, qui était comte de Chieti Le neveu de Guiscard assiega Ortona, on leva contre lui des troupes jusqu'a Ravenne Les evêques de Camerino et de Penne prirent le commandement de l'expedition, malgré leurs efforts, Robert de Loritello réussit à se faire reconnaître comme suzerain par les seigneurs du pays [3]

Un rôle important fut joué dans la conquête de la region des Abruzzes par un personnage du nom de Dieux, ce dernier, aussi appele Tasson, etait le frere de Robert de Loritello et c'est à tort que la *Chronique de Saint-Barthelemy* de Carpineto l'a confondu avec son homonyme le fils de Tancrede de Hauteville [4] Dieux eut deux fils Robert et Guillaume dont le dernier fut evêque de Chieti [5] Aussi bien au sujet de Robert de Loritello que de son frere nous sommes fort mal renseignes Toutefois une bulle de Pascal II, confirmant à l'évêque de Chieti les donations faites par Robert et par son frere, nous permet de connaître quels

---

1 *Chr Casaur*, Muratori, R I SS, t II, 2, p 865

2 *Ibid*, p 866

3 Aime, VII, 30 et suiv

4 *Chr sancti Bartholomei*, dans Ughelli, *op cit*, t X, p 359 Aimé, VII, 30, Romuald de Salerne dans M G H SS, t XIX, p 405 *Chr Casaur*, dans Muratori, R I SS, t II, 2, p 871 La bulle de Pascal II est editee dans Ughelli, *op cit*, t VI, p 702 Cf di Meo, *op cit*, t IX, pp 6-7, et p 211 Bindi, *op cit*, p 591, a publie un acte de Tasson, comte de Chieti, date de 1091, dont tous les elements chronologiques sont faux Cet acte ne me parait pas authentique

5 *Bullar Vatic*, t I, p 19, et Ughelli, *op cit*, t VI p 703 Ce dernier ne serait-il pas le meme personnage que Guillaume, qui vers 1103, partit pour la Terre sainte apres avoir vendu ses biens au comte Richard de Manopello, *Chr Casaur* p 872-874 ?

ont été en partie les résultats de la conquête normande dans les
Abruzzes [1] C'est ainsi que nous voyons que les Normands sont
établis a Chieti, a Trevelliano, a Villamagna [2] a Montefilardo [3],
à Lanciano [4], a Atesa [5], a Ortona [6] a Montacuto [7], a Monteodorisio [8], a Abatico [9] à Caramanico [10], à Torre [11], a Luparelli [12], a San
Paolo, à Force [13] a Gissi [14], a Scuculla [15] a Sant'Angelo [16] et a San
Silvestro Il ne faut pas oublier que la plupart de ces villes ne
furent soumises tres probablement que plus tard et que c'est
seulement vers 1095 que les Normands possedent les places que
nous avons enumerees

Les Normands de Robert de Loritello s'avancerent en longeant
la côte de l'Adriatique La configuration des Abruzzes rend tres
difficiles les communications entre le littoral et l'intérieur des
terres, les seuls passages qui franchissent le massif montagneux
sont ceux suivis par les anciennes voies romaines la Via Salaria,
qui suit la vallée du Tronto, et la via Claudia Valeria, qui emprunte
la vallee de la Pescara Aussi ce ne sont pas les bandes de Robert
de Loritello qui entreprirent la conquête des plateaux intérieurs
des Abruzzes mais celles du fils de Richard de Capoue, Jour-

1 Ughelli *op cit* t VI, p 702 Cf di Meo, *op cit* t IX p 6
2 Villamagna, circond et prov de Chieti
3 Monte filardo, au diocèse de Chieti Cf di Meo *op cit*, t XII, p 344
4 Lanciano, ch -l de circond , prov de Chieti
5 Atessa circond de Vasto, prov de Chieti
6 Ortona circond de Lanciano prov de Chieti
7 Dans le *Dizionario postale del regno d'Italia* je ne trouve aucune localite que l'on puisse identifier avec Montacuto En effet Montacuto, circond et prov d'Ancone est bien eloigne
8 Monteodorisio circond de Vasto, prov de Chieti
9 Sans doute Abbateggio, circond et prov de Chieti
10 Caramanico circond et prov de Chieti
11 Sans doute Torrebruna circond de Vasto, prov de Chieti
12 Sans doute Civitaluparella circond de Lanciano, prov de Chieti
13 Force, circond et prov d'Ascoli Piceno
14 Gissi, circond de Vasto, prov de Chieti
15 Sans doute Sroncola commune de Ripa Teatina, circond et prov de Chieti
16 Il s'agit vraisemblablement, soit de Sant'Angelo, commune de Bellante, circond et prov de Teramo, soit de Sant'Angelo, commune de Roccamontepiano, circond et prov de Chieti.

dain, a qui son père avait concédé cette terre en échange de Nocera [1]. Nous retrouverons plus tard la trace de la situation qui résulta de cette double conquête et verrons que les territoires des Abruzzes dépendaient les uns du Principat de Capoue, les autres du duché de Pouille

Ce fut Jourdain, qui, à la suite de l excommunication lancée par Grégoire VII, fit le premier sa soumission, il alla à Rome implorer l absolution [2] Peut-être la maladie dont, vers cette date, fut atteint son père, Richard ne fut-elle pas sans influence sur sa résolution Richard mourut, en effet, le 5 avril 1078 L'evêque d Aversa lui refusa l absolution tant qu'il n eut pas rendu au pape toutes les terres qu'il avait conquises en Campanie Son fils, Jourdain, dut craindre que Grégoire VII ne lui créa des difficultés au sujet de la succession paternelle, c est là ce qui expliquerait sa soumission au pape. Jourdain fut accompagné à Rome par son oncle, le comte Rainolf, qui se réconcilia également avec le pape [3]

La mort de Richard eut pour Guiscard d'assez graves conséquences Tout d'abord le siege de Naples fut immédiatement levé puis, peu après, Jourdain vint obliger les troupes de Guiscard à s'eloigner de Benevent Vers la même époque Abélard, qui avait entraîné dans sa nouvelle rébellion son beau-frère, Gradilon, et était depuis longtemps assiégé dans Sant Agata fut contraint de se rendre, par sa mere il fit demander son pardon a Guiscard auquel il remit la forteresse, ou il s'etait retiré [4]

Il faut placer, egalement dans les premiers mois de 1078, le mariage de la fille de Guiscard La situation du duc de Pouille, etait devenue si importante qu'il voyait son alliance recherchée par les plus hauts personnages Nous parlerons plus loin des negociations matrimoniales engagées avec l'empereur de Constantinople, Guiscard maria, au début de 1078, une de ses filles avec Hugues, fils du marquis d'Este, Azzon II [5] A cette occasion Robert

1 Aimé, VII, 33
2 Ibid, VIII, 32
3 Ibid, VIII, 34, qui appelle Rainolf, Roger, Ann Benev, ad an 1077, dans M G H SS, t III, p 181
4 Ann Casin, ad an 1077, dans M G H SS, t XIX, p 307
5 Aimé, VIII, 33 G Ap, III, 486 et suiv

donna de grandes fêtes à Troia Nous constatons a ce propos,
les progrès faits par Guiscard, qui se sentit alors suffisamment
puissant pour imposer a ses vassaux de Pouille l aide feodale
due au seigneur, lorsqu il mariait ses enfants Dans ce simple
fait nous trouvons la preuve que Robert avait reussi à transformer en une suzeraineté effective l'autorité nominale qu'il
avait au début de son règne Aucun des vassaux du duc
n'osa protester ouvertement mais sa demande excita un
mécontentement général parmi tous les seigneurs de la Pouille,
qui pendant longtemps s'étaient regardés comme les égaux de
Robert [1]

   Ce mécontentement se traduisit bientôt par des actes Sous
l'inspiration du nouveau prince de Capoue, Jourdain une vaste
rebellion s'organisa [2] Les principaux rebelles furent Geoffroi de
Conversano, son frère, Robert de Montescaglioso [3] Henri, comte de

---

1 Aime, VIII G Ap , III, 488
2 G Ap , III, 515 et suiv
3 G Ap , III, 523 et suiv , mentionne Robert de Montescaglioso,
frere de Geoffroi et fils d une sœur de Robert Guiscard Robert de Montescaglioso est sans doute a identifier avec le comte Robert, qui prit Matera,
en 1064 (Lup Protosp , ad an 1064 Anon Bar , ad an 1064) D'après un
diplôme de 1068, Robert aurait été seigneur de Tricacio, il aurait eu pour
femme Amelina et pour frere Geoffroi (Ughelli, op cit , t VII, p 146) mais
di Meo, op cit , t VIII, pp 84-85, a conteste, avec raison semble-t-il, l'authenticité de ce document A partir de 1078, nous trouvons Onfroi de Montescaglioso (Archives du Mont-Cassin Cod Caleoso, ce registre n est pas folioté),
mais nous ignorons quelle est sa parenté avec Robert Onfroi est mentionné
jusqu'en 1093 (Archivio di Stato, a Naples fonds de Matera, nos 4 et 5), en 1099,
mort (Regii neapolit archivii mon , t VI, pp 168-170) Onfroi epousa Beatrice
dont il eut Raoul Machabee Alice, Geoffroi, Roger, Guillaume, Robert , Regii
neap archivi mon , t VI, loc cit , Ughelli, op cit , t VII p 28 Cod
Vatic , lat , 8222, fo 631o, Minieri Riccio op cit , Suppl p 9) Raoul Machabee epousa Emma, fille de Roger Ier, comte de Sicile (Regii neap arch monum, t VI, pp 154 156 Gattola Acces , t I, p 213) Je ne crois pas qu Emma
doive être identifiee avec la fille de Roger Ier portant le même nom, qui epousa
Guillaume III de Clermont Remarquons en effet que parmi les enfants de
Tancrede de Hauteville, nous en trouvons deux portant le même nom,
Guillaume Bras de fer et Guillaume du Principat, il se pourrait donc que
Roger Ier ait eu deux filles portant le nom d Emma Le frere de Raoul,
Geoffroi, doit être vraisemblablement identifié avec le personnage de même
nom qui fut tue a Dorylee (Orderic Vital, t III, pp 489, 511, 539)
   En 1097 n s (Archives de la Cava D 20 diplôme de decembre ind 12),

Monte Sant' Angelo [1], Pierron, comte de Tarente, Ami comte de Giovenazzo [2] et un seigneur du nom de Baudoin Les rebelles eurent tres probablement l'appui des Byzantins [3], en tout cas ils eurent certainement celui du pape bien que nous n'ayons aucun témoignage formel a cet egard les relations entre Gregoire VII et Jourdain, le sejour que le pape fit a Capoue, au mois de juillet 1078 [4] sont des indices suffisants, pour admettre que Grégoire VII joua un rôle dans ces evénements Il semble

je trouve Guillaume seigneur Saponaria et Brienza (Saponara di Grumento, et Brienza, circond et prov de Potenza) A cette date, Guillaume ne doit pas être depuis longtemps seigneur de Brienza, car, en 1095, cette ville a pour seigneur Aron, qui a epouse Sykelgaite (Di Meo, op cit, t IX, p 9) Guillaume est sans doute le même personnage que Guillaume de Montescaghoso seigneur de Brienza et Polla, qui, en juin 1130, fait une donation au monastere de la Cava (Archives de la Cava, G 1) Guillaume est fils de Robert de Montescaghoso, il s'agit sans doute, de Robert I, et non de Robert fils de Raoul Machabée, car, deja en 1135, un fils de Guillaume de Montescaghoso, egalement appele Robert, est avec Britton, coseigneur de Noja (Cod dipl Bar t V, pp 143 et 135)

Sous Guillaume Ier, nous trouvons Geoffroi de Montescaghoso (Falcand, pp 15 et 22) qui est sans doute le fils de Raoul Machabee Geoffroi eut ses biens confisques et le comte de Montescaghoso fut donne a Henri, frère de la reine Marguerite

1 Henri, comte de Monte Sant Angelo, etait le fils d'un comte nomme Robert et avait epousé Alice, fille du comte Roger Ier Henri avait pour freres Richard (Archives de la Cava, B 27, R. 40) et Guillaume (Archives de la Cava, D 11, D 23 del Giudice, op cit, p XIII Cf di Meo, IX 9) Il ne faut pas confondre Henri de Monte San Angelo avec Henri, frere d Adelaide, femme de Roger Ier

2 Weinreich, op cit, p 47, a dressé la genealogie des descendants d'Ami de la façon suivante

```
                             Ami
                              |
  _____
  |                                                   |
Gautier                                            Pierron
  |                                     comte de Trani puis de Tarente
 Ami                                                  |
seigneur de Giovenazzo                    _____
                                          |                      |
                                       Geoffroi              Pierron
                                                                  |
                                                               Richard
```

Ami de Giovenazzo eut probablement pour fils Geoffroi, seigneur de Melfi Cf Elenco delle pergamene etc, dans Arch st napol, t VIII, p 157, et Mansi, op cit, t XX, p 647

3 Chart Cupers, t I, p 102

4 Reg, VI, 1, p 322

même que le pape ait obligé Jourdain à lui donner des preuves
serieuses de sa fidélité, car nous savons qu'il ne lui conféra pas
immédiatement l'investiture des biens de son pere [1]

Le comte Pierron ouvrit les hostilites en s'emparant de
Tram [2] La revolte des le debut s'etendit non seulement a la
Pouille, mais aussi a la Calabre et a la Lucanie Il semble que
Guiscard ait été, au moment ou elle éclata, en Calabre, ce ne fut
qu'après avoir pacifié Cosenza [3] et s'être rendu maître de cette
region, qu'il put marcher contre les rebelles, sa tàche semble
d'ailleurs avoir eté ici assez facile cai beaucoup de ses vassaux
lui demeurerent fideles [4] En Pouille, il n en fut pas de même et
comme Guiscard ne parut pas immediatement, la revolte s'étendit
rapidement Le 3 févrer 1079, Argyrizzos decida les gens de
Bari à se soulever et livra la ville a Abelard auquel il fit épouser sa fille Avec Bari, Trani, Bisceglie, Corato et Andria se
revolterent et leurs milices sous les ordres de Pierron et d'Ami
parurent devant Giovenazzo, restée fidèle au duc. Pendant ce
temps, Abelard assiégeait Troia, ou était enferme Bohemond, il
infligea à ce dernier une defaite serieuse et alla ensuite attaquer
Ascoli [5] Giovenazzo etait la seule place restee fidèle . elle
fut defendue par Guillaume, fils d'Ivon, qui réussit à faire
lever le siege, en annonçant la prochaine venue du fils de
Guiscard, Roger Le duc de Pouille, apres avoir pacifie la
Calabre, arriva, a la tête de forces nombreuses, il commença
par reprendre Ascoli et contraignit Abelard a aller s'enfermer
dans Bari Cette victoire suffit pour disperser les rebelles,
qui se retirèrent chacun dans leur ville Pour recompenser les
habitants de Giovenazzo de leur fidelite, Guiscard leur accorda
la remise du tribut pendant trois annees La répression de
l'insurrection fut terrible ; le duc ayant occupe Ariano et pris
Trivico, fit prisonnier Gradilon et le comte Baudouin, qu'il fit

1 Deusdedit, *Collectio canonum*, éd Martinucci Rome, 1869), in-4°,
p 342
2 *Chron brev norm* , ad an 1078 , Lupus Protospat , ad an 1079
3 G Ap , III, 528 et 575
4 G Ap , III, 534-535
5 Lupus Protospat , ad an 1079 *Chi brev norm* , ad an 1079

aveugler et condamna a une prison perpétuelle [1] Les biens des
rebelles furent confisqués et distribues aux soldats du duc. Le
calme fut bientôt suffisamment rétabli pour que Robert put
songer a aller punir l'instigateur de la révolte, le prince de Capoue

Jourdain n'avait prêté aucune assistance effective aux rebelles,
peut-être fut-il retenu par les troubles, qui se produisirent alors
dans ses Etats [2], sans que nous sachions rien de précis a cet égard
A ce moment Jourdain chercha à se rapprocher de Robert, car ses
relations avec Gregoire VII s'étaient gâtées En 1079, le pape
avait écrit a Jourdain une lettre violente, dans laquelle il lui
reprochait d'avoir contraint sa belle-mere a se remarier, empêche un évêque de se rendre a Rome pour un voyage *ad limina*,
et enfin d'avoir usurpé les biens des églises [3] Gregoire VII se
montrait d'autant plus mecontent qu'il avait fondé plus d'es-
perances sur le prince de Capoue A la suite de cette lettre, les
rapports de Jourdain et du pape durent se tendre, aussi, quand
le prince de Capoue apprit que Guiscard songeait a diriger une
expédition contre lui, il se hâta de demander la paix [4]

Le duc apres ses premiers succès s'etait rendu à Salerne ou
il était dans le courant du mois de juillet De ce mois, en
effet est date l'acte par lequel Robert conceda a la celebre
abbaye de la Cava, l'église de Saint-Mathieu, dans les environs
de Nocera De Salerne, Guiscard se dirigea vers le Sarno
Ce fut alors qu'il se rencontra avec l'abbe Didier, charge par
Jourdain de l'amener à traiter L'abbe du Mont-Cassin avait
le plus grand désir de voir rétablir la paix entre les princes
normands, car son abbaye avait fort a souffrir des guerres
perpétuelles Il reussit a décider Guiscard à s'entendre avec
Jourdain et peut-être obtint-il aussi de lui l'autorisation d'entamer des negociations avec Grégoire VII Nous ne savons rien

---

1 G Ap , III, 567, et suiv *Anon Bar* , ad an 1080 Lupus Protospat ,
ad an 1080 , *Chr brev norm* , ad an 1080 Romuald de Salerne, dans
M G H SS , t XIX, p 408 *Chr Amalf* , p 214 l'invico est sans doute a
identifier avec Tivigno, circond et prov de Potenza
2 Cf *Cod Cavet* , t II, pp 120-121
3 Reg , VI 37, p 373 Cf Martens, *op cit* , t I, p 297
4. Petr Diac , III, 45

des conditions de l'accord conclu entre les deux princes normands [1]

Libre du côté du prince de Capoue, Guiscard se retourna vers
les autres rebelles La fin de l'année 1079 et le début de l'année 1080 furent remplis par une série de succès, le duc occupa
successivement Monticolo [2], Pietrapalomba Monteverde [3], Genzano [4] et Spinazzola [5] Cette dernière place était défendue par le
fils d'Ami qui fut réduit à s'enfuir [6], et ce succès amena Ami lui-
même à demander la paix Les défections qui s'étaient produites,
depuis l'apparition de Guiscard en Pouille effrayèrent les autres
rebelles et décidèrent Robert de Montescaghioso et Geoffroi de Conversano à implorer le pardon de leur oncle La prise de Bari, qui
suivit de peu, diminua encore le courage des révoltés Abélard,
qui défendait la place, fut obligé de passer en Grèce tandis
qu'Argyrizzos se rendait en Serbie [7] Pendant qu'une partie des
troupes sous les ordres de Sykelgaite assiégeait Trani, Guiscard
allait attaquer Tarente qui se rendit en avril, de là il vint mettre
le siège devant Castellaneta, dont il s'empara La prise de
Trani suivit de peu et Pierron dut se rendre au duc, sa soumission amena la fin de la révolte

Les succès de Guiscard anéantissaient tous les plans de
Grégoire VII, qui voyait le duc devenu plus puissant que jamais,
alors que la conduite d'Henri IV était de plus en plus menaçante pour la papauté. A la suite de la victoire de Mulhausen,
Grégoire VII avait cru pouvoir reconnaître, comme souverain
légitime Rodolphe, le compétiteur d'Henri IV Ce dernier envoya
alors des ambassadeurs chargés de lui recruter des partisans en
Italie [8]. Le pape craignant qu'une alliance entre le roi des Romains
et Guiscard ne se produisit, alliance qui eût amené l'écra-

---

1 G Ap, III, 617 et suiv Cf Guillaume *op cit*, p VII
2 Sans doute Monticello, commune d'Oleviano sul Tusciano, circond et
prov de Salerne
3 Monteverde, circond de Sant' Angelo de Lombardi prov d'Avellino.
4 Sans doute Genzano, circond et prov de Potenza
5 Spinazzola circond de Barletta, prov de Bari
6 G Ap, III, 641 et suiv Petr Diac, *loc cit*
7 *Anon Bar* ad an Lupus Protospat, ad an *Chr brev norm*, ad an
8 Meyer von Knonau, *op cit*, t III, p 260 et suiv

sement du parti des reformes, se décida à traiter Des le concile
de Rome (mars), le ton de ses lettres est plus modéré envers les
Normands [1] L'abbé du Mont-Cassin servit d'intermediaire entre
le pape et le duc, mais nous ne savons rien des négociations.

Grégoire VII quitta Rome dans les premiers jours de juin [2]

Le 10, il reçut, à Ceprano, le serment de fidelite de Jourdain
de Capoue, conçu dans les mêmes termes que le serment prêté
par Richard à Alexandre II [3]

Le 29 juin, Guiscard a son tour prêta serment [4] Il s'engagea
à être l'homme du pape, reserve faite pour la marche de Fermo,
Salerne et Amalfi On laissait ainsi en suspens le reglement des
questions litigieuses, relatives aux nouvelles acquisitions territoriales de Guiscard Gregoire VII reconnaissait aussi les conquêtes de Robert de Loritello, à la condition que celui-ci s'arrêtât
dans ses empietements sur le territoire de Saint-Pierre En outre,
le duc promettait au pape de l'aider à defendre la papaute

Il résulte clairement du serment prêté par Guiscard que
Grégoire VII a ete obligé de céder sur toute la ligne ; il sauvait
les apparences en réservant la question, mais, en fait, il reconnaissait les nouvelles conquêtes du duc Pour que le pape en soit
arrivé à abdiquer ainsi la plupart de ses pretentions, il fallait qu'il
jugeât bien dangereuse sa situation vis-à-vis de Henri IV C'était
en somme Guiscard qui, le 29 juin 1080, triomphait du pape,
oblige de s'incliner devant le fait accompli

Guiscard, comme on le verra plus loin, devait tirer bien d'autres
avantages de son apparente soumission il reconnut les bons
offices de Didier, en lui accordant le monastere de Saint-Pierre de
Tarente et la dîme qu'il percevait en cette ville sur le blé, l'orge,
le vin, l'huile et la pêche [5]

Apres l'entrevue de Ceprano, Guiscard se rendit à Salerne, ou
il résida une partie du mois d'août [6]

---

1 Reg , VII, 14 a, p 399
2 Pet Diac , III 45, G Ap , IV 16, Jaffe-L , 5172
3 Deus dedit, loc cit qui porte à tort l indiction X
4 Reg , VIII, 1a, p 426
5 Gattola, Acces , t I, p 183
6 Diplôme d aout 1080, Guillaume, op cit p VIII

CHAPITRE XI

DERNIÈRES ANNÉES DE GUISCARD GUERRE AVEC ALEXIS COMNÈNE REVOLTE
DES SEIGNEURS D'ITALIE PRISE DE ROME. MORT DE GUISCARD

(1080-1085)

Après l'entrevue de Ceprano, l'insatiable ambition du duc de
Pouille ne se trouvait pas satisfaite et, malgré son âge, Robert
rêvait d'accroître toujours ses États Guiscard avait alors soixante-
quatre ans, mais il avait conservé toute la vigueur d'un jeune
homme, « sa haute stature, dit Anne Comnène[1], dépassait
celle des plus grands guerriers, son teint était coloré, sa cheve-
lure blonde ses épaules larges, ses yeux lançaient des éclairs,
ainsi que je l'ai souvent entendu dire, l'harmonieuse proportion
de toutes les parties de son corps en faisait de la tête aux pieds un
modèle de beauté » Les succès prodigieux qu'il avait remportés
ne suffisaient pas à son ambition et pourtant que de chemin parcouru depuis que, pauvre chevalier, il était rebuté par ses frères,
lors de sa venue en Italie ! Cependant après avoir dévoré la terre
de l'Italie, pour employer l'expression d'Aimé, Guiscard voulut
entreprendre la conquête de l'empire byzantin Il est curieux de
voir comment il fut amené à l'idée d'aller porter la guerre sur le
territoire grec

Il est certain que la conduite de Guiscard, à côté de mobiles
tout différents eut un mobile politique Byzance, en effet,
n'avait pas cessé de s'intéresser aux affaires d'Italie et avait aidé
toutes les révoltes des vassaux du duc de Pouille, en 1064
comme en 1072 et en 1078 Après cette dernière insurrection
Abélard, l'ennemi mortel de Guiscard avait trouvé en terre
grecque un refuge contre la colère de son oncle Les territoires
byzantins d'Illyrie étaient devenus le lieu de rendez-vous de tous

1 Alexiade, I, 12, 30-31

les mécontents, qui la pouvaient tout à leur aise conspirer
contre le duc de Pouille Celui-ci comprit qu'il ne serait assuré
de la tranquillité de ses Etats qu'autant qu'il serait maître de la
côte d'Illyrie

A côté de ces raisons d'ordre politique, il faut tenir compte du
prestige alors exercé par Byzance sur tout l'Occident L'admiration pour le monde byzantin, ses costumes, ses usages, qui était
ressentie même par des empereurs d'Allemagne devait être
encore plus vive chez les conquérants normands, dont toutes les
possessions de Calabre, comme les villes maritimes de la
Pouille avaient subi l'influence de Byzance Mais chez les Normands, cette influence s'exerça d'une façon toute particulière.
Guiscard fut amené à se regarder comme le successeur légitime
des basileis Ce n'est pas ici le lieu d'étudier l'organisation donnée par Guiscard à ses conquêtes, il suffira de dire que le duc de
Pouille laissa subsister, partout où il la rencontra, l'organisation
administrative de Byzance Il est question, dans les actes normands,
d'un thème de Calabre [1] nous voyons des villes avoir à leur tête
un stratège ou un exarque [2], et un normand prendre le titre de
βασιλικὸς βεστιάριος [3] Les souscripteurs d'actes rédigés à l'époque
normande s'enorgueillissent des titres byzantins de protospathaire
impérial, de turmarque, de spatharo-candidat ou de tagmatophy-
lax [4] Le rite grec devait rester longtemps usité en Calabre [5], où le
grec, même sous les Normands, demeura dans certains endroits
la langue officielle. Dans la même région, longtemps après
Guiscard, le clergé grec subsista à côté du clergé latin Ce fut,
en effet, la grande habileté des Normands de se substituer
aux divers souverains de l'Italie du Sud, sans chercher à faire
entre leurs sujets très différents par la race une fusion impossible Les divers éléments de la population demeurèrent juxta-

---

1 Mgr Batiffol, *Chartes byzantines inédites de Grande Grèce* dans *Mél
d'arch et d'histoire de l'éc fr de Rome*, t X, p 99
2 Malaterra, II, 44 Cf Trinchera, *op cit*, p 81
3 Trinchera, *op cit*, p 67
4 *Ibid*, p 63 et suiv Cf *Cod dipl Bar*, t I et V, *passim*
5 Dandolo, Muratori R I SS, t XII, p 215 Cf Gay, *Notes sur la conservation du rite grec dans la Calabre et la terre d'Otrante au XIV⁰ s* dans *Byz
Zeitschr*, t IV, p 59

poses sans se confondre, et chaque race garda sa langue, ses
usages, ses mœurs, a tel point que nous voyons Richard de
Capoue invoquer en sa faveur contre les lombards révoltés
non pas la loi normande, mais la loi lombarde. Il en fut de
même pour Guiscard qui se donna pour l'héritier legitime
des basileis, dont il copia le costume et qu'il chercha a imiter
jusque dans son sceau [1] Comment d'ailleurs Guiscard aurait-il
pu croire que la conquête de Byzance lui offrirait des difficultés
a lui, le puissant duc de Pouille, quand deux pauvres chevaliers
normands qui avaient été au service, l'un de Richard de Capoue [2],
l'autre de Robert lui-même, avaient failli peu auparavant
monter sur le trône imperial [3] ? L'anarchie, qui régnait alors a
Byzance, facilitait d'ailleurs singulierement les projets de Guiscard et l'empire grec lui-même eut soin de donner au duc de
Pouille un pretexte pour intervenir dans les affaires de Constantinople

Des le regne de Romain Diogenes, pour résoudre la question
normande, on avait songé, a Constantinople, a une alliance
qu'aurait consacree le mariage du fils de Romain Diogenes avec
une fille de Guiscard [4] L'arrivee au pouvoir de Michel VII amena
la rupture des négociations entamees a ce sujet, mais le nouveau basileus fit presque aussitot apres son avenement des
ouvertures au duc de Pouille [5] Il lui envoya une ambassade,
chargée de remettre une lettre, par laquelle il lui notifiait son
avenement au trone et demandait pour son frere Constantin [6]
la main d'une des filles de Guiscard L'empereur s'expri-

1 Cf Engel, *Recherches sur la numismatique et la sigillographie des Normands de Sicile et d'Italie*, p 82
2 Robert Crispin, cf Gattola, *Acc* t 1, p 167 Attaliates, p 123 et suiv
3 Roussel de Bailleul, cf Schlumberger, *Revue historique*, t XVI,
p 289 et suiv
4 Sathas *Bibliotheca Græca*, t V, p 387
5 Seger *Byzantinische Historiker des 10 und 11 Iahrhunderts, Nikephoros
Bryennios* Diss in (Munich, 1888 in-8°, pp 123-124, me parait avoir
démontre que la lettre la plus ancienne est le n° 143, et la seconde le n° 144
J'emprunte la traduction de Sathas dans l'*Annuaire de l'association des
etudes Grecques*, (1874), p 207 et suiv
6 On n'a pas que je sache, note la concordance exacte du recit d'Aime
avec ces documents Aime dit qu'il y a eu trois ambassades envoyees

mait ainsi : « Aux princes des autres nations, je considère
comme suffisant de leur écrire pour les assurer de mon
affection, et ils s'estiment très honorés de ce que je veux bien
partager leurs sentiments et entretenir avec eux des rapports
pacifiques, plutôt que de fomenter des différents et de leur faire
la guerre. Mais pour un prince aussi noble et aussi sage que
vous, j'ai pensé qu'il me fallait faire quelque chose de plus, et
contracter avec vous une amitié si parfaite que nul au monde ne
put la rompre. Et ne soyez pas surpris, si je vous préfère aux
autres princes et vous juge digne d'un plus grand honneur : car
c'est l'identité de nos croyances et de notre foi en Dieu, qui a
produit cet ensemble si harmonieux d'intentions dont il me reste
à parler.

« Comment donc s'accomplira cette admirable union ? Je désire
créer entre nous un lien de parenté, et voir l'une de vos filles
devenir l'épouse de mon frère, l'empereur Constantin le Porphyrogenète, afin que cette auguste alliance rende indestructible l'amitié,
qui nous unit actuellement. Vous savez parfaitement en quoi
consiste aujourd'hui la suprême autorité dans l'empire grec, vous
n'ignorez pas non plus que même nos parents les plus éloignés
considèrent comme un très grand bonheur de nous être unis,

par l'empereur à Guiscard « et dui foiz lo duc lo contredist. Et li duc
sagement cela la soe volente a ce que venist a plus giant domp et promis-
sion et li message se partirent corrociez.   Et toutes lui manda (l'empereur)
autre legat o granz presens et molt de coses lui promettoit, et en la fin lo
duc serene se enclina a la proiere de lo empereor et dona sa fille   »
Aimé VII, 26, 297. Guiscard a donc refusé deux fois les offres de Michel VII,
ces deux refus correspondent aux deux lettres que nous avons, la lettre
relative à la troisième négociation ne nous est pas parvenue. Le projet de
mariage en question a été mal connu par les chroniqueurs. Guillaume de
Pouille, III, 502 est le seul à parler du projet de mariage avec le frère
de l'empereur. Quant au projet de mariage avec Constantin, fils de
Michel VII, il est plus connu. Cf. Aleriade, I, 10, p. 49, 12, p. 57, Zonaras,
XVIII, 17, p. 714. Skylitzes II, 720-724. Aimé VII, 26 Malaterra, III, 13,
Orderic Vital, t. III, p. 166.

Wasiliewski dans le *Journ. du min. de l'instr. publique russe*, t. 182 (1875),
p. 270 et suiv., croit ces lettres adressées à Vsevolod Iaroslavitch. Ses arguments ne sont pas concluants. Bezobrazov, *Journal du min. de l'instr. pub.
russe*, t. 265, (1888), p. 23 et suiv. se basant sur un manuscrit de la bibliothèque Laurentienne, a maintenu l'attribution de Sathas qui me paraît certaine d'après le récit d'Aimé.

et moi ce n'est pas a un homme étranger à ma famille, ce n'est
pas a un parent eloigne que je veux unir votre fille, mais a un
frere, issu du même sang que moi, rejeton de la même race, né
dans la pourpre imperiale, enveloppé de langes imperiaux, a un
prince auquel Dieu a donne l'empire en meme temps que la vie
Telle est ma pensee, la est pour vous le bonheur, et la Provi-
dence en dispose ainsi pour notre commun avantage, car grâce
à cela, votre autorité deviendra plus auguste, tous vous admire-
ront et vous envieront la possession d'une pareille magnificence »

L'empereur passait ensuite à un autre ordre de considerations
et expliquait a Guiscard les services qu'il attendait de lui en
echange du tres grand honneur qui lui était fait par l'admission
de sa fille dans le gynécee imperial « Dorenavant donc, en votre
qualité de prince admis aux honneurs d'une alliance avec notre
Majeste, il faut avant tout vous rejouir grandement de ce fait,
considérer l'accord comme vraiment terminé, être le rempart de
nos frontieres, épargner les princes qui sont actuellement nos vassaux, nous prêter secours en toutes choses et combattre avec
nous tous nos ennemis, vous comporter avec bienveillance vis-a-
vis de ceux qui sont bienveillants a notre egard, hair nos ennemis et les detester, car les lois de l'amitie veulent que chacun de
ceux qu'elle unit prenne les interets de son ami comme les siens
propres »

Ce dernier passage me parait permettre de dater la lettre avec
une assez grande precision Quels sont les princes vassaux de
l'empire grec que Guiscard doit epargner ? Il me semble qu'à cet
egard il ne saurait y avoir de doute, et qu'il faut entendre par la
les rebelles de 1072 et 1073 Nous serions donc amenes a placer
la premiere de ces lettres, soit vers la fin de 1072, soit au debut
de 1073 La seconde est anterieure a la naissance du fils de Michel
et de Maria (1074)

Ces premieres ouvertures ne furent pas accueillies par Guiscard et l'empereur desirant de plus en plus s'assurer son appui
lui ecrivit de nouveau Il semble que le basileus ait été tres
etonne de voir le duc de Pouille insensible au tres grand honneur
qu'il lui faisait en lui proposant de faire entrer sa fille dans la

famille impériale. Il commence par dire à Guiscard que maintenant, il est affermi sur le trône, « commencez par me féliciter, ô vous le plus savant et le plus sage de tous les hommes, d'avoir pris possession d'une façon plus entière et plus parfaite du pouvoir de mon père et ce, conformément à la volonté divine, avec l'approbation des prélats et des sénateurs ou pour mieux dire du consentement unanime de tous mes sujets. »

Après avoir déclaré que sa religion est la même que celle de Guiscard, l'empereur s'exprime ainsi : « Il y a encore une autre raison qui me fait rechercher votre amitié, c'est que ceux qui ont conversé avec vous et qui vous connaissent vous représentent comme un homme intelligent, aimant la piété non seulement dans la voie droite de la foi, mais encore dans la rectitude des affaires, on vous dit d'un caractère très prudent et très actif, et d'un esprit simple et enjoué. Me reconnaissant pour ainsi dire moi-même dans vos manières et dans vos mœurs, je vous offre la coupe de l'amitié et je veux que après y avoir mélangé nos communs sentiments, nous buvions tous deux ce breuvage, et afin qu'une convention de cette nature soit parfaite et ne puisse être confondue, j'ai imaginé un genre d'alliance que j'aurais sachez-le bien, hésité à mettre en pratique vis-à-vis de tout autre, mais que j'ai à cœur de contracter avec vous. Comment se fera cette alliance ? Sur quoi reposera cette concorde perpétuelle ? Je veux m'unir à vous par les liens du sang afin qu'il s'établisse entre nous la plus constante harmonie, et que le nœud de notre affection ne se compose pas seulement de vaines paroles, mais qu'il soit formé par la communauté de race, chose qui supprime toute contestation et met fin à toute opposition, à toute controverse. »

Ce n'est pas un faible honneur que le basileus fait au prince normand en lui offrant de faire entrer sa fille dans la famille impériale, et la lettre le souligne : « Les personnes qui doivent être unies, tant de votre côté que du mien, je leur reconnais la même légitimité d'origine, étant nées d'un sang royal, et sorties de la souche dont nous sortons nous-mêmes. J'ai un frère né du même père et de la même mère que moi, issu du même sang et ayant la même nature, le renommé seigneur Constantin, dont la

prestance est si belle, s'il faut aussi parler de cet avantage, qu'il
semble être la statue de l'Empire, et qui dépasse en sagesse tous
ceux de son âge Constantin, né à mon père, non pas avant son
avènement au trône mais conçu et né après cet événement, et
que Dieu semble avoir destiné de longue date à être l'ornement
de votre famille Nos sujets grecs appellent *Porphyrogénètes* les
princes nés dans de pareilles conditions, et ceux qui portent ce
titre le considèrent comme divin C'est une marque distinctive de
la pourpre impériale, et dans les acclamations publiques on
unit ce nom à celui de l'empereur, et quand on parle du souverain,
on ajoute immédiatement le *Porphyrogénète*

« Or, c'est à l'empereur Constantin Porphyrogénète, au frère
chéri de Notre Majesté que je veux unir la plus belle de vos filles,
afin qu'étant la plus jolie elle devienne la compagne du meilleur
et du plus beau, afin que le lien de cette alliance impériale soit
pour nous un lien indestructible d'amitié, et que cette union fasse
régner entre nous une indivisible concorde, afin qu'elle soit dressée devant nous comme une coupe non pas remplie de l'eau qui
coule, mais du sang de la parenté non de ce sang que répandent
les divisions mais de celui que l'union solidifie »

Quels que fussent les brillants avantages offerts à Guiscard
par l'alliance grecque, du moins, d'après l'avis du basileus, le
duc de Pouille se refusa à accepter les propositions qui lui furent
faites Michel ne se tint pas pour battu, et après la naissance de
son fils, Constantin (1074) il envoya à Guiscard une nouvelle
ambassade chargée de demander la main d'une des filles du duc,
non plus pour son frère mais pour son fils Guiscard trouva que
la proposition méritait d'être accueillie, et il accepta l'alliance
proposée Une de ses filles fut envoyée à Constantinople, où en
entrant dans le gynécée impérial elle prit le nom d'Hélène Nous
savons par Anne Comnène, dont d'ailleurs il faut un peu se
méfier pour ce genre de renseignements que la fille de Guiscard
était fort laide, et que Constantin avait peur d'elle comme d'un
masque hideux [1]

---

1 *Alexiade*, I 12, p 62 Anne Comnène ayant épousé Constantin n'était
peut-être pas très impartiale en parlant de la beauté de la première fiancée
de son mari,

La chute de Michel VII (mars 1078) vint fournir à Guiscard un
prétexte pour intervenir dans les affaires d'Orient Le rival de
Michel Botaniatès, relégua dans un monastère la fille de Guiscard [1], celui-ci, sous le prétexte de defendre la fiancée de Constantin, se fit le champion de l'empereur detrôné A peine le traité
conclu avec Grégoire VII avait-il été ratifié, que Guiscard se donna
tout entier à ses nouveaux projets Ceux-ci rencontrèrent très peu
d'enthousiasme parmi ses vassaux, qui pour la plupart ne se souciaient pas d'entreprendre une expédition lointaine, dont tout le
profit devait être pour le duc[2] Pour échauffer l'enthousiasme, Guiscard imagina une veritable comédie Au milieu de 1080, on vit
paraître à Salerne un Grec, nommé Rector, au rapport d'Anne
Comnene, il se donnait pour Michel VII, echappé du couvent de
Stoudion, ou Botaniates avait fait enfermer son prédécesseur
Robert qui espérait, à l'aide de ce pseudo-empereur, pouvoir attirer à lui les populations grecques, ainsi que les partisans de
Michel VII, reçut avec honneur le pseudo-Michel et le traita en
veritable empereur [3]

Guiscard sut faire entrer le pape dans ses vues, peut-être en
lui montrant qu'il allait realiser le projet de croisade qu'il avait
eu à cœur en 1074 Il obtint de Gregoire VII une lettre aux évêques
de Pouille et de Calabre pour les exhorter à favoriser l'expédition
(25 juillet 1080) [4] Tandis que Robert préparait ainsi son entreprise, il cherchait à se créer des intelligences à Byzance même Il
envoya, à la fin de 1080 ou tout au début de 1081, le comte Raoul,
sous pretexte de reclamer satisfaction de l'injure faite à sa fille, mais
surtout pour s'efforcer de gagner à sa cause Alexis Comnene alors

1 Malaterra, III, 13, dit que Botaniates fit chatrer Constantin, c'est
invraisemblable puisqu'Alexis le fiança à sa fille

2 Malaterra, III, 13 Alexiade, I 14, p 68 et suiv

3 Jaffe-L, 5178 Alexiade I, 12, p 57 G Ap, IV, 162 et suiv Malaterra, III, 13 Anon Bar ad an 1080 Lupus Protospat ad an 1080 Zonaras, XVIII, 19, p 722, dit que Michel VII devint évêque d'Éphese et mourut au
monastère de Manuel Schwartz, Die Feldzuge Robert Guiscard's gegen das
byzantinische Reich (Fulda, 1854) p 3, place sa mort avant le regne d'Alexis
(1081) L'Alexiade I, 15, p 72, prouve que Michel vit encore au debut de
1081, Zonaras, XVIII, 19, p 723, le fait vivre vers 1091 Cf Chalandon,
op cit, p 63, note 4 et p 137 et suiv

4 Jaffe-L, 5178, Rome est alors mal avec Byzance en novembre 1079,
Botaniates a été excommunie, Mansi, XX, 508

grand domestique, et peut-être les Normands au service du basileus [1]

Les evenements dont Byzance etait alors le theâtre, favorisaient singulièrement les projets du duc L anarchie qui regnait dans l'empire avait amene une serie de revolutions de palais Michel VII avait été detrône par Botaniates, ce dernier fut lui-même renverse par Alexis Comnene, au moment même ou le comte Raoul revenait de son ambassade Il semblait que Guiscard dût rencontrer peu de difficultes dans l'execution de ses vastes desseins et que Byzance occupee par la rebellion de Comnène, ne fut pas en etat de resister à l invasion normande L'evenement dejoua les prévisions, et l empire byzantin eut l heureuse fortune de trouver en Comnene l'homme qui mieux que tout autre était capable de le défendre

Les preparatifs de Guiscard occuperent la fin de l année 1080 En decembre Guiscard etait a Melfi, où Didier lui apporta sans doute une lettre du pape lui demandant des secours [2] Dans les premiers mois de 1081, Guiscard répondit a la demande de Grégoire VII et fit une breve apparition du cote de Tivoli Il dut laisser au pape des troupes, que celui-ci lui avait demandées [3] En avril, Guiscard était à Brindisi, il y fut rejoint par son ambassadeur le comte Raoul qui lui rendit compte de sa mission et devoila l'imposture du pseudo-Michel Guiscard, qui devait parfaitement savoir a quoi s en tenir, entra dans une violente colere contre Raoul qui n'avait pas su entrer dans ses vues Celui-ci, pour echapper au courroux du duc, dut s'enfuir pres de Bohemond deja passe en Illyrie

Robert, en effet, avait envoye son fils occuper la baie d'Avlona dont le port sûr et profond, parfaitement abrité par l'île de Suseno et la languette d Acroceraunie, offrait un excellent point de débarquement Bohemond occupa en outre Canina et Hiericho [4]

---

[1] Raoul revenait de Constantinople lorsqu il apprit en route l'avènement d'Alexis Alexiade, I 15, p 72 Cf Chalandon, op cit, p 64, note 2
[2] Regii neap arch monumenta, t V, p 430 Reg VIII, 7, 436
[3] Annal Benev, ad an 1080 Cf Hirsch, op cit, p 77, n 1
[4] Alexiade, I 14, p 70 Cf Chalandon, op cit, p 64 et suiv. pour tout ce qui est relatif a cette expedition

Au printemps de 1081, Guiscard était tout entier à sa nouvelle entreprise, ce fut en vain que Grégoire VII, menacé par la prochaine venue d'Henri IV, fit appel à son aide pour défendre le domaine de Saint-Pierre [1] Le pape parut même un instant redouter que le duc de Pouille n'en vînt à traiter avec le roi des Romains Ce dernier envoya en effet, dans les premiers mois de 1081, une ambassade auprès de Robert, afin de lui demander la main d'une de ses filles pour son fils, Conrad Guiscard refusa et fit connaître au pape la demande qui lui avait été faite il exprimait en même temps à Grégoire VII ses regrets de ne pouvoir arrêter l'expédition entreprise afin de lui porter secours

Averti du danger qui allait fondre sur son empire, Alexis Comnène avait chargé Georges Paléologue, un des plus brillants généraux de Byzance, de la défense de Durazzo, puis, il avait cherché à envelopper Guiscard dans un réseau d'intrigues et avait entamé des négociations avec un certain nombre de seigneurs normands, Abélard se chargea d'aller rallumer la révolte en Pouille une fois que le duc serait parti [2] Alexis négocia également avec l'empereur d'Allemagne et conclut avec lui un traité par lequel il s'engageait à lui payer immédiatement 144 000 pièces d'or et lui promettait de lui faire verser par Abélard 216 000 pièces d'or, lorsqu'il serait descendu en Pouille Nous savons que peu après Jourdain traita avec Henri IV, peut-être y eut-il une tentative d'Alexis pour gagner le prince de Capoue [3] c'est ce que tendrait à faire croire les négociations engagées avec l'archevêque de Capoue, Hervé [4] Enfin le basileus, par la concession de grands avantages commerciaux, s'assura l'appui de la flotte vénitienne [5]

A la fin de mai, Guiscard était prêt à entrer en campagne [6] Il laissa à son fils Roger, qu'il désigna comme son successeur éventuel, l'administration de ses Etats, sauf la Calabre et la Sicile,

1 Reg, VIII, 34, p 485 G Ap, IV, 171, Alex, I 13, p 67
2 Cf Chalandon, op cit p 66 et suiv
3 Petr Diac, III, 50, Cf Alex, III, 10, p 173 et suiv Cf Meyer von Knonau, op cit, t III, p 441 et suiv
4 Alex, loc cit
5 Alex, IV, 2, p 192 Chalandon, op cit, p 71, note 3
6 G Ap, IV, 217 Anon Bar, ad an Lup Protospat ad an

dont il confia le gouvernement au comte Roger Robert de Loritello et Gérard de Buonalbergo étaient donnés au jeune prince comme conseillers, en outre Guiscard ordonna de fournir au pape les secours dont il pourrait avoir besoin [1]

La campagne avait mal commencé pour les Normands Après ses premiers succès, dont il a été parlé plus haut, Bohémond avait échoué devant Corfou et s'était retiré pour attendre son père a Butrinto [2] Guiscard quitta Otrante dans la seconde moitié du mois de mai 1081 Il est difficile d'évaluer la force de son armée Les chroniques nous donnent les évaluations les plus fantaisistes L'Alexiade donne le nombre de trente mille hommes [3] Orderic Vital de mille [4], le Chronicon breve normannicum [5] et Pierre Diacre [6] de quinze mille Tout ce qu'on peut dire a ce sujet, c'est que le noyau de cette armée devait être formé des treize cents Normands dont parle Malaterra [7]

D'Otrante, Guiscard gagna Avlona et de la se dirigea vers Corfou dont il s'empara [8] La facilité de cette conquête et la méfiance que nous voyons, précisement a ce moment, témoignée par Alexis aux habitants des îles [9], me portent a croire que Robert avait su se ménager des intelligences parmi la population de l'île, comme il l'avait fait dans les provinces occidentales de l'Empire Nous savons en effet que les Ragusains avaient fourni des vaisseaux au duc de Pouille [10] de plus, toute la partie bulgare de la population devait être prête a l'aider par haine des Grecs [11], et je serais assez porté a croire que Guiscard avait également négocié avec le roi de Serbie, Bodin, dont la defection devait amener,

1 G Ap IV, 186

2 Alex, I 15, p 70 Malaterra III 24, p 582 L'etang de Butrinto est à la hauteur du detroit qui separe l'île de Corfou de la cote

3 Alex I 15, p 75

4 Orderic Vital, l VII 5, t III p 170

5 Chr breve norm, ad an 1080

6 Pet Diac III, 49

7 Malaterra, III 24

8 G Ap IV, 200 Malaterra, III, 24 Alex I 16, p 76 et III, 12, p 183. Cf Chalandon op cit, p 73, note 2

9 Alex, III, 9 pp 172-173

10 G Ap, IV, 134

11 Cf Chalandon, op cit, p 5 et suiv

lors de la première rencontre la défaite des Grecs Enfin, le pseudo-Michel devait donner aux Normands quelques-uns des partisans de l'empereur détrône

De Corfou, Robert se dirigea vers Durazzo, capitale du thème d'Illyrie, qu'on a justement appelé la clef de l'Empire vers l'Occident La possession de cette ville devait assurer aux Normands la conquête de toutes les côtes illyriennes Anne Comnène nous dit que Bohémond se dirigea par terre avec une partie des troupes vers Durazzo, tandis que Guiscard gagnait la ville par mer [1]. Pendant que la flotte longeait la côte au nord du canal de Corfou, là ou le littoral se redresse pour former l'âpre chaîne de la Chimera Mala ou de l'Acrocéraunie, au sommet de laquelle, au dire des anciens, siégeait Zeus lanceur de foudre, à la base du promontoire le plus avancé, la *linguetta* qui marque l'entrée de l'Adriatique [2], la flotte normande eut à essuyer au cap Glossa une de ces tempêtes terribles si fréquentes dans ces parages et Robert y perdit un grand nombre de ses vaisseaux Malgré la destruction d'une partie de sa flotte le duc arriva, le 17 juin devant Durazzo qu'il assiégea aussitôt par terre et par mer [3]

Tandis que le basileus, prévenu par le commandant de la place, Georges Paléologue, du commencement des hostilités rassemblait des troupes, il reçut à Constantinople la nouvelle d'une grande victoire des Vénitiens La flotte de la République avait paru dans les eaux de Durazzo peu après l'arrivée de Robert ; elle s'était arrêtée au cap Palli, un peu au nord de la ville assiégée pour se rendre compte des forces normandes Sous prétexte de négociations, les Vénitiens demandèrent à Bohémond de leur accorder une trêve et mirent à profit le temps ainsi gagné pour se préparer au combat Le lendemain de son arrivée, la flotte vénitienne attaqua la flotte normande, tandis que les assiégés effectuaient une sortie Les Normands essuyèrent un échec complet [4]

1 *Alex* , III, 12, p 183
2 Reclus, *Géographie universelle*, t I, p 180
3 Lupus Protospat , ad an donne comme date le mois de juillet *Alex* , III, 12, p 183 Cf. Chalandon, *op cit* , p 74, note 1
4 *Alex* , IV, 2, pp 191-192 Malaterra, III, 304 G Ap , IV, 291-312 Cf Chalandon *op cit* , p 74 note 3

Cette défaite pouvait avoir des conséquences désastreuses pour les Normands, elle permettait aux Vénitiens de fermer la mer aux secours qui viendraient de l'Italie en même temps, elle ébranlait le prestige de Robert aux yeux des populations, qui de favorables devinrent hostiles [1]

A la suite de la victoire de ses alliés, Comnène à la tête de toutes les troupes qu'il avait pu réunir, quitta Constantinople en août 1081 [2] La concentration de l'armée byzantine s'opéra à Salonique. A mesure que l'on avançait vers Durazzo, les nouvelles devenaient plus graves. Sa défaite sur mer n'avait pas empêché Guiscard de continuer le siège et de bloquer étroitement la ville au bout de trois mois de siège, la situation de la place assiégée était fort précaire, bien que les habitants eussent réussis à incendier les machines de guerre construites par les Normands

L'armée de secours conduite par Alexis arriva, le 15 octobre, dans la vallée du Charzane, tout près de Durazzo [3] L'empereur entra aussitôt en communication avec la place assiégée, et Paléologue réussit à venir au camp impérial, en traversant les lignes ennemies. Comnène avait cherché à cacher à Guiscard l'approche de l'armée de secours, mais des éclaireurs turcs faits prisonniers apprirent aux Normands l'arrivée du basileus. Celui-ci, malgré l'opposition de toute une partie des généraux se décida à livrer bataille au duc de Pouille, au lieu de bloquer les Normands dans leur camp comme on le proposait

Le 18 octobre, le combat s'engagea, Guiscard, pour exciter le courage de ses soldats, fit brûler tous ses vaisseaux. Alexis avait ordonné à la garnison assiégée de faire une sortie au moment de l'attaque. Ce plan parut d'abord devoir assurer l'avantage aux Byzantins mais les Normands, qui reculaient devant les Anglais au service du basileus, se rassemblèrent à la voix de Sykelgaite et

1 *Alex*, IV, 3, p 195
2 *Alex*, IV, 4 p 197 Lup Protospat ad an 1082 G Ap IV, 312 Malaterra, II, 37
3 *Alex*, IV 5, p 203 Cf pour tout ce qui suit Chalandon *op cit*, p 78 et suiv et B Dentzer, *Topographie der Feldzuge Robert Guiscards gegen das byzantinische Reich*, tirage à part de *Festchrift des geographischen Seminars der Universität* (Bresslau 1901), in-8°

revinrent au combat La trahison du roi de Serbie, Bodin, et des auxiliaires turks qui se retirerent sans prendre part à l'action, entraîna le déroute complete de l'armee imperiale Comnene sans suite et sans escorte erra plusieurs jours à travers les montagnes Pendant qu'il s'enfuyait vers Ochride il écrivit aux defenseurs de Durazzo pour les encourager à la resistance La situation de la ville était critique, car Durazzo se trouvait alors privé de son chef, Paléologue, qui n'avait pu rentrer dans la place Alexis confia la défense de la citadelle à la colonie venitienne établie dans la ville et celle du reste de la place à un Albanais

La victoire, remportée devant Durazzo, donnait à Guiscard toute l'Illyrie, car la prise de la ville n'était plus qu'une question de temps, et Robert n'avait rien à redouter de l'empereur, qui cherchait en vain à rassembler une nouvelle armee Guiscard s'etablit à Deabolis d'ou il continua à maintenir le blocus de Durazzo. Le 21 fevrier 1082, la trahison donnait aux Normands entrée dans la place assiegée [1]. D'apres l'*Alexiade*, les Vénitiens et les Amalfitains qui formaient la majorité de la population de Durazzo, effrayés par la perspective d'un long siege, auraient rendu la ville D'apres les chroniqueurs normands, un Vénitien livra Durazzo à Guiscard, sur la promesse que celui-ci lui donnerait une de ses nieces en mariage Tout semblait donc devoir favoriser le conquérant normand, lorsque, au printemps 1082, il se remit en campagne, la marche sur Constantinople ne paraissait pas offrir de grandes difficultés

On croyait la situation de l'empire désespérée, tout tremblait devant l'invasion, et beaucoup de soldats et d'officiers grecs passaient à l'ennemi Guiscard n'eut qu'à paraître devant Kastoria pour voir la garnison lui laisser la place il soumit sans combat tous les environs [2] Mais soudain les nouvelles venues d'Italie vinrent arrêter le duc dans sa marche en avant les intrigues d'Alexis avaient porté leurs fruits

Les succes, qu'il avait remportes en Allemagne, permirent à

---

1 Malaterra,III, 27-28, G Ap IV, 449, *Anon Bar*, ad an 1082, Lupus Protospat, ad an 1082, donne janvier, *Alex*, V, 1, p 223
2 Malaterra, III, 29

Henri IV de descendre en Italie, en 1081 [1]. Il emmenait avec lui
Guibert, archevêque de Ravenne qu'il avait fait élire pape au
mois de juin précédent. Guibert avait pris le nom de Clément III
Henri IV avait été obligé de laisser des troupes en Allemagne
et descendit en Italie avec une armée peu nombreuse, espérant
semble-t-il, qu'une alliance avec Guiscard lui fournirait les soldats dont il avait besoin Nous avons vu que les tentatives faites
à ce sujet échouèrent, elles avaient néanmoins fort inquiété Grégoire VII, qui craignait que la nouvelle de la défection de Guiscard
ne jetât le découragement parmi les Romains. Le 22 mars 1081,
Henri IV parut devant Rome et campa dans les prés de Néron,
mais il n'obtint aucun avantage et fut peu après obligé de retourner en Lombardie

La venue de l'empereur n'avait pourtant pas été inutile et le
bruit de la prochaine chute de Rome s'était répandu dans l'Italie
méridionale, où tous les sujets des Normands formèrent, au
dire de Pierre Diacre, le projet de passer à l'empereur et de se
soulever contre leurs maîtres Il me paraît qu'il faut entendre
ce que nous dit Pierre Diacre seulement des Lombards des
anciennes principautés de Capoue et de Bénévent, car il ne semble
pas que l'idée d'une alliance avec Henri IV soit venue aux villes
du midi [2]

Les Normands eurent connaissance du projet de rébellion et
entamèrent eux-mêmes des négociations avec Henri IV Ce fut
Jourdain de Capoue qui les dirigea Dès que Grégoire VII en
eut connaissance, il excommunia Henri, Jourdain et leurs partisans [3]. Jourdain obtint de l'empereur l'investiture de la principauté de Capoue

Cependant, au début de 1082, Henri reparut devant Rome ce
nouveau siège n'eut pas plus de résultat que le précédent mais
Henri IV en se retirant, en mars, laissa, à Tivoli, l'antipape Clément III, auquel il confia des troupes pour continuer les hostilités
contre Grégoire VII. Celui-ci était très inquiet, il avait vu les

1 Meyer von Knonau, op cit, t III p 343 et suiv
2 Pet Diac, III, 50
3 Reg, VIII, 49, p 501

Normands passer a l'empereur, ceux-ci avaient decide l'abbé du Mont-Cassin a venir trouver Henri IV, a Albano, le malheureux Didier, partagé entre l'intérêt de l'Eglise, celui de son abbaye et le sien propre, jouait un rôle fort louche que l'on devait certainement interpreter a Rome dans le sens le plus défavorable [1] En même temps, le pape voyait ses partisans persécutés et craignait une alliance de Naples avec le prince de Capoue En cette occurrence, il ne pouvait guère compter sur l'aide du comte de Sicile, occupé par une revolte partielle de ses Etats, le fils de Guiscard, Roger, n'était pas davantage en etat d'intervenir dans les affaires romaines Les intrigues d'Alexis avaient en effet réussi a amener en Pouille un soulevement, dont Abelard et Hermann furent les chefs Le dernier nommé s'empara de Cannes, tandis que Geoffroi de Conversano assiegeait Oria En même temps, Bari se révoltait a son tour, ainsi que Melfi, Troia et Ascoli se soulevaient contre Roger, fils de Guiscard Henri, comte de Sant Angelo paraît egalement avoir cherche à secouer l'autorite du duc [3]

Grégoire VII [4] écrivit donc à Robert pour lui rappeler ses promesses et lui demander son aide. La missive qu'il envoya n'était pas scellee de sa bulle, car il craignait, explique-t-il que si la lettre tombait entre les mains de ses ennemis, ceux-ci n'abusassent de son sceau

En recevant ces nouvelles, Guiscard se decida immediatement a revenir Laissant le commandement de l'expedition a Bohemond, il s'embarqua et, seulement avec deux vaisseaux, gagna Otrante (avril 1082) A la tête des troupes de son fils Roger, il gagna aussitôt Rome, il voulait, cela paraît évident empecher la jonction d'Henri IV avec les rebelles de la Pouille Quand Guiscard arriva devant Rome, Henri IV etait déjà parti pour la Lombardie, laissant à Tivoli l'antipape Clement III avec une grande

1 Cf Hirsch, *op cit*, p 82, note 1
2 Malaterra, III, 30, p 685
3 G Ap, IV, 506 et suiv *Anon Bar* ad 1083 Malaterra, III 34 cf di Meo, *op cit*, t VIII, p 228
4 Reg, VIII, 40, p 491

partie des troupes allemandes [1], Robert put donc retourner
en Pouille La nouvelle de son arrivée avait suffi pour décider
Geoffroi de Conversano a lever le siège d'Oria [2] Nous sommes
tres mal renseignés sur toute cette periode Guiscard dut conduire une serie d'expéditions pour venir a bout des rebelles qui
s'étaient dispersés Avant le mois de septembre la situation
parut à Abelard si compromise qu'il partit pour Constantinople
afin de chercher des secours auprès de l'empereur grec [3] Des le
début de 1083, Guiscard etait de nouveau maître de la ville de Bari,
a laquelle il imposa une lourde contribution En mai, il alla
assiéger Cannes ou s'était réfugié Hermann, la place tomba
entre les mains du duc de Pouille, le 10 juin [4] Le mois suivant
Guiscard, aide de son frere Roger, alla ravager les terres de Jourdain de Capoue, mais cette expédition ne dut pas donner de
grands résultats car le comte Roger fut rappele en Sicile par la
révolte de son fils, Jourdain [5]

Dès ce moment, Guiscard s'occupa d'organiser pour le printemps
suivant, une expédition contre Henri IV [6] Il semble etonnant, au
premier abord, que Robert ne soit pas intervenu dans les événements dont nous allons voir que Rome fut le theatre pendant
toute l'annee 1083 Il faut pour comprendre sa conduite, songer
qu'il fut tenu, pendant les six premiers mois de l'année, par la
révolte de la Pouille et que, au moment où il se dirigeait vers le
nord, il se vit enlever les soldats du comte de Sicile A la fin de
1083, Guiscard, dont presque toutes les troupes étaient en Grece,
devait avoir tres peu d'hommes avec lui, c'est ce qui explique son
intervention tardive a Rome

Henri IV, en effet, avait reparu devant la ville éternelle, vers le
début de 1083, et en avait de nouveau recommence le siege Il
campait dans les pres de Neron [7] Durant tout l'hiver et le prin-

1 Lupus Protospat, ad an 1082, Romuald de Salerne, M G H SS t XIX,
p 410 Et Bonizo, *loc cit*, t I, p 613
2 Malaterra, III, 34
3 Lupus Protospat, ad an 1082
4 *Ibid*, ad an 1083 *Anon Bar* ad an 1083
5 Malaterra, III, 35 36
6 *Ibid*, III, 35
7. Meyer von Knonau, *op cit*, t III, p 470 et suiv

temps, il ne remporta aucun avantage notable, mais enfin, le 2 juin 1083, il réussit à occuper la cité Léonine, et Gregoire VII dut se réfugier au château Saint-Ange Guiscard, pour les raisons que j'ai exposees, ne pouvait secourir le pape dont la situation parut très compromise Mais s'il ne vint pas, Guiscard envoya à Gregoire VII de l'argent dont celui-ci se servit pour gagner les Romains [1] Cependant le découragement prenait même les partisans les plus fidèles de Gregoire VII, Hugues de Cluny et Didier cherchaient à amener un accommodement Il semble qu'Henri IV ait accepté cette idée, sans doute, il devait se rendre compte de la pauvre figure que faisait son pape en face de Gregoire VII Seul, ce dernier, supportant les revers avec une energie indomptable, se refusait à tout accord, tant qu'Henri IV ne se serait pas soumis On finit pourtant par convenir qu'un synode serait tenu à Rome, dans le courant de novembre, pour juger du débat entre le pape et l'empereur Celui-ci promit de laisser venir au concile tous les évêques, mais en même temps, il cherchait à gagner des partisans dans Rome, en disant qu'il voulait recevoir la couronne imperiale des mains de Gregoire VII [2] Il reussissait ainsi à jeter sur le pape tout l'odieux de la continuation des hostilites Henri obtint des chefs de l'aristocratie romaine que, à une certaine date, on le couronnerait, avec ou sans l'assentiment de Gregoire VII et se fit livrer des otages L'empereur s'éloigna pendant l'eté, il revint au moment du concile. Malgré que la situation fut presque desespérée, Gregoire VII était plus que jamais décide à ne pas ceder à l'empereur, qui, pour se créer dans le concile une majorité, avait empêche les partisans les plus connus du pape de venir à Rome Celui-ci, malgre les supplications de son entourage, ne craignit pas, le 20 novembre d'excommunier de nouveau l'empereur pour n'avoir pas laissé les évêques se rendre au concile [3]

Henri IV revint vers la fin de l'annee, c'etait le moment que les Romains lui avaient fixe pour son couronnement, ils furent

1 Lupus Protospat, ad an 1082
2 Meyer von Knonau, *op cit*, t III, p 487
3 *Id*, *op cit*, t III, p 498

obliges de faire connaitre au pape le serment qu'ils avaient fait,
en disant pour s'excuser, qu ils avaient promis à Henri IV, non
pas que le pape lui donnerait une solennelle consécration, mais
seulement qu'il lui donnerait la couronne Le pape les releva de
leur serment et déclara qu'il était prêt a donner a Henri IV la
couronne « avec justice » Nous ne savons pas a quelle cause
il faut attribuer le revirement qui eut lieu alors chez les Romains,
peut-être fut-il dû à l argent envoyé par le duc de Pouille

Le debat se prolongeait donc sans qu'on pût entrevoir comment
on arriverait a une solution Au début de 1084 Henri voulut
enlever au pape l espoir qui lui restait d une intervention de
Guiscard et quitta Rome pour descendre dans l'Italie du Sud [1]
Il fut brusquement rappelé par une ambassade des Romains, qui,
fatigués de la lutte, lui firent offrir de lui remettre la ville [2] Le
21 mars 1084, Henri faisait son entrée dans Rome par la porte
Saint-Jean , le 24, il faisait couronner l antipape, Clement III,
après avoir fait déposer Grégoire VII, et, le jour de Pàques
(31 mars) il recevait dans la basilique de Saint-Pierre la couronne impériale des mains de Clément III, puis s installait au
Latran

Cependant Grégoire VII tenait toujours dans le château Saint-
Ange et ses partisans occupaient encore le Palatin et le Capitole [3]
Le pape, voyant l'imminence du danger, envoya a Guiscard Jaren-
ton abbé de Saint-Bénigne, et quelques cardinaux pour lui demander prompte assistance [4] Pendant ce temps, l empereur réussissait
a occuper le Palatin et le Capitole [5] Il lui fallut assez longtemps pour
terminer ces sieges et il semble qu il n ait pas encore été completement maître de la ville quand, au début de la seconde quinzaine
de mai, il reçut de l'abbé du Mont-Cassin l annonce de l arrivée
prochaine de Guiscard a la tête d'une armée formidable Désireux

---

1 Meyer, von Knonau, op cit , t III, p 522 et suiv
2 Cf Bernold ad an 1084, dans M G H SS , t V, p 440
3 Pet Pis , ed Watterich, op cit , t I, pp 306-307
4 Hugues de Flavigny, M G H SS , t VIII, p 462 Donizo, Vita Mathildis II, 224, M G H SS , t XII, p 384 Landolf, Hist Mediol , III, 33,
M G H SS , t VIII, p 100
5 Cf Stumpf, op cit , n° 2865

de ne pas se compromettre, Didier faisait en même temps avertir Grégoire VII

Il est certain que Guiscard ne voulut pas marcher contre
Henri IV avant d'être certain du succès Il avait mis le temps
à profit et, résolu à en finir avec les Romains et les Allemands,
il s'avançait à la tête d'une armée que l'on doit évaluer au moins
à trente mille hommes [1] Henri IV n'attendit point le duc de
Pouille, il avait quitté la ville, depuis trois jours, quand, le
24 mai, l'armée normande vint camper sous les murs de Rome
devant la porte Saint-Jean, près de l Aqua Marcia [2] Les Normands demeurèrent trois jours sans attaquer La garnison impériale se concentra dans la région du Latran Tandis que toute
l attention des Allemands était portée de ce côté, Guiscard, sans
doute pendant la nuit, tourna la ville et amena ses troupes devant
la porte Flaminienne, en même temps, un corps de cavaliers, aidé
par quelques Romains, pénétrait par la porte San Lorenzo et
traversant la ville, sans rencontrer de résistance, venait ouvrir à
l'armée la porte Flaminienne Au bruit de l'entrée des Normands
dans Rome, la garnison allemande se porta du Latran vers les
quartiers envahis tandis que les Romains du parti de l'empereur prenaient les armes Une bataille terrible s'engagea dans la
région du Champ-de-Mars et dans la Via Lata Les Normands
voulaient gagner le château Saint-Ange et pour empêcher les
habitants de leur disputer le passage, ils incendièrent tous les
quartiers qu ils traversèrent [3] « Les Romains ne purent rien et
Robert détruisit et réduisit à néant tout le quartier où se trouvent
les églises San Silvestro et San Lorenzo in Lucina » Guiscard
ayant réussi à atteindre le château Saint-Ange, délivra Grégoire VII qu il remit en possession des basiliques de Saint-Pierre
et de Saint-Jean A travers les ruines encore fumantes, le pape
au milieu des escadrons normands fut conduit au Latran

1 Wido Ferr, c 20, dans *Libelli de lite*, etc, t 1, p 549 G Ap, IV,
563, Pet Diac III, 53
2 Wido, *loc cit*, p 549, Malaterra III, 37 *Lib Pont* t II, p 290
Pet Diac, III, 53 Berthold de Constance paraît indiquer qu Henri IV fut
battu par Guiscard, AA SS, t VI, mai, p 147
3 *Lib Pont*, t II p 290 Wido, *op cit*, p 549

Ce premier sac de Rome devait avoir un lendemain Guiscard avait etabli ses troupes dans les environs du Latran, il est probable que le pillage de la ville durait toujours, quand les Romains se soulevèrent et blessèrent un soldat normand[1] La lutte reprit alors partout, on se battit particulièrement du côté du Colisée et du Latran, Guiscard surpris, ne dut son salut qu'a l'arrivée des cavaliers de Roger la ville fut mise à feu et à sang, tous les quartiers avoisinant le Latran et le Colisée furent incendiés Un grand nombre d'habitants furent massacrés, beaucoup d'églises détruites, et les femmes enchaînées furent violentées et conduites au camp normand où on les vendit comme esclaves ainsi qu'un grand nombre d'habitants [2]

Guiscard s arrêta peu a Rome, en compagnie de Grégoire VII il entreprit de soumettre la campagne romaine Il echoua devant Tivoli ou etait l antipape, et se contenta d incendier tous les environs, brûlant les maisons et les moissons et coupant les arbres [3]. Il reprit Sutri et Nepe et rentra a Rome, le 28 juin. Les succes remportes a la même epoque par la comtesse Mathilde achevèrent la defaite d Henri IV

Cependant Guiscard ne songeait qu a reprendre ses projets de conquête contre les Grecs Grégoire VII, d'autre part, ne pouvait demeurer a Rome a cause de la haine que lui avait attirée l incendie de la ville, il partit donc avec le duc qui le conduisit au Mont-Cassin, a Bénévent et enfin a Salerne, où il devait demeurer jusqu'a sa mort [4]

Le depart de Guiscard avait amené l echec complet de l expédition commencée contre l'empire grec Le retour du duc de Pouille en Italie paraît avoir modifie le plan de campagne de l'armée normande, nous voyons, en effet Bohemond interrompre aussitôt apres le départ de Robert la marche en avant Il est probable qu il obéit aux ordres de son pere, qui dut lui prescrire de mettre a profit son absence pour occuper et sou-

1 Cf Berthold de Constance, dans AA SS , t VI de mai, p 147
2 Bonizo, *loc cit*
3 Wido Fer *loc cit*.
4 Sur l incendie de Rome, cf les vers d Hildebert de Tours, dans Gregorovius, *Storia della citta di Roma nel medio evo* (Rome, 1900), t II, p 349

mettre les provinces occidentales de l'Empire grec, et d'attendre
son retour pour marcher sur Constantinople Bohemond quitta
donc Kastoria, au printemps 1082, pour aller mettre le siège
devant Joannina C'est précisément dans cette région qu'habitaient les Valaques avec qui Guiscard avait eu probablement des rapports en 1066 [1] Comme nous savons, par ailleurs,
que les Valaques, étaient peu soumis a l'empire grec, on est je
crois, en droit de supposer qu'il y eut entente entre eux et les Normands, car autrement la conduite de Bohémond, qui, pour aller de
Kastoria vers Joannina, franchit la chaîne du Grammos en laissant derriere lui toute une série de places encore aux mains des
Grecs, s'expliquerait difficilement Il est probable que sachant
pouvoir compter sur l'appui des Valaques Bohemond se dirigea
de ce côté afin d'avoir, vers le sud, une base d'operation solide,
comme celle que Durazzo lui fournissait au nord

Dans le courant de mars 1082 Alexis Comnene avait réussi a
rassembler une nouvelle armée et se tenait prêt, depuis lors, a
entrer en campagne Au mois de mai, le basileus apprit que
Bohémond avait mis le siege devant Joannina et ravageait la
région voisine il alla aussitôt au secours de la place assiégée et
vint présenter le combat a Bohémond Instruit par sa première
défaite de la solidité des rangs normands, Alexis modifia l'ordre
de bataille des troupes grecques Il imagina, en outre, de lancer
sur l'ennemi des chars munis de longs pieux, destinés à rompre
les files des fantassins Bohémond, sans doute prévenu, changea
l'ordre de bataille de son armée et le stratagème d'Alexis fut
complètement inutile. Comme devant Durazzo, les Grecs furent
vaincus Bohemond remporta peu apres une nouvelle victoire,
pres d'Arta il défit complètement une nouvelle armee que
Comnene avait réussi à lever

Ces défaites successives avaient tellement affaibli les Byzantins que Bohemond put sans inconvenient diviser ses forces afin
d'occuper plus rapidement le pays Les habitants croyant a la
chute définitive de l'Empire se donnerent aux Normands

1 Cf , sur toute cette campagne d'Alexis Comnene et de Bohemond,
Chalandon, op cit , p 85 et suiv

Ochride même, le foyer de l'hellenisme dans cette région et la résidence de l'archevêque de Bulgarie, passa a l'ennemi

Tandis que Bohémond va lui-même occuper cette place importante il envoie Pierre d'Aulps, qui devait peu apres entrer au service de Byzance et fonder à Constantinople une famille illustre, occuper les deux Polobos Pendant ce temps, Raoul de Pontoise s'installait a Skopia, place qui commande le haut bassin du Vardar Bohemond, etabli à Ochride, ne put s'emparer de la citadelle, defendue par l'Armenien Ariebès, il échoua également devant Ostrovo, mais prit Veria, Servia, Bodena et Moglena où il laissa des garnisons, puis se dirigeant vers la vallée du Vardar, il alla camper a Aspia Ecclesia, ou il séjourna trois mois Pendant ces operations, les troupes grecques, n'etant pas assez fortes pour courir les chances d'une bataille, resterent en observation

Tandis que Bohemond occupait ainsi le pays, Alexis Comnene n'etait pas inactif, et je crois qu'il faut voir le resultat de ses intrigues dans la conjuration de trois des principaux officiers de Bohemond, Raoul de Pontoise, Renaud et Guillaume Découverts, deux des conjures furent pris et punis, seul Raoul de Pontoise put gagner Byzance, ou il prit du service

Continuant le cours de ses conquêtes Bohemond occupa successivement Pélagonia, Tzibikon et Trikala De Trikala il envoya des troupes bloquer Larissa, ou il voulait hiverner Lui-même vint assieger cette place, qui, defendue par Léon Kephalas, resista six mois La campagne, dont je viens d'indiquer les grandes lignes, avait rendu Bohemond maître de toute la région montagneuse, qui forme l'Albanie et la Thessalie, elle remplit, sans doute, l'ete et l'automne 1082 et ce dut être au début de l'hiver que commença le siege de Larissa Au printemps 1083, Alexis tenta avec une armee de secours de faire lever le siege de Larissa, en arrivant pres de Trikala, le basileus apprit la detresse où etait la place assiegée, qui commençait à manquer de vivres

Les rencontres précédentes faisaient craindre a Comnene une bataille rangee; il eut donc recours a un stratageme Ayant revêtu son beau-frere Mélissénos des insignes impériaux, il alla se placer en embuscade. Bohemond, croyant que le gros de l'armee était là

où il apercevait l'empereur, attaqua les troupes conduites par
Melissénos Celles-ci s'enfuirent au premier choc, tandis que les
Normands étaient occupés à les poursuivre, le reste de l'armée
grecque, avec l'empereur, tombait sur le camp de Bohémond et
s'en emparait. Le fils de Guiscard ne put réparer cet échec et fut
obligé de lever le siège. Il réussit pourtant à se retirer sans
être inquiété jusqu'à Kastoria

Les conséquences de ce premier succès remporté par le basileus
furent considérables : les Normands perdirent toute la Thessalie
Comnène ne voulut pas compromettre cet avantage en courant
les chances d'une seconde bataille. D'ailleurs les circonstances
le favorisaient et lui fournirent un champ d'opérations moins
dangereux et plus approprié à son talent de négociateur. Les
causes de mécontentement étaient nombreuses parmi les Normands ; depuis longtemps les soldats ne touchaient plus de solde
et les campagnes successives qu'ils venaient de faire ne leur
avaient pas rapporté de grands bénéfices. Alexis, instruit de
le fait, fit travailler les troupes par ses émissaires il promit honneurs et richesses à ceux qui passeraient à son service.
ses menées réussirent à faire réclamer par les Normands leur solde,
en retard de plusieurs années ; Bohémond, qui n'avait pas d'argent, se vit contraint de retourner en Italie pour tenter de trouver
la somme nécessaire au paiement de l'arriéré. Il partit laissant
ses lieutenants, Bryenne à Kastoria, et Pierre d'Aulps à Polobos

A peine Alexis apprit-il l'heureux succès de ses intrigues,
qu'il songea à pousser plus loin ses avantages. Kastoria était
une des places importantes de la Macédoine et le basileus tenait
à ne pas la laisser aux mains des Normands. Il vint attaquer la
ville, qui demanda bientôt à se rendre. La plupart des soldats de
Guiscard entrèrent au service de l'empereur, Bryenne, presque
seul, refusa les propositions qui lui furent faites et regagna son
pays, après avoir pris l'engagement de ne plus porter les armes
contre l'Empire. La prise de Kastoria est d'octobre ou de
novembre 1083

La fortune avait définitivement tourné en faveur du basileus,
car, l'été de la même année, une flotte gréco-vénitienne avait paru
devant Durazzo et enlevé la ville aux Normands. Tous les résultats de l'expédition de 1082 étaient donc perdus

Les évenements que nous avons rapportés plus haut empê-
chaient Guiscard de venger immédiatement les revers subis par
ses soldats. Mais à peine en eût-il fini avec l'empereur germanique qu'il commença les préparatifs d'une nouvelle expédition.
A l'automne 1084, tout était pret, le duc, ayant réuni une flotte
de 150 vaisseaux, s'embarqua à Otrante. Guiscard trouva que
ses États étaient suffisamment pacifiés pour lui permettre d'em-
mener ses trois fils Bohémond, Roger et Guy ce dernier, gagné
par Alexis, était tout disposé à trahir son père.

Le duc envoya Roger et Guy occuper Avlona; lui-même, avec
le gros de l'armée, se dirigea vers Butrinto. Il voulait aller à
Corfou, qui était retombée aux mains des Grecs, mais l'état de la
mer le retint deux mois à Butrinto (jusqu'en novembre). Quand
il arriva vers l'ile, il y trouva la flotte vénitienne. La République
avait trouvé son compte à secourir l'empire grec les années
précedentes, et, à la première demande d'Alexis, elle envoya sa
flotte joindre celle des Grecs. Mais deja Guiscard avait traversé.
Les flottes alliées étaient au cap Passaron, sur la côte orientale de
l'ile, tandis que celle de Guiscard était à Cassiope. Ce fut là que
les navires grecs et vénitiens vinrent attaquer les Normands.
Ceux-ci furent battus deux fois à trois jours d'intervalle. Tandis que les Vénitiens, croyant tout terminé, envoient annoncer
ce succès à Venise, Guiscard, avec les vaisseaux qui lui restaient,
attaque à l'improviste la flotte ennemie dont les navires étaient
disperses et remporte devant Corfou une victoire complete.
D'après Anne Comnene, il y aurait eu 13 000 tues et 2 500 prisonniers. Ce succès inespéré permit au duc de reprendre Corfou; il alla ensuite prendre ses quartiers d'hiver sur les bords
du Glykys, mit ses vaisseaux à terre et gagna Bundicia.

Durant l'hiver, une épidemie terrible ravagea l'armée normande.
Bohémond malade fut obligé de retourner en Italie. Au début de
1085, l'expédition se trouva tres affaible. Pourtant au commencement de l'été, Robert envoya son fils Roger occuper Képhalonie. Au bout de quelque temps, il se mit lui-même en route pour
aller prendre le commandement de l'expédition, mais il tomba
malade, et fut obligé de s'arrêter au promontoire d'Ather, à l'extrémité nord de l'ile. C'est là qu'il mourut le 17 juillet 1085,

entouré de Sykelgaite et de Roger, son fils, qui a la nouvelle de
la maladie de son pere, avait quitté son camp pour se rendre
auprès de lui [1]

Avec Guiscard se clôt ce que l'on pourrait appeler la periode
heroïque de l'histoire des Normands d'Italie Sans doute son fils
Bohemond entreprendra des guerres lointaines, mais la premiere
croisade n'est plus une expedition purement normande, elle est
internationale, et quand Bohémond viendra en Occident combattre
les Byzantins, il agira comme prince d'Antioche plus que comme
seigneur de Tarente

De son mariage avec Sykelgaite, Guiscard laissait trois fils
Roger, Guy et Robert, et au moins sept filles [2] Hélène, la fiancée
de Constantin, Mabille, qui avait epouse Guillaume de Grantmesnil, Sibille, qui épousa Ebles, comte de Roucy [3], une quatrième
fille, dont nous ne savons pas le prénom, qui épousa Hugues, fils
du marquis d'Este, Azzon, Mathilde, qui épousa Raimond Béranger II, comte de Barcelone, et en secondes noces Aimeri Ier,
vicomte de Narbonne [4], Cécile, et Gaitelgrime, qui épousa Dreux,
puis Anfroi [5] De son mariage avec Auberée, Guiscard avait eu
Bohemond

Sykelgaite avait su prendre une très grande influence sur Guiscard, elle paraît avoir d'ailleurs eté tout a fait la femme qui
convenait a Robert et plus d'une fois les chroniques mentionnent
la part qu'elle prit aux combats livrés par son mari L'ascendant
qu'elle conquit sur Guiscard lui permit de faire, à diverses
reprises, désigner par celui-ci, comme successeur, son fils, Roger,

1 G Ap, V, 295
2 Malaterra, IV, 8, 21 *Hist invent S Sabini*, AA SS 9 fevrier, p 330,
Aime, VIII, 33, *Aler*, I, 62 Ughelli, *op cit*, t IX p 292 Muratori,
Ant It, t I, p 900 Cf le diplôme de Sykelgaite, de decembre 1089,
ind XII, donnant a l'archevêque de Palerme la dime des Juifs de cette ville,
dans Mongitore, *Bullae privilegia et instrumenta Panormitanae metropoli-
tanae ecclesiae*, p 6 Cf Ducange, *Les familles normandes*, pp 347-349
3 Roucy, dep de l'Aisne, arrond de Laon
4 Cf AA SS, 9 fevrier, p 329, *Histoire de Languedoc* (n ed), t III,
pp 433, 501, 568, 573, 614, et t IV pp 250 et 479
5 Gaitelgrime est mentionnee dans un diplôme de 1086 Archives de la
Cava, C 2 Cf Muratori, *Ant It*, t V, p 786 Sur Cecile, cf *Cod dipl
Bar*, t V, p 20

au détriment de Bohémond, mesure qui devait amener une longue période de troubles

Guiscard, en mourant, laissait ses Etats absolument pacifiés, il avait réussi, on a vu avec quelles difficultés, a se faire reconnaître comme suzerain par tous les seigneurs de l'Italie du Sud C'est a lui qu'il convient de faire honneur de la fondation de l'État normand d'Italie, car c'est lui qui le premier eut l'idée, qu'il réussit à réaliser, de réunir en un seul Etat les divers comtés etablis par ses compatriotes Il put arriver a s'imposer parce que, après la mort d'Onfroi, il avait su se créer une force militaire considérable qui, jointe a celle que lui laissa son frere, lui permit dès le debut de se faire obeir Plus tard, son alliance avec Roger de Sicile contribua beaucoup à l'etablissement définitif de sa suprematie Tres fin politique, Guiscard sut tirer un merveilleux parti des besoins de la papauté Que de chemin parcouru de la bataille de Civitate a la sortie de Grégoire VII de Rome, en 1084! Ce fut par sa conduite envers la papauté que Robert arriva a faire legitimer ses conquêtes Il n'est pas besoin d'insister sur ses talents militaires, toute son histoire en fournit la preuve la plus eclatante L'organisation qu'il sut donner a ses Etats ne fut pas moins remarquable, comme on le verra ailleurs [1] D'un caractere absolu, Guiscard sut maintenir dans sa famille l'obéissance la plus parfaite, pas un de ses fils ne se revolta contre lui Avec Guiscard se termine la période brillante du duche de Pouille et la décadence commence Il allait s'écouler pres d'un demi-siècle avant que la fondation du royaume de Sicile vînt jeter un nouvel eclat sur l'histoire des Normands d'Italie

[1] Cf t II troisième partie, chapitre III

CHAPITRE XII

Au moment où Guiscard mourut, Bohémond se trouvait en
Italie [1], son frere, Roger Borsa, que le duc avait désigne comme
son héritier, craignit que le fils d'Auberée ne mît à profit son
absence pour s'emparer de l'heritage paternel, il chercha donc
aussitôt à s'assurer l'appui du gros de l'armee, que son père
avait laissee a Bundicia C'est là ce qui explique ses premieres
allées et venues Roger s'embarqua au cap Ather et gagna Bundicia, sur les bords du golfe d'Arta, il parait avoir été reconnu
sans difficulté par l'armée comme successeur de son père [2] Aussitôt après, Roger retourna à Képhalonie pour prendre celles des
troupes qu'il avait conduites à la conquête de l'île [3]. Son départ
de Bundicia, au dire de Guillaume de Pouille, fut suivi d'une
panique, affolee par la mort de Guiscard, l'armée se serait
débandee et aurait cherché à gagner l'Italie, le plus rapidement possible Peut-être ne faut-il voir dans le pittoresque tableau
que Guillaume de Pouille trace de cette panique, qu'une fiction
poétique, et peut-être, en decrivant la terreur qui s'empara de
l'armee a la nouvelle de la mort de Robert, le poète a-t-il simplement voulu rehausser le prestige de son héros afin de pouvoir
s'écrier

> Mors unius erat multorum causa pavoris

Il doit pourtant y avoir un fonds de verite dans le récit de
Guillaume de Pouille, mais je serais porté à attribuer la deban-
dade de l'armée normande a une attaque inopinée des Grecs

---

1 G Ap , V, 223
2 Ibid , V, 345-347
3 Ibid , V, 372-387 Orderic Vital, l VII, t III, p 188

Les sources, il est vrai, ne mentionnent aucune bataille, mais il est bien difficile d'expliquer, sans cette hypothèse, la soumission de la plus grande partie des troupes normandes aux Byzantins Même en admettant que certains vassaux de Guiscard aient été favorables aux Grecs, on ne peut guère justifier les paroles du poète sans admettre au moins un avantage partiel des Byzantins

De Képhalonie Roger regagna avec sa mère l'Italie, ils ramenaient avec eux le corps de Guiscard Durant la traversée, une tempête s'éleva, le cadavre du duc tomba à l'eau, et ce fut à grand'peine qu'on l'en retira Enfin les navires finirent par atteindre Otrante

La hâte que Roger avait apportée à se faire reconnaître de l'armée montre qu'il n'était pas sans crainte sur la manière dont il serait accueilli en Italie Il ne fut d'ailleurs pas pris au dépourvu grâce à sa mère Sykelgaite qui guida très habilement sa conduite Tous deux avaient été instruits des difficultés, qui ne manqueraient pas de se produire à la mort de Guiscard, par les événements de l'année 1073 Au moment où, à Bari, Robert avait failli mourir, toutes les compétitions qui devaient se produire à sa mort avaient éclaté, et Sykelgaite avait appris à connaître les partisans sur lesquels son fils pouvait compter Elle avait donc pris à l'avance toutes les mesures propres à assurer à Roger l'héritage paternel Dès avant la mort de Guiscard, Roger s'était assuré l'appui de son oncle, le comte de Sicile, qui, par la disparition de son frère, se trouvait le plus puissant seigneur de l'Italie méridionale [1] Le grand comte fut amené à jouer entre ses neveux le rôle d'arbitre rôle dont il sut admirablement tirer parti pour accroître à la fois son influence et ses possessions territoriales

Nous ne connaissons exactement, ni la date à laquelle Roger revint en Italie, ni ses premiers rapports avec Bohemond Nous savons que, à son retour, Roger fit enterrer son père dans l'église du monastère de la Sainte-Trinité de Venosa [2] Guiscard avait sans doute choisi lui-même ce lieu pour sa sépul-

[1] Malaterra, III, 42
[2] G Ap, V, 401 et suiv

ture, car il avait fait reconstruire l'eglise du monastere Il
reste encore quelques traces de la construction de Guiscard
dans l'eglise actuelle [1]

D apres Orderic Vital [2], Bohémond etait a Salerne quand il
apprit le retour de sa belle-mere et de son frere, craignant
d'être empoisonne par Sykelgaite, il se serait enfui aupres de
Jourdain de Capoue et aurait aussitôt avec celui-ci commencé
les hostilites contre Roger On ne saurait accorder une créance
absolue à ces renseignements, car il faut tenir compte du caractere
légendaire de toute cette partie de l'ouvrage du chroniqueur
normand Orderic raconte, en effet, que Sykelgaite aurait
empoisonne son mari, or ceci est inexact, car Sykelgaite n'était
pas aupres de Guiscard quand il tomba malade, et de plus
l'empoisonnement de celui-ci alors que Bohemond etait en
Italie et Roger a Képhalonie, aurait ete une faute grossiere que
Sykelgaite n'a certainement pas commise Sauf la retraite de
Bohémond a Capoue, il me paraît qu'il n'y a pas lieu
d'ajouter foi au temoignage d Orderic Il est au contraire tres
naturel que Bohémond ait cherché un appui aupres du prince de
Capoue, puisque son frere était soutenu par le comte de Sicile

Ce qu'il y a de certain, c'est que Roger fut reconnu comme
duc de Pouille dans le courant de septembre 1085 [3] L'interven-

1 Cf Bertaux, *I monumenti medievali della regione del Vulture* (Napoli,
1897), in-4° p XII et suiv
2 Orderic Vital, l VII, t III, p 181
3 En août 1086, ind IX Roger compte la 1re année de son règne (Arch
de la Cava, C 5) En août 1088, ind XI, la 3e (Arch de la Cava, C 15) En
septembre 1092, ind 1, la 6e (Arch de la Cava, C 35) En septembre 1049,
ind 3, la 10e (Archives de la Cava, D 2) En septembre 1103 ind 12, la 19e
(Archives de la Cava, I 40) L'année de règne change donc en septembre
Ce que confirment les actes donnes en octobre (Archives de la Cava, C 8,
octobre 1086, 2e année C, 30, octobre 1091, 7e année) Dans l'acte des
archives de la Cava, C 25, octobre 1090, on compte la 4e annee de Roger,
mais cet acte est faux, il a ete compose a l aide de l acte C 8, dans lequel
on a introduit deux nouvelles phrases l'une donnant a l'abbe du monastere
de la Cava la juridiction civile, la seconde autorisant les moines et les hommes
du monastère, dans les *plateae* où ils sont exempts de droits, a jurer sur
les evangiles qu'ils ont le droit de ne rien payer, sans qu'on puisse exiger
d'eux aucune autre justification de leur droit Les deux actes portent les
suscriptions de Hugues, archevêque de Lyon, et de Richard, abbe de Marseille, qui, en 1085 etaient en Italie et ont joué un rôle dans l'élection du
pape, tandis que, en 1089, leur presence a Salerne est improbable Cf *infra*,
p 292, note 4

tion du comte de Sicile facilita beaucoup l'arrivée au pouvoir de son neveu et celui-ci lui en témoigna sa reconnaissance, suivant d'ailleurs ce dont ils étaient convenus, par la remise de tous les châteaux de Calabre. possédés en commun par Roger et Guiscard [1] On a cru qu'il fallait interpréter le passage de Malaterra autrement que je ne le fais et l'on a dit que Roger Borsa avait accordé à son oncle la moitié de Calabre qu'il avait héritée de son père Cette interprétation provient de ce que l'on n'avait pas éclairci la question du partage de la Calabre entre Robert Guiscard et son frère J'ai montré à ce propos que les deux frères avaient été co-propriétaires des châteaux et des villes conquis et qu'il n'y avait pas eu de partage [2] De même, il faut entendre le passage où Malaterra nous rapporte la convention passée entre le fils de Guiscard et son oncle dans un sens restreint Le chroniqueur emploie le mot « *castella* » il s'agit uniquement de châteaux et la preuve en est que, en août 1090, le fils de Guiscard possède encore Tropea, ce qui ne serait pas s'il avait cédé toute la Calabre à un oncle [3]

Le nouveau duc ne tarda pas à être aux prises avec de graves difficultés Le grand comte peu après l'installation de son neveu, fut rappelé de Pouille en Sicile par une attaque des Musulmans, qui, de Syracuse, étaient venus à nouveau ravager les côtes de Calabre, de Nicotera à Squillace A peine Roger de Sicile était-il parti, que Bohémond se révolta contre son frère et occupa Oria, Otrante et Tarente [4] Roger fut obligé de céder à son frère, outre les trois villes dont il s'était emparé, Gallipoli et toutes les possessions de Geoffroi de Conversano, c'est-à-dire presque toute la région qui s'étend de Conversano à Brindisi [5] Ainsi, dès les premiers mois du nouveau règne, les Etats de Guiscard se trouvèrent démembrés et Bohémond réussit à se rendre presque aussi puissant que son frère Nous n'avons pas de détails sur la révolte de Bohémond, tout ce que

1 Malaterra, III, 42
2 Cf *supra*, p 200
3 Gattola, *Acc*, t I, p 204.
4 Malaterra, IV, 1
5. *Ibid* IV, 4

nous savons, c'est que la paix fut retablie entre les deux freres,
des le mois de mars 1086 A cette date, en effet, Sykelgaite donne a
Ourson, archeveque de Bari, ses droits sur les Juifs de cette ville, et
son diplôme est souscrit par Bohemond et Roger [1] Au mois de mai
de la même annee, nous retrouvons les deux fils de Guiscard souscrivant un diplôme par lequel Roger cede a l'archevêque de Bari
les terres de Coccena et Betterano [2] Un autre diplôme, également
du mois de mai, nous montre que les deux freres passèrent
ensemble une partie de ce mois à Salerne, où ils souscrivent tous
les deux le diplôme [3] par lequel Roger accorde a Pierre, abbe
de la Cava, le port de Vietri [4]. Nous retrouvons encore Roger et
Bohemond souscrivant, durant le même mois, un diplôme en
faveur de Béranger, abbe de la Sainte-Trinite de Venosa [5]

Deux diplômes nous apprennent que, durant l'ete 1086, le duc
Roger se rendit dans ses possessions de Sicile Au mois d'août [6],
il etait a Palerme ou nous le voyons donner a l'archevêque Anger
la terre de Gallo [7] dans les environs de Palerme, et quatre vilains à
Misilmeri [8] Pendant son séjour à Palerme, Roger donna a l'abbaye
de la Cava le monastere de la Sainte-Trinité de Bari [9] Bohémond ne paraît pas avoir accompagne Roger en Sicile tandis que
Robert II Guiscard, son frère le suivit, ainsi que Pierron, comte

1 *Cod dipl Barese*, t 1, p 56 et suiv
2 *Ibid*, p 58
3 Archives de la Cava, B 39 Ce diplôme est sûrement donne a
Salerne, bien que la date de lieu ne s'y trouve pas Roger parle en effet du
monastère de la Cava en ces termes « *Quod constructum est foris* hanc
a deo nobis concessam Salernitanam civitatem, » or les diplomes donnes
pour la Cava en dehors de Salerne ne portent jamais cette formule,
le duc, parlant d'une ville où il ne reside pas, dit « *nobis a deo concessam* »,
sans employer le demonstratif, cf v g Archives de la Cava, C 5
4 Vietri sul mare, circond et prov de Salerne
5 Del Giudice, *Codice diplomatico Angioino*, t II, appendice p xxv
Cet acte est vidime dans un diplôme de Charles d'Anjou (1267) la copie
porte la date de 1096, qu'il faut corriger en 1086, ainsi que l'indiquent et
l'indiction et l'annee de regne (1re annee) La correction proposee par l'editeur est inadmissible, car elle ne tient pas compte de l'annee de règne
6 Mongitore, *Bullæ privilegia et instrumenta Panormitanæ ecclesiæ*, p 4
7 Gallo, tout pres de Palerme Cf Mongitore, *op cit*, p 5
8 Misilmeri, circond et prov de Palerme
9 Archives de la Cava, C 5

Histoire de la domination normande — CHALANDON   19

de Lesina, et Roger de Barneville [1] Dès le mois d'octobre 1086, Roger était revenu à Salerne [2] Il commença alors à prendre une part active aux négociations dont la succession de Grégoire VII était l'objet depuis plus d'une année

Grégoire VII était mort, à Salerne, le 25 mai 1085 Sentant sa fin approcher, il avait recommandé au choix des cardinaux Didier, abbé du Mont-Cassin, Hugues de Bourgogne, archevêque de ·Lyon, Othon, évêque d'Ostie, et Anselme, évêque de Lucques Après la mort du pape, on prit toutes les mesures nécessaires pour nommer en paix son successeur Jourdain de Capoue se rendit à Rome, pour assurer l'ordre, il y arriva le jour de la Pentecôte (8 juin) L'antipape ayant été, peu auparavant, chassé de la ville par la population Dès les premiers jours, la candidature de Didier rencontra un grand nombre de partisans et il semblait que la conciliation pût se faire sur son nom car l'abbé du Mont-Cassin était en bons termes avec Henri IV et avec les Normands, mais Didier se refusa à accepter la papauté et conseilla d'attendre les avis de la comtesse Mathilde Comme le temps passait un parti, à la tête duquel paraît avoir été Jourdain, voulut imposer de vive force la tiare à Didier. Celui-ci quitta brusquement Rome et retourna au Mont-Cassin, d'où il se mit à engager les Normands et les Lombards à venir en aide à l'Église [3]

Quels furent les motifs de la conduite de Didier ? Il semble qu'à ce moment Didier ait refusé le pontificat parce qu'il ne trouvait pas son parti assez fort C'est ce qui expliquerait son brusque retour au Mont-Cassin et les démarches qu'il fit pour recruter des troupes Il réussit à en trouver, mais le retour à Rome fut ajourné, à cause de l'été Peut-être aussi Didier, voulut-il voir avant de s'engager, ce qui adviendrait de la succession de Guiscard Vers l'automne, Jourdain offrit à Didier de le conduire à Rome, mais celui-ci refusa à moins qu'on ne lui promît de ne pas le faire pape de force N'ayant pu obtenir cette promesse, il demeura au Mont-Cassin [4]

1 Ils souscrivent le diplôme cité *supra*, p 289, note 9
2 Archives de la Cava, C 8 Il donne un diplôme en faveur de l'abbaye
3 Pet Diac , III, 65
4. *Ibid*

On resta ainsi dans l'incertitude jusqu'à Pâques 1086 (5 avril),
à ce moment, un grand nombre de cardinaux et d'évêques se
trouvèrent réunis à Rome, désireux de faire cesser, au plus vite,
la vacance du siege pontifical, ils demandèrent à Didier et aux
cardinaux qui l'avaient accompagné dans sa retraite, de venir à
Rome, afin qu'il fût possible de procéder à l'élection. On adressa
la même demande à Gisolf de Salerne, qui était revenu récemment
de France, ou Grégoire VII l'avait envoyé en mission.
Gisolf exerçait, sans doute encore, le commandement militaire de
la Campanie que lui avait confié le pape défunt. Le 23 mai, l'assemblée des cardinaux se trouva au complet [1]. La ville était
toujours divisée en deux camps, mais le parti imperial se trouvait privé de son chef naturel, le préfet, qui était prisonnier du duc Roger, sans doute depuis la prise de Rome par
Guiscard. L'antipape était alors à Ravenne [2]. Les cardinaux
se reunirent au pied du Palatin, près de l'église Santa-Lucia.
Malgré les instances qui lui furent faites, Didier refusa formellement le pontificat, et, après s'être entendu avec le chef
du parti pontifical à Rome, Cencio Frangipani, il proposa de
nommer l'évêque d'Ostie; en même temps, comme il prévoyait
que cette nomination souleverait des mécontentements, il s'engagea à fournir au futur pape un asile au Mont-Cassin. On eleva
des difficultés au sujet de cette candidature que l'on prétendit
contraire au droit canon et l'assemblée finit par élire Didier,
qui reçut le nom de Victor III.

Dans toutes ces négociations on n'avait tenu aucun compte du
duc Roger qui dut être peu satisfait de voir le rôle de protecteur
de la papauté joué par Jourdain, de plus, Roger dut être mécontent
de l'importance attribuée à Gisolf, en qui il devait voir un compétiteur toujours possible. Le choix de Didier ne pouvait pas être
agréable au duc qui avait eu des difficultés avec le nouveau pape
au sujet de la nomination de l'archevêque de Salerne. Roger prit
donc une mesure, qui, en amenant le trouble dans Rome, devait

1 Pet. Diac., III, 66
2 Jaffe-L., 5323

lui permettre d'intervenir, il remit en liberté le préfet de Rome[1]
Le résultat de cette manœuvre fut rapide. Quatre jours après son
élection, le nouveau pape était obligé de quitter Rome devant
l'émeute, il s'enfuit par Terracine et vint se réfugier au Mont-
Cassin Il semble bien que l'on ait été surpris par le soulèvement
des Romains, car Jourdain paraît ne pas avoir été à Rome au
moment de l'élection A la nouvelle de ce qui s'était passé, il
vint offrir au pape de le reconduire à Rome avec ses troupes,
mais l'expédition fut encore remise, à cause de l'été.

Tout l'automne 1086 fut occupé par des négociations, sur lesquelles nous sommes mal renseignés L'élection de Victor III avait
mécontenté deux des candidats à la tiare, l'évêque d'Ostie et
Hugues archevêque de Lyon Ce dernier commença aussitôt une
sourde campagne contre Victor III et réussit à recruter un certain
nombre de partisans. Après avoir rejoint Didier au Mont-Cassin,
quelques cardinaux ne s'entendant pas avec lui se rendirent, à
Salerne, auprès de Roger[2] Avec eux, étaient Hugues archevêque
de Lyon, Richard, abbé de Saint-Victor de Marseille, et l'archevêque d'Aix Pierre Gaufridi[3] Nous savons, par un diplôme de
Roger, que Hugues et Richard se trouvaient à Salerne dans le courant d'octobre 1086[4] Sur quoi portèrent les négociations qui
eurent lieu alors ? Nous sommes à ce sujet dans une ignorance complète Sans doute, Roger chercha à obtenir des cardinaux dissidents
que, dans le cas où l'un d'eux serait élu pape, on nommerait au
siège de Salerne le candidat de son choix C'est là, en effet, ce qui,
d'après les négociations postérieures, paraît lui avoir surtout tenu
à cœur Dans tous les cas, on commença à partir de ce moment, à
faire à Didier un grief des relations qu'il avait entretenues avec
Henri IV et de l'excommunication qu'il avait encourue un moment

Victor III décida la réunion d'un concile en mars 1087 Capoue
fut choisie comme lieu de réunion[5] Il ressort de ce choix que le

1 Pet Diac, III, 67
2 Cf une lettre d'Hugues, archev de Lyon, Migne, P L, t 157, col 513
3 Cf Albanès, *Gallia Christ novissima*, p 51
4 Archives de la Cava, C 8
5 Victor III agit encore comme ayant été nommé vicaire apostolique, cf
Hugues de Lyon *loc cit* 512 « *concilium in Capuam sicut illarum partium
apostolicus vicarius congregavit* »

pape est alors entièrement soumis à l'influence de Jourdain et de Gisolf Ce dernier et l'évêque d'Ostie avertirent de la réunion du concile les cardinaux dissidents et en même temps, Jourdain tâchait d'amener Roger à un accommodement il réussit à le décider à assister au concile Quand l'assemblée fut réunie, Victor III déclara qu'il acceptait le pontificat Comptant sans doute sur l'appui du duc, les cardinaux hostiles à Didier lui demandèrent de se justifier des accusations portées contre lui, sur son refus ils quittèrent l'assemblée Le duc ne les suivit pas, il demanda à nouveau à Victor III de désigner son candidat, Alfan, comme archevêque de Salerne et ce fut seulement quand il eut essuyé un refus qu'il se retira à son tour

Quand Victor III vit que Roger songeait à quitter Capoue, il craignit que le duc ne prît le parti des cardinaux dissidents et se décida alors à acquiescer à sa demande Il le fit appeler pendant la nuit et lui accorda la nomination d'Alfan comme archevêque de Salerne Fort de l'appui de Roger, Victor III revêtit les insignes pontificaux Grace à Roger, à Jourdain et à Gisolf, le pape put rentrer à Rome pour s'y faire consacrer Les Normands s'emparèrent de force de la basilique de Saint-Pierre, où l'antipape s'était retranché, et Victor III fut consacré, le 9 mai.

L'appui prêté au pape par le duc de Pouille eut pour résultat de détacher l'évêque d'Ostie du parti d'Hugues de Lyon et ce fut lui qui consacra le pape Au bout de quelques jours, Victor III s'éloigna de Rome ou il fut rappelé peu après par la comtesse Mathilde, qui l'installa au Latran Vers la fin de juillet, le pape regagna le Mont-Cassin, en août, il se rendit à Bénévent d'où il excommunia les cardinaux dissidents, puis revint au Mont-Cassin où il mourut en septembre[1] Balloté entre ses craintes et son désir d'être pape, Victor III eut un pontificat lamentable On ne voit guère ce que Roger gagna à l'appuyer, la nomination d'un candidat de son choix à l'archevêché de Salerne n'était pas une récompense suffisante, et il semble bien que l'archevêque de Lyon avait raison, quand il écrivait que le duc avait été trompé par le prince

1 Cf Hirsch, op cit, dans *Forschungen*, t VII, p 91 et suiv

de Capoue Celui-ci avait tout intérêt à voir l'ami de sa maison devenir pape, car il pouvait espérer tirer de ce choix de grands avantages La mort de Victor III empêcha de se réaliser toutes les espérances que Jourdain avait pu concevoir

Au mois de mai 1087, Roger accorda à Guillaume, abbé du monastère San Angelo de Mileto l'église de San Filippo a Aiello Il est curieux de voir que le diplôme est souscrit par l'archevêque de Palerme Auger, Gautier, évêque de Malvito, Constantin évêque de Venosa, Pascal, évêque de Bisignano, Robert, évêque de Firenzola Tous ces prélats avaient sans doute assisté au concile [1]

A la fin de l'été 1087, ou tout au début de l'automne, Bohémond et Roger, qui en juin, souscrivaient ensemble un diplôme pour Ourson, archevêque de Bari, se déclarèrent la guerre sans que nous sachions exactement pour quels motifs [2] Bohémond avait su se créer des partisans parmi les vassaux de son frère, il gagna Mihera, fils d Hugues Falluca et seigneur de Catanzaro, et l amena à désavouer le duc Roger, son légitime seigneur [3]

Bohemond commença les hostilités en essayant de surprendre son frère à Fragneto près de Bénévent [4] Il échoua complètement et gagna Tarente où il était en octobre Les succès, qu'il remporta dans le midi, compensèrent bientôt sa première défaite Bohémond entraîna dans son parti Hugues de Clermont ' et sut gagner plusieurs villes entre autres Rossano et Cosenza Il promit aux habitants de cette dernière ville, de démolir, s'ils se donnaient à lui, le donjon construit par son frère Tandis que Bohemond assiégeait la citadelle de Cosenza, Roger rassemblait des troupes et, en même temps, faisait demander assistance au comte de Sicile, celui-ci vint au secours de son neveu, mais avant qu'ils eussent opéré leur concentration, la citadelle de Cosenza fut

---

1 Archives du collège grec a Rome, A X
2 *Cod dipl Barese* t I, p 59,
3 Malaterra, IV, 9
4 Romuald de Salerne, M G H SS , t XIX, p 411
5 Hugues de Clermont est connu par divers diplômes Cf Trincheia, *op cit*, p 96, Ughelli, *op cit* , t VII, pp 71-72 Cod Vat lat Regin, nº 378, fº 26 Il avait épousé Gunnarga et eut pour fils Alexandre de Clermont, qui épousa Avenna

prise et complétement rasée par Bohémond Les deux Roger,
aidés par Raoul de Lontello, réussirent pourtant a s'emparer de
Rossano [1] Cependant Bohémond, en apprenant l'arrivée de son
oncle et de son frere, ne voulut pas se laisser assiéger dans
Cosenza, il y laissa, pour maintenir les habitants, Hugues de
Clermont et s'enfuit a Rocca Falluca [2] Roger crut que son
frere était à Maida [3] et vint assieger cette place, quand il connut son erreur, il alla mettre le siege devant Rocca Falluca
A ce moment, sans doute par l'intervention du comte de Sicile,
des negociations furent engagees On convint d'une entrevue
pour conclure les derniers accords et l'on choisit Sant' Eufemia
comme lieu de rencontre Mais, au jour fixe, Mihera se pre-
senta seul, Bohemond s'etait enfui a Tarente Roger profita
neanmoins de l'occasion pour conclure avec l'allié de son frere
un traite particulier par lequel il acquit Maida Peu après, nous
ne savons comment la paix fut conclue entre Bohemond et
Roger (1089), et le duc donna à son frere Cosenza et Maida
Un nouvel accord eut lieu ensuite, par lequel les deux freres
échangerent Cosenza et Bari Tous deux avaient promis aux
habitants de chacune de ces villes de n'y pas construire de citadelles [4], l'echange leur permit de violer leur promesse. Roger
récompensa ses allies, Raoul de Lontello et le comte de Sicile,
en leur donnant l'investiture des terres de Mihera

Cette campagne se termina par une nouvelle diminution des
possessions de Roger, tandis que Bohemond maître de tout le pays
depuis Bari jusqu'à Otrante, se voyait en outre attribuer quelques
places en Calabre [5]

Roger rentra à Salerne dans le courant de mars nous avons,
en effet, date de ce mois, un acte en faveur de l'abbaye de la Cava [6]

---

1. Malaterra, IV, 10-11
2 Pres de Catanzaro Cf Ughelli op cit, t IX, p 426
3 Circond de Nicastro, prov de Catanzaro
4 Bohémond etait seigneur de Bari, des decembre 1090 Cod. dipl Bar,
t V, p 29 Cf les observations de l'editeur sur l'authenticite du document
dont l'original me parait vrai
5 Cf Cod dipl Bar, t II, p 221 Il n'y a pas eu en Calabre d'acquisition
de Bohemond après cette date
6 Archives de la Cava, C 17 Je ne crois pas authentique le diplôme du

Il semble que le duc soit demeuré à Salerne durant les mois de juin et de juillet [1]

La guerre, qu'il avait soutenue contre Bohémond, avait empêché Roger d'intervenir dans l'élection du successeur de Victor III Le 12 mars 1088, à Terracine, on avait élu comme pape, l'évêque d'Ostie, qui prit le nom d'Urbain II [2] Pendant les premiers temps de son pontificat, Urbain II paraît avoir été en très bons termes avec le prince de Capoue Il annula l'union de la fille de Jourdain et de Renaud, fils de Geoffroi Ridel, et accorda à la première la permission de contracter un nouveau mariage [3]. Désireux de rétablir la paix, le pape alla à Troina voir le comte de Sicile sans doute pour le prier d'intervenir et d'aider à rétablir l'ordre [4]

Peut-être, dans le courant de 1088, y eut-il un soulèvement à Amalfi, nous avons, en effet, un acte de juillet 1088, daté de la première année de Gisolf [5] comme duc d'Amalfi, et dans une de ses lettres Urbain II parle de « son cher fils le prince de Salerne et duc d'Amalfi » Il semble bien qu'il faille entendre par là Gisolf, car jamais les princes normands ne sont désignés dans les actes pontificaux par le titre de prince de Salerne Nous ne savons rien d'autre sur cette révolte d'Amalfi si ce n'est qu'elle était certainement terminée le 20 avril 1089 [6]

En septembre de cette même année, le pape soucieux de rétablir la paix entre les Normands vint à Melfi, où il tint un synode [7]

duc Roger, de janvier 1088, Ughelli, op cit, t IX, p 430, en effet, il se termine par la formule de corroboration suivante « propria manu nostri formulatorum formulatum confirmari jussimus Cette formule étrange me paraît copiée sur la formule postérieure per manus amirati amiratorum

1 Archives de la Cava C 19 Arch de la cathédrale de Salerne, Arc I, 40 ed dans Paesano, op cit, t II, p 15

2 Pet Diac, IV 2

3 Jaffe-L, 5382

4 Malaterra, IV, 12-13 pp. 593-594

5 Di Meo op cit, t VIII, ad an 1088, p 294 Jaffé-L, 5362, dans un acte de 1090 juillet ind 13, Archives de la Cava, C 32, Richard le sénéchal donne des biens, sis dans la région de Salerne, qui lui ont été attribués par le duc Roger, qui les a confisqués merito a Jean, fils de Tripoald, comte du palais

6 Di Meo op cit, t VIII, ad an 1089 p 296.

7. Cf Jaffe-L, op cit, t I, p 664

Roger se rendit auprès de lui et fut investi du duché de Pouille et de la Calabre [1] Urbain II, profitant de ce que de nombreux seigneurs étaient venus a Melfi, attirés par sa présence et par celle du duc, fit jurer a tous ceux qui s'y trouvèrent d'observer la trêve-Dieu De Melfi, le pape se rendit a Bari, ou il consacra l'archevêque Elie (5 octobre) [2] Le 11 octobre, il était a Trani [3], il se rendit ensuite à Brindisi où il consacra l'église [4].

Au mois d'avril 1090, mourut Sykelgaite [5], et, en novembre, Jourdain de Capoue [6] La disparition de celui-ci amena l'éclipse momentanée de la puissance de la principauté de Capoue pour laquelle une période de troubles s'ouvrit alors Renaud Ridel, seigneur de Gaete, attaqua le Mont-Cassin, dans le courant de janvier 1091 Il fut obligé par les comtes d'Aquino a se soumettre et dut venir a Capoue pour restituer ce qu'il avait pris [7] L'intervention d'Urbain II, qui résidait alors à Capoue, ne fut certainement pas etrangere à ce résultat [8] Mais à peine le pape, a la fin de janvier 1091 [9], avait-il quitté Capoue que les habitants de la ville se soulevèrent contre Gaitelgrime, la veuve de Jourdain, qui gouvernait au nom de ses trois fils mineurs Richard, Robert et Jourdain Gaitelgrime dut se réfugier à Aversa [10]. Peu après, Renaud Ridel etait chasse a son tour de Gaete par une révolution et se refugiait a Pontecorvo [11] Il fut remplacé par le comte Landon que nous ne connaissons pas par ailleurs, mais qui est certainement un lombard Les comtes

---

1 Lupus Protospat , ad an Romoald de Salerne, M G H SS , t XIV, p 412

2 *Cod dipl Bar* , t I, p 62

3 Jaffé-L , 5413

4 Lup Protospat , ad an 1089

5 Pet Diac , IV 8 *Necrol Cas* , dans Gattola, *Acc* , t I, p 854 Elle fut enterrée au Mont-Cassin

6 Pet Diac IV, 10

7 *Ibid* , IV, 9

8 Jaffe-L , 5438

9 Jaffe-L , 5441-5442 Il faut regarder comme faux le privilege de Roger et Bohemond en faveur du monastere de Banzi Cf di Meo, *op cit* , t VIII, p 318 et suiv

10 Pet Diac , IV 10

11 Cf *Cod Caiet* , t II, p 155, note a Renaud Ridel continue a s'intituler duc de Gaete, mais ses actes sont tous donnes a Pontecorvo

d'Aquino profitèrent de ces troubles pour attaquer Sora, défendue par Jonathas, frère de Jourdain de Capoue[1].

Pendant ce temps nous ne savons rien de Roger En août 1090, avec son frère Bohémond, il faisait une donation au Mont-Cassin[2], il est probable qu'il devait être à Salerne, au début d'octobre, quand Urbain II y vint[3]. Pendant l'hiver 1091, éclata la rébellion de Cosenza, nous en ignorons les motifs la situation parut suffisamment grave à Roger pour qu'il demandât assistance à son oncle et à Bohémond[4] En mai, le duc vint mettre le siège devant la ville, dont il s'empara en juillet Cette nouvelle intervention du comte de Sicile coûta à son neveu la moitié de la ville de Palerme Vers le même moment, Jonathas s'emparait d'Adénolf, comte d'Aquino, il le relâcha peu après, grâce à l'intervention de l'abbé du Mont-Cassin, mais lui fit promettre une rançon de mille livres, pour laquelle il dut laisser ses fils en otage A la fin de 1091, Oria se souleva contre Bohémond qui fut défait[5]

On voit que l'anarchie la plus complète règne dans toutes les possessions normandes, Roger est impuissant à rétablir l'ordre, il se borne à faire des donations aux monastères, et seuls les actes nous renseignent à son sujet En août 1091, il donne à l'abbaye de la Cava le monastère de Saint-Adrien, au territoire de Rossano en octobre il fait donation de deux pièces de terre, sises près de Salerne, à Jean, son notaire[6] En mai 1092, il donne au monastère de Saint-Jean d'Aversa, l'église Saint-Jean de Troia[7] Dans ce diplôme figure pour la première fois le nom d'Alaine, femme du

1 Pet Diac , IV, 14 Cf supra, p 112
2 Gattola, Acc , t 1, p 205 Sur un diplôme d'août 1089, cf Cod dipl Bar t V, p 29, note de l'éditeur
3 Jaffe-L , 5438
4 Malaterra, IV, 17
5 Lup Protospat , ad an
6 Tinchera, op cit , n° LII, p 68-69 Archives de la Cava, C 30 Le diplôme du 20 octobre 1091 en faveur de l'église d'Amalfi, Ughelli, t VII, p 293 est faux, il ne présente aucun des caractères diplomatiques des actes de Roger, de même le diplôme d'avril 1094 Ibid , Cf Chalandon La diplomatique des Normands de Sicile et de l'Italie méridionale, dans Mélanges d'arch et d'hist de l'École fr de Rome t XX, p 155
7 Regii neap arch monum , t V, n° 455

duc D'après Romuald de Salerne [1] le mariage de Roger avec Alaine, fille de Robert le Frison, comte de Flandre, aurait eu lieu cette même année, l'acte en question permet de placer le mariage dans les premiers mois de 1092

Au mois d'août 1092, Roger est condamné par le pape à rendre à l'archevêque de Salerne, Alfan certains biens qu'il avait usurpés [2] Le 5 septembre le duc assiste à la consécration de l'église de la Cava [3] Durant l'automne, Urbain II, cherchant sans doute à rétablir la paix, fit un nouveau voyage dans l'Italie du sud, il alla jusqu'à Tarente [4]. Le 14 janvier 1093, il était à Salerne et, en présence du duc Roger, il confirmait certains privilèges au Mont-Cassin [5] En mars [6], il tenait un nouveau concile à Troia pour obtenir que l'on respectât la trêve-Dieu Il fut décidé que si quelqu'un rompait l'engagement juré, l'évêque devait l'avertir trois fois, si, après ces trois avertissements, le coupable ne se soumettait pas, l'évêque après avoir pris l'avis du métropolitain, ou celui d'un ou deux évêques voisins devait prononcer une sentence d'excommunication et en donner connaissance par écrit à tous les évêques Aucun de ceux-ci ne devait dès lors admettre le condamné à la communion, bien plus, chacun, des l'avis reçu devait confirmer la sentence [7]

Le rôle important que nous voyons jouer par Urbain II et son intervention constante dans les affaires de l'Italie méridionale témoignent de l'impuissance absolue de Roger à faire regner l'ordre dans ses Etats Les efforts du pape devaient d'ailleurs être complètement inutiles

Dans le courant de 1093 [8], Roger tomba si gravement malade

---

1 Romuald de Salerne, ad an 1092, dans M G H SS , t XIX, p 412
2 Pflugk Harttung, *Acta*, t II, p 49
3 Jaffe-L , 5479
4 Jaffe-L , 5468, 5470 Lup Protospat , ad an 1093
5 Jaffé-L , 5479
6 Bernold, *Chronicon*, ad an 1093, dans M G H SS , t V, p 456
7 Labbé *Concilia*, t X, p 492
8 Nous avons un diplôme de Roger, d'avril 1093, en faveur de l'église de Cosenza, Ughelli, *op cit* , t IX, p 191 Bien que la date comprenne la date de jour, ce qui est anormal dans la chancellerie de Roger, ce diplôme est redigé pour le reste, suivant les règles ordinaires de la chancellerie ducale, et me parait authentique

a Melfi [1], que le bruit de sa mort se répandit partout [2]. Aussitôt Bohemond se fit reconnaître par un certain nombre des vassaux que Roger avait en Calabre. Pendant ce temps, Guillaume de Grantmesnil, qui avait épouse Mabille fille de Guiscard, s'emparait de Rossano. A son exemple un certain nombre de seigneurs se révoltèrent. Le comte de Sicile, qui ne voulait pas laisser Bohemond agrandir ses Etats l'empêcha de s'installer en Calabre et le contraignit à se retirer. Cependant Roger se rétablissait, Bohemond voyant que, a cause de l'intervention du comte de Sicile, il ne pouvait triompher, vint trouver son frère a Melfi et lui remit les places dont il s'était emparé. Guillaume de Grantmesnil, établi a Rossano, refusa de se soumettre [3]. Roger, Bohemond et le comte de Sicile conduisirent contre lui des forces importantes et occupèrent en peu de temps les principales places qui lui appartenaient. Il est curieux de voir que les gens de Rossano s'étaient soulevés contre le duc par suite du mécontentement qu'ils éprouvaient a avoir un archevêque latin, il suffit que Roger leur promît de les laisser nommer un archevêque grec pour qu'ils rendissent la place. En peu de temps Guillaume se vit réduire a la dernière extrémité, le duc confisqua tous les biens que Grantmesnil tenait de lui, ce dernier accompagne de sa femme se réfugia a Constantinople [4].

En septembre 1094 Roger était de retour a Salerne où il faisait une donation a l'abbaye de la Cava [5]. En décembre de la même année, l'église de Tropea était a son tour l'objet d'un acte gracieux [6]. Nous avons vu les motifs de la révolte de Rossano, il semble, a ce propos, qu'Urbain II ait exercé une influence peu heureuse sur le duc. Il chercha, cela est certain, a obtenir l'abrogation du rite grec dans les Etats de Roger. En dehors de

1 Ughelli, *op. cit.*, t. I, p. 923, a publié un diplôme du duc Roger daté de Melfi, novembre 1093. Ce document ne présente aucun des caractères diplomatiques des actes émanés de la chancellerie du duc de Pouille.

2 Malaterra, IV, 20.

3 *Ibid.*, IV, 21 et suiv.

4 Mabille rentra plus tard en possession d'une partie de ses biens, Ughelli, *op. cit.*, t. IX, p. 482.

5 Arch. de la Cava O. 2.

6 Ughelli, *op. cit.*, t. IX, p. 451.

Rossano, nous avons encore Tropea ou, en 1094, il est parle du
premier évêque latin Ces mesures furent maladroites, Roger
ne comprit pas tout d'abord l'intérêt qu'il y avait à respecter les
croyances de chacune des races qui lui étaient soumises Mais
la leçon donnée par les gens de Rossano ne sera pas inutile, et
elle montrera aux princes normands l'utilité de pratiquer
envers les diverses races sur lesquelles ils dominent une large
tolérance

Urbain II, d'ailleurs, voyait parfaitement combien peu il pouvait compter sur l'appui du duc de Pouille et cherchait de plus
en plus à faire jouer le rôle de protecteur de la papauté par le
comte de Sicile A ce sujet il conçut un plan très habile On sait
que le parti hostile à Henri IV avait su gagner le fils de l'empereur, Conrad, qui s'était refugié auprès de la comtesse Mathilde
En 1095, le pape fit epouser à Conrad une fille du comte de
Sicile [1] Par là nous pouvons constater la diminution de l'influence du duc Roger et l'accroissement de celle de son oncle

Dans son gouvernement, Roger paraît avoir manqué d'habileté
et d'esprit politique Il crut que parce qu'il descendait d'une mère
lombarde, la domination normande était définitivement acceptée
par ses sujets et il commença à traiter sur le même pied les Lombards et les Normands Jusque là, les princes normands s'étaient
soigneusement gardés de confier des châteaux à leurs sujets indi-
genes, Roger s'écarta de cette mesure et croyant pouvoir compter
sur la fidélité de ses sujets lombards, il leur confia la garde des
citadelles de différentes villes [2] Il agit ainsi notamment avec
les Amalfitains Il était encore trop tôt pour tenir cette conduite,
et l'antagonisme entre vainqueurs et vaincus subsistait toujours,
aussi le resultat de la mesure prise par le duc ne se fit pas
attendre, les Amalfitains se revoltèrent, au debut de 1096 [3], et
établirent un duc, Marin Roger fut de nouveau obligé de faire

1 Cf infra, p. 300. En décembre 1095, Roger était à Reggio ou il fit une
donation à Guard, evêque de Troia (Archives capit de Troia, B 7)

2 Malaterra IV 24

3 Camera, op cit, t I, pp 293-294, en janvier 1097, on compte la première année de Marin, en juin 1098, troisième année Le debut du regne
est donc entre janvier et juin

appel à son frère et à son oncle Ce dernier exigea pour intervenir
la promesse qu'il aurait la moitié de la ville lorsqu'elle serait
prise, ce fut seulement après avoir arraché au duc cet engagement qu'il consentit à l'aider avec sa flotte et de nombreuses
troupes de terre Mais à peine le siège d'Amalfi était-il commence que se répandit le bruit de la prochaine croisade, prêchée
l'année précédente par Urbain II, à Clermont Bohémond, dont
l'ambition envieuse était contrecarrée par la protection accordée à son frère par son oncle, fut un des premiers à prendre la
croix, son exemple fut suivi par un grand nombre de chevaliers,
si bien que l'armée se trouva tellement réduite que l'on dut lever
le siège Le comte Roger retourna en Sicile et la ville d'Amalfi
demeura indépendante

Le départ pour la croisade eut pour Roger l'avantage de débarrasser l'Italie méridionale d'un grand nombre de seigneurs turbulents, au premier rang desquels il faut placer Bohémond On a
prétendu qu'en partant ce dernier aurait confié la régence de ses
états à Geoffroi de Conversano [1] On a fait à ce sujet une confusion complète En effet, au mois de juillet 1107, nous voyons que
Geoffroi de Gallipoli est pour Bohémond catepan de Bari et de
Giovenazzo [2] Mais ce Geoffroi doit certainement être distingué
de Geoffroi de Conversano pour la raison bien simple que celui-ci
était mort depuis 1101 [3] Il résulte du document ci-dessus cité
que Bohémond ne confia à aucun de ses vassaux la régence de
ses États mais laissa la charge de les gouverner à divers officiers,
qui eurent, peut-être, chacun dans leur dépendance plusieurs villes,
puisque Geoffroi est à la fois catépan de Bari et de Giovenazzo

Avec Bohémond partirent [4] Tancrède, fils d'Eude le Bon Mar-
quis, Richard du Principat et son frère Ranolf, Robert d'Ansi,
Hermann, comte de Cannes, frère d'Abelard, et Onfroi de
Montescaglioso, neveu de Geoffroi de Conversano

1 Tarsia Memorie storiche di Conversano, p 280
2 Chart Cup, t. I, p 140
3 Cf Kehr op cit, dans Nachrichten d h Gesellschaft der Wissens-
chaft zu Gottingen Phil hist Klasse, 1898 3 heft, p 269
4 Pet Diac, IV, 11 Orderic Vital, l IX, 4, t III, p 488

Il semble que les preparatifs de la croisade aient amené un peu
de tranquillite et qu'aucune guerre n'ait eu lieu en 1097[1], du
moins les chroniques sont muettes a cet egard, l'année suivante
vit les hostilités recommencer Richard II de Capoue, parvenu a
l'âge d'homme, voulut rentrer en possession de l'héritage de son
père, et pria le duc Roger et le comte de Sicile de l'aider à
reprendre Capoue[2] Le premier demanda a Richard de se reconnaître son vassal, et le second exigea l'abandon, en sa faveur de
tous les droits de Richard sur Naples Le prince de Capoue fut
oblige d'accepter les conditions qui lui étaient imposées Roger
remporta ainsi un succes que son pere, Guiscard, n'avait jamais
pu obtenir La soumission de Capoue a Salerne etait importante
et pour la premiere fois, au moins en theorie, l'autorite du duc
de Pouille s'étendit sur toutes les possessions normandes

En avril, le comte de Sicile vint en Calabre et s'occupa de
réunir, dans la vallée du Crati, des approvisionnements pour la
campagne qu'il allait entreprendre Son neveu vint le rejoindre a
Oriolo[3] d'ou il gagna Melfi Il semble, d'apres le recit de Malaterra que le duc Roger voulut faire en Pouille une demonstra-
tration militaire pour faire cesser les tentatives de rébellion qui
se produisaient un peu partout D'Oriolo, le comte de Sicile se
dirigea directement sur Benévent Il campa sur les bords du
Calore, et n'attaqua pas la ville, parce qu'elle appartenait au pape,
mais il imposa aux habitants une contribution de 1 500 sous
d'or De Benévent, l'armee se dirigea sur Capoue ou elle arriva
quelques jours avant la Pentecôte (16 mai) Le comte avait fait
dire aux gens de Capoue qu'ils eussent à reconnaître immediatement
Richard Ceux-ci s'avancèrent au-devant du comte de Sicile et
furent battus, peu apres, arriva Roger, qui assiégea la ville du
côte est, tandis que son oncle assiégeait à l'ouest

Pendant le siège, Urbain II vint au camp des assiégeants pour
rétablir la paix Il echoua, mais son voyage nous a valu un témoi-

---

1 Le diplôme de Roger pour l'eglise de Melfi, de decembre 1097-
1096, n s, indique qu'à ce moment le duc est alle en Pouille Ughelli,
op cit, t I, p 293

2 Pet Diac, IV 10 Malaterra, IV, 26 et suiv

3 Oriolo, circond de Castrovillari, prov de Cosenza Le 6 mai le comte
est a Maida, Caspar, *op cit*, p 632

gnage intéressant, celui d'Eadmer, qui, venu avec saint Anselme, voir le pape, nous raconte que dans l'armée du comte Roger se trouvaient un très grand nombre de Musulmans [1]. Les tentatives d'Urbain II pour ramener la paix ne réussirent pas, et le pape se retira à Bénévent. Cependant au bout de quarante jours de siège, les gens de Capoue furent obligés de se rendre, et Richard II fut rétabli. Roger de Sicile et son neveu retournèrent à Salerne, où le pape vint les rejoindre (5 juillet) [2].

1 Eadmer, *Vita S. Anselmi*, Migne, P. L., t. 158, col. 101 et suiv.
2 A l'Archivio di stato, à Naples, est conservé un diplôme du comte Roger, en faveur de saint Bruno, dans lequel il est question du siège de Capoue. Si ce document était authentique, il faudrait modifier la chronologie des événements du début de 1098, car Capoue aurait été assiégée avant le mois de mars 1098. On ne saurait admettre l'authenticité de cet acte, il se rattache à toute une série d'actes en faveur de saint Bruno, attribués les uns au comte Roger Ier, les autres au duc Roger Ier. Défendus, avec une bien piètre argumentation, par Tromby, *loc. cit.*, attaqués, avec raison, par Vargas, *loc. cit.*, et di Meo, *op. cit.*, t. VIII et IX, ad annos, ces documents ne jouissent pas encore du discrédit qu'ils méritent, et l'on s'étonne de voir un récent historien de saint Bruno en faire encore état. Cf. Löbel, *Der Stifter des Carthäuser ordens, der heilige Bruno aus Köln*, dans *Kirchengeschichtliche Studien*, publiées par Knöpfler, Schrörs, Sdralek, t. V (Münster, 1899), p. 143 et suiv.
  Ce groupe d'actes comprend les diplômes suivants :
  1° attribués au comte Roger : (a), un diplôme de 1090 éd. dans *Reg. neap. archiv. mon.*, t. V, p. 129, (b), un diplôme de 1093, *ibid.*, p. 171, quatre diplômes de 1094, *ibid.*, pp. 204 (c), 205 (d), 208 (e), et Trinchera, *op. cit.*, p. 76 (f), un diplôme de 1097 (g), *ibid.*, p. 77, deux diplômes de 1098, *Reg. neap. arch. mon.* t. V, p. 245 (h) et 249 (i), un diplôme de 1101 (k), Trinchera, *op. cit.*, p. 86, un diplôme de 1102 (l), *Reg. neap. arch. mon.*, t. V, p. 278.
  2° attribués au duc Roger Ier, (m) un diplôme de 1094, *ibid.*, p. 203, (n) un diplôme de février 1099, Trinchera, *op. cit.*, p. 85.
  Examinons d'abord le premier groupe. Le petit nombre d'actes du comte Roger Ier, parvenus jusqu'à nous, rend difficile un examen de ces documents au point de vue diplomatique, car nous ne savons presque rien sur les usages de la chancellerie du comte de Sicile. On sait en effet que les actes de fondation des évêchés de Sicile sont très discutés (cf. *infra* p. 313). Nous pouvons toutefois faire certaines constatations. Nous pouvons a priori éliminer sans discussion quelques diplômes du comte Roger, à savoir deux des diplômes de 1094 (d et e), et l'acte de 1102 (l). Pour les deux premiers de ces documents, il suffira de dire que le comte de Sicile fait ses donations Beato *patri Brunoni*. Le qualificatif de *beatus*, appliqué à un personnage censé vivant, suffit à montrer que ces deux actes ont été fabriqués postérieurement à la mort de Bruno. Le document de 1102 (l) ne demande pas une plus longue discussion, il présente en effet la par-

La campagne qui venait de se terminer avait surtout mis en
relief la personnalité du comte de Sicile, qui de plus en plus

ticularité d'avoir été donné, en 1102, ind. X, par le comte Roger I⁰ʳ, qui était
mort le 22 juin 1101.

A ce premier groupe on peut joindre le diplôme (a) par lequel le comte
Roger accorde à Bruno les terres où il doit s'établir. Les termes de l'acte
indiquent que Bruno lui-même est alors en Calabre : or il n'est pas possible de placer avant 1091 la venue de Bruno dans l'Italie méridionale.
Cf. Jaffé-L., 5443, Pflugk-Harttung, *Acta inedita*, II, 148, Tobel, *op. cit.*,
p. 138, n. 3.

On ne saurait davantage admettre le diplôme de 1093 (b), la date est, en
effet, rédigée dans les termes suivants : *Data in pratis Squillacii, ubi
tunc collecto exercitu, morabamur.* De plus Geoffroi, fils du comte
Roger, souscrit le diplôme : or il était mort avant cette date. Cf. Malaterra,
IV, 14 et 18. En outre, il est tout à fait anormal de voir le comte céder à
Bruno, *spatium unius leugae*, alors que d'ordinaire on évalue en pas les
mesures de surface. Il faut remarquer que les mots que nous venons de
relever sont également employés dans le diplôme de 1090 (a), et dans une
bulle d'Urbain II en faveur de saint Bruno dont di Meo, *op. cit.*, t. VII,
p. 352, a, à bon droit, contesté l'authenticité. Dans ces trois documents on
reconnaît la main d'un même faussaire.

Le diplôme de 1094 (c) présente au point de vue diplomatique de singu-
lières anomalies. Il mentionne la présence de l'archevêque de Palerme et
des évêques de Mileto, Tropea, Neocastro. Catane, à la cérémonie de dédicace de la chapelle élevée par Bruno, mais ne donne pas les noms des prélats. Cette omission est déjà singulière, mais que dire d'une souscription,
ainsi libellée : *praedictis V episcopis!* Il faut en outre remarquer que ce
diplôme est étroitement apparenté aux deux diplômes (d) et (e) où Roger
fait une donation à *saint Bruno.* Toutes les phrases de (c) se retrouvent
dans (d) et (e), mais ces deux derniers sont plus développés et contiennent
l'énoncé différent des limites des terres concédées (dans (e) elles sont plus
étendues que dans (d). Évidemment ces trois actes ont été fabriqués pour se
compléter l'un l'autre.

Le premier acte daté de 1098 (h) apparaît comme isolé dans le groupe
dont nous nous occupons. Les formules d'invocation et de souscription sont
différentes, il est fait allusion au notaire Bon que nous connaissons par ailleurs (cf. Caspar, *op. cit.*, p. 642). Pourtant, contre cet acte on peut faire de
graves objections. Comment, en 1098 le comte Roger peut-il parler des
antiques diplômes, *antiquis cartis,* donnés à saint Bruno, alors que celui-ci
n'est en Calabre que depuis sept ans ? En outre, il est fait allusion au séjour
que le comte de Sicile, revenant du siège de Capoue, aurait fait à Squillace,
or ce séjour n'est connu que par un acte faux dont nous allons parler. Pour
ces raisons, je doute fort de l'authenticité de ce diplôme.

Sur le second document daté de 1098 (i) s'appuye une des légendes les
plus connues de la vie de saint Bruno, légende qu'a illustrée Lesueur. Par
ce diplôme le comte de Sicile fait une donation à Bruno, qui, pendant le

va jouer le rôle qu'avait tenu son frère. La légation de Sicile, que
le pape donna alors au comte Roger, montre qu'Urbain II se rendait

siège de Capoue, 1er mars 1098 (sic) lui est apparu en songe et l'a averti d'un
complot tramé contre lui. Tout ce côté miraculeux rend déjà le document
très suspect, bien que l'on ait écrit que l'on retrouve dans les termes de
l'acte l'expression de la frayeur ressentie par Roger Ier. Iobel, op. cit.,
p. 164, n. 2.
Si nous examinons l'acte au point de vue diplomatique, nous remarque-
rons tout d'abord qu'il a deux dates différentes. Après l'invocation vient la
date *anno... millesimo nonagesimo octavo, inductione septima*, et vers la fin
de l'acte une seconde date *anno... millesimo nonagesimo nono, inductione
septima*. Il ne saurait être question ici d'une erreur du scribe ayant écrit
VIIII pour VIII car, dans l'original, la date est écrite en toutes lettres.
L'appréciation qui termine l'acte est tout à fait anormale, à cette époque.
Le caractère de l'écriture est également très spécial, l'invocation notamment
est écrite en une sorte d'onciale avec des lettres de hauteur inégale, dont je
n'ai pas rencontré d'autres exemples. L'écriture, d'une manière générale,
présente des analogies frappantes avec celle du diplôme faux de 1102, qui
d'ailleurs n'a été rédigé que pour compléter le document dont nous nous
occupons. Dans les deux actes la souscription du comte, en particulier,
est très caractéristique. A ces présomptions contre l'authenticité de l'acte,
on peut ajouter que les données chronologiques qu'il nous fournit, sont en
contradiction absolue avec ce que nous savons par ailleurs. En effet, d'après
Malaterra, IV 26 qui, il ne faut pas l'oublier, écrit à une époque très rapprochée des événements, Roger Ier a quitté la Sicile pour se rendre au siège
de Capoue la première semaine d'avril qui se trouvait cette année la
deuxième semaine après Pâques. En 1098, Pâques étant le 28 mars, la
deuxième semaine après Pâques commence le 5 avril, et l'on peut dire que
cette semaine est la première d'avril. Un diplôme confirme le témoignage
du chroniqueur: le 8 mai le comte Roger est à Maida, en Calabre (dipl.
édité dans Caspar, op. cit., p. 632). Il est donc impossible que Roger Ier
ait commencé le siège de Capoue avant le 1er mars. Pour résoudre cette
difficulté, Tromby a supposé que le siège a commencé en 1097 et avait
duré plus d'un an; di Meo, op. cit., t. IX, p. 33 et suiv., a réfuté cette
argumentation, car cette hypothèse ne cadre pas avec les données de
Malaterra, en effet, en 1097, Pâques est le 5 avril. L'accord unanime des
sources, *Ann. Casin.*, ad an. 1098, dans M G H SS, t. XIX p. 306, Malaterra, IV, 26, Romuald de Salerne, dans M G H SS, t. XIX, p. 413, montre
clairement l'inexactitude des données chronologiques de l'acte de 1098.
Les deux diplômes *f* et *g* attribués au comte Roger présentent une
importance secondaire, ce sont deux *plateae* ou listes des vilains donnés à
saint Bruno par le comte de Sicile. Le diplôme (*f*) est rédigé suivant les
formules ordinaires des actes de ce genre que nous possédons pour l'époque
de Roger Ier, notamment la disposition par colonne des noms des vilains
est caractéristique. Toutefois l'adresse ε ι τον τ̃ψευμα-τος μου τα-ερ (sic) τάχ̃ον
σρο̃δ̃ον me paraît anormale, j'y vois une allusion au rôle de confesseur du
comte de Sicile que la légende attribue à saint Bruno.

tres bien compte de la situation et qu'il cherchait a gagner le
frère de Guiscard pour en faire le protecteur de la papauté

Dans le diplôme (g) il faut remarquer les différences qui existent entre le
texte grec et le texte latin. Dans le diplome grec, la donation est faite aux
ermites de Stilo, dans le texte latin à Bruno, Lanuin et autres frères. Dans
le texte grec aussitôt après l'adresse vient la liste des vilains donnes, suivie
des clauses finales interdisant a tout officier de violer la donation. Par contre,
le texte latin porte non les souscriptions mais l'enumeration d'un certain
nombre de personnages et se termine par une allusion a la régence d'Adélaide, puisqu'il est dit : *Hanc autem donationem meam si ego aut comitissa
post mortem meam, aut aliquis heres meus*, etc. Il est difficile d'admettre
qu'en 1097, Roger ait prevu qu'Adelaide exercerait la régence.
Le dernier diplôme (h), attribue au comte Roger, est un acte de donation,
par lequel le comte donne a saint Bruno trois villages. Il faut remarquer que
le texte latin et le texte grec different quant aux noms des temoins, et que
le premier se termine par une addition relative a la donation d'un moulin
qui ne se trouve pas dans le second. Ces différences me paraissent devoir
rendre egalement ce document suspect.
Si nous passons maintenant aux actes emanes du duc Roger, nous pouvons sans grande discussion eliminer les deux diplomes (m et n). En effet,
les usages de la chancellerie du duc nous sont suffisamment connus pour
qu'ici les faux ne soient pas douteux. Tout d'abord l'acte (m) est depourvu
d'invocation, alors que toujours dans les actes emanes de la chancellerie
ducale est employee l'invocation *In nomine sanctae et individuae Trinitatis*. Alors que les formules de souscription usitees sont soit *Ego Roggerius
divina favente clementia domini Roberti magnifici ducis heres et filius*, soit
Roggerius divina favente clementia, etc., dans le diplôme (m) Roger s'intitule
Rogerius Apuliae Calabriae Siciliae dei gratia dux, (m) a une formule de
salut, alors que dans les diplômes ducaux il n'y a jamais de salut. De
même la formule de notification usitee dans (m) n'a jamais ete employee
dans la chancellerie ducale. De même encore les formules de corroboration,
les clauses penales, la date sont redigees completement en dehors des
usages de la chancellerie du duc Roger. Cf. *Melanges d'archeologie et d'histoire*, t XX p 15).
Dans le diplome (n) bilingue, toute la partie latine est redigee completement en dehors des formules usitees par la chancellerie et on ne saurait dire ici que l'acte latin est la traduction de l'acte grec, car les deux
textes different completement, l'acte grec etant beaucoup moins developpé
et depourvu notamment du long preambule de l'acte latin. D'autre part,
sans insister davantage, la donation est faite a Bruno *qui tunc monasterio
praeerat*. Il ne semble pas qu'il y ait lieu d'insister beaucoup pour demontrer la faussete d'un document ou se trouvent de pareilles expressions. Faisons toutefois remarquer encore la disposition tout à fait anormale des deux
actes qui sont ecrits a côte l'un de l'autre sur deux colonnes : a gauche est
l'acte latin, a droite l'acte grec.
On voit donc qu'il n'y a vraisemblablement pas lieu de tenir compte des
actes en faveur de saint Bruno emanes du comte Roger et de son neveu le
duc de Pouille.

A partir de l'expedition de Roger contre Capoue nous sommes
très mal renseignés. Au mois de mai 1099, Roger est à Tropea
où il fait une donation au monastère de Santa Maria de Altiha [1]
Il semble que la Pouille cesse peu à peu de reconnaître l'autorité
du duc nous voyons en effet que le comte Henri de Monte
San-Angelo date ses actes des années de règne de l'empereur
grec [2] Le comte de Conversano tantôt date ses actes des annees
de règne d'Alexis Comnene [3] tantôt des années de l'incarnation [4], mais ne date pas des années de règne du duc de Pouille.
Il en est de même à Barletta et à Cannes [5] Si nous rapprochons
ces indices de la révolte de Canosa (1100) [6], nous pouvons conclure que l'autorité du duc se fait très peu sentir en Pouille

Il en est de même dans la région où sont les possessions de Robert
de Loritello Celui-ci fait revivre le titre pris par les premiers chefs
des Normands et s'intitule *comes comitum* [7] Dans cette même
région, Hugues Maumouzet dont nous avons déjà parlé, avait
continué ses attaques contre les seigneurs du pays Il avait établi une de ses créatures comme abbé de Saint-Clement de
Casauria et avait apanagé ses sept fils Hugues était mort peu
avant 1099, attiré par la sœur d'un de ses ennemis à un
rendez-vous amoureux, il fut fait prisonnier et mourut en
prison [8], sa veuve epousa quelques annees plus tard le comte
Atton [9] Parmi les renseignements trop vagues que nous donne
la chronique de Casauria il faut noter la crainte causée aux

1 Ughelli, *op cit*, t IX, p 476 Pour le diplôme de février 1099, Trincheia, *op cit*, p 8, et *supra*, p 307 note
2 Archives de la Cava, O 23
3 *Regii neap arch mon*, t V, p 255 Bibliotheca di Leo a Brindisi, *Cod
dipl Brund* actes de 1095 et 1097
4 *Chart. Cup*, t I, p 128 et suiv
5 Archives du Mont-Cassin, fonds de Barletta n° 31, et Ughelli, *op cit*,
t VII, p 790-793
6 Romuald de Salerne, dans M G H SS, t XIX, p 413
7 *Regii neap arch mon*, t V p 221
8 *Chr Casaur*, dans Muratori, R I SS, t II, 2 p 868 et suiv Il mourut en 1097
9 Il s'agit peut-être d'Atton mentionné en 1116 comme comte des
Abruzzes Ughelli *op cit*, t I, p 316 Sur ses fils cf *Archivio st napol*,
t XV p 812

Normands par l'annonce de la venue de l'empereur Henri IV
Après la mort d'Hugues Guillaume fils de l'asson etait devenu
le seigneur le plus important de cette région il possédait le
château de Loreto[1] dans le comte de Penne et des biens dans le
comte de Valva[2] La chronique de Casauria nous dit qu'il
empêchait tout le monde d'aller vers l'empereur On voit que
l'autorité du *missus* impérial dans cette région devait être très
faible ; Guillaume devait rester jusqu'en 1103 en Italie, à cette
date il partit pour la Terre Sainte après avoir vendu ses biens à
Richard comte de Manopello[4], qui continua la guerre contre les
seigneurs du pays et parait également avoir été tout à fait indépendant On voit donc que de ce côte les Normands avaient
toujours continue à avancer

La région de Gaete parait, pendant cette même période, avoir
ete très agitée Nous avons vu que Landolf avait remplacé
Renaud Ridel Landolf régnait encore au mois de mars 1096 ;
En 1103, au mois de novembre, nous trouvons mentionne dans
les actes, Guillaume de Blosseville comme duc de Gaete [6] En
1105, nous voyons que Ptolemee comte de Tusculum et consul
de Rome conclut un traite avec le peuple de Gaete sans qu'il
soit fait mention du duc [7] Celui-ci a dû être chasse La même
année nous voyons Richard d'Aquila consul et duc de Gaete,
conclure un traité avec Robert fils de Jourdain de Capoue,
Guillaume de Blosseville, Leon comte de Fondi et Landenolf
comte de Maranola Tous ces seigneurs s'engageaient à respecter
durant leurs guerres, les biens des monasteres et des eglises [8]
Richard qui reussit à accroître ses possessions par l'annexion
du comte de Suessano [9], se maintint jusqu'en 1109 [10], après
cette date son nom ne se rencontre plus

1 Loreto, circond de Penne, prov de Teramo
2 Circond et prov de Teramo
3 Muratori R I SS , t II 2 pp 871-872
4 Manopello, circond et prov de Chieti Cf *supra*, p 249, note 5
5 *Cod Caiet* t II, p 159
6 *Ibid* , t II, p 162
7 *Ibid* , t II, p 169 Cf *Lib Pont* t II p 307 note 21
8 *Cod Caiet* t II, p 175
9 *Ibid* , t II, p 183
10 *Ibid* t II p 177

On peut, par le petit nombre de faits qui nous sont connus, juger de ce que fut l'anarchie dans la région de Gaete, au début du XII⁰ siècle La guerre qui éclata en 1104 entre le prince de Capoue, Richard II, et son frère, Robert, dut singulièrement contribuer à augmenter le désordre [1] Jusque-là le duc Roger avait toujours pu rétablir l'ordre grâce à son oncle, le comte de Sicile, celui-ci étant mort en 1101, le duc se trouva privé de l'appui qu'il avait toujours trouvé en le payant fort cher il est vrai dans le comte de Sicile L'héritier du comte, son fils Simon était mineur et la mère de celui-ci, Adélaide eut trop de peine à sauvegarder l'autorité de son fils en Sicile pour pouvoir intervenir en Italie [2] Avant la mort de son oncle Roger réussit à remporter le dernier succès important de son règne dans le courant de l'année 1100 il rentra en possession d'Amalfi [3], sans que nous sachions comment

Le duc Roger n'était en rien l'homme que demandait la situation politique de l'Italie A partir du moment où son oncle disparaît son rôle est de moins en moins accusé et nous ne le connaissons guère que par ses donations pieuses Romuald de Salerne a tracé de lui un portrait qui paraît fort exact « Le duc Roger, dit-il, fut beau de corps illustre par ses mœurs, d'une gloire discrète, courtois, affable, protecteur des églises, humble envers les prêtres du Christ et très respectueux envers les clercs [4] »

Roger, semble-t-il, n'intervint pas à Rome dans l'élection du successeur d'Urbain II, le pape Pascal II 13 août 1099) Il paraît avoir entretenu de bonnes relations avec le nouveau pape qu'il aida en septembre 1101 à s'emparer de Bénévent dont les habitants s'étaient révoltés Durant les années suivantes, les chro-

---

1 Ann Ceccann, ad an 1104 dans M G H SS, t XIX, p 281
2 En 1102, janvier, on comptait la deuxième année « post recuperationem » Camera, op cit, t I, p 297 Di Meo op cit t IX, ad an 1104 p 122, cite un diplome donné « anno IV post recuperationem ducatus illius Amalfi »
3 Simon succéda à Roger, il mourut peu après et eut pour successeur son frère Roger Cf infra, p 358
4 Romuald de Salerne, dans M G H SS, t XIX, p 414
5 Ann Benev, ad an 1101, dans M G H SS, t III, p 183 Cf Lib Pont t II, p 298

niques nous apprennent bien peu de choses En 1105, Roger, au mois d'octobre, prit Monte San Angelo [1] Evidemment, le comte Henri s'était révolté, mais nous ne savons rien de plus Il est probable que le comte ne se soumit pas, car, en 1107, Roger assiégea Lucera [2] qui appartenait également à Henri, nous ignorons si cette entreprise fut couronnée de succes Il semble pourtant qu'il faille placer à ce moment l'occupation de la ville par Roger Nous savons en effet que, en avril 1115, Lucera appartenait à un bâtard du duc Roger, Guillaume et l'on ne saurait guère où placer, apres 1107 la prise de la ville [3]

Les actes jettent bien peu de lumière sur le regne de Roger En decembre 1099 [4], nous avons de lui un acte en faveur de Manson, fils de Pierre d'Atrani En mai 1101 [5], le duc est à Salerne et fait une donation à l'eglise Saint-Mathieu de cette ville En avril 1102 [6], il fait une donation à Guerin, abbé de Saint-Laurent d'Aversa En mai 1103 [7], il concède à l'archevêque d'Amalfi, Mauro, la dîme de son diocese Dans le même mois, il accorde à l'archevêque de Salerne, Alfan, la dîme du port de la ville [8] En septembre de la même année, il est à Salerne et accorde à la demande de sa femme Alaine deux pièces de terre, sises en dehors de Salerne, aux trois fils d'un certain Pierre, Gualter, Jean et Pierre En decembre 1104, il fait donation au Mont-Cassin de biens sis à Troia [9]

En janvier 1105, Roger fait une concession de terres à Guillaume, evêque de Troia [10] En août de cette même année, il fait une donation assez curieuse, à la demande de sa femme Alaine, il donne un terrain sis à Salerne et les maisons qui y sont cons-

1 Romuald de Salerne, dans M G H SS, t XIX, p 443
2 *Ibid*, p 414
3 Archives de la Cava, E 40
4 *Ibid*, O 36 En mai le duc avait été à Tropea, où il fit une donation à l'evêque de Cerenzia, Ughelli, *op cit*, t IX, p 476
5 Paesano, *op cit*, t II, p 59
6 *Regii neap arch mon*, t V, p 275
7 Ughelli *op cit*, t VII, p 200
8 Archives de la cathédrale de Salerne, Arc 1, 53
9 Archives de la Cava, I, 40 Gattola *Hist* t I, p 158
10 Archives capitulaires de Troia, G nᵒ X

tiintes à Marie, femme de Jean, de laquelle il a eu un fils Guillaume[1] C'est ce fils que nous trouverons plus tard comme
comte de Lucera[2] Au mois de mars de l'année 1106 Roger est
à Salerne où il offre à Pierre, abbé de la Cava le casal Fabrica[3].

Il ne semble pas que Roger soit intervenu dans les affaires de
la succession de Richard II de Capoue, qui mourut en janvier
1106[4] Robert, frère de Richard, lui succéda sans difficulté,
semble-t-il Le duc de Pouille ne paraît pas davantage avoir pris
part aux évenements qui marquèrent le retour de Bohemond et
n'aida pas son frère dans l'expédition qu'il entreprit contre l'empire byzantin[5].

En février 1110, le duc Roger, étant à Salerne fait donation à
l'archevêque de Salerne, Alfan, de quelques vilains habitant à
Melfi[6] Au mois de mars, il était encore à Salerne, et donnait au
monastère de la Cava deux onces sur les douze que lui rappor-
tait l'église Santa Maria de Salerne[7] En juin, il était toujours à
Salerne et confirmait les privilèges de l'abbaye de la Cava[8] En
juillet, il était à Bénévent, où il s'était rendu auprès du pape, sans
doute pour s'entendre sur la conduite à tenir vis-à-vis d'Henri V
dont la venue était prochaine[9]. En novembre, Roger faisait
abandon au monastère du Mont-Cassin[10] du cens qu'il percevait sur les troupeaux de l'abbaye dans ses terres du Montegar-
gano Enfin en février 1111, le duc Roger donnait au monastère de la Cava le château de San Adjutore et ses dependances[11].

1 Archives de la Cava E 1
2 Ibid, E 40
3 Ibd, L 4
4 Pet Diac, IV, 27, Romuald de Salerne dans M G H SS, t XIX,
p 414 Robert ne fut reconnu qu'après le mois d'août 1106, car, en
septembre 1107, on compte sa 1re année, Gattola, Acc, t I, p 227 et,
avant mai 1107, car, en mai 1114 on compte sa 8e année Gattola, Hist
t I, p 257 Cf di Meo, op cit, t IX, pp 132 et 141.
5 Cf Chalandon, op cit p 242 et suiv
6 Paesano op cit, t II, p 62
7 Archives de la Cava, E 12 Cet acte est redigé sous forme d'acte
privé par un juge Il est souscrit par le duc et le juge
8 Archives de la Cava E 14
9 Ughelli, op cit, t X, pp 517-518 Cf Pet Diac IV, 35
10 Archives du Mont-Cassin, caps, XI, 20
11 Archives de la Cava, E 18

Cet acte est le dernier que nous connaissions. Roger mourut peu après, le 22 février[1]. Il finit obscurément un règne sans gloire, il n'eut ni les talents militaires, ni le génie politique de son père; seuls les moines enrichis par ses incessantes libéralités firent son éloge et conservèrent son souvenir; aujourd'hui encore on peut entendre les religieux de l'abbaye de la Cava à l'issue des complies prier pour l'âme du duc Roger, grand bienfaiteur de leur abbaye[2]. Au moment où le duc Roger disparaissait, l'Empire allemand venait de prendre sa revanche sur la papauté et sur les Normands. Le 12 février 1111, l'empereur Henri V avait fait prisonnier, à Rome, le pape Pascal II, qui n'avait pas trouvé auprès des Normands le secours qu'il attendait d'eux[3].

Roger ne laissait qu'un fils légitime, Guillaume; il avait perdu les deux autres fils que lui avait donnés Alaine. Le premier, Louis, était mort en 1094[4], le second, Guiscard, à une date inconnue[5]. La régence fut exercée par Alaine au nom de son fils. La mort de Bohémond suivit de quelques jours celle de son frère[6]. L'Italie méridionale se trouva alors gouvernée par trois femmes, en Sicile était la veuve du comte Roger, Adélaïde, à Salerne, Alaine, et dans les possessions de Bohémond, sa femme Constance gouvernait pour son fils Bohémond II. Cette triple régence s'exerçait au moment même où les événements dont Rome venait d'être le théâtre rendaient plus nécessaire que jamais un gouvernement fort.

L'entrée d'Henri V à Rome et la captivité de Pascal II eurent pour résultat immédiat de susciter dans l'Italie méridionale une

[1] Necrol. Casin., dans Gattola, Acc., t. II, p. 802.
[2] Cf. Guillaume op. cit., p. 53.
[3] Pet. Diac., IV, 36.
[4] Archives de la Cava, D 2. En septembre 1094, Roger fait une donation « pro redemptione animarum et Lodoisi dulcissimi filii nostri in proximo defuncti ». Nous connaissons en outre un bâtard de Roger, Guillaume, seigneur de Gesualdo et Luceria, mentionné dans des diplômes d'avril 1115 et mai 1116 Archives de la Cava, L 40 L 46 Guillaume eut un fils, Elie mentionné en décembre 1141 Arch. de la Cava, G 35.
[5] Il souscrit un diplôme, en mars 1106 Arch. de la Cava, F 4
[6] Cf. Chalandon, op. cit. p. 249, note 6

grande agitation parmi la population lombarde qui se tourna
vers l'empereur, comme vers son libérateur [1] Cette hostilité des
habitants du pays envers les Normands est un fait intéressant a
constater et sur lequel nous avons quelques renseignements
notamment par la chronique de Falcon de Bénévent, qui présente
ce grand intérêt d'être la seule source narrative de l'Italie écrite
par un adversaire des Normands. Toutes les autres chroniques
ayant été composées par des panégyristes, celle-ci nous fait voir
le revers de la médaille.

En apprenant la captivité de Pascal II Robert de Capoue comprit la faute que les Normands avaient commise en ne se portant
pas au secours du pape et envoya immédiatement trois cents chevaliers pour aider les Romains [2] Mais ces renforts, en arrivant
a Ferentino, trouverent Ptolémée, comte de Tusculum, et d'autres
nobles romains, qui se déclarèrent pour Henri V et les obligerent a rebrousser chemin Le bruit ne tarda pas a se répandre
que l'empereur allait venir dans l'Italie du Sud afin d'en expulser les Normands Ces rumeurs prirent bientôt une telle consis-
tance que beaucoup de seigneurs normands se retirèrent dans
leurs chateaux et les mirent en état de soutenir un long siege
Le prince de Capoue jugea la situation telle qu'après en avoir
délibéré avec ses fideles, il envoya une ambassade a l'empereur
pour lui demander la paix et lui promettre la fidélité Le seul bruit
de la prochaine venue d'Henri V suffit pour amener un certain
nombre de Normands de la région des Abruzzes a s'entendre
avec l'abbé de Saint-Clément de Casauria [3]

Ces craintes et ces espérances devaient être également vaines ,
l'empereur ne parut pas dans l'Italie méridionale et, dès le
mois de mars de l'année 1112, Pascal II, revenant à la politique traditionnelle de la papauté, annulait toutes les concessions que l'empereur lui avait arrachées l'année précédente Il
est intéressant de constater au concile de Rome, où Pascal se
rétracta, la présence d'un grand nombre d'évêques normands de

1 Pet Diac , IV 40 Falco Benev , éd del Re, Cronisti e scrittori sin-
cioni napoletani (Napoli, 1845), t I
2 Pet. Diac. IV, 39
3 Chr Casauriense, dans Muratori, R I SS , t II, 2, p 878

l'Italie du Sud [1] Leurs conseils ne durent pas être étrangers à la décision prise par le pape, décision qui confondait à nouveau l'intérêt de la papauté avec celui des Normands

Il est curieux de voir qu'à ce moment la population lombarde était aussi hostile au pape qu'aux Normands cela résulte clairement des événements dont Bénévent fut alors le théâtre Le territoire de la principauté avait été peu à peu envahi par les Normands, dont les vexations continuelles étaient à charge aux habitants [2] Ceux-ci formèrent le projet de nommer comme recteur de la ville un certain Landolf, fils de Borrel Le pape apprit ces menées et se rendit en toute hâte à Bénévent (2 novembre), où l'émeute avait déjà éclaté En mars 1113 Pascal II, pour donner satisfaction aux habitants et pour mettre fin aux attaques des Normands établit comme recteur Landolf de Greca Celui-ci réussit à obtenir à prix d'argent la destruction d'un château normand, qui, plus que tous les autres menaçait la ville Mais la paix ne fut pas de longue durée et les hostilités entre les Lombards et les Normands reprirent bientôt. Robert de Capoue et Jourdain, comte d'Ariano, recommencèrent à attaquer les Bénéventains, pendant toute l'année 1113 les environs de Bénévent furent ravagés En 1114, au mois de mars, on envoya l'archevêque, Landolf, demander au pape d'intervenir pour faire cesser les hostilités [3] Landolf qui était un ennemi de Landolf de Greca, revint en disant que le pape exigeait la démission du recteur ce qui était inexact Le seul résultat obtenu par le mensonge de l'archevêque fut de faire éclater la guerre civile dans l'intérieur de la ville où les partisans des deux Landolf s'entr'égorgèrent Le pape fit faire une enquête et, au mois d'octobre, au concile de Ceprano, déposa l'archevêque et confirma Landolf de Greca [4]

A Ceprano, bien que nous n'ayons aucun renseignement à cet égard, la grande préoccupation du pape dut être de rétablir la paix entre les seigneurs normands qui, à la suite du duc de

1 Mansi, XXI, 50
2 Falco Benev , ad an 1112, p 162 et suiv
3 Falco Benev   ad an 1114
4 Pet Diac , IV, 49 Falco Benev , ad an.

Pouille et du prince de Capoue, se rendirent en grand nombre
auprès de lui Depuis sa rupture avec Henri V, Pascal devait
craindre une nouvelle apparition de l'empereur à Rome et chercher à trouver dans la puissance normande un appui éventuel
Mais pour que ce projet pût se réaliser, il fallait faire cesser l'état
de désordre où se trouvait alors l'Italie méridionale Nous avons
vu les evenements dont Benevent avait ete le théâtre , pour Capoue
nous sommes plus mal renseignés, mais nous pouvons néanmoins constater que l'anarchie la plus complete règne dans cette
région Apres la mort d'Andre [1], fils de Richard d'Aquila, duc
de Gaete [2], la veuve de ce dernier, Rangarde, mariée en secondes
noces à Alexandre, comte de Suessano, disputa le duché de Gaete
à Richard comte de Caleno Celui-ci fut soutenu par les moines du
Mont-Cassin, car, peu auparavant, les gens de Suio profitant des
troubles, s'etaient revoltes contre la duchesse Rangarde et avaient
donné leur ville à l'abbaye Gaete à son tour se rendit indépendante et, à partir de mars 1113, on y data les actes des années de
règne de l'empereur Alexis et de son fils Jean Le dernier
acte ainsi daté est de juillet 1114 Les moines du Mont-Cassin
paraissent avoir ete les seuls à profiter de la guerre , le comte
de Caleno confirma leurs possessions sur les territoires de Fondi,
de Ceccano, d'Aquino, de Venafro, d'Alife et de Teano [3] La possession du comté de Suio devait être confirmee à l'abbaye quelques
années plus tard par Robert de Capoue [4] Toutefois l'ordre ne
régnait pas davantage dans les domaines de l'abbaye dont les
vassaux se révoltaient continuellement L'abbe, en 1114, dut
reprimer des revoltes à San Germano et à Comino et faire
fortifier Pontecorvo, Caideto, Vitecuso et Suio [5]
    C'est au concile de Cepiano que le duc Guillaume reçut du
pape l'investiture de ses Etats [6] Jusque-là les chroniques sont

1 Pet Diac , IV, 52
2 En 1111, Annales Ceccaneuses, dans M G H SS , t XIX, p 282
3 Pet Diac IV, 54, porte la date de 1113, mais il faut corriger en 1114,
car, au paragraphe 55, Pierre Diacre dit que l'année suivante le pape alla
à Troia tenir un concile, or celui-ci fut tenu le 24 aout 1115
4 Gattola Acc , t I p 232
5 Pet Diac , IV, 56 et 57
6 Pet Diac , IV 49 Ann Ceccan M G H SS , t XIX, p 282

muettes à son égard et les actes émanés du duc sont si peu
nombreux qu'ils nous renseignent fort mal sur la régence
d'Alaine. Il semble que celle-ci ait voulu gouverner en s'appuyant
sur l'influence de l'abbé de la Cava, Pierre, qui a ce moment
occupait, grâce aux vastes possessions de l'abbaye, une situation
comparable à celle de l'abbé du Mont-Cassin. Dès la première
semaine de son règne, le duc Guillaume avait confirmé à l'abbaye
de la Cava la dernière donation du duc Roger [1]. Au mois d'août de
la même année, il avait donné à l'abbé Pierre tous les vilains qu'il
possédait à Vietri [2]. En décembre 1112 (n. s.) le duc avait confirmé
au monastère ses privilèges précédents [3]. L'abbé de la Cava ne
fut pas le seul à profiter des faveurs ducales et, en février 1113,
Arnolf, archevêque de Cosenza obtenait la confirmation des privilèges accordés à son église par le duc Roger [4]. Ce fut ensuite
le tour du Mont-Cassin, soit en allant à Ceprano, soit quand il en
revenait : le duc s'arrêta à l'abbaye à laquelle il octroya un
diplôme confirmant tous les privilèges de ses prédécesseurs. Il
était accompagné de Robert de Capoue, du connétable Joel et
de Guillaume, comte du Principat [5].

La mort de la comtesse Mathilde qui survint pendant l'été suivant (15 juillet 1115) rendit plus nécessaire que jamais l'entente
du pape avec les Normands. Pascal II, légataire de la grande
comtesse, dut prévoir aussitôt les difficultés qu'Henri V ne man-
querait pas de lui susciter au sujet du testament. Or précisément
au moment où la papauté avait le plus besoin d'eux, l'anarchie
redoublait parmi les Normands, surtout parmi ceux établis en
Pouille.

Constance, veuve de Bohémond, gouvernait au nom de son fils
Bohémond II, elle paraît avoir cherché à s'appuyer sur Tancrède, un des fils de Geoffroi, comte de Conversano, auquel elle
donna le quart de la ville de Bari [6]. Il est probable que le gouver-

1 Archives de la Cava, E. 11, février 1116, donc entre le 22 février et
le 1ᵉʳ mars, Roger étant mort le 22 février.
2 Archives de la Cava, F. 19.
3 Archives de la Cava, E. 29. Ce diplôme est daté de l'année 1113,
deuxième année du duché, indiction 6. Il s'agit donc de décembre 1112.
4 Ughelli, t. X, p. 142.
5 Gattola, Acc. t. I, p. 230 Pet. Diac., IV, 48.
6 Di Meo, op. cit., ad an. 1111, t. IX, p. 218.

nement de Tancrède ne plut pas, car, au mois de janvier 1113,
les gens de Bari se soulevèrent et firent prisonnière la mère du
comte de Conversano, Robert, frère de Tancrède[1]. Robert vint
attaquer la ville et fit couper les vignes et oliviers dans tous les
environs. Les gens de Bari mirent alors à leur tête l'archevêque
Rison. Un acte de celui-ci nous montre qu'en mai de cette même
année la ville cherchait par tous les moyens à se procurer des
ressources pour continuer la lutte[2]. Nous ne savons rien de plus
sur les événements qui suivirent.

Désireux de rétablir la paix, Pascal II vint, au mois d'août 1115,
à Troia, pour établir la trêve-Dieu[3]. Le comte Robert de Louitello,
Jourdain, comte d'Ariano, et les barons de la Pouille jurèrent de
garder la paix pendant trois années. Malgré ce serment, la guerre
recommença. Constance alliée avec Tancrède et Onfroi comte de
Gravina attaqua Alexandre, comte de Matera, frère de Tancrède[4].
Alexandre fut vainqueur et fit Constance prisonnière. Il l'emmena
à Matera et la relâcha au bout de quelque temps, en lui faisant
promettre de revenir se constituer prisonnière à Matera[5]. Dès
qu'elle fut libre, Constance recommença les hostilités. Au mois
de décembre 1115 l'accord existait entre Constance et l'archevêque de Bari, Rison, et, à cette même date, Tancrède était
encore en possession du quart de la ville de Bari[6].

L'ancienne capitale des possessions byzantines fut peu après,
divisée de nouveau par la guerre civile. Un parti avait à sa tête
un certain Pierre Johannikios et un personnage du nom d'Argyros. l'archevêque Rison et un certain Grimoald Alferanite étaient
à la tête de la faction adverse qui, au début, semble s'être
appuyée sur Constance[7]. Toute l'année 1116 fut remplie par la
lutte des deux partis, sans qu'aucun d'eux pût remporter un

---

1 Romuald de Salerne, ad an. dans M. G. H. SS., t. XIX, p. 413.
2 *Cod. dipl. Bar.*, t. V, p. 106.
3 Falco Benev., p. 172.
4 L'Interpolateur de Romuald de Salerne, *loc. cit.*
5 L'Interpolateur de Romuald *loc. cit.*, donne ensuite à Alexandre le
titre de « *comes Barensis* », peut-être est-ce une erreur pour *Materensis* ?
Cf. De Blasiis, *op. cit.* t. III, p. 113 note 2.
6 *Cod. dipl. Bar.* t. V, p. 111.
7 Nous ne connaissons ces faits que par une continuation de l'Anonyme
de Bari. Muratori, R. I. SS., t. V, p. 155.

avantage décisif Dans le courant de 1117 [1], l'archevêque fut assassiné, entre Canosa et Barletta, par Argyros celui-ci, fait prisonnier par Geoffroi, comte d'Andria, fut exécuté peu après La mort d'Argyros laissa Grimoald maître de Bari, celui-ci profita de son succès pour chercher à se rendre indépendant Dans le courant de 1118 (avant juin), il fut reconnu comme prince de Bari [2] En août 1119, aidé d'Alexandre, comte de Matera, Grimoald réussit à s'emparer de Constance [3] La veuve de Bohémond ne fut remise en liberté que l'année suivante grâce à l'intervention du pape [4] A partir de ce moment, Bari paraît avoir secoué complètement le joug des Normands En 1122, au mois de mai, la ville conclut un traité avec le doge de Venise [5] Grimoald agit dès lors en véritable souverain et c'est seulement quelques années plus tard que Bari reconnaîtra à nouveau l'autorité des princes normands

Le duc Guillaume n'intervint pour aider Constance que quand il était trop tard et l'expédition qu'il entreprit paraît n'avoir donné aucun résultat [6] Son rôle pendant toute cette période continua à être très effacé, et son gouvernement personnel ne fut pas plus glorieux que la régence de sa mère qui mourut en avril 1115 [7]. Dans le courant de 1114, Guillaume avait épousé Gaitelgrime, fille du comte d'Ariola, Robert [8] Pendant la période qui s'étend de 1115 à 1120, nous ne connaissons presque rien du duc En décembre 1114, il donne à deux de ses fidèles le *plateaticum* de Bosanola près

---

1 Muratori, R I SS , t V, p 155, et Falco Ben , pp 172-173

2 En juin 1123, il compte la 5e année de son règne, de même, en novembre 1124 *Cod dipl Bar* , t V, pp 122-124 Il y a forcément une erreur dans l'une de ces deux manières de compter les années de règne

3 L'Interpolateur de Romuald de Salerne ad an , dans M G H SS , t XIX, p 417 Constance fut prise grâce à la trahison des gens d'Umenatia, peut-être Giovenazzo ?

4. *Ann Cecoan* , ad an 1120 dans M G H SS , t XIX, p 282

5 *Cod dipl Bar* , t V, p 117

6 L'Interpolateur de Romuald de Salerne, ad an 1120, dans M G H SS , t XIX, p 417

7 Romuald de Salerne, dans M G H SS t XIX, p 415, mentionne ce mariage à l'année 1116, mais Gaitelgrime souscrit, en décembre 1114, un diplôme de Guillaume Arch de la Cava, E 44

8 Rom Sal , *loc cit* , p 414

de Salerne [1] De mai 1115, est un diplôme pour Etienne, abbé de
Santa Maria de Macla[2] En août 1116, le duc fait une importante donation a l'abbé de la Cava, Pierre il lui accorde le quart
du monastère de Saint-Georges dans le Cilento Au mois
d'avril 1117, Guillaume confirme a l'abbaye de la Cava les privileges de ses prédécesseurs[4], et en mai 1119, il confirmait a
Jourdain frere de Robert de Capoue tous les biens qu'il possedait a Salerne [5]

Guillaume ne paraît pas être intervenu dans les affaires de
Rome, et quand Henri V en 1117, revint a Rome, Pascal II refugie
a Benevent ne trouva de secours que dans le prince de Capoue [6]
Les troupes normandes furent d'ailleurs battues et le pape ne put
rentrer a Rome qu'en janvier 1118 Il mourut quelques jours
apres son arrivee (21 janvier) Son successeur Gelase II ne trouva
pas davantage un appui dans le duc de Pouille, car il me paraît
probable que les Normands qui delivrerent le nouveau pape des
mains de Cencio Frangipani, devaient être les soldats fournis à
Pascal II [7] par Robert de Capoue Force par la crainte de l'empereur de quitter Rome, Gélase II alla chercher un asile dans
l'Italie meridionale ce n'est plus alors Salerne qui offre un refuge
au pape, mais bien Gaete et Capoue [8] Ce détail seul suffit a
montrer combien le rôle du duc Guillaume est effacé A Gaete
pourtant le duc vint preter au pape serment de fidelité, mais
dans l'expédition qui fut dirigee contre Rome les chroniques
mentionnent a peine sa présence et c'est Robert de Capoue
qui commande l'armee et prend Rome [9]

Pendant les années suivantes l'anarchie ne fit qu'augmenter, ce

1 Archives de la Cava Arca M E , 44.
2 Piro, op. cit , t I p 457
3 Archives de la Cava E 50 En avril 1117, il est mentionne dans un
acte par lequel Guillaume, comte du Principat, met fin a ses demèlés avec la
Cava Archives de la Cava, I 47
4 Ibid , F 2
5 Ibid , F 14
6 Pet Diac , IV, 61
7 Lib Pont , t II, p 313
8 Cf Jaffe-L , t I, p 775
9 Lib Pont , t II p 315, Falco Ben , ad an p 173 et suiv Cf la lettre
de Bruno archeveque de Treves, a Henri V Watterich, op cit , t II, p 110

fut surtout la région de Bénévent qui eut à souffrir des guerres
continuelles entre les seigneurs normands, la lutte fut particulièrement violente entre Rainolf et le comte Jourdain[1]. Guillaume
ne nous est connu, pendant cette période, que par un acte en faveur
du monastère de Saint-Sébastien, sis près de San Mauro, dans le
Cilento[2]. Le successeur de Gélase II, Calixte II, vint, peu après
son entrée dans Rome, dans le Midi de l'Italie[3]. A Bénévent, il
reçut le serment de fidélité du duc Guillaume et de Jourdain II
de Capoue qui venait de succéder à son neveu, Richard III,
mort seulement quelques jours après son père Robert[4]. Comme
Pascal II, Calixte II cherchait à faire cesser le désordre et
poursuivait l'établissement de la trêve-Dieu, il se rendit dans
ce but à Troia[5], où se réunirent le duc Guillaume, Robert,
comte de Loritello, Richard, comte d'Andria, ainsi qu'un grand
nombre de barons. Le duc Guillaume fut obligé de restituer des
terres qu'il avait injustement prises au monastère Saint-Nicolas
de Troia[6]. C'est de cette ville que Calixte II se rendit à Bari
pour tenter d'y rétablir la paix[7].

Les années, qui suivirent, virent encore décroître l'influence du
duc de Pouille auquel le comte de Sicile enleva une partie de
ses États, mais ici les événements nous sont encore mal connus. L'auteur de la vie du pape Calixte II raconte que le duc
Guillaume étant parti pour Constantinople afin d'épouser une
des filles de l'empereur Alexis, le comte de Sicile, son cousin, en
profita pour attaquer ses possessions en Calabre[8]. Le duc ayant

1 Sur ces guerres sans intérêt, cf Falco Benev, p 176 et suiv
2 Cod vat 1, 3886, fo 18, vo (décembre 1119)
3 Il était à Bénévent, le 8 août Falco Benev, ad an 1120, p 181
4 Pet Diac, IV, 68 Lib Pont, t II, p 322 Romuald de Salerne, dans
M G H SS, t XIX, p 417 Falco Benev, ad an 1120, pp 180-181 Cf
Necrol sancti Bened Cap, di Meo, op cit, t IX, p 251
5 Archives capitulaires de Troia, A no 47 « Cum idem dominus noster
papa Calixtus cum archiepiscopis, episcopis, abbatibus et reliquis ecclesias-
ticis personis, apud Troiam precipue causa componende tregue dei conveni-
ret »
6 Ibid
7 Jaffé-L, 6857 et 6892
8 Lib Pont, t II, pp 322-323

son départ aurait confié la garde de ses États au pape Celui-ci, en apprenant que Roger attaquait les possessions de Guillaume, aurait envoyé au comte de Sicile le cardinal Hugues pour l'arrêter dans son entreprise Hugues aurait échoué et l'intervention personnelle du pape n'aurait pas davantage amené le comte Roger a céder

Ce récit présente d'assez graves difficultés Tout d'abord le projet de mariage de Guillaume paraît inexact Le duc en effet était marié et sa femme Gaitelgrime lui survécut puisque, quand il mourut elle coupa ses cheveux pour en couvrir le corps de son mari [1] Je crois donc que l'auteur de la vie de Caliste II a été mal informé, bien plus en octobre 1121, époque du siège de Catanzaro, le duc est à Salerne où il fait donation à l'archevêque Romuald de la juiverie de la ville [2] Pour ce qui est du voyage de Caliste II, nous sommes mieux renseignés. Le pape quitta Rome avant la fin du mois de juillet 1121 Le 24, il était à Aversa, le 5 septembre, on le trouve à Salerne où il chercha à décider Guillaume à traiter avec Roger [3] Le 4 octobre, le pape était à Melfi, et le 10 novembre à Tarente De cette ville il se rendit à Catanzaro, où il était le 21 décembre C'est alors qu'il rétablit l'évéché de Taverna [4] Romuald de Salerne nous dit que

1 Falco Benev ad an 1127 p 193
2 Paesano, op cit t II, p 71
3 Jaffe-L 6924 et suiv, Falco Benev, ad an 1111
4 L'auteur de la vie de Caliste II laisse entendre que le pape s'opposa aux projets du comte Roger « *Papa autem in comitem tali omine surgit* » *Lib Pont*, t II p 322, et il ajoute « *demum quod quod retulit ipse comes Rogerius cum papa sententia peregit* » *Ibid* 323 Romuald de Salerne, p 417 ad an 1121, complete les renseignements donnés par Falcon et dit que le pape alla jusqu'en Calabre pour rétablir la paix Les bulles du pape nous font connaître l'itineraire de ce voyage jusqu'à Neocastro, Jaffe-L, 6924-6936 Pour ce qui est de la venue du pape à Catanzaro nous ne la connaissons que par cinq bulles de Caliste II Jaffe-L 6937, 6938, 6939 6940, 6942 Cette dernière est donnée, à Rossano, le 6 janvier 1122, et est relative comme les précédentes, a la nomination de l'évéque de Taverna Ces bulles ont été attaquées par Mgr Batiffol, *la chronique de Taverna et les fausses décrétales de Catanzaro* dans la *R des Questions hist* t LI 1892), p 23 et suiv Suivant lui, ces cinq bulles sont étroitement apparentées a la fausse chronique de Taverna et ont été fabriquées vers le XIVe ou XVe siecle par un habile faussaire, pour défendre la juridiction de l'évéque de Catanzaro contre les prétentions de celui de Squillace

le pape echoua dans ses tentatives pour amener la paix entre
Roger et Guillaume. L'auteur de la vie de Calixte II confirme son
témoignage : il raconte, en effet, que le pape etant tombe malade,
le comte Roger fut libre de faire tout ce qu'il voulut. Calixte II
revint par Tarente et Bitonto.

L'année suivante, le duc Guillaume fut contraint par la nécessité à reconnaître lui-même les conquêtes de Roger. Attaqué
continuellement par Jourdain, comte d'Ariano, il alla trouver le
comte de Sicile pour lui demander assistance. Le récit de Falcon de Bénévent montre bien quel piètre seigneur était alors le
duc de Pouille : « Quand il fut arrivé auprès du comte de Sicile,
raconte le chroniqueur, le duc lui dit en pleurant[1] : J'ai recours

Fabre (R. d. Quest. hist., t. LIII, p. 519) a admis que la bulle n° 6940 est
fausse, mais a soutenu que les quatre autres étaient vraies. Son opinion
me paraît être juste et la réponse qu'il a faite (R. d. Quest. hist., t. LIV,
p. 596 et suiv.) aux objections que Mgr B. prétendait tirer des caractères
diplomatiques des actes (R. d. Quest. hist., t. LIII, p. 522 et suiv.) me paraît
irréfutable. Mgr B. (R. d. Quest. hist., t. LIV, p. 599) a d'ailleurs été obligé
de le reconnaître lui-même. De même les objections tirées par Mgr B. du
nom de Tres Tabernae donne à Taverna par les bulles de Calixte II,
tombent devant ce fait que c'est là le nom courant usité à cette époque
par la chancellerie romaine. Cf. Lib. censuum, t. I, pp. 243 et 248, note 9,
et Mgr Duchesne, Les évêches de Calabre, p. 14. Mgr B. en a été réduit à
l'argument qu'il prétendait tirer du droit canonique usité en Calabre. Le
pape, selon lui, n'aurait pas eu le droit de créer un évêque à Taverna à
cause de la legation accordée par le pape, Urbain II, au comte de Sicile
(Cf. R. d. Quest. hist., t. LII, p. 239, t. LIII, p. 254, et t. LIV, p. 590). Peut-
être avant d'invoquer cet argument eût-il été utile de montrer que Catanzaro et Taverna appartenaient au comte de Sicile. Mgr B. a cru que la
Calabre en bloc appartenait au comte Roger. On a vu de quelle façon le
partage de cette region s'est effectue entre Robert Guiscard et son frère,
puis entre celui-ci et le duc Roger. On ne saurait a priori affirmer que
Catanzaro et Taverna appartinssent, en 1121, au comte de Sicile. Nous
savons par la chronique de Malaterra qu'après la révolte de Mihera, seigneur de Catanzaro, le duc Roger partagea les terres de celui-ci entre le
comte de Loritello et le comte de Sicile (Malat., IV, 11.) A qui fut Catanzaro ?
nous l'ignorons, mais le fait que, au moment où il vient attaquer le duc
Guillaume, le duc Roger va mettre le siège devant Rocca Falluca, tendrait
à montrer que la place appartenait à Guillaume. Par suite, la qualité de legat
a latere du comte Roger n'aurait rien à faire dans la question. Un passage
de Falcon de Bénévent, ad an. 1122, p. 186, nous montre que le duc Guillaume avait encore à cette date des possessions en Calabre.

1. Falco Benev., ad an. 1122, p. 186 et suiv. Sur la famille des comtes
d'Ariano, cf. infra, p. 382, n. 2.

a votre puissance, noble comte a cause de nos liens de parenté et aussi a cause de vos richesses Je viens me plaindre du comte Jourdain et vous demander votre appui pour en tirer vengeance, car un jour comme j'entrais a Nusco le comte Jourdain avec une troupe de cavaliers vint devant la porte de la ville, et me cribla d'injures et de railleries, il me menaça même de couper un morceau de mon manteau De plus il a devaste toute ma terre de Nusco Comme je ne suis pas assez puissant pour le punir, j'ai dû supporter l'injure, mais j'attends avec impatience le jour de la vengeance »

Le comte de Sicile se fit payer cherement son aide, il se fit donner par le duc Guillaume les possessions que celui-ci avait encore en Calabre, ainsi que sa part de Messine et de Palerme A ce prix, Roger fournit des troupes qui permirent a Guillaume d'obliger Jourdain assiege dans Apice, à lui demander merci et l'aiderent a ramener un peu d'ordre dans ses Etats, au moins dans les environs immediats de sa capitale, a Monte Corvino Le duc marcha ensuite contre Monte Vico dont les habitants avaient tue leur seigneur Cette expedition fut la dernière a laquelle Guillaume prit part Nous ne savons rien de ses dernières années En février 1123, le duc confirmait a l'abbe de la Cava, Constable, la donation que venait de faire en prenant l'habit, Guaimai petit fils de Gui, le frère de Gisolf de Salerne[1] En septembre de la même annee, il accordait a l'abbaye de la Cava la permission d'élever des fortifications pour defendre certaines de ses possessions[2]

Le duc Guillaume n'intervint pas dans la guerre qui eut lieu, en 1124, entre Richard, comte de Caleno, d'une part, et le Mont-Cassin d'autre part[3] Il ne joua, non plus, aucun rôle dans l'élection du successeur de Caliste II, Honorius II qui fut nommé en decembre de la même annee En 1125, le duc se rendit (apres le 1er septembre) a Benévent auprès du pape qui l'investit de ses

---

1 Archives de la Cava, F 23
2 Archives de la Cava, F 24
3 Pet Diac , IV 82
4 Romuald de Salerne, ad an. 1125, dans M G H SS t XIX, p 417, donne l'indiction 4 D'autre part, le pape resida a Benevent du 11 juillet au 11 octobre. Jaffe-L , 7212 et suiv

États En mai 1126, nous trouvons Guillaume à Salerne, où il confirme à l'abbaye de la Cava les biens laissés par Sykelgaite, veuve
de Guaimar, fils de Gui[1] En août de la même année, il confirmait
au Mont-Cassin toutes ses possessions[2]. Enfin en juillet 1127,
ayant decidé de se faire enterrer dans l'église Saint-Mathieu de
Salerne, dans le sépulcre de son père, il donnait à l'archevêque,
Romuald, différents biens sis aux portes de Salerne[3] Cet acte fut
sans doute le dernier émané du duc, qui mourut le 25 juillet[4]
Avant de mourir, il fit verbalement une dernière donation à la
Cava[5]

Si Romuald de Salerne a justement blâmé la faiblesse du gouvernement du duc Guillaume, ses contemporains n'ont pas
jugé sévèrement le fils de Roger, mais ont vanté son courage
militaire, sa largesse, sa courtoisie et son respect du clergé
Falcon de Bénévent nous a dépeint l'empressement du peuple
de Salerne se pressant au palais pour voir encore une fois, après
sa mort, son bon seigneur « qui fut pleuré comme jamais le fut
duc ou empereur » On ne saurait souscrire aux éloges accordés
à Guillaume, qui se montra incapable de gouverner Sa faiblesse
permit aux seigneurs de se rendre indépendants ; il ne sut pas
même garder intact l'héritage déjà fortement entamé que lui
avait laissé son père En somme, en 1127, la situation de l'Italie
méridionale était peu différente de ce qu'elle avait été avant le règne
de Guiscard Le titre de duc n'était qu'un vain mot, car le duché
n'existait plus, il s'était démembré et formait une série de seigneu-
ries, en fait indépendantes. Heureusement pour les Normands
qu'une puissance plus forte s'était formée en Sicile A l'abri des
guerres continuelles, qui avaient désolé l'Italie du sud, le comte
Roger Ier et son fils, Roger II, avaient su créer un État rempli de
cohésion et dès la mort de Guillaume, le jeune comte de Sicile
entreprit de réunir en un seul groupe toutes les possessions nor-

1 Archives de la Cava F 30.
2 Gattola Acc , t I, p 232
3 Paesano, op cit t II, p 73
4 Cf infra, p 385, note, 2
5 Archives de la Cava, F 40 L'acte est dressé, le 8 août 1127, par deux
juges devant lesquels ont comparu les témoins.

mandes d'Italie Il ne devait atteindre ce but qu a grand'peine et
il allait avoir a vaincre la resistance acharnee de tous les vassaux
de son cousin Ce fut seulement quand il y eut reussi que la puissance normande dont les progres etaient arêtés depuis 1085
reprit son développement

CHAPITRE XIII

(1073-1101)

Après la prise de Palerme par Robert Guiscard et le comte
Roger, il s'en fallait encore de beaucoup que la situation des
Musulmans de Sicile fût désespérée. Une grande partie de l'île
était encore en leur pouvoir et l'importance des positions, où ils
avaient réussi à se maintenir, devait leur permettre de prolonger
la résistance pendant de longues années. A la suite des derniers
succès remportés par les Normands, la Sicile se trouvait partagée
de la façon suivante. Maîtres des trois grandes villes maritimes
de Catane, Messine et Palerme, les Normands possédaient vraisemblablement toute la côte nord de l'île : toute cette région a dû
être soumise pendant la marche de l'armée normande sur Palerme ;
un peu plus tard, en effet, nous voyons que Mistretta appartient
aux conquérants, or, comme après la prise de Palerme il n'y a pas
eu d'expédition de ce côté, on est en droit de supposer que toute
cette partie de l'île a été soumise en 1071. Le val Demone
n'appartenait pas tout entier aux Normands, car les Musulmans étaient demeurés les maîtres de la région comprise entre
Messine, Troina et Catane. Dans cette partie de l'île, Taormine
était le centre de leurs possessions. Si Catane était au pouvoir des
Normands, tous les environs de la ville étaient encore aux mains
des Musulmans. A l'autre extrémité de l'île, les vainqueurs
avaient occupé Giato et Cisini. Mazzara avait fait sa soumission
au lendemain de la prise de Palerme, mais nous ne savons rien
des possessions normandes, comprises entre ces deux villes. Dans
cette même région, les Musulmans étaient maîtres de Trapani
et de tous ses environs. Toute la côte méridionale de la Sicile se
trouvait partagée entre l'émir de Castrogiovanni et celui de
Syracuse. Vers l'intérieur, Troina demeurait le principal établissement des Normands, dont Paterno, Calascibetta et Cerami

étaient les possessions les plus avancées, par contre Castrogiovanni et plus au sud Castronovo étaient au pouvoir des
Musulmans En somme, ces derniers possédaient encore le centre
et le sud de la Sicile, et avaient, en outre, réussi à se maintenir
aux deux extrémités de l'île a Taormine et a Trapani

Près de vingt années devaient s'écouler avant que la
Sicile tout entière fût soumise aux Normands Si forte qu'elle
fût encore, en 1072, la puissance des Musulmans ne suffit pas à
expliquer la lenteur de la conquête et c'est à d'autres raisons
qu'il convient d'attribuer le temps d'arrêt marqué par les Normands
D'une part, après qu'il eut partagé la Sicile avec son frère,
Robert Guiscard laissa Roger poursuivre seul la lutte contre
les Musulmans et l'abandonna a ses propres forces Sans doute
avant de quitter l'île. le duc de Pouille autorisa un certain nombre
de ses chevaliers a passer au service du comte de Sicile, mais
malgré l'appoint qui lui fut ainsi fourni, il résulte clairement de
la chronique de Malaterra, que Roger n'a eu le plus souvent
sous ses ordres que quelques centaines de chevaliers, pour
cette cause, il dut renoncer aux grandes entreprises et se borner
a faire aux Musulmans une guerre de partisans, la seule que lui
permit de poursuivre avec succès la faiblesse de ses effectifs
D'autre part, le comte de Sicile dut incessamment interrompre
la guerre musulmane pour intervenir dans les affaires de l'Italie
méridionale Les révoltes continuelles, qui éclatèrent pendant les
règnes de Guiscard et du duc Roger, obligèrent fréquemment le
grand comte a donner a son frère et a son neveu l'appui de ses
armes, car si l'Italie méridionale avait réussi à secouer le joug
des Normands. il lui aurait été impossible de songer a poursuivre la conquête de la Sicile Nous verrons d'ailleurs que Roger
sut se faire payer chèrement son appui et presque chacune de ses
interventions, en Italie, fut marquée par une nouvelle extension
de ses possessions en Sicile. Il faut enfin tenir compte de ce fait
que les premières conquêtes des Normands furent singulièrement
facilitées par l'appui que leur fournit la population chrétienne
du val Demone Pour la dernière partie de la conquête, nous ne
trouvons dans Malaterra aucune mention relative a des chrétiens
indigènes, très probablement toute la population chrétienne

s'était réfugiée dans le val Demone et dans le reste de la Sicile la population presque tout entière étant musulmane, Roger ne dut trouver nulle part une aide analogue à celle que lui avaient fournie les chrétiens de la région de Troina

En poursuivant la tâche ardue qu'il s'était imposée, Roger se heurta à des difficultés sans nombre qui lui fournirent l'occasion non seulement de déployer de brillantes qualités militaires, mais aussi de faire montre d'un sens politique très fin et très avisé Sachant proportionner ses ambitions à la faiblesse des moyens dont il disposait, le comte Roger s'appliqua à ne tenter aucune entreprise au-dessus de ses forces et sut avec tant de prudence poursuivre la conquête de l'île sur les Musulmans, que les seuls revers qu'il éprouva du moins au dire de son biographe, furent causés par la désobéissance de ses lieutenants La chronique de Malaterra fait revivre à nos yeux la lutte héroïque que dirigea le frère de Guiscard et le lecteur peu à peu se passionne pour les exploits des héros normands Enfermés dans leurs châteaux, ces hardis aventuriers guettent à chaque instant le moment où ils pourront trouver en défaut la vigilance de leurs adversaires et dès qu'une occasion favorable se présente, leur troupe peu nombreuse s'élance à l'attaque du territoire ennemi qu'elle dévaste Aussitôt leur coup de main réussi, les Normands regagnent leurs abris et attendent que se présente l'occasion d'une nouvelle entreprise Dans cette guerre d'embuscade et de surprise, la valeur individuelle joue le principal rôle et nous verrons à chaque instant les chevaliers normands mettre en fuite à grands coups d'épée des bandes musulmanes beaucoup plus nombreuses Sans doute, à ce point de vue, Malaterra présente des exagérations certaines et l'on doit diminuer considérablement les évaluations des forces musulmanes qu'il nous donne ; néanmoins il est certain que les Normands dans toute cette guerre étaient par leur nombre très inférieurs aux Musulmans Rien ne nous le montre mieux que la tactique employée Nous voyons en effet que chaque conquête des Normands est aussitôt munie d'une citadelle ou d'un château, qui permet aux conquérants, malgré leur petit nombre, de maintenir dans l'obéissance les populations des régions récemment soumises et d'organiser leurs conquêtes.

A l'égard de ses nouveaux sujets, le comte Roger a usé, semble-
t-il, de la plus large tolérance et a été l'initiateur de la politique
féconde que ses successeurs suivront, pendant presque tout le
XII⁰ siècle, à l'égard des Musulmans. Très probablement, bien
qu'a ce sujet Malaterra ne nous fournisse pas de détail, lors de leur
capitulation, un assez grand nombre de villes de Sicile ont conclu
avec le comte Roger des traités assez analogues à celui qui avait
précédé la reddition de Palerme. Par là, les vaincus réussissent à
conserver certains avantages. Il est certain toutefois que dans les
campagnes ou les villes les moins importantes, la condition des
vaincus fut beaucoup plus misérable, et qu'un grand nombre de
Musulmans furent réduits au servage. Sans insister ici sur la
situation des Musulmans, dont nous nous occupons ailleurs, disons
seulement qu'il paraît que les vaincus furent soumis au paiement
d'un tribut annuel et durent rendre chaque année des *servitia* à
leur seigneur.

Le comte Roger s'appliqua en outre à ne point s'aliéner par
une sévérité mal entendue l'esprit des Musulmans, et le plus
souvent nous le voyons traiter avec honneur ceux de leurs chefs
qui tombent entre ses mains, leur laisser une certaine liberté et
se borner, en leur concédant des domaines, à les éloigner de la
région où ils avaient exercé leur pouvoir. Bien plus, dès la
période de la conquête Roger comprit tout l'appui que lui
apporteraient des Musulmans entrant à son service ; non seulement il ne craignit pas de s'allier à l'émir de Catane, mais
encore il combla de ses faveurs ceux des Musulmans qui
consentaient à renier leur foi et à embrasser le christianisme. Il
est enfin fort probable que, dès le début, le comte de Sicile organisa des corps de troupes composés de Musulmans ; nous verrons
que quelques années plus tard ces troupes indigènes consti-
tuaient un noyau important dans son armée. Rappelons à ce
propos le passage de l'auteur de la vie de saint Anselme qui nous
dit que Roger interdisait aux prêtres catholiques de tenter de
convertir ses soldats musulmans [1]. A lui seul cet exemple de tolérance politique suffit à faire connaître le caractère de Roger 1ᵉʳ.

1. Cf. *supra*, p. 304, note 1.

La conquête de la Sicile progressa lentement dans les premières années qui suivirent la prise de Palerme Il y eut alors une période d'organisation Le comte Roger s'appliqua à construire, dans la région disputée aux Musulmans, toute une série de places fortifiées dont un donjon constituait la principale défense. C'est ainsi qu'à Paterno, le comte fit bâtir, sur une colline escarpée, un château qui l'aida à commander toute la plaine de Catane Ce renseignement que nous fournit Malaterra paraît indiquer qu'à ce moment Catane et Paterno sont vers le sud, les deux points les plus avancés occupés par les Normands A Mazzara, le comte entreprit pareillement la construction d'une citadelle (1073) L'année suivante ce fut à Calascibetta, en face de Castrogiovanni, que Roger construisit un nouveau château [1] On voit par là que le comte de Sicile est occupé à fortifier toute la frontière de ses Etats du côté des Musulmans, et à créer des centres d'où ses troupes peuvent aller harceler l'ennemi A diverses reprises de 1073 à 1077, la présence du comte Roger nous est signalée en Italie, où il se rend pour aider Guiscard dans ses guerres Peut-être convient-il également de chercher dans ses absences fréquentes une des causes du ralentissement de la conquête

L'inaction relative des Normands amena de la part des Musulmans un redoublement d'activité, à partir de l'année 1074 Peut-être y eut-il accord entre les derniers chefs musulmans de Sicile et leurs coreligionnaires d'Afrique Nous voyons, en effet, que, le 23 juin 1074, une flotte africaine débarqua des troupes devant Nicotera, qui fut prise et pillée Les habitants furent emmenés prisonniers en Afrique L'année suivante, les Musulmans d'Afrique parurent devant Mazzara qu'ils assiegèrent pendant huit jours Roger se trouvait alors en Sicile, informé de l'arrivée de l'ennemi, il se rendit en toute hâte à Mazzara où il réussit à pénétrer pendant la nuit Grâce aux renforts qu'il avait amenés, les assiegés purent faire une sortie victorieuse et mettre en fuite les assaillants Il semble qu'à la suite de ces deux agressions successives, Roger ait engagé des négociations avec le prince

1 Malaterra, III, 1 et 7

d El Medeah Nous ne voyons plus, en effet apparaître les Musulmans d'Afrique dans les guerres de Sicile En 1078 une flotte musulmane paraît devant Taormine, mais son chef fait dire a Roger qu'il n'a aucune intention hostile et se retire sans combattre[1] D'autre part, en 1086, Roger refuse de se joindre aux Pisans pour attaquer El Medeah, et declare que les traités qui le lient aux Musulmans l'empêchent de prendre part a cette entreprise[2]

En 1075 et 1076[3], les hostilites entre les Musulmans et les Normands reprirent avec une nouvelle vigueur Obligé de se rendre en Calabre Roger confia le commandement des troupes demeurées en Sicile, a Hugues de Girce son gendre mais défendit a celui-ci d'en venir aux mains avec l'emir de Syracuse, Benavert Hugues n'exécuta point les ordres qu'il avait reçus, desireux de s'illustrer par quelque brillant fait d'armes, il se rendit à Troina ou commandait Jourdain, fils de Roger et organisa avec son concours une expedition contre Benavert Tous deux se rendirent a Catane instruit de leur arrivée l'émir de Syracuse les attira dans une embuscade et leur infligea une sanglante defaite Hugues de Girce trouva la mort dans cette rencontre Les survivants se réfugierent les uns a Catane et les autres a Paterno Des que Roger connut l'issue malheureuse du combat il revint en Sicile, pour tâcher d'effacer par de nouveaux succes l'impression desastreuse que pouvait produire sur ses sujets musulmans la nouvelle de la victoire de l'émir de Syracuse Le comte de Sicile s'empara de Judica pres de Caltagirone (1076), puis, au debut de l'été il ravagea la province de Noto incendiant les moissons et emmenant les habitants en captivite Il est probable que Benavert dut a son tour devaster les territoires soumis aux Normands, car a la suite de ces combats, une famine terrible se declara dans l'ile

Au mois de mai de l'année suivante (1077), le comte Roger porta l'effort de ses armes a l'autre extremité de l'île A la tête

1 Malaterra III § 9 et 17
2 *Ibid*, IV 3
3 Pour ce qui suit, cf Malaterra, III, 10 et suiv

d'une flotte nombreuse et d'une armee considerable, il alla mettre
le siege devant Trapani. Il semble qu'a ce moment la flotte du
comte Roger soit beaucoup plus forte que lors du siege de Bari
Evidemment, depuis la prise de Palerme, le comte s'est occupe
de se créer une marine, nous verrons plus loin quel développement il sut donner à celle-ci. A l'approche des Normands, toute
la population musulmane des campagnes environnant Trapani
se refugia dans la ville, emmenant avec soi ses biens et ses troupeaux. La ville bien fortifiee se trouva ainsi abondamment ravi-
taillee et tout faisait prévoir un long siege. Il n'en fut pourtant
pas ainsi, grâce a un heureux coup de main du fils de Roger, Jourdain. Les assieges envoyaient paitre leurs troupeaux sur un promontoire qui s'etendait aux pieds des murailles. Une nuit, Jourdain avec quelques compagnons, traversa le bras de mer qui sépa-
rait le rivage du promontoire et réussit a s'emparer de tout le bétail.
Le manque de vivres ne tarda pas a se faire sentir et la ville dut
capituler. Le comte Roger installa une garnison a Trapani et com-
pleta les fortifications. Si important que fût ce succes, il n'en
était pas moins incomplet, car tout le pays environnant appartenait encore aux Musulmans. Pour soumettre cette region, le
comte dut soutenir de nouvelles luttes, durant lesquelles la fortune lui demeura fidele. Maître bientôt de douze châteaux, Roger
les distribua à ses chevaliers, y installa des garnisons et organisa
ainsi l'occupation militaire du pays.

A la suite de ces succes, le comte se retira a Vicari d'ou il fut
peu apres appelé a Castronovo. Un Musulman qui avait eu à se
plaindre de l'émir Abou Beki, qui commandait a Castronovo,
s'empara d'une colline escarpee qui dominait la ville et fit offrir
a Roger de lui livrer Castronovo. Le comte accourut en grande
hâte. Quand Abou Beki vit les Normands installes dans une
position qui commandait Castronovo, il prit la fuite, et les
habitants apres son départ traiterent avec Roger. Celui-ci, pour
encourager les Musulmans a embrasser sa cause, combla de ses
faveurs tous ceux qui l'avaient aidé. Nous ne savons au juste
quelle date il convient d'assigner a la prise de Castronovo.

Jusque vers le mois de mars 1079, nous ne connaissons aucun
épisode de la conquête. A cette date nous voyons le comte

Roger organiser une importante expédition contre Taormine[1] Tout le massif de l'Etna paraît être demeuré jusque-là au pouvoir des Musulmans Les difficultés d'accès expliquent facilement que Roger ait reculé devant une tentative qui demandait un grand déploiement de forces Les conquêtes normandes avaient peu à peu enveloppé les Musulmans de l'Etna, néanmoins ceux-ci avaient réussi à conserver leur indépendance Pour les soumettre, Roger fit des préparatifs considérables Tandis que sa flotte empêchait la ville de se ravitailler par mer Roger enveloppa Taormine d'une ligne de vingt-deux postes fortifiés qui isola complètement les assiégés D'après Malaterra, l'armée aurait été divisée en quatre corps commandés par Jourdain, Otton, Arigot de Pouzzole et Elie Cartomi, ce dernier était probablement un musulman converti Amari a tiré de cette division de l'armée normande des conclusions qui me paraissent hypothétiques D'après lui, Jourdain aurait commandé ses propres vassaux et les troupes de son père, Otton et Arigot auraient été à la tête des hommes de Calabre et de Sicile, et enfin Elie aurait eu sous ses ordres les troupes musulmanes

Une fois le blocus de Taormine établi, Roger, à la tête d'un corps de troupes, parcourut tout le versant septentrional de l'Etna et la vallée qui débouche vers Troina, et soumit partout les Musulmans qui y étaient installés Revenu devant Taormine, le comte obtint, au mois d'août, la reddition de la place À la suite de la prise de Taormine Roger se trouva maître de toute la partie de l'île comprise au nord d'une ligne allant par Castronovo de Mazzara à Catane Seules les places de Castrogiovanni Girgenti, Syracuse demeuraient aux Musulmans

L'année 1079 marqua un nouvel arrêt dans la conquête la population musulmane de Giato qui au dire de Malaterra comprenait treize mille familles, refusa de payer le tribut annuel et de rendre les *servitia*, auxquels elle était tenue Son exemple fut imité par les gens de Cinisi Roger marcha contre Cinisi à la tête de ses vassaux calabrais et chargea ses troupes siciliennes de triompher de la rébellion des gens de Giatto, qui, ayant assem-

---

1 Malaterra, III 15 et suiv

blé leurs troupeaux, s'étaient réfugiés dans la montagne Installés à Partinico et à Corleone, les Normands guerroyaient pendant une grande partie de l'été et finirent par rétablir l'ordre Jusqu'en 1081 nous ne savons rien des guerres du comte Roger, à cette date, il semble résulter de Malaterra, que Guiscard, en entrant en campagne, a laissé à son frère le soin de veiller au maintien de l'ordre en Pouille et en Calabre [1] On a supposé avec quelque apparence de raison que Guiscard avait alors donné à Roger quelques-unes de ses possessions siciliennes Nous voyons, en effet, en 1082, Jourdain enlever à son père Mistretta et San Marco, or ces deux places sont situées dans la partie de l'île que Guiscard s'était réservée [2] Il semble donc probable que le duc de Pouille a une date indéterminée a fait abandon à Roger de quelques-unes des places qu'il possédait en Sicile

Tandis que Guiscard combattait avec les Byzantins, les Normands de Sicile subirent un grave échec. En 1081, Bernavert espérant sans doute que les forces normandes étaient affaiblies par l'expédition contre le basileus, recommença les hostilités avec beaucoup de vigueur [3] Il semble qu'à ce moment l'union se soit faite entre les chefs musulmans de Sicile, et que tous aient reconnu comme leur chef Bernavert qui, maître de Syracuse et de Noto, est d'ailleurs le plus puissant d'entre eux Le mir de Syracuse réussit à gagner le commandant de Catane, un certain Bencimeno, musulman converti au christianisme, dont le nom défiguré par Malaterra doit sans doute être lu Ibn Thimna Grâce à la trahison d'Ibn Thimna, Catane tomba aux mains des Musulmans Ce succès eut dans toute la Sicile un grand retentissement Roger était alors en Italie, sans attendre son retour Jourdain, Robert de Sourval et Elie Cartomi, avec cent soixante chevaliers, allèrent assiéger Catane Tout le récit de Malaterra

[1] Malaterra, III 24

[2] Amari, op cit, t III, pp 160-161 Pour ce qui est de Messine, il ne me semble pas que l'opinion d'Amari soit exacte De ce que Roger fait fortifier la ville, on ne saurait conclure que Guiscard lui a donné Messine Il ne faut pas oublier que dans le partage de la conquête Roger a eu la moitié de Messine Cf *supra*, p 209

[3] Malaterra, IV, 30 et suiv

relatif aux événements qui suivent, est fort invraisemblable,
quant aux details D'apres lui, la petite troupe des Normands
aurait inflige aux vingt mille hommes de Bernavert une défaite
complete L'emir de Syracuse, réfugié dans Catane, aurait renoncé
à toute résistance et se serait enfui a Syracuse. La defaite et la
fuite de Bernavert ne paraissent pas douteuses, mais on ne saurait admettre le chiffre auquel Malaterra évalue l'armée normande Celle-ci a pu ne comprendre que cent soixante chevaliers, mais a côte d'eux il y avait d'autres troupes dont le
chroniqueur ne parle pas On ne saurait en effet admettre que
cent soixante chevaliers aient pu triompher de vingt mille
hommes, et leur aient infligé un désastre aussi complet

Au moment de l'affaire de Catane le comte de Sicile etait
retenu en Italie par la révolte de la ville de Gerace Un certain
Angelmar qui avait longtemps servi Roger avec fidélite, avait
épouse la veuve de Sarlon et tenait ainsi, du chef de sa femme,
des possessions dans la region de Gerace Ce fut la qu'il se fit
construire, sans l'autorisation de Roger, un château et s'allia aux
Grecs de Gerace Instruit de ces faits, le comte de Sicile ordonna
à Angelmar de détruire les fortifications qu'il avait élevees
Celui-ci refusa d'obéir et, s'unissant aux gens de Gerace, se
revolta Roger dut venir assieger la ville, il réussit a faire rentrer
la population dans l'obeissance, quant a Angelmar il parvint a s'enfuir [1] Apres que l'ordre eut eté rétabli, Roger retourna en Sicile,
et ce fut alors qu'il fit construire les fortifications de Messine
(1081)

En 1082, Roger dut de nouveau quitter la Sicile pour aller
aider Guiscard a retablir l'ordre en Italie En partant, il confia a Jourdain le gouvernement de ses Etats Il semble bien
que les événements d'Italie du sud aient eu leur contre-coup
en Sicile, mais nous ne savons si des négociations eurent lieu
entre Jourdain et les vassaux revoltes de son oncle Dans tous les
cas le fils de Roger, imitant l'exemple des seigneurs italiens et
poussé par certains membres de son entourage, profita de
l'absence de son pere pour se révolter Il s'empara de Mistretta

1 Malaterra IV, 31

et de San Marco, puis marcha sur Troina espérant qu'il pourrait mettre la main sur le trésor de Roger. Celui-ci, en apprenant la révolte de son fils, revint en toute hâte; il arriva avant que le mouvement ne se fût étendu. Craignant de voir Jourdain chercher un refuge auprès des Musulmans, Roger affecta de ne pas prendre au sérieux la conduite de son fils. Ce dernier, croyant obtenir facilement son pardon, vint de lui-même auprès de son père qui lui fit d'abord bon accueil. Une fois maître de Jourdain et de ses complices, Roger changea brusquement d'attitude. Comprenant que s'il ne faisait pas un exemple, les rebelles trouveraient bientôt des imitateurs, le comte de Sicile fit crever les yeux aux douze principaux coupables et fit craindre pendant quelques jours à son fils d'avoir à subir un pareil châtiment. Finalement, à la demande de son entourage, Roger consentit à pardonner à Jourdain[1]. Cet exemple sévère suffit pour empêcher les seigneurs siciliens d'imiter les vassaux du duc de Pouille et Roger, jusqu'à sa mort n'eut aucune révolte à réprimer.

Jusqu'en 1084 les sources sont muettes sur le comte de Sicile, dont l'inaction s'explique facilement par la situation politique générale. Pendant l'expédition de Guiscard contre Rome et contre l'empire byzantin, le comte Roger obligé de veiller au maintien de l'ordre dans les États de son frère, ne peut songer à reprendre la lutte contre les Musulmans. S'appuyant sur un État parfaitement ordonné, obéi de ses vassaux, le comte de Sicile a dû jouer alors un rôle dont l'importance grandissait chaque jour. Guiscard lui-même reconnut les services que Roger pouvait rendre à sa dynastie, et, avant de repartir pour la Grèce lui demanda, au cas où il viendrait à mourir, de prêter appui à son fils Roger. A la mort de Guiscard, c'est grâce à l'influence et à la puissance du comte de Sicile que le duc Roger réussit à faire reconnaître son autorité, mais, en échange de ce service, il dut abandonner à son oncle une partie des places de Calabre que Guiscard et Roger avaient jusque-là possédées en commun. Vis-à-vis de son neveu, Roger va jouer désormais le rôle d'un protecteur. Utilisant avec habileté la situation prépondérante qui lui est faite, le comte

1 Malaterra, IV, 35-36.

Histoire de la domination normande — CHALANDON   22

338 CHAPITRE XIII

de Sicile saura faire payer chèrement son concours et saisira
toutes les occasions, qui lui seront offertes pour augmenter
sa puissance aux dépens de celle de son neveu.

Profitant des troubles, qui s'étaient élevés en Italie, l'émir de
Syracuse, pendant l'été 1084, reprit les hostilités contre les Normands Avant le mois d'octobre, la flotte de Bernavert attaqua de
nouveau les côtes de Calabre et Nicotera fut encore une fois pillée,
les Musulmans ravagèrent ensuite les environs de Reggio et brûlèrent quelques églises, enfin à Rocca d'Asino ils s'emparèrent
du monastère de la Mère de Dieu et emmenèrent toutes les religieuses en captivité[1] Cette audacieuse agression paraît avoir eu
un grand retentissement, et nous voyons que les chrétiens se
montrèrent très irrités de l'attaque des Musulmans. Roger se
décida à reprendre la guerre interrompue depuis plusieurs années
Il semble bien qu'à ce moment les haines religieuses aient joué
un rôle considérable Depuis quelques années, entre les Musulmans et les Normands de Sicile, un *modus vivendi* paraît s'être
établi, à partir de l'agression contre Nicotera, la situation change
C'est une véritable croisade que le comte de Sicile organise
contre les infidèles et pour préparer l'expédition qu'il projette,
nous le voyons faire appel aux passions religieuses Les cérémonies même dont sont entourées les préparatifs de la croisade
montrent que Roger a cherché à utiliser, à exciter la haine de ses
sujets contre les Musulmans de Sicile Peut-être en agissant
ainsi, Roger, auquel l'attaque de Bernavert venait de montrer la
nécessité de terminer la conquête de la Sicile voulut-il, en donnant
à l'expédition projetée un caractère plus religieux que politique,
s'assurer l'appui de l'Eglise pour maintenir l'ordre dans ses Etats
et prévenir une insurrection de ses vassaux d'Italie

Commencés au mois d'octobre 1085, les préparatifs de l'expédition occupèrent le comte de Sicile jusqu'au mois de mai de l'année
suivante[2] Jourdain avec l'armée de terre alla attendre son père au

1 Malaterra, III, VI, 2, place en 1085 la prise de Syracuse Les préparatifs de l'expédition ont duré d'octobre 1084 à mai 1085 l'attaque de Bernavert est donc de 1084 Amari, *op cit*, t III, p 163, place en 1085 l'agression de Bernavert sans donner de preuve

2 Malaterra, *loc cit*, dit que les préparatifs de l'expédition durèrent
jusqu'au 21 mai Le 1er jour la flotte alla à Taormine (20 mai), le second

cap Santa Croce, un peu au sud de Catane, il y fut rejoint par la
flotte qui, sous les ordres de Roger, longea lentement la côte de
l'île Tandis que l'armée campait au cap Santa Croce, le comte
envoya en reconnaissance un certain Philippe, fils du patrice
Grégoire Monte sur un vaisseau léger dont tout l'équipage
savait l'arabe, l'espion put pendant la nuit pénétrer dans la rade
et le port de Syracuse et se rendre compte du nombre de vaisseaux dont disposait Bernavert Dans la nuit du 23 au 24 mars [1],
la flotte mit à la voile pour Syracuse où elle arriva au petit jour
L'arrivée des Normands ne surprit point les Musulmans dont la
flotte se tenait prête au combat Bernavert lui-même avait
pris le commandement Dans la mêlée qui s'engagea l'émir de
Syracuse, pressé par les Normands, dut abandonner son vaisseau,
tandis qu'il passait sur un autre, il tomba à la mer et se noya entraîné
par le poids de son armure La mort de Bernavert paraît avoir
jeté le trouble parmi les Musulmans, qui furent complètement
défaits Pendant ce temps l'armée de terre commençait le siège
de la place, dont la résistance se prolongea jusqu'en octobre Au
moment où les assiégés ayant perdu tout espoir songeaient à se
rendre, la veuve et le fils de Bernavert réussirent à forcer le
blocus de la flotte normande Deux vaisseaux musulmans
emmenèrent avec eux les notables de la ville, qui trouvèrent un
refuge à Noto Peu après leur départ, la ville traita avec le
comte Roger

Désireux de profiter de son succès, Roger, après avoir récon-
cilié ses neveux Roger et Bohémond et avoir fourni au premier
les moyens de contraindre à l'obéissance ses vassaux rebelles,
poussa avec vigueur la guerre musulmane, et se décida à attaquer
Hamûd, l'émir de Castrogiovanni, qui possédait aussi Girgenti Le 1er avril 1086, l'armée normande vint mettre le siège
devant cette dernière place et s'en empara le 25 juillet Parmi les
prisonniers se trouvèrent la femme et les enfants de l'émir de
Castrogiovanni Roger, pour se concilier l'esprit de Hamûd, les

___

a Lognina (21 mai), le troisième au cap Croce (22 mai) où elle séjourna
un jour (23 mai) C'est un samedi (23 mai) que revient Philippe, le départ
de la flotte a lieu dans la nuit du samedi au dimanche

1 Malaterra, IV, 5 et suiv.

traita avec honneur Tandis que l'on fortifiait sa nouvelle conquête, Roger parcourait la region environnante, faisant reconnaître partout son autorité En peu de temps il occupa douze châteaux, dont voici les noms Platani Muxaro, Guastanella, Sutera, Rahl, Bifara, Micolafa, Naro, Caltanisetta, Licata, Ravanusa

Désormais la situation des Musulmans de Sicile qui ne possédaient plus que Noto Butera et Castrogiovanni, etait désesperee Hamûd s en rendit compte et fit offrir a Roger de se livrer à lui Toutefois, craignant d être massacre par les siens s il parlait de rendre Castrogiovanni, il convint avec le comte de Sicile de sortir a jour fixe de la ville et de se laisser prendre dans une embuscade Les choses se passerent comme il avait eté convenu Hamûd, prisonnier de Roger, embrassa le catholicisme et reçut de grands biens en Calabre Privé de son chef, Castrogiovanni résista peu de temps aux Normands, les habitants se déciderent a traiter avec le comte de Sicile, qui occupa les fortifications et la citadelle

Son intervention dans les affaires d Italie n empêcha pas Roger d attaquer les dernieres places qui appartenaient aux Musulmans, a savoir Noto et Butera Au debut d avril 1088, le comte Roger alla assiéger Butera[1] Obligé de se rendre a Troina auprès d Urbain II, Roger laissa son armee devant la place qui ne fut prise qu'a son retour, les habitants furent en partie envoyes en Calabre En fevrier 1091, Noto, la derniere ville de Sicile qui appartint encore aux Musulmans, se decida a traiter Les habitants envoyerent une ambassade a Mileto où se trouvait Roger Celui-ci imposa a la ville un cens annuel et envoya Jourdain occuper en son nom les fortifications de la ville

La rapidité avec laquelle furent prises les dernieres villes musulmanes nous montre clairement les progres de la puissance de Roger Il ressort avec certitude de tout ce que nous savons que le comte de Sicile dispose d une armee nombreuse, d un matériel de siege et d une flotte bien organisee C'est là ce qui explique que la durée des sieges est a ce moment beaucoup plus courte qu'au commencement de la conquête

1 Malaterra IV 12

L'occupation de la Sicile ne suffisait pas a l'ardeur belliqueuse de Roger qui, aussitôt après sa victoire, commença a préparer une grande expédition contre les Musulmans de Malte Pendant que tout s'organisait, le comte eut a réduire Mainier d'Acerenza, qui s'était révolte (mai 1091), puis nous voyons Roger aider un instant son neveu à assieger Cosenza A son retour en Sicile, le comte laissant a Jourdain le commandement de l'île, prit lui-même la direction de l'expédition qu'il avait organisée contre Malte.

Les préparatifs faits par les Normands effrayèrent les Musulmans de Malte qui, dès son arrivée, firent leur soumission au comte de Sicile et lui remirent tous leurs captifs chrétiens En revenant en Sicile, la flotte normande pilla l'île de Golisano. Apres l'expédition de Malte, Roger renonça a poursuivre au loin les Musulmans Tout occupé de l'organisation de ses Etats, Roger se borne a profiter des difficultés où se débat son neveu, le duc Roger, pour se faire accorder de nouvelles concessions. A son retour de Malte il va aider Roger qui assiege Cosenza et en obtient en échange de son aide la moitié de Palerme (juillet 1092) Un peu plus tard, nous le voyons réprimer la révolte de Guillaume de Grantmesnil, c'est à ce moment qu'apparaissent pour la première fois en Italie les troupes musulmanes que le comte de Sicile a organisées Appuyé sur ce noyau de troupes solides, le comte Roger protege constamment le duc de Pouille A Rossano, a Tarsia, a Amalfi (1096), à Capoue il est aux côtés du duc de Pouille et c'est a lui que celui-ci doit de triompher de ses ennemis. Malaterra compare le héros, dont il raconte l'histoire, a une poule abritant ses poussins sous ses ailes Tout ce que nous savons confirme le témoignage du chroniqueur et il semble bien que ce soit a son oncle que le duc de Pouille ait été redevable de la plus grande partie de ses succès Un acte, de 1098, nous montre le comte de Sicile jouant le rôle d'arbitre et rétablissant la paix entre Robert du Principat et Pierre, abbe de Venosa [1]

Il nous reste à parler d'un des côtés les plus intéressants de la politique de Roger Ier, ses rapports avec la papauté Apres la

1 Crudo, op cit, p 195

victoire de Cerami Roger fit part au pape de son succes et lui
envoya des presents, mais ce fut surtout apres la prise de
Palerme que les rapports devinrent frequents La réorganisation
du culte amena entre Rome et le comte de Sicile de constantes
relations Il est interessant de voir comment Roger chercha a
s'affranchir, même dans des questions religieuses, de l'autorité du
pape Pour la Calabre il ne me semble pas qu'il y ait eu de
difficultes a ce sujet Nous ne sommes d'ailleurs renseignes que
pour Mileto et Squillace, car nous ignorons si les deux sieges de
Bova et d'Oppido sont de fondation byzantine ou normande,
et quant aux sieges de Santa Severina, Reggio, Umbriatico,
Nicastro, Tropea, ils ont tous ete de bonne heure latinisés[1] A
Mileto les choses se passerent regulierement ce fut Grégoire VII,
qui créa le siège en reunissant les deux anciens dioceses de Vibo
et de Tauriana, et nomma l'évêque. En 1087, le comte Roger
délivra le diplôme delimitant le territoire du diocese De même,
à Squillace, l'evêque fut institue au temps d'Urbain II par le légat
du pape (1096)[2] En Sicile les choses se passerent differemment

Au point de vue ecclésiastique la situation de la Sicile différait
de celle de l'Italie méridionale Les églises avaient ete completement dévastées par les Musulmans ; seule l'eglise de Palerme
avait reussi a se maintenir et, au moment de la prise de la ville,
les Normands trouverent un archevêque grec, qui chasse de
l'eglise Notre-Dame, transformee en mosquee, s'etait refugie dans
une petite chapelle dediée a saint Cyriaque[3] Un des premiers

1 Cf Ughelli, op cit, t IX, pp 473, 520, 102, 131
2 Ughelli, op cit, t IX, p 944 et p 426 Le diplôme de Roger pour
Mileto a ete attaque par di Meo, op cit t VIII p 209 qui se basait surtout sur le fait que l'on parlait, en 1087, de Gregoire VII comme etant vivant
Ceci est inexact Dans le texte grec, il est dit que le comte a ete demander
a Gregoire VII de nommer l'evêque, mais il n'est pas dit a quel moment a
ete faite cette demande Il me parait probable qu'a Mileto il s'est passe un
fait analogue a celui que nous constaterons plus d'une fois en Sicile Ce n'est
souvent que plusieurs annees après la nomination de l'evêque que le comte
delivre les diplômes fixant les limites du diocese Une bulle d'Urbain II
confirme d'ailleurs la fondation de Mileto par Gregoire VII Jaffe-L , 5489
3 Il s'agit vraisemblablement de Santa Ciriaca entre Palerme et Monreale, cf di Giovanni, Divisione etnografica della popolazione di Palermo,
nei secoli, XI, XII XIII, dans Arch st Sicil , N S t XIII, pp 2 et 3

actes des vainqueurs fut de rendre au culte l'eglise principale et
d'y retablir l'archevêque [1] Quelques années plus tard, une bulle
de Grégoire VII (16 avril 1083), nous apprend qu'un archeveque
latin Auger avait remplacé l'archevêque grec [2] Comme la
plupart des sièges de Calabre, le siege de Palerme passa donc au
rite latin presque immediatement apres la conquête

Le comte Roger, dans le reste de l'île se preoccupa de réorga-
niser le culte, mais, dans son œuvre de restauration, il ne paraît
point s'être occupe de rétablir les anciens évêchés, et distribua
les dioceses d'une maniere nouvelle Toute cette histoire de la
fondation des evêchés siciliens est tres obscure, car les documents, dont nous ne connaissons souvent que des copies assez
tardives, se contredisent On est même alle jusqu'a nier l'authenticité de tous les diplômes de fondation, en ne faisant
qu'une exception en faveur du diplôme pour Syracuse [3] La question a été reprise récemment par M Caspar, qui a montré qu'au
point de vue diplomatique rien n'empêchait d'admettre l'authenticité de ces documents, en faveur desquels on peut invoquer la
parfaite correspondance existant entre leurs donnees et celles
fournies par les chroniques et les bulles des papes, relatives a
la fondation des évêchés siciliens [4]

Un fait domine le rétablissement de la hiérarchie religieuse en
Sicile, c'est la volonté du comte Roger de faire cette réorganisation à son gre et en dehors de l'intervention pontificale Pendant
seize années cette lutte se poursuivit entre Rome et le comte de

1 Malaterra, II, 45
2 Jaffé-L , 5258
3 Starrabba, *Contributo allo studio della diplomatica siciliana dei tempi
normanni Diplomi di fondazione delle chiese episcopali di Sicilia* (1082-1093)
dans *Arch st sic* N S , t XVIII 1893), p 30 et suiv Salvioli *Le decime di
Sicilia e specialmente quelle di Girgenti* (Palermo, 1901), in-8, combat egalement l'authenticite De meme Punturo, *Le decime Agrigentine ed i documenti apocrifi* (Caltanisetta 1901, in-8, et Verone Longo, *Ricerche
sui diplomi normanni della chiesa di Troina* Catane 1899) in-8

4 Caspar *Die Gründungsurkunden der sicilischen Bistumer und die
Kirchenpolitik Graf Rogers I* (Berlin, 1902, in-8 publie de nouveau en
appendice dans *Roger II* p 583 et suiv K Kehr *op cit* p 12-13 et 211-212,
notes 5 et 10, avait deja defendu l'authenticite du diplôme de Roger Ier pour
Girgenti

Sicile, qui finit par triompher le jour où il obtint le titre de legat apostolique [1]

En decembre 1080 [2], le comte Roger nomma Robert evêque de Troina [3] et, en fevrier 1081, fixa l'etendue de la circonscription diocesaine [4] En 1082, Gregoire VII confirma ce choix, mais en protestant contre l'oubli des regles canoniques dans l'election de l'evêque et en reservant expressément pour l'avenir les droits de la papauté [5] Ainsi, des le debut, se trouva posée la question qui, jusqu'en 1098, devait mettre aux prises la papauté et Roger Ier Il semble que le pape ait protesté contre la creation de nouveaux sieges parce qu'il voulait restaurer les anciens sieges épiscopaux [6]

D'apres Malaterra, le comte Roger aurait fondé ensemble les évêchés de Syracuse, Catane et Girgenti [7], entre 1086 et 1088 La date assignee a ces fondations serait admissible, car Syracuse est aux Normands en 1085, Catane en 1086, Girgenti en 1086 [8] Mais les diplômes que nous possedons contredisent le temoignage du chroniqueur, car, comme on le verra, ils sont tous posterieurs de plusieurs annees Il semble bien que la contradiction qu'on releve ici entre les documents ne soient

1 Dans cette lutte Roger chercha à s'appuyer sur certaines familles romaines, notamment sur les Pierleoni (I Kehr op cit , dans l'Archivio della societa romana di storia patria t XXIV, p 268

2 Le diplome de fondation porte suivant les versions la date de decembre 6588 ou 6589 On a ainsi decembre 1080 ou 1081 Or l'annee grecque commençant le 1er septembre, on a respectivement le choix entre décembre 1079 et décembre 1080 Je ne crois pas que l'on puisse adopter comme Caspar, op cit p 600 la date de 1081 Les raisons qu'il donne pour adopter la date de 1081 sont valables, mais il faut faire à la date d'annee la correction qu'il a omise de faire Ainsi tombe egalement une des objections qu'il fait a l'adoption de la date de 1081, fevrier, ind IV, pour le second document relatif a l'evêche de Troina, et Nerone Longo, Ricerche su i diplomi Normanni di Troina App n° 2 Le classement des trois diplomes relatifs a l'evêché de Troina me parait devoir être établi tel qu'il l'a ete par Garufi, trch et sicil , N S t XXIV, p 675

3 Starraba, dans Documenti per servire alla storia de Sicilia Serie I, Vol 1 I Diplomi della cathedrale di Messina p clxxvii, note 2

4 Longo, op cit , app 2 et Pirro, op cit t 1, p 495 Sur la critique du texte de ces trois diplômes cf Caspar, op cit , pp 599-604

5 Jaffe, Bibl rer germ , t II p 499

6 Cusa, op cit , t 1 p 209, Pirro t I, p 522

7 Malaterra IV 7

8 Ibid , IV, 2 III, 30 et IV, 3

qu'apparente Nous avons vu par l'exemple de Troina qu'il faut
distinguer entre l'acte par lequel le comte de Sicile nommait un
évêque et celui par lequel il fixait les limites du diocèse [1] Ce
dernier peut parfaitement n'être donné qu'une fois terminés les
travaux de construction de l'eglise, nous en avons d'autres
exemples [2] Or, comme les actes que nous possédons sont tous
relatifs aux circonscriptions diocesaines, rien n'empêche d'admettre
que Roger ait institué vers l'époque fixée par Malaterra des
évêques à Syracuse, à Catane, à Girgenti On peut trouver du
retard apporte à la délimitation des diocèses une explication
satisfaisante En 1088, nous voyons le pape Urbain II se rendre
en Sicile auprès du comte Roger D'après Malaterra, le pape
voulait entretenir le comte de Sicile de la proposition que lui
avait faite Alexis Comnène de réunir un concile pour examiner
les questions qui divisaient l'Eglise grecque et l'Eglise latine [3]
On a supposé, et semble-t-il avec beaucoup de probabilité que le
voyage du pape avait été motive par la situation de l'Eglise
sicilienne Probablement instruit des nominations faites par le
comte Roger, Urbain II se serait rendu auprès de lui pour tâcher
d'arriver à un accord Il semble qu'il y ait réussi, car la bulle du
1er décembre 1091, par laquelle il confirme l'élection de l'evêque de
Syracuse, montre que l'election a été faite canoniquement avec
le consentement des evêques de Sicile [4] et que les rapports entre
le pape et Roger sont très bons L'acte non daté de Roger fixant
les limites du diocèse de Syracuse [5] est postérieur au voyage du
pape, en effet celui-ci donne à l'eglise de Syracuse Noto et ses
dependances or, c'est seulement en février 1090 que Noto est
tombé au pouvoir du comte Par suite l'acte doit vraisemblablement se placer entre février 1090 et décembre 1091

1 Caspar, op cit pp 603-604
2 Ibid , pp 607-608
3 Malaterra IV, 9 Sur la date Cf Caspar, op cit , p 611, note 1
4 Il faut donc entendre qu'à ce moment il y a d'autres prelats que
l'archevêque de Palerme et l'evêque de Syracuse Pourtant les sieges de
Girgenti et de Mazzara ne paraissent avoir été reconnus que plus tard par
la papaute
5 Starrabba, op cit p 14 et Caspar, op cit , p 412 Cf Minieri Riccio,
Saggio di codice diplomatico t I, Sup I, p 6

Le differend entre Roger et le pape au sujet de la creation des evêques de Sicile avait été tranche par un compromis. Le pape a-t-il accordé la fondation du diocese de Syracuse, mais refusé d'eriger Catane et Girgenti en evêche? Cela paraît probable, pourtant il est difficile d'expliquer que le pape parle *des évêques* de Sicile alors qu'en decembre 1091 le siege de Catane n'est pas encore reconnu. De même nous voyons le pape refuser d'eriger Lipari en évêche [1]

Le comte Roger ne se contenta pas de ce resultat et employa des moyens détournes pour arriver au resultat qu'il désirait. Un acte du 9 decembre 1092 (1091 n s) nous montre installe a Catane Anchier, qui n'a que le titre d'abbe. Or, si l'on remarque que Malaterra raconte que Roger nomma un moine de l'abbaye de Sant'Eufemia, évêque de Catane, et lui soumit toute la ville [2], et que d'autre part a une epoque un peu postérieure, l'évêque de Catane est en même temps abbé du monastere de Catane [3] on est amené a supposer que le comte de Sicile commença par creer a Catane, en plein centre musulman, un abbé tres puissant [4], puis demanda au pape de consacrer sa fondation et d'elever l'abbe à la dignite d'evêque. Urbain II céda encore et, par une bulle du 9 mars 1092, il eleva l'abbe de Catane a la dignite épiscopale [5] Par un moyen detourne, Roger réussit donc à obtenir la creation d'un troisieme siege épiscopal.

Nous possédons deux actes, datés de 1093, par lesquels sont fixees les circonscriptions diocésaines de Girgenti et de Mazzara [6] Par là nous voyons que Roger continua, malgré l'opposition du

1. Jaffé-I, 5448
2. Le recit de Malaterra ne peut guère se placer qu'en 1091 Caspar, *op cit*, p 646
3. Pirro, *op cit* t I, pp 525 et 528
4. Malaterra, IV, 7.
5. Pirro, *op cit*, t I, p 522 Le pape justifie sa decision sur l'ancienne dignite episcopale de Catane Malgré la difficulté qu'il y a de penetrer aux Archives capitulaires de Catane, j'ai pu entrevoir l'acte qui y est conserve, je crois que c'est une copie et non un original Les editions en sont tres defectueuses et tres incompletes Parmi les souscriptions figure celle de Mauger Cf Caspar *op cit*, p 614, note 3
6. Garufi, *L'archivio capitolare di Girgenti*, dans *Arch st sicil*, N S, t XXVIII, p 140 Starraba *loc cit*

pape, la création des evêches siciliens Nous ne savons pas si Urbain II protesta contre cette nouvelle usurpation du comte de Sicile En 1096, nous voyons Roger réuni sur le conseil du pape les sieges de Troina et de Messine [1] Urbain II fit une dernière tentative pour revendiquer les droits de l'Eglise sur la Sicile, il nomma Robert, evêque de Troina-Messine legat apostolique [2] Roger répondit a cette mesure en faisant arrêter l'évêque. A quelle date eclata ce conflit. Il semble qu'il convienne de le placer pendant le siège de Capoue, nous voyons en effet que quand le pape arrive, il est bien accueilli par le comte de Sicile, d'autre part après la prise de la ville, quand le pape apprend que le comte Roger a gagné Salerne et va retourner en Sicile, il se hâte de se rendre a Salerne pour le voir avant son départ, car à ce moment la rupture est consommée Le pape obtint de Roger qu'il reconnût ses torts et prit l'engagement de ne plus arrêter les évêques ou les clercs sans jugement canonique [3], mais, en échange de sa soumission, le comte de Sicile obtint pour lui, son fils Simon et ses héritiers, le privilege de la legation apostolique. (5 juillet 1098) [4]

Dans l'organisation qu'il donna a ses Etats, le comte de Sicile se montra aussi jaloux de son autorité que dans ses rapports avec Rome En théorie, le comte de Sicile est le vassal du duc de Pouille, mais à partir de la mort de Guiscard, Roger est beaucoup plus puissant que son seigneur et traite avec lui presque en égal Roger a partagé et distribue ses conquêtes en fiefs a ses compagnons mais paraît avoir évité de creer des fiefs trop importants ou du moins les a réservés a des membres de sa famille C'est du moins ce qui résulte du peu que nous savons sur le partage de la Sicile entre Roger et ses chevaliers Nous avons vu l'importante concession faite a Sarlon, a Butera nous trouvons Henri beau-frere du comte Roger, a Syracuse, Tancrede, fils du comte Guillaume du Principat Parmi les seigneurs normands, dont nous connaissons les noms, très peu paraissent avoir

1 Cusa, *op cit*, t I p 89 Cf Caspar, *op cit*, pp 619-620
2 Malaterra, IV, 29
3 P Kehr, *op cit*, dans *Nachrichten* (1899) p 310
4 Sur la legation apostolique, cf t II, troisième partie

possède des fiefs considérables. Il me semble que l'on peut tirer cette conclusion des quelques diplômes de cette époque que nous possédons ; ainsi dans une liste des donations faites au monastère de Patti, nous voyons que la plupart des seigneurs donnent de un à sept vilains, un seul Raoul Bonnel, seigneur de Carini, en donne cent [1].

Bien que nous ne connaissions que très imparfaitement l'organisation donnée à la Sicile par le comte Roger, on peut néanmoins établir quelques faits. L'ordre le plus grand a présidé au partage de la conquête ; nous savons que les anciennes divisions territoriales datant de l'époque musulmane furent conservées. Dans un diplôme de 1094, un casal est donné *secundum antiquas divisiones Saracenorum* [2], et dans divers documents il est question de la division en *iklim*, qui paraissent correspondre à des districts militaires [3]. Dès le début de la domination normande nous constatons également l'existence de *platea* [4] ou listes remises à chaque feudataire et contenant les noms des vilains habitant les terres qui lui étaient concédées. Nous parlons ailleurs de ces documents. Bornons-nous à constater ici que le fait de conserver une organisation antérieurement établie permet d'expliquer le rôle important que nous verrons attribuer aux Musulmans dans l'administration financière de la Sicile. La tolérance dont il fit preuve envers ses sujets musulmans assura au comte Roger d'autres avantages ; elle lui permit de hâter la soumission de certaines villes, et d'organiser les corps de troupes musulmanes, qui ont assuré sa prépondérance militaire sur tous les seigneurs de l'Italie du sud, y compris les ducs de Pouille.

Doit-on attribuer au comte Roger la création de ces colonies lombardes dont nous constatons l'existence au milieu du

1 Cf. le texte de la bulle, dans Caspar *Die Legatengewalt der Normannisch-sicilischen Herrscher im 12. Jahrhundert*, p. 32. Le même auteur *Roger II*, p. 632 a publié un diplôme du 6 mai 1098 où Roger prend déjà le titre de légat. Il y a là une contradiction qui peut s'expliquer, par le fait, que, avant la délivrance de la bulle, Urbain II aurait promis au comte de le nommer légat. cf. Caspar, *Die Legatengewalt* p. 32

2 Pirro, *op. cit.*, t. I, p. 384
3 Amari, *op. cit.*, t. III, p. 310
4 Cusa, *op. cit.*, t. I, pp. 1 et 541

xiie siècle [1], dans diverses villes de Sicile à Butera, Plazza, Randazo, Vicari, Capizzi, Nicosia, Maniaci [2]. A plusieurs reprises Falcand parle de ces Lombards [3] habitant la Sicile. Se basant sur le témoignage d'Ibn el Athir Amari a supposé que des bandes d'aventuriers italiens s'étaient joints aux conquérants, et a relevé dans des diplômes les noms d'un certain nombre de personnages dont l'origine italienne ne saurait être douteuse [4]. L'étude des dialectes de certaines régions de la Sicile a confirmé l'hypothèse émise par l'auteur de la *Storia dei musulmani* [5]. La parenté de ces dialectes avec ceux de la Ligurie, de l'Émilie, du Piémont, de la Pouille, permet de constater qu'il y a eu en Sicile, en dehors des colonies de marchands vénitiens genois ou amalfitains un nombre considérable d'immigrants venus un peu de toutes les parties de l'Italie [6].

1 Le plus ancien document daté où il fait allusion à ces colonnes est de 1148. Garofalo, *op. cit.*, p. 19, n. VII. Cf. Gregorio, *op. cit.*, t. I, p. 167, note 25.

2 Falcand, *op. cit.*, pp. 70-155.

3 *Ibid.*, pp. 77, 86, 93, 118, 133, 156.

4 Amari, *op. cit.*, t. III, p. 218 et suiv. Voir notamment l'allusion à la langue vulgaire des hommes de race latine dans le diplôme d'Ambroise, abbé de Lipari (1133), dans Gregorio, *op. cit.*, t. I, pp. 196-197. Cf. Fazello, *De rebus siculis* (Catane 1749), in-f°, déc. I, pp. 413-414.

5 Les groupes connus sont ceux de San Fratello, Novara, Piazza Armerina, Aidone, Nicosia, Sperlinga. On remarquera que certains de ces groupes ne figurent pas dans l'énumeration de Falcand. Cf. de Gregorio, *L'ultima parola sulla varia origine del Sanfratellano, nicosiano e piazzese*, dans la *Romania*, t. XXVIII (1899), p. 70 et suiv.

6 Falcand, *op. cit.*, p. 155, dit que les Lombards offrirent vingt mille hommes à Étienne du Perche. Les philologues sont loin d'être d'accord au sujet des dialectes de l'Italie auxquels il convient de rattacher les dialectes gallo-italici de Sicile. Voici l'indication des principaux articles de Gregorio, (outre l'article de la *Romania* déjà cité), *Fonetica dei dialetti gallo-italici di Sicilia*, dans l'*Archivio glottologico italiano*, t. VIII (1882-1885), p. 304 et suiv., *Affinità del dial. di San Fratello con quelli dell'Emilia* (Turin, 1886), in-8, *Sulla varia origine dei dialetti gallo-italici di Sicilia con osservazioni sui pedemontani e gli emiliani*, dans l'*Archivio st. sicil.* N. S., t. XXII (1897), p. 390 et suiv., *Ancora per il principio della varietà di origine dei dialetti gallo-italici di Sicilia*, dans *Studi glottologici italiani* (Turin, 1901) t. II, p. 247 et suiv., et notamment p. 279. Morosi, *Osservazioni ed aggiunte alla fonetica dei dialetti gallo-italici di de Gregorio*, dans l'*Arch. glottol. ital.*, t. VIII, p. 405 et suiv., et t. IX (1886) p. 437 et suiv. Salvioni, *Del posto da assegnarsi al Sanfratellano nel sistema dei dialetti gallo-italici*, dans

L'absence de documents ne permet pas d'établir si cette immigration a eu lieu sous Roger Ier ou sous Roger II. Toutefois, un fait certain, c'est que celle-ci ne s'est pas produite en un jour ; nous la voyons même se continuer au XIIIe siècle[1]. Néanmoins, il paraît probable que c'est au moment de la conquête que les bandes de Lombards ont dû venir en plus grand nombre ; comme d'autre part nous voyons le comte Roger se préoccuper d'attirer des habitants dans l'île, dépeuplée par une longue série de guerres, et prendre des mesures pour créer de nouveaux centres de population[2], on peut, semble-t-il, admettre que c'est sous son règne que l'immigration lombarde a commencé.

Rien ne montre mieux la puissance de Roger Ier que le fait de voir son alliance recherchée par tous les seigneur importants de l'Europe. Le comte de Provence, Raimond IV de Saint-Gilles, le roi de France, Philippe Ier, Conrad, le fils d'Henri IV, et Coloman, roi de Hongrie, demandèrent à épouser les filles du comte de Sicile.

Roger Ier fut marié trois fois. Il épousa en premières noces Judith, fille de Guillaume d'Evreux[3], dont, malgré le témoignage d'Orderic Vital, il eut au moins deux filles : Adélaïde mariée à Henri comte de Monte San Angelo, fils du comte Robert[4] et Emma qui, après avoir failli épouser le roi de France, finit par

---

l'*Archivio glottol. ital.*, t. XIV, p. 437 et suiv. ; *Ancora dei dialetti gallo-italici*, dans la *Romania*, t. XXVIII (1899), p. 409 et suiv. ; L. Via, *Le cosidette colonie lombarde di Sicilia*, dans l'*Archivio st. sicil.*, N. S., t. XXIV 1899), p. 1 et suiv. Dans cet article et dans celui de De Gregorio, *Ancora sulle così dette colonie lombarde*, dans l'*Archiv. st. sicil.*, N. S., t. XXV (1900), p. 191 et suiv., on trouvera l'indication des ouvrages plus anciens se rapportant à cette question.

1. Huilliard Bréholles, *op. cit.*, t. V, p. 128.

2. Cusa, *op. cit.*, t. I, p. 532. Pirro, *op. cit.*, t. II, p. 771. Cf. *infra*, t. II, troisième partie, chapitre II.

3. Orderic Vital, t. III, pp. 83, 87 et suiv. Cf. Delarc, *op. cit.*, p. 378, note, qui a éclairci la question de la première femme de Roger.

4. Di Meo, *op. cit.*, t. VIII, pp. 227-228. Il ne faut pas confondre Henri, frère d'Adélaïde, avec Henri, comte de Monte San Angelo. Le premier est fils de Manfred, tandis que le second est fils de Robert. Archives de la Cava, F. 33 1124, diplôme du comte de Paterno et B. 27 1083, diplôme d'Henri comte de Monte San Angelo).

se marier a Guillaume III dit VII, comte de Clermont[1], une fille de Roger portant également le nom d'Emma epousa Raoul Machabée, comte de Montescaglioso[2], devons-nous l'identifier avec la femme du comte de Clermont? Je ne le crois pas, on verra plus loin pour quelles raisons. De même Mathilde qui, vers 1080, epousa le comte de Toulouse, parait être l'ainee des filles du premier mariage[3]. En secondes noces Roger Ier épousa Eremburge, fille de Guillaume de Mortain[4] et (1089) en troisièmes noces, Adélaide, fille du marquis Manfred et niece de Boniface del Vasto, seigneur de Savone[5]. Si nous savons avec certitude qu'il eut de sa troisieme femme Simon et Roger, nés l'un en 1093, le second

1 Malaterra, IV, 8. Cf. Anselme, *Histoire genealogique et chronologique de la maison de France*, 3e ed. (Paris, 1733), t. VII, p. 47

2 En mai 1099, Raoul Macchabee fait une donation pour l'ame « *domine judette socius mee* », et de sa femme Emma. *Reg. neap. arch. mon.*, t. VI, p. 168

3 Malaterra, III, 22. Cf. *Histoire de Languedoc* (n ed.), t. III, p. 428, et t. IV, pp. 31, 177, 196

4 *Ibid.*, IV, 14. On trouve un Pierre de Mortain dont la presence est mentionnee en Sicile, Malaterra, IV, 16, Pirro, *op. cit.*, t. I, pp. 76, 520, de même il souscrit l'original (Archives capit. de Catane) de l'acte publie par Pirro, *op. cit.*, p. 771. dans l'edition sa souscription manque. Caspar, *op. cit.*, p. 48, fait sans raison d'Eremburge une fille de Robert de Grantmesnil

5 Son frere Henri se dit fils du marquis Manfred, cf. *supra* p. 350, note 5. Les principaux ouvrages où est examinée la question de la famille d'Adélaide sont les suivants. Savio, *Il marchese Bonifazio del Vasto e Adelasia comtessa di Sicilia*, dans *Atti dell'Academia delle scienze di Torino*, t. XXII (1886-1887), p. 87, Delfino Muletti, *Memorie storico diplomatiche appartenenti alla citta e ai marchesi di Saluzzo* (Saluzzo, 1829), t. I, p. 392, Wustenfeld, *Cod Astense Malabeyla*, dans *Atti della reale Academia dei Lincei*, serie 3, t. V, p. 106 et suiv., Desimone, *Sulle marche d'Italia e sulle loro du amazioni in marchesati. Lettere cinque all Comm. Domenico Promis* dans *Atti della societa ligure di storia patria*, t. XXVIII (Gênes, 1896), in-8°, p. 7 et suiv., du même, *Sulla discendenza aleramica e sulla du amazione de' marchesati della marca. Ibid*, p. 221, cf. *Ibid.*, p. 272, un tableau genealogique des descendants d'Aleramo, Casagrandi-Orsini, *Adelasia moglie del grand conte Ruggerio e lo zio Bonifazio* (1079-1090) dans « *Le Grazie* » *Riv. mens. di Lettere Scienze ed Arti*, t. II (Catane, 1900), p. 69 et suiv. Garufi, *Le donazioni del conte Edrico di Paterno al monastero di Valle Giosafat* dans la *Revue de l'Orient latin* t. IX, p. 206 et suiv. Brandileone, *Il diritto romano nelle leggi normanne e sueie*, p. 12, fait d'Adelaide une nièce de la comtesse Mathilde, son opinion a ete combattue justement par Perla, *Arch. st. nap.*, t. X, (1885), p. 173

le 22 decembre 1093[1] nous ne savons laquelle de ses deux premières femmes fut mère de son fils Geoffroi; de même nous ignorons de quel mariage naquirent Constance[2], qui epousa Conrad, Busilla[3], mariée à Coloman, Mathilde[4], mariée à Rainolf, comte d'Avellino, N mariée à Hugues de Gircé[5], Judith, mariée à Roger de Bassonville[6], N mariée à Robert de Bourgogne[7] et Flandine, mariée à Henri, comte de Paterno frère d'Adelaide[8]

Une difficulte se pose au sujet de deux des enfants de Roger Ier Geoffroi et Mauger Le premier nous est connu par Malaterra qui raconte que Geoffroi fut marié, comme son frère Jourdain, à une sœur de la troisieme femme de son pere, Adélaide, mais que ce mariage ne fut pas consommé parce que le fils du comte tomba malade Plus loin Malaterra revient sur ce sujet et à propos de la mort de Jourdain, fils naturel de Roger Ier (mort le 18 septembre 1091)[9], il raconte que Jourdain fut d'autant plus regrette qu'on le regardait comme le futur heritier parce que le comte n'avait pas eu d'autre fils et que Geoffroi était atteint de la lepre[10] Or, en 1120, nous trouvons Geoffroi de Raguse, fils du comte Roger, mentionne dans un diplome avec ses trois fils[11] Il ne saurait être question d'un fils de Roger II, puisque celui-ci,

1 Malaterra, IV, 19 Rom. Sal, p 427. Roger vecut 70 ans, deux mois et cinq jours, et il est mort le 27 fevrier 1154 Cf Amari op cit t III p 197, note 7 Tous les renseignements sur le baptême de Roger par saint Bruno, AA SS, 6 octobre, p 667 ne reposent sur rien
2 Malaterra, IV, 14 et 18
3 Ibid, IV, 23
4 Ibid, IV, 25
5 Al Tel, 1, 5 Malaterra, III, 10 « Hugo comitis gener »
6 Garufi, I diplomi purpurei, etc, p 26 Falcand op cit, p 9 Judith mourut un 24 septembre, Necrol Panorm, dans Forschungen, t XVIII, p 473 Le diplôme de Judith date de 1103 publié par Champollion Figeac ed d'Aimé, p 327, est certainement faux A cette date, il ne peut être question de Roger regis Siciliæ, ducatus Apulæ et principatus Capuæ Le chiffre de l'indiction est egalement faux
7 Cf., infra p 356
8 Cf Piro op cit t I, p 624, et t II, p 933
9 Necrol Panorm, dans Forschungen, t XVIII, p 473
10 Malaterra, IV, 14 et 18
11 Piro, op cit, t I, p 525

étant né le 22 décembre 1095, ne pouvait en 1120, avoir un fils déjà père de trois enfants Geoffroi est donc le fils de Roger Iᵉʳ S'agit-il ici du Geoffroi mentionné par Malaterra ? Certains auteurs l'ont admis [1], mais cela me paraît difficile, étant donné, d'une part, les détails fournis par Malaterra sur la maladie de Geoffroi, maladie qui le rendit certainement un objet d'horreur, et d'autre part, le fait que Simon succéda sans difficulté à son père La solution de cette question me paraît être fournie par un diplôme, où sont mentionnés deux Geoffroi, fils du comte [2] C'est ce second Geoffroi qui serait mentionné dans divers actes de 1091 à 1095 [3], car il serait invraisemblable d'admettre que le Geoffroi atteint de la lèpre soit demeuré à la cour de son père D'autre part, il n'y aurait rien d'étonnant à ce que le comte Roger ait eu deux fils portant le même nom Remarquons que cela a été le cas pour Tancrède de Hauteville, qui eut pour fils Guillaume Bras de fer et Guillaume du Principat Peut-être devons-nous constater l'existence de ce même usage à propos des filles du comte, car il semble bien qu'il faille distinguer Mathilde, femme du comte de Provence, d'avec Mathilde, femme de Rainolf Raymond IV se remaria en 1094 avec Elvire [4], il est donc probable qu'à cette date sa première femme était morte, car aucune source ne mentionne qu'elle fut répudiée Il en est de même pour Emma, femme du comte d'Auvergne, et Emma femme de Raoul, rien n'autorise à les identifier. Toutes ces questions de généalogie sont fort difficiles, étant donnée l'absence de documents, il me semble toutefois que l'on doive distinguer entre les deux Geoffroi et ne pas tenir le comte de Raguse pour identique au fils lepreux du comte de Sicile

Certains diplômes sont souscrits par Mauger, fils du comte,

---

1 Garufi, *Adelaïde nipote di Bonifazio del Vasto e Goffredo figliuolo del gran conte Ruggiero* (Palerme 1905), in-8° Je ne connais malheureusement cet ouvrage que par un compte rendu de l'*Archivio st sicil*, N S, t XXIX, p 432

2 *Regii neapolit archivi mon*, t VI p 165 Je ne tiens pas compte des documents relatifs à saint Bruno ou Geoffroi est mentionné, et *supra*, p 304, note 2

3 Cf Pirro, *op cit*, t I, pp 520, 523, Mongitore *op cit*, p 12

4 *Histoire du Languedoc*, t III, p 428

Histoire de la domination normande — CHALANDON 23

comme la plupart de ces documents sont faux, di Meo niait l'existence de Mauger [1] Je ne crois pas que l'on doive admettre cette opinion, puisque, en dehors des documents justement incriminés, Mauger est mentionné dans des diplômes d'une région toute différente On ne saurait regarder Malaterra comme nous ayant rigoureusement renseigné sur tous les enfants du comte de Sicile car il ne parle pas de plusieurs d'entre eux

Sauf une révolte sans importance, qui suivit la mort de Jourdain, le comte Roger, sur la fin de sa vie, n'eut pas à soutenir de nouveaux combats C'est à Mileto que s'éteignit, le 22 juin 1101, le conquérant de la Sicile et c'est là qu'il fut enterré [2] Avec lui disparaît le dernier survivant de l'époque héroïque de la conquête, son successeur sera plus un politique qu'un soldat, mais si Roger II réussit à établir sa domination sur toutes les possessions normandes d'Italie, c'est en grande partie à la forte organisation donnée par son père à ses États qu'il en fut redevable.

1 Cf supra, p 304, n 2, Parisio, *Due documenti inediti della Certosa di S Stefano del Bosco* (Naples 1889), p 6, Nerone Longo, *op cit*, p 46, en outre dans le diplôme des archives de la cathédrale de Catane, inexactement et incomplètement reproduit par Pirro, *op cit*, t I, p 384, figure la souscription de Mauger Cf Caspar, *op cit*, p 21

2 Edrisi, B A S, t I, p 57 On conserve encore à Naples le sarcophage du comte Roger Cf L de la Ville sur Yvon, *La tomba di Ruggiero conte di Calabria e di Sicilia*, dans *Napoli nobilissima* (1892)

CHAPITRE XIV

LA RÉGENCE D'ADELAIDE ET LES PREMIÈRES ANNÉES
DU COMTE ROGER

Nous manquons presque totalement d'informations sur l'histoire sicilienne durant la régence d'Adelaide ; pour cette période, les chroniques et les documents diplomatiques nous font également défaut.

Le grand comte Roger laissait deux fils Simon et Roger le premier succéda à son père sous la tutelle d'Adelaide[1] Alexandre, abbé de Telese, est le seul historiographe qui nous ait transmis quelques renseignements sur la jeunesse des enfants de Roger. Le peu qu'il raconte ne nous fait guère regretter sa brièveté. Écrite avec le desin évident de plaire à Roger II, l'œuvre de l'abbé de Telese a une tendance très marquée à l'apologie. Dans la première partie de son ouvrage, l'auteur a la préoccupation évidente de montrer que Roger, dès sa plus tendre enfance, possédait les qualités par lesquelles il devait se distinguer plus tard. Il suffira d'indiquer, comme preuve de cette tendance, le passage où Alexandre nous raconte longuement que le futur fondateur de la monarchie sicilienne, dès l'âge de cinq ans, battait et rossait son frère aîné en le menaçant de lui enlever plus tard tous les biens qu'il avait hérités de son père. Au lieu de ces détails sans grand intérêt, nous préférerions avoir des renseignements sur la politique suivie par Adélaide pendant sa régence, et compléter ainsi le peu que nous savons par les très rares et très brèves mentions de diverses chroniques.

L'Anonyme du Vatican[2] parle en termes très vagues d'une

1 Al Tel , op cit , I, 2, p 90 Romuald de Salerne, ad an 1101, dans M G H SS , t XIX, p 413 Anon Vat , dans Muratori, R I SS , t VIII, p 777
2 Anon Vat , loc cit

guerre qu'Adélaïde dut soutenir contre les gens de la Pouille.
Faut-il entendre par là qu'il y a eu une révolte des vassaux continentaux du comte de Sicile? S'agit-il de la rébellion de quelques
villes ou de difficultés s'étant élevées entre Roger et le duc de
Pouille ? Il nous est impossible de le savoir avec précision.
Tout ce que nous pouvons établir, c'est qu'une grave révolte
des vassaux du jeune comte éclata en Sicile et qu'Adélaïde réussit à la réprimer [1].

Orderic Vital nous fournit un autre renseignement relatif à
cette même période [2]. D'après lui, la veuve de Roger Ier, voyant
qu'elle ne pouvait gouverner et défendre les États de son fils,
aurait fait venir auprès d'elle Robert, fils du duc de Bourgogne,
Robert Ier, et de la duchesse, Hélie de Semur, et lui aurait fait
épouser sa fille. Durant dix années, Robert aurait joué un rôle
important ; il serait même devenu si puissant, en Sicile, que sa
belle-mère, inquiète et jalouse, l'aurait fait empoisonner. Nous
verrons que la régente quitta, en 1113, les États de son fils ; il
conviendrait donc de placer en 1102 ou 1103, au plus tard, l'arrivée
de Robert de Bourgogne.

Amari s'est élevé contre le récit d'Orderic Vital, auquel il
reproche d'être rempli de récits fabuleux et d'être très mal disposé envers les Italiens [3]. L'auteur de la *Storia dei Musulmani*
appuie, en outre, son opinion sur le fait que la souscription de
Robert de Bourgogne ne se trouve dans aucun des actes qui nous
sont parvenus, et que les chroniques siciliennes sont muettes à
l'égard de ce personnage. L'opinion d'Amari ne me paraît pas
très justifiée, car Orderic Vital est, en général, très bien renseigné sur les affaires de l'Italie du Sud, ce qui s'explique très
facilement, si nous songeons aux nombreuses et fréquentes rela-

---

1. Cusa, *op. cit.*, t. I, p. 334. Il est fait également allusion à cette révolte
dans un acte de 1123, Cusa, *op. cit.*, t. I, p. 474. Cf. *Ibid.*, t. I, p. 342,
où il est fait allusion aux empiètements du clergé pendant la minorité de
Roger. K. Kehr, *op. cit.*, p. 321, a montré que l'acte grec était vrai, mais
que la traduction latine, Starabba, *I diplomi*, etc., t. 1, p. 12, était fausse.

2. Ord. Vit. XIII, 15, t. V, pp. 32 et 33. Cf. Petit, *Histoire des ducs de
Bourgogne de la race capétienne*, t. I (Paris, 1885), p. 190.

3. Amari, *op. cit.*, t. III, p. 347.

tions qui existaient à cette époque, entre la Normandie et le
midi de la Péninsule. D'autre part, il ne me paraît point exact
de parler de l'animosité d'Orderic contre les habitants de la
Sicile. On ne saurait non plus invoquer ici le silence des chroniques italiennes : toute l'historiographie de cette période est,
en effet, très pauvre et la principale chronique, celle de l'abbé
de Telese, est très sommaire jusqu'à l'année 1127, l'auteur est
très succinct, et passe soigneusement sous silence tout ce qui n'est
pas à l'avantage de son héros ou de la famille de celui-ci. Ainsi
il ne dit pas un mot du mariage d'Adélaïde avec le roi de Jérusalem, mariage qui devait se terminer de lamentable façon pour
la mère de Roger, et ne mentionne pas davantage les premières
expéditions de Roger en Afrique, parce qu'elles aboutirent à des
échecs. Il y a là un parti pris évident de taire tout ce qui pourrait mettre une ombre, même légère, à la gloire du premier roi de
Sicile.

On ne saurait davantage invoquer le silence de Falcon de
Bénévent ou de Romuald de Salerne. Les choses de Sicile sont
très rarement mentionnées chez le premier ; quant au second,
écrivant à une époque relativement éloignée des événements, il
a omis des faits bien autrement importants que l'arrivée de
Robert de Bourgogne.

Reste l'argument tiré par Amari du silence des diplômes. Si,
pour la période dont il est ici question, nous possédions une très
grande quantité de documents d'ordre diplomatique, on pourrait
s'étonner de ne pas y rencontrer la souscription d'un personnage
ayant joué un rôle aussi important que celui attribué à Robert
par Orderic. Mais, étant donnée, pour le début du XIIe siècle,
l'extrême pénurie des documents de ce genre, on ne peut tirer de
là aucune conclusion pour infirmer le témoignage du chroniqueur
normand.

Nous allons exposer le peu que nous savons sur la régence
d'Adélaïde. Au mois d'octobre 1101, Adélaïde, se trouvant à
San Marco [1], fait à Grégoire, abbé du monastère de San Filippo
de Demena, donation de quatre vilains et de mille pieds de

1 San Marco, commune de Milazzo, circond. et prov. de Messine.

vigne, elle lui accorde, en outre, l'autorisation de construire un moulin au bord de la Panagia[1] Dans ce document, sont mentionnés Simon et Roger L'auteur de la *Sicilia sacra* indique, à la date de 1102, un acte de Simon et d'Adelaïde, en faveur du même Grégoire, il s'agit soit du même acte, soit du diplôme auquel il est fait allusion dans un acte de Roger II, de 1145[2] Simon est encore mentionné dans des actes de février 1105[3] et de mai de la même année[4], il mourut le 28 septembre 1105, en effet, le *Nécrologe de Palerme* nous donne la date de mois de sa mort et en 1108, on compte la troisième année du règne de son frère Roger[5]

Nous ne possédons pas d'acte de Roger II, avant 1107[6] A cette date, Adelaïde et Roger donnent à Ambroise, abbé de Saint-Barthélemy de Lipari, la dîme des Juifs de Termini[7], de 1107 ou de 1108, est la donation de Farchina au monastère Santa Maria de Marsala[8].

Le 25 mars 1109, Adelaïde, se rendant à Messine, fait une dona-

1. Cusa, *op cit*, t I, p 394 On doit regarder comme faux l'acte, d'août 1101 de l'évêque de Locre, qui mentionne, le 9 mai 1100, la présence dans cette région du comte Roger et de sa mère Adelaïde En mai 1100 Roger n'est pas comte Trinchera, *op cit*, p 87

2 Pirro, *op cit*, t II, p 1028 Cf Caspar *op cit*, Reg N° 191

3 Gregorio, *op cit*, t I, p 105 note 31

4 Cusa, *op cit*, t I, pp 396 et 401

5 *Nécrol Pan*, dans *Neuerscheinungen*, t XVIII, p 479 *Rom Sal*, ad an 1101, dans M G H SS t XIX, p 413 *Chron Su* dans Muratori R I SS, t X, p 843 Pirro, *op cit*, t I, p 607 Amari, *op cit*, t III, p 346, note, dit qu'à cette époque on compte la quatrième année de Roger C'est inexact, voici le texte rapporté par Pirro *Anno incarnationis dominicæ 1108, presulatus mei anno IV, Rogerii Iunioris consulatus anno III*, etc

6 Dans Ughelli, *op cit*, t IX, p 291, est édité un diplôme de Roger, daté de 1104, indiction XII, Amari pense avec raison que la date doit être corrigée en 1119 Cf les raisons qu'il donne, *loc cit*, note Un diplôme de 1104 est cité dans Capasso *L'archivio di stato in Napoli dal 1883 fino al tutto il 1898*, p 7 Je n'ai pu avoir communication de ce diplôme aux Archives de Naples, mon confrère et ami, M Poupardin, n'a pas été plus heureux

7 Archives capitulaires de Patti *Fund*, f 3, la date d'après l'indiction indiquée, ind XV — Lipari, circond et prov de Messine Termini Imerese, ch -l de circond, prov de Palerme

8 Caspar, *op cit*, Reg, n° 197

tion à l'abbaye de San Filippo de Demena [1] Du 3 juin de la
même année, nous possédons un acte en faveur de l'abbé de
Sant Elia [2] Le 20 septembre 1109, Roger, résidant à San Marco,
fixe les limites de divers biens appartenant au monastère de San
Barbaro [3] Dans cet acte, il n'est pas fait mention de la comtesse
Adélaïde On ne saurait pourtant en conclure que la régence de
cette dernière ait pris fin à cette date, car son nom réapparaît
dans les diplômes des années suivantes [4] Un acte de 1145, mentionne un diplôme de Roger et d'Adélaïde donné en 1109 en
faveur de l'évêché de Squillace [5] Au debut de l'année 1110,
Roger et Adelaide sont à Messine ; nous avons, du mois de janvier, un jugement fixant les limites des possessions du monastère de Sant Eufemia et de l'église de Bagnara [6]. Le 20 fevrier,
Roger et sa mère, résidant toujours à Messine, accordent à
Pierre, elu de Squillace, l'église Santa Maria de Rochella [7] Au
mois d'avril, nouvel acte, également daté de Messine, renouve-
lant à Grégoire, abbé de San Filippo de Demena, une donation faite, en 1097, par le grand comte Roger [8] En septembre,
nous trouvons Adélaïde et Roger à Troina où ils confirment à
Grégoire, abbé de Fragala, les biens de son abbaye et renou-
vellent un acte du grand comte [9] En mars 1112, Roger et Adelaïde, à Messine, confirment au même personnage une donation
du comte Simon [10].

1 Cusa, op cit, t I, p 402
2 Mgr Battifol, op cit, dans la Revue des Quest hist, t XLII p 562
3 Cusa, op cit, t I, p 403
4 Cusa, op cit, t I, pp 405, 407, 531
5 Trinchera, op cit, p 185 Le texte mutilé laisse neanmoins voir que
l'objet de l'acte est identique à celui de l'acte de 1110
6 Kehr, op cit, p 411 Von dans Pirro, op cit, t II, pp 712 et 1028,
diverses mentions d'actes pour les années 1110 et 1111
7 Regii archivii neap mon, t VI, app, n° 18 Cf Jaffe-L, 6259
8 Cusa, op cit, t I, p 405
9 Caspar, op cit, Reg, n° 15
10 Cusa, op cit, t I, p 407 On a, du mois de novembre 1112, un acte
d'Adélaïde, en faveur de San Filippo de Demena, dans lequel son fils
Simon est mentionné comme vivant, Cusa, op cit t I, p 409 Cet acte faux
a été fabriqué à l'aide d'un acte d'octobre 1101, auquel sont empruntées les
formules et tout le preambule Pirro, op cit, t II, p 1027, rapporte un
acte de Roger II, de 1145, où un diplôme de 1112 est confirmé au milieu de
plusieurs autres privileges

Roger fut fait chevalier entre le mois de mars et le mois de
juin 1112, a Palerme A cette dernière date en effet, dans un
privilege qu'il accorde, avec sa mère, a Gautier, archevêque de
Palerme, il s'intitule *Rogerius jam Miles, jam Comes* Cet acte
est le dernier ou intervienne Adelaide, mais nous ne pouvons
fixer la date exacte à laquelle prit fin sa régence [1]

Des documents qui viennent d'être analysés, on peut tirer
deux conclusions Tout d'abord c'est Adelaide qui a transporté
le siege du gouvernement en Sicile Jusqu'à elle, le comte de
Sicile avait choisi Mileto, comme résidence ordinaire Avec Adélaide, c'est en Sicile, à San Marco, a Messine, que réside le plus souvent le jeune comte, dont la majorité est proclamée a Palerme,
qui, a partir de ce moment va jouer le role de capitale En
second lieu, si nous rapprochons toutes ces donations, la plupart faites à des monastères grecs, des renseignements que nous
fournit la vie de Barthélemy, abbé du Patir, nous voyons que c'est
tres probablement Adelaide qui a commencé, vis-à-vis de la
population grecque de ses Etats a suivie une politique non
seulement de tolérance mais aussi de protection [2] On comprend qu'au milieu des révoltes des barons de la Sicile, de la
Calabre, elle ait cherché a s'appuyer sur l'élément indigène, et a
utiliser l'influence du clergé grec En dehors de ces constatations nous ne savons pas ce que fut le gouvernement de la veuve
de Roger L'abbé de Telese se borne a dire que la regence d'Adélaide fut pour la Sicile, une période de richesse et de prosperite,
et Orderic Vital vante les richesses que la veuve de Roger Ier
avait amassées [3] Peut-être faut-il voir une confirmation de ce
temoignage dans le fait que Baudouin, roi de Jerusalem,
demanda en mariage la comtesse de Sicile

De longues négociations s'engagèrent a ce sujet, il convient
d'y insister, car elles nous montrent quels étaient, des cette

1 Pirro *op cit*, t I, p 80
2 Cf Mgr Battifol, *L'Abbaye de Rossano*, p   L'opinion de Mgr Battifol
a ete combattue sans arguments valables, par Minasi *Il monastero basiliano di S Pancrazio sullo scoglio di Scilla Note storiche e documenti*
Naples, 1893 , in-8°, p 12
3 Al Tel, l III, p 90 Ord Vital, XIII   I, t V, p

époque, les rêves ambitieux caressés par Roger II Vers la
fin de 1112, Baudouin, roi de Jérusalem, envoya des ambassadeurs demander en son nom la main d'Adélaïde On peut
affirmer que Baudouin, par cette démarche chercha uniquement
à rétablir sa situation financière fort compromise Le roi de Jérusalem se trouvait alors dans le plus profond dénuement, il pouvait à peine payer la solde de ses chevaliers et subvenir aux
dépenses de sa maison Il lui parut que les richesses, amassées
par la prévoyante et habile administration d'Adélaïde, seraient
fort utiles au relèvement de ses affaires Cédant aux conseils
d'Arnold, qui avait succédé au patriarche Gibelin, mort en avril
1112, et qui joua, dans toutes ces négociations, un rôle fort
louche, Baudouin fit faire des ouvertures à la cour de Sicile,
elles furent accueillies avec faveur Adélaïde se laissa séduire
par la perspective de ceindre une couronne, son fils, plus posi-
tif, chercha à tirer parti, au mieux de ses intérêts, des propositions du roi de Jérusalem Les envoyés de Baudouin durent
prendre, au nom de leur maître, l'engagement que le royaume de
Jérusalem reviendrait au comte de Sicile, dans le cas où le
mariage projeté demeurerait stérile Cette condition fut acceptée
sans difficulté par les ambassadeurs de Baudouin, qui étaient
munis de pouvoirs suffisants pour conclure cette affaire [1]

Adélaïde et son fils furent complètement joués par le roi de
Jérusalem, le désir de s'assurer des droits éventuels à la couronne
de Jérusalem empêcha Roger de juger clairement la situation
Au moment même où il demandait la main d'Adélaïde, Baudouin
était marié Il était bien, il est vrai, séparé de sa femme, Arda,
mais celle-ci vivait encore Guillaume de Tyr s'apitoie sur le
sort d'Adélaïde, qui agit avec la confiance la plus grande dans la
loyauté du roi de Jérusalem et ne dissimule pas que le roi et
le patriarche Arnold ne virent et ne cherchèrent dans toute cette
affaire, que le moyen de s'approprier les richesses immenses
qu'Adélaïde passait pour posséder [2]

1 Guill de Tyr, XI, 21, dans *Hist occid des crois*, t I, p 487
2 Guill de Tyr, XI, 21, p 488. Guibert de Nogent, VII, 47, dans *Hist
occ des crois* t IV p 259 Foucher de Chartres, c 51, dans *Hist occ des*

Pendant l'été de l'année 1113, la veuve de Roger Ier s'embarqua pour ces nouveaux États [1]. La future reine de Jérusalem voulut arriver en Terre Sainte dans un riche et somptueux appareil, la magnificence qu'elle déploya parait avoir vivement frappé les imaginations de ses contemporains. Adélaïde partit avec une pompe toute royale, emmenant avec elle une véritable expédition de secours. La flotte sicilienne comprenait deux trirèmes ayant chacune à leur bord cinq cents chevaliers et sept vaisseaux plus petits chargés de vivres, d'armes, en métal précieux, de pierreries, d'or, d'argent, de vêtements et de riches étoffes. Un de ces navires était monté par un corps d'archers musulmans aux vêtements éclatants. Quant à Adélaïde, elle s'embarqua sur un vaisseau, équipé avec un luxe recherché, la poupe et la proue de navire étaient recouvertes de matières précieuses, tandis qu'un velum immense, tout tissé d'or et d'argent, était destiné à abriter la souveraine des rayons du soleil.

La traversée fut mouvementée, la flotte sicilienne dut repousser une attaque des Musulmans, elle réussit pourtant à gagner sans encombre le port de Saint-Jean d'Acre, où Baudouin attendait Adélaïde. Tandis qu'à travers les rues de la ville tendues de riches étoffes et couvertes de tapis précieux se déroulait, au bruit des trompettes, le cortège royal, la mère de Roger II ne prévoyait certes pas que quatre années plus tard, la même ville de Saint-Jean d'Acre la verrait repartir pour la Sicile en bien pauvre appareil.

Le mariage fut aussitôt célébré, la dot d'Adélaïde fut immédiatement employée par Baudouin à indemniser les seigneurs latins des pertes qu'ils avaient éprouvés dans la guerre contre les Musulmans. L'union d'Adélaïde fut malheureuse et dès 1117, Baudouin obtenait l'annulation de son mariage. Le 25 avril, la

crois, t. III, p. 427. Albert d'Aix, XII, 13, 14, dans *Hist. occ. des crois.*, t. IV, p. 696. Sicard de Crémone, *Chr.* dans Muratori, R I S S., t. VII, p. 529 ad an. 1113. Anon. *Hist. Hierosol.*, c. 27, dans *Hist. occ. des crois.*, t. III, p. 571. Cf. Kugler, *Albert von Archen,* Stuttgart, 1885, p. 394, Hagenmeyer, *Ekkehardi Hierosolymita,* p. 298 note 50, et Röhricht, *Geschichte des Königreichs Jerusalem,* pp. 8 et 103.

1. Röhricht, *op. cit.* p. 103.

mère de Roger s'embarquait pour la Sicile, où elle mourut le
16 avril 1118[1]. La reine de Jérusalem fut ensevelie dans la cathédrale de Patti où l'on voit aujourd'hui son tombeau, œuvre d'ailleurs récente[2].

Les mésaventures d'Adélaïde sont le seul événement de
l'histoire de Sicile de ce temps sur lequel nous ayons quelques
détails. Les premières années du gouvernement personnel de
Roger II sont aussi obscures que celles de sa minorité. Du mois
de mai 1114 est un diplôme en faveur de Méthode, abbé du
monastère basilien de Saint-Nicolas de Droso, au diocèse de
Mileto. Ce diplôme et les nombreux documents du même genre
que nous allons citer, nous montrent que Roger a continué,
envers les couvents grecs, la politique de sa mère[3]. Pendant l'été
1115, le comte de Sicile séjourna en Italie; du mois de juin, nous
possédons deux actes, l'un en faveur de Nicodème, archimandrite
du monastère basilien de Santa Maria de Terreti au diocèse de
Reggio[4], par le second, donné à San Severino, Roger confirme
au monastère de Santa Maria de Altilla, en Calabre, une donation
faite par l'évêque de Cerenzia[5]. Au mois d'août de la même
année, le comte de Sicile est à Stilo où il accorde au monastère
de Santa Maria di Asaphia diverses faveurs[6]. Du mois de

1. Guill. de Tyr, XI, 29 Albert d'Aix, XII, 24, p. 704, *Necrol. Pan.*, dans
Forschungen, t. XVIII, p. 472 *Necrol. cap. Pal.*, *Ibid.*, p. 474 Fouches de
Chartres, II, 59-60, dans *Hist. occ. des crois.*, t. III, p. 433 *Ann. Sic.*
MGH SS. t. XIX, p. 495 *Epistola fratris Conradi*, dans Muratori, RISS,
t. I, 2, p. 278 Cf. Kugler, *op. cit.*, pp. 401-402. Pirro, *op. cit.* t. I, p. 773,
qui donne son épitaphe, Delaborde, *Chartes de Terre Sainte*, p. 38, n. 13,
et Savio, *op. cit. Atti d. R. Academia di Torino*, t. XXII (1886-1887),
pp. 99-101
2. Cf. Salinas, *Notizie degli scavi d'antichità del Maggio 1880*, Extr. des
Atti della R. Academia dei Lincei 1880), p. 8
3. Cf. Mgr Battifol, *op. cit.*, dans la *Revue des Quest. Hist.*, t. XLII p. 562
Un autre diplôme de 1115 pour le monastère de San Bartolomeo est cité
dans [Capasso], *L'archivio di stato in Napoli, dal 1883 sino a tutto il 1898*,
p. 7 Cf. *supra*, p. 358 n. 6
4. Huillard Bréholles, *op. cit.*, t. II, p. 440
5. Ughelli, *op. cit.*, t. IX, p. 477
6. Trinchera, *op. cit.*, n° 78 Caspar, *op. cit.*, p. 506, place en 1130, ce
diplôme, qui n'est daté que de l'indiction VIII Roger prenant encore le
titre de comte, il me semble que la date de 1115 est préférable

septembre est un diplôme en faveur de l'église de Santa Maria
de Stellis a Militello [1] En octobre, le comte retournant de
Messine a Palerme est a Oliveri ou il fait une donation a l'abbé
du monastere basilien de San Pietro e San Paolo di Agro [2] Enfin
de la même annee est un diplôme en faveur du monastere basilien
de Cathona, au diocese de Reggio, diplôme que nous ne connaissons que par la mention qui en est faite dans un acte postérieur [3]

Nous possédons, du mois de septembre 1116, un acte de
Roger en faveur d'Auger, consul de Genes, et de son frere,
Anri [4] auxquels le comte donne un terrain a Messine pour y
élever un hopital, a chacun d'eux il accorde annuellement une
livre d'or et le droit d'importer ou d'exporter des marchandises
jusqu'a concurrence de soixante taris d'or, sans avoir a acquitter
les droits de douane Ce document est particulierement intéressant, il nous montre l'importance de Messine au point de vue
commercial Des ce moment, la ville est une des escales les plus
fréquentees par les vaisseaux se rendant en Orient ou en revenant
Son importance est suffisante pour que les Genois y aient un consul
et y construisent un hopital

En octobre 1116 le comte est a Palerme et réunit l'église San
Pietro de Palerme a Santa Maria de Bagnara [5] Au mois de mai
1117, le comte de Sicile, residant a Mileto confirme un privilege
de Roger Ier en faveur du monastere de San Filippo di Fragala [6]
En juin le comte tient sa cour a Messine [7], et a la demande
d'Hugues, abbé de la Sainte-Trinité de Venosa, accorde diverses
exemptions aux monasteres grecs dependant de San Martino,
en Calabre Pour 1119 et 1120, nous n'avons que peu d'actes du
comte Roger Citons le diplôme de mai 1119 pour Santa Maria

1 Sur la date, Cf Garufi, *I diplomi, etc* p 18 qui place l'acte en 1130,
et la correction de Caspar, *op cit* p 489, n° 29

2 Pirro *op cit* t II, p 1039

3 *Ibid* t II, p 978 Cf Mgr Battifol *op cit*, p 563

4 Cusa, *op cit* t I p 359

5 Pirro *op cit*, t I p 620 t II p 790 avec la date de 1117, ind 10,
1116 n s

6 Cusa, *op cit*, t I p 383, la date de mois indiquee au regeste, p 703,
est celle du diplome vidimé

7 Crudo, *op cit* p 206

di Valle Josaphat [1] qui nous est connu par un acte postérieur
De la même année, sont des diplômes en faveur de Santa
Maria du Patir de Rossano [2], et de San Bartolomeo de Trigonio [3]
En 1121, Roger confirme une donation de Guillaume Culche-
bret [4] De la même année est le diplôme par lequel Roger confirme à Nicodème, archimandrite de Santa-Maria de Terreti,
monastère basilien au diocèse de Reggio, certains privilèges
accordés par son père [5] Cette même année, nous trouvons
Roger en Calabre, en Pouille et à Catanzaro [6] En février 1122,
le comte est à Messine [7], où il a une entrevue avec le duc Guillaume En janvier 1123, Roger, résidant à Palerme, juge, au sujet
de la possession d'un moulin [8] un procès entre Bumadar, fils
de Patterano et ses frères d'une part, et Moriella d'autre part
En juin de cette année le comte va en Calabre à San Mauro, puis
nous le retrouvons à Messine [9]

Pour les années suivantes il faut indiquer un acte, daté de
1124 en faveur d'Anchier, évêque de Catane, auquel Malaterra
a dédié sa chronique [10], un diplôme confirmant à Guillaume, prieur
de Santa Maria de Bagnara une donation de Tancrède, comte de
Syracuse, un diplôme en faveur de Guérin, abbé de San Michele
Arcangelo, à Montescaglioso [11]

De 1125, est un diplôme accordant à Gautier Gavaretta le casal
Sicamino dans le Val de Milazzo [12] La même année, Roger rési-

---

1 Cet acte est cité dans un diplôme de 1144, Garufi, *op cit* p 45,
n° 19

2 Ughelli, t IX, p 291 Cf Amari, *op cit* t III, p 346, note 1

3 Minieri Riccio, *op cit*, t I Sup, p 11, n° 9

4 Cod Vat lat, 8034, f° 112

5 Huillard-Bréholles, *op cit*, t II, p 441 Cf Caspar, *op cit*, Reg
n° 41

6 *Lib pont*, t II, p 322 Cf *supra*, p 322

7 Falco Benev, p 186 Romuald de Salerne, dans M G H SS, t XIX,
p 417

8 Cusa, *op cit*, p 471

9 Romuald de Salerne, dans M G H SS t XIX, p 417 Garufi, *op cit*,
p 13

10 Pirro, *op cit*, t I, p 523, de Grossis *op cit* p 68

11 Pirro, *op cit*, t II p 1243, et Caspar, *op cit*, p 58, note 4, et
Reg n° 46 Tansi, *op cit*, app p 157.

12 Garufi, *op cit*, p 11 Caspar, *op cit*, Reg, n° 47, place avec raison cet
acte en 1125, à cause de la souscription du comte

dant à Palerme fait à l'évêque de Catane, Maurice, une ample
donation [1]. Enfin, en juin 1126, le comte autorise l'union de San
Filippo de Argiro avec Sainte-Marie latine de Jérusalem [2]

En dehors de ces diplômes, nous avons bien peu de documents
relatifs à l'histoire intérieure de la Sicile pendant la première
moitié du règne de Roger II

Nous savons toutefois que, en 1117, des difficultés, sur lesquelles nous sommes renseignés par une lettre du pape, s'élevèrent
entre le comte de Sicile et Pascal II. Ce dernier confirma à
Roger II sur sa demande, le privilège de la légation mais il le
fit en termes tels que la bulle ne tendait rien moins qu'à transformer le comte de Sicile, de légat véritable, en simple exécuteur
des décrets promulgués par les légats pontificaux que le pape,
par contre, se réservait le droit d'envoyer. Nous ne savons pas
ce qu'il advint de cette affaire, il est probable que les prétentions pontificales furent rejetées Dans tous les cas, dès cette
date, est posée la question qui, plus tard mettra Roger II aux
prises avec la papauté [3] On a voulu voir dans la fondation de
l'abbaye grecque du San Salvatore de Messine la réponse de
Roger à la lettre pontificale mais la date de fondation de ce
monastère ne nous est pas connue avec une certitude assez
grande, pour autoriser à admettre cette hypothèse [4]

Il nous reste à parler de la politique extérieure du comte de
Sicile On a vu dans les derniers chapitres de l'histoire du duché de

1 Pirro, op cit , t I, p 525 Ce diplome conservé aux Archives capitulaires de Catane, est publié très incomplètement dans la Sicilia sacra
Parmi les souscriptions notamment, beaucoup de noms ont été omis Nous
possédons encore deux actes de Roger pour le monastère de San Michele
Arcangelo de Montescaglioso, di Meo, op cit , t IX, pp 305-12 et 339
a montré que ces documents étaient faux

2 Pirro op cit , t II, p 1245 Cf Kehr, op cit , p 71, note 6

3 Jaffé-L , 6562 — Toute la fin de la lettre montre que Roger cherche à
tenir en mains le clergé de ses Etats Cf Pet Diac , Chr Cas , III, 49,
M G H SS , t VII, p 870 Cf Wagner Die unteritalischen Normannen und
das Papsttum (Breslau, 1885), p 21 Caspar die Legatengewalt, etc , p 5
dit à tort que ce document est demeuré inconnu en Italie Cf Scaduto, Stato
e chiesa nelle due Sicilie Palerme, 1887), p 180, qui a très bien marqué
l'importance de la bulle de Pascal II

4 Caspar, op cit , p 54

Pouille, l'habileté avec laquelle Roger II sut profiter des embarras de ses cousins pour faire à leurs depens d'importantes acquisitions territoriales. Nous ne reviendrons point ici sur ce sujet ; il nous suffira d'opposer à la faiblesse du gouvernement des derniers ducs de Pouille la puissance du comte de Sicile. Tandis que les premiers ne pouvaient maintenir dans l'obéissance leurs turbulents vassaux et voyaient constamment leur autorité méconnue et bafouée, le second tranquille possesseur de ses Etats, pouvait leur prêter l'appui de ses armes et profiter de leur faiblesse pour accroître ses propres domaines.

Si fréquente qu'ait été l'intervention de Roger II dans les affaires du duc de Pouille, il n'y avait point là une matière suffisante à son activité. Audacieux et entreprenant, le fils du grand comte Roger, comme Robert Guiscard, rêva toujours d'étendre sa domination. Il y a encore en lui quelque chose du caractère des premiers Normands d'Italie dont l'ambition insatiable ne fut jamais satisfaite, même par les plus invraisemblables succès. En lui vit encore l'esprit d'aventure de ceux de sa race, et toujours il lui faudra de nouveaux pays à soumettre, de nouvelles conquêtes à faire. Mais, doué d'un sens politique très fin, Roger II ne se lança pas au hasard dans de téméraires entreprises ; sa conduite fut inspirée par une très claire et très nette comprehension de la situation politique des peuples qui l'entouraient ; il mit au service de son ambition une habileté consommée, et ne se proposa jamais que des tâches qu'il pouvait réaliser.

La conquête de l'Afrique du Nord, qui fut un des grands actes de la politique extérieure de Roger II, fut tentée par lui dès le début de son règne. Les chroniques italiennes ne font point mention de ces premieres entreprises ; probablement chez Alexandre de Telese, ce silence est volontaire, car, le comte de Sicile n'ayant pas réussi, son biographe, suivant son habitude, a dû, de propos deliberé, passer sous silence toutes ces premieres expéditions. Heureusement, les chroniqueurs arabes comblent, sur ce point, les lacunes des sources occidentales, et grâce à eux nous pouvons reconstituer assez exactement l'histoire des premières tentatives faites par Roger II pour prendre pied en Afrique.

Par sa situation géographique, la Sicile est appelée à être en

rapports continuels avec le Nord de l'Afrique et en particulier
avec la Tunisie Des Roger Ier les Normands entrerent en relations commerciales avec les populations qui habitaient alors les
côtes de la Tunisie Roger II put ainsi connaitre la situation politique des divers Etats musulmans et se rendre compte de leur
faiblesse Il fut ainsi amené a concevoir l'idée qui plus tard,
dirigea sa politique extérieure, c'est, a savoir, de centraliser
dans ses Etats le commerce de la Mediterranee en se rendant
maitre des deux routes maritimes les plus importantes

J'ai deja eu l'occasion d'indiquer en passant que la Sicile,
depuis la conquete normande etait devenue le point de relache
des vaisseaux, qui mettaient en communication l'Orient et l'Occident Le detroit de Messine etait la route la plus frequentee par
les marchands des villes italiennes qui evitaient ainsi la haute
mer et echappaient aux croisieres des corsaires musulmans Mais,
en dehors de cette route, demeurait tout le commerce de l'Egypte
et de l'Espagne, pour lequel les ports de la côte d'Afrique formaient autant d'echelles naturelles Le Maghreb et toute la côte
de la Tunisie et de l'Algérie etaient également en rapports constants avec les villes maritimes d'Italie nous en avons la preuve
dans les nombreuses expeditions que Pise et Gênes furent obligées d'organiser pour faire respecter leurs marchands, nous
savons egalement qu'un vaisseau, appartenant au monastère de
la Cava, frequentait le port de Tunis Ces relations continuelles,
entre les habitants des deux rives de la Mediterranee, expliquent
l'intérêt qu'il y avait pour le comte de Sicile a se rendre maître
des côtes de l'Afrique du Nord

La situation politique des Etats musulmans devait facilement
fournir a Roger l'occasion d'intervenir dans les affaires africaines
On sait comment au debut du XIe siecle le royaume ziride avait
été fortement amoindri par la creation du royaume berbere des
Hammadites. dont la capitale fut successivement El Cala et Bougie [1] Un peu plus tard, El Moezz gouverneur ziride de Kairouan,

---

1 El Cala entre Msilah et Setif Cf Mercier, *Histoire de l'Afrique du
Nord*, t I, p 39 et suiv et Mas Latrie, *Relations et commerce de l'Afrique
Septentrionale ou Magreb avec les nations chretiennes au moyen âge*, p 32.

repudia l autorite du Khalife fatimide El Mostancei, et reconnut le Khalife abasside, Abou Djafer El Kaim [1] Pour punir la rebellion de son vassal El Mostancei lança contre lui les tribus pillardes des Arabes hilaliens, qui avaient été transportes par le Khalife El Aziz, des déserts de l'Hedjaz dans la haute Egypte Chassé de Kairouan, El Moezz dut se refugier a El Medhea, et perdit la plus grande partie de ses États, notamment Tunis, qui reconnut l'autorite des Hammadites [2]

Sans entrer dans le détail des événements postérieurs, il suffira de dire que l arrivee des Arabes hilaliens amena toute une serie de troubles et de guerres, a la suite desquels tout le pays fut dévasté Comme conséquences de cet état de choses, de terribles famines régnerent à diverses reprises dans tôute la contree C'est là tres probablement ce qui conduisit la Sicile a développer ses relations commerciales avec l Afrique, en y important du blé en grande quantite Cette hypothese emise par Amari parait fort justifiee [3] Ibn el Athir [4] raconte, en effet, que Roger Ier tirait chaque année, de l Afrique, un gros revenu, provenant de la vente des denrées Il faut tres probablement entendre par la que le comte de Sicile vendait aux Africains le blé dont ils manquaient Le même auteur [5], et aussi Malaterra [6], nous apprennent que le grand comte de Sicile était lié par des traites avec Temim, prince ziride d'El Medeah, et que pour cette raison il refusa d aider les Pisans et les Génois dans une expédition contre cette ville Nous savons en outre que Roger II entretenait, a El Mehdeah, des agents commerciaux [7]

Des rapports amicaux paraissent avoir également existe entre Roger II et les Hammadites de Bougie Pierre Diacre, en effet,

---

1 Cf. Mercier, *op cit*, t II, p 15 Mas Latrie, *op cit* p 24
2 Pour le detail de ces evenements, cf Mercier, *op cit*, t II, p 19
3 Amari *op cit*, t III, p 189
4 Ibn el Athir, *El Kamel al Tawarikh*, dans *Hist or des Crois*, t. I, p 190
5 *Loc cit*
6 Malaterra, IV 3
7 Al Bayan B A S, t II, p 33

Histoire de la domination normande — CHALANDON   24

raconte qu'il suffit de l'intervention du comte de Sicile pour faire relâcher quelques moines retenus prisonniers a Bougie [1]

De tout cela, il semble resulter que les relations entre les Musulmans d'Afrique et les Normands de Sicile ont été assez bonnes durant un certain temps elles reposaient, en effet, sur le besoin qu'ils avaient les uns des autres, comme vendeurs et acheteurs. Doit-on voir une tentative de Roger dans l'attaque dirigée par des chrétiens contre El Medeah (entre le 22 septembre 1104 et le 11 septembre 1105) [2]? Cela parait peu probable, il s'agit plus vraisemblablement ici d'une expédition dirigée par Pise ou par Gênes. De même, les diverses expéditions envoyées contre les chrétiens par Yahya, prince ziride d'El Medeah, doivent avoir eu pour but les côtes d'Italie, mais non pas la Sicile. Nous savons toutefois que, en 1113, les Musulmans débarquerent dans la région de Salerne et de Naples [3]

D'après Amari [4], Roger II aurait été en mauvais termes avec les princes zirides d'El Medeah. Le témoignage des chroniqueurs me paraît combattre cette assertion. Les relations entre Musulmans et Normands ne paraissent pas, en effet, pas avoir été troublées durant le regne du fils et successeur de Temin Yahya (1107-1116), ni durant les premieres annees qui suivirent la mort de ce prince. At Tigani, dont le témoignage est confirmé par Ibn el Athir [5], nous apprend que, a ce moment, plusieurs ambassades furent échangees [6]

Un certain relachement parait s'être introduit dans l'administration musulmane durant le regne de Yahya. Ce dernier ne sut pas empêcher quelques-uns de ses sujets d'empiéter sur ses pre-

1 Pet. Diac., Chr. IV, 50
2 Ibn el Athir B A S., t I, p 452, mentionne en 503 31 juillet 1109 — 19 juillet 1110 une victoire de la flotte de Yahya sur les chretiens. Sur l'expédition de 1113, et Ann Car ad an 1113, dans M G H SS, t III, p 191, et Al Bayan, B A S, t II, p 33
3 Ibn el Athir, B A S, t I, p 452. Al Bayan, Ibid, t II, p 33, et Ann Car ad an 1113
4 Amari op cit, t III, p 368
5 Ibn el Athir, B A S, t I p 455
6 At Tigani, B A S, t II, pp 65-66 Cf Ibn Khaldoun, B A S, t II, p 206

rogatives C'est ainsi qu'un certain Rafi Ibn Makan ad Damouni,
wali de Gabès fit construire et équiper un vaisseau pour faire le
commerce C'était là une usurpation des droits du prince qui se
réservait le droit de trafiquer en mer Le successeur d'Yahya,
Ali, voulut, dès son avènement, faire cesser cet abus et envoya
une flotte pour capturer le navire de Rafi Celui-ci, pour résister
a son suzerain, se tourna aussitôt vers le comte de Sicile et sollicita son appui Roger II saisit avec empressement l'occasion qui
lui était offerte pour intervenir en Afrique et promit a Rafi de le
faire appuyer par une flotte L'alliance ainsi conclue ne tarda
point a parvenir a la connaissance d'Ali Ce fut en vain que ses
conseillers prévoyant les dangers d'une intervention du comte
de Sicile en Afrique, s'efforcèrent de le persuader qu'il valait
mieux fermer les yeux sur les agissements de Rafi et demeurer
en paix avec Roger II, Ali se refusa a toute entente [1]

Une flotte normande forte d'environ vingt-quatre vaisseaux fut
envoyée par Roger a Gabès Les vaisseaux siciliens passant en
vue d'El Medeah donnèrent l'éveil a Ali, qui fit aussitôt appareiller sa flotte et lui donna ordre de surveiller les navires ennemis A leur arrivée a Gabès, les Normands furent bien accueillis
par Rafi qui les invita a un grand banquet Tandis qu'ils étaient
a table, les troupes d'Ali débarquèrent a l'improviste et les attaquèrent Les Normands surpris eurent le dessous et réussirent
avec peine a gagner leurs vaisseaux Aussitôt après cet échec, la
flotte de Roger retourna en Sicile [2] Ces événements sont placés,
par les chroniqueurs musulmans, a l'année 511 de l'hégire (5 mai
1117-23 avril 1118)

Les hostilités ainsi commencées entre Ali et Rafi se continuèrent, le premier eut d'abord l'avantage, et réussit à s'emparer de Gabès Rafi dut se réfugier a Kairouan d'où, aidé d'un

1 At Tigani, B A S, t II, p 52 Ibn el Athir, B A S, t I, p 454
2 At Tigani, B A S, t II p 52 D'après Ibn el Athir, B A S, t I,
pp 454-455) il n'y aurait pas eu d'engagement Rafi voyant arriver la flotte
d'Ali n'aurait pas voulu livrer bataille et les Normands seraient aussitôt
repartis An Nowairi, B A S t II, p 154, et Ibn Abi Dinar, B A S, t II,
p 289, ne parlent pas non plus d'une bataille Il semble bien que l'engagement fut peu sérieux, cf, a ce sujet, une poésie d'Ibn Hamdis, B A S, t II,
p 379

certain nombre de tribus, avec lesquelles il fit alliance, il s'avança contre El Medeah. Sa tentative echoua, ses troupes furent débauchees par Ali et il fut réduit a prendre la fuite [1]

Du côte de la Sicile, la situation se gata egalement, car a la suite de l'envoi de la flotte normande a Gabes Ali fit emprisonner tous les agents commerciaux, que Roger II entretenait a El Medeah et confisqua leur caisse Informé de ces évenements, le comte de Sicile envoya une ambassade pour demander la mise en liberté de ses sujets, ses réclamations, conçues en termes fort menaçants, furent ecoutees. Ali remit en liberte les fonctionnaires normands et rendit l'argent qu'il avait fait saisir Il semble que Roger II voulut pousser plus loin ses avantages une seconde ambassade, appuyée d'une flotte vint réclamer de nouvelles concessions Elle demanda sans doute le renouvellement des traités et des garanties pour l'avenir. Ali ne voulut pas ceder aux exigences du comte de Sicile. A la suite de son refus, la flotte normande attaqua les côtes de ses Etats et s'empara de divers vaisseaux (512, de l'ere musulmane, 24 avril 1118 — 13 avril 1119) [2]

La guerre etait des lors inevitable et l'on s'y prépara des deux côtés. Ali s'occupa a rassembler une flotte importante il semble d'après At Tigani que les vaisseaux arabes aient eté munis de tubes pour lancer le feu grégeois [3] En même temps, le prince musulman entrait en négociations avec les Almoravides, et cherchait a obtenir leur appui pour une descente en Sicile [4] Ali fut surpris par la mort au milieu de ses préparatifs de combat (10 juillet 1121) [5], mais, des ce moment, une alliance avec les Almoravides

1 Ibn el Athir, ed Tornberg, t X, p 371 Ibn Abi Dinai, B A S, t II, p 289 An Nowairi, B A S, t II p 155

2 At Tigani B A S, t II, p 67, mentionne la double ambassade, Ibn el Athir, B A S, t I, p 455, An Nowairi B A S t II, pp 155-156 Al Bayan, B A S t II, p 34, Ibn Khaldoun, B A S, t II, p 203, sont d'accord sur l'ensemble des faits

3 At Tigani, B A S, t II, p 68

4 At Tigani, B A S t II p 67 Al Bayan Ibid p 34 Ibn Khaldoun, Ibid, p 203 Ibn el Athir, Ibid, t I, pp 455-456 An Nowairi, Ibid, t II, p 156

5 An Nowairi, B A S, t. II, p. 156

avait été conclue Au début du regne d'El Hassan, fils d'Ali, une
flotte musulmane commandée par Abou Abd Allah Ibn Maymoun,
qui était au service du prince almoravide, Ali Ibn Yusuf, vint
attaquer les côtes de la Calabre et pilla la ville de Nicotera,
dont les habitants furent tués ou emmenés en captivité [1]

Cette audacieuse agression acheva de decider à une intervention énergique en Afrique Roger, qui rendit El Hassan responsable de l'attaque de Nicotera [2] L'occasion était d'ailleurs favorable aux projets du comte de Sicile Comme El Hassan, fils et
successeur d'Ali, n'avait que douze ans à la mort de son père [3],
on confia la régence à l'eunuque Sandal , tous les vassaux d'El
Hassan chercherent à profiter de sa minorité pour se rendre
indépendants et l'anarchie ne fit que croitre parmi les populations musulmanes d'Afrique.

L'expédition organisee par Roger II était fort importante, si
l'on en juge d'après la relation officielle des évenements, rédigée
sur l'ordre d'El Hassan D'après ce document, le nombre des
vaisseaux, formant la flotte normande, s'élevait à trois cents [4],
en outre, l'armée aurait compris mille chevaliers, plus trente
mille fantassins [5] Bien que les documents nous manquent pour
évaluer les forces normandes, ces chiffres me paraissent empreints
d'une certaine exageration Le commandement de l'expédition fut
confié à deux hommes dont le nom reviendra constamment dans
l'histoire des guerres maritimes de Roger L'un, Christodoulos,
nous est moins bien connu que le second, Georges d'Antioche
Christodoulos etait tres probablement d'origine musulmane [6], il
est mentionné dans divers diplômes En 1119, dans un acte de
Roger, on parle d'une donation faite antérieurement à cette date
par Christodoulos [7] En 1123, ce dernier est de nouveau men-

1 At Tigani, B A S , t II p 68 Ibn Khaldoun, *loc cit* , Al Bayan, *loc
cit* , Ibn el Athir B A S , t II, p 436
2 Ibn el Athir, *loc cit*
3 An Nowairi, B A S , t II, p 156
4 Ibn el Athir, B A S , t I, p 456 Ibn Khaldoun *ibid* t II, p 206
5 At Tigani, B A S , t II, p 71
6 Cf Amari, *op cit* t III, p 364
7 Ughelli, t IX, p 291 Cf Amari, *op cit* , t III, p 346, note 1

tionne [1], de même en décembre 1126 (1125 n s) [2]. et en 1130 [3]
A une date indéterminée il reçut le titre de protobilissime [4] et fut
nommé émir [5], nous le trouvons avec ce titre en 1123 [6], il est
encore mentionné dans un document de date incertaine [7] Nous
savons qu'il possédait des biens, en Calabre, et qu'il fit diverses
donations au monastère de Santa Maria du Patir, au diocèse de
Rossano [8]

Pour Georges d'Antioche nous sommes mieux renseignés, sa
mère s'appelait Theodule, et son père, Michel, était un aventurier
qui, après avoir habité l'Orient avec son fils, entra au service de
Temin, prince ziride d'El Medeah [9] Georges qui, grâce à son
séjour en Orient, connaissait parfaitement l'arabe, entra, lui
aussi au service du prince musulman dont il gagna la confiance,
il fut chargé de l'administration des finances, et réussit à
augmenter, dans de notables proportions, les recettes du trésor.

1 Cusa, op cit , t I, p 472
2 Cusa, op cit , t I, p 396
3 Trinchera, op cit , p 138
4 Montfaucon, *Paleographia graeca* p 400 Garofalo, op cit p 10, date ce
diplôme de 1139, Cusa op cit , t I, p 58, de 1069 ?) La première date
paraît être inexacte puisque dès 1123, Christodoulos a le titre de protono-
bilissime
5 Cusa, op cit , t I, p 472
6 Ibid t I, p 418
7 Cusa, t I p 418 Amari, op cit , t III, p 354 note 1, a fait erreur
sur les conclusions à tirer de ce document, dont il résulte que Christodoulos vit encore à l'époque ou cet acte est rédigé Le document est de 1136 ou
de 1151
8 Cf Montfaucon, *Paleographia graeca*, pp 396 et 397 Ughelli, op cit ,
t IX, p 403 Trinchera, op cit , p 138 Mgr Battifol, *L'abbaye de Rossano*,
p 17, cite un diplôme, soit-disant scellé du sceau du comte Roger, ou il
est question de Christodoulos Il regarde ce document comme faux, et dit
que le personnage dont émane ce diplôme est inconnu En l'absence de
l'original, on ne saurait se prononcer sur l'authenticité du sceau mais
l'oulques de Bassenger, qui fait la donation est parfaitement connu Il
souscrit un diplôme du duc Roger, en 1904 (Arch de la Cava, D 2) et un
diplôme de 1105 Archives capitulaires de Troia G X
9 Al Bayan, B A S , t II, p 38 At Tigani, B A S , t II, pp 65-66 Ibn
Khaldoun, ibid p 206 Sur la mère de Georges d'Antioche, cf Cozza-Luzzi,
Delle epigrafi greche di Giorgio ammuraglio, della madre e della consorte,
dans *Arch st sicil* t XV, p 22 Cf Pirro op cit , t I, pp 300-301, qui
rapporte inexactement l'inscription

A la mort de Temim, Georges, croyant avoir à redouter l'animosité de Yahya, fit demander à Roger de passer à son service; sa demande fut accueillie favorablement et il réussit à quitter El Medeah, en s'embarquant secrètement sur un vaisseau sicilien Placé d'abord sous les ordres de Christodoulos, Georges d'Antioche sut se faire apprécier et fut proposé par son chef pour une mission en Egypte [1] Il s'en acquitta avec un plein succès et eut dès lors la faveur de Roger Nous le trouvons mentionné d'abord comme stratège [2], puis, en 1125, comme émir [3], en 1132, il est émir des émirs [4], une inscription le qualifie de panhypersebaste [5] Georges joue dès lors un rôle important dans l'administration [6] comme archonte des archontes Nous savons qu'il construisit, à Palerme, l'église Santa Maria où l'on voit encore aujourd'hui une mosaïque représentant le donateur [7] De l'année 1143, du mois de mai, est un acte par lequel Georges fait, avec l'abbé du monastère de Patti, un échange de vilains [8] La femme de Georges, Irene, nous est connue par une inscription [9]

Sa pratique de la langue arabe, ses relations avec le monde musulman d'Afrique, sa connaissance des côtes firent de Georges d'Antioche un auxiliaire précieux pour Roger auquel il rendit les plus grands services [10]

Tels étaient les deux hommes chargés de la conduite de l'expédition projetée Désireux de surprendre son adversaire, le comte de Sicile mit l'embargo sur tous les vaisseaux, qui se trouvaient dans les ports de ses Etats [11].Cette mesure ne produisit pas l'effet

1 At Tigani, B A S , t II, p 66

2 Pirro, op cit , t II, p 774, et Cusa, op cit t I pp 515-516 Le texte de Pirro est incorrect, le diplôme original porte *Georgius*, et non *Gregorius*, comme dans l'édition Cusa a publié le texte grec, on conserve aussi, aux Archives capitulaires de Patti l'original latin

3 Cusa, op cit , t I, p 515

4 Spata, op cit , p 427

5 Cozza Luzzi, op cit , dans *Arch. st sicil*, t XV p 28

6. Cusa, op. cit , t I, pp 71-72, 524 Cf Al Iel , II, 8, p 104, « *maximus amiratus* », et Pirro, op cit , t I, pp 300-301

7 C'est l'église Santa Maria dell' Ammiraglio Cf Cusa, op cit , t I, p 68

8 Cusa op cit , t I, p 524

9 Cozza-Luzzi, op cit , dans *Arch st sicil*, t XV, p 31

10 Al Bayan, B A S , t II, p 38

11 At Tigani, B A S , t II, pp 68-69 et 71-72

qu il en avait espéré, car El Hassan comprit, en voyant interrompre les communications avec la Sicile, qu'une expédition se
préparait Il mit El Medeah en état de défense et proclamant la
guerre sainte, fit appel aux tribus arabes, qui en temps ordinaire, reconnaissaient plus ou moins son autorité [1]

Partie de Marsala, en juillet 1123, la flotte sicilienne fut
jetée par une tempête sur les côtes de l île de Pantelleria, qui fut
occupée [2] Le 21 juillet les Normands abordaient aux îles Sorella,
à environ dix milles d'El Medeah Le débarquement s'effectua
sans difficulté et les troupes campèrent dans une des îles, séparée
de la côte par un étroit bras de mer que l on pouvait facilement
traverser à gué Le passage était commandé par un château fort
appelé Ad Dimas [3] Durant la nuit une partie des troupes réussit
à gagner la terre ferme et poussa une reconnaissance [4] Le second
jour, Georges d'Antioche et Christodoulos allèrent par mer jusqu'à Zawilah, un des faubourgs de la ville Ils se rendirent compte
que l on ne pouvait songer à une attaque du côté de la mer et
revinrent au camp [5] Durant leur absence, l'armée normande
avait eu à soutenir un combat contre les Musulmans, qui ayant
réussi à passer dans l'île, firent un important butin [6] Ces débuts
n'étaient pas très heureux pour les Normands Georges d'Antioche réussit à en atténuer le fâcheux effet, en occupant le château d Ad Dimas Il avait, nous ne savons comment, des relations
dans la place qui lui fut livrée par trahison, une garnison
normande y fut aussitôt installée

Ce succès devait être le seul de la campagne Exaspérés par la prise
d'Ad Dimas, les soldats musulmans d El Medeah firent le lendemain
une sortie, durant la nuit L armée normande, prise de panique,
lâcha pied tout de suite Chacun ne pensa qu à regagner au
plus vite les vaisseaux les troupes s'embarquèrent à la hâte,
abandonnant les chevaux et une grande partie des bagages La

1 Ibn Khaldoun, B A S , t II, p 206 Ibn el Athir, B A S t I p 456
2 Ibn el Athir B A S , t I, pp 456-457
3 Ibid , p 457 At Tigani B A S , t II, p 72
4 At Tigani, B A S , t II p 69 et pp 72-73
5 Ibid , p 73
6 Ibid pp 69 et 73

garnison d'Ad Dimas ne put se retirer et se trouva isolée en pays ennemi Durant huit jours, la flotte sicilienne croisa dans les parages d'El Medeah, cherchant une occasion favorable pour tenter de délivrer les troupes, qui étaient demeurées dans le château Mais les Musulmans faisaient bonne garde et empêchèrent toute tentative de débarquement La flotte normande dut s'éloigner sans avoir pu porter secours aux défenseurs d'Ad Dimas Ceux-ci prolongèrent leur résistance jusqu'au 10 août Les vivres venant alors à leur manquer, ils firent une sortie désespérée où presque tous trouvèrent la mort [1]

L'échec lamentable de la première expédition des Normands, en Afrique, eut un grand retentissement dans le monde musulman. Les poètes célébrèrent à l'envi ce succès du croissant [2] At Tigani a inséré dans sa chronique la lettre par laquelle El Hassan fit part de sa victoire à ses coreligionnaires. Ce document, très répandu, a été reproduit, en tout ou en partie, par la plupart des chroniqueurs arabes c'est la meilleure source que nous possédions pour ces événements

La guerre dura encore quelques années, Alexandre de Telese raconte que Roger soumit diverses îles, parmi lesquelles Malte (1127) [3], mais, durant cette période, ce sont surtout les Musulmans qui prirent l'offensive, et attaquèrent les côtes des Etats du comte de Sicile At Tigani nous apprend que les expéditions des Musulmans furent nombreuses [4] Sur tous ces événements, nos renseignements sont malheureusement fort incomplets, nous savons néanmoins que les Almoravides prirent à ces hostilités une part active Pendant l'été 1127, une flotte almoravide commandée par Mohammed, celui-là même qui avait réussi un audacieux coup de main sur Nicotera, pilla et brûla Patti et Syracuse Informés par hasard de l'approche de l'ennemi, les habitants de Catane purent mettre leur ville en état de défense [5]

---

1 Ibn el Athir, B A S , t I, p 458
2 Cf B A S , t II, pp 390 et 400
3 Al Tel , 1, 4 p 91
4 At Tigani, B A S , t II, pp 74-75
5 Ibn Khaldoun, *loc cit* , At Tigani, B A S , t II pp 74-75, tous deux ne donnent pas de détail Les noms des villes attaquées ne sont connus que

A la suite de cette expédition, Roger, usant de représailles, se décida à faire alliance contre les Almoravides avec Raimond III, comte de Barcelone. En janvier 1128, deux envoyés de ce dernier qui se trouvaient à Palerme conclurent avec Roger un traité contre les Musulmans d'Espagne. Le comte de Sicile promit d'envoyer, durant l'été 1129, cinquante galères à Raimond III ; les conquêtes à faire appartiendraient par moitié aux deux princes ; de même le butin serait partagé en deux parts égales. Le comte de Barcelone s'engageait à laisser pénétrer dans tous ses ports la flotte sicilienne et à lui donner toute facilité pour se ravitailler. Deux ambassadeurs de Roger II furent envoyés à Barcelone pour obtenir de Raimond III la ratification du traité conclu à Palerme. Celui-ci devenait nul de plein droit, au cas où il ne serait pas ratifié par le comte de Barcelone, dans les huit jours qui suivaient l'arrivée des envoyés de Roger [1].

Le traité conclu, le 11 mai de la même année, avec la ville de Savone, nous montre le comte de Sicile préoccupé de s'assurer des alliés dans sa lutte contre les Musulmans. Une ambassade de la ville de Savone était venue trouver Roger à Messine pour lui demander de relâcher un vaisseau qu'il avait fait confisquer. A la prière des Génois, Roger agréa la demande des gens de Savone, mais ceux-ci durent s'engager à s'abstenir à l'avenir de tout acte de piraterie et à fournir, cette même année, pendant quarante jours, une galère à Roger II. En échange, les marchands de Savone obtenaient, dans les États de leur nouvel allié, divers privilèges [2].

par les chroniqueurs chrétiens. L'appendice à Malaterra, Muratori, R.I.SS., t. V, p. 603, donne la date du 17 juillet 1127. Cf. Sicard de Crémone, Muratori, R.I.SS., t. VII, p. 597. Guill. de Tyr, XIII, 22. S. *Agathæ miracula descripta a Blandino monacho*, AA. SS., 5 février, I, p. 643. Sur la correction nécessaire, et sur la personnalité du chef musulman, cf. Amari, *op. cit.*, t. III, p. 378, note.

1. Le texte du traité a été publié par Amari, *op. cit.*, t. III, p. 389, note. Les deux documents portent une date inexacte au point de vue de la chronologie, *Anno dominicæ incarnationis M° Centesimo XXVII, mense Marti, XV Kal. Februarii, indictione sexta*. Il y a là une erreur de copiste qui empêche de connaître la date exacte du mois. L'acte doit être des premiers mois de l'année 1127 ind. 6=1128 n. s.)

2. G. Filippi, *Patto di pace tra Ruggiero II normanno e la città di Savona*, dans *Arch. st. napol.*, t. XIV (1889), p. 750 et suiv. Il y a trois actes diffé-

Nous savons que la ville de Savone approuva le traité signé par ses représentants, mais nous ignorons ce qu'il advint du traité conclu avec le comte de Barcelone Raimond III refusa-t-il son acquiescement ou bien seuls les événements d'Italie empêchèrent-ils Roger d'aller jusqu'en Espagne frapper les Almoravides ? Nous l'ignorons, mais il est probable que les troubles, qui suivirent la mort du duc Guillaume, et l'intervention de Roger II dans les affaires du duché, empêchèrent pour un temps, le comte de Sicile, devenu duc de Pouille, de songer à des expéditions lointaines [1]

rents Le premier contient les engagements pris par les ambassadeurs de Savone, le second les privilèges accordés par Roger II, le troisième, la confirmation du traité par la commune de Savone

1 Cf Al Fel I, 4, 96

CHAPITRE XV

Guillaume, duc de Pouille, étant mort sans laisser d'enfant, la question se posa de savoir à qui devaient revenir ses États. De son vivant même, cet héritage avait été l'objet de nombreuses convoitises, et il semble que diverses tentatives furent faites auprès du duc pour l'amener à choisir son successeur. La mort déjoua toutes ces intrigues ; elle enleva le petit-fils de Robert Guiscard avant qu'il eût institué un héritier.

Les renseignements que nous fournissent les chroniques sur les titres des divers compétiteurs, qui briguèrent alors le duché de Pouille, compliquent la question, sans apporter aucun éclaircissement. D'après Guillaume de Tyr [1], le cousin germain du duc défunt, Bohémond II, en partant pour la Terre Sainte (1126), avait conclu avec lui un accord, par lequel chacun d'eux s'engageait à laisser ses États au dernier survivant. Gautier, archidiacre de Thérouanne, dans sa *Vie de Charles le Bon, comte de Flandre* [2], raconte que le duc Guillaume sentant sa fin approcher, fit venir l'archevêque de Salerne [3] et l'évêque de Troia [4] et leur déclara qu'il laissait au Saint-Siège tout ce qu'il possédait. Suivant Romuald de Salerne, le duc, pendant un séjour à Messine, aurait institué son parent, le comte de Sicile, son légataire universel et, en échange, aurait reçu de Roger II une grosse somme d'argent [5]. Falcon de Bénévent ne fait aucune allusion à

---

1. Guil. de Tyr, XIII, 21, *Hist. occ. des crois.*, t. I, p. 588.
2. M.G.H.SS., t. XII, p. 430. Cf. Orderic Vital, l. XII, 44, t. IV, p. 472.
3. L'archevêque de Salerne est, à cette date, Romuald Ier, cf. Paesano, *op. cit.*, t. II, p. 68.
4. L'évêque de Troia est alors Guillaume, di Meo, *op. cit.*, t. IX, p. 330.
5. Rom. Sal., dans M.G.H.SS., t. XIX, p. 418. Cf. l'annotateur de Romuald, *ibid.*, p. 417, ad an. 1122.

un testament quelconque rédigé par Guillaume. Quant à l'abbé de Telese, très bien placé pour avoir pu se renseigner exactement, il nous montre le comte de Sicile fort ennuyé de ce que le duc Guillaume soit mort avant de l'avoir institué son héritier, comme cela avait été convenu[1]. Ailleurs, le même chroniqueur fait dire par Roger aux Salernitains que le duc Guillaume l'avait choisi comme héritier au cas où il viendrait à mourir sans enfant[2].

Il est parfaitement admissible que les renseignements de Guillaume de Tyr soient exacts et que Guillaume ait conclu un accord avec Bohemond, mais l'absence de ce dernier, parti pour Antioche avant la mort du duc de Pouille[3], rendit illusoires toutes les conventions. Bohemond II était trop loin pour pouvoir revendiquer ses droits, et s'il y avait eu une convention, celle-ci demeura lettre morte.

Restent les deux autres héritiers. Bien que Gautier de Therouanne prétende tenir son renseignement de la bouche même du pape, il ne me paraît point que l'on puisse s'en rapporter à son témoignage. Si l'on peut, à la rigueur, admettre que Pandolf[4], rédacteur de l'une des vies du pape Honorius II, très favorable à Anaclet II et au roi Roger, ait passé sous silence cette prétendue donation de Guillaume, il n'en saurait être de même pour le cardinal Boson, auteur d'une autre vie du même pape. Boson, si ce fait avait vraiment eu lieu, l'aurait certainement mentionné dans son ouvrage où il insère avec grand soin tout ce qui touche au temporel du Saint-Siège[5]. En outre lors des nombreuses revendications de la papauté sur l'Italie du Sud, nous ne verrons jamais invoquer cette prétendue donation de Guillaume. L'intervention du pape dans les affaires de la succession du duc de Pouille se justifie d'ailleurs sans qu'il soit besoin de recourir à l'hypothèse du testament. Suzerain du duché de Pouille, Honorius pouvait réclamer ce fief tombant en déshérence.

1 Al. Tel. I, 4, p. 91.
2 Ibid. I, 5, p. 91.
3 Rohricht, Gesch. des Konigreichs Jerusalem, p. 181.
4 Lib. Pont., t. II, pp. XXXI et 327.
5 Ibid., t. II, pp. XLII et 379.

Pour ce qui regarde Roger, il me paraît résulter clairement des deux passages contradictoires d'Alexandre de Telese que le duc Guillaume, à un moment où il avait besoin du comte de Sicile, lui fit la promesse plus ou moins vague de le prendre pour héritier, promesse qui ne fut sanctionnée par aucun acte. Une fois le duc mort, le comte de Sicile, pour légitimer ses prétentions, aura transformé cette promesse en un acte réel. Les droits du comte de Sicile étaient, peut-être, contestables, mais il était le seul à pouvoir appuyer ses revendications sur des forces considérables ; on verra que ce fut là son principal argument.

On a vu combien l'autorité du duc s'était amoindrie sous le règne de Guillaume, dont les vassaux pour la plupart s'étaient rendus presque indépendants ; les guerres privées avaient été fréquentes, et plus d'une fois le duc avait dû rappeler à l'obéissance les villes ducales elles-mêmes.

L'anarchie ne fit que croître après la mort du duc. Les villes ducales, les unes, comme Amalfi ou Bari, regrettant leur grandeur passée, les autres, comme Salerne, Troia, Melfi ou Venosa, poussées simplement par l'amour de la liberté, se soulevèrent et cherchèrent à se rendre indépendantes[1]. Les vassaux du duc de Pouille tinrent une conduite analogue. Grimoald de Bari, Jourdain d'Ariano[2], Tancrède et Alexandre de Conversano, Geoffroi d'Andria, craignaient par-dessus tout de voir le comte de Sicile devenir duc de Pouille ; ils comprenaient qu'entre ses mains l'autorité ducale ne serait pas un vain mot, et par tous les moyens, ils cherchèrent à l'empêcher d'occuper les États du duc défunt.

Les troubles les plus importants se produisirent dans la région voisine de Bénévent. Jourdain, comte d'Ariano, qui avait eu ses

1. Al. Tel., I, 4, p. 89.
2. Nous connaissons mal les seigneurs normands d'Ariano, voici le peu que nous apprennent les diplômes : le premier comte dont nous ayons connaissance est Gérard, mort avant 1100 ; à cette date son fils Herbert, qui a épousé Altrude, lui a déjà succédé. Herbert eut pour successeur son fils Jourdain, mort le 12 août 1127, auquel succéda son fils Roger. Cf. di Meo, op. cit., t. VIII, p. 308, t. IX, p. 82 ; Falco Benev., pp. 176, 186, 193. Al. Tel., I, 7, p. 92, et Sancti Nicolai miracula Beneventi facta, dans Borgia, op. cit., t. II, p. 378.

biens confisqués par Guillaume, chercha à rentrer en possession
de ses domaines Le jour même des funérailles du duc, il s'empara
de Montefusco [1] et en peu de jours redevint maître de son
ancien comte [2] Il aida ensuite Robert, fils de Richard, a tenter
une attaque sur Firenzola [3], mais il fut tué au siege de cette place,
son fils Roger lui succéda [4]

Ce fut au milieu de cette agitation que les deux acteurs principaux, le pape Honorius II et le comte de Sicile entrerent en scene
Libre du côté de l'Allemagne, depuis le Concordat de Worms [5],
la papauté avec Calixte II, avait cherché a se debarrasser de tous
les hobereaux qui s'etaient crees de petits Etats, au détriment du
territoire pontifical [6] Continuant la politique de son predecesseur, Honorius II, elu en decembre 1124, avait, des l'année 1125
obligé les comtes de Ceccano a faire leur soumission Il avait
ensuite occupé Segni et Vicolo [7] Le resultat de ces expeditions
heureuses dût être assez fortement compromis par l'echec complet essuyé par Honorius, devant Arpino au debut de 1127 [8] Le
pape avait dû s'enfuir et regagner Rome, c'est la qu'il apprit
la mort de Guillaume [9]

1 Montefusco, circond et prov d'Avellino.
2 Falco Benev., ad an 1127, p 193
3 De Blasus, op cit, t III, p 175, propose de l'identifier avec un autre
Robert, fils de Richard, qui est mentionné dans un acte de 1133, Pancheria,
op cit, p 150, comme ayant commis de nombreux actes de brigandage
dans la région de Noha, com de Galatina, circond et prov de Lecce (Il
existe une autre localite du nom de Noja, aujourd'hui Noicataro circond
et prov de Bari, cf supra, p 24, note 8, mais le document etant redige en
grec, la premiere identification me parait plus probable, la langue grecque
n'etant pas alors repandue dans la region de Bari) Les regions ou agissent
ces deux personnages me paraissent bien eloignees pour qu'on puisse les
identifier
4 Jourdain fut tue peu apres, le 12 août Falco Benev, loc cit Son successeur fut Roger, cela resulte d'Al Tel, I, 7, p 92, et I, 23, p 100, avec
di Meo, op cit t IX, pp 349 et 371, je crois qu'au lieu d'Orianensis, il
faut retablir Arianensis car la localite dont il s'agit est situee pres d'Apice,
circond et prov de Benevent
5 Lib Pont, t II, p 378
6 Ibid t II, pp 323 et 347
7 Ibid, t II, p 379 Ann Cecc, M G H SS, t XIX, p 282
8 Ann, Cecc, loc cit
9 Al Tel, I, 8, p 93

Honorius II n'hésita pas un instant sur la conduite à tenir, il chercha par tous les moyens à empêcher le comte de Sicile à réunir le duché de Pouille à ses États. Le pape, en effet, se rendait parfaitement compte que cette réunion détruirait, en faveur de la Sicile, l'équilibre que la papauté s'était efforcée d'établir entre les princes normands de Capoue, de Salerne et de Palerme. Pendant longtemps, grâce à cette combinaison, les papes avaient pu opposer les Normands les uns aux autres et maintenir ainsi leur suprématie ; tous les résultats obtenus par cette politique allaient se trouver détruits par la formation d'un grand État normand. Il y avait là une menace pour la papauté, qui n'avait aucun intérêt à favoriser le développement de la puissance du comte de Sicile, en Italie. Pour faire échec aux projets de ce dernier, Honorius devait être forcément amené à se rapprocher de la féodalité normande et à tirer parti, au mieux des intérêts du Saint-Siège, du mécontentement général, que causaient aux seigneurs de l'Italie méridionale les prétentions de Roger II.

Dès qu'il eut appris la mort de Guillaume, Honorius jugea la situation assez sérieuse pour gagner aussitôt Bénévent d'où il pourrait de plus près surveiller les événements [1].

Quelle que fut la hâte qu'il apporta à quitter Rome, le pape fut devancé par le comte de Sicile. Roger devait se rendre parfaitement compte de l'opposition qu'il rencontrerait auprès du pape ; toute sa conduite montre clairement qu'il voulut placer Honorius en face du fait accompli, et ne pas lui laisser prendre l'avantage dans de longues et inutiles négociations.

Au mois de juin 1127, nous trouvons Roger à Messine [2]. Il partait alors pour Omignano, ou en revenait. En effet, en juin [3] 1127,

1. Il passa d'abord au Mont-Cassin. Pet. Diac., *Chr.*, IV, 95. M.G.H.SS., t. VII, p. 810.

2. Garufi, *I documenti* etc., p. 16. Roger résidant à Messine, donne à Ansald de Arri le casal de Cassarro, sans doute Cassaro, circond. de Noto, prov. de Syracuse.

3. Caspar, *op. cit.*, p. 39, qui me paraît se tromper, place en 1126 cette campagne. Les renseignements que nous possédons, à ce sujet, nous sont fournis par un annotateur de Romuald de Salerne, M.G.H.SS., t. XIX, p. 419, qui place ces faits, en juin 1127, ind. 6. Les éléments de cette date sont contradictoires, car le mois de juin de l'indiction 6 correspond au mois de juin 1128.

le comte de Sicile avait envoyé des troupes, sous le commandement d'un certain Alexandre, et de Robert de Grantmesnil, assiéger dans Omignano [1] Roger et sa femme Judith, et lui-même était venu prendre part au siège. Roger ne dut rester que peu de temps devant Omignano, car nous savons que c'est en Sicile qu'il apprit la mort du duc Guillaume (25 juillet 1127) [2]

Dès qu'il eut reçu cette nouvelle Roger II quitta la Sicile, avec une flotte de sept vaisseaux, et cingla vers Salerne. Quand le comte parut devant les murs de la capitale du duché de Pouille, il se vit refuser l'entrée de la ville, et fut contraint de débarquer en dehors de la place. Roger, pour lequel la possession de Salerne avait une importance considérable, entra en négociations avec les bourgeois, auxquels il fit réclamer la ville par deux

Pour dater les fragments de cet auteur anonyme, il faut partir des événements qu'il raconte et dont nous connaissons les dates par ailleurs. Sous la date de 1128, ind. 8, l'interpolateur de Romuald place, en mai, une nouvelle expédition de Roger en Calabre, et place *eodem anno, eadem indictione*, le concile de Troia Caspar, *loc cit*, s'appuie là-dessus pour dater tout le passage de 1127. Il me paraît que l'on ne peut le suivre. Le concile de Troia est de novembre 1127, or le mois de mai qui correspond à l'indiction de novembre, est non le mois de mai antérieur à novembre, mais le mois de mai de l'année suivante, c'est-à-dire le mois de mai 1128. Remarquons que partout l'annotateur s'est trompé le plus souvent dans la date d'indiction (seule celle de 1129 est exacte), si l'on ne tient pas compte de l'indiction, ses dates d'année cadrent parfaitement avec ce que nous savons par ailleurs. Ainsi il place au 25 décembre 1130 le couronnement de Roger, cet événement étant du 25 décembre 1130, on voit que l'annotateur fait commencer l'année en septembre, ce qui est confirmé par le fait qu'il place en septembre 1132, le siège de Brindisi par Tancrède, or le siège est de 1131, car Grimoald, prince de Bari, joue un rôle dans ces événements, et en septembre 1132, il est prisonnier. Par suite de ces observations, je crois qu'il ne faut pas tenir compte des dates d'indiction fournies par l'annotateur, et s'en rapporter seulement aux dates d'années, en observant que notre auteur commence l'année en septembre. Par suite il faut placer, en 1127, la première attaque d'Omignano, en mai 1128 l'attaque de Roger contre Tursi, Omignano, Pisticcio, et, en 1129, le premier siège de Bari.

1 Omignano, circond de Vallo della Lucania, prov de Salerne.
2 Falco Benev ad an 1127, p 192, place la mort de Guillaume au 7 des kalendes d'août, soit, d'après la manière particulière dont il calcule la date des kalendes, le 25 juillet. Cf Weinreich, *op cit*, pp 91-93. D'après Romuald de Salerne, M G H SS, t XIX, p 418, Guillaume serait mort le jour de la fête de saint Nazaire, soit le 28 juillet. Je ne sais sur quel texte s'appuie Caspar, *op cit* p 61, pour placer la mort du duc le 26 juin.

envoyés, qui invoquèrent, en sa faveur, la prétendue promesse de
Guillaume et les droits que lui créait sa parenté. A toutes ces
ouvertures, les habitants de Salerne se bornèrent à répondre que,
durant trop longtemps, ils avaient eu à souffrir de la domination
des Normands pour ne pas saisir l'occasion de s'en affranchir.
Évidemment, à ce moment, il y eut à Salerne une réaction en
faveur du parti lombard, mais il résulte du récit de Falcon qu'un
parti normand fort important subsistait encore dans la ville [1].

La discussion entre les envoyés de Roger et les bourgeois, en
se prolongeant, s'envenima à un tel point que des arguments on
passa aux menaces et des menaces aux coups. Sarlon, un des
ambassadeurs du comte de Sicile, fut massacré.

Les circonstances étaient trop pressantes pour permettre à
Roger de donner libre cours à sa colère, et de tirer vengeance
des habitants ; aussi dissimula-t-il son ressentiment et tenta-t-il
de reprendre les pourparlers. Les bourgeois de Salerne d'autre
part, devaient être assez penauds de ce qui s'était passé et redouter que le comte de Sicile ne songeât à faire un exemple à leurs
dépens. Au fond, ils devaient se rendre compte qu'il y avait peu
de chance pour qu'ils pussent maintenir leur indépendance et que
le mieux était de profiter de l'occasion, qui leur était fournie, pour
faire garantir à leur ville ses privilèges, et, si faire se pouvait, en
obtenir de nouveaux. Le parti normand ayant à sa tête l'archevêque, Romuald Ier, fut naturellement amené à s'employer pour
la conclusion d'un accord. L'archevêque et divers habitants
eurent avec Roger plusieurs entrevues secrètes, toujours pendant
la nuit, et, dix jours après l'arrivée du comte de Sicile, on traita
sur les bases suivantes : la ville de Salerne serait remise à
Roger II, mais les habitants conserveraient la garde du donjon ;
le comte de Sicile prenait en outre l'engagement de ne jamais
conduire en guerre les gens de Salerne à plus de deux jours de
marche de leur ville, et de ne faire emprisonner aucun d'eux
sans jugement ou sans qu'il y eût délit.

Durant ces négociations, Roger avait dû avoir connaissance
des troubles qui commençaient à agiter le pays, il avait hâte de

1. Al. Tel., I, 4, 5 et 6, pp. 91-92, Falco Benev., ad an. 1127, pp. 193-194.

se voit en possession de Salerne, aussi passa-t-il par les conditions qui lui étaient imposées Dès que l'accord fut conclu, le comte fit son entree dans la ville ou Alfan, évêque de Cappaccio, le couronna comme duc de Pouille [1]

Ce premier succès fut bientôt suivi d'un autre La ville d'Amalfi traita egalement avec le comte de Sicile, et obtint des conditions analogues a celles accordees à Salerne, en effet, Roger II fut reconnu à la condition que ce seraient les bourgeois qui auraient la garde des murailles [2] La ville de Bénévent qui etait alors partagée entre deux partis, l'un favorable au pape, l'autre aux Normands envoya au nouveau duc une ambassade pour l'assurer de sa bonne volonte Roger, n'ayant pas encore a ce moment rompu avec Honorius II, se borna a remercier les Bénéventains et a leur promettre qu'il les récompenserait de leur zele a son egard [3] Il est d'ailleurs fort probable que cette demarche fut faite aupres de Roger seulement par le parti normand de Benévent, et non par la ville entiere.

Un appoint important fut apporte au comte de Sicile par Rainolf comte d'Alife Ce dernier avait épousé une sœur de Roger II, Mathilde Il offrit a Roger son appui en echange de la suzeraineté du comté d'Ariano, que Roger, dont nous avons parlé plus haut, avait récemment herité de son père Jourdain Le comte de Sicile hesita longtemps a agreer cette demande ne voulant pas disait-il, soumettre un egal a un égal, en réalité Roger devait craindre surtout de constituer a Rainolf un fief trop important, en joignant à ses possessions le comté d'Ariano, neanmoins la crainte de voir son puissant beau-frere s'accorder avec les seigneurs rebelles de la Pouille le détermina a lui accorder ce qu'il demandait [4]

Les sources ne nous permettent pas d'etablir pour cette période une chronologie tres exacte il paraît néanmoins resulter, des récits de Falcon de Benevent et d'Alexandre de Telese que les évenements, qui viennent d'être rapportes, eurent lieu avant l'ar-

1 Romuald de Salerne, dans M G H SS, t XIX. p 418
2 Al Tel, I, 7, p 92
3 Falco Benev ad an 1127, p 194
4 Al Tel I, 7, p 92 Cf supra, p 112

rivée du pape à Bénévent [1]. Très mécontent des succès obtenus par Roger, Honorius II menaça solennellement d'anathème le comte de Sicile, au cas où il tenterait d'acquérir la dignité ducale [2]. Sur ces entrefaites, Roger II, à la tête de quatre cents chevaliers parut devant Bénévent, deux jours après l'arrivée d'Honorius. Soit pendant qu'il se rendait de Salerne à Bénévent, soit pendant le séjour qu'il fit devant cette dernière place, Roger II remporta un nouveau succès, en se faisant reconnaître comme successeur de Guillaume par tous les seigneurs de la région. Landolf de Montemarano [3], Landolf de San Barbato [4], Hugues l'Enfant et Raon, seigneur de Fragneto [5] et de Ceppaloni [6] firent leur soumission.

Bien qu'aucune des chroniques que nous possédons ne mentionne à cette date des pourparlers entre Honorius et Roger, on ne saurait douter que ce dernier n'ait alors négocié avec le pape [7]. Il me paraît très probable, en effet, que ce fut seulement après s'être heurté à la mauvaise volonté du souverain pontife que le comte de Sicile donna aux seigneurs des environs de Bénévent l'ordre de harceler continuellement la ville, car on ne voit pas quel intérêt aurait eu Roger à s'aliéner le pape ; seule l'obstination d'Honorius peut expliquer la rupture qui s'est produite alors.

Quand il eut vu qu'une entente avec Honorius II était impossible, Roger chercha à empêcher le pape d'intervenir immédia-

---

1. Al. Tel., I, 8, p. 93. Falco Benev., ad an. 1127, p. 195. Étant donné que Roger parut, devant Bénévent, deux jours après l'arrivée d'Honorius, on doit admettre que la commission de Rainolf et aussi celle de Salerne et d'Amalfi est antérieure à la venue du pape. Il résulte en effet d'Al. Tel., I, 7, p. 92, et 8, p. 93, que Rainolf se soumit au comte de Sicile avant que le pape eut menacé Roger de le frapper d'anathème.

2. Falco Benev., ad an. 1127, pp. 194-195.

3. Montemarano, circond. de S. Angelo de' Lombardi, prov. d'Avellino.

4. San Barbato, com. de Manocalzati, circond. et prov. d'Avellino.

5. Fragneto Monforte ou Fragneto l'Abate, circond. et prov. de Bénévent.

6. Ceppaloni, circond. et prov. de Bénévent.

7. Al. Tel., I, 9, p. 93, mentionne des négociations seulement alors que Roger était à Salerne ; il ajoute qu'il y eut plusieurs tentatives de la part du comte de Sicile.

tement en Pouille C'est là ce qui explique l'ordre donné de multiplier les attaques contre Benevent. Les forces pontificales étant ainsi occupées, Roger put prendre les devants et faire reconnaitre son autorité à Troia, à Melfi, et dans une grande partie de la Pouille Avant le 1er septembre, nous trouvons, à Montescaghoso, Roger II, accompagné d'un grand nombre d'évêques et des émirs Christodoulos et Georges d'Antioche[1] Le comte de Sicile fut peu après solennellement reconnu à Reggio comme successeur du duc Guillaume et regagna la Sicile[2] En janvier, il était à Palerme, et le traité qu'il conclut avec le comte Barcelone montre qu'il croyait, à ce moment, son autorité suffisamment établie pour pouvoir continuer la guerre d'Afrique

La rapidité avec laquelle Roger II agit, pendant cette campagne de 1127 empêcha ses adversaires de se concerter pour lui résister ouvertement Le nouveau duc de Pouille pensait que le pape placé en face du fait accompli ne saurait lui refuser l'investiture. Dès son retour en Sicile, il rouvrit les négociations, mais il retrouva chez Honorius une égale obstination

Revenus de la surprise que leur avaient causée les premiers succès de Roger II, les villes et les seigneurs de la Pouille commencèrent à s'agiter et à négocier Très habilement le pape profita du mécontentement général pour grouper autour de lui tous les adversaires du successeur du duc Guillaume. Retenu, jusqu'au milieu d'octobre, à Bénévent, par les attaques incessantes des partisans de Roger, Honorius dut faire appel au concours de soldats amis pour défendre la place[3] Nous ne savons pas bien ce qu'il faut entendre par ces soldats amis dont parle Falcon, peut-être s'agit-il d'un secours fourni par les seigneurs normands de la Pouille

Ce fut donc de Bénévent que le pape engagea les pourparlers, qui aboutirent à la formation d'une ligue comprenant, outre le pape, Grimoald de Bari, Tancrède de Conversano et ses frères,

1 Diplôme en faveur de San Michele Arcangelo de Montescaghoso, Tansi, op cit, app n° 17, p 158
2 Falco Benev, ad an 1127 p 194
3 Le pape est à Bénévent jusqu'au 18 octobre, Jaffe-L, 7293. Falco Benev, ad an 1127, p 196

Roger d'Ariano, Geoffroi d'Andria [1], auxquels se joignit Rainolf d'Alife, le beau-frère de Roger II. Les habitants de Troia, suivant sans doute l'impulsion de leur évêque, Guillaume, rasèrent la citadelle qui commandait leur ville, et se donnèrent au pape dont ils obtinrent une véritable charte de commune [2]. Honorius II se rendit aussitôt à Troia, où, le 11 novembre 1127, fut conclu entre les seigneurs de la Pouille que nous venons de nommer l'accord définitif, qui liait tous les rebelles contre le nouveau duc. Vers la fin de décembre, la ligue reçut l'adhésion de Robert de Capoue, qui venait de succéder à son père, Jourdain II, mort le 19 décembre [3]. Le pape ne put faire à Troia qu'un séjour de peu de durée : il fut rappelé à Bénévent, que menaçaient les partisans de Roger II. Le 11 novembre, en effet, Raon de Ceppaloni réussit par un audacieux coup de main, à faire prisonniers deux cents habitants de la ville [4].

Roger apprit bientôt la formation de cette ligue ; un passage de la chronique de l'abbé de Telese paraît indiquer qu'il se décida alors à repasser en Italie pour surveiller les événements [5]. Désireux de détourner l'orage, il essaya de le prévenir, et fit offrir au pape des conditions fort avantageuses. Il proposait par ses ambassadeurs de livrer à Honorius, en échange de l'investiture [6],

1. Al. Tel., I, 10 p. 93. Falco Benev., ad an. 1127, p. 196.
2. Al. Tel., I, 10, p. 93. L'évêque Guillaume obtint d'Honorius un privilège d'immunité, di Meo, op. cit., t. X, p. 330. L'acte d'Honorius II, en faveur des habitants de Troia, a été publié par P. Kehr, dans les *Nachrichten d. k. Gesellschaft d. Wissensch. zu Göttingen* (1898), p. 76. Cf. Zdekauer, *Le franchigie concesse da Onorio II alla città di Troja* Turin, 1898, in-8°. Une inscription gravée sur l'une des portes de bronze de la cathédrale de Troia fait allusion aux événements dont la ville fut alors le théâtre et au rôle joué par l'évêque Guillaume qui est qualifié de libérateur de la patrie : *Equitatis moderator, Liberator patriae*. Voici le passage le plus important de cette inscription « *Anno [quo Guilelmus dux ?] Salerni obiit morte communi. Tunc Trojanus populus pro libertate tuenda arcem subvertit et urbem vallo murisque munivit.* » Schultz, op. cit., t. I, p. 194. Toute une partie de l'inscription a été martelée, sans doute, en 1128, quand Roger reprit la ville.
3. *Necrol. Cas.*, dans Gattola, *Acc.*, t. II, p. 861.
4. Al. Tel., I, 10, p. 93. Falco Benev., ad an. 1127, p. 196.
5. Al. Tel., I, 11, p. 84, dit qu'après l'échec des négociations, Roger retourna en Sicile.
6. Al. Tel., I, 10, p. 93, parle de négociations répétées ayant commencé

les deux places de Troia et de Montefusco [1] plus une forte somme
d'argent Le pape se refusa a tout accord Devant l'inutilite de
ses tentatives, le comte de Sicile se prepara a la guerre Ce fut
très probablement alors qu'usant de représailles, il interdit aux
evêques de Sicile de se rendre a Rome [2], comme le privilege de
legation lui en conferait le droit

Grise par le succes de ses premieres demarches auprès des seigneurs de la Pouille, Honorius II s'illusionnait sur la force de
la ligue dont il était le chef. Son refus d'accepter les conditions
du comte de Sicile constitua, en somme, une faute politique dont
il ne devait pas tarder à se rendre compte Vers la fin de
novembre ou entre le 8 et le 20 decembre [3], le pape se rendit de
nouveau a Troia ou il tint un concile, dans lequel il excommunia
solennellement le comte de Sicile [4]. Honorius retourna ensuite a
Benevent qu'il quitta, apres le 20 decembre, pour Capoue Dans
cette derniere ville, il assista le 30 décembre, au sacre solennel du
prince Robert, auquel il donna l'investiture de ses Etats Profitant
de la presence a Capoue d'un grand nombre de seigneurs normands venus a l'occasion de cette ceremonie, le pape prononça
contre le comte de Sicile un réquisitoire d'une violence extrême,
dans lequel il montra l'interêt que tous avaient a s'unir a la
papaute dans la lutte qu'elle entreprenait Tres habilement

quand Roger etait a Salerne Falco Benev , ad an 1127, pp 194 et 196 Le
premier passage semble indiquer que les negociations sont antérieures au
11 novembre, d'autre part Alexandre de Telese I, 10, p 194, paraît dire
que le comte negocia jusqu'au moment du second sejour du pape a Troia
  1 Montefusco, circond et prov d'Avellino
  2 Romuald de Salerne, dans M G H SS , t XIX, p 418, donne ce
motif comme la principale cause de l'excommunication prononcee entre le
11 novembre et le 20 decembre Il me parait donc probable que c'est seulement apres l'echec definitif de ses tentatives auprès du pape que Roger
prit cette mesure
  3 Le premier sejour du pape a Troia est du 11 novembre Nous trouvons Honorius a Benévent, le 6, le 8 et le 28 decembre Le 30 du même
mois, il est a Capoue Il est peu probable qu'entre le 20 et le 30 decembre
le pape soit alle a Troia et retourné a Capoue Le second sejour a Capoue
mentionne par l'abbe de Telese doit donc se placer soit a la fin de
novembre, soit entre le 8 et le 20 decembre Cf Jaffe-L , 7294, 7295, 7296
Al Tel , I, 10, p 94, Falco Benev , ad an 1127, p 195
  4 Al Tel , I, 10, p 94

Honorius développa les raisons pour lesquelles tous avaient à
redouter la trop grande puissance que donnerait à Roger l'occupation du duché de Pouille. Le pape termina son discours par
un véritable appel à la croisade; il prêcha la guerre sainte contre
le comte de Sicile et accorda l'absolution de leurs fautes à tous
ceux qui soutiendraient la papauté dans la lutte qu'elle entreprenait [1].

Sans perdre de temps, sans se laisser arrêter par la mauvaise
saison, Honorius chercha à atteindre de suite le but le plus immédiat de sa politique, c'est à savoir la libération du territoire de
Bénévent, qui devait lui permettre de porter la guerre dans les États
de Roger. Hugues l'Enfant paraît avoir été de tous les partisans du
comte de Sicile dans cette région, le plus acharné contre les
Bénéventains. Ce fut contre lui que la ligue porta son premier
effort. Hugues se trouvait être pour quelques-unes de ses terres,
vassal de Rainolf, comte d'Alife; cité par ce dernier à comparaître
devant sa cour, il s'y refusa [2]. Aussitôt une expédition fut organisée contre le château de Lapellosa [3], où se trouvait Hugues. Le
comte d'Alife et le prince de Capoue devaient appuyer le recteur
de Bénévent dans l'attaque projetée. Mais, dès le début, des difficultés s'élevèrent, pour des motifs qui nous sont inconnus, entre
le pape et ses alliés normands. Ceux-ci ne prirent point part à
l'expédition projetée; le recteur de Bénévent fut repoussé par
Hugues l'Enfant, et peu après Robert et Rainolf quittèrent l'armée pontificale.

Désireux de ne pas demeurer sur un échec, Honorius s'avança
lui-même jusqu'à Montesarchio [4] pour diriger les opérations.
Le 29 janvier 1128, ses troupes subirent un nouvel insuccès.
Mécontent de la défection de ses alliés, le pape renonça à entre-
prendre une nouvelle attaque. Il chargea Gautier, archevêque de
Tarente, de gouverner Bénévent et d'organiser de nouvelles

1. Falco Benev., ad an. 1127, pp. 195-197.
2. *Ibid.*, ad an., pp. 197-198.
3. Lapellosa me paraît devoir être identifiée avec Apollosa, circ. et prov.
de Bénévent.
4. Montesarchio, circond. et prov. de Bénévent.

troupes [1], puis il reprit le chemin de Rome. Il y était de retour au commencement de mars [2] et devait y rester jusqu'au début de juin [3].

Roger ne demeura point inactif pendant l'hiver de l'année 1128, et prépara la campagne qu'il comptait entreprendre au printemps. S'il fallait en croire l'interpolateur de Romuald de Salerne, il aurait alors réuni deux mille chevaliers, quinze cents archers et trente mille fantassins [4] Ce dernier chiffre me paraît fort exagéré et n'est pas en rapport avec les effectifs des autres contingents. Il résulte du récit du même auteur que durant cette campagne Roger divisa son armée en plusieurs corps opérant simultanément.

Nous savons, toujours d'après la même source, que, le 11 mai le duc était à Messine [5] où il organisait une expédition pour tirer vengeance de la défaite que ses troupes avaient éprouvée l'année précédente devant Omignano. Avant la fin de mai, Roger traversait le détroit et venait assiéger Omignano qui fut prise. A la suite de cette victoire, le duc s'empara de toutes les terres qui appartenaient au comte Roger et à sa femme Judith. Il prit notamment Tursi [6], Pisticcio [7] et Sant'Arcangelo [8], où un certain Geoffroi, fils d'un comte Alexandre, fit sa soumission. S'agit-il d'un fils d'Alexandre de Conversano ou d'un fils d'Alexandre de Clermont, qui sont les deux personnages de ce nom les plus connus

1 Au Recteur de Bénévent le pape donne l'ordre « ut solidos de regalibus acceptos Archiepiscopo illi committeret, de quibus milites civitatis armarentur et auxilium secundum vires praeberetur », Falco Benev., p. 198

2 Jaffé-L., 7297

3 Jaffé-L. 7314.

4 Cf. l'interpolateur de Romuald de Salerne, dans M. G. H. SS., t. XIX p. 419

5 Cf. Arch. st. nap., t. XIV (1889), p. 755

6 Tursi circond. de Lagonegio, prov. de Potenza

7 Pisticcio, circond. de Matera, prov. de Potenza

8 Sant'Arcangelo, circond. de Lagonegio, prov. de Potenza. Ce village est le seul dont la situation me paraisse correspondre aux renseignements que nous fournissent les sources. Sant'Arcangelo, com. de Cava dei Tirreni, circond. et prov. de Salerne, Sant'Arcangelo, com. de Conca Marini, circond. et prov. de Salerne, me paraissent situés en dehors du théâtre des opérations; de même Sant'Arcangelo Trimonti, circond. d'Ariano di Puglia, prov. d'Avellino

vers cette époque ? Nous l'ignorons. Pourtant on trouve quelques années plus tard un Geoffroi, fils d'Alexandre de Conversano; peut-être est-il ici question du même personnage [1].

Seul, l'interpolateur de Romuald mentionne ces succès de Roger II, dans la Basilicate et la Lucanie. Le comte de Sicile gagna ensuite la terre d'Otrante; il prit et rasa la tour d'Onfroi, dont nous ne connaissons pas l'emplacement et pénétra sur les terres dont Bohémond II partant pour la croisade avait laissé la garde au pape et à Alexandre de Conversano [2]. Tarente ne put résister au comte de Sicile et se rendit après un siège de peu de durée ; Otrante se soumit sans la moindre résistance. Remontant alors vers le Nord, Roger se rendit à Brindisi, qui tomba bientôt en son pouvoir, ainsi que Castro [3], Oria et de nombreux châteaux appartenant à Tancrède. Cette première campagne eut donc pour résultat d'assurer à Roger la possession de tout le pays, au sud d'une ligne allant de Salerne à Brindisi.

Ainsi les attaques, dont Bénévent était l'objet, avaient réussi à empêcher le pape de secourir ses alliés de la Pouille. Désireux d'en finir avec Hugues l'Enfant, Honorius II rentra en campagne, au début de juin. Il quitta Rome, emmenant avec lui deux cents chevaliers qu'il réunit aux milices de Bénévent, et aux forces du prince de Capoue et du comte d'Alife, avec lesquels il avait fini par se mettre d'accord. Une attaque générale fut dirigée contre Torre del Palazzo où était alors Hugues l'Enfant. Ce dernier ne put résister et dut rendre la place [4].

Libres du côté de Bénévent, le pape et ses alliés se hâtèrent de porter secours aux seigneurs de la Pouille menacés par l'attaque de Roger. Sans rencontrer d'obstacle, ils traversèrent le territoire de Bari et s'avancèrent jusqu'au Bradano [5]. Roger,

---

1. Al. Tel., II, 38, p. 116.

2. Interpolateur de Romuald de Salerne, M.G.H.SS., t. XIX, p. 418, ad an. 1127. Al. Tel., I, 12, pp. 94-95.

3. Sans doute Castro, com. de Diso, circond. de Gallipoli, prov. de Lecce.

4. Falco Benev., ad an., p. 199. Je n'identifie pas Torre del Palazzo. Il s'agit évidemment ici de la même localité que dans un acte de 1112, cf. di Meo, *op. cit.*, t. IX, p. 185, n° 4.

5. Jaffé-L., 7315, le 8 juillet le pape est *in territorio Barensi*.

quand il fut instruit de l'approche de l'armée ennemie s'établit
dans une forte position sur les bords du fleuve, a Guazzo
Petrozo[1] Suivant l'abbé de Telese le comte de Sicile, par respect,
pour Honorius, ne voulut pas livrer bataille[2] Falcon de Benevent est, semble-t-il, plus exact, quand il écrit que Roger se trouvant en présence de forces très nombreuses, ne voulut pas courir la chance d'un combat[3]

Roger II chercha évidemment à gagner du temps en traînant
la guerre en longueur Il calculait que ses adversaires auraient
de la peine à conserver leurs troupes au delà de la durée nor-
male du service féodal, et il comptait sur les divisions qui ne
pouvaient manquer d'éclater entre les alliés Il pensait sans
doute que le pape inquiet de la prolongation des hostilités comprendrait tout ce que ses exigences avaient d'excessif et verrait
l'intérêt qu'il avait à conclure la paix L'événement devait confirmer la justesse de ses prévisions

Durant quarante jours, les deux armées demeurèrent en présence, sans en venir aux mains L'armée pontificale, très éprouvée
par la chaleur eut aussi à souffrir de la disette Le prince de
Capoue tomba malade, ses vassaux, qui ne recevaient point de
solde, commencèrent à murmurer sur la durée excessive du service qui leur était imposé Un certain nombre d'entre eux prirent
même le parti de quitter l'armée Leur exemple fut contagieux
et la plupart des barons se mirent à parler ouvertement d'abandonner le pape Honorius II fut bientôt informé de l'état d'esprit
des troupes qu'il commandait Il en vint à craindre d'être complètement abandonné par ses alliés et se décida à entrer en pourparlers avec le comte de Sicile[4]

Les négociations furent conduites secrètement par le cardinal
Aimeri et Cencio Frangipani Les chroniqueurs se bornent à nous
dire qu'Honorius promit au comte de Sicile de lui accorder l'investiture, s'il venait la lui demander à Bénévent Il semble que
par là le pape ait surtout cherché à sauver son prestige forte-

1 Non identifié
2 Al Tel , I, 13, p 95
3 Falco Benev , ad an 1128, p 199
4 Al Tel , I, 13 et 14, pp 95-96, Falco Benev , ad an p 199 Lib Pont ,
t II p 379

ment compromis dans l'aventure où il s'était jeté, et n'ait pas voulu paraître avoir été contraint par la force des armes d'accorder à Roger II l'investiture du duché de Pouille. Honorius II ne réussit ainsi à sauver que son amour-propre, car il dut en passer par les conditions du comte de Sicile, qui exigea que le pape le reconnut purement et simplement comme duc de Pouille. Il n'est plus question alors de Troia et de Montefusco, ces deux places que Roger avait précédemment offertes au Saint-Siège.

En somme, le pape subit un échec complet; il fut obligé de trahir ses alliés, car ceux-ci ne furent point compris dans l'accord conclu avec Honorius. Aussi, dès que ces derniers eurent connaissance du traité conclu par le pape, s'empressèrent-ils de quitter l'armée.

Le pape regagna donc Bénévent, où il fut suivi de près par le comte de Sicile qui, le 20 août, vint camper devant la ville sur le mont San Felice [1]. Les derniers pourparlers entre Roger et Honorius durèrent encore trois jours; l'accord définitif ne fut conclu que le 22, au soir. Roger se refusa énergiquement à pénétrer dans Bénévent pour prêter au pape serment d'hommage et de fidélité. On convint finalement que la cérémonie aurait lieu en dehors de la ville, près du pont traversant le Sabbato. Ce fut la nuit, à la lueur des torches, que Roger reçut du pape l'investiture de ses nouveaux États. Il est curieux de voir que Roger, après avoir prêté les serments habituels, prit l'engagement de ne pas attaquer la principauté de Capoue. Cette sollicitude du pape envers Robert de Capoue, qui avait été le premier à abandonner la cause pontificale, doit s'expliquer très vraisemblablement par le désir de maintenir entre le territoire pontifical et les États de Roger un État capable de contrebalancer, dans une certaine mesure, la puissance du duc de Pouille. C'était le dernier effort de la papauté pour sauvegarder, autant qu'il était en son pouvoir, l'ordre de choses qu'elle avait réussi à maintenir dans le sud de l'Italie durant plus d'un demi-siècle. Mais la principauté de Capoue était déjà bien affaiblie pour pouvoir continuer à aider efficacement la politique traditionnelle du Saint Siège, et la réunion dans les mains d'un

1. Al. Tel. I, 15, p. 96; Falco Benev., ad an., p. 199.

même souverain du comte de Sicile et du duché de Pouille rompait l'équilibre que les papes s'étaient efforcés d'établir entre les divers États normands de l'Italie du Sud

Le prestige d'Honorius II sortait tout amoindri de sa lutte avec Roger II, aussi les Bénéventains profitèrent-ils de la faiblesse du pouvoir pontifical pour se soulever, ils massacrèrent le recteur, chassèrent les partisans du pape et organisèrent une commune Honorius II fut contraint de s'incliner devant le fait accompli et dut différer sa vengeance.

Pendant ce temps, Roger II s'éloignait de Bénévent pour aller mettre le siège devant Troia Il ne réussit pas à s'emparer de la ville et se retira, il trouva une compensation dans la soumission des autres villes ducales, Melfi, notamment, le reconnut alors À l'approche de l'hiver, Roger regagna Salerne, où il s'embarqua pour la Sicile [1]

Roger sortait donc vainqueur de sa première lutte avec la papauté qui, une fois de plus, venait de subir un échec complet dans l'Italie du Sud Par le traité conclu avec le pape, Roger avait fait reconnaître et consacrer ses droits à la succession de Guillaume, et était entré en possession de l'héritage qu'il avait convoité Il ne lui restait plus qu'à le défendre contre les vassaux rebelles de la Pouille qui n'avaient point traité avec lui en même temps que le pape

Pendant l'hiver suivant (1128-1129), les hostilités continuèrent et les seigneurs de la Pouille, reprenant l'avantage, réussirent à enlever à Roger II une partie des villes qu'il avait soumises Tancrède rentra en possession de Brindisi, de Castro et de diverses autres petites places [2] Les progrès des rebelles décidèrent Roger à rentrer en campagne au printemps 1129 [3] Toute la Pouille était alors en révolte, depuis la terre d'Otrante jusqu'au

1 Al Tel I, 15, p 96

2 Ibid I, 15 et 17, pp 96-97

3 Ibid I, 16 Cf l'interpolateur de Romuald de Salerne, dans M G H SS , t XIX, p. 420, ad an 1129 Du 15 mai 1129, est le célèbre diplôme faux pour Messine Cf Vito La Mantia, I privilegi di Messina (Palerme 1897, p 2 K Kehr, op cit, p 320 De la même année sont également les diplômes faux pour André Caravello, Milon de Bari et Porcio, et Kehr op cit, pp 394 et 388

Monte Gargano. Fortes de 3.000 chevaliers et de 6.000 fantassins, archers et Sarrasins, les troupes ducales reprirent à Tancrède un certain nombre de petites places dont les chroniques ne nous donnent pas les noms. Il semble qu'il faille placer ici le siège de Nardo, daté de 1129 [1] par l'interpolateur de Romuald de Salerne. Sous la conduite de Roger, l'armée ducale vint mettre le siège devant Brindisi (juin), qui fut assiégée par terre et par mer. La ville était défendue par Richard de Clermont et Geoffroi, fils d'Alexandre. Le duc de Pouille ne réussit pas à s'emparer de la place et fut contraint par le manque de vivres à lever le siège. L'armée se retira sur Tarente [2], puis alla assiéger la ville de Castro qui fut prise et détruite.

Roger mit ensuite le siège devant Montalto [3]. A ce moment, quelques-uns de ses vassaux montrèrent une certaine indiscipline. Robert de Grantmesnil, fils de Guillaume de Grantmesnil et de Mabille, fille de Guiscard [4], déclara au duc que son fief n'était pas suffisamment important pour lui permettre de supporter la dépense d'une aussi longue campagne. Malgré la promesse de Roger de le

1. Interpolateur de Romuald de Salerne, dans M.G.H.SS., t. XIX, p. 420.
2. *Ibid.*, p. 420.
3. D'après le *Dictionnaire des Postes d'Italie*, il n'existerait qu'un village de ce nom, Montalto Uffugo dans le circondario de Cosenza. Je ne sais s'il s'agit de cette place, qui est bien éloignée de la région où nous voyons opérer les troupes de Roger. Toutefois di Meo et del Re ne font aucune difficulté pour accepter cette identification. Un document de 1121 nous fait connaître Dreux de Montalto, qui fait une donation au monastère de la Sainte-Trinité de Mileto. Archives du collège grec, B. IX.
4. Orderic Vital, l. VIII, 7, 16, 28, t. III, pp. 398, 399, 453. Cf. Engel, *op. cit.*, p. 23. Mabille, mère de Robert, vit encore en 1132; elle tient alors Cotrone. Diplôme de février 6636, ind. X, 1128, traduit du grec, Bibl. Chigi, E, VI, 182, f. 41. La date d'année ne concorde pas avec l'indiction; comme il est question ici du roi Roger, la date fournie par l'indiction doit être exacte. Cf. Ughelli, *op. cit.*, t. IX, 680. Mgr Battifol, *L'abbaye de Rossano*, p. 17, croit ce diplôme faux : les raisons qu'il donne ne sont pas décisives, car étant donné que ce diplôme n'est connu que par une traduction, on peut croire dans la date à une erreur du traducteur. Si l'on date le document d'après l'indiction, ses données sont parfaitement acceptables. Mabille nous est connue par un autre diplôme en faveur de Barthélemy, abbé du monastère Santa Maria du Patir, au diocèse de Rossano : par cet acte de 1122, Mabille et son mari, Guillaume, donnent au monastère tout ce qu'ils possèdent entre le Crati et le Conchili ou Coscile, affluent de gauche du Crati. Cf. Ughelli, *op. cit.*, t. IX, p. 387.

récompenser quand il serait maître de la Pouille, Robert quitta l'armée [1] Cet épisode est intéressant parce qu'il nous montre que dès le début de son règne, Roger chercha à prolonger la durée du service militaire que ses vassaux étaient tenus de fournir Nous verrons plus tard que ce sera là un des principaux griefs allégués par les seigneurs, lors de leurs nombreuses révoltes

Montalto ne tarda pas à tomber au pouvoir du duc de Pouille qui se porta aussitôt vers la région de Bari et occupa successivement Ruvo [2], Salpi (août) [3], Siponto [4], le Monte Gargano et Trani Un passage assez obscur de l'interpolateur de Romuald de Salerne [5], semble indiquer qu'il y eut également des hostilités à Gravina [6] et Acquaviva [7] Pendant ce temps, au mois de juin la flotte du duc, forte de quarante à soixante galères, avait paru devant Bari, qui fut bloqué du côté de la mer [8]

Les succès importants remportés par Roger, amenèrent Alexandre de Conversano, ses frères Tancrède et Geoffroi, et Grimoald de Bari à faire leur soumission Un accord fut conclu, le 10 août, Roger restitua à ces seigneurs toutes les terres qu'il leur avait enlevées, eux-mêmes rendirent toutes les terres dont ils s'étaient emparées et durent accompagner le duc au siège de Troia [9]. La rapide soumission de la Pouille prit les gens de Troia au dépourvu Abandonnés par le pape auquel ils s'étaient donnés, ils se tournèrent vers Robert de Capoue, qui, peu désireux d'entreprendre seul la guerre contre Roger,

1 Al Tel , I, 18, 97
2 Il me paraît qu'il est question ici de Ruvo di Puglia, circ de Barletta, prov de Bari plutôt que de Ruvo del Monte, circ de Melfi , prov de Potenza
3 Sur les bords du lac du même nom
4 Siponto, aujourd'hui ruinée, entre Foggia et Manfredonia
5 Interpolateur de Romuald de Salerne, dans M G H SS , t XIX, p 419 Ces villes, lors de la paix, furent rendues, elles avaient donc été enlevées
6 Gravina in Puglia, circ d'Altamura, prov de Bari
7 Acquaviva delle fonti, circ et prov de Bari
8 Interpolateur de Romuald de Salerne, dans M G H SS , t XIX, p 419 , la date fournie, 1129, ne concorde pas avec l'indiction 8 Mais la date d'année est probablement exacte, cf p 384, note 3
9 Interpolateur de Romuald de Salerne, dans M G.H SS , t XIX, p 419. Al Tel , I, 18.

refusa d'écouter les ouvertures qui lui étaient faites. Le comte d'Alife, Rainolf, qui se trouvait abandonné de ses anciens alliés et craignait de ne pouvoir soutenir seul la guerre contre son puissant beau-frère fit alors offrir aux gens de Troia de les défendre, s'ils voulaient l'accepter comme seigneur. Ses propositions furent agréées et Rainolf, devenu ainsi maître de la place qui commandait l'entrée de la Pouille, vint occuper la ville.

Roger II se trouvait à Salpi, quand il apprit l'alliance de son beau-frère avec les habitants de Troia il se décida aussitôt à porter la guerre sur le territoire de Rainolf.[1] Passant devant Troia sans attaquer la place, il se dirigea vers le château de Grenzio[2], qui appartenait à Rainolf. Celui-ci, qui n'avait peut-être cherché en s'alliant avec les gens de Troia que le moyen d'obtenir de meilleures conditions de Roger, entra en négociations avec le duc de Pouille. Ce dernier offrit à Rainolf son pardon, s'il consentait à tenir Troia en fief. Le comte d'Alife accepta et abandonna ses alliés de la veille. Ceux-ci ne purent résister à Roger, et il suffit d'un siège de quelques jours pour les amener à faire leur soumission. C'est très probablement à ce moment que fut donné par Roger le diplôme, conservé aujourd'hui aux archives capitulaires de cette ville, par lequel le duc de Pouille accorde aux chanoines de Troia le droit de percevoir la dîme.[3]

La soumission de Troia fut suivie de celle des autres villes ducales, qui avaient pris part à la révolte, elles envoyèrent alors leurs clefs à Roger.[4]

Il faut placer très vraisemblement, pendant le séjour que fit à ce moment Roger dans la région de Troia son entrevue avec le pape Honorius II. Celui-ci, dans le courant d'août, était venu à Bénévent, où il n'avait pu venir à bout de la commune établie, comme nous l'avons vu, l'année précédente. Honorius II se rencontra avec Roger à Leocabante[5] il lui demanda de l'aider à soumettre

1 Al. Tel., I, 18, p. 98.
2 Peut-être Greci, en second d'Ariano de Puglia, prov. d'Avellino.
3 Archives capitulaires de Troia, P. II, le diplôme est de 1129, sans date de mois.
4 Al. Tel. I, 20.
5 Locabante près de Bénévent.

les habitants de Bénévent Malgré la sympathie que lui avaient témoignée les Bénéventains, Roger II promit au pape de l'appuyer au mois de mai suivant [1] Peut-être le duc de Pouille se souciait-il peu de laisser établir, dans une ville confinant à ses Etats, une autonomie municipale que les villes ducales déjà si portées à l'indépendance, ne pouvaient manquer d'envier

Avec la prise de Troia se termina la première insurrection de la Pouille. Roger II sut très habilement diviser ses adversaires pour en venir à bout successivement Il convient de remarquer la modération dont le nouveau duc usa dans sa victoire aucune confiscation ne paraît avoir été opérée, et les seigneurs de la Pouille recouvrèrent les terres, qui leur avaient été enlevées Pourtant il est probable que Roger dut tenir vis-à-vis de plusieurs d'entre eux la conduite qu'il tint envers Tancrede Il obligea celui-ci à remettre aux mains d'une garnison ducale la citadelle de Brindisi [2]

Roger s'occupa aussitôt d'organiser ses nouveaux Etats, il voulut montrer, dès le début de son règne, qu'il entendait mettre fin à l'anarchie, qui avait existé au temps du duc Guillaume et qu'il voulait faire observer rigoureusement par ses vassaux les obligations féodales Robert de Grantmesnil en quittant l'armée de son suzerain, avait manqué à son devoir, désireux de faire un exemple, et de montrer à ses vassaux que l'autorité ducale n'était pas un vain mot, Roger alla assiéger le coupable dans Lagopesole où il s'était enfermé Grantmesnil n'obtint son pardon qu'en renonçant à tous les fiefs qu'il tenait du duc [3]

De Lagopesole, Roger se rendit, en septembre, à Melfi, où il avait convoqué tous ses vassaux de la Pouille, de la Calabre, de la Lucanie et de la Campanie [4]. Il tint une cour solennelle à laquelle assistèrent un grand nombre d'évêques et d'abbés Tous

---

1 Falco Benev ad an 1129, p 201

2 L'interpolateur de Romuald dit qu'en septembre 1132-1134, n s, cette citadelle est à Roger, M G H SS t XIX, p 420

3 Al Tel , I, 20, p 99

4 Al Tel , I, 21, L'interpolateur de Romuald de Salerne, loc cit, date de 1130, septembre, mais il commence l'année en septembre Le texte porte, en outre, les noms de Brizie et Salentine Le premier mot ne peut désigner le Bruttium puisqu'il a déjà été question de la Calabre ne faudrait-il pas lire

les vassaux prêtèrent au duc et à ses fils, Roger et Tancrède, serment de fidélité. Dans cette assemblée, Roger II établit les règles de gouvernement qu'il entendait imposer ; il interdit les guerres privées, imposa aux seigneurs l'obligation de remettre les malfaiteurs à la justice ducale, et déclara qu'il voulait que l'on respectât non seulement les biens des personnes ecclésiastiques, mais aussi les pèlerins, les voyageurs et les marchands. L'abbé de Telese nous donne malheureusement peu de détails sur les mesures prises alors par Roger. Nous savons pourtant que, plus tard, le duc réussit à faire cesser le brigandage, et le témoignage de son panégyriste est ici confirmé par celui de Pierre de Cluny, qui, dans une lettre, postérieure de quelques années à ces événements, parle de la tranquillité que Roger II a su faire régner dans ses États. La paix et la sécurité dont on jouissait dans le royaume de Sicile faisaient un contraste frappant avec l'anarchie qui régnait dans le reste de l'Italie, et l'abbé de Cluny ne cache pas l'admiration qu'il éprouve pour le gouvernement de Roger [1]. Le témoignage de Pierre de Cluny est confirmé par le biographe de saint Guillaume de Montevergine [2].

De Melfi, Roger, avant de regagner la Sicile, se rendit à Tarente et fit prendre à Robert de Grantmesnil l'engagement de quitter l'Italie. En octobre, Roger était à Messine [3] ; nous le trouvons à Palerme, le 30 décembre [4].

Nous avons vu que Roger avait promis à Honorius II de lui prêter secours pour soumettre les gens de Bénévent ; il n'eut pas à tenir sa promesse, car le pape mourut le 13 février 1130. On verra plus loin quel parti le duc de Pouille sut tirer du schisme qui déchira alors l'église.

Aprutii. De même au lieu de *Salentine* ne vaudrait-il pas mieux lire *Salerni.* Cf. Faraglia, *Saggio di corografia Abruzzese,* dans *Arch. st. napol.,* t. XVI, p. 724, note 2.

1. Migne, P.L., t. 189, p. 281.
2. AA.SS. Juin t. V, pp. 116-117.
3. Tromby, *op. cit.,* III, app. 2, n. 19. Cf. K. Kehr, *op. cit.,* p. 376 ; Ughelli, t. IX, p. 675 ; P. Kehr, *op. cit.,* dans *Nachrichten* (1903), p. 548, et Caspar, *op. cit.,* pp. 504-505.
4. Gattola, *Acc.,* t. I, p. 244, diplôme en faveur du Mont-Cassin.

Roger II employa l'année 1130 à assurer la pacification de ses États. Nous ne pouvons établir exactement la chronologie des expéditions qu'il entreprit dans le cours de cette année. Nous savons seulement que, le 16 mai, le duc est à Palerme[1].

Pendant cette année, Roger s'efforça d'amener la soumission de ceux de ses vassaux qui se montraient encore rebelles à son autorité, en même temps, il contraignit un certain nombre de villes ducales à reconnaître plus complètement son pouvoir et réussit à rétablir à Salerne, Troia et Melfi l'ancien ordre de choses, en obligeant les habitants à renoncer à une partie des concessions qui lui avait été arrachées les années précédentes.

Manquant à la parole donnée, Robert de Grantmesnil bien loin de quitter les États de Roger avait occupé Oriolo et Castrovillari. Le duc alla l'assiéger et l'obligea à s'éloigner de l'Italie[2].

Après avoir obtenu la soumission de Robert de Grantmesnil, Roger se rendit à Salerne. Il força les habitants à remettre entre ses mains la citadelle dont il regardait la possession comme indispensable à l'exercice de son autorité. Les Salernitains n'osèrent résister et se soumirent.

Roger II alla ensuite ravager les terres de Roger d'Ariano, qui n'avait pas traité avec lui l'année précédente[3]. Ce dernier fut obligé, pour avoir la paix, d'abandonner à Roger la Padule[4], et Montefusco[5].

Peu après, Troia vit de nouveau paraître devant ses murs les troupes de Roger. Celui-ci demanda aux habitants de recons-

1. Pirro, op. cit., t. II, p. 1001. Du mois de mai 1130, est un diplôme de Roger en faveur de Luc, abbé du monastère Santa Maria du Patir, Trinchera, op. cit., p. 138, Montfaucon, *Paleographia græca*, p. 397 (les deux éditions d'après des copies). Comme Roger a, dans ce document, le titre de roi, l'acte a été certainement mal copié, cf. Kehr, op. cit., p. 50. De même sur l'acte grec traduit, donné à Palerme en juillet 1130, édité par Pirro, t. II, p. 1003, on doit faire une remarque analogue. Enfin Behring, op. cit. t. I, p. 25, place en 1130, un acte en faveur du monastère de San Salvatore de Messine, qu'il faut reporter à 1131, cf. Cusa, op. cit., t. I, p. 292.

2. Al. Tel., I, 22, p. 100
3. *Ibid.*, I, 23, pp. 100-101
4. La Padola, sur le Calore, près de Benevent, cf. di Meo, op. cit., t. XII p. 428
5. Montefusco, circond. et prov. d'Avellino

truire la citadelle qu'ils avaient rasée, lors de la mort du duc
Guillaume. Un siège de quelques jours vint à bout de leur résistance et le duc leur imposa ses volontés [1]. Il en fut de même à
Melfi où Roger obligea également les habitants à reconstruire
la citadelle [2]. De Melfi, Roger revint à Salerne où il s'embarqua
pour la Sicile [3].

Cette série d'expéditions nous montre clairement la volonté de
Roger d'exercer réellement l'autorité ducale. La faiblesse des
derniers ducs de Pouille avait permis aux villes ducales de se
rendre à peu près indépendantes. C'est contre cette indépendance que Roger entreprit de lutter ; le meilleur moyen de combattre toute velléité de révolte lui parut être l'établissement, dans
chaque ville, d'une garnison, qui, à l'abri de la citadelle,
assurait l'obéissance des habitants. Nous verrons, dans le cours
des années suivantes, Roger II chercher à étendre ces mesures à
l'ensemble de ses États. Bornons-nous ici à constater que, dès
1130, Roger se sent assez puissant pour retirer aux villes les
plus importantes, Troia, Melfi et Salerne une partie des privilèges qu'il avait été contraint de leur accorder les années précédentes.

1. Al. Tel., I, 24, p. 101.
2. *Ibid.*
3. *Ibid.*, I, 28, p. 101.

ERRATA ET ADDENDA

P. xvii, note 1, l. 1, supprimer la virgule après *Consuetudine*

P. xviii, l. 21, supprimer le mot *ou*

P. xxv, note 3, l. 2, au lieu de *de*, lire *di*

P. xxvii, note 3, supprimer le point après *ab*

P. xxviii, l. 3, lire *de 560 à*

P. xlvi dernière ligne, au lieu de xi° lire xii°

P. 19, note 11, lire *Sant Agata, circond. de Cerreto Sannita, prov. de Benevent.*

P. 30, note 3, au lieu de *de Pouille*, lire *en Pouille*

P. 34, ligne 19, — *Conversano*, — *Polignano*

P. 45, ligne 24, — *Contoleon*, — *Kontoleon*

P. 52, la fin de la note 2, depuis *Adhemar* est à placer au début de la note 3

P. 56 et suiv., au lieu de *Cannes*, lire *Canne*

P. 62, l. 12, — *Ravennes* — *Ravenne*

PP. 62, 135, 169, 171, — *Othon*, — *Otton*

P. 63, note 7, j'ai peut-être tiré de la non concordance de la date du diplome imperial avec les données de Leon d'Ostie des conclusions trop rigoureuses Mueller, *Das Itinerar Kaiser Heinrichs III* (Berlin, 1901), in-8°, a montré que les dates d'un grand nombre de diplomes ne fournissent pas d'indications sûres sur la presence de l'empereur à l'endroit d'où est daté le diplôme

P. 74, l. 8, au lieu de *Gaytelgrime*, lire *Gaitelgrime*

P. 83, note 6, — *Sant'Agata dei Gothi* — *Sant Agata de Goti*

P. 89, note 1, il s'agit plus probablement de Cassano delle Murgie, circond. d'Altamura, prov. de Bari

P. 103, note 8, l. 3 au lieu de *t. V*, lire *t. IV*

P. 113, l. 2, — *Godefroi* — *Geoffroi*

P. 116, note 1, ajouter Après avoir appartenu à Arnolin, Lavello avait, un moment, été au pouvoir de Dieux

PP. 132, 147, 311, au lieu de *Manson*, lire *Manso*

PP. 139, note 5, — *Hermannus, Aug.* — *Hermannus Aug.*

P. 157, l. 5, — *Eusthatios*, — *Eustathios*

P. 166, note 3, l. 3, — *restauration* — *Restauration*

P. 191, l. 21, lire *les Zou'ba El Moezz*

P. 205, note 1, au lieu de *Milselmert*, lire *Misilmeri*

P. 212, note 1, l. 3, — *Honorius III*, — *Honorius II*

P. 214, note 6, au lieu de : *Sikelgaite*, lire : *Sykelgaite*.

P. 226, note 4, lire : *Chron. Casaur.*, Muratori.

P. 231, dern. ligne, au lieu de : *Suio*, lire : *Sujo*.

P. 241, l. 5, lire : la Sicile ; la ville.

P. 247, note 2, il s'agit plus vraisemblablement de Policastro, commune de San Marino, circond. de Sala Consilina, prov. de Salerne.

P. 252, note 2, l. 5, au lieu de : *Tricacrio*,   lire : *Tricarico*.

Ibid., l. 11.   —   en 1099, mort, — en 1099, il était mort.

P. 253, note 1,   —   *Alice*,   —   *Adélaïde*.

P. 255, note 1, *Trivico* est à identifier avec Trevico, circond. d'Ariano, prov. d'Avellino.

P. 268, l. 2, au lieu de : *Gérard*, lire : *Girard*.

P. 278, l. 17,   —   *Nepe*,   —   *Nepi*.

PP. 282-283   —   *Guy*,   —   *Gui*.

P. 287, note 3, l. 15-16, lire : abbé de Saint-Victor de Marseille.

P. 294, l. 6, au lieu de : *San*, lire : *Sant'*.

P. 297, l. 23, le comte Landon est, sans doute, à identifier avec son homonyme, l'un des comtes d'Aquino, cf. *supra*, p. 232.

Ibid., note 1,   au lieu de : *Romuald*,   lire : *Romuald*.

PP. 308, 311, 350,   —   *Monte San Angelo*, —   *Monte Sant'Angelo*.

P. 312, l. 24,   —   *San Adjutore*   —   *Sant'Adjutore*.

PP. 328, 333, 334,   —   *Castronoro*   —   *Castronuovo*.

P. 334, dern. l.   —   *Giatlo*,   —   *Giato*.

P. 340, sur la situation de Platani, Guastanella et Rahl, cf. Amico et Statella, *op. cit.*, t. II, 1, p. 274.

P. 349, note 1,   au lieu de : *colonnes*, lire : *colonies*.

P. 356, note 1, l. 1,   —   334,   —   534.

P. 359, l. 15,   —   *Rochella*, —   *Roccella*.

P. 384, note 2.   —   *Ansald.*, —   *Ansaud*.

TABLE DES MATIÈRES

DU TOME PREMIER

AVANT-PROPOS, p I-IV

INTRODUCTION — Étude des Sources, pp V-LIX

I Documents d'archives *Le Catalogue des barons*, pp V-VIII

II Textes législatifs 1º *Les Assises*, pp VIII-XXVI — 2º Autres textes
législatifs, pp XXVI-XXVII

III Sources narratives — I Les Annales — 1º Annales de la Pouille,
Annales Barenses, Lupus Protospatarius *Anonymi barensis Chronicon*,
pp XXVII-XXIX — 2º Annales de Bénévent, pp XXIX-XXX — 3º Annales du
Mont-Cassin, pp XXX-XXXI — 4º Annales de la Cava, p XXXI — 5º
Annales de Ceccano, p XXXI — II Chroniques latines — 1º Aimé du
Mont-Cassin, pp XXXI-XXXIV — 2º Léon Marsicanus pp XXXIV-XXXV —
3º Pierre Diacre, pp XXXV-XXXVI — 4º Geoffroi Malaterra, pp XXXVI-XXXVII
— 5º Anonymus Vaticanus, pp XXXVII-XXXVIII — 6º Guillaume de Pouille,
pp XXXVIII-XL — 7º *Chronicon Casinense*, pp XL — 8º *Chronicon sancti
Bartholomei de Carpineto*, pp XL-XLI — 9º *Chronicon Amalfitanum*, p XLI
— 10º Falcon de Bénévent, pp XLI-XLVI — 11º *Chronica Ferrariensis*,
pp XLVI-XLVII — 12º *Chronicon Sancti Stefani*, p XLVII — 13º Alexandre
de Telese pp XLVII-XLIX — 14º Romuald de Salerne, pp. XLIX-LII —
15º Hugues Falcand, pp LII-LVI — 16º Pierre d'Eboli, LVI-LXIV —
III Chroniques grecques — Jean Skylitzès, Kekaumenos, Anne Comnène,
Jean Kinnamos, Nikétas Choniates, Eustathios, pp LXIV-LXVII — IV.
Voyageurs et Chroniqueurs arabes — Edrisi, Ibn Giobair Ibn el Athir,
Aboulfeda, Ibn Adari, At Tigani, pp LXVII-LXIX

Bibliographie, p LXIX-LXXIII

PREMIÈRE PARTIE

LA CONQUÊTE — LE DUCHÉ DE POUILLE

CHAPITRE I. État politique de l'Italie méridionale au moment de l'arrivée des Normands, pp 1-41

CHAPITRE II Révolte de Melus Arrivée des Normands en Italie
Leurs premiers établissements L'empereur Henri II en Italie. Develop-

pement de la puissance de la principauté de Salerne (1009-1042), pp. 42-87.

CHAPITRE III. Expédition des Byzantins en Italie. Soulèvement de la Pouille. Part prise a la révolte par les Normands. Leur établissement en Pouille, pp. 88-111.

CHAPITRE IV. L'empereur Henri III en Italie. Arrivée de Richard d'Aversa et de Robert Guiscard. Les Normands et Léon IX, pp. 112-142.

CHAPITRE V. Conquêtes des Normands de 1054 à 1059 : 1° en Pouille ; 2° dans la région d'Aversa ; 3° en Calabre, pp. 143-155.

CHAPITRE VI. La papauté et les Normands (1054-1059), pp. 156-172.

CHAPITRE VII. Lutte des Normands contre les Byzantins en Pouille, pp. 173-188.

CHAPITRE VIII. La conquête de la Sicile (1060-1072), pp. 189-211.

CHAPITRE IX. Richard de Capoue. Révolte des vassaux apuliens de Robert Guiscard (1059-1073, pp. 212-225.

CHAPITRE X. Robert Guiscard et Grégoire VII (1073-1080), pp. 226-257.

CHAPITRE XI. Dernières années de Robert Guiscard. Guerre avec Alexis Comnène. Révolte des seigneurs d'Italie. Prise de Rome. Mort de Guiscard 1080-1085), pp. 258-284.

CHAPITRE XII. Les successeurs de Guiscard. Le duc Roger (1085-1111). Le duc Guillaume (1111-1127, pp. 285-326.

CHAPITRE XIII. Fin de la conquête de la Sicile. La Sicile jusqu'à la mort du comte Roger Ier, pp. 327-354.

CHAPITRE XIV. La Régence d'Adélaïde et les premières années du comte Roger II, pp. 355-404.

TABLE DES MATIÈRES, pp. 407.

ERRATA ET ADDENDA, pp. 405-406.

MACON, PROTAT FRÈRES, IMPRIMEURS

Lightning Source UK Ltd.
Milton Keynes UK
UKHW030645070223
416609UK00013B/2898

9 781176 117341